中国大唐集团有限公司
China Datang Corporation Ltd.

中国大唐集团有限公司（以下简称中国大唐）积极践行"四个革命、一个合作"能源安全新战略，认真履行能源央企经济责任、政治责任、社会责任。

面向"十四五"及未来发展，中国大唐立足新发展阶段，贯彻新发展理念，融入新发展格局，奋力打造"中国最好、世界一流"能源供应商，服务"碳达峰""碳中和"目标，在以中国式现代化全面推进中华民族伟大复兴的伟大进程中贡献大唐力量。

（一）心系"国之大者"，全力实现保供增效，践行央企责任

中国大唐坚决克服煤价高、煤炭自给率低、煤电多的矛盾，实现了保供增效。始终把能源电力安全保供作为最直接、最现实的"国之大者"抓实抓好。中国大唐践行央企责任，全力做好保供工作，真正做到了"两个维护"，真正履行了政治责任和社会责任，也赢得了国家有关部门、地方党委政府、社会各界的广泛赞誉。《中国大唐全力以赴保障川渝电力供应》《中国大唐在川企业快速应对泸定6.8级地震》《守护海南！中国大唐"琼"尽全力》《鏖战7天7夜！800间集中隔离房正式交付》《齐心战"疫" 共迎春光》《大唐"豫"你在一起！》等多篇报道得到国内媒体转发《大唐国际张家口新能源："我就是来自张北的风"》在新华网客户端阅读量超过120万次。

（二）积极履行社会责任，振兴乡村经济

中国大唐发扬红色大唐的文化传承，肩负起了乡村振兴的职责使命，创新打造"三扶三真，五位一体"大唐特色帮扶体系。中国大唐打造各类乡村振兴示范村31个，开创了"组团式"教育帮扶模式，打造了产业赋能乡村振兴路径，拓展了建设和美乡村和消费帮扶的途径，拓宽了脱贫群众就业的通道，奠定了党建引领乡村振兴的基础，彰显了中国大唐勇担政治使命的央企担当，树立了中国大唐人勇挑重担、善作善成的良好形象。

（三）建立健全合规管理机制体制，健全风险防控体系

中国大唐全面落实《中央企业合规管理办法》，健全合规管理制度机制，抓好总法律顾问、首席合规官配备，提升依法治企能力，提高法治央企建设水平。积极探索"合规、风险、内控、法律"四合一运行及合规管理有效性评价机制。注重合规文化建设，集团公司领导带头签署，集团系统各级企业员工均签署合规承诺书，实现了合规承诺全覆盖。贯通各项监督职能，强化业务规范、考核约束、违规追责等联动管控，形成风险防控的工作闭环。

（四）扎实推进企业合作方信用管理工作，助力企业高质量发展

持续加强信用名单管理，将交易合同主体全面纳入信用名单，分类实行禁入、准入和风险预警。详细列明了系统合同主体名单的信用认定标准和认定程序。目前，中国大唐线上管理交易合同主体信息有14万条，全面实行信用名单管理，且与信用能源实现信息联通，确保信用状态及时更新、信用风险动态调整。

大唐塞罕坝风电场

滨海海上风电

大唐龙滩水电厂

大唐东营发电公司

亭子口水利枢纽

大唐托克托发电公司

长大涂光伏项目

中国贵州茅台酒厂（集团）有限责任公司
China Kweichow Moutai Distillery (Group) Co., Ltd.

中国贵州茅台酒厂（集团）有限责任公司（以下简称茅台集团），总部位于贵州省北部风光旖旎的赤水河畔茅台镇，平均海拔423米，员工人数近3.9万。茅台集团前身为拥有百年酿酒历史的茅台镇"成义""荣和""恒兴"三大烧房。

茅台集团围绕"酒的制造、销售及相关配套产品制造和服务，综合金融服务（产业金融方向），酒旅融合产业"三大主业谋发展，以贵州茅台酒股份有限公司为核心子公司，拥有全资、控股和参股公司36家，涉足产业包括白酒、保健酒、葡萄酒、证券、保险、银行、文化旅游、教育、房地产、生态农业及白酒上下游产业等。主导产品贵州茅台酒是我国大曲酱香型白酒的鼻祖和典型代表，其核心产区占地15.03平方千米，集国家地理标志产品、有机食品和国家非物质文化遗产于一身，是香飘世界的中国名片。

2022年，茅台集团白酒产量为11.54万吨，营业收入为1364.65亿元，利润总额为912.37亿元，上缴税金为657.44亿元，企业总资产为3354.98亿元。

阔步新征程，茅台集团将积极贯彻新发展理念，主动融入新发展格局，以"打造国际一流企业，塑造世界一流品牌"为愿景，坚定不移地走好以茅台美学为价值内涵的"五线"高质量发展道路，以"五匠"质量观呵护茅台生命之魂，以现代化管理机制体制加快推进世界一流企业建设，坚定不移地推进市场化、法治化、专业化、数字化、绿色化、国际化，守正创新、久久为功，奋力开创茅台高质量发展、现代化建设的新未来！

2021年全国脱贫攻坚先进集体

茅台全景图

中国酒文化城汉武帝　　　　　　　美酒河

茅台集团办公大楼　　　　　　　分布在赤水河畔的茅台制酒车间

中国长江电力股份有限公司
China Yangtze Power Co., Ltd.

　　中国长江电力股份有限公司（以下简称长江电力或公司）是由中国长江三峡集团有限公司作为主发起人设立的股份有限公司。公司于2002年9月创立，2003年11月在上交所IPO挂牌上市。2020年9月，公司发行的"沪伦通"全球存托凭证在伦敦证券交易所上市交易。公司主要从事水力发电、投融资、新能源、智慧综合能源、抽水蓄能、配售电等业务，业务范围覆盖中国、秘鲁、巴西、巴基斯坦等国家。公司现拥有并运营管理的乌东德、白鹤滩、溪洛渡、向家坝、三峡、葛洲坝六座电站，构成了世界最大清洁能源走廊，有效保障了长江流域防洪、航运、补水和生态安全，为我国经济社会绿色发展提供了强劲动能。

　　自成立以来，长江电力积极融入国家战略，以"做世界水电行业引领者"为目标，坚持"水流—电流—现金流"可持续发展和"发电—配电—售电"产业链延伸，持续做强做优做大，实现国有资产保值增值，已成为中国最大的电力上市公司和全球最大的水电上市公司，是惠誉A+、穆迪A1国家主权级信用评级、中诚信国际信用评级AAA级单位。长江电力以人才驱动创新，引领高质量发展，培养了一支掌握流域梯级电站群联合调度及大水电运行管理核心能力的人才队伍，积极参与编制国家及行业标准，荣获全国五一劳动奖状、国家科学进步奖特等奖、国有企业治理示范企业等荣誉。

乌东德、白鹤滩、溪洛渡、向家坝、三峡、葛洲坝六座电站示意图

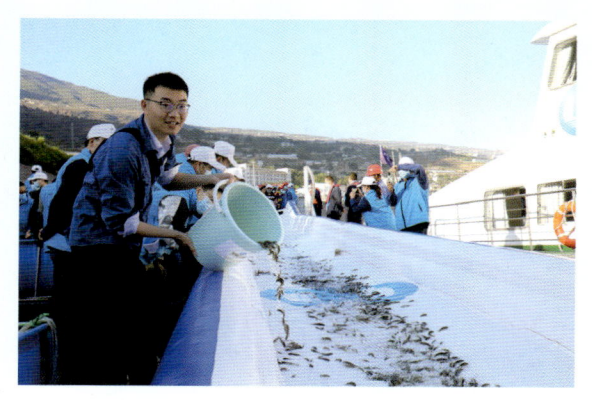

乌东德电站施工区增殖放流活动现场

葛洲坝电站巡检机器人"小白",自动甄别、精准预警,及时消除风险隐患

张掖抽水蓄能电站开工活动现场

与秘中文化中心、《今日中国》杂志联合主办"文明的长河———中拉文明互鉴展"

三峡大坝

山东能源集团有限公司
Shandong Energy Group Co., Ltd.

党委书记、董事长 李伟

山东能源集团有限公司（以下简称山东能源集团）是山东省委、省政府于2020年7月联合重组原兖矿集团、原山东能源集团，组建成立的大型能源企业集团，是全国唯一一家拥有境内外四地上市平台的大型能源企业。拥有兖矿能源、新矿集团、电力集团、新材料公司等20多个二级企业，境内外上市公司11家，从业人员22万人。2022年实现营业收入8347亿元，被国务院国资委评为"公司治理示范企业"，位居中国能源企业500强第5位、中国企业500强第22位、世界500强第72位。权属企业兖矿能源集团荣获第七届中国工业大奖。

山东能源集团以矿业、高端化工、电力、新能源新材料、高端装备制造、现代物流贸易为主导产业。煤炭产业现有国内外产能3.5亿吨/年，产量位居全国煤炭行业第3位，矿井智能化生产水平居行业前列，9处矿井成为首批国家级智能化示范矿井。化工产业拥有煤气化、煤液化两大国家级平台，围绕煤化工、石油化工融合发展，建成济宁焦气化、鲁南高端化工新材料深加工、榆林高端煤制油、鄂尔多斯煤基化工新材料、新疆煤化一体化基地，化工产品年产能为2000万吨。电力产业建成一批大容量、高参数机组，现有装机及在建容量2000万千瓦，拥有省级新能源投资平台，正主导推动渤中海上风电资源开发，渤中90万千瓦海上风电场实现全容量并网发电，成为我国"十四五"五大海上风电基地最大规模全容量并网

高端化工产业

发电项目。新材料产业拥有钙基新材料、高端石油化工新材料、纤维及复合新材料等产业集群，山东玻纤产能居全国第四位，高端尼龙产业被工信部列为重点扶持项目。高端装备制造产业研发制造国内功能最全、加载能力最大的液压支架综合性能试验台，东华重工公司成为卡特彼勒液压支架产品全球供应商。现代物流贸易产业坚持服务实体产业发展，拥有山东国际大宗商品交易中心、山东电子口岸公司、海南国际能源交易中心等交易平台。

　　面向未来，山东能源集团将始终坚持以习近平新时代中国特色社会主义思想为指引，服务"碳达峰""碳中和"目标，勇担保障能源安全、优化能源布局、优化能源结构的主体责任，聚焦绿色低碳高质量发展，打造清洁能源供应商和世界一流企业，争当国有企业综合实力、低碳转型、结构优化、公司治理、创新驱动、安全稳定、党建文化"七个示范"，力争"十四五"末发展成为结构更优、韧性更强、后劲更足的资产营收"双万亿"企业集团。

煤炭产业 　　　　　　　　　　　　　　　高端装备制造产业

电力新能源产业

世界最高海拔风电项目（该机组轮毂中心海拔高度为5158.4米）
——西藏措美哲古分散式风电项目

东方电气风电股份有限公司
Dongfang Electric Wind Power Co., Ltd.

东方电气风电股份有限公司（以下简称东方风电）成立于2015年3月，是中国东方电气集团有限公司所属风电产业一体化专业子公司，致力于为用户提供风力发电能效最佳整体解决方案和科学化、定制化运维服务方案。东方风电产业遍布全国10余个省份，拥有风电整机、叶片制造基地20余个。

东方风电坚持以技术创新推动产品升级和产业发展，是国内唯一一家同时具备双馈、直驱、半直驱3种主流技术路线风力发电机组的公司，具有配套叶片、发电机电控系统等核心部件研发制造能力，产品涵盖1.5MW—10MW系列陆上和5.0MW—18MW系列海上风力发电机组。在行业

党委书记、董事长 尹守军

内率先推出了国内单机容量最大的6.25MW陆上风电机组，单机容量亚洲最大的10MW海上机组、13MW海上机组，世界安装海拔最高的风场机组（轮毂中心高5158.4米），以及具有自主知识产权的为机组全维度赋能的iPACOM风电智慧系统，引领中国风电快速发展。产品已批量出口瑞典、俄罗斯、芬兰、埃塞俄比亚、古巴、厄瓜多尔、越南等多个国家。瑞典布莱肯三、四期是中国造风力发电机组首次批量出口欧洲高端市场项目，该风场已成为北欧地区最大的陆地风电场之一。

我国首个百万千瓦级海上风电项目——广东阳江沙扒海上风电项目

我国首台10兆瓦级风力发电机组

东方风电自主研制的13兆瓦海上风力发电机组

世界海拔最高风电场——西藏措美哲古分散式风电场叶片运输

展望未来，东方风电将深入贯彻落实"双碳"目标部署，持续探索创新，以能效最佳整体解决方案为目标，致力于为用户提供性能更加卓越、智能化水平更高的大功率陆上、海上风力发电机组，为人类提供更加清洁高效的能源。

东方风电主机生产车间

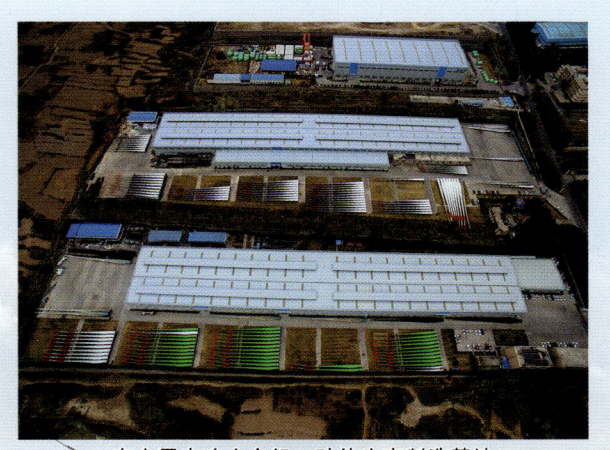

东方风电凉山主机、叶片生产制造基地

我国首个单体百万千瓦级陆上风电项目——内蒙古兴安盟风电项目

中车株洲电力机车有限公司
CRRC Zhuzhou Electric Locomotive Co., Ltd.

中车株洲电力机车有限公司（以下简称株机公司或公司）是中车旗下核心子公司、湖南千亿轨道交通产业集群龙头企业。公司创建于1936年，新中国成立以来始终保持快速健康发展，创造了中国轨道交通装备领域的诸多纪录。目前，公司在国内外设有34家子公司，在全球范围内拥有14000余名员工，其中，株洲本部员工约7300名，洛阳、资阳员工合计约6000名，海外员工1200余名。

公司致力于改善公众出行条件，创造与环境和谐发展的交通运输方式。在电力机车领域，作为"中国电力机车之都"，公司自1958年中国第一台电力机车诞生以来，先后研制出各型干线电力机车60余种，累计1万余台，引领中国电力机车实现从常速到快速、从普载到重载、从直流传动到交流传动、从引进来到走出去的转变。在城市公共交通领域，作为中国地铁牵引技术的发祥地，公司不仅建立起国际一流的城轨车辆研发制造平台，产品涵盖A、B、D车型和80/100/120/160公里四个速度等级，还提供多种中小运量的个性化产品，为国内外约30个城市提供城轨车辆1.3万余辆，是多样化城市公共交通系统解决方案的提供者、储能式现代电车的开创者、中国磁浮列车的摇篮、中国齿轨列车的先行者。在动车组领域，作为中国电动车组技术的发祥地，公司曾先后研制出"蓝箭""中原之星""中华之星"等160公里至270公里速度等级的动力分散型和集中型动车组。近年来，公司研制的动车组成功走出国门，160公里"复兴号"动力集中动车组牵引我国普速铁路进入动车时代，CJ6型城际动车组正式上线运营。在轨道工程车领域，作为低碳、环保的轨道工程车引领者，公司向国内外近30个城市提供了各型多功能高端双源制轨道工程车辆。2009年以来，公司中标的蓄电池工程车占国内招标数量的90%以上。

开放创新的株机公司致力于成为全球领先的轨道交通系统解决方案供应商，为推动全球轨道交通产业进步不懈努力。

丽江低地板列车

凤凰磁浮列车

墨西哥轻轨列车

长株潭动车组

"复兴号"高原动车

南方电网供应链集团有限公司
Southern Power Grid Supply Chain Group Co., Ltd.

南方电网供应链集团有限公司（以下简称公司）是南方电网公司的全资子公司，成立于2017年。公司立足于"南方电网生产经营物资供应的重要保障、各业务板块发展的供应链共享服务平台、'三商'转型的专业支撑"发展定位，不断探索集团化管控的新模式、新路径，努力发挥供应链管理资源保障、价值创造和提升核心竞争力的三大战略作用，重点布局采购服务、合约品控服务、仓储物流服务、供应链平台运营、生态圈增值服务五大业务领域，致力于发展成为国内先进的现代供应链服务平台企业。

区域仓

公司贯彻落实南方电网发展战略和供应链管理改革发展要求，分阶段整合全网升级物资公司供应链业务和资源，以集团化模式打造南方电网供应链集团，共有6家子公司，其中南方电网供应链（广东）有限公司、南方电网供应链（广西）有限公司、南方电网供应链（云南）有限公司、南方电网供应链（贵州）有限公司、南方电网供应链（海南）有限公司分别承担五省电网公司及其直属供电局全链条供应链服务，南方电网供应链科技（广东）有限公司承担超高压公司供应链专业业务服务，并拓展供应链数字化和供应链咨询等业务。公司积极融入行业发展，现为中国招标投标协会理事单位、中央企业电子商务协同创新平台副理事长单位、中国物流与采购联合会物联网技术与应用专业委员会副会长单位、广东省设备监理协会副会长单位。

区域仓

供应商服务大厅

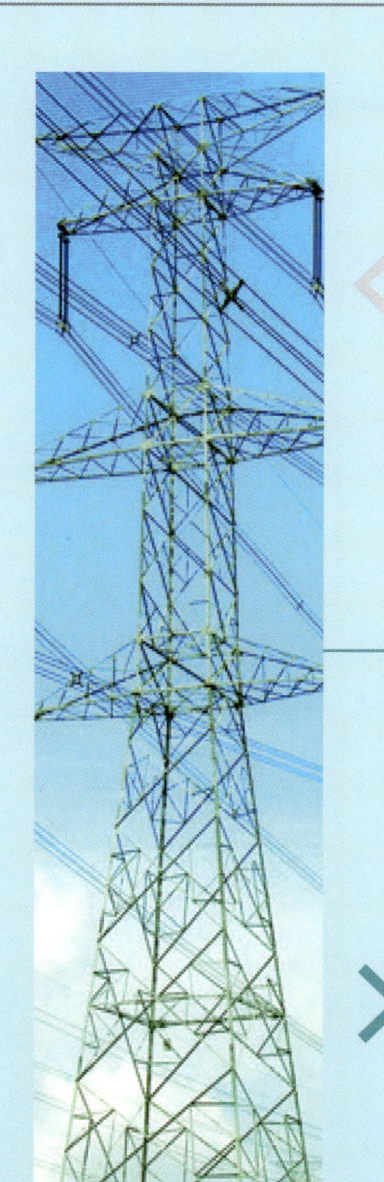

公司紧紧围绕学习宣传贯彻党的二十大精神这一主线，把坚定捍卫"两个确立"、坚决做到"两个维护"转化为落实上级重大决策部署、做好产业链供应链安全稳定服务保障的实际行动，积极践行社会主义核心价值体系，践行人民电业为人民的企业宗旨，遵循创造价值、创新发展、以客为尊、和谐共赢的经营发展思路，以全要素价值创造为纲，坚持服务属性和人民情怀，系统性、动态性谋划高质量发展，展现诚信服务企业形象，企业各项指标在实践过程中实现巨大飞跃，在招标投标、电子商务、电力装备供应链服务、标准化建设等方面充分发挥典范和行业带动作用。

评标基地

深圳担保集团有限公司
Shenzhen Guarantee Group Co., Ltd.

深圳担保集团有限公司（以下简称深圳担保集团）成立于1999年年底，是深圳市政府出资设立的综合性创新金融服务机构，现注册资本为140亿元，总资产规模达到450亿元，获资本市场主体信用评级AAA，是工信部认定的"国家中小企业公共服务示范平台"。

（一）提供全过程、多品类、精准化的创新金融服务，缓解企业融资难

深圳担保集团下设12家专业化子公司，持有除交易所外的地方金融全牌照，可为企业提供融资担保、发债增信、保函、创投、商业保理、融资租赁、小额贷款、典当、平稳基金委托贷款、融资顾问服务等全过程、多品类、精准化的创新金融服务，满足不同企业在全生命发展周期的各类金融需求。

截至目前，深圳担保集团已累计服务中小微企业超过8万家次，业务发生金额超过1万亿元，已成功助推310家企业客户在国内外挂牌上市，相当于累计带动新增社会销售收入超19438亿元，新增纳税2028亿元，新增就业岗位超1271万个，服务民营经济效益显著。

深圳担保集团举办第七届中小企业诚信榜活动，为诚信中小企业颁发"诚信鼎"

（二）辐射全国的服务触点，助力"活水"广触达

深圳担保集团坚持践行"金融服务实体"战略方向，不断扩大民营企业投融资服务覆盖面，在深圳市南山、福田、宝安、龙华、罗湖、龙岗、前海、坪山、深汕合作区，东莞市共设立10家分公司，协同区域发展，助力粤港澳大湾区金融共建。在杭州、成都、武汉、昆明、南京、汕头、广州、重庆、长春、苏州、上海共设有11家外地办事处，致力于提升金融"活水"的触达率和便利性。

（三）深耕细作打造担保行业"深圳名片"

深圳担保集团是"首批全国十大最具影响力担保机构""广东省首批中小企业融资服务示范单位"，历届上榜"中国担保500亿上榜机构"。囊括国家级、广东省、深圳市企业管理现代化创新成果一等奖，并荣获"国家级最具自主创新能力企业""全国企业诚信建设十佳案例""中国中小企业创新百强""中国企业新纪录""广东省自主创新标杆企业""广东省金融创新奖""深圳市金融创新奖""深圳市市长质量奖鼓励奖""深圳质量标杆""深圳知名品牌"等荣誉。

智能化生产车间

公司全景

山东玲珑轮胎股份有限公司
Shandong Linglong Tire Co., Ltd.

山东玲珑轮胎股份有限公司（以下简称玲珑轮胎）自1975年成立以来，已发展成为一家集轮胎的设计、开发、制造与销售于一体的技术型轮胎生产企业，在全球拥有7个研发机构、7个生产基地、18000多名员工，形成了"玲珑""利奥""ATLAS""EVOLUXX"等面向全球市场的差异化品牌，产品广泛应用于乘用车、商用车以及工程机械车辆等。

玲珑轮胎汇聚全球非凡智慧，以国家认定企业技术中心、国家级工业设计中心、国家认可实验室为依托，在我国北京、上海、济南、烟台，美国阿克隆，德国汉诺威成立了研究分院，形成了"三国七地"全球化开放式研发创新体系，建设了中国首家大型室外综合轮胎试验场——中亚轮胎试验场。

凭借领先的科研实力，公司成功开发出石墨烯补强胎面轮胎、3D打印轮胎、赛车胎、缺气保用轮胎、低气味轮胎、蒲公英橡胶轮胎、生物基衣康酸酯轮胎等，荣获了国家技术发明二等奖、国家科技进步二等奖两项国家级科技奖项。2018年，荣获中国工业领域最高奖项——中国工业大奖。

"玲珑品牌"多年上榜世界品牌实验室发布的"中国500最具价值品牌""亚洲品牌500强"，2023年品牌价值为827.17亿元，第20次荣登榜单。2020—2023年，连续4年入围英国品牌价值咨询公司品牌金融发布的"全球最具价值轮胎品牌"榜，是唯一连续4年上榜的中国轮胎企业。

公司不断提升产品技术含量，凭借过硬的产品品质和服务，产品销往全球173个国家，并为大众、奥迪、宝马、通用、福特、本田、日产等全球60多家主机厂的200多个生产基地提供配套服务，车企配套累计超2亿条，连续多年位居国内轮胎配套第一。

为推动企业全球产业高质量布局，提升品牌在国际市场核心竞争力，玲珑轮胎坚定推进"7+5"战略全球布局（中国7个生产基地，海外5个生产基地）。目前，公司在中国拥有招远、德州、柳州、荆门、长春5个生产基地，陕西和安徽工厂正进行前期规划，在海外拥有泰国、塞尔维亚2个生产基地，并在全球范围内继续考察建厂，充分利用全球资源，开拓全球轮胎市场。

中国工业大奖

国家级工业设计中心

山东省省长质量奖

国家技术发明奖

国家科技进步奖二等奖

国能准能集团有限责任公司
Guoneng Zhuneng Group Co., Ltd.

党委委员、副总经理　张宝卫

国能准能集团有限责任公司（以下简称准能集团）是国家能源投资集团有限责任公司二级管理单位，是中国神华能源股份有限公司全资子公司，是集煤炭开采、坑口发电及循环经济产业于一体的大型综合能源企业，统一管理神华准格尔能源有限责任公司、中国神华能源股份有限公司哈尔乌素露天煤矿和神华准能资源综合开发有限公司。

准能集团位于内蒙古自治区经济发展最具活力的呼包鄂经济圈，地处蒙、晋、陕交界处的鄂尔多斯市准格尔旗薛家湾镇。准能集团拥有煤炭资源储量30.85亿吨，具有"两高、两低、一稳定"（即灰熔点高、灰白度高、水分低、硫分低、产品质量稳定）的品质特点，是优质动力、气化及化工用煤，以清洁、低污染而闻名，被誉为"绿色煤炭"。

准能集团拥有年生产能力6900万吨的黑岱沟露天煤矿和哈尔乌素露天煤矿及配套选煤厂，装机容量960MW的煤矸石发电厂，年产4000吨的粉煤灰提取氧化铝工业化中试工厂，以及生产配套的供电、供水等生产辅助设施。

截至2022年年底，准能集团资产总额为685.24亿元，在册员工为9061人，累计生产商品煤8.85亿吨，发电692.55亿千瓦·时，累计实现利润688.88亿元，累计上缴税费613.89亿元。

准能集团办公楼

准能集团以习近平新时代中国特色社会主义思想为指导，全面系统深入贯彻党的二十大精神，坚持稳中求进工作总基调，完整、准确、全面贯彻新发展理念，加快构建新发展格局，积极践行"社会主义是干出来的"伟大号召，深入贯彻国家能源集团"一个目标、三型五化、七个一流"发展战略，坚定践行能源基石、转型主力、经济标兵、创新先锋、改革中坚、党建示范"六个担当"，聚焦"推进两个融合、打造四个示范、走好两条新路"发展目标，推进"一个主体、两翼一网、七个准能"发展规划，再造新时代绿色转型高质量发展新准能，加快建设世界一流煤炭清洁开发利用能源企业，为扎实推进中国式现代化、全面建设社会主义现代化国家开好局、起好步做出积极贡献。

准能集团党员教育实践基地

准能集团绿色矿山建设

准能集团吊斗铲开采作业

准能集团黑岱沟露天煤矿和哈尔乌素露天煤矿航拍图

中铁宝桥集团有限公司
China Railway Baoqiao Group Co., Ltd.

党委书记、董事长　洪军

中铁宝桥集团有限公司（以下简称中铁宝桥）隶属于"世界500强"中国中铁股份有限公司，是中铁高新工业股份有限公司的龙头企业，是专业制造钢桥梁、钢结构、铁路道岔、城市轨道交通设备、大型起重机械等产品的大型国有企业。

中铁宝桥始建于20世纪60年代"三线建设"时期。建企57年来，公司两次荣获"全国先进基层党组织"，六次蝉联"全国文明单位"，并先后获得"全国五一劳动奖状""全国守合同重信用企业""全国质量工作先进单位""全国模范劳动关系和谐企业"等荣誉。2023年5月11日，由中国品牌建设促进会评估，中铁宝桥品牌价值46.8亿元。

中铁宝桥目前拥有12家成员企业，分布于我国中西部、长三角和珠三角地区，具备年生产钢结构50万吨、铁路道岔1万组、Ⅲ代高锰钢和合金钢辙叉2万个、起重机械50台的能力。产品广泛应用于铁路、公路、建筑、冶金、水电、煤矿等领域，并畅销北美、南美、欧盟、非洲、西亚、东南亚的30多个国家和地区。

中铁宝桥先后通过质量、环境、职安和测量体系认证，被认定为"国家高新技术企业"、"国家级企业技术中心"、二级安全生产标准化企业和国家首批《铸造行业准入条件》企业，并通过AISC美国钢结构认证、ISO 3834-2 国际焊接质量体系认证、EN1090欧盟钢结构制造标准、NHSS19A英国金属构件表面防腐处理标准、NHSS20英国交通运输基础设施钢结构件制造标准认证，为公司进军国际国内市场提供了有力的"通行证"。

半个多世纪以来，中铁宝桥长期承担国家重点工程建设和新产品研发任务，累计建造钢桥梁1000多座，参建桥梁先后45次跨越长江、22次跨越黄河、23次跨越海岛；生产铁路道岔近30万组。其中，国内首组时速250公里客专道岔、时速350公里高速道岔、提速道岔、重载道岔、减振道岔均率先诞生在宝桥，先后获得200余项国家专利；港珠澳大桥等多项钢桥梁工程和制造技术为"国内首创"或"世界之最"，累计获得国家优质工程金质奖、建筑工程鲁班奖、古斯塔夫斯·林德萨尔奖、乔治·理查德森奖、菲迪克杰出项目奖等100多项国际国内大奖；自主研发的高、中低速磁浮道岔、全电控单轨作业车等城轨交通产品，填补了多项国内空白。

上海高速磁悬浮

中铁宝桥集团参建的港珠澳大桥——九洲航道桥

中铁宝桥集团参建的南京长江第三大桥钢索塔

中铁宝桥集团参建的重庆跨座式单轨交通系统

自主研发的国内首组时速350公里客运专线铁路道岔

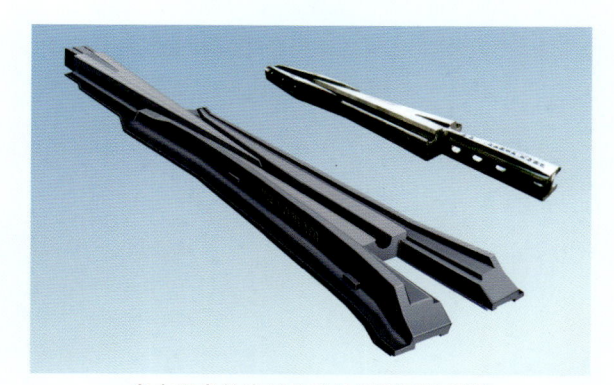

自主研发的出口北美地区高锰钢辙叉

中铁宝桥集团参建的北京新首钢大桥

电能易购（北京）科技有限公司
Electric Energy Yigou (Beijing) Technology Co., Ltd.

总经理 李远

电能易购（北京）科技有限公司（以下简称电能易购公司）成立于2020年11月5日，注册资本金1亿元，是中国电能成套设备有限公司全资子公司。作为国家电力投资集团有限公司唯一电子商务平台，电能易购公司围绕集团公司"2035一流"战略，依托"中国电力设备信息网"、"电能e购"和"电能光e链"三大品牌，以"互联网+"打造能源行业头部新能源电商平台，提供招标投标采购管理系统、电子商城、技术猎头信息、分布式光伏开发系统、供应链金融等服务，主营业务范围涉及技术服务，供应链管理，销售电气设备、机械设备、工业品、办公用品、经营电信业务等。

依托大兴自贸区政策优势、区位优势和"京津冀一体化发展"大格局，电能易购公司坚持"创新、协调、绿色、开放、共享"发展理念，聚焦电力能源及相关产业智慧化发展新模式、新业态，主动服务和带动产业链上下游企业协同发展，全面提升采购集约化、专业化、数字化水平。电能易购公司聚焦智慧运营、数字监管、价值挖掘等领域，服务国家能源革命和乡村振兴、服务集团公司"2035一流"战略、服务集团系统内外客户。在供应链金融、智能硬件与新能源电商、户用光伏县域市场开发等领域，电能易购公司开拓创新，致力于建设学习型、创新型、专业化、智慧化的"两型两化"一流供应链管理服务平台企业。

2022年度中央企业集采与供应链金融领先企业 　　　创新开展新能源设备电商化采购

电能e购企业商城主站 　　　电能e购个人商城

电能e购企业商城业务图 　　　电能光e链

中国电力设备信息网（电能e招采平台）

国能包神铁路集团有限责任公司
Guoneng Baoshen Railway Group Co., Ltd.

党委副书记、总经理　帖立彬

国能包神铁路集团有限责任公司（以下简称公司）经国家能源集团批准，由原神华包神铁路集团有限责任公司和中国神华能源股份有限公司神朔铁路分公司重组整合而成，于2019年12月23日正式成立。

公司负责包神、神朔、甘泉、塔韩4条铁路的资产管理和生产运营。线路北起中蒙边境中方口岸甘其毛都，相继穿越3省6市、17个区县，北与呼局西金线、京包线相连，东与朔黄线、太原局同蒲线贯通，南与西安局神延线相接，西与东乌线相连，拥有9个分界口，形成了铁路大动脉北上、南下、东进、西出格局，总运营里程为872千米，占国家能源集团铁路总里程2372公里的36.8%。目前管内共有车站59个，60个煤炭装车点，13个非煤装车点，74条专用线。"集疏运"能力覆盖蒙西、神府等煤炭矿井群。作为国家能源集团一体化发展战略中铁路运输网络和获取资源的源头，公司重点服务于16家集团内部单位，年运输能力达4.2亿吨，年装车量达3亿吨，承担国家能源集团核心矿区70%以上的煤炭装车任务，以及部分地方煤炭和非煤产品的外运任务。公司设14个职能部室，12个直属机构（含1家代管单位），12家子分公司，从业人员约1.7万人。公司资产总额为307.68亿元，2022年营业收入为116.77亿元。

公司以习近平新时代中国特色社会主义思想为指导，深入学习贯彻党的二十大精神，坚持系统观念，扎实推进信用理念、信用制度、信用手段与公司治理体系各方面、各环节深度融合，进一步发挥信用对加强公司改革创新、防范化解经营风险、促进公司高质量发展的重要作用。公司不断加强信用管理体系建设，健全信用管理制度，依法合规经营，以"讲诚信、求创新、敢担当、争一流"为经营理念，始终将诚信建设贯彻到企业基础管理中，融入铁路运输服务，落实到合同履约合规管理中，内化于员工文化宣传中。公司连续六年被评为国家能源集团A级企业，入选"2020年全国优秀诚信企业案例""2021年最佳诚信企业案例"，获评"2022年内蒙古自治区诚信示范企业"，并被国务院国有企业改革领导小组办公室评为"2022年优秀企业"。

2+2组合万吨驶向神池南

青年文明号 党员先锋号

西部最大的横列式单场万吨编组站

神24列车牵引万吨列车运行在西煤东运大通道上

三代机车的更迭，是重载铁路动力与科技的演变

朱盖塔站整装待发的列车

2+0单元万吨驶向神池南

深圳市高新投集团有限公司
Shenzhen High-tech Investment Group Co., Ltd.

深圳市高新投集团有限公司（以下简称"深高新投"）成立于1994年，系深圳市委市政府为解决中小科技企业融资难问题而设立的专业金融服务机构，具备资本市场主体信用AAA最高评级。目前，集团实收资本超159亿元，净资产为273亿元，总资产为463亿元。

深高新投秉持"以客户为中心，为创新者赋能"的核心理念，为不同类型、不同成长阶段的创新型企业提供"全生命周期金融服务"，业务涵盖银行贷款担保、工程担保、债券增信、创业投资、基金管理、财务顾问、小贷典当、商业保理等。

截至目前深高新投累计为超82000家企业提供超11000亿元担保服务，担保资金新增产值16026亿元，新增利税3186亿元，促进新增就业946万人并成功助推超过370家中小型科技企业在境内外公开挂牌上市，所支持的华为、中兴、比亚迪、创维、大族激光、海能达已经成为国内乃至国际知名企业，沃尔核材、兴森科技、欧菲科技、东江环保等高科技企业已成为行业内领军企业。

近年来，深高新投大力发展创投板块业务，聚焦战略性新兴产业、先进制造业及现代服务业，致力于发掘小而美的中小型科技企业，初始投资额超60亿元，约30家投资企业挂牌上市。深高新投管理的基金群正加速落地，在管基金总规模超百亿元。凭借多年在股权投资领域的持续耕耘，深高新投荣获清科"2022年中国创业投资机构100强"排名40的佳绩。

作为深圳扶持民营经济"四个千亿"计划主力先行者，深高新投始终高效专业推进各项工作落地，为面临流动性风险的民营企业雪中送炭，大力支持民营经济健康发展。

基金板块

深高新投基金谱系

28只已设立基金 *数据以基金成立时间为序

深圳市人才创新创业二号基金	深圳市高新投大数据基金
深圳市高新投怡化融钧基金	厦门市深高投金磊基金
深圳市高新投怡化融钧二期基金	深圳市高新投罗茨一期基金
深圳市高新投正轩光明人才基金	深圳市罗湖高新投聚能基金
深圳市高新投正轩天使基金	深圳市高新投星河基金
深圳市高新投远望谷物联网产业基金	深圳市罗湖深高投信息技术基金
成都深高投中小担创业基金	绵阳市深高投联交长虹经开信创产业基金
厦门市深高投金圆人才基金	常州高新投新兴产业基金
深圳市高新投高德电气新兴产业基金	
深圳市高新投致远一期基金	**16只筹备基金**
深圳市高新投福海基金一期	

深圳市高新投创投基金一期	黑龙江省深高投基金 / 成都深高投二期基金
深圳市高新投云资本基金	十堰新动能基金 / 智联泰基金
深圳市高新投杰普特产业基金	致远二期基金 / 华丰基金
深圳市高新投广和通物联网产业基金	中山美蓉产业基金 / 合肥兴园基金
深圳市高新投雷奥基金	厦门金圆二期基金 / 鼎胜创新基金
深圳市光明高新投正轩人才二期基金	苏州同合聚鑫基金 / 正轩天使二期基金
深圳市高新投统联智造基金	吉安基金 / 宝安高精尖基金
深圳市高新投福海二期基金	赣州基金 / 西安基金

总规模超过**150**亿元
基金谱系建设进入快车道

基金板块

作为全国知识产权融资服务领域的创新领跑者，深高新投实现了中国特色社会主义先行示范区知识产权证券化"从零到一"的历史性突破。自2019年发行中国特色社会主义先行示范区首单知识权证券化项目以来，截至目前，深高新投已完成超过103亿元的48期知识产权证券化项目发行，累计服务深圳科创企业628家次，质押知识产权数量1396项。

未来，深高新投将致力于打造国内产融深度结合的全国一流金融服务集团。在"金融服务实体经济"主航道上，继续发掘科技企业价值潜力，为深圳建设中国特色社会主义先行示范区、为我国建设世界科技强国而不懈奋斗。

扶持企业上市

公开挂牌上市超过 **370家**

扶持企业上市

"全生命周期"服务

企业自初创期到成熟期的完整投融资创新服务链条

初创期	成长期	成熟期
天使投资	股权投资	供应链金融
信用贷款担保	贷款担保	债券发行增信
小微企业集合信贷担保	应收账款融资	资产证券化增信
政府科技研发专项资金	票当、小额贷款	产业并购基金增信
投保联贷	投保联贷	股票定向增发
知识产权质押贷款	知识产权质押贷款担保	合作设立产业基金、并购基金
深小微快贷、创业担保		投保联贷
		知识产权质押贷款

"全生命周期"服务

紫京公司全景图

物业服务项目

扬州紫京饭店

南京紫京饭店

紫京易捷生活馆

黄山紫京饭店

江苏紫京有限公司
Jiangsu Zijing Co., Ltd.

"服务来自紫京、满意源于内心。"作为中国石化江苏油田全资子公司，江苏紫京有限公司（以下简称紫京公司）自1995年创立以来，带着"服务美好生活"的使命，向着"一流智慧综合后勤服务公司"愿景，深耕服务领域，形成了紫京物业、紫京酒店、紫京农业、紫京商贸四大主营业务，以优异品质尽显央企风采。公司取得ISO9001、ISO14001、ISO45001三项管理体系认证，以及食品安全管理体系认证、国家物业管理一级资质、优秀绿化服务企业一级资质，拥有OFDC有机农业认证、国家绿色大米等高端资质，是国家3A级信用企业，同时也是中国物业协会会员、中国烹饪协会会员。作为中国石化唯一优秀后勤服务品牌，公司享有"五叶级国家绿色餐饮企业""中国徽菜名店""江苏省餐饮品牌标杆"等美誉。

董事长、党委书记、总经理 张振宁

公司聚焦中高端服务领域，致力于为客户创造最大价值。公司先后与华东油气田、西北油田、金陵石化、中科炼化、广州工程、南京工程、江苏石油等20余家中国石化内部企业，与中国石油、国家管网、中化集团、北部湾港务集团等30余家国资央企，与协和医院、钦州市政府等20余家政府部门、事业单位建立了战略合作关系。坐落于南京玄武湖、扬州瘦西湖、黄山太平湖边的三家自有酒店，秉持"金钥匙"服务品质，深耕细作兼具地方特色和紫京文化的品牌菜肴，让"紫京味道"深入人心，为入住宾客提供有温度的品质服务。作为绿色有机健康生活的倡导者，在洪泽湖畔、北部湾间，建立了万亩农业全产业链绿色生产基地，打造了线上线下一体化营销平台。公司自产的稻鸭共作有机米、"真六井"白酒、热带水果等成为享誉一方的优质农产品。

公司坚守国企品质，履行社会责任担当，以诚信立足市场、以诚信谋求发展、以诚信擦亮品牌，致力于用服务去连接、去构筑、去传播美好生活，向着一流智慧综合后勤服务公司踔厉奋发，笃行不息。

紫京洪泽农场

浙江嘉昕农产品股份有限公司
Zhejiang Jiaxin Agricultural Products Co., Ltd.

党总支书记、总经理 屠春甫

浙江嘉昕农产品股份有限公司（以下简称公司）位于嘉兴南湖之畔。公司前身是成立于1978年的"嘉兴县烟糖公司蔬菜总店"，2001年改制为有限公司，2016年改造为股份公司并挂牌"新三板"，经营实体有嘉兴蔬菜批发交易市场和嘉兴市南杨蔬菜食品配送有限公司，是市政府"菜篮子"工程主要实施单位之一。多年来，在党委政府部门悉心关怀下，在社会各界热心支持下，公司以党建为引领，规范管理、开拓创新，发展成为集交易、生产、贸易、加工、配送等多种业态于一体的市场管理型商务服务业企业，取得了国家级服务业标准化试点企业、浙江省农产品流通龙头企业、省骨干农业龙头企业、省重点流通企业、省级先进基层党组织、嘉兴市服务业领军型企业等众多荣誉。

嘉兴蔬菜批发交易市场创建于1995年元旦，历经两次搬迁、三度扩建，目前占地150余亩，拥有以批发经营干、鲜蔬菜为主的固定商户300多个。该市场主设本地菜、外地菜、精细菜和干菜等四大经营区，配有加工、配送、仓储等功能板块。日均客流近万人次，形成了"货源足、品种全、销量大、价格低、治安好、管理实"的经营特色。2022年该市场蔬菜批发交易量为90多万吨、交易额为53.1亿元，其中60%的蔬菜供应嘉兴市五县市二区，40%的蔬菜辐射到周边江浙沪地区。该市场是商务部"双百市场工程"农批市场、农业农村部定点市场、省市场监管局四星级文明市场等。

结算中心 　　　　　　　　　　　　　　　　　　监控中心

检验检测中心 　　　　　　　　　　　　　　　　溯源中心

市场内场景 　　　　　　　　　　　　　　　　　经营户交易场景

　　多年来公司一直紧跟数字化、信息化的时代步伐，市场信息化建设"电子结算与溯源"项目首开了浙江省农产品批发市场使用IC卡结算交易和食品安全溯源的先河，成为省、市乃至全国农批市场的一个创新典范，在首批浙江省食用农产品批发市场食品安全规范化建设中也是唯一一个通过AAA认证的单位。

　　近年来，公司又进一步提升了检测、结算、信息溯源，推进党群服务等多个中心建设，通过树立"小青菜，大民生，必须建设好红船旁的菜篮子"的目标，恪守诚信为本、创新发展的经营理念，推动标准化体系运行，抓好蔬菜食品的安全与溯源，持续做好"保安全、保质量、保供应、稳价格"工作。

　　进入高速发展的数字时代，作为传统商贸流通行业的农产品批发市场面临转型升级的挑战，公司党总支书记、总经理屠春甫将继续带领公司团队，以"四敢争先"精神，以民生为信念，以诚信为基石，在"促一方经济、富一方百姓"中发挥民生企业的模范带头作用，引领行业发展。

浙江沪杭甬高速公路股份有限公司
Zhejiang Expressway Co., Ltd.

　　浙江沪杭甬高速公路股份有限公司（以下简称公司）是浙江省交通集团旗下核心成员企业和重要上市平台。公司于1997年3月由原省高等级公路投资有限公司独家发起成立，同年5月在香港联交所挂牌上市，是省委省政府为开辟浙江交通与国际资本市场接轨的融资渠道、加快全省高速公路路网建设而设立的公司，是浙江省第一家境外上市的国有企业，以及唯一一家省属高速公路投资运营境外上市公司。

　　近年来，公司围绕浙江省交通集团"争做世界一流企业"总体目标，以高质量党建引领企业高质量发展，努力打造成为国内领先的以高速公路基础设施投资运营为主、产融结合、适度多元的国际化投资控股企业。目前，公司合并资产总额1800余亿元，旗下子（孙）公司23余家，员工9000余人。

　　（一）高速公路业务：公司投资和运营高速公路共20条，总里程为1577公里，主要包括沪杭、杭甬、上三、甬金、杭徽、徽杭、申嘉湖杭、舟山跨海大桥、杭宁、龙丽丽龙及乍嘉苏等高速路段。其中权益性高速公路里程为1247公里，跨越浙江省10个地市和安徽省黄山市；同时运营德清304省道PPP项目等。

浙江沪杭甬"最美中国路姐"代表马红飞
十年如一日用微笑和汗水服务司乘

舟岱跨海大桥
"桥"见美好未来，引"岛"共同富裕

浙江沪杭甬成功发行迄今为止市场发行规模最大的基础设施私募REITs项目

浙江沪杭甬申报的公募REITs项目作为全国首批、浙江首单公募REITs在上交所上市

（二）金融证券业务：公司控股的浙商证券发展成为拥有130余家分支机构的全国性全牌照券商，并于2017年A股上市，成为省内首家本土上市券商，整体排名行业前25位。同时，公司参股投资浙商转型升级母基金、长江联合金融租赁、太平科技保险、上海农村商业银行等金融类公司，金融产业链不断拓宽。

（三）酒店物业业务：公司经营酒店物业资产，全资控股浙江大酒店，并持有杭州浙商开元名都酒店51%的股权，这些酒店均是区域内标杆酒店。

公司坚持"诚信、和谐、开放、进取"核心价值观，严格遵循上市规则规范治理，致力于构建安全便捷、优质高效、智慧科技、绿色经济的现代高速公路运营服务体系；荣获国务院国资委"国有重点企业管理标杆创建行动标杆企业"、全国青年文明号、全国巾帼文明岗、中国证券"金紫荆"奖等各类荣誉百余项；荣列"中国交通500强"企业榜单第236位，在全国高速公路上市公司中排名最高；获得惠誉"A+"、标普"A"国际评级，成为业内唯一母子公司同时获得国家主权级评级企业；多次入选《亚洲货币》《福布斯》等国际金融杂志"最佳公司治理""最佳投资者关系"排名，在国内高速公路行业和国际资本市场具备较高认可度。

风景如画的交通大动脉杭甬高速

中国石化工程建设有限公司
Sinopec Engineering Incorporation, SEI

中国石化工程建设有限公司（Sinopec Engineering Incorporation, SEI）前身成立于1953年，是具有七十年发展历史的，以能源化工工程设计为主，可提供从工程研发、技术许可、工程咨询、工程设计、智能工厂建设、园区规划、项目管理到工程总承包一站式整体解决方案的炼化工程全产业链、全生命周期综合服务商。公司拥有工程设计综合甲级、工程咨询甲级、工程监理甲级等资质证书，是国家认定的高新技术企业和国家级企业技术中心，2019年获评"中央企业先进集体"荣誉称号。业务覆盖石油炼制、石油化工、煤炭清洁利用、天然气净化与液化、油品及天然气储运、新能源新材料等领域。公司在全国勘察设计企业、工程总承包企业百强排名中多次排名第一，在国际权威的《工程新闻记录》（ENR）和《建筑时报》联合推出的"中国工程设计企业60强"排名中，八次荣登"中国工程设计企业60强"榜首，六次蝉联"中国勘察设计协会工程总承包企业百强"榜首，综合实力在国内行业中始终处于领先地位，在国际市场中具备较强竞争力和较高美誉度，具有强大的工程技术研发和工程转化能力。公司现有职工2300余人，其中中国工程院院士3名，全国工程勘察设计大师4名，正高级工程师近180人，人才聚集效应显著。

公司始终秉承"用精品工程为人类绘制石化宏伟蓝图"的使命，先后完成了3000多套石油炼制与石油化工装置的设计建设，创造了辉煌的工程业绩。公司先后荣获国家级优秀设计奖50项、优质工程奖19项、优秀工程总承包奖19项，两次荣获在国际工程咨询界享有盛誉的"菲迪克"奖。

公司始终坚持自主创新和开放创新融合发展，以卓越的工程转化能力推动研究成果形成绿色高效生产力，已经掌握了具有国际水平的大炼油、大乙烯、大芳烃以及天然气净化、液化与储运的工艺和工程技术，成功实现了煤直接液化、煤制烯烃、高含硫天然气净化、生物柴油、生物航煤等技术的工业应用，拥有了具有自主知识产权的石油化工主体技术。公司共荣获国家科技进步奖75项，其中特等奖3项、一等奖10项；自主知识产权的石油化工成套技术51项、有效专利800余项、专有技术近300项。

站在新的历史起点上，SEI将以共建、共赢、共享的理念，努力与社会各方合作伙伴一道，共同开创能源化工事业更加美好的未来！

海南炼油项目 　　　　　　　　　　　　镇海乙烯工程

天津炼化一体化项目 　　　　　　　　　惠州炼油项目

中交三航局第四工程有限公司
China Petrochemical Engineering Construction Co., Ltd.

公司总部

中交三航局第四工程有限公司（以下简称公司）原名交通部第三航务工程局第四工程处，成立于1974年，是世界500强企业——中国交通建设集团有限公司（以下简称中国交建）的三级全资子公司，总部设在浙江省宁波市，主要承接港口与航道工程、铁路、各等级公路、桥梁、风电、船坞、船台滑道、市政工程、水利工程、海堤工程及陆域形成、软基加固、各种混凝土构件预制结构工程施工、大型钢结构制作、土石方施工等工程施工，以及航务工程设计及咨询服务等。

公司贯彻落实中交集团"123456"总体发展思路，坚持"三重两大两优"经营策略，秉承"交融天下，建者无疆"的企业精神，聚焦水工、海上风电主责主业，不断向房建、市政、路桥、轨交、水利领域进军，积极践行深耕浙江、辐射华东、开拓西北、兼顾全国的经营策略，突出海外优先战略导向，深耕马来西亚和印尼等东南亚国家，努力在打造具有全球竞争力的"科技型、管理型、质量型"世界一流企业中走在前列。

多年来，公司先后参与了上海洋山港、宁波舟山港、温州港、嘉兴港等一大批标志性港口建设，在国内水工领域居于领先水平，承建亚洲第一个海上风电工程上海东海大桥海上风电一期工程，并大力推动风电品牌价值递增，至今海上风电业务已达170亿元，建设了一批代表国内最高水平的交通基础设施。

公司积累了一批自主知识产权和极具竞争能力的工程产品、施工设备、施工技术和施工工艺，获得国家科技进步奖1项，省部级科技进步奖31项；国家专利61项，其中国家发明专利23项、软件著作权2项；国家级工法1项、省部级工法20项。科研项目《我国首座大型海上风电场关键技术示范应用》获国家科技进步奖二等奖，涌现出一批"全国劳动模范""浙江劳动模范""全国技术能手""中国交建技术能手""港城工匠"等技术人才。

公司多次被评为"全国水运建设行业优秀施工企业""全国用户满意企业""全国'守合同、重信用'企业""工程建设质量优秀企业""全国交通运输文化建设卓越单位""浙江省文明单位"等，获得200多项市（局）级以上优质工程奖，包括"鲁班奖"7项、"詹天佑奖"4项、国家"金质奖"2项，实现了三大国家奖项大满贯，连续十二年保持"全国水运工程建设优秀施工企业"称号。

宁波舟山港梅山保税港区
（国内在建等级最高的集装箱码头）

宁波港北仑港区四期集装箱码头
（国家优质工程银质奖，詹天佑奖）

路泽太高架快速路
（国内最长钢结构桥梁）

黔张常铁路阿蓬江特大桥
（国内第一高跨客货共线快速铁路矮塔斜拉桥）

温州欧飞围垦工程
（国内最大围垦项目，鲁班奖）

上海东海大桥100兆瓦海上风电示范项目
（国家优质工程银质奖）

大唐山东能源营销有限公司
Datang Shandong Energy Marketing Co., Ltd.

大唐山东能源营销有限公司（以下简称公司）注册资本为2亿元，是中国大唐集团所属大唐山东发电有限公司的全资子公司，2016年7月在济南组建成立，是山东省首批专业售电公司，山东省电力市场管理委员会成员单位、市场信用管理委员会成员单位、全国首批AAA信用等级售电企业。2022年起，公司升格为纳税信用A级企业，2023年获得全国电力行业信用体系建设示范企业称号。公司经营范围涉及电力销售、热力销售、配电网运营、综合节能和电力业务咨询等业务。2023年，公司签约电力用户近两千家，交易电量连续多年列国网区域前十名。

公司成立以来，始终秉持"与客户共赢"的运营宗旨，全面聚焦大唐集团公司"1264"发展战略。立足庞大的售电体量和稳定的客户资源，推出多种合约套餐，根据用户用电特性量身打造定制化服务，实现客户的多元化、人性化选择；积极探索"售电+"增值服务，为客户提供用电安全管理、电力设备技术监督服务、电力设备故障抢修、用户节能服务、精益管理指导、配电站建设咨询等一揽子增值服务；同时创新数字化、信息化服务模式，率先建立用户用电数据、市场信息等大数据电子信息平台，以大数据驱动决策，让服务更精准、科学、高效。

在信用建设方面，公司认真贯彻落实国务院关于电力行业信用体系建设的各项部署，以防范信用风险为着力点，建立企业信用基础标准体系和信用内部监管体系，全方位提升信用管理水平，实现企业信用信息全流程可追溯管理。公司高度重视商业信誉，确保按时结算合同款项，切实保障商业合作伙伴利益，持续提升服务质量，自山东省现货市场运行以来，在上千次的交易申报和清算核对工作中，一直保持"零"失误、"零"误差，充分为用户争取改革红利，有效降低用电成本。与此同时，公司将信用工作与党建工作相融合，牢固树立诚信办企的理念，积极营造诚信和谐的经营环境，全力打造山东营销品牌，为大唐集团公司加快建设"中国最好、世界一流"能源供应商做出新的更大贡献！

市场开发人员在研究制定电力零售套餐

每日交易结束后，市场交易人员认真做好复盘分析工作

交易人员进行电力现货交易报价策略研究

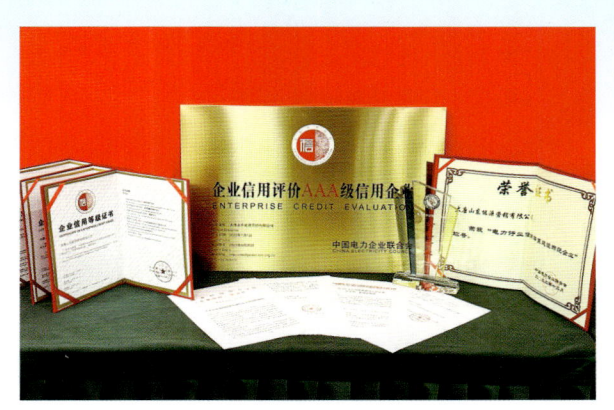

大唐山东能源营销有限公司荣誉

国能陕西新能源发电有限公司
Guoneng Shaanxi New Energy Power Generation Co., Ltd.

国能陕西新能源发电有限（以下简称公司）公司成立于2009年12月25日，由国家能源集团陕西电力有限公司独立出资组建，主要从事风能、太阳能等新能源项目开发、建设、运营、电力销售等。公司自成立以来，坚持以"建设绿色电站、促进地方经济，打造一流企业"为己任，积极投身陕西省风电和光伏开发、建设、运营。截至2022年年底，公司新能源总装机容量85.54万千瓦（在建容量20万千瓦），在运风电场7个，在运光伏电站1个，在运屋顶分布式光伏项目2个，在建光伏电站1个，储备拟开发新能源项目200万千瓦。在陕累计完成投资约55亿元，累计发电86.96万千瓦时，累计上缴利税约13亿元，切实履行了央企的社会责任，为推动当地经济发展做出了应有贡献，受到了上级单位和社会各界的高度肯定：所属场站2016年全部通过"无渗漏"工厂验收，2016年、2017年连续迈入集团公司"五星级"企业行列，2018年、2019年通过"安全生产标准化"验收，连续被评为集团公司安全环保一级企业，连续获得陕西公司A级企业及"先进集体"荣誉称号，所属场站连续五年获得中电联风电运行指标对标陕西省5A级风电场，2021年所属左庄风电场获中国电力设备管理协会"全国电力行业年度标杆风电场"称号，公司投资建设的新庄100MW风电工程荣获"2022年度中国电力优质工程"荣誉，2022年度荣获"陕西省国资委文明单位""全国安全文化建设示范企业"称号。新时代呼唤新作为，公司将以习近平新时代中国特色社会主义思想为指导，深入贯彻落实党的二十大精神，严格落实国家能源集团"一个目标、三型五化、七个一流"发展战略，持续发展壮大新能源事业，为实现装机规模翻两番、建设陕西省一流示范新能源企业而努力奋斗。

新庄风电场

草山梁风电场

吉山梁风电场

芦河光伏电站

雷家山风电场

国家能源集团国际工程咨询有限公司
National Energy Group International Engineering Consulting Co., Ltd.

　　国家能源集团国际工程咨询有限公司（以下简称国际工程）是国家能源集团的全资子公司，前身为中国华福实业总公司，成立于1987年6月，原系民政部直属的国有企业；1999年并入原神华集团；2005年10月，中国华福实业总公司整体划入神华国际贸易有限责任公司，于2006年3月完成公司制改造，更名为中国神华国际工程有限公司；2011年11月，根据原神华集团党组决定，将神华国际贸易有限责任公司招标代理业务、原神华集团工程造价中心造价业务和人员整体划入中国神华国际工程有限公司；2012年年初，中国神华国际工程有限公司改隶为原神华集团全资子公司，注册资本1亿元，负责开展集团招标、造价和工程咨询业务。国家能源集团重组成立后，集团公司党组决定重组国际工程公司，2019年9月，根据《关于重组中国神华国际工程有限公司的通知》（国家能源办〔2019〕545号）文件要求，将原国电物资集团有限公司的招标代理业务及人员划转至中国神华国际工程有限公司，负责集团招标、造价及工程咨询业务，参与集团招标、造价和工程咨询管理制度、流程、标准、规范制定，以及集团内部交易计价专业服务。国际工程是系统内首批完成重组整合的二级单位。2022年7月，中国神华国际工程有限公司名称变更为国家能源集团国际工程咨询有限公司，注册资本增至4亿元。

　　国际工程历经20年招标、近30年造价和10余年工程咨询业务发展，具有较强的专业能力，拥有原工程建设、政府采购、中央投资、国际招标甲级资质，拥有造价咨询甲级资质，拥有工程咨询电力（火电、水电、新能源）、煤炭、铁路、建筑4个甲级专业资信，以及电子、信息工程乙级专业资信。2021年，国际工程首批获中国招标代理机构AAA信用评价（最高级），行业排名第3位；2022年，获评中国造价咨询企业AAA信用评价（最高级）。

　　国际工程招标业务开始于2003年，涵盖工程、货物、服务以及机电产品国际招标，是国家能源集团唯一的招标代理平台，覆盖集团公司"煤电化路港航"全产业链所有二级单位，实现招标业务"100%集中、100%上网、100%公开"，具有招标规模大、行业板块多、实施难度高、影响范围广等特点，目前供应商库有27万家单位，评标专家库有上万名专家。具有招标、造价和工程咨询业务一体化服务能力。拥有自主知识产权的第三代综合业务集成平台（IBS 3.0）建立在集团统一信息化架构和信息安全体系下，是集团公司"一网三平台"体系重要系统，在"国家能源招标网"首批通过国家电子招标投标交易平台最高级（3星）检测认证，在智能化辅助评标、范本智能化应用、"不见面"远程评标等方面不断升级，向更加数智化方向发展。系中国招标投标协会常务理事单位，多次受邀参与行业政策标准的研究制定，荣获行业协会最高级资信评价，并先后荣获行业协会授予的"行业先锋单位""推动行业发展突出贡献单位""中国招标代理机构十大品牌"等荣誉称号。

碳达峰碳中和进行时国华电力风电项目

大渡河水电项目

造价业务从华能精煤公司造价处，到原神华集团工程管理部造价中心，再到国际工程，历经了30多年的赓续发展。2019年6月，国家能源集团下发《关于中国神华国际工程有限公司造价咨询服务采购有关事项的通知》，明确了国际工程造价咨询服务范围、取费标准和采购方式，为造价业务发展奠定了基础。2021年12月，根据《关于国家能源集团技术经济研究院和中国神华国际工程有限责任公司业务调整的通知》，技经院为集团公司投资决策平台并负责按集团总部部门委托完成项目投资评审和造价管理等工作，国际工程面向集团分（子）公司开展造价和咨询服务。2023年2月，根据《国家能源集团电力基建管理体系完善方案》，集团公司电力产业部将电力工程造价控制中心设在国际工程，为集团电力工程建设提供专业化造价过程管控。公司本部设有工程造价中心（即集团电力工程造价控制中心、项目评审中心），所辖的四个分公司均设有造价部，专家库有一千多名造价技术协作人员。造价咨询服务领域涵盖了基本建设、技改项目、科技项目、信息化项目、维检修项目、生产专业化项目等。

国电电力"巨无霸"钢结构冷却塔创世界单个体积之最

工程咨询业务开始于2012年，为各单位工程建设项目的多环节提供综合技术、经济咨询服务。目前由国际工程公司下设的项目评审中心开展工程咨询业务，主要包括：各单位委托的工程建设实施阶段评估咨询（涵盖初步设计评审、招标方案审查、招标文件评审、施工图审查、设计变更审查、项目后评价等），集团分子公司委托的科技创新、信息化及网安项目评审业务，新能源项目咨询（涵盖风电、光伏和氢能领域的可研、初步设计、投资风险评估、投资决策评估、并购测算、电价测算等报告的评审和编制）。

国际工程已经连续十年荣获集团公司对所属企业经营业绩考核A级。国际工程获评集团公司"企业文化建设先进单位"、"文明单位标兵"（连续两届）、"'一防三保'疫情防控先进集体"等荣誉称号，荣获行政主管部门授予的"东城区百强企业""煤炭工业社会责任优秀企业"等荣誉称号。国际工程全机构和全业务通过ISO9001质量管理体系认证。国际工程以"服务集团战略，创造专业价值"为使命，积极适应集团公司高质量发展的形势和要求，立足全集团"大协同"一体化运营格局，在总部部门、平台公司的统一指导、组织或授权下，做强管理、做优服务、做实监督，协助搭建集团招标采购和工程造价咨询全过程管理体系，做集团专业管理链上的参谋和助手，协助集团公司提升专业领域管理能力水平，从全局层面创造更高水平的专业价值。国际工程紧紧围绕集团公司"一三五七"发展战略，制定公司"155"发展战略。国际工程将以"155"发展战略为引领，努力建设具有行业特色的一流专业化公司，打造"国家能源招标网"一流品牌，为集团公司加快建设世界一流清洁低碳能源领军企业贡献更大的专业力量！

中海油常州涂料化工研究院有限公司
CNOOC Changzhou Coatings Chemical Research Institute Co., Ltd.

中海油常州涂料化工研究院有限公司（以下简称为常州院）始建于1969年，是原化工部直属事业单位，1999年转制为企业，目前是中海油能源发展股份有限公司（以下简称海油发展）的全资子公司，中国海洋石油集团有限公司（以下简称集团公司）下属三级单位。建院50多年来，常州院先后承担国家攻关项目45项；取得了600余项技术成果，获国家科技发明奖、科技进步奖24项，省部级科技发明奖和进步奖50余项，获省部级其他奖项70项；连续16年被认定为国家高新技术企业；累计专利授权211项，现有有效专利160项，其中发明专利143项；拥有注册商标8项；相继主导制定了涂料和颜料领域的相关国家标准和行业标准263项，并主导制定了3项国际标准；向全国推广技术成果300余项，为我国涂料和颜料行业的技术进步做出了突出贡献。

目前的常州院定位于集科研开发、行业服务、产品制造与销售、工程技术服务等于一体的综合性科技型企业，主营业务由绿色涂料和工业防护两部分构成。常州院坚持创新驱动发展理念，正在通过实施"科改示范行动"项目打造科技创新龙头，构建结构合理、开放兼容、自主可控、具有竞争力的现代产业技术体系，推动发展成为涂料新材料与工业防护领域具备国际竞争力的创新型科技企业，科研成果广泛应用于车辆、建筑、核电、船舶、风电、卷材、工程等领域。常州院是全国涂料行业生产力促进中心、全国涂料工业信息中心、中国化工学会涂料涂装专业委员会、中国化工学会水性技术专业委员会、国家化工行业生产力促进中心钛白分中心、全国无机颜料信息总站的依托单位。在信息科技服务领域开展了大量工作，发行包括业内唯一"五核心"期刊《涂料工业》在内的5本专业学术期刊。常州院面向涂料行业开展广泛的技术培训、研讨会议、专业展览等业务，围绕供应链探索产业互联网服务，是涂料行业科技成果转化建设孵化的重要平台。

中海油常州院智能车间生产线

中海油常州院腐蚀防护服务

中海油常州院涂料研发中心物化性能测试

中海油常州院智能车间

国能大渡河瀑布沟发电有限公司
Guoneng Daduhe Pubugou Power Generation Co., Ltd.

党委书记、董事长　魏文龙

瀑电总厂成立于2008年6月，负责管理运营瀑布沟和深溪沟两座大型水电站，总装机容量426万千瓦，年均发电量170多亿千瓦时，是国家能源集团目前最大的水电厂。

瀑布沟水电站是国家"十五"重点项目和西部大开发标志性工程，装有6台单机60万千瓦混流式水轮发电机组，电站于2004年3月开工建设，2010年12月全部投产发电。工程荣获第十四届中国土木工程詹天佑奖。

深溪沟水电站是瀑布沟水电站的反调节电站，装有4台单机16.5万千瓦的轴流转桨式机组，电站于2006年4月开工建设，2011年7月机组全部投产发电。工程荣获"国家优质投资项目奖"。

瀑电总厂实行"一厂两站、机电合一、运维合一""无人值班（少人值守），远方集控"的现代化生产管理模式，总厂下设综合管理处（董事会办公室）、党群办公室共12个二级部门，在岗职工238人，平均年龄35.87岁，

瀑布沟水电站库区

本科以上学历职工占比91.17%，党员占比47.48%。近年来，在集团公司和大渡河公司的坚强领导下，瀑电总厂累计发电2100亿千瓦时，安全生产天数超5000天，荣获了全国五一劳动奖状、全国文明单位、中央企业先进基层党组织标杆、全国安全文化建设示范企业、全国电力行业设备管理工作先进单位、第14届中国土木工程詹天佑奖、电力行业示范智慧电厂等荣誉。

瀑布沟水电站应急指挥中心

瀑布沟水电站发电机层

瀑布沟水电站大坝

国能大渡河新能源投资有限公司
Guoneng Daduhe New Energy Investment Co., Ltd.

国能大渡河新能源投资有限公司（以下简称新能源公司）是国家能源集团大渡河流域水电开发有限公司全资国有子公司，新能源公司于2010年11月10日注册成立，注册资本金12.2亿元。截至2023年9月，新能源公司总资产18.5亿元。

新能源公司是一家专注于清洁能源开发和高效利用领域的投资型专业公司，主营业务涉及光伏建管、售电、低碳环保、清洁能源投资及电力信息咨询、服务等。新能源公司是国能大渡河公司的新能源专业化开发公司、售电平台公司和碳资产管理平台公司，又是国家能源集团两大碳资产专业服务单位之一，挂靠着大渡河光伏建管中心、碳资产管理中心、售电服务中心。

目前，新能源公司资产所属水电装机容量39.46万千瓦，其中四川地区装机容量9.96万千瓦、湖北地区装机容量29.5万千瓦。新能源公司在四川省内拥有117万千瓦新能源项目开发权，其中光伏项目开发权82万千瓦，计划2024年内全部投产；风电项目开发权35万千瓦，已启动测风数据收集。

新能源公司始终秉承绿色发展、智慧发展、创新发展理念，致力于做强光伏产业、绿色低碳资产两大支柱，打造国内一流的绿色低碳智慧专业化新能源企业，荣获四川省文明单位、大渡河公司青年文明号、大渡河公司先进集体等奖项。

公司大楼

光伏场区

电力交易操作

井工煤矿现场盘查

捐赠照片

富平公司厂区全貌

大唐富平热电有限公司
Datang Fuping Thermal Power Co., Ltd.

党委书记、执行董事、总经理　李福东

大唐富平热电有限公司于2013年10月18日在富平县注册成立，建设规模为2×350MW超临界空冷供热机组；2014年12月获得国家发改委核准批复，2015年8月6日浇筑第一罐混凝土，采用EPC总承包（西北电力设计院）模式建设，#1、#2机组分别于2018年7月22日和8月30日投产运营，同步投运脱硫、脱硝和除尘设施，烟气排放采用"四塔合一"技术，环保指标趋零排放，达到行业最优。投产以来始终秉持"指标领先、环保领先、创新驱动"发展理念，实现了对富平县及周边区域集中供热，为革命老区经济发展提供可靠电源点和热源。用"高品质绿色能源"有效改善环境质量和居民生活条件，充分践行央企使命，勇于担当社会责任，成为推动当地社会和经济发展的中坚力量。

公司先后获得全国电力行业"党建品牌影响力企业"，陕西省国有企业文明单位、陕西省"十三五"节能减排先进单位，集团公司先进单位、先进基层党组织、"社会主义是干出来的"岗位建功先进集体，首批"市级健康企业示范单位"、富平县文明单位、富平县"共驻共建"先进单位等荣誉称号，连续三年在中电联火电机组能效水平对标中获350MW级超临界空冷3A级优胜机组。

汽机房面貌

球型煤场全貌 　　　集控室全景 　　　党员政治生活馆

中国中铁七局集团郑州工程有限公司
China Railway Seventh Bureau Group Zhengzhou Engineering Co., Ltd.

中国中铁七局集团郑州工程有限公司（以下简称郑州公司）是中国中铁股份有限公司的全资三级子公司，是中国中铁三级工程公司20强企业、全国优秀施工企业、全国最佳施工企业、全国铁路安全生产先进单位、河南省施工企业综合实力50强、河南省重合同守信誉企业、河南省建设工程质量管理先进企业、郑州市建筑业施工总承包先进企业、郑州市建筑业信用评价AAA级企业、郑州市建筑业先进集体、郑州市建筑业10强企业、郑州市建筑业引领型龙头企业，累计荣获鲁班奖、詹天佑奖和国家优质工程奖19项，省部级优质工程奖80余项，获得银行AAA级信用等级。

总经理　石军伟

郑州公司前身为1953年成立的郑州铁路管理局工程处，2000年改制为郑州铁路建设集团有限公司，并于2003年12月重组成为中国中铁下辖中铁七局综合施工类三级子公司。2022年以来，郑州公司立足市场、紧扣主业、聚焦效益、靶向发力，系统推进"集约化、标准化、信息化、智能化建设"，完成新签合同额231亿元，施工产值110亿元，资产总值达到50亿元以上，企业发展质量和效益逐年稳步提升，内涵式发展成效显著。

经过70年的发展，郑州公司已具有铁路工程、公路工程施工总承包一级资质；桥梁工程、隧道工程、公路路基工程、铁路铺轨架梁、建筑装修装饰、地基基础工程、特种工程（建筑物纠偏和平移、结构补强）等专业承包一级资质，钢结构工程专业承包二级资质，同时拥有工程测绘甲级资质和国家认定检验检测资质；在铁路、公路、市政、房建、城市轨道交通、水利水电、城市综合开发等领域均具有成熟完善的施工工艺、先进精良的机械装备和高效执行力的管理团队。

郑州公司始终发扬"开路先锋"的优良传统，秉承"勇于跨越、追求卓越"的企业精神，立足中原，面向全国，远赴海外，逢山开路，遇水架桥，依托雄厚的实力和核心竞争力，优质高效地完成了一大批在国内外具有较大影响力的重大工程：世界上首条跨度最大的公铁两用桥——武汉天兴洲长江大桥，世界最长的公铁两用桥——郑新黄河公铁两用桥，全国首例采用双向转体跨铁路施工的安阳市文峰路钢管系杆拱桥，被誉为"中原第一跨"的岭南高速蒲山特大桥等为代表的一大批高难新工程，以及京广、陇海、京九、郑徐、郑万、郑济、郑阜等铁路

中国土木工程詹天佑奖——郑州市南四环至郑州南站城郊铁路一期工程

干线，郑焦、沪宁、郑机、佛肇、莞惠、新白广、太焦等城际轨道交通工程，京港澳、连霍、沪陕、西藏林拉、昌邦等高速公路，郑州地铁1、4、5、7号线、上海地铁、兰州地铁等地铁项目。

近年来，郑州公司始终坚持健康发展理念，营造对内公平、风清气正、健康向上的内部工作氛围，树立讲平等、讲诚信的外部合作环境，本着"不唯上，不唯书，只唯实"的务实理念，一切工作从实际出发，不断创新思维、开拓视野、优化思路，推进科技、管理创新双升级。郑州公司拥有1个省级、2个市级研发创新平台，建立BIM技术研究院和信息科技分公司，下属检测分公司认定为河南省高新技术企业。在铁路既有线、桥梁施工与架梁、工程测量与实验领域处于行业领先地位，拥有22项国内发明专利及2项国际发明专利、158项实用新型、5项外观设计专利、2项软件著作权和74项省部级工法，获得省部级以上科学技术进步奖19项、各级QC小组成果奖项166项。

2022年，郑州公司聚力激发创新发展活力、破解资源配置难题、履行绿色发展使命、构建智能建造格局，有效发挥新发展理念指挥棒、红绿灯的作用。坚持"一切工作到项目"的鲜明导向，一体化推动供应链管理、资源要素、工程项目集约化，高标准推进内业规范管理、现场文明施工，大力推广智能工装设备等互联网新技术，对传统产业进行全方位、全角度、全链条的改造赋能，实现机械化减人、自动化换人、智能化无人。国内首套1000t低位过隧架桥机"陆吾号"在项目成功应用。茂名制梁场世界首条高铁预制箱梁钢筋骨架智能建造生产线投产后自动化率达70%，劳动强度降低80%，工人减少30%以上。

七十年风雨征程，七十年薪火相传，郑州公司积极发扬实干、担当、勇往直前的太焦抢险精神，正朝着中国中铁"尖兵工程公司"阔步前进。郑州公司真诚期待与各界朋友跨越山海、深度合作、互惠互利、共谋发展，携手开创更加美好的明天！

新建蒙西至华中地区铁路煤运通道MHTJ-14标段

西藏扎囊山南地区扎囊公路特大桥

国家优质工程奖——岭南高速蒲山特大桥

河南省市政优良工程
郑州航空港经济综合实验区
（郑州新郑综合保税区）
工业四路跨梅河干流桥梁工程

郑州市四环线及大河路快速化工程

中国建筑工程鲁班奖——
京广高铁黄河公铁两用桥

舟曲县凉风壳发电有限公司
Zhouqu County Liangfengke Power Generation Co., Ltd.

　　凉风壳水电站是国能陕西水电有限公司全资企业，全称为"舟曲县凉风壳发电有限公司"。

　　电站位于甘肃省甘南藏族自治州舟曲峰迭镇，是白龙江干流舟曲县以上甘肃河段规划中的第十一座水电站；2010年9月开工，2013年9月投产，由大坝、引水系统及发电厂区三部分组成，属三等（中型）工程；电站装机容量为52.5MW（3×17.5MW），保证出力13.53MW，年平均发电量24413万kW·h，年利用小时数为4650，电站现有员工19人。

　　舟曲县凉风壳发电有限公司始终以习近平新时代中国特色社会主义思想为指导，全面学习贯彻落实党的二十大精神，以安全设施文明标准化创建和安全文化落地为着力点，积极开展新时代企业信用建设工作，强化领导，注重实效，在理想信念教育、思想道德建设、党风廉政建设、文化教育建设、民主法治建设、安全生产管理等方面取得丰硕成果。单位先后获评舟曲县见义勇为工作先进单位、舟曲县民族团结进步模范集体、舟曲县民族团结进步示范企业、2015年度全民义务植树活动先进集体、2016年度工业企业生态环境保护工作先进单位、2017—2022年连续六年评为纳税信用A级纳税人，2018年高标准通过集团公司安全生产标准化验收工作，被评为全集团中小水电的"标杆"企业，治理工作在全集团范围内小水电企业推广学习；2021年开展电力安全生产标准化达标工作，获评"一级企业"；获评2022年度"甘南州级文明单位"。

　　公司主动履行央企责任，公司支部与周边村委会联合开展"党建联谊、企地共建"主题党日活动，为解决城内、城外村农田灌溉，电站投资200余万元，从电站引水隧洞敷设供水管道8公里，为城外村增加灌溉面积100多亩，平均每户收入增加近300元；2017—2023年共计慰问当地老人21人次；2022年6月，在舟曲县持续高温天气下，为持续巩固脱贫攻坚成果，公司投资近10万元，帮助当地村委会维修灌溉系统，有效保障农民及时灌溉；同时在扶贫网站慧采商城上采购员工劳保用品及节日慰问品，助销农产品，为乡村振兴贡献力量，赢得了社会各界的广泛好评。

凉风壳电站厂区全景

"花园式"电站——凉风壳

电站文明生产标准化治理

党建融入中心工作，高标准开展设备检修

凉风壳电站枢纽鸟瞰图

国能（惠州）热电有限责任公司
Guoneng (Huizhou) Thermal Power Co., Ltd.

国能（惠州）热电有限责任公司（以下简称国能惠州电厂）成立于2021年10月26日，是由2007年12月注册成立的中国神华能源股份有限公司惠州热电分公司"分转子"变更设立的、具有独立法人资格的新公司，注册资本金28.9067亿元，为中国神华能源股份有限公司全额投资，直属国家能源集团广东电力有限公司（以下简称广东公司）。国能惠州电厂主要从事火力发电、供热以及相关产品的开发和生产经营。

国能惠州电厂地处惠州大亚湾石化区，一期工程以"上大压小"方式，投资建设2台330MW亚临界抽凝式燃煤热电联产机组，项目于2010年1月获得核准，2010年4月投产发电，同年5月通过石化区公共供热管网正式对外供热，满足区内28家企业供热需求，2016年1月实现"全厂超低排放"。一期工程投产以来，两台机组安全、经济、环保指标优良，截至2022年，累计发电474.61亿千瓦时，累计供热量5389.86万吉焦，利润总额累计31.83亿元，累计缴纳税额19.68亿元，为促进区域经济社会发展发挥了积极作用。二期项目建设2台400MW级燃气热电联产机组，项目已于2021年11月5日获得核准，2022年9月28日开工，计划2024年5月建成投产，投产后预计年发电量39.3×10⁸kWh，年供热量727×10⁴GJ。2021年，国能惠州电厂全面启动光伏项目开发，当前正在建设项目1个共计7.5万千瓦，投决项目3个共计1.46万千瓦，立项及获取资源项目3个共计0.96万千瓦，新能源发展效果初步显现，坚定走在新能源发展的最前沿。

国能惠州电厂坚持高质量发展，重点抓好安全环保、经营管理和党建纪检等工作，扎实推进能源保供。自投产以来安全生产态势总体平稳，2015年1号机组获得300MW等级全国可靠性标杆机组（金牌机组），2017年荣获"第六届全国电力行业设备管理工作先进单位"称号，2011—2022年连续11年获评广东省"环保诚信企业（绿牌）"，2019年至2022年连续4年被评为国家能源集团安全环保一级企业，2021年获得国家能源集团"社会主义是干出来的"岗位建功行动先进集体称号，2020—2022年连续3年获评广东公司年度绩效A级单位。

国能惠州电厂将积极响应国家碳达峰、碳中和发展理念，践行六个担当，加快一流建设，积极为社会赋能，为加快建设大亚湾高质量清洁低碳综合能源供应中心而努力奋斗！

码头

煤场

厂貌

码头远景

集控室

外景俯瞰图

公司党委书记、董事长曾平参加
福建省厦门市第十六届人大代表会议

公司办公地鸟瞰图

公司承建的柬埔寨太子集团总部
项目获得厦门市第一个境外工程鲁班奖

公司承建的厦航总部大厦工程项目
获评第十四届第一批中国钢结构金奖工程

全国最大单体体育馆厦门新体育中心
福建省最大会展中心厦门新会展中心

中建四局建设发展有限公司
China Construction Fourth Engineering Bureau Construction Development Co., Ltd.

中建四局建设发展有限公司作为中建四局的东南区域总部，业务覆盖福建、江西、浙江、广东、海南、湖北等区域，下辖投资公司、供应链公司、工业建筑分公司、总承包公司、福州分公司、江西分公司、广东分公司、浙江分公司，以及市政交通、装饰园林、电子厂房等相关事业部，开启全产业链运营。

（一）布局海西的"发祥者"

作为第一批特区建设者，中建四局建设发展有限公司从1983年进驻厦门以来，与特区共成长，与地方同呼吸，创造了福建建筑业的多项纪录，如获得福建省第一个鲁班奖（厦门柯达感光厂）、厦门市第一个海外鲁班奖（柬埔寨太子集团总部）；同时，也是福建省第一个综合体快速建造的创造者（福州金融街万达广场）、福建省第一个200米的缔造者（厦门财富中心）、全国最大单体体育馆的建造者（厦门新体育中心）、福建省最大会展中心的创建者（厦门新会展中心），承建了中建四局首个百亿乡村振兴项目和百亿公投公建类项目、福建省内最大的基础设施类项目（漳州古雷乡村振兴精细化工富民示范产业园一期项目）、国内领先的省会机场项目（福州长乐国际机场二期扩建工程机场工程航站区工程）。

（二）大国建造的"践行者"

中建四局建设发展有限公司紧跟国家战略，始终坚持"科技支撑发展 创新引领未来"的科技工作指导思想，推动在数字化、工业化、绿色化、智能化方面发力，推动"四化"融合、协同发展，率先成立EPC设计院，健全设计管理体系，搭建创新研究院和工业建筑事业部等平台，在数字建造、工业建造、绿色建造、智能建造等高端建造领域均有建树，在房建、基建、投资等业务板块业绩突出，荣获福建省首个、厦门市唯一一个住房与城乡建设部绿色施工科技示范工程（厦门万科湖心岛项目），致力于讲好发展故事，展现中国建造风采。

（三）服务地方的"央企人"

服务地方是中建四局建设发展有限公司最重要的使命。在经济责任上，中建四局建设发展有限公司作为中建四局开展融投资业务的战略平台，率先成立投资公司，以"融资建造、增值服务"的创新模式，以"满足需要、解决需求"的精准施策，开展多种投资运作模式，业务范围涉及投资代建、开发运营、城市更新、过程咨询、供应链金融等全产业链综合服务；在社会责任上，积极参与扶贫帮困、乡村振兴、抢险救灾、战略保障等地方重大事项建设、重要决策部署，先后荣获国际安全奖、全国工人先锋号、中央企业青年文明号、福建省五一劳动奖状等荣誉。

中建四局建设发展有限公司以打造"海西区域最具价值创造力的投资建设运营集团"为目标，以打造全体四局发展人共享的事业平台为价值观，秉承"至精至诚、爱拼会赢"的文化品格，激发"红色领航 精诚尖兵"党建品牌活力，践行"一流品质、一流服务"的履约理念，与客户共同拓展幸福空间！

中建四局建设发展有限公司参建的厦门柯达感光厂获福建省首个鲁班奖

青岛西海岸新区海洋控股集团有限公司
Qingdao West Coast New Area Ocean Holding Group Co., Ltd.

青岛西海岸新区海洋控股集团有限公司（以下简称海控集团），成立于2018年11月，注册资本50亿元，是直属于青岛西海岸新区管委的国有资本控股集团，主要从事投资管理、资产运营、股权管理及资本运作、基金管理等业务。截至2022年年底，海控集团资产总额1580亿元，全年营业收入457亿元，一级控股子公司16家，上市公司2家，获AAA主体信用评级。海控集团荣获2023山东省企业100强（66），2023中国服务业企业500强（166），2023山东品牌价值企业。

海控集团立足服务青岛市和西海岸新区城市发展战略，聚焦资本运营和产业培育，打造金融服务、新兴科技、海洋文旅与高端服务三大产业集群，构建"金融服务+园区开发+产业投资"商业模式，建立以园区开发为载体、以产业投资为先导、以金融服务为支撑的生态体系，通过战略投资、并购重组等资本运作放大资源和资产价值，以产业运营拓宽资本运作的空间，通过建设高品质产业园区，推动区域内高新技术产业的聚集发展，筑巢引凤的同时引导产业落地，为实体产业孵化运营提供空间载体，整合、吸引产业链上下游产业聚集，推动青岛市和西海岸新区产业升级和实体经济高质量发展。

海控集团坚持聚焦服务实体经济，以投带引合计出资23亿元推动京东方生产基地项目建设并顺利投产，参与芯恩半导体股权投资、海澳芯科产业平台投资，助力青岛市和西海岸新区打造"芯屏"产业发展新高地。在青岛市24条重点产业链、47家链主企业中，海控集团投资布局了新型显示、集成电路、生物医药等9条重点产业链，深度赋能青岛京东方、芯恩、明月海藻等10家链主企业。海控集团通过上市公司战略管控，推动总投资50亿元的万马高端装备产业园和总投资53亿元的诚志新材料产业园项目落地新区，助力新区打造百亿级先进制造产业链、千亿级新材料产业链。海控集团积极履行社会责任，综合运用供应链金融、投资等手段持续服务新区中小微企业，帮助其解决"融资难、融资贵、融资繁"问题，截至2022年年底，共服务25家中小微企业，共计投资53.83亿元。

青岛京东方物联网移动显示端口器件生产基地

青岛万马高端装备产业园

青岛诚志新材料产业园

青岛红树林高端度假文旅产业园

信以为本

第四届诚信企业案例精选

商业信用中心 ◎ 编

企业管理出版社

图书在版编目（CIP）数据

信以为本：第四届诚信企业案例精选 / 商业信用中心编 . —北京：企业管理出版社，2023.11

ISBN 978-7-5164-2924-2

Ⅰ. ①信… Ⅱ. ①商… Ⅲ. ①企业管理 – 案例 – 汇编 – 中国 Ⅳ. ① F279.23

中国国家版本馆 CIP 数据核字（2023）第 184650 号

书　　名：	信以为本：第四届诚信企业案例精选
书　　号：	ISBN 978-7-5164-2924-2
作　者：	商业信用中心
策　　划：	杨慧芳
责任编辑：	杨慧芳
出版发行：	企业管理出版社
经　　销：	新华书店
地　　址：	北京市海淀区紫竹院南路 17 号　　邮编：100048
网　　址：	http://www.emph.cn　　电子信箱：314819720@163.com
电　　话：	编辑部（010）68420309　　发行部（010）68701816
印　　刷：	北京亿友创新科技发展有限公司
版　　次：	2023 年 11 月第 1 版
印　　次：	2023 年 11 月第 1 次印刷
开　　本：	889mm×1194mm　　1/16
印　　张：	30.5 印张
字　　数：	921 千字
定　　价：	398.00 元

版权所有　翻印必究·印装有误　负责调换

《信以为本》编委会

主　任

　　左　波

副主任

　　戴征洪　王仕斌

委　员（按姓氏笔画排名）

　　王　黎　牟建永　陈宝华　陈　慧　胡志华　梁　忻　潘　军　潘　胜

执行主编

　　梁　忻　牟建永　胡志华　杨衍结

目　录

第一部分　企业诚信建设十佳案例

保供增效，胸怀"国之大者"　以诚为本，铸就央企担当
　　中国大唐集团有限公司 002

诚信茅台，善行共创美好生活
　　中国贵州茅台酒厂（集团）有限责任公司 006

强基础　优管理　树文化　以诚信守法践行"国之重器"责任担当
　　中国长江电力股份有限公司 010

以"诚信山能"建设助推企业高质量发展
　　山东能源集团有限公司 014

精益取信、立规行矩，乘"风"而上铸强企
　　东方电气风电股份有限公司 017

筑牢诚信根基，打造中国轨道交通走出去的"金名片"
　　中车株洲电力机车有限公司 020

至诚服务　践行初心使命　至信立企　创建共赢生态
　　南方电网供应链集团有限公司 023

构建信用管理体系　打造诚信龙源品牌
　　龙源电力集团股份有限公司 027

以信赋能，打造"贷"动实业　助创业、促就业，创新金融新典范
　　深圳担保集团有限公司 031

以诚信为本，打造全球市场竞争力品牌
　　山东玲珑轮胎股份有限公司 034

第二部分　最佳诚信企业案例

重信守诺　认真履行国企责任　依法合规　保障企业和谐发展
　　中国石化销售股份有限公司江苏石油分公司 038

以诚信经营促进企业高质量发展
　　国能准能集团有限责任公司 041

铸牢长远发展根基，打造金质诚信品牌，助力企业高质量发展迈上更高平台
  中交第三航务工程局有限公司 045

打造"六诚"文化，彰显"六立"特色，建设"六型"宝桥
  中铁宝桥集团有限公司 050

以诚信立企　履社会责任　奋力书写高质量发展新篇章
  中国一重集团有限公司 053

筑牢诚信之基，赋能神东煤炭高质量发展
  国能神东煤炭集团有限责任公司 057

推动诚信合规建设　履行央企责任担当
  大唐陕西发电有限公司 062

强化信用承诺　擦亮诚信品牌　打造诚信电商供应链平台
  电能易购（北京）科技有限公司 066

以诚信合规和改革创新创建世界一流铁路运输企业
  国能包神铁路集团有限责任公司 070

树诚信招牌，筑信用之基，打造新材料行业标杆
  中广核高新核材集团有限公司 073

构建诚信合规经营体系，打造"大唐财司"特色诚信品牌
  中国大唐集团财务有限公司 076

践行诚信兴商，以央企责任与担当推动地方经济和社会发展
  国能北电胜利能源有限公司 080

诚信引领　守正创新
  深圳市高新投集团有限公司 083

钢铁报国　诚贯始终　绘就高技术高质量创新发展京诚画卷
  中冶京诚工程技术有限公司 088

"行诚万里，以诺兴业"　坚持系统诚信建设　保持企业持久动力
  中南钻石有限公司 092

逆势破局，践行履约　以"国之大者"做诚信建设排头兵
  中国核工业华兴建设有限公司 095

交付价值　建设未来　树立诚信经营行业标杆
  中化学土木工程有限公司 099

以诚信经营打造"紫京"金字招牌
  江苏紫京有限公司 102

厚植诚信根基，打造"令人向往"的企业
  大唐国信滨海海上风力发电有限公司 106

以民生为信念，铸诚信之嘉农
  浙江嘉昕农产品股份有限公司 109

第三部分　优秀诚信企业案例

国企内部诚信评价体系建立与实施
　　中国二十冶集团有限公司 114
打造诚信至上的国际化投资控股企业
　　浙江沪杭甬高速公路股份有限公司 118
诚信为本　打造一流企业集团
　　中铁武汉电气化局集团有限公司 122
以诚信履约打造智慧港口"振华方案"
　　上海振华重工（集团）股份有限公司 125
合规保障　标准助力　筑牢企业"全周期"信用风险管控屏障
　　内蒙古电力（集团）有限责任公司鄂尔多斯供电分公司 128
创建诚合品牌，以诚信文化打造世界一流冶金建设国家队
　　中国二冶集团有限公司 131
全流程管控　标准化作业　认真践行"每一滴油都是承诺"
　　中国石化销售股份有限公司浙江石油分公司 134
建品质工程　做诚信企业
　　中铁二局集团有限公司 137
打造诚信合规企业，营造良好行业生态
　　中国石化工程建设有限公司 140
基于技术经济体系质效优化的电网企业信用管理实践
　　内蒙古电力（集团）有限责任公司内蒙古电力经济技术研究院分公司 144
打造废旧物资阳光竞拍平台　营造风清气正社会诚信环境
　　国能（北京）商务网络有限公司 148
立于诚信行万里　筑造精品树丰碑
　　中交四航局第三工程有限公司 152
坚守初心，深耕煤矿安全生产　砥砺奋进，展现央企担当作为
　　鄂尔多斯市国源矿业开发有限责任公司 156
诚信立业　实干争先　央企领航展作为
　　中国二十二冶集团有限公司路桥工程分公司 159
践行供电保障承诺　诚信服务园区发展
　　内蒙古电力（集团）有限责任公司包头供电分公司 162
加强诚信管理　践行社会责任　促进高质量发展
　　中煤科工西安研究院（集团）有限公司 165
牢记嘱托　忠诚担当　不负厚望　筑造精品扶贫工程
　　中铁隧道局集团有限公司 168

践行诚信　卓越担当
　　中国北方稀土（集团）高科技股份有限公司 171

坚持诚信经营理念　塑造一流口碑品牌
　　国能大渡河检修安装有限公司 174

全要素协同发力　打造诚信采购营商环境
　　内蒙古电力（集团）有限责任公司物资供应分公司 178

守信重责树标杆　十年坚守暖万家
　　中海石油气电集团有限责任公司天津销售分公司 181

诚信履约重守责　客户满意保开学
　　中国十七冶集团有限公司 184

诚信为基践行初心使命　勇于担当履行央企责任
　　国能大渡河沙坪发电有限公司 188

依法合规　诚信治企　践行央企责任担当
　　嘉陵江亭子口水利水电开发有限公司 191

坚定忠诚信仰　积极担当作为　打造属地化龙头企业
　　中交第三航务工程局有限公司宁波分公司 195

弘扬诚信文化　争做诚信楷模
　　国能（北京）贸易发展有限公司 199

基于风险、内控、合规一体化建设的电网企业信用管理实践
　　内蒙古电力（集团）有限责任公司阿拉善供电分公司 201

诚信为农　打造数字供应链增信平台
　　山东省农业发展信贷担保有限责任公司 204

诚信立企　助力"金凤"高飞
　　湖南华菱线缆股份有限公司 209

筑牢诚信根基，保障能源供给　打造区域一流能源服务企业
　　大唐山东能源营销有限公司 212

信誉为本　质效并举　打造新能源企业典范
　　国能陕西新能源发电有限公司 215

追求卓越　诚信为本　争当疏浚行业排头兵
　　中交广航疏浚有限公司 218

坚守诚信管理　彰显国企担当
　　内蒙古电力（集团）有限责任公司呼和浩特供电分公司 221

以诚信经营为公司发展保驾护航
　　融通地产（河南）有限责任公司 224

以守信塑品牌
　　江苏华电句容发电有限公司 226

改革创新助力诚信建设　信息技术打造金字招牌
　　国家能源集团国际工程咨询有限公司 229

内强诚实守信文化　外树履约践诺标杆　打造高质量发展的物资产业服务商
　　中国交通物资有限公司 232

诚信合规　精益求精
　　国能大渡河流域水电开发有限公司龚嘴水力发电总厂 235

严抓风险防控　坚持诚信经营
　　四川盛世元亨国际贸易有限公司 238

在建设人与自然和谐共生现代化中展现责任担当
　　中铁环境科技工程有限公司 242

以诚信护航企业稳健安全持续发展
　　中冶华天工程技术有限公司 246

坚守央企担当　诚信经营保供热
　　大唐国际发电股份有限公司下花园热电分公司 249

弘扬诚信文化　树立诚信理念　践行诚信经营
　　广州万宝集团压缩机有限公司 251

打造诚信文化品牌　助推企业高质量发展
　　陕西北方动力有限责任公司 254

在党的旗帜下筑牢合规底线　助力公司高质量发展
　　中海油常州涂料化工研究院有限公司 258

坚持以诚兴企，以信致稳　打造"精、优、美"绿色水电
　　国能城固水电有限公司 261

多管齐下，全力推进采购、物资诚信合规管理
　　国能大渡河流域生产指挥中心 265

以诚信为本、品质为要　努力建设世界一流发电公司
　　国能大渡河瀑布沟发电有限公司 268

基于"四位一体"协同机制下的诚信体系构建与实施
　　内蒙古电力（集团）有限责任公司锡林郭勒超高压供电分公司 271

筑牢诚信之基　促进企业发展
　　内蒙古电力（集团）有限责任公司薛家湾供电分公司 274

建立健全信用制度　赋能企业高质量发展
　　上海宝冶集团有限公司 277

以诚信文化推动实现安全健康发展
　　西安北方惠安化学工业有限公司 280

诚信立业　行稳致远　奉献社会
　　四川联众供应链服务有限公司 283

"疫"不容辞全力保供　持续彰显诚信企业示范引领作用
　　国能物资南方有限公司 286

诚信经营铸品牌"数智"服务助成长
　　四川长虹佳华信息产品有限责任公司 289

诚信为本　奋力谱写高质量发展新篇章
　　大唐泰州热电有限责任公司 ……………………………………………………………… 292

以服务品牌创建成效为企业诚信代言
　　国能诚信招标有限公司 …………………………………………………………………… 295

国之大者，诚信为先　猴子岩公司扎根藏区展现央企担当
　　国能大渡河猴子岩发电有限公司 ………………………………………………………… 298

诚信经营，提供优质可靠能源
　　河北大唐国际张家口热电有限责任公司 ………………………………………………… 301

以诚为本，履央企之责　以信为基，铸国之重器
　　内蒙古北方重工业集团有限公司 ………………………………………………………… 304

依托信用体系建设深入推进电网安全监管工作
　　内蒙古电力（集团）有限责任公司内蒙古超高压供电分公司 ………………………… 307

党建引领促发展　诚信守法铸国企担当
　　文县柳园水电开发有限公司 ……………………………………………………………… 311

坚持诚信经营　勇担社会责任　擦亮企业立身亮丽名片
　　中铁二局集团电务工程有限公司 ………………………………………………………… 314

践行诚信谋发展　踔厉奋发开新篇
　　国家能源聊城发电有限公司 ……………………………………………………………… 317

以诚信守正谱写大渡河绿色发展新篇章
　　国能大渡河新能源投资有限公司 ………………………………………………………… 320

奋楫笃行　诚信兴企　开启高质量发展新篇章
　　国能神皖合肥发电有限责任公司 ………………………………………………………… 323

以勇担责任和践诺守信助力富士康普工招募
　　河南省人才集团有限公司 ………………………………………………………………… 326

以人为本　服务至上　合作共赢　打造受尊敬的诚信企业
　　内蒙古包钢钢联股份有限公司 …………………………………………………………… 328

坚守"诚信"底线　铸就"信用"品牌
　　中国二冶集团有限公司西北分公司 ……………………………………………………… 333

靠实干保履约　以诚信铸品牌　勇当湾区大动脉"开路先锋"
　　中交广州航道局有限公司 ………………………………………………………………… 335

以诚立企　以信兴企　用诚信树工程丰碑，赢客户口碑
　　广州白云国际机场建设发展有限公司 …………………………………………………… 339

践行诚信为本　彰显责任担当　凝聚企业高质量发展强大动力
　　国能神华九江发电有限责任公司 ………………………………………………………… 342

诚信守正树标杆　红色央企展担当
　　大唐富平热电有限公司 …………………………………………………………………… 345

坚持诚信为先　推进"四化"建设　为企业高质量发展助力赋能
　　中铁七局集团郑州工程有限公司 ………………………………………………………… 348

打好专项监督"组合拳"　持续优化用电营商环境
　　内蒙古电力（集团）有限责任公司乌海超高压供电分公司 ... 352

党建引领　诚信经营　造福社会
　　舟曲县凉风壳发电有限公司 ... 355

诚信赋能领跑冶金运营服务　勇毅坚守扛起抗疫保产担当
　　中冶宝钢技术服务有限公司 ... 359

践诚信　行致远　打造绿色智慧物流企业
　　包头钢铁（集团）铁捷物流有限公司 ... 363

打造诚信经营标杆　提升优质服务内核
　　大唐陕西发电有限公司渭河热电厂 ... 366

信用为本　严守规矩　尽心打造永不褪色的诚信名片
　　国电环境保护研究院有限公司 ... 369

恪守诚信之基　彰显企业担当
　　苏州市味知香食品股份有限公司 ... 372

利用数字技术革新　构建技术监督信用纽带
　　内蒙古电力（集团）有限责任公司内蒙古电力科学研究院分公司 ... 375

积极履行社会责任　充分彰显央企担当
　　中广核风电有限公司 ... 379

牢记使命勇担当　勇毅前行创一流　加快建设高质量清洁低碳综合能源供应中心
　　国能（惠州）热电有限责任公司 ... 383

诚实经营方久远
　　国能蚌埠发电有限公司 ... 386

匠心立桩诚信筑基　构造城市绿色能源转型发展
　　国能宿州热电有限公司 ... 388

信用管理为企业高质量发展保驾护航
　　青海大唐国际共和光伏发电有限责任公司 ... 391

重责守信　"筑"就精诚精彩
　　中建四局建设发展有限公司 ... 393

打造诚信品牌　彰显央企担当
　　中冶天工集团有限公司 ... 396

立足央企责任　践行使命担当
　　中交一公局第七工程有限公司 ... 399

挥动"乡村振兴"画笔　共绘"民族团结"画卷
　　中国一冶集团有限公司 ... 402

安全稳定保障供热　强化企业诚信经营
　　三河发电有限责任公司 ... 405

畅通"煤改电"绿色通道　擦亮"省心电"信用品牌
　　内蒙古电力（集团）有限责任公司乌海供电分公司 ... 409

第一部分

企业诚信建设十佳案例

保供增效，胸怀"国之大者"
以诚为本，铸就央企担当

中国大唐集团有限公司

一、企业简介

中国大唐集团有限公司（以下简称中国大唐）成立于2002年12月29日，是中央直属国有特大型能源企业，注册资本金为370亿元，主要业务覆盖电力、煤炭煤化工、金融、环保、商贸物流等。所属企业包括5家上市公司、37家区域公司和专业公司。5家上市公司分别是：大唐国际发电股份有限公司、大唐华银电力股份有限公司、广西桂冠电力股份有限公司、大唐集团新能源股份有限公司、大唐环境产业集团股份有限公司。

中国大唐积极践行"四个革命、一个合作"能源安全新战略，认真履行能源央企政治责任、经济责任、社会责任。中国大唐建成世界在役最大火力发电厂——内蒙古大唐国际托克托发电公司、我国首个百万千瓦风电基地——内蒙古赤峰塞罕坝风电场、世界首台六缸六排汽百万千瓦机组——大唐东营发电公司。中国大唐肩负着首都一半以上电力供应的重任，承担着"三北"地区8亿平方米供热任务。中国大唐先后有31家企业被评为"全国文明单位"，17名同志获得"全国劳动模范"光荣称号，连续14年入选世界500强。

面向"十四五"及未来发展，中国大唐立足新发展阶段，贯彻新发展理念，融入新发展格局，奋力打造"中国最好、世界一流"能源供应商，服务"碳达峰""碳中和"目标，在以中国式现代化全面推进中华民族伟大复兴的伟大进程中贡献大唐力量。

二、2022年企业经营情况

2022年，党的二十大胜利召开，开启了以中国式现代化全面推进中华民族伟大复兴的新征程。

一年来，中国大唐以学习宣传贯彻党的二十大精神为主线，坚持以习近平新时代中国特色社会主义思想为指导，坚决落实党中央关于"疫情要防住、经济要稳住、发展要安全"的部署要求，克服疫情反复冲击、电煤量缺价高等方面挑战，坚持稳字当头、稳中求进，统筹推进保供增效、绿色转型、深化改革、科技创新、风险防控、管理提升、党的建设各方面工作，圆满完成全年各项任务。

2022年，中国大唐实现营业总收入2529.67亿元，利润总额108.56亿元，营业收入利润率3.82%。截至2022年年底，中国大唐发电装机容量突破1.7亿千瓦，其中清洁能源占42%。资产总额达到8400多亿元，在役及在建资产分布在全国31个省区市和香港特别行政区，以及缅甸、柬埔寨、老挝、印尼等多个国家和地区。

三、中国大唐企业诚信案例

（一）心系"国之大者"，全力实现保供增效，践行央企责任

中国大唐坚决克服煤价高、煤炭自给率低、煤电多的矛盾，实现了保供增效。始终把能源电力安全保供作为最直接、最现实的"国之大者"抓实抓好。落实常态化保供工作机制，做好燃料、资金等资源要素

保障，强化生产管控和运行调度，严控临检机组和出力受阻，超前策划重点时段保供方案预案，确保电力热力安全稳定供应。统筹保供与增效，圆满完成北京冬奥会冬残奥会、党的二十大、迎峰度夏、迎峰度冬等重大保供任务；公司领导班子每周进行调度，经理层每半月进行协调，明确重点时段、重大保电任务专题部署，抓实抓细各项保供措施。生产经营系统建立横向联动机制，加强电煤、资金等要素保障。各级领导班子加强统筹，基层干部职工奋战一线，确保电力热力稳定供应。2022年，中国大唐完成发电量5885亿千瓦·时，供热量30896万吉焦。中国大唐践行央企责任，全力做好保供工作，真正做到了"两个维护"，真正履行政治责任和社会责任，也赢得了国家有关部门、地方党委政府、社会各界的广泛赞誉。2022年，中国大唐全年能源保供相关报道在中央电视台各频道各时段播出53次，《中国大唐全力以赴保障川渝电力供应》《中国大唐在川企业快速应对泸定6.8级地震》《守护海南！中国大唐"琼"尽全力》《鏖战7天7夜！800间集中隔离房正式交付》《齐心战"疫"共迎春光》《大唐"豫"你在一起！》等多篇报道得到国内媒体转发；《大唐国际张家口新能源："我就是来自张北的风"》在新华网客户端阅读量超过120万次。

（二）积极履行社会责任，振兴新乡村经济

中国大唐发扬红色大唐的文化传承，肩负起了乡村振兴的职责使命，做了大量富有成效的工作，在推动社会和谐、民族进步、乡村振兴过程中发挥了积极作用。想帮扶所需、尽大唐所能，创新打造"三扶三真，五位一体"大唐特色帮扶体系。中国大唐打造各类乡村振兴示范村31个，开创了"组团式"教育帮扶模式，打造了产业赋能乡村振兴路径，拓展了建设和美乡村和消费帮扶的途径，拓宽了脱贫群众就业的通道，奠定了党建引领乡村振兴的基础，彰显了中国大唐勇担政治使命的央企担当，树立了中国大唐人勇挑重担、善作善成的良好形象。中国大唐通过扎实的帮扶工作，较好地完成了中央赋予的帮扶任务，2022年，30多家帮扶单位在地方年度工作考核中获"好"评，10个驻村集体和18名同志获得地方政府表彰，中央媒体和各省部级主流媒体120多次报道集团公司乡村振兴工作，多个案例入选地方乡村振兴工作典型案例，形成了一批具有大唐特色的帮扶工作经验。

（三）完善公司治理，加强对标提升，建设世界一流企业

中国大唐持续完善中国特色国有企业现代公司治理，认真贯彻落实《公司法》，在完善公司治理中加强党的领导，提高以公司章程为基础的制度体系建设水平，分级分类动态优化党组、党委前置研究讨论重大经营管理事项清单，补强工作规则、董事会规范运作及考核评价、落实董事会职权等制度机制短板。进一步做实市场化经营机制，持续深化三项制度改革，加强经理层成员任期制和契约化管理的精准考核和刚性兑现。大力推动管理人员竞争上岗、末等调整和不胜任退出制度落实落细，确保管理人员末等调整和不胜任退出平均比例不低于5%。试点上市公司和科技型企业中长期激励，继续推荐2~3家企业纳入"双百企业"或"科改示范企业"专项工程。加强对标体系建设，健全指标体系，围绕产品卓越、品牌卓著、创新领先、治理现代要求，聚焦竞争力、创新力、控制力、影响力、抗风险能力，建立关键绩效指标体系，做好与经营业绩考核指标的有效衔接。健全工作体系，选优配强总部和各级企业管理人员，落实对标责任。健全制度体系，推进对标工作规范化、常态化开展。健全考核评价体系，分类开展基层企业星级评价，引导各企业立标、对标、达标、创标，改进治理、提升管理、精益生产，提升了运营质量效益。

（四）切实提高安全生产管理水平，坚决守住红线底线

坚持从零开始、向零奋斗，持续推进本质安全工程建设，开展安全文明生产"三年提升"行动。加强安全生产干部队伍建设，持续纠治作风不严不实问题。加强双重预防机制建设，严格落实重点反事故措施，强化设备隐患排查，深化重点领域整治，严厉打击违章行为，加强法规案例教育，增强风险管控能力。严格落实奖惩规定，精准追责问责，压实安全责任。改进生产管理模式，推进新能源"无人值班、少人值守、区域运维合一"和隐患高发领域"机械化换人、自动化减人"。设备可靠性水平明显提高，机组强制非计划

停运同比减少19台次，14台机组在全国电力可靠性优胜机组评比中获奖。安全生产态势明显好转，没有发生较大及以上人身设备事故，一般事故同比减少5起。

（五）加强重点领域风险防范化解，健全风险监测防控体系

中国大唐严控合规风险，严控煤炭贸易、资金、债务、税务、金融等领域风险，严控海外业务风险，对所有在役、在建、前期项目风险事项进行全面梳理，分级分类采取果断措施。严控生态环保风险，杜绝环境事件发生。全面落实《中央企业合规管理办法》，健全合规管理制度机制，抓好总法律顾问、首席合规官配备，提升依法治企能力，提高法治央企建设水平。贯通各项监督职能，强化业务规范、考核约束、违规追责等联动管控，形成风险防控的工作闭环。开展决策管理、燃料物资招标采购、合同管理、印章管理、资金管理等领域风险集中排查整治，消除制度机制短板，堵塞管理漏洞。系统开展警示教育和培训，全面提升一贯三级的风险防控意识和管控能力。统筹抓好各类风险防范化解，煤化工投产十年来首次整体盈利，小水电遗留问题得到彻底解决，严控资产负债率和带息负债规模，解决了一系列重大风险隐患。

（六）扎实推进售电业务信用体系建设，进一步提高售电市场信用管理水平

随着新一轮电力体制改革的深入推进，中国大唐组建了26家专业售电公司。其中大唐山东能源营销公司、大唐河南能源营销公司、大唐京津冀能源营销公司被评为首批电力行业信用体系建设示范企业。

各售电公司严格遵守交易规则，签订和履行市场化交易合同，依法依规履行清洁能源消纳责任等。中国大唐京津冀能源营销有限公司等7家售电公司荣获中国电力企业联合会AAA信用评级（最高等级），大唐云南能源营销公司等2家售电公司荣获中国电力企业联合会AAA-信用评级，广东大唐国际电力营销有限公司荣获所在省交易中心等机构信用评级或荣誉称号，浙江大唐能源营销有限公司被浙江省确定为绍兴市兜底售电公司；江西大唐能源营销有限公司、大唐河南能源营销有限公司等分别被所在省区确定为兜底售电公司。

（七）扎实推进企业合作方信用管理工作，助力企业高质量发展

持续完善信用名单管理，进一步提升信用管理质量。交易合同主体全面纳入信用名单，分类实行禁入、准入和风险预警。中国大唐详细列明了系统红、白、灰、黑4类名单的认定标准，明确了合同主体黑、白、灰、红4类名单认定程序。目前，中国大唐线上管理交易合同主体信息达14万条，全面实行黑、白、灰、红名单管理，且与信用中国实现信息联通，确保信用状态及时更新、信用风险动态调整。

加强重点领域供应商信用管理，着力提升采购、燃料业务相关主体信用评价质量。强化电力用户信用管理，完善客户负面清单制度。持续完善守信激励和失信惩戒机制。对于被列入集团公司"黑名单"的单位，全系统各企业需限制其参与本单位的投标业务，并不得与其签订合同。签约后，合同相对方被列入黑、灰名单的，要采取相应的风险控制措施。

（八）持续完善信用维护机制，树立中国大唐诚信形象

中国大唐一直注重加强公司公共信息的跟踪及维护。按照市场监督管理总局要求在全国公共信息公示平台依法依规报送企业年度报告，按时公示公司公共信息。紧紧抓住案件管理，对案件揭示的管理问题进行全面分析，重点总结了案件揭示的管理漏洞，促进案件涉及的业务、管理环节完善，提高诚信合规水平。持续开展系统内失信被执行人企业的梳理整治，发现一起整治一起，督促其限期履行人民法院生效判决。加强公司商标保护，组织系统内公司深入排查大唐商标使用情况，对合规风险进行两轮全面排查，对参、控股企业法律合规风险，公司治理问题，字号问题，以及在役风电、光伏、水电项目土地合规问题等重点问题进行核查和查漏补缺。开展了假冒国企排查，发布了假冒国企风险提示公告。

(九)积极参与能源信用体系建设,营造良好的信用氛围

中国大唐积极参与国家能源局《能源行业市场主体信用数据清单》《能源行业市场主体信用行为清单》《电力行业公共信用综合评价标准(试行)征求意见稿》等制度文件的研讨并提出意见。积极参与中电联《关于协同推进电力行业信用体系建设高质量发展的实施意见》《中国电力行业信用建设年度发展报告2022》《信用电力指数研究报告》的研讨会并提出意见。积极参与电力行业信用体系建设工作,认真参加2022年涉电力领域市场主体信用评价和涉电力领域重点关注对象信用修复、相关行业标准的审查等工作。积极营造良好的信用氛围。多次组织系统企业参加"信用电力"知识竞赛等活动,并取得优异成绩。

案例创造人:邹 磊

诚信茅台，善行共创美好生活

中国贵州茅台酒厂（集团）有限责任公司

一、企业简介

中国贵州茅台酒厂（集团）有限责任公司（以下简称茅台集团）总部位于贵州省北部风光旖旎的赤水河畔茅台镇，员工人数近3.9万。茅台集团前身为拥有百年酿酒历史的茅台镇"成义""荣和""恒兴"三大烧房。

茅台集团围绕酒的制造、销售及相关配套产品制造和服务，综合金融服务（产业金融方向），酒旅融合产业三大主业谋发展，以贵州茅台酒股份有限公司（以下简称贵州茅台）为核心子公司，拥有全资、控股和参股公司36家，涉足产业包括白酒、保健酒、葡萄酒、证券、保险、银行、文化旅游、教育、房地产、生态农业及白酒上下游产业等。其主导产品贵州茅台酒是我国大曲酱香型白酒的典型代表，其核心产区占地15.03平方千米，集国家地理标志产品、有机食品和国家非物质文化遗产于一身，是香飘世界的中国名片。2022年，茅台集团白酒产量11.54万吨，营业收入1364.65亿元，利润总额912.37亿元，上缴税金657.44亿元，企业总资产3354.98亿元。

阔步新征程，茅台集团将积极贯彻新发展理念，主动融入新发展格局，以"打造国际一流企业，塑造世界一流品牌"为愿景，坚定不移地走好以茅台美学为价值内涵的"五线"高质量发展道路，以"五匠"质量观呵护茅台生命之魂，以现代化管理机制体制加快推进世界一流企业建设，坚定不移地推进市场化、法治化、专业化、数字化、绿色化、国际化，守正创新、久久为功，奋力开创茅台高质量发展、现代化建设的新未来！

二、诚信茅台，以责任担当向美而行

茅台集团历经奠基立业、改革兴业、转型大业三个发展时期，取得了良好的发展成绩，现在步入了高质强业新时期，面临新秩序重塑期、新格局形成期、新改革攻坚期"三期"叠加的新形势，必须以高质量发展统揽全局，坚持"五线"发展道路，加速现代化进程。茅台集团深刻认识到，法治化是市场化、现代化的重要依托，对深化改革具有引领、推动、规范和保障作用，而诚信合规是进一步深化法治茅台建设的重要内容与必然要求。

诚信是安身立业之本，合规是持续兴旺之基。诚信合规，源于"酿造高品质生活"的使命追求，蕴于"酒香、风正、人和"的价值信念，是茅台集团基业常青的重要保障，茅台集团应始终自觉践行"诚信正心，合规立行"理念。

1. 诚信茅台，品质相伴

茅台集团树立全员全过程、更高标准、更加系统的新时代质量观，构建更加完善的管理体系，抓好全员质量共治、全域质量协同、全生命周期质量管控，用具有茅台智慧的质量观和方法论统筹推进生产质量管理工作。

严控采购管理。建立"质量优先、成本协同"采购机制、使用质量反馈和追溯机制，强化源头管理和质量跟踪，提高采购管理水平。持续优化"即收、即检、即调"流程，加强原料供应商管理，确保原料供

应质量。对重要物资前移"检验关口",排查供应商原料和加工过程存在的风险。通过对供应商开展技术指导、质量培训和驻厂质量帮扶等,提高供应商管控水平。

严格过程管理。贵州茅台在制曲环节围绕"选、踩、发、存"等工序进一步坚守高温制曲工艺,黄曲率、成曲率等大曲质量指标保持稳定。制酒环节分类施策,强化关键节点管控,各轮次基酒产量和酱香比例合理,缺陷酒控制在极低水平。在勾贮环节实施合理基酒资源规划、精准库房管理等多项措施,使库容利用率持续提高。在包装环节加强质量警示教育,持续强化过程监督考核,实现生产过程合格率和产品一次抽检合格率双提升,产品一次抽检合格率达到99.999%。

提升服务质量,打造沉浸式消费体验,优化产品兑换服务流程。茅台酒销售公司顾客满意度为87分,同比提升2.3分,客户投诉解决率为100%;酱香酒销售公司顾客满意度为89分,同比提升2分,客户投诉解决率为100%。

茅台集团坚持以客户为中心,稳定供应优质产品,健全客户服务体系,打造营销新体验,完善售后服务机制,切实维护消费者权益,持续提高客户满意度。

2. 诚信茅台,法治同行

法治精神潜化入心、润物无声。法治是茅台集团高质量发展、现代化建设的重要保障。茅台集团深入践行"五个坚持",不断推进法治茅台建设,以法治方式治理企业,依法治企能力不断提升;着力"夯基础、搭架构、推试点",坚持系统化、体系化推进合规建设,合规管理取得新进展;强化内功外功修炼,加强公司权益保障,深化知识产权保护,法商融合水平明显提高;围绕构建系统完备的法治体系,强化党的领导,推进子公司法务体系建设,强化全员参与,法治工作体系建设迈上新台阶;创新人才培养模式,做实人才激励举措,借助"外脑"推动专业能力提升,法治专业能力明显增强,为高质量发展、现代化建设提供了坚实法治保障,展现了法治的纯粹与正义之美。

"大雪"时节,气温低而寒冷,积雪覆盖大地,渗入土层,消杀虫害,以期来年丰收,这与茅台集团敢于自我革命、去除沉疴痼疾、追求健康发展的经营之道完美契合,这正是茅台集团追求的法治之美。2022年,茅台集团将每年二十四节气中的大雪日设立为"茅台法治日"。

3. 诚信茅台,文化赋能

"让世界爱上茅台,让茅台香飘世界"是茅台集团矢志不渝的追求。几十年如一日,在时光的坚守与淬炼中,茅台集团凭借过硬的品质登顶酒业,品质也成为茅台品牌最大的护城河。茅台集团坚信质量是生命之魂,多年来坚守传统工艺,严格质量控制,2021年提出"匠心、匠魂、匠术、匠器、匠人"的"五匠"质量观,实施"365"质量管理体系,从理念和实施路径两方面同步推进高质量发展。

同时,在品牌文化建设上,茅台集团着力实施文化赋能,从"人、文、物、艺、礼、节、和、史、器"九大系列推进茅台文化建设,以二十四节气为重要节点,开展持续性线上线下系列品牌推广活动,不断为茅台品牌传播赋能。茅台集团积极在海外开展一系列品牌文化推介活动,把茅台深厚的文化底蕴与产品多样性融入推介活动体验,逐步形成以"一带一路"为纽带的海外市场网络体系,通过举办丰富的文化传播活动,实现海外市场稳步拓展,品牌知名度持续提升。

2022年11月,贵州茅台出席2022年度亚太经合组织工商领导人峰会,参与论坛并举办"中国茅台·香飘APEC之泰国品鉴晚宴""2022APEC工商领导人峰会·CEO闭门午餐会"等系列文化、经贸、慈善活动,以美贯穿APEC之行,以美与世界联通,积极传播中华文化和中国企业正能量,主动拥抱全球化,为推动中外经贸、文化的交流与互动贡献茅台力量,同时讲好中国故事,发挥企业家精神,积极促进经济合作,积极参与中国改革开放和现代化建设,为亚太地区甚至世界发展繁荣贡献正能量的重要契机。

4. 诚信茅台,智慧未来

2022年,茅台数字营销平台"i茅台"正式上线,迈出茅台营销体制改革的关键一步。茅台集团始终坚守"酿造高品质生活"的初心,坚持以消费者需求为导向,努力通过"i茅台"让茅台美酒走进千家万户,不断满足人民对美好生活的需求,让广大消费者真切感受茅台之美、生活之美。与"i茅台"同步上线的茅台冰淇淋,迎合了年轻消费群体的喜好,标志着茅台品牌向年轻化、时尚化迈出重要一步。

茅台集团深入贯彻落实党的二十大精神和新国发2号文件精神,实施数字化转型,促进数字经济与实体经济深度融合,主动担当时代新使命、展现行业新作为,推出全新平台——巽风数字世界,由数据要素集聚配置,探索构建产业数字生态,将优秀传统文化和现代数字技术相融合,探索构建新的数字文明。巽风数字世界使用数字身份、区块链、AI、互动引擎、数字孪生等技术,为用户构建了一个集社交、体验、学习、探索于一体的综合性平台,打造了虚拟世界的"三创空间",与用户一起进行创新探索、满足用户创意需求、为用户培育创业机会。

三、善行茅台,以公益矩阵循美而往

党的二十大报告中明确指出要"引导、支持有意愿有能力的企业、社会组织和个人积极参与公益慈善事业",为社会组织参与公益慈善事业指明了方向与路径,有利于社会力量充分发挥自身优势,积极投身公益慈善事业建设。茅台集团始终奉行"大品牌大担当"的企业社会责任观,在谋求自身发展的同时,情系天下,关注贫弱,建立健全企业社会责任管理体系,积极承担公共责任,大力支持公益事业,平衡企业发展、经济增长与可持续发展的关系,增强可持续发展能力。

1. 行善而进,决胜脱贫攻坚

茅台集团充分运用自身资源,持续推进定点帮扶,因地制宜实施"一村一方案"乡村振兴工作计划,集中优势力量,支持乡村经济建设和科教文卫事业发展,推动贵州乡村振兴迈上新台阶、实现新发展。茅台集团将产业发展与乡村振兴有机结合,立足地域禀赋与特色,助力打造食用菌菇产业、原料产业、乡村特色文旅产业,全方位支持乡村产业建设,为乡村居民持续增收提供坚实支撑。2015年,茅台集团对口帮扶遵义市道真仡佬族自治县,精准帮扶、产业帮扶成为茅台集团的着力点。茅台集团持续对口帮扶这个曾拥有6.2万贫困人口的老少边穷山区,累计投入资金达4.3亿元,为当地修公路、建房子、做产业、抓教育,推动由"输血式"扶贫向"造血式"扶贫转变。五年之后,茅台集团与道真仡佬族自治县再次签署五年之约,以真心、真情、真力继续帮扶,发挥自身优势,全力支持其实现乡村振兴。

茅台集团上下合力、内外合力,打造了一套立体、可持续的企业社会责任体系。截至目前,茅台集团两度获得中国慈善领域最高政府奖"中华慈善奖——最具爱心捐赠企业"荣誉,还在2020年、2021年荣获"全国脱贫攻坚先进集体"称号、全国脱贫攻坚组织创新奖等。

2. 行善而进,推动绿色发展

茅台集团积极把承担社会责任融入企业发展战略和经营管理的全过程,从助力乡村振兴到扶持地方产业发展,从热心公益事业建设到积极守护生态环境,国企担当在一系列生动实践中进一步彰显。通过推进生物多样性保护、水环境保护与修复,加强赤水河水源涵养、水土保持,打造集种植、酿造、商贸、文旅于一体的绿色循环低碳产业链条等,积极践行"绿水青山就是金山银山"理念,探索"两山"理论转化的"茅台路径",成功创建2022年贵州省"两山"实践创新基地。2022年,茅台集团和贵州茅台首次以双主体、中英双语方式发布《环境、社会及治理(ESG)报告》,截至目前,茅台集团已连续14年发布《社会责任报告》,贵州茅台连续2年发布《ESG报告》,定期公布包含企业碳排放在内的生态环保、节能降耗等方面信息,进一步彰显公益在企业发展中的重要作用,打造更立体、可持续的企业社会责任体系,为社会公益事业贡献更多茅台力量。2022年12月20日,由国务院国资委社会责任局指导、责任云研究院开展课题执行的《中央企业社会责任蓝皮书(2022)》《国资国企社会责任蓝皮书(2022)》在京发布,茅台集团入选《国资国企社会责任蓝皮书(2022)》"乡村振兴篇"优秀案例,并在"地方国有企业社会责任·先锋100指数(2022)"

中排名第一。

3. 行善而进，助力公共事业

茅台集团坚持"抓自身发展、促产业并进"，对产业发展的带动力不断增强，以茅台酒为核心的酱香酒产业集群快速成长，同时兴建茅台机场、建设茅台医院、创办茅台学院，助推地方经济发展，与地方共同繁荣。推动白酒配套产业入黔发展，通过牵线搭桥、政策推介，助力贵阳、遵义等地工业园区吸引超20家包材供应商来黔投资建厂，解决城乡就业难题。

茅台机场辐射仁怀市、习水县全境，以及遵义市桐梓县、赤水市、播州区和四川省古蔺县、毕节市金沙县等地区。茅台机场运行以来，直接助力解决就业难问题，间接带动机场周边失地农民、精准扶贫户就业超150人。茅台集团出资约19亿元修建茅台医院，出资约18.79亿元创办茅台学院，为白酒行业和地方经济可持续发展培养了行业专业人才梯队。面向贵州省12个脱贫攻坚重点挂牌督战地区，招聘建档立卡家庭高校毕业生入职，同时向建档立卡户提供就业岗位。

4. 行善而进，投身公益事业

茅台集团高度关注和积极响应社会需求，连接多方企业资源，共同助力抗震救灾、尊老助老、关爱儿童、保护生态等多种社会事宜，并充分发挥自身对于产业链的引领作用，促进经销商公益行为体系化、持续化，以实际行动推动社会价值传递。在捐资助学方面，2012年以来，贵州茅台与中国青少年发展基金会共同发起"中国茅台·国之栋梁"大型公益助学活动至今，连续11年累计捐资11.14亿元，资助21.45万名优秀困难学子圆梦大学，辐射全国31个省（区、市）及新疆生产建设兵团、全国铁道系统的33个地区。2021年，为助力贵州省青少年发展基金会打造"希望工程升级版"，贵州茅台捐赠1亿元，为乡村老师赋能、为乡村孩子圆梦、为乡村振兴助力。在疫情赈灾方面，面对新冠疫情、河南特大暴雨灾害、四川泸定地震等危难，茅台集团积极履行大企职责和使命，第一时间伸出援手，帮助灾区人民共渡难关。从2020年至今，茅台集团及所属子公司累计捐赠约1.2亿元用于打赢疫情防控阻击战、攻坚战，捐赠4000万元用于河南省防汛抗洪救灾工作，捐赠1500万元用于四川泸定地震灾区震后救灾及灾后重建工作等。在公益建设方面，茅台集团向贵州省见义勇为基金会捐赠300余万元，对见义勇为英雄模范进行表彰；向仁怀市捐赠1200万元建设酒类火灾处置专业队，支持地方政府完善消防安全设备设施，提升酒类火灾事故的应急处置能力；向贵州省慈善总会捐赠600万元援助关爱困难退役军人，支援国防建设，为退役军人提供服务保障等。

5. 行善而进，打造公益平台

在党和国家高度重视发挥第三次分配作用、促进共同富裕的大背景下，茅台集团发起成立贵州茅台公益基金会，以"人"为核心，聚焦"美"，突出"生态美、健康美、文化美"，围绕教育、生态、文化、科技、健康五大领域，打造覆盖学业帮扶、校企合作、生态保护、科学研究、文化传承、文物保护、医药振兴等领域的公益品牌矩阵，发扬茅台"感恩文化"内核价值，展示"德以治企、义以生利、信以立世、智以创业、仁以爱人、勇以担当"的新时代茅台美形象。成立贵州茅台公益基金会是茅台集团大力推动公益事业发展的一项重要举措，是茅台集团承担社会责任、展现企业担当的有力之举，也是茅台集团联动公益资源、打造公益品牌的发展需要。2023年4月4日，在贵阳孔学堂举办癸卯年清明感恩大典仪式现场，贵州茅台公益基金会正式宣布成立。

"十四五"时期，茅台集团将按照"高质量发展、大踏步前进"的要求，准确把握机遇、应对挑战，在危机中育先机、于变局中开新局，持续构建酒香、风正、人和的良好生态和发展环境，为满足人民对美好生活的需求而不懈努力。

案例创造人：丁雄军、李静仁、卓玛才让

强基础　优管理　树文化　以诚信守法践行"国之重器"责任担当

中国长江电力股份有限公司

中国长江电力股份有限公司（以下简称长江电力）是中国目前最大的电力上市公司和全球最大的水电上市公司，自创立伊始，即确立"诚信经营、规范治理、信息透明、业绩优良"的经营理念。结合能源行业特点及上市公司监管要求，长江电力坚持依法合规诚信经营，精益管理以三峡电站为代表的梯级电站群，有效保障了长江流域防洪、航运、水资源利用和生态安全。长江电力稳妥推进水力发电、投融资、新能源、智慧综合能源、抽水蓄能、配售电等业务，全面履行社会责任，树立了诚信守法的品牌形象，用实际行动彰显"国之重器"责任担当，在新时代新征程奋力开创公司高质量发展新局面。

一、强本固基，筑牢诚信根基

深入学习贯彻中共中央办公厅、国务院办公厅《关于推进社会信用体系建设高质量发展促进形成新发展格局的意见》及党的二十大报告中关于完善社会信用市场经济基础制度相关表述,持续完善公司组织基础、制度基础及运行基础，夯实公司诚信经营根基。

1. 持续完善组织基础

不断完善公司法人治理结构，建立健全以股东大会、董事会、监事会和经营层"三会一层"为核心的公司法人治理结构，严格按照各自权限和程序开展工作，依法按章推动董事会履职行权，确保依法合规科学决策，被国务院国资委评为国有重点企业管理标杆创建行动标杆企业、国有企业治理示范企业。

加强信用体系建设，按照"统一领导、归口管理、分工负责"原则建立健全公司信用管理组织体系，明确由行业信用归口管理部门负责研究实施行业信用管理方案，开展行业信用信息收集、披露及信用评价，进行企业信息公示、行业信用信息报送等。配置专兼职信用管理人员，依法依规推进企业信用风险分类管理，做好各类信用指标体系建设、信息归集、信息公示等基础性工作。

2. 持续夯实制度基础

以规范管理行为、增强管理效能、创造管理价值为目标，及时开展制度立改废释，持续优化制度体系，提高制度质量，固化改革发展成果。建立了横向到边、纵向到底，职责权限明确合理、业务流程清晰，总体满足实际管理需要的制度体系。加强信用管理体系制度建设，制定了信用管理、企业信息公示、信息披露等信用管理基本制度，为进一步规范信用管理工作提供了有力支撑。持续完善以合规管理制度为核心、相关配套制度和指引为补充的合规管理制度体系，提高依法合规经营管理水平，促进和保障公司高质量发展。通过内控评价、合规有效性评价、监督检查等方式，强化制度执行，确保制度于法周延、于事简便、落实有力，以科学健全的制度体系夯实诚信经营根基。

3. 持续优化运行基础

按照"市场化改革、国际化经营、集团化管理、专业化整合、协同化运作"的总体改革要求和"简政放权、合理赋权、权责对等、激励约束一致"的改革思路，持续优化完善公司职能部门的功能定位，合理划分权责界限。积极探索通过组织体系、运行机制、业务流程融合，实施法律、合规、风险、内控"四位一体"协调运作，加强统筹协调，深化沟通协作，打破信息壁垒，改善信息孤岛，优化工作流程，实现了法律审核与合规审查同步开展、风险排查与合规排查同步进行、内控评价与合规评价同步实施，减少了交叉重复，提升了一体化管理效能，为加强内部控制、强化风险防范、确保公司依法合规诚信经营奠定了良好基础。通过信息化手段，将法律合规要点嵌入业务流程，在制度管理、招标采购、合同管理等12个流程中实现了关键审查要点内嵌，确保业务流程依法合规进行，以标准化管理提升管控实效，避免违规失信风险。

加强数字化建设，结合公司业务实际，建立了电力生产管理、大坝安全监测、机组状态在线监测、电子商务平台、全面预算信息管理、资本运营及财务战略管理、生产统计报表等信息系统，提高经营管理信息的准确性和及时性。对各类系统数据信息进行查询、统计与分析，可以满足公司内控管理需求，有效降低管理风险与交易成本，为提高公司精益管理水平提供支持。

二、规范管理，践行诚信守法

深化法治央企建设、强化合规管理，坚持全面覆盖、重点突出的原则，建立事前预防、事中管控、事后追责的风险管控机制，重点加强安全生产、招标采购、资本市场、国际业务等重点领域风险防范，践行诚信守法，强化风险预警，加强失信惩戒，以规范经营管理提升公司市场竞争力。

1. 强化事前防范

（1）筑牢安全生产防线

扎实践行"精确调度、精益运行、精心维护"的生产理念，以"零人身伤亡事故、零设备事故"为目标，着力推进安全风险分级管控和隐患排查治理体制机制建设。通过建章立制、勤督严查，持续落实"五大安全风险"管控、季会周报机制、安全检查、问题督办等一系列工作要求，以自查、督查、回头看三步走的总策略，充分提升工作效能，促进公司健康持续发展，持续提升公司信用度。持续推进长江中上游流域水库群联合调度，做好梯级电站运行管理，连续13年实现安全生产"双零"目标，圆满完成冬奥保电、党的二十大保电等多轮次保电任务，彰显"国之重器"责任担当。

（2）优化招标采购管理

按照公平、公正、公开和诚实信用原则开展招投标及采购活动。创新推动诚信信息在招标投标活动中的合理规范应用，建立健全供应商信用查询评估机制，明确供应商分类标准，实行日常评价、年度评价和动态管理相结合的评价方式，对评价对象的失信行为进行全过程的跟踪核查，建立供应商失信行为记录档案，并将其作为供应商信用评价的依据。长江电力成立至今，从未发生因公司违约造成的重大法律风险。

（3）规范资本市场运作

建立健全公司资本市场信用风险防范机制，按照境内外市场监管规则，在"依法、从严、全面"的监管要求下，坚持合法依规做好信息披露工作。编制《投资合规管理指引》《信息披露合规管理指引》等文件，指导公司规范开展投资、信息披露等有关工作，明确股权、固定资产（建设工程）、新能源项目等投资合规要求及违规后果，明确披露范围，遵循披露时限，保障披露质量，严守披露流程，真实、准确、完整、及时地进行信息披露，为投资者提供优质的信息沟通渠道，树立"资产优良、管理先进、创造价值、公众满意"的资本市场形象。

2. 优化事中控制

（1）加强风险识别与预警

常态化开展全面风险排查与重点领域的风险辨识，编制公司合规风险识别清单，对可能发生违法失信行为的管理环节进行梳理和评估，提出管理建议。加强风险监测预警，建立公司风险数据库，从风险发生的可能性、影响维度等进行评估，明确风险的定量或定性指标及管控措施，并定期更新。加强政策研究，通过风险提示函、案件通报、整改意见书等形式及时进行风险预警，提出针对性整改措施，加强对整改工作的指导督办，着力防范化解存量风险、严控增量风险，避免公司因严重失信行为被监管机构列入"黑名单"或因一般失信行为被监管机构列入"重点关注名单"，以良好信用为公司改革发展赋能。

（2）深化质量提升

坚守诚实守信的质量文化和"质量第一、精益管理、创新驱动、持续改进"的方针，建立完善质量管理体制机制，细化落实质量责任和质量要求，构建以技术委员会为核心的专业决策支撑体系，推动先进技术在生产中的应用，形成"掌握核心技术、精干高效机动、统筹协调合作"的流域梯级电站检修管理体系，为流域梯级电站长期安全运行提供了可靠保障。通过了质量管理体系、职业健康安全管理体系等的认证，持续完善技术标准体系，有效支持与保障梯级电站电力生产和新业务发展，提升公司核心竞争力。

（3）加强国际业务风险管控

诚信合规开展国际化经营，遵守当地法律法规，尊重当地习俗，审慎开展境外投资并购、境外实体公司投后管理、境外电站运营咨询、境外融资、国际合作交流等工作。强化国别风险研判，稳妥推进境内制度和管理要求与境外单位的衔接，建立权责明确、放管结合、规范有序、风险控制有力的境外业务合规监督管理体制机制，重点加强反腐败、上市公司监管、数据跨境等领域风险防范，确保做到合法合规、诚信履约和国有资产保值增值，维护好公司的国际声誉。

3. 强化事后监管

严格落实违纪违规员工惩戒、违规经营投资责任追究、员工廉洁从业等制度要求，切实强化监督部门履职，明确违规失信行为责任追究范围、责任认定、处理方式及工作程序，加强对重大项目、财务资金、物资采购、招投标、境外业务等重点经营管理领域和关键环节的监督检查，针对发现的问题督促有关部门或单位立行立改。建立健全经营管理违规行为记录和员工履职违规行为记录制度，将违规行为性质、发生次数、危害程度等作为业绩考核、职级评定等工作的重要依据。建立公司经营业务违规举报平台，畅通违规举报渠道。

三、筑牢理念，建设诚信文化

持续贯彻落实公司"精益求精、责任担当"的文化理念，弘扬诚信经营文化，营造依法合规、诚实守信的经营管理氛围，积极履行社会责任，维护公司良好社会形象，助力公司可持续发展。

1. 积极履行社会责任

完善公司社会责任工作管理体系，成立战略与ESG（环境、社会和公司治理）委员会，强化社会责任管理顶层设计，在积极履行社会责任的同时落实和维护股东权益。结合公司战略发展，探索实践新业务区域周边企地共建项目，发挥公益品牌效应。聚焦乡村振兴，持续推进帮扶地区乡村产业、人才、文化、生态、组织等全面振兴，在基础设施帮扶、教育帮扶、卫生帮扶、产业帮扶等多个方面推进定点帮扶工作任务。长江电力获得2022年中国电力行业"责任信息披露卓越企业奖"，《长江电力2021年度社会责任报告》获得"金蜜蜂2022优秀企业社会责任报告·长青奖"。

2. 提升品牌形象和声誉

积极参与境内外信用评级，获得中电联AAA、惠誉国际A+、穆迪A1国家主权级信用评级、中诚信国际AAA级主体评级等认证，以良好的信用支撑国内国际双循环相互促进，打造公司守信践诺的良好国际形象。持续加强规范治理与信用体系建设，获得中电联"电力行业信用体系建设示范企业"、中国证监会"2022年度A股最佳治理实践上市公司"、第四届新财富"最佳上市公司"、上交所信息披露A类单位等荣誉称号，持续巩固提升市场美誉度，持续塑造良好品牌形象，符合新时期中央企业控股上市公司高质量发展需要。

3. 厚植诚信守法文化

加强培训赋能，提升全员遵纪守法、诚信践诺意识，弘扬诚实守信的传统文化与现代市场经济的契约精神，打造三峡精神沉浸式教学、创新推广安全体感体验式教学、优化技能实操现场式教学、做精网络学习信息化教学等教学模式，开展安全生产大讲堂、科创大讲堂、全员普法、招标采购培训、新能源开发培训等活动，使依法合规诚信经营入脑入心。编制《典型合规风险案例汇编》《以案说纪 警钟长鸣》等文件，加强警示教育。编制公司《廉洁文化手册》《合规手册》，组织全员开展廉洁承诺与合规承诺。充分运用自媒体平台，积极宣传公司经营管理优秀成果，厚植公司合规经营、诚信守法的企业文化。

未来，公司将坚持以习近平新时代中国特色社会主义思想为指导，全面贯彻党的二十大精神，坚持底线思维、增强风险意识，不断提升依法合规经营能力与水平，树立诚信守法的品牌形象，为实现"努力创建以水电为核心的世界一流清洁能源上市公司"的发展愿景和战略目标提供保障，夯实公司高质量发展和行稳致远的根基。

案例创造人：张星燎、高 军、谢 瑶

以"诚信山能"建设助推企业高质量发展

山东能源集团有限公司

从历史来看,讲诚信是中华民族的传统美德;从现实来看,守诚信是实现中国梦的时代要求。企业作为市场经济的主体,诚信是其生存发展的"通行证",是非常关键的核心竞争力,是至关重要的无形资产。实现中华民族伟大复兴的中国梦,开辟中国式现代化"企业实践",需要用诚信这个法宝撬动起社会的力量、经济的资源,加快建设诚信企业,共建诚信中国。

山东能源集团有限公司(以下简称山东能源集团)是山东省委、省政府于2020年7月联合重组原兖矿集团、原山东能源集团而成立的大型能源类国有资本投资公司,以矿业、电力、高端化工、新能源新材料、高端装备制造、现代物流贸易为主导产业。山东能源集团拥有兖矿能源、新矿集团、枣矿集团等20多个二级企业,境内外上市公司10家,分布在国内22个省(区)和12个国家(地区),从业人员达22万人。

近年来,山东能源集团坚持以诚兴业、信誉至上、履约践诺,擦亮企业的诚信"名片",靠信誉打造品牌、占领市场,认真履行国企经济、社会责任,保持了稳中向好、进中提质的发展优势。2022年,山东能源集团实现营业收入8270亿元,年末资产总额突破9500亿元,位列中国能源企业500强第5位、中国企业500强第23位、世界500强第69位,位居中国品牌价值榜能源化工领域第6位、山东省企业首位,权属单位兖矿能源上榜福布斯2022中国ESG50,荣获第七届中国工业大奖。

一、达成思想共识、增强诚信意识,凝聚"诚信山能"强大合力

诚信既是中国文化的精髓,也是人类社会进步发展的要义。进入新发展阶段,只有更加注重和加强诚信建设,才能实现新形势下的更高水平、更高质量发展,为国家社会经济发展注入源源不断的动力。

1. 坚持把诚信作为应尽的社会责任和义务

诚信是市场主体必须遵循的基本准则,是市场经济有效运行的基础条件。山东能源集团作为国有企业实体经济组织,不仅要为国家提供稳定的经济效益,更要肩负起为社会进步做出更大贡献的崇高使命。坚持为社会提供优质、安全、环保的产品和良好的服务,自觉扛起保护环境、发展经济等社会责任,保证对顾客和社会真诚,践行对顾客和社会的承诺。企业守法诚信经营有助于提高全体社会成员的生活品质,推动社会风气的净化和文明程度的提高,有利于自然环境的保护和社会可持续发展,进而实现企业与社会、企业与自然的和谐统一与协调发展。一项产品是否质量优良、一种服务是否尽到了责任,都体现了企业的诚信度、体现了企业的社会责任感。因此,山东能源集团在诚信建设上始终保持高标准、严要求,从产品和服务抓起,全面履行企业对顾客和社会的责任,提高企业的信誉度、美誉度。

2. 坚持把诚信作为企业发展的基石和需要

人无信不立,企业无信不兴。当前,市场对利益最大化的狂热追求,屡屡突破经济行为的道德底线,但市场经济是信用经济、是规则经济,一个透支诚信、不尊重消费者、不遵守市场经济规则和市场秩序、不遵循社会伦理道德的企业,虽然可能会获得一时的经济利益,但势必会严重恶化与消费者、投资者、社会等各方面的关系,最终被市场和社会淘汰出局。而一个讲诚信、守规则的企业,在为市场和社会提供优质产品和服务、自觉履行社会责任的同时,也必将会受到市场和社会的认可、信赖和尊重。山东能源集团始终把诚信作为占据市场、社会两种资源的出发点,以实现与效益最大化融合为目标,不断树立品牌优势,打造诚信企业文化,推动企业从优秀迈向卓越。

3. 坚持把诚信作为产业延续的精神和动力

山东能源集团起家于齐鲁大地、孔孟之乡、礼仪之邦，受儒家文化的影响，这里民风淳朴，人们重然诺、守信用，诚信守法的优良传统源远流长。自开发建设以来，山东能源集团逐渐成长为国内最大的煤炭生产和出口企业之一，主要经济技术指标连续多年名列前茅，以诚信守法和良好的经营业绩赢得了较高的知名度、美誉度和较大的社会影响力。为实现可持续发展，山东能源集团必须发扬孔孟之乡诚信守法的优良传统，以产品和服务为载体，向员工、社会、市场、消费者和投资者展现诚信的企业形象，赢得广泛的支持，获取更多的资源和市场份额，争取更大的经济回报。山东能源集团始终把诚信企业建设作为集团发展的重要战略规划之一，聚焦建设清洁能源供应商和世界一流企业，不断推动产业链、价值链向高水平跃升，扩大高质量产品和服务供给，全力打造"诚信山能"品牌形象。

二、融入中心工作、增强守信意识，构建"诚信山能"管理体系

为加快诚信企业建设，山东能源集团本着对员工负责、对客户负责、对企业负责、对社会负责的态度，以内部管理为基础、以产品和服务为载体、以品牌建设为重点，构建了多层次、全方位的诚信管理体系。

1. 以对消费者诚信为导向，提高产品和服务质量

产品和服务是企业诚信度最直接、最全面的体现，是建设诚信企业的主要内容。为提高产品和服务质量，山东能源集团一手抓质量体系建设，建立各级质量管理组织机构，完善管理制度和考核办法，在产品开发、生产、运输、销售、售后等各个环节，实行全员、全过程、全方位闭环管理；一手抓质量过程控制，在煤炭行业首家推进以"管理零缺陷、产品零杂物、顾客零投诉"为主要内容的"三零工程"。精煤产品万吨含杂率保持在 1 千克以下，成为中国第一个达到世界洁净煤先进水平的煤炭企业；甲醇产品出厂优等品率为 100%，达到国际先进标准，被授予"采用国际标准产品标志证书"；装备制造产业高端液压支架产品达到美国（康寿）标准及欧洲标准 EN1804。兖矿能源、营贸公司连续荣获中国质量协会"全国用户满意标杆企业"称号，成为第一批获此殊荣的煤炭企业。

2. 以对员工诚信为导向，优化人力资源管控

员工是企业的主人，是企业发展的直接推动者。作为能源类企业，山东能源集团更要坚决落实"两个至上"，认真落实全心全意依靠职工办企业的方针，调动广大干部职工的积极性。把安全作为员工最大的福利、最大的诚信，加强基础和基层建设，构筑安全管理长效机制，有效保障职工生命安全。积极推进三项制度改革，关注员工发展、关心员工成长，逐步建立"能上能下"的干部人事制度、"能进能出"的劳动用工制度和"能增能减"的收入分配制度，为广大员工打造公平竞争、干事创业的广阔舞台。大力推行厂务公开和民主管理，加强维权建设，严格执行集体合同，认真落实职工代表大会制度，为职工办实事、解难事、做好事，改善职工的工作、生活条件，增强企业凝聚力、向心力。

3. 以对企业诚信为导向，提高经营管控水平

建设诚信企业，必须把维护企业自身利益作为主要目标。山东能源集团坚持整体利益与局部利益相结合、当前利益与长远利益相结合、个人利益与企业利益相结合，不断强化内部管理，深入实施"六精六提"精益管理模式，开展"两增三降四提升"活动，全力打造管理现代精益的企业集团。以完全市场化管理为基础，以精益思想植入和精益管理工具应用为手段，构建"两化融合"运营管理体系。树立"人人都是经营者、岗位都是利润源"理念，按照责权利相统一的原则，建立自主经营、自我约束、自我发展、自我完善的市场化管理机制。其市场化建设经验在省属企业得到推广。贯彻国务院国资委"对标世界一流管理提升行动"工作部署，构建"三层三级八类"对标管理体系，企业经营管理水平显著提高。

4. 以对社会诚信为导向，自觉承担社会责任

坚持把依法纳税、环境保护、能源保供等作为对社会最基本的信用和责任，坚决践行保障能源安全、

优化能源结构、优化能源布局主体责任。2022年山东能源集团实现社会贡献总额1370亿元，上缴税金520亿元，为促进国民经济发展做出了积极贡献。以实现减污降碳协同增效为总抓手，积极推进碳监测评估试点工作，顺利通过第六批中央生态环境保护现场督察，实现"五个不发生"。积极承担能源保供责任，提前完成1290万吨煤炭储备能力项目建设，高效完成迎峰度夏580万吨、迎峰度冬665万吨煤炭储备任务；为541户小微企业减免房租1428万元。落实社会就业责任，录取2022届高校毕业生1985人、签约2023届高校毕业生1445人。精心选派第一书记，开展驻村帮包工作。积极参加公益事业，聚焦扶贫帮困，组织"慈心一日捐""红十字会捐款"等慈善捐款活动，实施一批乡村振兴项目，打造山东省乡村振兴示范样板工程。山东能源集团连续三年被评为山东省"社会责任企业"。

5. 以对投资者诚信为导向，全力维护企业形象

为在证券市场上树立讲诚信、守规则的良好形象，取信于广大投资者，山东能源集团坚持以规范运作为基础、创造价值为核心、合作共赢为导向，创新实施一系列提质量、激活力、塑形象的硬核举措，从改制上市源头抓起，切实做到业务、人员、资产、机构、财务"五分开"，保证上市公司的资产优良，人员、机构精简，以优异的经营业绩和较高的投资回报率树立了良好的形象。权属公司兖矿能源连续多年被评为"上市公司50强"，旗下兖煤澳大利亚有限公司市值突破500亿港元大关，A股、H股股价涨幅均领跑煤炭上市板块，先后入选沪深300和上证180成份股，上榜福布斯2022中国ESG50，位列全球矿业市值50强。

三、强化宣传教育、增强立信意识，营造"诚信山能"浓厚氛围

建设诚信企业，关键是要有一套制度完善、运转协调的运行机制。山东能源集团在探索"诚信山能"建设的过程中，注重完善保障运行机制，使之制度化、规范化，保证了"诚信山能"建设的实际效果。

1. 加强教育引导，营造诚信浓厚氛围

建设诚信企业，关键在于广大干部职工。为争取广大干部职工对"诚信山能"建设的理解、支持和参与，山东能源集团不断加大宣传教育力度，采用电视、网络等媒体，宣传建设"诚信山能"的重要意义，营造"做诚信员工，建诚信企业"的浓厚氛围，增强广大员工参与诚信企业建设的自觉性、积极性、主动性。

2. 强化监督考核，完善诚信内控制度

将诚信原则贯穿到企业的日常经营行为和中长期发展战略中，健全监督及风险管理机制，构建诚信企业长效机制。持续完善企业法人治理结构，建立公开透明的决策程序，重大事项实行民主决策，在管理层形成监督制衡机制，防止个人专权、营私舞弊和内部人控制，从决策机制上为建设诚信企业提供保障。建立诚信管理制度，推行信用等级评定制度，完善诚信档案和统计报告机制，强化动态管理。加大诚信考核奖惩力度，采取座谈、抽查、书面调查等方式，对员工和各级组织的诚信情况进行严格考核，让"人人讲诚信、处处讲诚信、事事讲诚信"在集团蔚然成风。

3. 统筹协调推进，树立诚信良好形象

锚定新闻工作"省内第一、国内一流"国企融媒建设目标，推进媒体运行平台、新闻业务策划、重要新闻发布、媒体关系维护、对外品牌宣传、新闻舆情处置"六个统一"，提升企业传播力、引导力、影响力、公信力。建立诚信企业危机应急预案，在企业利益和企业形象有可能受到损害时，采取诉讼等合法手段，全力维护企业的正当利益和诚信形象。

人以诚立身，国以诚立心，企业以诚立业。面向未来，山东能源集团将坚持以习近平新时代中国特色社会主义思想为指导，坚定不移贯彻习近平总书记关于诚信建设重要指示精神，全力构建不愿失信、不能失信、不敢失信体制机制，以建设"诚信山能"的具体实践，为推进新时代诚信中国建设做出新的更大贡献。

案例创造人：李　伟、徐西超、韩钟琦、尹玉龙、秦　沛

精益取信、立规行矩，乘"风"而上铸强企

东方电气风电股份有限公司

作为国有大型风电企业，东方电气风电股份有限公司（以下简称东方风电）始终以向社会提供清洁能源为己任，立足诚信经营，不断加强企业信用管理与风险控制，以"质量立企、科技强企、品牌铸企、诚信树企"的经营理念，在市场环境复杂的风电行业中坚持诚信务实，不断改革创新，推动公司高质量发展。

一、以诚立业，提质增效促发展

作为国内最早进入风力发电设备研发、制造领域的企业之一，东方风电是国内唯一一家具备双馈、半直驱和直驱三种主流技术路线风力发电机组研制能力的企业，也是行业内少数具有风电机组配套叶片、发电机、电控系统、变流器等全产业链核心部件研制能力的企业。东方风电始终坚持总体国家安全观，以负责任的态度全力以赴做好风电设备及项目建设中的质量工作，将质量诚信体系建设摆在改革发展的突出位置，重信守诺，诚信为先，在各管理环节深入贯彻质量诚信要求。

1. 质量立企赢发展

东方风电坚持协同产业链上下游共创价值、共享成果，坚定不移地实施质量领先精益工程，力求实现从"质量立企"到"质量强企"的转变。一是强化示范引领作用，推进质量文化建设。坚持文化引领，深化质量文化教育；强化领导示范引领作用，促进领导作用发挥；开展质量警示教育，提升全员质量意识；营造诚信透明举手报告良好工作氛围。二是完善质量管理体系，夯实质量管理基础。强化质量专项监督，消除管理死角，完善管理体系；持续推进并完善质量风险防范体系，加强质量风险管控；加强基层员工能力建设。三是坚持问题导向，推进质量提升，筑牢高质量发展基石。坚持问题导向，强化质量专题攻关；提高技术文件质量，提升技术文件指导性和可操作性；狠抓设计过程质量风险防范；强化供应链管控，化解供应链风险；推进群众性质量活动，提高活动质量和管理水平；制定年度标准化作业手册，编制计划，实现关键工序标准化作业手册全覆盖；推进可视化管理，规范关键工序作业。四是较真逗硬，严肃问责，压实质量责任，加大考核力度。明确质量职责，落实岗位质量责任；强化问责，实行质量责任连坐机制；严抓严管零容忍，及时处理质量问题。

2. 创新强企提速度

东方风电坚持贯彻创新驱动发展战略，重点突破关键核心技术，实施产业基础再造工程和重大技术装备攻关工程，推动制造业高端化、智能化、绿色化发展。10兆瓦海上风电机组的成功研制，引领中国风电单机容量进入"两位数时代"，为我国掌握兆瓦级及以上等级海上风电机组研发、制造、安装技术提供了新方案，为实现海上重大装备国产化、推动海上风电高质量发展奠定了坚实基础。10兆瓦海上风力发电机组关键技术与应用荣获2022年度四川省科技进步奖一等奖。2022年，东方风电自主研制的我国首台13兆瓦海上风电机组成功投入生产，我国拥有完全自主知识产权，它是东方风电跨代开发10兆瓦海上风电机组后打造的又一"大国重器"。自主研发、行业首创的电动双驱变桨系统研发项目，经过权威技术鉴定机构成果评价，其技术水平达到全球领先，该项目也得到全行业的认可，先后获得东方风电科技进步奖三等奖、东方电气科技成果奖二等奖、东方电气首届创新创效大赛金奖、四川省科技进步奖一等奖等多项荣誉。此外，

2022年，东方风电还获得国家知识产权优势企业、四川省技术创新示范企业等荣誉称号。踏上中国式现代化新征程，是前行的动力，是不忘的初心。

二、以诚立规，奉法图治强管理

依法治企是全面依法治国战略在企业管理层面的必然要求，是企业长期健康发展的动力。东方风电坚持"立规行矩、奉法图治"的合规理念，2022年从新业务领域全流程法律合规问题视角与完善风险管理体系等方面不断加强依法治企建设。

1. 探索新兴业务合规防线

合规管理是企业法治建设的基础内容，合规工作贯穿业务推进全流程。随着市场竞争与行业环境的变化，东方风电合规工作亦因势而动、与时偕行。为不断提升服务质量及优化业务模式，东方风电在聚焦主责主业基础上，对近年涌现的新能源项目设施成套及服务业务模式、后市场服务、风资源获取、产业落地等新业务开展法律尽职调查与风险合规审查。如针对陆上风电新能源项目全流程合规审查进行积极探索，形成《新能源项目设施成套及服务业务模式开发全流程法律合规指引》等办法，为公司后续同类业务开展提供指导。

2. 筑牢常规业务风控基石

东方风电始终将风险管理体系建设视为合规经营的重要方面，2022年通过以下举措不断优化风控体系建设。一是建立"三上三下"的风险识别机制，即各单位立足本部门业务流程，识别形成《部门风险清单》，法律事务室归纳整理清单，征询风险管理委员会专家意见，后再反馈于各部门，如此循环往复三次以上进行系统分析、沟通识别，最终形成"公司级风险事件库"；二是建立"分级分类"的风险评估机制，集中力量将重大风险和高风险作为公司级风险事件进行重点管控；三是建立"动态调整"的风险应对机制，针对随时变化的风险因素，实时调整"公司级风险事件库"，2022年动态调整增加风险应对措施19项；四是建立"逗硬考核"的风险监督机制，严格执行《经营指标风险预警管理办法》，按月发布经营指标风险预警提示函，对存在较大偏差的经营指标及时通报。

通过以上风险机制，东方风电2022年全面风险管理取得显著成效，有效防范了生效订单与排产计划不匹配的风险、主力机型成本控制风险、风资源投资损失风险、新机型技术风险、主要部件的质量风险和新项目合同履约风险，全年共识别应对重大风险6项、高风险4项，制定应对措施100项。通过全年管控，保证公司重大风险事件零发生，坚决守住了风险底线，为公司实现高质量发展奠定了更加坚实的基础。

三、以诚立身，绿色低碳守初心

诚信经营是基业常青的根本，绿色发展则是产业发展的不竭动力。东方风电始终坚持以精心的态度、精细的过程为业主提供精品装备，走绿色、品牌兴业之路。

1. 坚定落实"双碳"战略部署

为深入贯彻落实党中央、国务院关于"碳达峰、碳中和"重大战略决策部署，服务地方关于推动绿色低碳优势产业高质量发展的决议，东方风电制定《碳达峰行动方案》并积极践行。一是初步构建绿色低碳制造体系，着手建设绿色低碳供应链产业链。采取持续使用清洁电力、实施节能降碳技术改造、强化节能降碳管理、建设能管信息化系统等措施，使得碳排放的增速尽可能低于产能的增速，实现主要污染物排放总量持续下降，预计"十四五"期间万元产值二氧化碳排放量较2020年下降18%以上，确保污染物达标排放率、危险废物合规处置率100%。二是打造绿色车间与绿色工厂。围绕"以人为本、预防为主、持续改进、绿色发展"的方针，提高公司绿色环保水平，在所属子公司推行绿色车间建设工作，完成绿色车间评价、验收和认证。三是建设能管信息化系统。依托现有安全环保信息系统，建立能源管理模块与能源数据收集系统，由各用能单位按月填报用能数据，质量安全环保部对数据进行分析，形成经济运行能源环保机械行业数据报表。

2022年，东方风电首个绿色制造系统集成项目顺利通过国家工业和信息化部验收，获评四川省2022年"碳达峰、碳中和"绿色供应商。

2. 积极把握风电发展机遇

东方风电适应清洁能源发展新需求、把握新机遇，将争取内部资源与进军海外市场并举，提高绿色清洁能源比例。截至2022年年底，为内蒙古能源电力建设提供了3387台风电整机，占全区风电装机比例的17%。目前，东方风电正筹划在包头建设全国最大年产1000套高端风电叶片厂、呼和浩特市高端新能源装备基地二期项目；厄瓜多尔在建最大风电项目——芦苇桥项目建设稳步有序；东方风机落户南美，风场建设及风资源获取工作稳步推进。

四、以诚立心，至真为民显担当

作为中央企业，东方风电立足发展实际，担当作为、奋勇争先，在巩固拓展脱贫攻坚成果、因地制宜推进乡村全面振兴方面发挥了重要作用；始终秉持"以人为本"核心理念，在落实安全生产的同时，坚持将员工持续发展与权益保障置于企业发展的重要地位。

1. 多举措助力乡村振兴

东方风电始终坚持履行企业社会责任，在关心关爱灾区群众、助力乡村振兴方面持续加力。目前，已通过多方筹措累计投入公益资金202余万元。一是关心关爱留守儿童，发起"爱心捐款"倡议，向四川省未成年人保护基金会开展募捐活动，筹集帮扶资金3.1万元；二是向甘孜、雅安地震受灾地区发起职工捐款，筹集职工爱心款13.1万元；三是开展党建结对帮扶，通过职工众筹、党建活动等形式，向定点帮扶的特口摩铺村4个易返贫监测户捐赠床铺桌椅等基础生活物资3.9万元；四是对特口摩铺村党组织活动阵地进行援建，设立标示标语、公告栏等共计1.2万元；五是开展以购代捐帮扶购买，向昭觉县、吉县购买苦荞、牛肉干等帮扶物资约151万元；六是对定点帮扶的中江县兴隆镇十里碑村进行会议室改造建设共投入20万元；七是持续开展就业帮扶，招聘3名彝族青年进入凉山公司就职，实现稳岗就业。东方风电在乡村振兴方面持续推进，2022年6月被集团公司党组授予"乡村振兴先进集体"荣誉。

2. 全方位共促员工发展

根据国企改革三年行动方案部署，东方风电规划综合性改革任务，圆满完成三年改革行动主体任务，顺利实施员工持股，实现员工与企业风险共担、利益共享，进一步激发内生动力；实行宽幅薪酬，促进岗位人员流动，提高关键骨干人才薪酬待遇，实施营销业绩提成制、货款回收提成制与科研项目激励制等促进员工发展。此外，东方风电多举措落实人文关怀，在夏日高温期间实行高温补贴与高温假并行；春节与中秋节等节假日期间，公司领导分别前往各相关单位为专家劳模、长期驻外职工及职工家属、生活困难党员和职工等送去节日的祝福和组织的温暖。

2023年，东方风电将继续保持战略定力，增强发展信心，主动适应行业环境变化，始终保持向上发展态势，以"路虽远，行则将至；事虽难，做则必成"的决心，积极响应国家区域发展战略与能源战略，厚植诚信理念，以奋斗之姿筑牢诚信基石，在践诺守信中彰显央企担当，在全面贯彻党的二十大精神的开局之年交出满意的高质量发展答卷。

案例创造人：尹守军、费元汉、林小艳、缪　娟

筑牢诚信根基，打造中国轨道交通走出去的"金名片"
——以墨西哥城地铁1号线项目高质量履约为例

中车株洲电力机车有限公司

一、企业简介

中车株洲电力机车有限公司（以下简称中车株机）在实践中逐步形成了"诚信为本，成就共赢"的经营理念。以诚信经营为核心的企业核心竞争力的内涵，在于把诚信作为中车株机价值判断的基本标准和立业之本，企业要诚信、员工要诚信、对外要诚信、对内要诚信。

2020年12月，中车株机、中国中车（香港）有限公司（以下简称中车香港）联合体与墨西哥城地铁局正式签署墨西哥城地铁1号线全面现代化项目合同，以"EPC（设计、采购、施工）+F（融资）+M（维保）"工程总承包模式，提供包括投融资、车辆、通信、信号、线路升级改造及整体全寿命周期维保等在内的一体化系统解决方案。2022年4月，本项目在联合国欧洲经济委员会主办的第六届全球PPP项目论坛进行现场分享，成功入选全球PPP项目论坛十大经典案例。

二、实践经验

1. 加强前期研究，坚持诚信投标

在进入新的海外市场之前，需进行深入、广泛、充分的研究，为项目的投标、中标、合同履行提供良好的基础。墨西哥市场为中车株机跟踪多年的市场之一，早在墨西哥城地铁1号线项目启动之前，中车株机就已对该市场研究多年。为了解该国政治环境、市场环境、经济环境、法律环境等，除了研究国家商务部出具的《墨西哥国别报告》之类的官方文件外，中车株机海外市场负责人还牵头海外市场营销中心、财务中心、审计与法务中心等多个部门对该国的具体情况进行现场调研，出具《墨西哥市场准入研究》《墨西哥市场规划化手册》等多份研究报告。

较一般项目招标周期，墨西哥城地铁1号线项目要求递交投标文件的时间很短。另外该项目采用"EPC+F+M"工程总承包模式，经验不足且周期较长，涉及公共利益及民生，招标方对投标方的要求也十分苛刻。本项目为中车株机及中车香港联合投标，联合体内部充分讨论后进行了明确分工，签订了联合体协议。鉴于中车株机投标经验丰富，有成熟的团队及相应的技术，与中车香港讨论联合体分工的同时，中车株机立即组织汇聚技术、工艺、项目、物流、采购、法务、财务、审计等多个部门的精英，成立项目团队，将优势资源凝聚在一起开展投标准备工作。根据标书技术、商务和价格册等要求，投标牵头部门多次组织项目团队相关人员沟通投标信息，仔细对照组织手册，对标书分工表进行了细致的修改核实，力求分工明确、运转高效。团队成员"5+2""白+黑"，不分频次、不论时间地集合在一起，研究标书、讨论执行，与业主沟通澄清、论证技术可行性、测算成本，检测商务符合性，一步步地朝着业主的招标要求靠拢。最后，经过投标团队精诚协作，全力编制投标文件，反复检查需要关注、强调、保证和补充的地方，重点核查标书基本信息、文件完整性、附件材料符合性、投标书编制顺序、签字盖章完整性等易出问题点，最终在规定

时间内递交了令招标方满意的标书。

在对市场充分了解的前提下，明确分工，依托成熟高效的投标机制，在技术、报价、商务、沟通等环节坚持诚信原则，不为短期利益搞虚假报价，不搞不正当竞争，不为中标进行虚假承诺，乱开"空头支票"，坚决维护国际市场秩序，为项目的诚信履约夯实了基础。

2. 重视合同，严守质量标准

墨西哥城地铁1号线项目标的大，涉及投融资、车辆、通信、信号、线路升级改造及整体全寿命周期维保等多项业务，同时该项目还有严苛的本地化要求，这些因素导致项目合同量大、类别广、涉外合同占比大。合同的审核把关关系着项目能否正常履约，合同的流转速度又关乎项目的整体进度。面对复杂的局面，中车株机坚守一贯注重合同的传统，重视和加强合同管理，认真执行合同条约，建立了"分级负责，综合管理，专业归口"的合同管理体系，通过合同的分类管理、模板化管理，利用"互联网+"等新兴信息化手段，不断推进合同的规范性及审批的及时性，助力项目的诚信履约。

整个项目周期为18年，节点环环相扣，牵一发动全身，因此保证项目的安全和质量，减少开口项、降低返工率尤为重要。中车株机严守安全和质量两条底线，深入推进管业务必须管合规，持续强化内控体系建设，使企业管理、项目管理逐渐步入制度化、程序化、规范化的健康运行轨道。以优质的产品和服务质量体现良好的履约能力，用工匠精神打造国际业务质量信用。

3. 探索海外总包项目新业态，助力项目总体诚信建设

墨西哥城地铁1号线项目为中车集团首个海外PPP项目，没有经验可以借鉴，一切都要在干中学、学中干。项目团队从分包商管理、项目成本管控、项目融资关闭、线路施工管理、老车维保及改造等多方面不断尝试，探索出适合中车株机总包项目实施的路径。

一是强化分包商的管理，制定出合理的分包商管控模式，既能有效管控分包商，确保项目各板块工作顺利推进，又能有效管控成本；二是项目成本管控，积极开展项目成本管控工作，形成总包项目成本管控体系；三是项目融资管控，项目融资的顺利进行是项目顺利推进的关键，要加强项目融资的管控；四是线路施工管理，要构建科学合理的施工管理模式，在施工组织、人员调度、安全管理、环境保护等方面形成良好的管理机制；五是重视老车维保及改造，加强本地供应商的开发，加强与业主及原制造厂商的沟通，团结协作，形成自己的维保管理模式。

通过运用创新思维，中车株机成功探索出海外总包商业模式，全力推进墨西哥城地铁1号线总包项目的实施，提升系统解决方案提供商的能力，实现墨西哥总包项目的高质量履约，力求将本项目打造成诚信履约模板，为中车株机的诚信企业建设提供鲜活的案例。

4. 建设数字化协同高效平台，诚信企业建设实现信息化

根据项目建设内容与线路特点，本项目具有涉及专业多、涉及标准多、相关方多、施工组织复杂等系统性难点。涉及专业多，主要包括新造车辆、老车改造、通信与信号系统、线路与机电系统、地铁SAM系统与SCADA系统、车辆段改造等多专业，各专业间在设计、采购、施工等方面存在复杂的接口关系、工序逻辑关系，项目组织、沟通及协调难度大。涉及标准多，既有隧道结构采用墨西哥50多年前的设计标准，又有胶轮地铁车辆及控制系统参考了欧洲标准、美国标准，国际上对胶轮地铁没有形成统一的设计准则。相关方多，本项目主要相关方多达13个，且涉及全球多地域、多文化、多语种、多时差沟通，业主针对可交付文件成果要求高，纵向、横向流转通道复杂，给项目沟通带来极大挑战。施工组织复杂，本项目施工活动不仅涉及隧道、设备房、车站、车辆段等作业面，而且又与业主另行分包的车站翻新、隧道大修、电力改造等项目同步施工，两者在工作面、节点和周期上相互影响，隧道内交通控制复杂，现场施工管理、物料运输等存在极其复杂的交叉和冲突。

针对上述难点，中车株机自项目启动之初就着手策划数字化协同平台，以"互联互通、开放共享"的理念，联合业主、监理、分包方等合作伙伴，重点从需求管理、接口管理、文件管理、计划管理、现场管

理等方面开展数字化建设与协同化管理,科学运用专业的管理系统,集成更全面的数据,开展更精准的分析,打造信息共享、生命周期监控的数字化协同体系。数字化协同体系的建立,也大力推进了中车株机诚信企业建设信息化。

5. 完善信用标准体系,建立企业诚信文化

以墨西哥城地铁1号线项目为契机,中车株机进一步完善信用标准体系,对企业和品牌的社会影响力、合同信用管理体系、合同行为、合同履约状况、经营效益、社会信誉等6个方面进行电子化综合评定,建立和完善自我管理、自我监督、自我约束的自律机制。

中车株机重视企业诚信经营制度建设和文化建设,具体举措包括:一是主要领导对企业诚信建设高度重视,将之放在与生产经营、安全生产同等高度持续抓好;二是大力培育海外从业人员契约精神,促进海外经营活动合规诚信;三是坚持人本原则,在培育海外经营人员诚信精神的同时,重视满足海外从业人员的人文关怀,加强薪酬制度改革,以与海外任务相适应的报酬回报,引导海外人员树立诚信意识,杜绝违规生产经营;四是加强海外分(子)机构及合作伙伴诚信经营管理,开展诚信文化、契约意识专项督查活动;五是注重发挥监事审计作用,把诚信活动贯穿到企业经营和管理中,加强对招投标、施工过程监理、竣工终验等重点环节的监督审查,使企业诚信建设常态化、制度化、规范化;六是实行严格的奖惩机制,将诚信经营作为绩效考核重要内容,对企业内部的诚实守信与失约违信行为奖惩分明,有效防范片面追求短期利润而采取的投机行为;七是加大对系统内和分包失信企业的问责,通过规范海外经营活动,采用企业追责与企业负责人追责相结合的方式,在联合激励、联合惩戒方面迈出了实质性的一步。

加强诚信文化的培养,让诚信做人、诚信做事、诚信经营的理念根植于中车株机每一个管理层、每一个员工的内心,内化于心,外化于行,必将指引中车株机在诚信经营的道路上越走越宽、越走越远,使其成为中国轨道交通装备走出去的"金名片"。

三、案例成效

坚持将诚信经营作为企业的核心竞争力,加上可靠的产品和至诚的售后服务,铸就了中车株机高质量发展的基石。中车株机作为中国中车旗下核心子公司,经过80余载砥砺发展,已建立起中国业内型谱最全、品种最多的产品体系,形成了以电力机车、城轨车辆、动车组三大主业为核心,重要零部件、维保及机电总包服务等新产业协调发展的"3+X"产业格局,是中国轨道交通走出去的"金名片",得到了社会和客户的赞誉与信赖。自2005年以来,中车株机连续18年被评为湖南省守合同重信用企业,多次获评国家守合同重信用企业。

四、结语

面向未来,中车株机将与墨西哥城地铁局开展更加高效务实的合作,以合同为蓝本、以质量为生命线,用优质的产品和服务践行承诺,为墨西哥经济社会发展和轨道交通建设贡献中车力量。同时,双方也希望以此次项目为桥梁,诚信经营、友好合作,拓展业务领域,为两国经贸文化友好交流注入新的活力。中车株机将致力于诚信经营、高质量履约,让墨西哥城地铁局和墨西哥城人民切身感受到中车株机的诚意。

案例创造人:王巧林、袁丹红、杨 原、欧阳聪聪

至诚服务　践行初心使命
至信立企　创建共赢生态

南方电网供应链集团有限公司

南方电网供应链集团有限公司是中国南方电网有限责任公司（以下简称南方电网）的全资子公司，前身为南方电网物资公司，成立于2017年，2022年9月更为现名。成立以来，公司抓住国家和南方电网大力提高产业链供应链现代化水平发展机遇，结合改革三年行动和对标世界一流管理提升等重大改革任务，全面贯彻落实南方电网供应链管理改革部署，不断谱写改革新篇章，从物资和招标管理改革到供应链管理改革，供应链管理从保障服务到战略运营。公司先后整合完成广东电网物资公司等6家省级电网物资公司，在能源行业央企中率先打造供应链集团，不断探索集团化管控的新模式、新路径，努力发挥供应链管理资源保障、价值创造和提升核心竞争力的三大战略作用，建设国内先进的现代供应链服务平台企业。

公司践行"人民电业为人民"的企业宗旨，秉持诚信立企经营理念，诚以对人、诚以对事、诚以对制，取信于员工、取信于客户、取信于利益相关方，体现能源央企的服务属性和人民情怀，以全要素价值创造为纲，系统性、动态性谋划高质量发展，持续增强公司的创新力和竞争力，实现跨越式发展。截至2022年年末，公司资产总额、营业收入、利润总额、净利润较2017年成立之初分别提升314%、605%、619%、613%。公司积极融入行业发展，为供应链产业链发展积极贡献央企力量，现为中国招标投标协会理事单位、中央企业电子商务协同创新平台副理事长单位、中国物流与采购联合会物联网技术与应用专业委员会副会长单位、广东省设备监理协会副会长单位。

一、坚守初心，树立诚信经营价值理念

1. 发挥央企示范作用，打造诚信经营企业文化

公司紧紧围绕学习宣传贯彻党的二十大精神这一主线，把坚定捍卫"两个确立"、坚决做到"两个维护"转化为落实上级重大决策部署、做好产业链供应链安全稳定服务保障的实际行动，积极践行社会主义核心价值体系，按照南方电网国家队、平台型企业价值链整合者的企业定位，坚持诚信、服务、和谐、创新，遵循创造价值、创新发展、以客为尊、和谐共赢的经营发展思路，持续推动极具世界眼光、中国底蕴、央企风范、南网特色的供应链生态建设。企业各项指标在实践过程中实现巨大飞跃，展现诚信服务企业形象，央企引领作用进一步发挥，在招标投标、电子商务、电力装备供应链服务、标准化建设等方面充分发挥了央企典范和行业带动作用。

2. 专业立身、服务为本，建成现代供应链服务平台企业

公司锚定"构建高效协同的数字化供应链共享服务平台"目标，制定"十四五"规划、发展战略、对标世界一流管理提升行动计划及一系列贯彻落实工作方案，分阶段整合五省区电网物资公司（或物流服务中心）的供应链业务和资源，着力推进"机构扁平化、资源集约化、业务平台化、区域融合化、运营数字化、管控差异化、风控立体化"，实现供应链资源集约统筹、服务专业优质和运作规范高效，为各业务板块和社会提供优质高效的供应链服务，全力支撑南方电网战略落地和现代供应链体系建设。

二、诚信服务，打造供应链服务标杆

1. 以公平、公正、科学、择优原则推进阳光采购

按照标准化、集约化、专业化、数字化和平台型建设"四化一型"路径，不断优化采购管理，全力响应服务对象需要，有力提升服务品质。推进采购集约化、规范化，积极贯彻落实国家"互联网+"招标采购行动方案，全面深化物资和招标管理改革，推动所有采购业务"上平台"阳光采购。对接中国招标公共服务平台，信息公开发布数在央企中名列前茅。落实公开、公平、公正原则，设立"三公"信箱，进一步畅通拓展供应商沟通、监督及投诉渠道，树立阳光采购的良好形象，将诚信理念融入企业经营管理全领域和客户服务全过程。公司成立以来，分别获中国招标代理优质服务奖（五星级）、招标代理行业典范奖、中国阳光招标奖、中国招标代理行业综合实力百强、最具影响力电商品牌等一系列荣誉，获中国招标投标行业信用评价AAA级认定。

2. 以高水平供应链服务保障能力履行诚信服务承诺

服务国家重大战略，为乌东德、梅州抽水蓄能等一大批国家重点工程全过程提供坚实物资供应保障，为越南永新等国际采购提供专业支撑。服务粤港澳大湾区建设，有效应对产能挤占、工程提速等多因素冲击下的物资供应困局，助力中、南通道柔直背靠背工程及粤港澳大湾区外环中段工程等重点项目顺利投产。服务海南自贸港建设，海南公司完成物资出入库近20亿元，接收逆向物资超4000万元。坚守"物资不断供"底线，建立快速响应机制，为抗冰抢修、台风"威马逊""彩虹""天鸽"抗风救灾、疫情防控等关系国计民生的工程提供优质的应急电力物资保障。广东公司完成清远特大洪水应急响应等全省应急物资保障任务，处理应急物资需求近1亿元，需求处理及时率达100%，获评广东省招标协会"抗击疫情先进会员单位"。云南公司建设省级物资合约共享服务平台，保障新能源接入、小水电送出、煤炭双电源、三年攻坚及"三篇文章"等237个重点配网项目物资准时到货率达到100%。

3. 以数字化为诚信服务提供支撑

申报创建首批国企数字化转型试点，统筹推动供应链业务智能化、企业管理智慧化、供应链生态数字化，大幅提升供应链服务能力、服务效率，为诚信服务提供技术支持。在采购方面，研究人工智能AI评标、结构化评审、远程异地评标等智能化应用。在供应保障方面，引入自动化立体仓库、智能检测等先进技术，着力提高仓储物流业务数字化、可视化、智能化水平。在智能化基地运营方面，聚焦专家自助报到及离场、智能定位、智能隔离、智能考勤、智能教育培训、现场综合服务、全景监控及智能后勤等8个主要场景建设基地统一管理平台和微应用群，打造高效、安全、透明的评标现场，真正做到"阳光招标、透明采购"，规范管理评标活动，为采购优质设备，树立阳光采购品牌提供支撑。在数字化平台建设方面，按照国务院国资委大集体企业"等同管理"要求，开发电子采购交易平台，得到行业信赖，新增注册企业用户2.2万家，同比增长96%，平台承担采购项目金额670亿元，同比增长197%。云南公司电力系统供应链数字化管理平台被云南省工业和信息化厅认定为省级服务型制造示范平台，荣获"云南省科技型中小企业"资质认定，通过国家工业和信息化部"信息化、工业化"融合管理体系AA级评定。

4. 以优质供应商服务为诚信服务奠定基础

建设供应商动态评价体系，集资质能力评价、履约评价、运行应用评价及信用记录于一体构建供应商画像，实施供应商分类分级管理，建立供应商业绩库，加大供应商评价在采购等环节的应用。供应商服务热线实现"六统一"（统一后台支撑、统一规范标准、统一业务管控、统一供应商库、统一知识库、统一客户体验），服务全国15万家供应商。试点"1+3"供应商资格集中评审模式，效率提升1.4倍。构建多元供应商服务渠道，2019—2022年供应商热线服务平均近18万次。推广供应商"四个一"服务（招投标"一次都不跑"、供应商登记"一天就办好"、线上服务"一号通"、线下服务"一站妥"），创新开展供应商"联合接待日"专题直播 7 次，累计参与观看超过 70 万人次，点赞超过 40 万个，进一步塑造南网供应商服务品牌。

三、优化营商环境，打造健康诚信供应链生态

1. 推进能源电力供应商信用体系标准建设

发挥能源央企供应链链长作用，基于供应商分级分类管理、信用评价等，牵头编制《电力行业供应商信用评价规范》《电力行业供应商信用评价指标体系分类及代码》等行业标准、《电力行业征信信息平台数据接口技术规范》团体标准，构建电力行业供应商信用评价指标体系及评价标准，提高电力行业征信信息平台数据采集及对外数据服务标准化水平，推动行业征信共建共享。率先开展电子商务供应商管理，牵头编制《国有企业电子商务供应商信用评价规范》团体标准，为电商化采购模式下供应商信用体系建设、规范行业发展做出积极贡献。为适应供应链金融发展需要，牵头编制《电力物资供应链金融服务操作管理规范》团体标准，为促进供应链金融规范发展，更好地开展供应链金融服务产品管理、服务流程管理、服务风险控制提供指引。

2. 推进供应商失信惩戒

公司印发《供应商失信扣分管理业务指导书》，按照南方电网统一部署，对登记、采购、履约、运行等全过程出现诚信、履约、安全、质量等各类失信行为的 300 多家供应商、100 多名失信人进行惩戒，有力维护公平竞争市场环境。对接中国信用网等网站，将供应商信用情况纳入评标，限制南方电网范围内处于限制投标资格处罚的供应商投标。规范供应商解除处罚资格程序，引导诚信合作、诚信服务。

3. 拓展基于供应商信用的供应链金融

依托庞大的供应商合作伙伴和信用管理基础，上线"无担保、免抵押、低利率"的"企采贷"融资服务，提供低成本融资 1.55 亿元，为供应商节约融资成本约 2 亿元。持续优化"两金一贷"服务机制，发布疫情期间延长项目保险有效期可自动续期举措，推动替代率提升 9 个百分点，两金保险累计释放保证金超 100 亿元，有效缓解供应商中标后到支付预付款期间的资金压力。"两金一贷"供应链金融服务创新实践列入国务院《扎实稳住经济的一揽子政策措施》。试点上线供应链投标电子保函、履约电子保函，首次公开发布合作银行标准，联合中信银行签署《业务合作协议》，打造新时代产融合作标杆。

4. 为行业发展积极打造信用至上的良好生态

随着南方电网生态圈影响力持续扩大，积极参与承办两届南方电网供应链合作伙伴大会，与合作伙伴开展广泛交流。应邀参加 2022 年服贸会中国电子商务大会国企电商论坛并做主题发言，推动基于信用至上的数字供应链服务提升。提炼数据资产在供应链金融业务中的应用场景、商业模式和价值理论，形成成果，获全国企业管理现代化创新成果二等奖。讲好南方电网供应链金融故事，保证保险服务实体经济成效，先后被南方电网报、南网新闻联播、50Hz 等媒体多次报道，并被电力头条、国际电力网等行业主流媒体广泛转载，展现了以信用体系为基础的能源供应链生态样板，推动"信用至上、诚信服务"理念更加深入能源供应链生态圈，为产业链供应链价值创造发挥良好示范带动作用。

四、厚植管理，建立健全诚信服务长效机制

1. 强化集团化管控，提高集团化诚信服务水平

打造以"运营管控型"为主的集团管控模式，区分集团本部、下属子企业的不同定位，按照采购、仓储物流、平台生态三大业务领域，明确各业务的运营管控思路、权责划分、管控机制等，配套建立战略规划引领等

七项集团化管控举措落地机制。深入践行服务承诺,持续推动业务布局从一元走向多元,服务对象从"1+4+N"扩大至专业公司、大集体企业、全国市场,服务链条从招标代理服务延伸至供应链平台运营服务、仓储物流服务、合约品控服务、生态圈增值服务。按照供应链业务资源统筹相匹配的专业化能力需要,调整优化集团本部组织架构,提升集团化运营效能。"以集团化模式打造供应链共享服务平台企业"成果列入南方电网"创先进树典型"改革范本案例。

2. 强化制度建设,夯实诚信服务的管理基础

将标准化管理、规范化服务作为诚信服务的基石,围绕25项业务领域、145项一级业务、385项二级业务、1183项业务事项建立制度125份、业务指导书44份,规范管理供应链服务全流程。构建采购全方位咨询体系,有力解决采购人痛点难点问题,形成含作业标准库、标准模板库、常见问题库等三大库75份采购服务文件标准,统一公司集团及所属单位服务标准。规范公司评标场所统一管理,结合公司评标场所运营管理现状及隔夜、非隔夜场所的特点,修编形成《评标场所管理细则》,坚持问题导向,编制《采购专家服务手册》,形成统一的评标场所作业标准、操作流程、服务规范等系列运营标准,提高评标场所规范化、精益化管理水平,累计服务评标专家106922人次。

3. 深化内控管理,塑造合规经营企业品牌

根据公司集团化改革发展要求及内外部环境变化,形成具有集团特色的"1+2+1"供应链风险管理体系,从体制机制、技术手段等各个方面着力,系统提升全业务全流程风险防控能力。按照"横向到边、纵向到底"开展风险防控,从监督探针、系统功能优化和其他技术应用等方面实现信息化管控。运用风险库有效推进供应链风险管理体系与内控体系、数字化建设、监督检查的融合,加大集团对分(子)公司的合规管控力度。公司本部获"2022年度南方电网治理优秀企业"荣誉称号;广东公司获2022年治理良好企业认定;广西公司印发《"阳光采购、透明物资"品牌建设实施方案》,推动"合法、合规、守纪"法人治理能力现代化。

案例创造人:吴建宏、邓兴华、匡少攀、嵇　立、代卫星

构建信用管理体系　打造诚信龙源品牌

龙源电力集团股份有限公司

一、企业简介

龙源电力集团股份有限公司（以下简称龙源电力）成立于1993年，隶属于国家能源投资集团有限责任公司，是我国最早开发风电的专业化公司。2009年，龙源电力在香港主板成功上市，被誉为"中国新能源第一股"；自2015年以来，持续保持全球最大风电运营商地位；2022年，在深交所主板上市，成功打造千亿级新能源"A+H股"上市平台。

目前，龙源电力已发展为一家以开发运营新能源为主的大型综合性发电集团，拥有风电、光伏、生物质、潮汐、地热和火电等电源项目，业务分布于国内32个省区市，以及加拿大、南非、乌克兰等国家。龙源电力先后荣获全国五一劳动奖状、中电联先进会员企业、电力行业信用体系建设示范企业、中国证券金紫荆奖"十三五"最具投资价值上市公司、最佳上市公司等荣誉，获央企ESG·先锋50指数第14名，连续5年明晟（MSCI）ESG评级A级，连续10年被评为全球新能源500强企业，连续12年被评为电力行业AAA级信用企业。

二、诚信经营理念

龙源电力始终坚持诚实守信的治企理念，将诚实守信纳入企业核心价值观，将诚信为本融入企业文化，将诚信理念融入公司生产经营各环节，使诚实守信根植于全体员工心中，积极构建完善信用体系。公司信誉持续提升，在国内国际新能源领域的话语权和影响力持续扩大，着力打造"本质安全、规模翻番、数字转型、创新引领、健康进取"新龙源，努力建设成为具有全球竞争力的世界一流新能源公司。

三、信用管理体系

1. 组织体系建设

公司设立"决策—管理—执行"三级联动的信用工作组织体系，形成自上而下、全员参与、分工协作、权责明晰的信用管理模式。公司企业管理与法律事务部是公司信用工作归口管理部门，负责组织落实国家、行业有关法律法规和上级单位信用工作部署，制定信用管理规章制度及工作目标等工作。公司各部门按照"管业务同时管信用"的原则，负责本业务领域信用工作。所属企业是信用工作的责任主体，负责本企业信用工作的具体实施。

2. 信用文化建设

公司弘扬诚信文化，营造"诚信兴商"良好氛围。公司组织签署《关于培育诚信经营、守信践诺标杆企业的承诺书》，开展"诚信兴商"宣传月活动，号召全体职工强化诚信意识，践行诚信理念，恪守诚信合规法制准则，维护公司信誉，人人带头营造诚信文化氛围。举办法治讲堂，特邀专业律师进行授课，开展"电力央企合规管理的框架体系及重点问题"专题培训。结合合规经典案例，对央企合规指引主要内容概述、起源、主要原则、理论要点以及合规"三道防线"的构建、合规管理的重点环节和重点领域等方面进行深刻的讲解、剖析。组织学习《诚信合规手册》，拍摄警示教育片《坚守合规底线》，制作主题宣传海报，组织全员签署《合规承诺书》。通过拍摄微视频、制作推文、参观法治基地等多种形式，来普及"诚信兴商"知识、讲解诚信法律法规。加强同信用主管部门、专业机构的沟通交流，积极对外宣传公司诚信建设成果。申报优秀诚信企业案例，获评商业信用中心、《企业管理》杂志"2021年企业诚信建设十佳案例"，董事长获评"诚信建设突出贡献人物"。

3. 质量、安全和环保管理

公司制定并印发"三标一体"管理体系建设工作实施方案，依据《质量管理体系·要求》《环境管理体系·要求》《职业健康安全管理体系·要求及使用指南》，印发实施《质量、环境和职业健康安全管理手册》，推进质量、环境、职业健康安全管理体系建设。坚持"党政同责、一岗双责、齐抓共管、失职追责"，将安全事故、管理缺陷、标准化达标、重大隐患整改等纳入考评，作为评先选优和职务晋升的重要依据。健全安全生产责任清单，进一步明确部门、岗位、人员的安全责任，确保全覆盖、无盲区。坚持"有责必问、有错必纠"，加大量化考核力度，对工作不落实、履职不到位、隐患不整改的单位和人员严肃问责。加强制度体系建设，准确研判生产运维、工程建设等重点领域的新技术、新工艺发展趋势，健全管理机制。推进外委单位长协合作，培育长期稳定的高素质人员队伍，推动公司安全管理要求有效落实。加快推进安全生产标准化建设，系统提高安全管理水平。提升数字化监管效能，建立公司、基层企业、场站三级风险分级视频监控体系。健全双重预防机制，加强重点领域关键环节的风险辨别和预控，加强高风险作业全过程管理。常态化推进培训、检查和考核，遏制小异常，严防大事故。做好极端天气防范工作，加强应急演练和物资储备，严格落实应急预案，有效提升应急处突能力。

4. 供应商管理

公司建立制度化、标准化、信息化的供应商全生命周期信用管理体系，对供应商实施信用风险监测预警。建立企业统一的供应商管理体系，包括统一的供应商管理制度、组织机构、监管流程和考核评价标准，保证供应商管理工作公开、公平、公正。根据供应商公开集中资格审查和动态考核结果，对供应商实施分类分级管理，实现同一层级供应商之间的有效竞争。通过引入守信激励和失信惩戒机制，不断优化供应商结构。优先选择绩效优秀、诚实守信的供应商，淘汰绩效考评不合格和存在失信行为的供应商。

建立供应商准入退出机制。按照"统一标准、分类管理、信息共享、动态调整"的原则，制定统一的供应商准入标准，符合准入标准的供应商，可成为注册供应商获得参与相应采购活动的资格；对于后期评价不合格或存在失信行为的供应商，取消其参与采购活动的资格，并将其清除出企业注册供应商库。供应商准入信用信息包括行政处罚信息、经营异常信息、失信处置信息等。

加强供应商失信行为管理。公司对供应商实行负面清单制管理，对存在违反法律法规、不履行法定义务、违背商业道德、违反合同和承诺等失信行为的供应商，视情节严重程度给予相应的处置。

5. 授信管理

公司制定预付款采购、赊销等授信业务管理制度，明确授信标准和管理原则，设定信用条件，明确授信政策，建立授信政策的调整和完善机制。建立明确的授信业务流程和权限要求，确定授信范围、内容和对象等，对授信对象进行信用等级评价，履行审批程序后授信，重大授信或超信用政策的授信由最高管理层集体审批决定。加强授信风险预控，建立风险评估、风险预警、风险控制、风险转移和应急管理机制。建立授信对象信用档案，定期跟踪授信对象的信用状况，分析其履约能力，评定授信对象信用等级，将信用状况较差的授信对象列入负面清单，降低其授信等级，及时回收账款，避免坏账发生。

6. 客户管理

公司高度重视客户管理，以营销业务为契机，加强需求侧管理，增强客户黏性。实施服务标杆引领，培育服务文化理念，以服务价值观为核心，以忠诚服务提升企业核心竞争力，不断提高用户满意度。增强主动服务意识，坚持客户至上服务观，针对不同客户采取分类营销策略，做好客户经营状况和合同履约情况跟踪，避免违约考核。积极开展客户回访，倾听客户意见，分析客户反馈意见建议，及时反馈解决措施，提升整体服务质量。未发生过因客户管理不到位而造成的信用风险事件。

7. 劳动福利与保障

公司严格遵守《劳动合同法》，与员工签订正式劳动合同，明确劳动合同期限、工作内容、劳动保护和劳动条件、劳动报酬、社会保险和福利、劳动纪律、劳动合同终止条件，以及违反劳动合同责任，保障员工合法权益。依据《劳动合同法》制定《劳动用工管理办法》，创造多元化和平等机会的就业环境。人才招聘过程中严格核查人员情况，杜绝任何歧视、雇佣童工或强制劳工的违法违规事件。依据国家法律、法规及相关政策，结合实际情况，制定《考勤管理规定》《带薪年休假管理办法》，明确休假时间、假期待遇、考勤管理、请假手续。

公司不断完善福利保障体系，及时为员工缴纳养老、医疗、失业、工伤、生育保险和住房公积金，并缴纳补充医疗保险和人身意外伤害保险，严格落实孕产期女员工的休假规定；优化薪酬奖励机制，推行全员绩效考核，实现为岗位付薪、为能力付薪、为业绩付薪，坚持薪酬分配向做出突出贡献的人才和一线岗位倾斜。

公司非常重视对员工的人文关怀，积极开展丰富多彩的精神文化活动，促进员工工作生活平衡，提升员工的幸福感；做好员工关爱工作，积极开展困难员工帮扶等活动，为员工纾难解困，提升员工的归属感。

8. 社会责任

绿色能源低碳转型是我国"碳达峰"十大行动之一。公司作为世界第一大风电运营商，义不容辞地承担着具有革命意义的使命与职责。公司勇当绿色低碳转型先锋，高质量发展的基础更牢、条件更优。坚持"三驾马车、双核并发、四轮驱动"的发展思路，开创了陆上、海上以及大基地风电光伏齐头并进的新局面。

在风电、光伏等优质新能源的开发建设中，公司以生态环境保护为先决条件，环保措施环环相扣；积极示范自然环境受益型新自然经济，提升自然资源利用效益；将技术研发与气候变化相结合，积极提升气候适应性。以新能源的低碳禀赋，为绿色低碳发展贡献龙源智慧、龙源方案。

当前，我国经济进入"双循环"新发展格局，在这个重要的战略机遇期，需要全产业链的团结协作。公司努力承担产业链链长的责任，全面为产业链上下游合作伙伴赋能，与合作伙伴共享发展成果，积极探索共生共荣的发展之路。以实际行动让利益相关方的获得感、幸福感、安全感更加充实、更有保障、更可持续。

公司加强ESG管理，构建完善ESG管理体系，制定公司ESG指标体系、ESG工作三年规划，编制发布公司2022年ESG报告。参与起草中国质量协会《企业ESG管理体系·要求》《企业ESG评价指南》团体标准。获得中国社会责任百人论坛"央企ESG·先锋50指数"第14名、"央企ESG·社会价值先锋50指数"第2名，入选蓝皮书优秀案例；入选中国在非企业社会责任联盟2022年"百企千村"国企力量"践行节能减排"专项类优秀案例；获得中国社会责任百人论坛2022责任金牛奖海外履责奖；入选ESG中国论坛2022春季峰会大公责任云ESG优秀案例。

公司积极助力乡村振兴，在山西省右玉县开展定点帮扶。全年投入帮扶资金1800万元，制定特色优势产业发展规划，消费帮扶金额累计超过5000万元。创建"日光大棚""中药材加工扶贫车间"，建设现代农业示范园区。组织超过3000人参与直播电商专题培训，推动特色农产品销售。招录脱贫家庭人口，帮助右玉县转移就业191人。连续5年荣获支持右玉高质量发展贡献奖。

公司致力于创建能源与自然和谐受益的新自然经济。坚持"在发展中保护、在保护中发展"的原则，在项目选址、工程建设、电厂运行等阶段，采取多样、可靠的生物多样性保护措施，共建万物和谐的美丽家园。研究风电对鸟类迁徙飞行的影响,确保风机的间距让鸟类安全穿越。使用警示色的方式避免鸟类撞击的发生,最大限度地降低鸟类飞行撞击叶片的概率。在风电项目电网线路上安装人工鸟巢,为鸟类提供良好栖息地。研究并监控风机噪声对海上动物的影响,密切关注潮汐电站运营中库区生物资源的变化。高度重视海洋渔业资源保护,定期采取鱼苗放养方式增加鱼类资源的繁衍生殖。2022年,龙源江苏承办射阳县海上增殖放流公益活动,投放苗种4.75亿尾。

案例创造人:唐 坚、宫宇飞、丁 鹊

以信赋能，打造"贷"动实业
助创业、促就业，创新金融新典范

深圳担保集团有限公司

就业是最大的民生。习近平总书记多次强调，做好"六稳"工作、落实"六保"任务至关重要，要加大对实体经济融资支持力度，抓好重点群体就业，这是应对风险、破解经济难题、保持社会稳定的重要抓手和坚实保障。同时，完善的社会信用体系是供需有效衔接的重要保障，是资源优化配置的坚实基础，是良好营商环境的重要组成部分，对促进国民经济循环高效畅通、构建新发展格局具有重要意义。

广东省和深圳市相关部门积极响应国家的政策号召，第一时间规范和促进创业担保贷款工作的开展，支持新形势下的创业就业引导工作，也支持更多小微企业获得免抵押担保的信用贷款。深圳担保集团有限公司（以下简称深圳担保集团）以旗下深圳市中小企业融资担保有限公司为抓手，全面负责深圳市小微企业创业担保贷款（以下简称深圳市创业担保贷款）的运营管理和落地。企业最高可享单笔500万元的融资资金，最长可享受9年优惠，额度和期限上限全国最高，具有"零保费、低利息、低门槛"的特点，切实降低企业融资成本，支持企业稳健增长。目前已放款项目中，超过80%为纯信用贷款，且未出现任何风险项目，信用建设示范作用明显，在实现就业增长和经济增长的良性循环方面发挥着不可替代的作用。

深圳市创业担保贷款发放金额连续两年位居全省首位，深圳担保集团已连续三年成为该项目融资担保服务合作单位，累计提供近52亿元，受惠企业近1200家，占全市服务小微企业总量比例的75%，预计可带动新增就业岗位约12万个。

一、企业简介

深圳担保集团成立于1999年12月28日，前身为深圳市中小企业信用担保中心，是在深圳市第二届人民代表大会常务委员会第150次会议上批准设立的专业担保机构，承担着解决中小企业融资难、促进中小企业发展的政策性功能。在作为事业单位期间，担保中心按照"政策性定位、市场化运作、企业化管理"的模式运作，取得了稳健发展。2006年，根据市委市政府关于事业单位改革的统一部署，它成为一家全资国有企业。

经过20余年的创新发展，深圳担保集团从政策性地方中小企业服务平台，成长为国内一流的中小企业金融服务集团。截至2023年5月月底，深圳担保集团注册资本为114亿元，净资产超205亿元，总资产超401亿元，担保机构资信评级AAA、资本市场评级AAA，被国家工业和信息化部认定为"国家级中小企业公共服务示范平台"。

深圳担保集团始终高度聚焦中小企业创新金融服务领域，以"解决中小企业融资难、融资贵"为使命，成立以来，累计提供服务项目74636个，业务发生总额达9926亿元，创下广东省企业新纪录。根据深圳市统计年鉴相关数据测算，可新增社会销售收入18994亿元，新增税收1981亿元，新增就业岗位1240万个。截至目前，深圳担保集团客户中已有310家企业成功上市。

深圳市中小企业融资担保有限公司是深圳担保集团旗下的专业化融资担保公司，是深圳担保集团服务小微、发扬普惠、承担政策性功能的有力抓手，为广东省首批政府性融资担保机构。

二、项目简介

2020年，为全面强化稳就业举措，全力支持小微企业扩大就业，推动经济社会有序稳定发展，在深圳市人力资源和社会保障局、深圳市财政局、深圳市地方金融和监督管理局以及人民银行深圳市中心支行等部门的指导下，深圳担保集团联合5家头部银行共同推出创业担保贷款。

深圳约有超200万家中小微企业，它们在扩大就业、改善民生和促进经济发展恢复等方面具有举足轻重的作用。但一直以来，小微企业存在规模小、抗风险能力弱、有效抵押物不足等客观风险因素，导致其融资难且贵。尽管创业担保贷款属于扶持性政策贷款，在一定程度上缓解了小微企业的融资困境，但在具体的运行过程中同样面临较多问题。纵观我国其他地区的创业担保贷款，贷款门槛普遍较高，50万元以上的贷款反担保条件较为严格，同时贷款期限上限较短，无法为企业提供长期稳定的资金支持，导致创业担保贷款品类项目面临运营效率不高、银行"不敢贷"的困境。

深圳担保集团创造性地搭建了"政银担"合作模式，合力为企业提供单次最高500万元、最长9年的创业担保贷款，企业无须支付担保费，最终贷款利率低至2.05%/年，具有"零保费、低利息、低门槛"的特点。2022年深圳发放创业担保贷款43.9亿元，同比增加59.24%，发放金额连续两年位居全省首位，持续发挥创业带动就业的倍增效应。

三、项目实践

1. 以坚实的信用基础，促进金融服务实体经济发展

由于中小企业融资担保属于天然的高风险行业，融资担保机构的反担保措施大多需要企业提供足额的抵质押物来抵御风险，而中小企业普遍面临因缺少抵质押物而导致的融资难题。针对这一痛点，深圳担保集团有效落实了风险分担机制。深圳担保集团基于自主研发的"四全"风险管理体系，即全面的风险意识、全员参与的风险管理、全过程的风险控制、全新的风险管理手段，保障项目的平稳运行，科学合理地对企业经营情况和还款能力进行评估后核定贷款额度和期限，并以坚实的信用基础加大对中小企业信用贷款的支持力度。

凭借着深圳担保集团良好的风险控制能力，深圳市创业担保贷款运行至今，超过80%的项目为纯信用贷款，风险代偿率仅为0.12%，受到了中小企业及合作机构的好评，有效缓解了中小企业融资痛点，改善了深圳营商环境。

2. 以较低的准入门槛，有效帮助初创企业建立良好信用循环

大部分技术导向型企业，在创业初期都面临着无抵押资产、社会信用记录空白的融资难题。深圳市创业担保贷款对申请企业的登记注册时间不做要求，且对大部分小微企业提供纯信用担保，免除反担保条件，切实降低初创及小微企业融资门槛，帮助企业突破征信空白，建立初始信用记录并形成良性循环，为企业持续、健康发展打下信用基础。

3. 以全国最高的贷款额度和期限上限，有效支持小微企业长期发展

深圳市创业担保贷款的额度和期限上限目前为全国最高，超过了北京（300万元，最长2年）和上海（300万元，最长1年）等地。企业每次贷款额度最高500万元，且不超过3年，单个企业最多可申请三次创业担保贷款，即最长可享受9年优惠。期限和额度上限的提高，不仅有助于提升企业持续发展能力，也有助于优化企业的创新创业环境，更好地激发市场活力和社会创造力，有效支持小微企业发展壮大。

4. 以极低融资成本高效支持小微企业创新创业，有效促进社会就业

深圳市创业担保贷款融资成本低至2.05%/年，以极低的成本补充了小微企业的流动资金，有助于企业更好地运用资金发展科技创新、更新技术设备、吸纳技术人才，极大地缓解了小微企业的融资难题。该项目将实施积极就业与坚持减负稳岗相结合,全力支持重点群体创业就业,以强有力的金融支持助力稳企业、促就业,为减小深圳就业总量压力和结构性矛盾提供了支持,为小微企业在深圳遍地开花、健康生长浇灌金融活水。

四、深圳担保集团服务成效

深圳担保集团在项目初期便深度参与到方案设计中,作为首家应标中标深圳市创业担保贷款的担保机构,协同政府、银行,创造性地探索"政银担"合作模式,实现小微企业和"三农"融资担保风险在政府、银行业金融机构和融资担保机构之间的合理分担,切实降低了项目风险,高效拓宽了小微企业融资覆盖面。截至目前,深圳担保集团已累计提供近52亿元融资担保服务,受惠企业近1200家次,主要分布于工业、制造业、软件和信息技术服务业、批发业、租赁和商务服务业等劳动密集型行业,预计带动新增就业岗位约12万个。

同时,深圳担保集团不断强化深圳市创业担保贷款宣传触达,线上通过微信公众号和官方网站等进行全天候宣传,线下通过全体项目经理前往深圳各大产业园区、社区进行方案宣讲,帮助企业用好用尽创业担保贷款"红利"。该项目实施三年来,创业带动就业倍增效应显著,有助于做大做强现代产业链,推动产业集群发展,打造更多产业就业增长点。

案例创造人:胡泽恩、温卫民、李 明、甘文媛

以诚信为本，打造全球市场竞争力品牌

山东玲珑轮胎股份有限公司

山东玲珑轮胎股份有限公司（以下简称玲珑轮胎）是一家集轮胎设计、开发、制造与销售于一体的技术型轮胎生产企业，目前在全球拥有7个研发机构、7个生产基地、18000多名员工，产品广泛应用于乘用车、商用车、工程机械等。目前，玲珑轮胎位居全球轮胎排行榜第12名，并荣获中国工业领域最高奖项——中国工业大奖，以及山东省最高质量奖项——山东省省长质量奖。

人无信不立，企无信难存。自创立以来，玲珑轮胎就把诚信经营作为企业的追求，专注于打造具有全球竞争力的轮胎品牌，以做消费者熟知、信赖、忠诚的轮胎品牌为使命，在品质提升和品牌创新等方面均取得了战略性的突破，赢得国内外市场消费者的青睐，产品远销173个国家和地区，为红旗、奥迪、宝马、大众等60多家汽车厂160多个生产基地提供配套服务，进入全球十大汽车厂中7家的配套体系，实现了对德系、美系、日系等全球重点车系的配套，车企配套轮胎超2亿条。

一、坚持员工为先，凝聚诚信经营的主体力量

员工始终是玲珑轮胎实现可持续发展的主体力量，也是玲珑轮胎保持竞争力和持续领先的重要因素。玲珑轮胎建立了完善的绩效管理机制并有效实施，持续牵引各级管理者关注员工成长与发展，提升绩效管理的有效性，实现员工与企业的共同发展。优秀的员工会根据公司的规定和需要得到及时晋升，助力员工实现个人职业梦想。

玲珑轮胎一贯重视员工福利保障，为员工创造健康安全的工作环境，并推行物质激励与非物质激励并行的员工激励政策，使奋斗者得到及时、合理的回报，提高员工的幸福感。同时，通过为员工家属送福利送健康、走访慰问员工家庭等举措，解除员工的后顾之忧，为员工办实事办好事，让员工感受到企业大家庭的温暖，增强员工的凝聚力，激发员工的工作主动性。公司员工立足本职，爱岗敬业，为企业快速发展、诚信经营蓄足新动力。

二、坚持科技创新，为诚信经营提供澎湃动力

玲珑轮胎始终将研发创新作为公司发展的关键一环。自2001年以来的20多年间，公司在研发上的投入占销售收入的年均比例达到3%～4%，远超国内甚至国际轮胎企业水平。如今的玲珑轮胎，拥有国家认定企业技术中心、国家级工业设计中心、国家认可实验室、国家技术创新示范企业等一大批高水平的创新研发平台和载体，并顺应国际化发展趋势，在中国（包括招远、烟台、北京、上海、济南等地）以及德国、美国建设了研发机构，构建了"三国七地"全球化开放式研发创新体系。

怀揣着振兴民族轮胎产业的理想，玲珑轮胎控股股东玲珑集团投资建设了国内首家、世界一流的轮胎试验场——中亚轮胎试验场，填补了国内大型室外综合轮胎试验场的空白，推动了企业技术革新和产业升级。

秉承科技前沿化的理念，玲珑轮胎不仅在常规轮胎生产技术上不断创新攻关，还在一些颠覆性的前沿技术领域努力探索。截至2022年年底，公司有效授权专利1200多项，专利保有量居中国轮胎企业前列，并获得国家科技进步奖二等奖、国家技术发明奖二等奖两项国家级科技奖项，获得中国工业领域最高奖项——中国工业大奖，成为国内首家获此殊荣的轮胎企业。公司全新第六代产品在国内外的专业产品测试

中表现优异，多项性能超越国际一线品牌。

三、坚持品质提升，夯实企业诚信经营基础

玲珑轮胎秉承"质量优异、服务上乘、信誉为本、用户满意"的质量方针，坚信"质量即是满足顾客的需求和期望"，针对不同的顾客进行差异化的需求分析，充分了解不同细分市场的需求和发展动向，敏捷地响应顾客需求和期望。

在质量管理上，玲珑轮胎精益求精、匠心质造，持续稳定供应链、优化产业链、提升价值链，进一步提升质量、做强品牌，打造更多玲珑精品，用心生产每一件产品。大力推进精益生产和精细化管理，不断夯实产品质量。同时，高度重视智能化发展，采用智能芯片技术、智能化生产装备等先进技术进行全方位的整合和提升，保证产品质量的一致性、稳定性和连续性，用"质造"赢得用户认可、用"智造"引领行业创新。因在质量领域的突出表现，公司获得山东省最高质量奖项——山东省省长质量奖、中国市场质量AAA级（用户满意标杆企业）等多项荣誉。

在服务提升上，玲珑轮胎通过线上和线下相结合、轮胎产品和全品类相结合、销售和服务相结合、仓储和物流相结合的方式，全方位树立价值营销理念；搭建全球化产业服务平台和智慧零售平台，建立智慧工业后市场云平台，赋能从制造向服务迈进的产业转型升级；升级门店，以数字化技术为抓手、提高服务品质为核心，通过客户档案管理，倾听客户心声，建立完善的客户投诉处理机制，多渠道处理客户投诉，强化跟踪及整改落实，以持续提高客户满意度。

四、坚持高质量披露，打造诚信经营的投资环境

玲珑轮胎高度关注与投资者的各项互动，公平对待所有股东，保护投资者特别是中小投资者的合法权益，提供多样化和便捷的沟通渠道。通过电话回复、现场接待、推介路演、邮件往来等方式向投资者介绍公司的经营情况、发展战略、企业文化等。

公司目前已经形成定期沟通机制，即定期报告后主动召开年度/半年度业绩解读电话会，在北上广深各地进行路演，参加具有影响力的机构策略会，组织月度投资者调研交流活动、分析师座谈会等，通过多元化的沟通方式，增进投资者对公司价值的认可。另外，公司积极参与投资者保护主题教育活动、中国上市公司投资者关系管理论坛等，引导投资者树立理性投资、价值投资、长期投资理念。由于高度重视投资者关系管理和投资者保护，公司连续三年获得上海证券交易所最高评级A级，成为沪市公司轮胎板块中唯一连续三年获评A级的企业。

五、坚持绿色发展，打造诚信经营环保产业链

人不负青山，青山定不负人。玲珑轮胎牢固树立"生态兴则文明兴，生态衰则文明衰"的观念，持续打造绿色供应、绿色生产、绿色销售的低碳环保产业链，积极拓展"五新"板块，着力于研究新技术、新工艺、新材料、新装备、新能源，为实现动能转换、产业升级、绿色低碳发展赋能发力，逐步加强环保、可降解材料的研发，不断促进可循环、可再生、可降解材料的应用，持续推动蒲公英橡胶、石墨烯轮胎和3D打印材料应用创新研究，并加大投入致力于废旧轮胎翻新及循环利用，延续轮胎价值，尽最大能力守住青山、助力"双碳"、绿色发展。

2022年5月，公司推出的首款可持续绿色轮胎在2022科隆国际轮胎展上亮相。该款轮胎在材料和性能方面都实现了新的技术突破，使用51%可持续材料，全新低滚阻设计技术使轮胎滚动阻力较普通产品降低20%，综合性能达到滚阻A级、噪声A级，让绿色出行成为可能。

同时，玲珑轮胎持续加码布局新能源赛道。在研发方面，玲珑轮胎以高安全、高里程、舒适性、节能环保、智能化为主攻方向，同时深化与主机厂的深层次、多维度合作交流，配套雷诺日产、东风本田、广汽本田、一汽红旗、比亚迪等新能源车企，不断提升产品性能，培育新能源轮胎领域新优势，保护绿水青山。2020—2022年，玲珑轮胎在中国新能源汽车市场中的配套份额，连续3年位居中国轮胎行业第一位。

六、坚持营销创新，树立诚信经营良好口碑

酒香也怕巷子深，好的产品离不开科学的营销理念和营销创意。玲珑轮胎通过全球化的体育营销、整合营销、自媒体营销，以及大数据精准投放、流量新媒体的运营，不断地进行品牌推广。先后参与全球100多项体育赛事赞助，其中包括欧洲五大联赛、美国NBA、日本D1漂移赛以及全球区域性赛事等，以体育营销激活品牌；在央视、高铁、机场、高速公路、电梯、微信朋友圈、抖音等不同渠道进行广告投放；每年国内外有超过200家权威媒体、行业垂直媒体等持续关注、报道公司的发展动态。

玲珑轮胎用责任与担当诠释玲珑胸怀，参与中国青少年健康成长活动，助力青少年实现梦想，设立奖学金资助贫困学生，积极参加抗震、抗洪救灾，打造玲珑轮胎公益基金，成立"卡友关爱计划"项目，致力给予卡车司机关爱。玲珑轮胎将责任融入品牌基因，赢得了民众的普遍赞誉，获得最具社会责任企业、责任品牌奖、抗疫杰出贡献企业、2021年度十大公益企业等多项荣誉，2022年卡友关爱活动入选全国总工会组织的"暖途·货车司机职业发展与保障行动"，玲珑轮胎成为唯一入选的制造型企业。

通过多领域、多角度的品牌宣传，玲珑品牌价值链高速成长，多次上榜世界品牌实验室发布的"中国500最具价值品牌""亚洲品牌500强"，2022年品牌价值达689.39亿元，连续9年保持每年50亿元以上的增长。2020—2023年，玲珑轮胎连续4年入围英国品牌价值咨询公司品牌金融发布的"全球最具价值轮胎品牌"榜，是唯一连续4年上榜的中国轮胎企业。

实践表明，企业只有诚实守信、诚信经营，才能走得更远、更稳。社会呼唤诚信，时代推崇诚信，企业需要诚信。未来，玲珑轮胎将始终以诚信经营为己任，为消费者和汽车客户提供优质的产品和服务，树立良好口碑、塑造优良品牌，力争到2030年实现轮胎产销量1.6亿条，实现销售收入超800亿元，产能规模进入世界前五，打造具备世界一流技术水平、世界一流管理水平、世界一流品牌影响力的技术型轮胎制造企业，让民族轮胎品牌在世界舞台绽放光芒！

案例创造人：王　锋、张卫卫、王　妍

第二部分

最佳诚信企业案例

重信守诺　认真履行国企责任
依法合规　保障企业和谐发展

中国石化销售股份有限公司江苏石油分公司

中国石化销售股份有限公司江苏石油分公司（以下简称江苏石油）成立于1953年，主营成品油、天然气、易捷服务等业务，承担中国石化驻苏企业维稳、宣传、舆情等牵头职责。目前，江苏石油在营加油（气）站2600多座、易捷便利店2000多个、油库18座，库容近150万立方米。2022年，江苏石油实现成品油销量近1500万吨，非油品交易额超过48亿元，天然气销量约3亿立方米。江苏石油在2019年、2021年分别被国务院国资委评为中央企业先进集体、中央企业先进基层党组织。2022年，江苏石油荣获江苏省五一劳动奖状、"慈善捐赠突出贡献单位"称号，是江苏省经济社会发展和人民生活所需油品的主要供应商。

长期以来，江苏石油始终秉承"依法管理、诚信经营"理念，遵照中国石化"融入地方，借势发展，合作共赢"要求，积极履行中央企业经济、政治、社会三大责任。在承担国有资产保值增值和不断创效回报股东的经济责任的同时，全面履行省内市场保供、服务经济发展、促进低碳绿色发展、维护企业和谐稳定等政治和社会责任，有力保障江苏省成品油市场供应，为"强富美高"新江苏建设提供清洁能源，为人民美好生活提供综合服务。同时，公司在发展中始终坚持弘扬社会主义法治精神，加强企业法治文化建设，构建形成风险、制度、内控、合规、法律一体化运营的"依法管理、诚信经营"管理理念和工作机制。

一、重信守诺，全面履行国有企业责任

江苏石油严格遵守国家法律法规开展各项经营管理活动，保障供应促进经济发展、诚信经营维护消费者权益，认真、全面履行国企责任。

1. 强化服务理念，坚持以客户为中心

江苏石油深入贯彻"以客户为中心"理念，牢记"客户是企业生存发展的根本"，努力满足客户的需求。一是通过实施客户服务提升计划不断完善加油站服务功能，提升客户消费体验。二是利用信息化手段，做好客户服务评价数据的共享与应用，强化服务评价结果的闭环管理。三是严格执行《中国石化综合加能站形象标准手册》和《中国石化易捷便利店形象设计与施工工艺标准》，学好用好《中国石化销售企业综合加能站运营手册》等规章制度，领会贯通新的服务、管理业务流程以及新能源业态等内容，持续提高零售规范化、标准化运营水平。江苏石油持之以恒地将客户满意度作为检验工作的最高标准，对客户不满意的项目刨根问底，查究深层次的原因，确保立行立改，并及时做好客户反馈，不断提高客户满意度。通过诚信经营和优质服务，与广大客户结成了互惠互利、共同发展的共同体，持续提高客户满意度。

2. 强化品牌建设，引领企业高质量发展

江苏石油积极推动品牌定位与市场营销、客户服务、社会责任等融合发展，不断明晰品牌定位、丰富品牌内涵、提升品牌价值，努力扛起"争当表率、争做示范、走在前列"的光荣使命。一是彰显洁净能源品牌。坚持"质量永远领先一步""每一滴油都是承诺"等价值理念，当好诚信合规经营的表率，培育易捷零售品牌。二是立足"美好生活服务商"品牌定位。推进运营数字化创新，有效整合线上线下渠道，开启智慧零售新生态，打造"产品品牌+服务品牌+活动品牌+平台品牌"的易捷品牌矩阵，激发易捷品牌整

体活力。三是持续打造公益品牌。持续开展司机之家、环卫驿站、党群服务中心的建设与升级；通过"产业+消费+教育"三个渠道，助力乡村振兴；与井冈山黄坳希望小学开展教育结对帮扶活动，为"办好农民家门口学校"贡献江苏石油力量。

3. 做好资源保障，持续提供规范服务

江苏石油作为成品油供应"主渠道、顶梁柱"，将市场供应作为保障地方经济建设的首要责任，全方位保障油品资源"质优量足、敞开供应"。目前加油站日供应汽柴油能力近3.6万吨，每天为超过106万辆车提供清洁能源，为客户美好生活提供综合服务。一是在多个特殊时期切实履行保供责任，特别是在成品油资源紧张时期，第一时间启动应急预案，争取配置资源，高价外采资源，优化物流调运，全力确保了加油站不脱销、不断供，切实履行了"讲政治、顾大局、保民生"的责任担当。二是依法规范价格管理。严格遵守国家成品油价格政策，认真执行国家发展改革委对成品油定价的规定，即便是在市场涨价预期较强的情况下，也始终加强价格管理，坚决杜绝下属企业和经营单位出现囤积停售、惜售、超价等违规经营行为。三是提前组织油品，垫高库站库存。完成仓储脱瓶颈工程，将成品油库容从109万立方米提高至148万立方米。保持油站库存高位，备足民生需求商品，践行"油品不断供、商品不涨价、服务不打烊"承诺。"三夏"期间，设立了1178座农业用油站点，有效保障农业用油。

二、高质量发展，严格抓实安全环保工作

江苏石油坚决贯彻国家安全环保类法律法规，在注重企业发展规模和速度的同时，积极转变发展方式，更加突出发展质量和效益，更加突出技术进步，更加突出绿色低碳。

1. 切实保障安全生产

江苏石油落实江苏省安全生产专项整治"一年大灶、三年小灶"要求，践行集团公司"把HSE工作作为先于一切、高于一切、重于一切的工作来抓"的理念，扎实抓好安全生产工作，实现"零事故"目标。严格按照"三管三必须"要求，聚焦风险防控和隐患治理，聚焦库站运营和直接作业环节，狠抓"三违、低老坏"专项整治，扎实开展"安全生产月"活动，坚决扛起骨干央企的政治担当、责任担当，实现"零事故"。

2. 坚持生态优先绿色发展

关停南通姚港油库、长江江心洲水上站，坚决让位长江大保护。累计投资38亿元全面完成油站防渗改造，累计投资11亿元全面完成库站油气回收改造，助力江苏天更蓝、水更清。建成600座绿色示范基层，成为集团公司首批绿色企业。打造全国首座"碳中和"加油站、中国石化销售企业首座"碳中和"油库，为江苏省创建绿色转型发展标杆做出贡献。

3. 开展质量提升行动

江苏石油牢固树立"质量永远领先一步"的理念，践行"每一滴油都是承诺"的社会责任，开展质量提升行动，确保油品质优量足。以高质量发展为目标，对标一流管理和先进单位，在零售、油库、非油品等环节开展提升行动。抓好经营全过程主要节点质量管理，严把油品进货、仓储、配送、销售各环节进出关，强化加油机精度管理，杜绝因不合格油品流入、计量器具不准确带来的风险，确保售出的油品质优量足。

三、多维同向发力，全方位推进企业诚信合规体系建设

江苏石油坚持"管业务必须管风险、管业务必须管合规"的理念，推动风险、制度、内控、合规、法律一体化运营，多维同向发力，全方位推进合规管理体系建设。

1. 合规建设法治化

江苏石油切实把依法合规作为防范风险、行稳致远的重要举措，着力解决全系统依法治企、合规管理存在的问题，压紧压实法治央企建设责任，构建完善法律、合规、内控、风控、制度"五位一体"的法治工作格局，形成职责分工更加明晰、机制运行更加顺畅、合规意识更加牢固、风险防控更加有效的合规管理体系。

2. 合规管理立体化

江苏石油围绕基础管理、技术防护、重点工作、宣传培训和合规管理等方面，开展经营业务合规管理自查工作，规范自身合规经营。发挥系统法律队伍"兵团作战"优势，集中力量梳理形成了《成品油销售企业法律法规适用清单》，基本涵盖了通用法律、市场交易、安全环保、投资发展等专业领域，有助于公司全体人员合规意识的提高。下发《诚信合规管理手册》和《合规管理工作指引》，建立健全诚信合规管理体制机制建设。

3. 法治宣传多样化

江苏石油积极营造依法合规，全员学法、懂法、用法的良好氛围，助力法治理念融入合规管理的各项工作之中。一是强调"关键少数"，分级分类普法。江苏石油定期组织开展党委中心组学法活动，系统学习《刑法》、新《安全生产法》以及《江苏省成品油流通管理办法》等在生产经营工作开展方面的重要指引，强化领导干部"关键少数"的法治宣传教育引领作用，提高法治意识，做到由点带面、由此及彼，扩大普法广度，将普法由机关带向基层，营造人人学法、人人普法的良好氛围，做到全体干部职工学法、懂法、守法、用法。二是细化宣传工作，打造全员普法。江苏石油积极打造"十个一"法治宣传工作格局，进一步做好"每年一本"法律风险提示汇编工作，"每年一册"法治漫画编写宣传工作，"每年一赛"法律技能比武活动组织工作，"每季一训"合规管理培训工作，"每季一法"法律学习工作，"每月一考"全员考试题库编写工作，"每期一案"《江苏石油》学法专栏投稿工作，"每月一邮"法律邮件宣传工作，"每旬一信"手机普法廉洁短信工作，"每旬一条"《民法典》宣传工作，做到用法先懂法、普法先学法。三是实时跟踪国家新法、新规，集团新制度、新要求，相关风险控制专业小组第一时间研判列出风险提示重点，第一时间通知业务、财务、发展等部门学习、掌握、运用。紧密结合企业经营管理实际，发布法律风险提示及新法解读，提出有针对性的防控措施，助力企业合规经营。

成绩属于过去，未来更需努力。江苏石油以党的二十大精神为统领，坚定法治理念、坚持科学发展，进一步解放思想、转变观念、深化改革，不断提升"依法管理、诚信经营"能力和工作水平，全面服务于江苏省"两个率先"战略，共创碧水蓝天，共建美丽江苏。

案例创造人：韩雪岭、谭建国、顾永康

以诚信经营促进企业高质量发展

国能准能集团有限责任公司

一、企业简介

国能准能集团有限责任公司（以下简称准能集团）是国家能源集团二级管理单位，是中国神华能源股份有限公司全资子公司，是集煤炭开采、坑口发电及循环经济产业于一体的大型综合能源企业，统一管理神华准格尔能源有限责任公司、中国神华能源股份有限公司哈尔乌素露天煤矿和神华准能资源综合开发有限公司。

准能集团位于内蒙古自治区经济发展最具活力的呼包鄂经济圈，地处晋、陕、内蒙古交界处的鄂尔多斯市准格尔旗薛家湾镇。准能集团拥有煤炭资源储量30.85亿吨，其煤炭具有"两高、两低、一稳定"（即灰熔点高、灰白度高，水分低、硫分低，产品质量稳定）的品质特点，是优质动力、气化及化工用煤，以清洁低污染而闻名，被誉为"绿色煤炭"。

准能集团拥有年生产能力6900万吨的黑岱沟露天煤矿和哈尔乌素露天煤矿及配套选煤厂，装机容量960兆瓦的煤矸石发电厂，年产4000吨的粉煤灰提取氧化铝工业化中试工厂，以及供电、供水等生产辅助设施。

二、诚信经营理念

准能集团从成立之日起，就一直奉行"协同一体、降本增效、诚实守信、同享共赢"的经营理念，打造煤炭开采、坑口发电、循环经济一体化的准格尔区域经济新模式，各业务板块相互协调、联动运营，整合资源，优化配置，发挥优势，降低运营成本，提升管理效能和经济效益。牢固树立诚信可靠、恪守承诺、合法经营、依法纳税的企业形象，积极履行社会责任，全面协调各方利益，秉承互利互惠、共同发展的价值追求，共享企业发展的丰硕成果。

作为国有大型煤炭企业，准能集团始终以向社会提供清洁能源为己任，立足诚信经营，不断加强企业信用管理与内部控制，在引领行业诚信经营方面做出了突出贡献，在社会上树立了良好的形象，赢得了社会各界的普遍信赖与赞誉。准能集团连续多次被中国工业合作协会、中国煤炭工业协会评为"企业信用评价AAA级信用企业"，自2013年参加社会责任发布以来，连续五次获得"全国煤炭工业社会责任报告发布优秀企业"荣誉称号，多次获得"A级信用纳税人""诚信纳税人"等荣誉称号。

三、管理体系

1. 战略管理

准能集团以习近平新时代中国特色社会主义思想为指导，全面系统深入贯彻党的二十大精神，坚持稳中求进工作总基调，完整、准确、全面贯彻新发展理念，加快构建新发展格局，积极践行"社会主义是干出来的"伟大号召，深入贯彻国家能源集团"一个目标、三型五化、七个一流"发展战略，坚定践行能源基石、转型主力、经济标兵、创新先锋、改革中坚、党建示范"六个担当",聚焦"推进两个融合、打造四个示范、走好两条新路"发展目标,推进"一个主体、两翼一网、七个准能"发展规划,再造新时代绿色转型高质量发展新准能,加快建设世界一流煤炭清洁开发利用能源企业。

准能集团紧紧围绕落实国家能源集团发展战略和提升企业核心竞争力的要求,厘清发展思路,确保公司总体战略方针与目标的贯彻和落实。准能集团强化战略规划意识,规范企业发展战略规划管理,科学编制"十四五"规划,明确主攻方向,优化产业布局,实现持续、稳定、健康发展。

2. 现代企业制度

准能集团以创建公司治理示范企业为依托,带动所属子企业完善权责法定、权责透明、协调运转、有效制衡的公司治理机制。根据《公司法》及公司章程规定,依法组织召开董事会及专门委员会会议,准确把握董事会定战略、做决策、防风险的功能定位,切实维护股东合法权益。厘清各治理主体权责边界,完善权责管控体系,修订《权责指引手册》各类决策事项840余项,将党委会、董事会、经理层的职权范围、决策事项具体化、规范化、程序化。

准能集团制定《规章制度管理办法》对制度建设进行规范管理,明确制度归口管理部门、主办部门职责,划分制度层级和决策会议,建立制度标准模板和编写规范,对制度进行合法性、风险性、规范性审核,制订制度计划,征求意见,确定会签、印发流程,夯实制度建设基础。内容涵盖综合管理、安全管理、生产管理、工程管理、财务管理等23个方面共计442项管理制度及120个配套管理流程,形成科学合理、权责清晰、流程规范的制度体系,为准能集团治理体系和治理能力现代化提供制度保障。

3. 安全管理

准能集团深入贯彻习近平总书记关于安全环保的重要论述,统筹发展与安全,坚持"两个至上",牢固树立"隐患就是事故""我要安全,我会安全,准能安全"理念,以实际行动落实"五个表率""六个切实强化",打造"安全准能""生态准能"。通过创新安全管理模式,进一步健全系统完备、科学规范、运行有效的长效安全管理机制,确保准能集团安全生产持续稳定。由相关部门组成联合专项督察组,对各单位常态化开展"四不两直"专项检查,重点对节假日以及"零点班"领导值班带班、应急值守、生产组织等工作进行检查。每周下发一期安全工作动态,对上一周的动态督导检查情况进行通报,对国家及行业主管部门、国家能源集团及准能集团的各项安全工作任务进行分解并跟踪督办,确保各项工作按要求完成。推广运用安全生产大检查"单位自查+部门监察"的方法,制定工作方案和检查表,每季度评选出业绩突出的生产单位、辅助单位、职能部门,分别授予"流动红旗",并给予专项奖励,进一步调动全公司做好安全生产工作的积极性和主动性。

4. 质量管理

准能集团煤炭质量管理以提高商品煤质量、树立商品煤品牌为目标,持续抓好煤炭数量和质量"两个关键",强化技术检查工作,健全煤质管理制度,严格兑现煤质奖惩。通过煤质管理指标化、产品开发定制化、生产过程智能化、经营决策数字化、质量管控精益化、操作过程标准化,重点抓好质量管理、杂物管理、计量管理、煤质检验、技术创新、人才培养、客户服务、产品优化工作,从根本上提高产品质量和服务质量。

5. 合规管理

准能集团完善合规审查机制,将合法合规性审查嵌入各部门、各单位重大经营决策、经济合同、规章制度审批流程。加强合规管理组织机构建设,由总法律顾问兼任首席合规官,组织建立兼职合规管理队伍。完善合规管理运行工作机制,对准能集团重点领域、关键环节、重要岗位的风险进行识别、分析、评估,形成重点领域合规风险库,明确合规管理主体责任,划清合规风险管理边界,形成常态化风险预警排查机制。建立经营业务违规举报平台,由法律事务部统一受理,并提出分类处置意见。开展分层分类合规管理培训,引导干部职工筑牢法治意识,强化法治思维。

6. 合同管理

准能集团积极推广使用国家能源集团合同范本，建立准能集团合同范本库，从源头防范风险，提升签约质量。应用电子签约平台签署电子合同，提高合同签署和供应链协同效率，降低交易成本。适时调整合同审核权限和重大合同的范围，优化审核流程，缩短审核时间，提升审核质量，降低合同风险，持续多年实现重大合同全部提级审查。建立合同管理通报机制，及时提出并有效解决在合同审核、签约、履行过程中发现的共性和个性问题。加大合同履行监督力度，结合巡察、审计、纪检和日常业务检查，形成大监督体系，确保依法合规开展合同管理业务，坚决杜绝合同生效前实际履行。积极探索合同管理员业务调训和岗前培训方式，持续提升合同管理员业务素质，提高合同管理整体水平。

7. 采购管理

准能集团为加强采购业务管理，规范招标、非招标采购业务，防范运营风险，提高采购效率和质量，制定《采购管理实施细则》，对采购业务范围、权限、采购计划提报、采购方案审批、采购文件编制、采购结果审议、采购监督等内容进行统一规范。准能集团严格遵守国家法律法规以及准能集团相关管理规定，按照公开、公平、公正和诚实信用的原则开展采购活动。按照计划管理原则，所有采购项目均需提报采购计划，严格按计划组织采购，不断提高采购效率和质量。通过国家能源集团统一建设的采购平台实施采购，提高采购活动的透明度，降低采购成本。

8. 供应商管理

准能集团建立统一的供应商管理体制和机制。依托供应商动态评价体系，按照定量与定性、实时与定期、主观与客观相结合的评价原则，对供应商的整体实力进行动态评价，确保对供应商评价的及时性、全面性和准确性。根据供应商参与准能集团采购活动、交付履约、现场施工（服务）过程中的实际表现进行考核评价，依据考评结果对供应商进行分级评定，并实施相应奖惩措施。通过引入国家能源集团守信激励和失信惩戒机制，不断优化供应商结构，规范供应商行为，提高供应商管理水平，防范运营风险。

四、社会责任实践案例

1. 以能源保供彰显央企担当

准能集团坚决贯彻落实党中央、国务院、国家能源集团能源保供决策部署，牢固树立"一盘棋"意识，加大自产煤生产，稳定煤炭市场供应。

2022年，准能集团牢牢把握"稳健、协同、赋能、提质"工作导向，全力克服剥离欠量、地质构造、新冠疫情反复、极端天气频发等内外部环境制约，坚持做到保安全、稳发力、促协同、提效率、渡难关、增供给，穿、采、运、排、洗、装等环节紧密衔接、高效运行，产、运、销协同联动成效显著，生产运营始终保持稳中有进、进中向好的良好态势。商品煤完成5901万吨，超年计划331万吨，同比增加156万吨，创近年来最好成绩，提前20天完成全年生产计划；自产煤一体化出区装车5031万吨，刷新历史最高纪录；剥离量完成2.94亿立方米，超年计划0.34亿立方米，同比增加0.87亿立方米，增幅42.1%；发电量完成37.3亿千瓦·时，超年计划1.3亿千瓦·时，同比增加0.9亿千瓦·时，增幅2.6%，3#、4#机组发电量创历史最高纪录；圆满完成了春节、冬奥会、全国两会、迎峰度夏等重要时段、重大活动的保供重任。各项生产任务实现圆满收官，充分发挥了能源央企主力军和压舱石的作用。

2. 以生态治理奉献社会

准能集团深入贯彻落实习近平生态文明思想和降碳减污、扩绿增长、协同推进指示精神，在统筹推进"山水林田湖草沙"整体保护、系统修复、综合治理的基础上，拓宽"两山"转化新路径，推进矿业开发与生态保护协同发展。

创新形成黄土高原生态建设技术体系。破解了黄土高原半干旱荒漠地区大型煤炭基地开发与保护协同推进的重大技术难题，让沟壑纵横的鸡爪子山变成风光旖旎的万亩良田，实现了从"黑"到"绿"的蜕变，做到了复垦全覆盖、无死角，从根本上改善了脆弱的生态环境，资源优势转化为发展胜势，破解了生态脆弱区大型矿业基地生态环境保护的世界性难题，推动了黄河流域的生态保护和高质量发展。

生态环境体系指标逐年向好。准能集团复垦绿化总投入22.81亿元，完成复垦绿化土地9.4万亩，治理率100%，植被盖度由最初的不足25%提高至80%以上，水土流失量从13000吨/平方千米·年降至1500吨/平方千米·年，水土流失控制率达到80%以上，生态系统实现正向演替、良性循环，植被种群由单一趋向多样化发展。野生动物数量逐年递增，生态平衡系统已见雏形，矿区呈现出人与自然和谐共生的美好画卷。

"两山"转换推动矿区GEP显著提升。经中国科学院生态环境研究中心测算评估，2018—2021年，准格尔旗准能矿区生态系统文化旅游服务价值量由0.14亿元提高至0.18亿元，生态产品初级转化率逐渐提升，绿金指数由2018年的0.13提升至2021年的0.16，生态系统生产总值较2016年增加14.09亿元，实现大幅增长。

低成本生态建设技术体系成效显著，养护成本大幅下降。矿区植被盖度从25%提高至80%以上，从技术上保障了低成本生态建设，最大限度地减少了人为干预，区域小气候基本形成，生态系统水源涵养能力大幅提升，土壤吸纳自然降水水平显著提高，比对地方养护标准，目前3400多公顷复垦绿化面积，每年可减少植被养护费用0.73亿元。

助力乡村振兴战略，深化绿色产业发展。截至2022年年底，国家矿山公园累计接待游客8万余人次，预计"十四五"期间可吸引游客100万人，新增就业岗位6万个。2022年，与政府共同启动"准能·伊利万头奶牛示范牧场建设项目"建设，可实现利税上亿元。通过产业扶贫、消费扶贫、就业扶贫、生态扶贫，42项扶贫项目得以实施，14个嘎查村得到帮扶，解决本地就业超过2万人，带动当地农户6600多人走上脱贫致富之路，人均年增收1.28万元。

多元产业集成助力企业高质量发展。创新发展"生态+光伏、生态+农业、生态+牧业、生态+林果、生态+旅游、生态+棕地利用"等多元产业，已建成集生物多样性公园、生态牧场、优质肉牛养殖园、林果生产采摘园、党员教育实践基地、婚庆文化园等于一体的综合园区，集成示范效应突出。形成露天开采与生态建设有机融合的良好局面，为煤炭行业露天矿生态恢复与保护提供了中国方案。

案例创造人：张宝卫、宋程鹏、尚志坤、张 雷

铸牢长远发展根基，打造金质诚信品牌，助力企业高质量发展迈上更高平台

中交第三航务工程局有限公司

中交第三航务工程局有限公司（以下简称三航局）坚持以习近平新时代中国特色社会主义思想为指导，深入学习贯彻党的二十大精神，争做全国建筑业领域诚信建设的排头兵，深刻领悟"两个确立"决定性意义，不断增强"四个意识"、坚定"四个自信"、做到"两个维护"，认真贯彻新发展理念，深入开展社会主义核心价值观主题实践教育活动，加强诚信文化建设，铸牢诚信发展品牌，坚持以诚信赢得企业高质量发展。

2022年，三航局高质量发展再次迈出坚实步伐，经营额跃上千亿平台，同比增长7.4%；利润增长37.6%，再上一个新平台；现汇项目比例高于90%，对稳定现金流、防范发展风险起到了重要作用。公司深入践行"诚信履约，用心浇筑您的满意"服务理念，制定"三航诚信公约"，深入开展"诚信建设万里行""诚信兴企宣传月"等教育实践活动，评选发布公司"诚信之星"，选树宣传公司各级诚信先进集体，强化以诚信赢得发展、以发展铸牢诚信品牌的双向促进作用。

一、以诚信铸牢发展根基，在基础管理中体现严的作风

三航局在工程管理中坚持生命至上、安全第一，坚持建精品工程，坚持严格履约合同、如期完成工程建设。

1. 生命至上，以安全第一铸牢信任防线

三航局始终坚持生命至上、安全第一，持续完善全员安全生产责任制，完善风险管控体系，强化隐患排查机制。修订并逐步完善《安全生产标准化手册》，推行安全管理程序标准化，在全公司范围内将安全管理工作规范化、清单化、程序化。全面推广平安守护系统的应用，实现危大工程管理、特种设备管理、危险工点视频监控全覆盖、人员实名制管理、智能统计隐患排查、安全教育培训等信息化，实时进行管理动态分析，为安全生产工作决策提供理论支持。

兰溪项目部健全安全管理制度保障体系，做好人员网格化分工，形成风险作业点全覆盖。在工程建设中，项目部将安全标准化工地建设作为展示形象、提升管理的重要抓手，制定了详细的《安全生产标准化管理优良工地实施方案》，强化标准化管理体系建设。项目部全体人员参与每日安全讲评活动、月度安全知识宣贯及例会、"安全生产月"活动、安全知识竞赛等，铸牢安全生产根基。通过优化施工技术方案、合理安排关键工序，该项目成功地将标准化管理融入安全管理及质量管控全过程。该项目荣获"2022年度兰溪市建筑施工安全生产标准化管理优良工地"称号。

2. 质量为本，以精品工程赢取业主信赖

三航局制定《推进质量强企工作方案》，强化质量强企战略引领。开展品质工程现场和线上指导。2022年，公司获得鲁班奖2项、国家优质工程奖2项、省部级奖项18项，获评中交集团优质工程26项。

三航局全体员工始终坚持"诚信履约，用心浇注您的满意"服务理念，严守施工规范，重视质量管理，制定质量计划和质量目标，实现对工程质量的全过程管控，持续开展"平安百年品质工程创建行动"。通过加强创优策划、过程指导，提升工程质量创优工作效果，自觉维护并严格执行建筑业企业诚信行为规范。三航局承建的景德镇市鱼山码头工程根据地质剖面图，对每根桩基所处位置的地质情况进行分析，并采用

差异化施工方案，顺利完成1471根灌注桩施工。其中，桩基质量检测一类桩占比达96.5%，超过国家优质工程占比95%的惯例，质量和外观均得到业主和当地质监站的一致好评："工程质量符合设计要求，码头主体线形顺直，混凝土内实外美，展示了央企质量管理的风采。"

三航局把做精品工程当作矢志不渝的追求，坚持精细管理、精益求精，对业主负责，让业主信任。承建的阜宁智能装备制造产业园二期项目和射阳智能装备产业园A区项目在施工生产过程中，坚持落实"质量零缺陷"理念，真正把质量意识融入项目管理和创建精品工程中。三航局265省道金坛段工程、苏州港太仓港区四期工程两个项目以优质工程为建设目标，严格把控工程质量安全，采取有效的技术管理手段提高工程质量，获评2022年度江苏交通优质工程，充分发挥了标杆示范效应，赢得业主高度赞誉，为实现市场滚动开发奠定了坚实基础。

3. 守信为根，以确保如期履约

三航局秉承诚信履约、合作共赢的理念，统筹协调社会资源，采取有力的激励措施，充分调动船机装备，全力以赴推进重点项目建设，积极打造海上风电品牌。风电发展部作为中交集团首批党员示范岗创建单位，面对海上风电"抢装潮"导致的安装船紧缺情况，反复论证、实地考察，提出间隔使用船舶方案，促进风电项目如期履约，赢得业主高度赞赏。华能嘉兴2号海上风电场项目创下25天完成10根大直径钢管桩单桩沉桩，以及单月完成5个基础承台混凝土浇筑的施工纪录；协鑫如东H13号海上风电项目36小时完成3根大直径单桩浅滩沉桩，并创造了单月19台风机的安装新纪录；奉贤海上风电项目"三航工5"单月吊装6台风机，刷新了该船单月风机安装新纪录。三航局全力统筹资源确保工期的案例比比皆是，赢得了各方业主的交口称赞。

二、以诚信赢得金质品牌，在发展壮大中呈现实的品格

三航局始终坚持"诚信、守信、重信"的企业道德理念，严格执行国家、行业、地方工程建设相关法律法规，恪守依法经营的根本，将诚实守信作为第一要义，以诚服人。2022年，公司经营额跃上千亿元台阶，获评交通运输部公路、水运工程建设领域守信典型企业和全国公路信用评价AA等级。

1. 融入重点工作，不断提高诚信建设水平

坚持将诚信经营融入主责主业。三航局坚持维护行业信用体系建设，面对复杂的外部环境和繁重的改革发展任务，高效统筹诚信发展和生产经营工作。"大抓现汇、抓大现汇"成效显著，现汇项目占比约90%。产业结构持续优化，传统港航和海上风电业务占比38%；中标长沙市远大路城市更新项目，"大城市""大交通"业务不断拓展。形成核心主业突出、多元竞相发展格局。海外业务逆势上扬，专业品牌不断拓展，海上风电业务成功"走出去"，获批在马来西亚开展"中交建筑"专业品牌经营试点。

坚持将信用体系建设一体贯通。三航局坚持上下联动，持续推动分（子）公司强化信用体系建设。2016年以来，三航局宁波分公司连续4届获评浙江省AAA级"守合同重信用"企业。分公司从内部机制着手，不断加强信用体系维护工作，修订了《工程项目信用评价管理办法》《宁波市交通建设市场及建筑市场信用评价专项考核管理办法》。维护分公司自身良好信用的同时，也进一步规范客户资信管理，建立完整的数据库，筛选信用良好的客户，力求打造强强联合的发展模式，铸就企业信用品牌。

坚持高站位，立足高标准。三航局不断提高政治站位，深入贯彻落实习近平总书记关于诚信建设的重要论述，不断增强工作使命感和责任感，旗帜鲜明地倡导诚实守信，打造公开透明、诚实守信的人文环境。作为央企主力，在重大工程项目建设中匠心铸品、聚力筑梦，使工程建设持续高标准向前推进，取得良好业绩，让政府单位和业主单位深切地体会到：中交三航，值得信赖！

2. 推进标准化建设，推动企业管理提维升级

2022年，三航局继续健全和完善各项管理制度，组织制作《企业标准化管理手册》宣讲课件和视频，

对修订后的手册开展培训；结合集团、公司制度和工作要求，完善《项目标准化管理手册》，并对《项目管理体系标准化建设指南》进行系统修订，指导项目部规范安全环保、技术质量管理标准化，推动了项目管理水平的稳步提高。组织编制了《施工现场安全生产标准化图集》，通过公司层面收集整理优秀项目安全通道设置、临边防护等标准化做法，形成140余项规范化、定型化防护措施标准，为项目部安全防护提供CAD图纸、三维效果图及现场照片，指导施工现场做好安全防护、统一标准。组织编制《公司总部权责清单》，厘清公司总部各职能部门之间、总部与所属单位之间的权责边界。强化品牌意识，进一步规范企业标志标识，推进工装统一。

3. 强化项目全过程成本管理，优化商务管理考核机制

三航局持续强化项目全过程成本管控，巩固成本管理基础工作成果，以扎实的工作作风确保企业保值增值。2022年，82个项目开展成本策划，87个项目下达标后预算，开展项目经济活动分析632次，24个项目进行完工成本盘点与总结。一是做实做细项目成本策划，坚持目标成本管理，落实标后预算的刚性化。二是常态化开展项目经济活动分析，做好跟踪督导纠偏，项目经济活动分析质量明显提升。三是推动项目完工成本盘点总结工作，梳理已完工项目成本费用情况。四是聚焦近三年承建的37个海上风电项目成本分析，研究风电板块成本管控问题及对策。五是修订《商务管理工作考核办法》，坚持以提升工作质效为导向，量化考核指标，建立长效的商务管理工作考核机制。

4. 完善业务运营体系建设，铸牢合规管理防线

一是建立覆盖公司两级管理机构的合规官组织体系。2022年，所属12家重要分(子)公司全部成立合规、全面风险管理委员会并设置首席合规官；香港航通公司等8家境外机构亦设置合规官，初步形成覆盖公司两级管理机构和境内外组织架构的合规官体系。二是开展海外单位（项目）四位一体专项检查。针对重点海外单位（项目）的合规管理机制运行情况、合规官履职情况以及合规体系建设情况进行全面排查，督促项目部整改并落实海外业务合规管理工作的要求。三是推进全员合规承诺行动。公司董事长和总经理联合签署《合规倡议书》并带头签署《员工合规申明》，组织员工签署《员工合规申明》9188份《员工合规承诺书》2048份，实现全层级和全员覆盖。

5. 以"法业融合"为导向，推进合同管理标准化建设

一是持续扩充合同范本库。发布实施《三类担保合同范本》《四类设备租赁合同范本》《三类外聘法律服务机构合同范本》，以及适用合同范本的指导意见，进一步规范债权担保、设备租赁和外聘法律服务机构管理，有效控制各类债权债务风险。二是加强合同业财一体化建设。协助财务云与合同管理系统的集成，统一治理合同业务数据形成标准化的合同台账，持续推进合同管理信息化赋能，提升合同数字化管理水平。三是优化海外合同评审流程。通过研究海外合同评审方案，将海外合同评审与现有合同评审流程相衔接。审阅、翻译4个国家12份海外支出类合同，提出39条合同范本制定意见。四是规范合同签订管理。印发《关于规范合同签订的通知》，建立健全合同签订管理机制，防范合同法律风险。

三、以诚信融汇企业文化，在赢得未来中展现真的态度

三航局铸牢"奋勇争先"企业文化的内核，明确"依法、诚信、和谐、创新"的经营理念，在企业管理和企业文化建设中，贯彻诚信理念，建立诚信体系，持续开展诚信教育实践活动，不断提高企业的诚信建设水平。

1. 信赖为魂，以勇担社会责任赢得公众称赞

三航局完善诚信建设机制，建立企业社会责任管理制度，积极承担社会责任，赢得了社会信誉、积累了品牌财富。

三航局积极开展定点帮扶，制定《中交三航局扶贫攻坚五年实施方案》，三航局党委书记、董事长专项布置帮扶工作，制订帮扶资金计划，专题研究帮扶措施。2022年，聚焦定点帮扶地区教育、人才培养、产业振兴等方面，提供全方位、多角度的支撑。一是加大资金投入，定点帮扶福贡县共投入资金总额258万元，引进帮扶资金15万元。二是加强组织培训，持续推进"中交助梦、心系怒江、传递书香"暖心教育帮扶活动，本着增长见识、拓宽视野、创新方法的原则，培训基层干部20名，培养乡村振兴带头人1名。三是积极开展消费帮扶，采购定点帮扶地区农产品87.9万元，帮助销售农产品16万元。四是进行产业支持，各分（子）公司与5家怒江产业园福贡分园分包商签订劳务合作合同，年度签约金额约4453万元。

三航局着力培育公益正能量，公众信赖更加凸显。围绕"雷锋月"，开展"青春向党中交助梦"学雷锋集中行动，数百名青年走上街头、走进社区开展"蓝马甲"志愿服务；举办了2022年中交三航局云南怒江定点帮扶学生夏令营活动。

2. 强化宣传引导，持续营造诚信文化良好氛围

发挥诚信文化对内增强凝聚力、对外增强竞争力的影响，依靠有效的传播途径和方式，倡导把诚信贯穿在对公司业务的思考、管理的提升、行为的取向中。

坚持典型引路，发挥价值导向作用。三航局党委推动诚信文化、诚信经营在广大员工中入脑入心、落地生根。通过"锐力量"宣讲团，把企业诚信经营获得的高质量发展案例，面向广大员工开展有针对性的宣讲活动，着力强化全体干部职工诚信意识和行为。把加强诚信建设的要求贯穿于精神文明创建体系之中，在"品牌工程、品牌团队、品牌员工""十大标兵""十佳项目经理""中交集团劳动模范"等选树活动中突出诚信品格，重点推介出一批有影响的人物和团队，精心打造一批不同领域、不同地域的品牌工程，不断传递和扩大诚信文化的市场和社会效应。

充分发挥媒体作用，打造诚信文化，助力品牌提升。通过总部媒体《三航报》《探索》《三航党建》及外网、手机报、微信，下属公司的《建港先锋》《航务之窗》《路港通信》等媒体，中国交建的"企业视讯"和三航外网的"社会主义核心价值观教育""改进工作作风""夯实党建基础、争当岗位先锋""对标一流管理提升"专题栏目等，共同组成了内部诚信文化的良好传播体系。同时，注重加强与社会新闻媒体的联系和沟通，做好诚信文化的对外传播，创造良好发展环境、提升企业品牌附加值和忠诚度、树立企业良好形象。三航局企业发展、党建引领、诚信经营、市场拓展、典型人物案例多次出现在人民网、新华网、中国水运网及《解放日报》《工人日报》等媒体上，并善于利用重大工程开竣工以及重要工程节点和亮点，采编有影响力的新闻稿件或视频资料，适时宣传和推介企业，凸显企业重信守信的品格。

3. 加强法治文化建设，推动普法创新发展

一是充分利用公众号平台进行普法文章推送。2022年度，在"中交三航""法治三航"公众号上共发布47篇法治合规文章，包括16篇普法类文章及31篇法治合规通信，大力传播企业法治正能量。二是积极参与中交集团普法竞赛活动。组织总部及各单位参与以"加强合规管理促进依法合规经营"为主题的合规微课堂视频制作比赛和征文活动。三是多次开展法治合规培训。全年共组织31场法律风控系列培训，参与人数达1080；开展2场全员法治合规专题讲座，涉及建设工程分包管理及担保风险防控等多个方面，提高了各级管理人员依法合规经营水平。

4. 拓展以诚信赢得发展的路径，丰富诚信企业创建的内涵

坚持以人为本、服务职工。企业善于凝聚广大职工的力量，激发活力，产生合力，为企业发展服务。将诚信建设融入企业管理中，切实做到以人为本，维护职工的合法权益，尊重人才、尊重价值。坚持以价值创造为本，以业绩论英雄、英雄不问出处的用人导向。营造和谐、团结、愉快、向上的生活和工作环境，关心职工思想动态，及时谈心，真正做到把职工当朋友、家人对待。"真诚"的企业文化极大地激发了员工的工作热情，为企业的发展壮大培育了一批诚实守信、敬业创新、追求卓越的人才队伍。

坚持诚信履职、廉洁从业。三航局党委把党风廉政建设和反腐败工作作为诚信建设的有力保障，通过推进"三不腐"体制机制，整合纪检、审计、商务、财务、法务等部门监督力量，深化"大监督"体系建设。设立纪委派驻纪检组和巡察机构，推进监督的全覆盖。持续正风肃纪，大力倡导"真、实、效、简、勤、廉"的工作作风，赢得员工信赖，赢得业主称赞。

坚持拓展以诚信赢得发展的路径，丰富诚信企业创建的内涵。中交三航局连续40年开展劳动技能竞赛和重点工程实事立功竞赛活动，在上海市重点工程实事立功竞赛中，三航二公司成为上海市唯一一家连续37年荣获"优秀公司"称号、22次荣获"金杯公司"称号的施工建筑企业，再次铸牢诚信金质品牌；积极培育选树劳模先进，2022年，3人荣获全国五一劳动奖章；积极推进产业工人队伍改革，完成劳务派遣员工建会入会工作；试点开展"金葵计划"，把关键工种纳入技能评价等级，打造宜居宜业的"三航工友村"；大力开展职工创新创效，创建全国示范性劳模创新工作室1家、中交集团和省部级示范性劳模创新工作室21家。

人以信立，企以信隆。三航局将继续以诚信为发展基石，融入中心工作，深化诚信建设、完善诚信体系、强化诚信体制机制，继续以诚信立足市场，以诚信谋求发展，以诚信赢得未来，让诚信文化落地生根、枝繁叶茂，释放出更强动能，为企业的高质量发展提供不竭动力，为助力全面建成社会主义现代化强国贡献三航能量。

案例创造人：王世峰、陈德刚、张德运

打造"六诚"文化，彰显"六立"特色，建设"六型"宝桥

中铁宝桥集团有限公司

中铁宝桥集团有限公司（以下简称中铁宝桥）始建于1966年，是世界500强企业中国中铁的骨干成员和"中国行业冠军"中铁工业的龙头企业，是我国最大的钢桥梁、钢结构、铁路道岔、城市轨道交通设备、大型起重机械的研制企业之一。

在长期的改革、建设和发展中，中铁宝桥始终把企业文化建设作为头号工程来抓，形成了独具宝桥企业特色、彰显宝桥人特点、体现宝桥产品特质的"诚文化"，成为引领中铁宝桥开拓前进的一面精神旗帜。特别是党的十八大以来，公司深入践行"三个转变"重要指示，打造了以习近平新时代中国特色社会主义思想为指南，以中华优秀传统文化为基础，以培育践行社会主义核心价值观为核心，以推动企业持续高质量发展为目标的"诚文化"4.0版，引领企业加速创建"中国桥梁、道岔和城轨交通行业第一品牌"，创造了自改革开放以来连续44年盈利的佳绩。公司先后两次荣获"全国先进基层党组织"称号、五次荣获"全国文明单位"称号、三次荣获"全国企业文化建设先进单位"称号、两次获得全国企业文化优秀成果奖，以及全国五一劳动奖状、全国重合同守信用企业、全国质量工作先进单位和全国模范劳动关系和谐企业等"国字号"荣誉。

一、坚持"党建引领发展，文化培根铸魂"基本理念，构建具有中铁宝桥特色的"文化之脉"

建企以来，中铁宝桥先后走过了计划经济和市场经济阶段，经历了工厂制、股份制、集团化三次重大体制机制改革，中铁宝桥企业文化——"诚文化"建设也经历了四个阶段、四个版本的演进升级，并在各个历史阶段发挥了"举旗建队、培根铸魂"的重大基础性作用，得到了市场用户和干部职工的高度认可。

1."诚文化"1.0版——"三线建设文化"

它是"诚文化"的渊源，形成于20世纪六七十年代的建厂初期，要义是"艰苦创业、敢打敢拼、团结协作、无私奉献、不怕牺牲"，着重体现中铁宝桥人"忠诚报国、建功立业"的家国情怀。到20世纪70年代末，公司高举"三线文化"旗帜，白手起家、艰苦奋斗，建成了占地600多亩的我国第三座、西北第一座大型钢桥梁和铁路道岔生产企业。

2."诚文化"2.0版——"十八字管理文化"

它是"诚文化"的初创，形成于20世纪80年代的改革开放初期，要义是"守纪律、做主人，重质量、讲信誉，多贡献、增效益"，着重体现中铁宝桥人"以人为本、科学管理"的企业风格。到20世纪80年代末，在"十八字管理文化"引领下，公司物质文明和精神文明建设成果丰硕，被誉为陕西宝鸡"南大门的一颗璀璨明珠"。

3."诚文化"3.0版——"双创文化"

它是"诚文化"的定型，形成于2001年企业改制成立股份公司之后，要义是"创业永恒、创新无限""东进双扩、二次创业"，着重体现中铁宝桥人"敢想敢干、敢为人先"的发展理念。进入21世纪，公司在"双

创文化"引领下,南下东进,扩能扩建,在广东、浙江、江苏建成了多座现代化生产基地,被誉为"陕西省国有企业的一面旗帜"。

4."诚文化"4.0版——"品质文化"

它是"诚文化"的升级,要义是"勇于跨越、追求卓越""品质宝桥、国际宝桥",形成于2009年公司改制成立集团公司后,特别是党的十八大以来的新时代,要义是"诚信立企、创新兴企、品质强企",着重体现中铁宝桥人"诚信为魂、品质为本"的高质量发展观。截至2022年,公司新签合同额连续3年突破100亿元大关,主要产品占据国内"半壁江山",并出口世界30多个国家和地区,中铁宝桥品牌价值38.19亿元,在交通装备制造业名列前茅。

二、坚持"六诚、六立、六型"价值维度,铸就中铁宝桥高质量发展的"文化之基"

长期以来,中铁宝桥牢牢把握"品质铸未来、诚信赢天下"的核心理念,始终突出"忠诚报国、诚信共赢、实诚实在、以诚立企、诚信致远、以诚相待"的"六诚之心",充分展示"立心、立规、立命、立本、立魂、立身"的"六立之力",全面建设"品质宝桥、多元宝桥、国际宝桥、活力宝桥、智慧宝桥、幸福宝桥"的"六型之企",实现了"诚文化"从内在到外表、从思想到行动、从员工到用户、从企业到市场的大认同、大融合、大践行,成为企业持续高质量发展中名副其实的"根魂工程"。

1. 围绕"品质宝桥",突出"忠诚报国",为高质量发展"立心"

打造红色基因,培育一流员工,牢固党国情怀,完成国家使命,是国有企业义不容辞的第一责任,也是国有企业必须坚持的首要原则。

公司坚持以社会主义先进文化为统领,深入开展党情国情世情教育、思想政治教育、党风廉政教育、市场形势教育、员工终身学习,通过网络学习、集中宣讲、名家解读、重点培训、专题研讨、知识竞赛等形式,努力引导职工守纪律、做主人、正三观、提素质、强本领;公司注重引导职工从一职一岗定终身向多学科、多技能、多岗位的"一专多能"转变,建立并实施了以"集中教育,重在自学;专业深造,重心倾斜;定向送培,重点扶持;资质评审,重金保证"为内容的"人才提素工程",形成了"做有品质职工、造高质量工程"的良好氛围。截至目前,中铁宝桥累计为国家建设钢桥梁1000多座、生产道岔30多万组,获得国际国内大奖近80项,在市场上赢得了"品质宝桥"的美誉。

2. 围绕"国际宝桥",突出"诚信共赢",为高质量发展"立命"

面对国际国内市场用户,中铁宝桥坚持"诚信赢天下"理念,持续强化用诚信铸就品牌、用实力赢得市场的意识,着力让诚信文化融入企业血脉。

公司通过举办质量专题讲座、质量问卷、质量现场会、技术交底、质量体系培训班等多层次、多种形式的质量教育活动,牢固树立"质量至上"的思想,自觉把"生产现场就是市场、产品质量就是企业生命"的理念贯穿生产全过程;公司坚持国际国内工程、国家地方工程一视同仁,庄严履约,用"童叟无欺"诠释诚信理念,处处彰显"以用户为上帝"的核心价值观;公司坚持在全员中开展"质量月"活动,在生产单位开展"争当质量信得过党员/员工"活动,在驻外项目部开展"四讲一树"活动,诚信文化在逐级贯彻、逐级管控中落到实处。目前,中铁宝桥每年出口海外道岔1000多组、高锰钢辙叉4000多根,实现了从"我为祖国造大桥"到"我为世界造大桥"的转变。

3. 围绕"活力宝桥",突出"实诚实在",为高质量发展"立规"

人才是企业最为宝贵的资源。在团队文化建设中,中铁宝桥注重构建职工与企业"利益共同体"和"命运共同体",引导职工形成"企兴我荣、企衰我耻"的思想观念,增强了全体职工的创新创造活力和责任使命意识。

公司坚持进行爱企教育、纪律教育和"四德"教育,做到思想扎根、习惯养成、言行一致,并在日常工作和活动中不断渗透；公司出台《中铁宝桥员工行为规范》《宝桥居民守则》《职工奖惩实施办法》等规章制度，使得公司职工行为统一到团队价值观的框架内，言行有标准、行为有准则、工作有制度、考核有依据；公司非常注重文化和实际的对接，通过重点工程、重大项目充分展示宝桥铁文化、宝桥人铁作风，涌现出了全国劳模李军平、王汝运、张莉等一大批时代楷模和大国工匠。

4. 围绕"多元宝桥"，突出"以诚立企"，为高质量发展"立本"

1978年，改革开放的春风吹拂大江南北，中铁宝桥"渐进式"或"颠覆式"创新全面铺开，先后对体制机制、产业产品、分配制度、质量安全、科技创新、制度规范等进行了大刀阔斧的改革，企业产品一年一个花样，产能一年一个台阶，经济效益连创历史新高；进入21世纪，公司依然选择"东进双扩、二次创业"，相继建成了汕头钢结构公司、扬州钢结构公司、南京道岔公司、宝鸡城轨产业园、宝鸡高锰钢辙叉重载基地等。目前，公司四大主业齐头并进，跨越发展，已经成为国内最大的钢桥梁、铁路道岔制造商，国内最先进的全制式、全覆盖城轨交通产品供应商。

5. 围绕"智慧宝桥"，突出"诚信致远"，为高质量发展"立魂"

创新是企业发展的灵魂。中铁宝桥以先进文化引领先进管理，用先进文化养成先进理念，为"宝桥制造"向"宝桥创造"转变、"宝桥速度"向"宝桥质量"转变、"宝桥产品"向"宝桥品牌"转变注入强大动力。

公司坚持实施"科技兴企、人才强企"战略，每年投入科研经费达年销售收入的5%以上，产品研发呈现"生产一代、研发一代、储备一代"的良好局面，我国首组时速250千米客专道岔、时速350千米高速道岔、提速道岔、重载道岔、减振道岔均率先由中国宝桥建成；公司自主研发的高、中低速磁浮道岔及全电控单轨作业车等城轨交通产品，填补了多项国内空白。同时，公司加速自动化、信息化、智能化融合发展，率先建成了国内第一家钢桥梁"智慧工厂"、第一条道岔垫板自动化生产线，"智慧宝桥""智能制造"引领我国铁路和桥梁行业全面走进新时代。

6. 围绕"幸福宝桥"，突出"以诚相待"，为高质量发展"立身"

中铁宝桥大力构建和谐文化，实现了人与人、人与工作、人与企业、人的外表与内心之间的共生共荣、互利双赢，为企业持续高质量发展提供了内生动力。

公司持续开展"十大劳模""十佳党员""十杰青年""最美宝桥人"评选活动，激发全体职工爱国、爱企、爱岗热情，为企业持续不断注入正能量；公司以弘扬社会主义核心价值观为统领，深入实施公民道德建设工程，坚持开展"文明礼貌月""爱国卫生月"活动，推进职工"四德"建设，持续举办道德讲堂，不断涌现出精神文明建设的"身边代言人"；公司加强生产生活区的绿化美化工作，建成了"厂在树中，路在林中；季季有花，四季如春"的优美环境；公司坚持实施民主管理，保障职工当家作主，全面发挥职代会在维护职工合法权益、协调劳动关系方面的重要性；公司投资兴建图书馆、游泳池、健身活动中心等文化活动场所，坚持每年开展迎新春文艺晚会、"迎五一"健步行、广播操、书画摄影比赛、职工毽球等群众性文体活动，以高尚精神塑造人、以优秀作品鼓舞人；公司出台《三让三不让关爱职工工作办法》，通过春送祝福、夏送凉爽、金秋助学、冬送温暖，增强了员工对企业的归属感和向心力。目前，随着企业的持续高质量发展，职工收入连年稳步增长，满意度、忠诚度、幸福指数不断攀升。

文化兴企运兴，文化强企业强。面向未来，中铁宝桥"诚文化"建设将继续坚持以习近平新时代中国特色社会主义思想为指导，树牢"四个意识"，坚定"四个自信"，坚决做到"两个维护"，全面围绕企业高质量发展主题，积极践行社会主义核心价值观，深入开展"铸魂、育人、塑形、创牌"工程，弘扬"勇于跨越、追求卓越"的企业精神，恪守"用户唯大、市场唯先"的企业宗旨，彰显"诚信立企、创新兴企、品质强企"的核心价值观，打造"品质宝桥、国际宝桥"一流品牌，为中铁宝桥早日建成"国内领先、国际一流"企业提供坚强的思想支撑、智力支持和文化保证。

案例创造人：赵　辉、蒋小强

以诚信立企　履社会责任
奋力书写高质量发展新篇章

中国一重集团有限公司

一、企业简介

中国一重集团有限公司（以下简称中国一重）前身为第一重型机器厂，是我国"一五"期间建设156项重点工程项目之一，筹建于1953年，是按照国家战略部署、功能定位，率先在祖国边疆荒原建立并发展起来的共和国装备制造业"长子"，被周恩来总理誉为"国宝"，习近平总书记五年内两次视察并赞誉其为"中国制造业的第一重地"。

70年来，中国一重始终秉承"发展壮大民族装备工业，维护国家国防安全、科技安全、能源安全、产业安全和经济安全，代表国家参与全球竞争"的初心和使命，紧紧围绕钢铁、核电、火电、石化、船舶、汽车、矿山、航天航空、深潜、军工等国民经济和国防建设需要，深耕实体经济，先后创造了数百项第一，开发研制新产品421项，填补国内工业产品技术空白475项，提供了600多万吨重大装备。中国一重具备核岛一回路核电设备全覆盖制造能力，是中国核岛装备的领导者、国际先进的核岛设备供应商和服务商，是当今世界炼油用加氢反应器的最大供货商、冶金企业全流程设备供应商。

"十四五"期间，中国一重认真贯彻落实习近平总书记两次视察企业重要指示精神，加快推动转型升级，高质量发展高端装备制造及服务、新材料、军民融合产业，高质量发展"一带一路"、地企融合、产融结合等新业务，努力打造成为产业结构合理、质量效益领先、创新动能强劲、安全保障有力、高端装备制造核心突出、军民深度融合、地企协同发展、"一带一路"共享的具有全球竞争力的世界一流产业集团，为全面建设社会主义现代化国家做出新贡献。先后获得全国五一劳动奖状、全国先进基层党组织、全国文明单位、全国守合同重信誉企业、全国机械行业企业文化建设先进单位、中国自主创新能力行业十强、中央企业思想政治工作先进单位、企业信用评价AAA级信用企业、黑龙江省脱贫攻坚先进集体等荣誉。

二、加强诚信体系建设，厚植"第一重地"品质

中国一重将诚信视为企业高质量发展的生命线和核心竞争能力，全力建设治理完善、经营合规、管理规范、守法诚信的典范企业。同时，从履行好国家赋予的职责和使命出发，将诚信体系建设放在重要位置，使诚信体系与业务拓展紧密结合，努力实现政治责任、社会责任和经济责任的协调统一。

1. 完善治理体系

中国一重严格遵守《公司法》等法律法规，完善中国特色现代企业制度，提升治理效能。健全《集分权手册》，修订"三重一大"等制度办法，厘清各治理主体权责边界。扎实抓好法人治理结构建设，加强外部董事选聘和管理，在各子公司实现董事会应建尽建、配齐建强，发挥好董事会定战略、做决策、防风险、强监督的作用。2022年，公司组织董事会会议7次，决策重大事项5项，听取专题汇报6项。

2. 健全合规体系

中国一重坚持依法治企、合规经营，有序推进"法治一重"建设工作。全面落实重大决策、经济合同

和规章制度三项 100% 法律审核工作；着力加强法律纠纷案件管理，维护公司合法权益；积极做好法律咨询工作，为公司生产经营提供良好的法律支撑。推进公司合规管理体系建设，组织对集团公司所属子公司、事业部、中心开展合规检查，组织公司各单位参加合规管理专题培训，提高公司合规管理水平。

3. 加强风险管控

中国一重坚持底线思维，建立健全"横向到边、纵向到底"的风险防控责任体系，强化重大风险的识别分析评价及有效管控，全面提升企业防控风险能力。加强风险管理，成立公司防范化解重大风险工作领导小组，编制完成《全面风险管理制度》等，压实风险防控责任，加强风险理念宣传与培训，评估和防控重大风险。强化内审内控，加强内控体系建设，搭建内部控制评价机制，深入挖掘并防范重大风险。防范法律风险，对可能演变为法律纠纷案件的项目进行提前介入，充分发挥事前保障功能，做好风险防范工作。制定和完善法人授权管理和合同标准文本，提升合同风险管理能力；深入排查境外法律风险，切实做好境外法律合规风险防范和应对工作。

4. 加强制度体系建设

中国一重构建系统完备、科学规范、运行有效的制度体系，以制度巩固诚信经营和改革发展成果，明确企业经营各方面合规要求与诚信规范。推进制度体系顶层设计，进一步优化公司制度流程体系，建立统一计划、集中审批、归口管理、分工负责的制度管理体制，确保制度合规性、一致性、合理性、适宜性，保证制度体系能够覆盖全部管理职能，适应集团化管理需要。突出法律审核在制度建设中的重要作用，审查审核率达到 100%，制度对诚信合规经营的基础保障作用得以充分发挥。

三、将诚信经营理念融入日常管理，全面提高企业诚信经营水平

中国一重始终以高度的政治自觉、思想自觉和行动自觉把习近平总书记视察中国一重重要指示精神作为一切工作的根本遵循，聚焦打造"中国制造业第一重地"，坚定走重大技术装备自立自强道路，恪守创新"从零到一"、执行"效率第一"、担当"坚守如一"、匠心"惟精惟一"的核心价值观，重信守诺、依法经营、规范运作，用诚信指导和约束企业市场行为，树立企业良好形象，全面提高企业诚信经营水平。

1. 追求精益品质，稳步提升产品质量

中国一重高度重视质量管理工作，坚持"质量第一、效益优先"，严格产品品质管理，稳定改进产品质量，以优异的产品质量回馈客户的信任和关心。2022 年，中国一重制造的海南 EO 环氧乙烷、河北鑫海锻焊加氢反应器、漳州 2# 压力容器、埃克森美孚锻焊反应器、太钢 4300 中板轧机、一汽 2500 吨压力机、河北敬业 1450 毫米粗轧机、越南河发 F5 轧机、印度 JLS 转炉、内蒙古 8000 吨热模锻、久益环球 2300XPC 电铲、首套风电叶片等一批重点项目保持高品质顺利出产，合同履约率达 98.39%。同时，持续完善质量体系，在 ISO 9001 质量管理体系的基础上，结合自身产品结构，建立特种设备制造质量保证体系、民用核安全机械设备制造质量保证体系、ASME 产品（核与非核）制造质量保证体系，制定实施《岗位达标量化考核管理规定》，开展重点产品质量提升考核，敦促工艺优化及技术保障；组织质量改进专项攻关，不断提升产品制造质量，2022 年厂内机械加工一次检验合格率为 99.95%，满足了客户需求和产品需求。

2. 锚定需求导向，带动产业协同发展

中国一重始终秉持"至诚至信、达人达己"的服务理念，不断完善客户服务体系，持续深化以营销为龙头的生产运营新机制，加强市场调研系统联动，研判市场走势，精准把握合同动态，周密部署生产组织计划，按期完成各阶段生产计划，最大限度地满足客户需求。同时，针对客户的反馈与建议，主动跟踪，及时解决客户痛点,提高服务效率和服务质量。修订完善现行的《售后服务管理制度》,持续推行售前、售中、售后服务工作的无缝衔接与快速联动机制，构建个性化服务模式，向 45 个成套设备现场派遣售后服务人员。

2022 年，完成 11 个成套项目设备验收工作，11 个重大在线冶金技改项目交付生产使用。其中，中国一重承制的武钢 1580 毫米热轧生产线智能化升级改造项目，对于调整武钢产品结构，满足国家重大装备品种高端化、质量精品化发展趋势，支撑我国先进制造业发展具有重要意义。面对诸多挑战，中国一重坚持以客户需求为导向，不断追求高起点、高标准、高品质，营销、设计、生产、采购、运输、售后领域的广大职工充分发挥聪明才智，以打造精品项目为目标，严格项目管理、严守工艺规范、严肃质量监管，历经 5 个月，高质量完成设计制造任务，为武钢 1580 毫米热轧生产线顺利过钢做出了应有的贡献。此外，构建主动服务模式，主动回访中国宝武、鞍钢集团等 267 家客户，实时督办现场反馈的各类售后问题与质量争议，做到"每单必询、每户必访"，推动客户满意度持续提高。2022 年，客户满意度调查综合评分为 98.22 分。

3. 加快建设"美丽一重"，坚持绿色发展

中国一重积极响应国家"双碳"目标，坚定不移走生态优先、绿色低碳的高质量发展道路，紧紧围绕黑龙江及东北地区自然资源禀赋，大力发展绿色冷链装备及物流、非管网天然气、农机综合服务、风电集成开发、秸秆综合利用等具有明显区域特色的地企融合业务，以实际行动守护绿水青山。加快推进传统产业模式创新。近年来，中国一重坚持向"制造+服务""制造+系统解决方案"转变，着力打通制造、运营、服务全产业链条，大力发展集咨询、设计、制造、研发、服务于一体的工程总承包，强化技术创新，加大冶金前沿绿色制造工艺装备研发和产品用户工艺的研究，形成系统解决方案和工程总承包能力，大力支持钢铁冶金行业"碳达峰、碳中和"目标的实现。全面推进设备绿色化改造升级。每年编制《设备设施更新改造计划》，有序开展高能耗设备设施硬件淘汰升级，不断提高电炉、电机、炉窑等重点设备运行效率及热效率。积极开展工业废水处理回用、能源梯级利用、固体废弃物综合利用等工作，从源头降低碳排放增量值。

4. 提高能源资源利用效率，建立新型管理模式

中国一重不断提高能源资源利用效率，提高企业清洁生产水平。逐步探索以电代煤、以气代煤的能源消费模式，积极利用厂内外环境优势发展风力发电、屋顶光伏等新型能源使用模式。因地制宜开展能源梯级利用、循环利用，采用余热供暖、热泵供暖等多种清洁供暖方式。不断完善用能管理制度，逐步形成以能耗量定产量的新型生产组织管理模式。严格能源消耗总量控制，加强能源使用统一调度，完善公司内部能源价格形成机制，建立能源使用阶梯价格。完善能源消耗总量与能源消耗强度目标考核制度，将"双控"目标与各级管理者的薪酬挂钩，执行节奖超罚。加强绿色低碳教育宣传，将勤俭节约与节能降碳有机结合。加强巡查检查，减少"跑、冒、滴、漏"的现象，彻底消灭"长明灯""长流水""长空调"等现象，让每一位员工做节能降碳的表率。加大"美丽一重"工程建设力度，开展绿色工厂行动，积极植树造林、优化厂区环境，使厂区内的荒坡、隔离带等披上绿装，有效提高厂区绿化覆盖率。

5. 履行央企责任，积极促进乡村振兴

2022 年，中国一重认真学习贯彻习近平总书记关于巩固拓展脱贫攻坚成果同乡村振兴有效衔接的重要讲话和重要指示精神，认真贯彻落实党中央、国务院及国资委关于巩固拓展脱贫攻坚成果同乡村振兴有效衔接的具体工作要求，有针对性地制订了帮扶计划，全年投入扶贫资金累计 1147 万元，全面完成了定点帮扶计划，各项指标均超过 2021 年。同时，根据乡村振兴需要技术干部的要求，选派了 2 名高技术人才挂职到定点帮扶县，分别任泗县副县长、大庄镇东风村第一书记职务。同时，持续推动产业振兴，2022 年投入 320 万元用于花卉种植项目、70 万元用于千亩核桃林项目围栏建设、14 万元用于纯净水厂改造。产业项目的建设和改造对乡村振兴具有引领作用。持续推动人才振兴，2022 年共培训基层干部 540 人次、技术人员 46 人次、乡村振兴带头人 6 人次，通过培训，提升了基层干部乡村振兴领导力、执行力、管理能力，提高了技术人员的技术水平。持续推动文化振兴，2022 年通过利用各种宣传方式和定期开展"十星级文明户"评选、"好婆婆、好儿媳、好夫妻"评选、帮扶爱心捐款等类似活动，不断提高农民素质，改善农村风气。持续推动生态振兴，2022 年投入 7 万元用于惠民院改善，优化人居环境。在重点帮扶的东风村开展"美丽

乡村建设",通过整顿村屯环境、清理垃圾等,实现了环境优美、道路整洁、生态宜居。

下一步,中国一重将以习近平新时代中国特色社会主义思想为指导,坚持以客户为中心,聚焦客户需求、倾听客户心声,努力为客户提供优质的产品和服务,持续创造客户价值,力争成为深受客户信赖的长期合作伙伴。同时要勇于承担社会责任,发挥企业公民作用,坚持与地方协同发展、融合发展,在区域全面振兴和全方位振兴中担当主力军和先锋队,以实际行动回报社会。

案例创造人:刘明忠、江 仲

筑牢诚信之基，赋能神东煤炭高质量发展

国能神东煤炭集团有限责任公司

国能神东煤炭集团有限责任公司（以下简称神东煤炭）是国家能源集团的骨干煤炭生产企业，地处陕、晋、内蒙古三省区能源富集区，承接国家"七五"重点项目——国家能源战略重点西移的重大任务，肩负着保障国家能源安全和煤炭稳定供应的崇高使命。现有主力矿井13座，年产能达18000万吨。

一、企业基本情况概述

神东煤炭以习近平新时代中国特色社会主义思想为指导，扎实践行"社会主义是干出来的"伟大号召，全面落实"四个革命、一个合作"能源安全战略，深入落实国家能源集团"一个目标、三型五化、七个一流"发展战略，全面实施安全、高效、绿色、低碳、智能发展战略。以高质量发展为目标，秉承筑牢诚信之基、奉献清洁煤炭、引领绿色发展的理念，开创新型集约化安全高效千万吨矿井群生产模式，率先建成国内首个两亿吨煤炭生产基地，被誉为"煤炭工业先进生产力的代表"，截至2022年，累计生产煤炭35.4亿吨，为我国现代化建设提供了有力的能源支撑。先后荣获全国五一劳动奖状、第三届中华环境奖、全国质量奖、全国文明单位等奖项和称号。累计获得授权专利1210项、国家科技进步奖8项，其中《神东现代化矿区建设和生产技术》获国家科技进步奖一等奖，《上湾煤矿"8.8米超大采高智能综采工作面成套装备研发与示范项目"》获得第六届中国工业大奖。

神东煤炭2022年生产销售优质煤1.89亿吨，销售收入1108亿元，实现利润总额455亿元，2022年年末资产总额为1440.75亿元。企业主要指标达到国内第一、世界领先，市场占有率、经济效益、品牌知名度位居煤炭行业前列，2022年获评中国煤炭工业协会AAA信用等级企业。

二、完善信用管理体制机制

神东煤炭按照《国家能源局关于印发〈能源行业信用体系建设实施意见（2016—2020年）〉的通知》，全面贯彻落实国家能源集团关于信用工作安排部署，完善信用管理机制，防范信用风险，推崇诚信守法，强化诚信经营，坚持全员参与、防控风险、持续提升信誉的信用管理理念，着力建设与世界一流企业相匹配的信用管理体系。

一是制定了《神东煤炭集团信用管理办法》，明确了企业信用管理工作的指导思想、基本原则、组织架构、目标任务和主要内容。

二是结合各部门及单位职能，明确了企业信用建设相关职责，形成了公司、业务部门和基层单位的三级信用管理模式。

三是健全合规管理体系，完善义务清单、风险清单、审查清单三大清单，从源头上提升风险防控能力，助力企业诚信经营。

四是全面强化安全、环保、质量、工程、采购、财务、用工七项业务领域信用工作专项建设。

三、强化依法治企合规管理

神东煤炭以习近平法治思想为指导，以建设"法治神东"为总目标，聚焦合规管理体系建设，以工程、

物资等七大领域为重点，通过优化规章制度、完善运行机制、建设法治队伍，进一步提高公司合规治理水平。

一是强化风险管控意识。定期对重点领域、关键环节从合规管理风险、公司治理风险等10个方面，开展危险源辨识和评估工作；结合内外部环境变化，持续优化制度、内部控制流程、控制指标；通过风险管理的定期检查和监督，及时发现问题并堵塞漏洞，实现风险闭环管理。

二是加强内控体系建设。根据管理现状及时调整内控体系架构，对内控体系建设执行的有效性进行评价；对内控评价发现的问题和缺陷及时进行整改；以风险为导向开展专项审计，充分发挥内部审计在内控体系建设中的监督、检查、管控风险作用。

三是加强合规管理体系建设。成立合规管理委员会，制定《神东煤炭集团合规义务清单》《神东煤炭集团合规审查清单》《神东煤炭集团合规风险清单》。围绕领导干部合规经营与管理能力的提升，制定《神东煤炭集团领导干部应知应会法律法规清单》，以提升全员法律意识为目标，制定《神东煤炭集团通用法律法规知识清单》。

四是加强依法治企管理。强化依法治企顶层设计，制定《神东煤炭集团"十四五"时期法治队伍建设实施方案》《关于进一步深化"法治神东"建设的方案》《神东煤炭集团2022年法治工作要点》《神东煤炭集团2022年普法宣传工作要点》；落实总法律顾问向二级单位延伸，加强二级单位法律人才队伍建设，配置专岗法律人员；全面开展法治建设培训，提高全员依法治企意识。

四、加强安全生产领域信用管控

神东煤炭坚持"生命无价、安全为天""无人则安"的安全理念，构建了科学的风险预控管理体系，不断完善煤矿安全管理机制和方法，实现企业整体安全生产形势的持续稳定。

一是安全风险分级管控深入推进。全面开展危险源再辨识、风险再评估，建立重大风险清单，细化管控责任落实。持续加强高风险特殊作业安全管理，建立应用高风险作业管理系统，每日通报高风险作业项目。狠抓不安全行为治理，推行人员不安全行为"过六关"等举措，全面提高员工自保联保互保意识。

二是安全生产责任进一步落实。深入学习贯彻习近平总书记重要指示批示、安全生产15条硬措施等重要内容，识别适用于企业安全生产的法律法规32个类别、640余部。建立完善安全管理制度体系，将安全管理制度新增、修订、整合为32项，实施安全生产责任追究、安全红线管理、安全结构工资管理、矿长安全记分、全员安全积分管理等制度，针对"两节两会"、冬残奥会、保供保安全特殊时期，制定下发专项方案，向各矿井派驻安全包保工作组。

三是安全生产专项整治扎实开展。常态化开展安全隐患大排查，对于排查出的各类隐患和问题，严格按照"五定"原则，逐项落实整改措施。开展重大风险、重大隐患大排查大整治，定期召开总经理安全办公会议，研究推进重大隐患治理工作。持续开展"举一反三、吸取事故教训"和"反松劲、反麻痹、反漂浮"专项反思活动。

四是坚持安委会机制和"大监督"模式。定期召开安委会扩大会议，研究部署重大安全管理事项。构建安全监察、现场检查、管理审计三条线并行，动态、定期、专项相结合的安全监管网络，强化安全督办、通报处罚、安全约谈。

五是强化职业病防治工作。坚持以预防尘肺病、噪声性耳聋、中毒三种职业病为重点，不断完善作业场所职业病防护设施，构建了井上下立体式、全方位的综合防护体系。

五、加强绿色低碳领域信用管控

神东煤炭贯彻落实习近平生态文明思想，坚持开发与治理并重，持续推动减碳降耗、保护和建设生态环境，走出了一条绿色发展之路。

一是打造生态矿区。形成了"三期三圈、五采五治"等一系列煤炭企业绿色发展的模式，从时空防治、资源环境和系统治理的角度有效解决了自然生态环境保护与大规模煤炭开采、生态保护与生产发展、矿山生态保护与高质量发展的矛盾。累计治理面积472平方千米，先后打造红石圈小流域治理"全国水土保持生态建设示范工程"、布尔台沉陷区"生态+光伏"示范区等5个生态环境示范基地，创建"黄河流域生态保护和高质量发展"重大国家战略神东先行示范区，为能源企业绿色低碳转型做出示范。2021年获得全国第十届"母亲河奖"绿色项目奖。

二是加快绿色矿山建设。围绕绿色矿山建设要求，积极对接地方政府，组织各矿全面总结矿井绿色矿山建设情况，开展自评互评，目前公司13矿（14井）全部被认定为绿色矿山。

三是全面落实"双控""双碳"目标。科学制定节能降碳指标，严格落实节能目标，能效水平逐步提高。探索研究以"生产减碳、生活低碳、生态负碳"为特征的布尔台"零碳"矿井建设，实施柳塔煤矿"零能耗"生物质锅炉示范工程，积极探索上湾补连塔区域生态碳汇CCER项目开发储备工作，全面推进"双碳"工作目标的落实。

四是强化污染物达标治理与利用。创新"三级处理、三区循环、三种利用"的模式与技术，解决了缺水地区十万人生活、百万亩生态、千亿元产业的用水。工业污水处理率100%、循环利用率100%，矸石处置率100%，烟气达标率100%。

六、加强产品质量领域信用管控

神东煤炭通过高起点、高技术、高质量、高效率、高效益的建设方针，不断优化煤炭开采方式，创新应用洗选工艺设备，持续打造"三低一高"清洁煤炭产品，为"神东煤"树立了良好的品牌形象。

一是健全煤质预控管理体系。煤炭质量的管理从盘区设计、工作面开采规划、工作面各种构造的应对、洗选方式的调整、产品结构的开发到用户使用的跟踪服务，形成了一套"事前预测预报有措施、事中过程控制有手段、事后总结评比有提高、全过程信息反馈有落实"的煤炭预控管理体系。

二是完善煤炭质量管理体系。本着为客户增值的宗旨，按照ISO 19001—2015质量管理体系要求，扎实开展煤炭采掘、洗选加工、产品优化等煤炭质量管理工作，建立了三级煤质管理体系，即煤质行政管理体系、煤质监督检查体系、煤质管理实施体系，形成煤炭生产、洗选加工、装车等全过程的煤质管理网络，制定煤质管理企业标准19项、标准作业流程66条，涵盖煤炭生产过程管理的所有业务。

三是丰富产品煤供应，满足各类用户需求。当前选煤厂有70余种生产组织方式、300余种中间掺配方式，形成品种煤5类、动力煤10余种的"神东煤"产品。"神东煤"用户达到342家，分布在我国（18个省份、3个直辖市）、韩国、日本。2022年用户满意度达到98.2%以上。

七、加强工程建设领域信用管控

在工程建设领域，一是强化承包商履约过程评价，把好承包商准入关。制定了《神东煤炭集团建设项目承包商履约评价实施细则》，对工程建设项目承包商合同履约进行全过程评价考核，按考核结果奖优罚劣。二是下发了《关于成立工程建设项目农民工工资支付工作领导小组的通知》，在招标采购、合同签订、承包商履约评价等环节中明确了农民工工资支付的相关约束和刚性要求。三是对承包商支付农民工工资情况进行专项检查，要求各工程建设项目均在施工现场醒目位置对每月农民工工资进行公示，并公布申诉举报电话，截至2022年年底未出现农民工欠薪事件。

八、加强招标采购领域信用管控

在招标采购领域，一是以制度建设为根本、规范采购活动为导向，落实采购活动过程主体责任，建立和完善供应商管理办法、供应商绩效评价实施细则、供应商失信处置办法等14项采购制度，使采购监管工作在供应商管理上有标准、业务上有流程、责任上有落实。二是建立供应商绩效评价机制，分类建立了物资、服务、工程供应商绩效评价管理细则，对供应商考核评价分为优、良、一般三个等级，评价结果应用到采购活动的评标评分过程中，2022年度供应商失信处置次数同比减少13起，同比降低73%，供应商提高履约质量的主动性明显提升。

九、加强财务金融领域信用管控

在财务金融领域，一是针对2022年新颁布施行的税法，编写了《税务遵从指导手册》《税务风险自查工作手册》，引入税务风险自我评价机制，形成严格、周密、精细的税务管理制度。连续10年被税务机关评为"诚信纳税企业"，一直保持A级纳税信用评级。二是完善了《神东煤炭集团资金管理办法》《财务会计核算体系建设规范（2022版）》，开展月度会计信息质量检查，不断规范日常核算，提高会计信息质量。三是根据公司日常经营特点，结合财务管理领域各环节管控风险点，从资金支付、资产管理、税务管理、预算调整等方面优化完善权限决策指引清单，做到权责匹配。截至2022年年底，公司经营状况良好，无不良贷款等失信情况。

十、加强劳动用工领域信用管控

在劳动用工领域，一是结合与公司发展战略相适应的人才需求，积极引进各类人才。其中2022年引进大学毕业生812人，面向社会公开招聘智能化专业人才15人，面向藏籍毕业生专项招聘20人。二是以市场化劳动用工为导向，2022年新入企的员工全部签订市场化劳动合同，实行市场化管理。三是为稳定劳资关系、维护劳动者利益，成立劳动争议调解委员会，累计化解各类劳动纠纷50多起，调解劳动争议18起，调解成功率100%，调解协议履行率100%。2021年，荣获"陕西省金牌劳动人事争议调解组织""陕西省全省劳动争议预防调解示范单位"称号；2022年，荣获"全国百家金牌劳动人事争议调解组织"称号。

十一、积极履行央企社会责任

神东煤炭积极践行企业公民责任，以"一防三保"工作为重点，聚焦乡村振兴、慈善捐助、帮困助残、应急救援等重点民生领域，全心全意解民忧、纾民困、暖民心，让发展实绩更有"温度"，惠民答卷更有"厚度"。2021—2022年连续两年荣获中国社会责任百人论坛颁发的"责任金牛奖"，全力塑造了履行社会责任一流的企业品牌形象。

一是保障能源供应。2022年，神东煤炭以"一防三保"为重点，统筹推进疫情防控、能源保供，积极发挥央企骨干作用，科学制定保障措施，合理安排生产作业计划，最大限度地挖掘矿井生产能力。企业所属13座煤矿在抓好自产煤矿井生产的同时，超前落实煤源、洗选、装车等环节责任，实现了疫情防控和安全生产"两手抓、两不误"，确保了湖北等疫情防控重点地区以及东北、京津唐等地区的煤炭供应。

二是助力乡村振兴。制定《神东煤炭乡村振兴工作计划》，围绕产业、生态、教育、医疗、消费等多领域，因地制宜、精准发力，持续做好巩固拓展脱贫攻坚成果同乡村振兴有效衔接，不断延伸乡村振兴的深度和广度。2022年投入乡村振兴帮扶及捐赠资金8832.5万元，累计提供扶贫助困资金14亿元。以产业振兴引领乡村振兴的《苹果挂面小产业打通乡村"致富路"》成功实践，荣获"第三届全球减贫案例"最佳减贫案例。

三是支持公益事业。秉承"为社会赋能、为经济助力"的企业宗旨，2022年全年投入公益帮扶及捐赠资金8520万元，实施公益帮扶项目52个。直接或间接为当地农牧民剩余劳动力和大中专毕业生创造就业机会，陕、晋、内蒙古籍员工占企业在册员工总数的70%，矿区周边与神东煤炭有直接或间接业务联系的企业超过1000家，从业人员在10万人以上。

四是参与抢险救援。神东煤炭救护消防大队作为全国仅有的38家国家级矿业应急救援队伍之一，积极承担周边事故应急救援，累计出警救援3730队次，抢救遇险人员607人，挽回经济损失18.9亿元。2019年成功处理了神木市永兴镇百吉矿业重大煤尘爆炸事故，找到21名遇难者。2021年投入400余人，历时34天，成功处理了榆林市郝家梁煤矿井下溃水溃沙事故。2022年处理完成榆林市包西铁路高新区内涝和伊金霍洛旗津园排涝工作，受到国家安全生产应急救援中心的点名表扬和陕西、内蒙古两地政府以及社会各界的高度评价。

十二、强化诚信文化建设

神东煤炭注重提高企业全体员工的质量、诚信、责任意识，推动员工将平等、自愿、公平、诚信的法律原则转化为尊重契约、崇尚诚信、依法合规的思想和行为自觉，在企业内部营造了良好的诚信文化氛围。

一是不断完善奖励诚信、约束失信工作机制，将诚信文化融入神东企业文化，构建"大文化"格局，不断丰富诚信文化内涵。建立信用一票否决制，各单位凡发生严重失信行为的，在公司评先选优或者职位晋升等方面将对相关人员实行一票否决。

二是讲好公司诚信故事，塑造良好信用形象。以社会主义核心价值观引领诚信文化建设，分批次、分层次开展信用知识教育。深入开展道德模范、身边好人等典型选树活动，引导广大职工见贤思齐，强化诚信意识和责任意识。充分运用传统媒体和新媒体，加强诚信公益广告宣传，推出了一批导向鲜明、品位高雅的诚信主题文艺作品，讲诚信故事、唱守信歌曲、展诚信影片，大力弘扬重信践诺的传统美德，促进诚信文化深入人心。

案例创造人：何广东、李玉平、张星星、边岗亮

推动诚信合规建设　履行央企责任担当

大唐陕西发电有限公司

一、企业简介

大唐陕西发电有限公司（以下简称大唐陕西公司）于2004年6月组建，是中国大唐集团有限公司（以下简称中国大唐）的全资子公司，负责管理中国大唐在陕9个地市的27家基层企业。

大唐陕西公司积极践行"四个革命、一个合作"能源安全新战略，认真履行中央企业的经济责任、政治责任、社会责任，以电力报国为己任，坚持集团公司在陕发展战略不停步、聚精会神搞建设、一心一意谋发展、脚踏实地强管理、心无旁骛提效益。截至2022年年末，在役装机容量1890.05万千瓦，可再生能源占比14.76%；在建待建机组容量574万千瓦，年均发电量约730亿千瓦·时，保障全省1/3、关中区域4/5电力供应；年供热量约4500万吉焦，承担省内176家重点企业用汽和25个区县、333万居民采暖供热重任，总供热面积达1.11亿平方米，占全省总集中供热面积的30%。

大唐陕西公司先后获得全国五一劳动奖状、全国安全生产月优秀组织单位、全国电力行业管理工作先进单位、中国大唐集团公司先进单位、陕西省先进集体、全省争先创优先进基层党组织、陕西省节能减排突出贡献企业、保增长突出贡献单位、安全生产先进企业、全省煤电油运保障工作先进单位、燃煤电厂脱硫设施建设先进单位、重点项目管理先进单位、循环经济工作先进单位、销售收入超百亿企业等诸多荣誉，为陕西省经济社会发展和人民生活水平提高做出了突出贡献。

二、构筑诚信合规体系，夯实企业治理基础

1. 规范诚信合规体系顶层设计

深化体制机制改革，加快中国特色现代企业治理体系建设，完成董事会应建尽建工作，落实董事会六项职权，规范三个决策事项清单，全面实现子企业党委书记、董事长（执行董事）"一肩挑"和"双向进入、交叉任职"领导体制改革，使党委、董事会、经理层决策体系运转更加规范，全面提升合规管理水平和防风险能力。健全诚信合规体系，形成以业务部门、合规管理部门和审计、纪检、巡视巡察部门组成的"三道防线"，各道防线各司其职、相互支撑，共同保障企业经营活动的正常开展。同时关注相关利益方的期望与诉求，通过多样化的沟通渠道与方式，如官方网站、微信公众号、企业开放日等，倾听各方声音，自觉接受公众监督。

2. 完善诚信合规制度建设

以制度管理委员会统筹领导制度建设工作，全面规范公司系统制度管理要求，建立了科学、系统、规范的制度体系。以《中央企业合规管理办法》为指引，公司制定了本企业的合规管理办法、前置研究讨论重大经营管理事项清单，以及违规经营投资责任追究实施办法及细则，通过发挥制度基础的保障及约束作用，提高全体职工依章办事的意识和能力，从事前、事中、事后全过程监管企业诚信合规经营活动。

3. 将诚信合规纳入全面风险管理

创新风险提示督办机制，将存在失信、违规风险的事项第一时间纳入问题清单，建立了对业务部门风险提示、对主责单位风险督办的"横向协同、纵向贯通"的风险管控机制。向业务部门及基层企业发出风险提示单及督办通知书，将诚信合规的理念融入日常管理，带动业务部门向基层企业下发风险提示、督办

通知，进一步压实业务部门风险管理主体责任，充分发挥合规管理部门支撑作用，公司系统风险防控水平持续提高。坚持从问题出发，深入剖析风险、内控、案件、审计、巡视巡察所发现的问题，以及反映出的合规管理问题，在防范化解具体风险问题的同时，组织系统企业举一反三，推动管理提升。

4. 以多维视角培育诚信合规文化

从风险防控的关键主体切入，试行新提拔人员任前合规谈话，从法治思维、履职合规等方面对新提拔领导干部进行法律合规谈话，有效提高领导干部法律合规意识。将风险、合规、内控管理纳入经理层任期业绩考核，修订工效挂钩办法，将风险管理职责契约化，督促企业生产经营依法合规。大力提升系统各单位全体干部职工的法治素养，打造依法合规、诚信经营的法治文化，特别是着力提升领导干部法治素养。建立党委理论学习中心组定期专题学法制度，组织领导干部参与法治合规知识培训，健全完善领导干部学法长效机制，持续深入学习习近平法治思想，增强履职能力。实施"八五"普法规划，分层分类开展全员普法宣传活动，促进员工养成自觉守法的意识、形成遇事找法的习惯、培养解决问题靠法的能力。

三、树立诚信合规意识，助推企业能源保供

1. 诚信合规助推企业安全保供

成立保供领导小组和工作专班，积极协调电煤资源和保供资金，系统各单位快速响应、全员行动，扎实落实。针对安全管理中存在的薄弱环节，认真排查问题，举一反三、深层剖析；完善防洪度汛方案、统筹环保问题治理、抓实交通后勤管理，合力保障"大安全"；利用"六规""早会"等平台加强现场管控，每周监督通报，坚持依法依规安全生产，不断夯实本质安全基础。

2. 诚信合规助推企业增效保供

统筹机组检修和技改，解决多项重大隐患，在中电联年度能耗指标竞赛中获得近五年来的最好成绩，非计划停运同比减少，综合煤耗同比下降2.87克/千瓦·时，风电、光伏利用小时区域对标第一。2022年大唐陕西公司发电量、供热量分别同比增长4.26%、8.04%。集团系统煤电企业14家实现盈利，大唐陕西公司占据7席，在困难中守住了经营基本盘。

3. 诚信合规助推企业绿色发展

锚定清洁能源占比50%目标，坚持自己的结构自己调，推进"十四五"规划落地，战略引领能力持续增强、发展基础不断夯实。网格化压实责任，配套激励机制，跑遍三秦、抢占资源，三年累计签约新能源资源4161万千瓦·时，进一步夯实了公司绿色转型发展的基础。紧抓国家"沙戈荒"大基地开发机遇，聚焦两条外送通道，成立工作专班，7次修编规划方案，高频次、多渠道汇报沟通，展现大唐主导优势。国家能源局已批复"陕电入皖"外送基地项目，大唐陕西公司与相关企业联合牵头开发，全力以赴推进工程建设。2022年在建工程装机容量规模达352万千瓦，实施项目长负责制，坚持"日清、日结、日进"管理，挂图作战、责任到人，攻坚克难，逐项化解瓶颈问题，新能源装机2022年年底较2019年增长了3.5倍，为实现企业高质量发展奠定了坚实基础。

4. 诚信合规助推企业提供优质服务

大唐陕西公司从用户侧调峰方向，为拥有可调负荷能力的用户提供优质的增值服务，已经开发聚合调峰用户数家。公司前期开展现场实地勘察，与用户充分沟通，了解其生产特点、报装容量、负荷曲线、大用电设备等信息后，和用户一起研究探讨其负荷可调空间，后续免费为其编写参与调峰服务市场的实施方案。通过调研分析测算出用户在正常生产不需调整负荷的情况下，预计可以获取的调峰响应收益，并为用户提供参与聚合调峰的软件（用能监测平台）和硬件（六表合一的智能远传采集设备）。公司帮助用户高精度、多维度采集用电数据，做好用能管理，同时高效参与用户侧电力调峰交易，获取补偿收益，降本增效，

实现共赢。

5. 诚信合规助推企业物资保供

坚持低成本采购战略，充分发挥规模优势，优化采购方案，完成企业燃料物资保障。构建协同监督机制，明确采购负面清单，明确各环节该干什么、不该干什么，指导基层企业规范管理。评标过程中严格审核招标人代表资格，刚性执行评标纪律，深刻吸取不良采购事件教训，严格核查供应商资质、业绩、信誉及能力；根据投标文件承诺，严格施工服务类合同履约核查；建立供应商管理台账，查处不良供应商，创建公平、公正、诚信的评标环境，公司采购监督成果获得首届电力企业合规管理特等奖。

6. 诚信合规助推企业依法纳税

一直以来，大唐陕西公司坚持依法经营、诚信纳税，不断提升财税管理能力，积极研究各项税收政策及法律法规，加大相关政策的学习及宣传，严格按照税法规定履行纳税义务，积极配合各级税务机关开展各项工作，连续多年被评为陕西省"A级纳税人"，为公司的发展营造了良好的税收监管环境。

四、积极履行社会责任，彰显诚信央企担当

1. 勇担央企责任保电保供保民生

作为陕西省最大的发电供热企业，大唐陕西公司供热面积达1.11亿平方米，是西安、咸阳、宝鸡、延安、渭南、杨凌等市（区）的主力热源，并承担惠安公司、西北工业集团、唐都医院等大型企事业单位的工业用高温蒸汽供给。近两年，面对煤价飙升、煤源紧张、企业亏损严重等严峻形势，大唐陕西公司千方百计落实电煤保供，坚决守住保障民生供热底线。针对极端恶劣天气、疫情等因素影响，建立预警机制，落实应急保障煤源，增强调运能力和接卸能力，为保证冬季电网大负荷和民生供热做好了充分的准备。在2022—2023年采暖季，合计完成采暖供热量3662.7万吉焦，全力以赴保电保供，守住民生底线，用实际行动践行责任担当。

2. 精准扶贫助力乡村振兴

大唐陕西公司认真贯彻习近平总书记"五个振兴"重要指示批示精神，深入落实党中央决策部署和集团公司党组统一要求，因地制宜制订乡村振兴工作计划，深度融入地方发展规划，推动"三扶三真、五位一体"的大唐特色帮扶体系走深走实，打造乡村振兴"升级版"，累计投入直接帮扶资金5974万元，引进帮扶资金2267万元，消费帮扶6600余万元。突出教育帮扶，组织暑期研学活动，针对性开展各类农技培训，为乡村振兴提供智力支持和人才支撑。加大产业帮扶，打造澄城冯原项目设施农业、板下农业基地，深化产业帮扶长效机制，实质性推动向澄城县工业园区供汽项目，实现乡村振兴与企业高质量发展互促共进。聚力民生帮扶，做好土特产消费帮扶，支援水、电、路、污设施改造，协助完善"四议两公开"制度，助建宜居宜业和美乡村。狠抓就业帮扶，毕业生招聘适当向脱贫地区学生倾斜，在役在建项目优先招用当地劳动力，开展脱贫人口实用技能培训，帮助争取公益性安置岗位。坚持党建引领，以党建结对促进帮扶措施落地，组织"防返贫"监测户全覆盖慰问，帮助政府兜住大规模返贫底线。

3. 积极投身公益发挥央企正能量

大唐陕西公司自成立以来就一直大力支持公益事业，通过多种方式参与爱心公益活动，将崇德向善、无私奉献的精神弘扬到底。在第45个植树节到来之际，大唐陕西公司与澄城县林业发展中心，在渭南市澄城县壶梯山爱国主义教育基地，开展政企联建主题党日活动，绿撒壶梯山、共植大唐林，以"党建红"照亮乡村振兴路。举办首届"中国大唐·澄城英才"教育奖助金表彰会，向381名优秀师生发放120万元助学金、奖学金、奖教金等，组织61名师生参加夏令营，在孩子们心中种下希望的"种子"。举办"中国大唐·新时代、新农村、新农业、新农民"交流研讨班，其中393人通过考评，被澄城县农业农村局授予初级高素质农民资格证书，以职业评定的方式，提升农民的职业认同和社会认同。2022年3月，旬阳水电厂组织职

工开展"爱心接力,传递真情"无偿献血公益活动,积极履行央企社会责任。

大唐陕西公司始终心系"国之大者",面对多维挑战,积极发挥全省能源保供主力军作用,圆满完成党的二十大、迎峰度夏度冬能源保供重任。近年来,在每个关键时期、重大活动、重要节点,大唐陕西公司都以实际行动彰显央企的责任担当,得到地方政府的充分肯定。未来,大唐陕西公司将持续优化健全企业诚信合规体系,完善风险与引用制度,以诚实守信、守规守约为原则,为实现"加快建设国内一流多能互补综合能源基地和集团公司一流区域能源公司"的愿景提供有力保障。

案例创造人:李江海、杨升军、曹 博、冯菲菲

强化信用承诺 擦亮诚信品牌
打造诚信电商供应链平台

电能易购（北京）科技有限公司

电能易购（北京）科技有限公司（以下简称电能易购公司）是国家电力投资集团有限公司唯一电子商务平台、中国电能成套设备有限公司全资子公司，成立于2020年11月5日，注册资本金为1亿元。依托大兴自贸区政策优势、区位优势和"京津冀一体化发展"大格局，电能易购公司坚持"创新、协调、绿色、开放、共享"新发展理念，聚焦电力能源及相关产业智慧化发展新模式、新业态，主动服务和带动产业链上下游企业协同发展，全面提高采购集约化、专业化、数字化水平。

电能易购公司认真落实国家、集团公司社会信用体系建设有关精神，以全方位提高信用管理水平为目标，对标先进单位，统筹推进企业信用管理，规避信用风险，助力营造"守信处处收益、失信处处受限"的良好营商环境。

电能易购公司紧紧围绕集团公司"2035一流战略"，依托中国电力设备信息网、电能e购和电能光e链三大品牌，以"互联网+"打造能源行业头部新能源电商平台。提供招标投标采购管理系统、电子商城、技术猎头、分布式光伏开发系统、供应链金融等服务，主营业务范围包括技术服务、供应链管理、电信业务，以及电气设备、机械设备、工业品、办公用品销售等。在供应链金融、智能硬件与新能源电商、户用光伏县域市场开发等领域开拓创新，建设学习型、创新型、专业化、智慧化的"两型两化"一流供应链管理服务平台企业。

一、积极参与行业信用共建工作，探索企业信用信息的有效应用

电能易购公司作为中电联确定的首批行业信用评价两家试点单位之一，积极参与行业信用共建，推进信用体系建设，配合国家有关部委和行业协会推进信息公开、行业自律、诚信体系建设等工作，开展电力设备供应商公共信用综合试点评价工作。

电能易购公司作为集团公司专业物资采购服务保障平台，充分发挥采购管理系统、供应商评价系统、电子商城等电子信息系统作用，强化招标、采购等重要环节信用管理，着力推进招投标信息公开。

二、坚持推进企业信用管理制度体系建设，追溯管理业务全流程

电能易购公司认真研究梳理法律法规、市场规则、行业准则、集团公司政策等，建立以诚信为基础的制度、标准体系，将法治思维和法治方式贯穿企业决策、执行、监督等环节，覆盖全业务、多层级、各岗位，对高风险领域进行重点管控，狠抓制度执行，实现企业信息的填报、审核、监督和共享等业务全流程可追溯管理，使依法依规办事成为自觉习惯。

三、以诚信建设为抓手，建设作风过硬的干部队伍

为建设一支讲诚信、作风硬、敢担当、有作为的干部队伍,电能易购公司始终扎实推进"信用进公司"工作，坚持用实打实的举措，"以责促信"，建立履职目标责任制；"以诺践信"，服务基层到一线；"以效立信"，提

高用户满意度。厘清部门职责、个人职责，完善考核目标责任书范围，健全以考核目标任务为导向、以个人工作职责为基础的诚信建设制度，以诚信铸就队伍，营造诚实守信、担当作为的干事创业环境，倡树言必行行必果、干事创业争一流的鲜明导向，显著提高用户满意度，提升办公效能，推动各项工作迈上新台阶。

四、全供应链、全生命周期、全过程透明公开管理，打造诚信电商平台

电能易购公司作为集团公司及中国电能数字化转型的主要承载部门，负责信息化系统，包括电子商城、招采系统、供应商管理系统、供应链金融系统、物流追溯系统、电能光 e 链、V2G 项目等多系统的搭建与运维，搭建中国电能生态圈。

国家电投采购与供应链数智化体系建设基于诚信而搭建，电能易购公司所负责搭建的各信息系统更是以诚信为基础。包括电子商城的"阳光、透明、公开、绿色"，招标采购系统与监督系统的协同监督管理，供应商管理系统作为统一供应商准入入口的信赖担保认证，与物流系统的结合，实现了资金流、订单流、物流的"三流合一"，以及给予用户更多便利与金融性支持的供应链金融系统，对供应商履约执行情况的监督管控、对每一笔交易的诚信认证，保证了全过程的透明公开。

电能易购公司紧紧围绕集团公司及中国电能数字化发展战略，按照"集约化管控、协同化运行、专业化发展"的工作主线，全面运用"云大物移智链"新技术理念，打造集招采、电商、总包配送、监造、认证、技术猎头、供应链金融等功能于一体的以新能源为特色的采购与供应链平台体系。

1. 聚焦采购与供应链的全流程服务

电能易购公司以 1998 年即开始运营的中国电力设备信息网（国家电投电子商务平台）为统一门户窗口，构建起全新的电子商务平台，包括采购管理系统 2.0、企业商城 2.0、个人商城、招标采购监督、供应商管理等子系统，并与集团 ERP、法务系统、财务共享系统集成互联，同时不断丰富认证、监造、废旧物资处置等增值服务场景，创新开发了电能光 e 链、技术猎头、电能 e 租、电能 e 充等新兴产业服务子系统，配套构建综合金融服务平台，满足在线支付、订单保理、电子债权凭证、供应链金融等结算服务场景，真正实现了供应链物流、资金流、信息流的无缝衔接与共享融合。与此同时，为保障业务需求快速响应，改变传统信息化系统委托建设方式，通过组建自主研发团队，不断提升自主研发能力，根据业务发展和内外部市场变化，快速迭代和持续升级系统功能，不断优化客户体验，持续提升服务能力。

2. 提高招采系统的使用便捷性和合规管理性

采购管理系统业务涵盖招、投、开、评、定的电子招标全流程，具备公告发布、文件模板化制作、文件在线交互、专家自动抽取、智能离线评标、保证金银企直联等上百个核心业务流程，并完成集团系统"中心评标基地 + 区域评标基地 + 评标室"的评标基地体系建设，协助编制发布《国家电投评标基地建设及管理指南》，满足集团系统各单位所有招标和非招采购的工作需要。

近年来，采购管理系统及配套评标基地平稳运行，平均每年完成集团内近 3000 批次超 800 亿元的招标和 5 万单约 100 亿元的非招询价或竞谈项目采购。平台也为集团外的 JMRH、中海油、新尚能源、昌吉国投等外部企业客户提供招标采购代理服务，2022 年完成集团外招标采购 100 亿元，并已跻身 JMRH 行业招标代理十强之列。正是因为系统的稳定可靠，平台的信赖保证，每一名工作人员的诚实守信与专业服务，该系统进而得到了每一位用户的认可与信赖，也为集团公司物资采购集约化、规范化、专业化管理夯实了基础。

3. 建成集约、便捷、高效、阳光的一站式新能源电商平台

电能 e 购企业商城是集团公司专业化电商采购服务子系统，旨在适应央企采购管理要求和凸显集团公司新能源发展特色，定位为集约、便捷、高效、阳光的一站式新能源电商平台。其以开放互联充分满足企业级采购的多样化、个性化需求，提供灵活、高效的集约化电商采购服务，并保障设备物资供货环节的合

规性，自运营以来采购规模快速扩大，累计交易额已突破200亿元。2022年，平台完成光伏组件、逆变器招标采购和自营铺货配送，规模化采购风机及大宗物资总包配送设备均已上架并实行撮合交易，年度交易额高达156亿元，节资率达8%以上。以组件为例，从商城下单到设备到货验收可缩短至7天，真正为集团内外客户单位减少了设备采购配送的时间成本和合规烦恼。此外，电能e购企业商城完成了子站平台的搭建，企业商城主站保证每一笔交易的合规性，子站以建立电能生态圈为主，以集团采购供应链为依托，整合新能源行业上下游优质资源，注重对供应链上下游的延伸效果，面向市场充分发挥集团公司专业采购、寻源能力，为用户提供电商化采购、认证、监造、供应链金融等服务。

4. 乡村帮扶振兴，绿色低碳生活，打造全社会均可使用的全新个人商城

电能e购个人商城面向全社会开放，发挥企业商城的规模采购优势，铺货商品近170万种，融入包括电能光e链、低碳e点等多能源消费新场景应用，客户可提交光伏建站申请，建站收益可同步在个人商城实时消费；通过低碳e点、绿动生活、保险等第三方平台获取积分并兑换商品。持续加大乡村振兴帮扶参与度，扩大扶贫专区及农产品引入，集成租车、新能源汽车充放电、洗车、商旅、外卖等多元化生活场景，使平台与能源革命、乡村振兴等国家战略同频共振，彰显央企使命担当，践行"绿色能源，智慧生活"。

5. 统一供应商准入入口，供应商准入安心又放心

2023年1月，《集团公司供应商管理办法》发布施行。在集团法商部的指导下，初步完成了供应商管理信息系统建设。该系统实现了供应商全生命周期管理，促进供应商管理工作的数字化、标准化和规范化。供应商管理范围包括基础信息管理、编码体系完善、注册、准入、年审、不良行为管理、评价管理、分级分类分等管理、监督、分析驾驶舱、供应商画像等。建立完善供应商"黑名单"管理制度，深化数据互联互通，充分与全国企业采购交易寻源询价、全国企业供应商信用认证评价等平台互联互通，增强企业寻源比价能力，全面提升供应商质量。

6. 依托供应链优势地位，打通供应链金融通道，形成产融协同合力

为进一步提高结算效率，打通供应链金融通道，平台依托供应链优势地位，结合实际电商业务流，对接金融机构、保理公司的相关金融产品，构建起综合金融服务平台，为上下游客户提供增值服务，旨在融通供应链资金流，形成产融协同合力，提高供应链效率，提升平台核心竞争力。

综合金融服务平台目前提供商城订单支付结算、总包配送支付结算、光伏资产数字化、保险等金融服务。根据不同场景需要，从电商平台、财务共享、电能光e链等系统获取金融服务所需的原始业务数据和融资需求，并以内外部系统集成方式，实现金融业务的全流程在线办理，将不同金融场景和金融服务融入企业业务、财务各环节，实现场景化金融。截至目前，上线供应商超过千家，累计签发账单数千单近百亿元。

7. 打造县域开发和乡村振兴的"样板房"，为百姓送上"阳光收益"

为助力集团公司"2035一流战略"落地和加快"建设新型能源体系"，电能易购公司发挥采购与供应链的平台优势，自主开发电能光e链平台，实现户用光伏发电系统平台化建设与管理，为老百姓和中小工商业客户送上"阳光收益"，打造县域开发和乡村振兴的"样板房"。该平台自2021年7月上线至今，经过持续迭代，实现了从前期踏勘、设计、光伏签约、设备供应、安装、并网、电费结算到后期在线运维监控与现场消缺调度的全线上管理，已经形成一套完整的包含整县域建站、个人建站、工商业建站、储能建站、充电桩建站等多场景、个性化、定制化的一站式、全生态光伏项目建运服务解决方案，每月售电收入实时对接银行账户，实现自动清分，固定金额支付融资还款、运维费、保险费等，剩余金额形成农户或企业客户收入。

8. 采购与供应链平台助推技术猎头落地见效

电能易购公司持续发挥采购与供应链平台优势，开发建设了风电、光伏、储能、备品备件以及综合智慧"零碳"电厂专区，大力推进数字化转型和平台生态构建，在集团天枢云、综合智慧能源管理系统项下，打造电能光 e 链、电能 e 充、电能 e 租等一体化建设运营平台，为技术总成持续赋能。

电能易购公司融合技术猎头、技术总成等功能与职能，发挥全产业链技术支持和服务优势，为集团寻找最适用、最匹配的技术、装备和服务解决方案，完成国家电投技术猎头平台搭建工作。在技术猎头"创新驱动、落地见效"推进实施过程中，采购与供应链平台与技术猎头平台创新融合、相得益彰，构建起具有国家电投特色的创新生态体系，知网查询、工商信息查询、国际技术猎头板块完成上线，并与电商平台深度融合，百余种技术产品完成平台铺货。

五、擦亮诚信品牌，打造诚信电商供应链平台，电能易购公司始终在行动

电能易购公司积极履行平台责任，主动维护市场竞争秩序和社会公共秩序，保障消费者权益，切实做到依规促销、诚信促销、文明促销，保护个人信息，为推动电商产业经营规范健康发展做出应有贡献。

2023 年是全面贯彻落实党的二十大精神的开局之年，电能易购公司坚决贯彻集团公司和中国电能党组的工作部署，落实集团公司物资与采购工作要点和任务要求，持续推进"两型两化"一流供应链管理服务平台建设，大力完善采购与供应链平台体系，全力为集团内外各企业客户提供更好的平台服务。未来，电能易购公司将持续以国家战略、集团公司"2035 一流战略"为引领，坚守诚信，强化信用承诺，擦亮诚信品牌，砥砺奋进、勇毅前行，为实现中国电能"两型两化"一流供应链管理服务平台企业创造新价值、做出新贡献，奋力打造"千亿级"诚信电商平台！

案例创造人：李 远、牛 蒙、安文潞

以诚信合规和改革创新创建世界一流铁路运输企业

国能包神铁路集团有限责任公司

一、企业简介

国能包神铁路集团有限责任公司（以下简称包神铁路集团）成立于2013年，主营业务为铁路运输，总营业里程为872千米，占国家能源集团铁路总里程的36.2%，负责包神、神朔、甘泉、塔韩四条铁路的资产管理和生产运营，共有60个车站、75条专用线，相继穿越3省区、6市、17个区县旗。包神铁路集团是中国神华能源股份有限公司全资子公司，是国家能源集团运输产业板块的重要组成部分，在国家西煤东运第二大通道中占据重要位置，对加快沿线地方经济发展、保障国家能源供应具有重要的战略意义。

二、诚信合规体系建设成效

公司以习近平新时代中国特色社会主义思想为指导，深入学习贯彻党的二十大精神，坚持系统观念，扎实推进信用理念、信用制度、信用手段与公司治理体系各方面各环节深度融合，进一步发挥信用对加强公司改革创新、防范化解经营风险、促进公司高质量发展的重要作用。公司不断加强信用管理体系建设，健全信用管理制度，依法合规经营，以"讲诚信、求创新、敢担当、争一流"为经营理念，始终将诚信建设贯彻到企业基础管理中、融合到铁路运输服务中、落实到合同履约合规管理中、内化于员工文化宣传中。公司连续六年被评为国家能源集团A级企业，入选"2020年全国优秀诚信企业案例""2021年最佳诚信企业案例"，获评"2022年内蒙古自治区诚信示范企业"，并被国务院国有企业改革领导小组办公室评为"2022年优秀企业"。

三、诚信合规体系建设实践

1. 厚植诚信理念，建立诚信合规管理体制

公司高度重视诚信合规企业创建工作，积极探索切合公司实际的诚信合规体系建设路径，加强诚信合规顶层设计，以制度建设为基础，搭建诚信合规管理组织架构。公司制定了信用管理办法及系列配套管理制度，明确信用管理的职责分工与管理流程，设立信用管理工作领导小组及办公室，负责组织领导和统筹协调公司信用管理工作，建立了由信用合规管理部门牵头、各主责部门密切配合、各分（子）公司全员参与的信用合规建设机制，形成了较为完善的企业信用管理工作程序和诚实守信的经营行为管理体系。

2. 实现多方联动，塑造诚信合规企业文化

公司积极贯彻落实各类诚信建设要求，开展系列诚信合规宣传教育活动，营造浓厚的诚信合规文化氛围。组织全体干部员工学习《诚信合规手册》，签署《合规承诺书》，积极践行依法合规、诚信履约要求，增强全员诚信合规意识。充分利用公司官网、微信公众平台等媒介，全景式展现信用铁路、立体式宣传信用铁路、聚焦式践行信用铁路，积极开展诚信铁路文化宣传，讲好诚信铁路故事。全方位、立体化、多角度开展诚

信合规文化宣贯教育，通过举办法治讲堂、举办法律合规讲座、组织法律合规知识竞赛、开展送法下基层活动等，将诚信合规理念融入经营管理全流程、各环节，将相关要求转化为内部行为规范，营造依法合规诚信经营良好氛围。

3. 开展责任行动，彰显央企社会责任担当

公司高度重视社会责任履行，扎实开展环境、社会责任和公司治理（ESG）工作，通过运输服务、疫情防控、物资捐赠、增加就业、保护环境、公益扶贫活动等，积极承担央企社会责任，助力公司沿线地区经济发展、社会和谐稳定。面对煤价和电力供应大幅波动，公司积极响应国家号召，充分发挥运输保障作用，有力保障能源供应。2022年公司未发生各类生产安全责任事故、未发生环保责任事件、无新增职业病病例，安全生产形势基本稳定。公司积极履行环保义务、承担环保责任，实现生产经营与环境保护的协调发展，全面落实水源地保护工程，安装水源地保护标识牌和高清摄像头，保证水源地无任何死角；定期开展水源地保护专项应急演练，提升保护水源地的应急能力；完成污水处理厂、环保煤棚的改造，安装声频障，改善沿线人民生活质量。公司2021年度社会责任报告被评为四星级，获评煤炭工业社会责任报告发布优秀企业。公司通过公益中国、能源爱购、慧采商城、陕西工会消费帮扶等平台，采取"以购代捐"形式，购买定点扶贫全国9个贫困县及湖北省等滞销产品、内蒙古自治区达拉特旗黄河几字湾农副产品等，累计帮扶投入1617.24万元。

4. 加强风险防控，筑牢诚信合规管理基础

公司成立专项工作小组，开展防范和化解拖欠中小企业账款专项排查行动，全面开展风险排查，确保不发生拖欠中小企业账款情形。开展合同履行风险专项排查工作，深入排查合同履行中存在的突出问题，防范化解合同履行法律风险，提升诚信合规经营管理水平。编制印发《合规管理办法》《合规管理方案》《法治合规工作要点》《合规管理考核办法》，形成合规闭环管理体系，充分发挥诚信合规风险防控作用。持续完善内控风险管理体系建设，制定内控风险管理规定，开展年度重大风险评估跟踪监控工作，全面推进内控风险管理融入主责主业，发挥内控风险防范在公司信用监督体系中的重要作用。

5. 严格失信惩戒，强化诚信合规约束

完善供应商、承包商管理体系机制，制定供应商失信行为管理实施细则、承包商信誉评价实施办法及各类专业"无差别、一体化"管理实施办法，依托公司信用信息管理系统，加强对物资采购、工程建设、安全运输、专业服务等业务供应商、承包商的动态管理，严格执行供应商、承包商准入审核，特别注重企业资信审查。加大失信行为处置力度，持续完善退出机制，加强考核监督管理工作。对存在无正当理由放弃中选结果、不履行合同义务、违反商业道德的供应商、承包商开展失信行为处罚管理，近三年累计处置各类违约失信供应商69家。加强对工程安全领域承包商的专项管理，成立工程安全、质量监督工作领导小组，负责公司铁路工程建设项目安全、质量、进度及农民工工资支付保障等过程管控的监督检查。

6. 改革创新，打造诚信合规一流品牌

公司坚持以改革创新驱动高质量发展，积极推进质量品牌诚信体系建设。公司"双百行动"荣登《改革样本：国企改革"双百行动"案例集》，在国企改革三年行动中，65项改革任务全部按时完成，荣获2021年中国企业改革发展优秀成果二等奖。公司立足于在国家能源集团版图内承担煤炭集疏运功能的核心区位优势，着眼于连接北方七港和"一带一路"建设的重要通道功能，大力开展运输创新和科技创新，推行"地乘分离"和"属地修"模式，平均每台机车增加货物周转量2940万吨公里，节约资金529万元；开行全球首台"3+0"智能驾驶万吨重载列车、引进拥有四个"全球之最"的"神24"优质动力，形成"神24""神12""神8""韶山4B""和谐N6""和谐N3"等机车牵引重载列车的多种运行模式。公司持续开展焦煤发运业务，协力推进"疆煤外运"，全方位保障能源供给，为疆煤出区从资源储备向战略供应的重大转变提供有力支持。公司着力打造"包神质量人"的一流企业品牌，广泛开展质量提升活动，建立QC试点单位和标杆单位，推广QC实践经验，QC小组参赛项目获得第46届国际ICQCC发表赛金奖和国家能源集团QC成果发表赛多项奖项，有力地提升了公司品牌知名度和美誉度。

7. 关爱员工发展，营造诚信合规生态环境

公司秉承"以人为本"的理念，遵循"职工所愿、企业所能、政策所许"的原则，坚持企业发展与员工幸福相结合，打造"家文化"、营造"家氛围"，积极维护员工基本权益，营造安全健康的工作环境，构建和谐稳定的劳动关系，树立诚实守信的良好企业形象。制定出台"健康包神"工程实施方案，为职工群众办实事，打造"进京就医绿色通道"，设立大学生奖学金，在扶贫救困、健康体检、"引水入站"修建公寓等系列实事落地的同时，亦注重职工心理健康的辅导，建成8个心理驿站，满足干部职工对健康生活的需求，将职工关爱工作上升到制度层面，强化监督、严格考核、保证实效，切实提升员工的幸福感和归属感。

案例创造人：帖立彬、秦汝军、苏 敏

树诚信招牌，筑信用之基，打造新材料行业标杆

中广核高新核材集团有限公司

中广核高新核材集团有限公司（以下简称中广核高新核材集团）创建于 1984 年，2014 年 1 月正式加盟中国广核集团，由中广核核技术发展股份有限公司控股，是一家集高分子材料研发、制造、销售于一体的国有混合所有制集团型企业。公司总部位于江苏省太仓市，下辖 11 家子公司，员工 2800 余人。公司在华东、华南、华中、东南、西南地区拥有产业基地，主要产品包括电线电缆材料、光通信材料、工程塑料、弹性体材料、新能源材料、生物可降解材料、先进材料与制品，下游应用覆盖电力、汽车、建筑、光通信、电子电气、轨道交通、海工装备、航空航天、核电及新能源等领域。

30 多年来，公司始终坚持信誉为本、客户导向，把信用体系建设作为企业经营发展的核心战略之一，从完善内部管理、聚焦稳链强链、抓严合规守法、激发文化活力四个方面出发，加速企业思维转变，协力打开高质量发展窗口，树立了良好的社会信誉和品牌形象，成为电力电缆改性高分子材料企业中唯一一家入选"2022 年电力行业信用体系建设示范企业"的单位，获评江苏省质量信用 A 级企业。下属子公司相继获得企业信用评价 AAA 级信用企业、四川省诚信示范企业、四川省消费者满意单位、3·15 国际消费者权益日先进单位产品和服务质量诚信承诺宣传活动先进单位、无锡市劳动保障诚信企业、苏州市信用管理示范企业、江阴市价格诚信单位等荣誉。2022 年，公司营收规模达 52 亿元。

一、完善内部管理，为信用建设提供保障

切实可行、简明高效的评价体系是实施诚信管理的重要前提。公司体制系统建设完整，能够随着市场经济的发展和国内外形势的变化，对评价体系进行"去芜除杂"，以适合公司高质量发展的要求。一是加强全面风险管理。制定公司全面风险管理制度，高层领导定期召开经济活动分析会，研究行业政策和运营风险，有效管理公司面临的重大风险，降低实现经营目标的不确定性，促进公司内外部可靠的信息沟通。二是加快数智化转型。依托四大产业基地数字化管理平台，在营销体系、智能制造、安全管控、财务管控、人力资源等公司治理方面进行全面的多维度大数据分析。三是推进质量信用建设。坚持"以质取胜、信誉为本、一切以用户满意为宗旨"的质量方针，深入实施质量提升行动，编制《质量手册》，在全公司范围内开展 ISO 9001—2015 质量管理体系贯标工作，曾获 2021 年苏州市质量奖、2022 年四川省工业质量标杆、2022 年太仓市质量管理优秀奖等荣誉。四是开展品牌创建行动。制定与公司经营发展目标和战略相一致的品牌战略体系，积极参与行业活动、展会等提高品牌曝光率，入选第二批苏州市自主品牌大企业和领军企业先进技术研究院建设企业名单，公司产品航空航天线缆用辐照交联乙烯－四氟乙烯共聚物材料通过首批"苏州制造"品牌认证，下属中广核三角洲（江苏）塑化有限公司通过"苏州制造"和"江苏精品"品牌认证，品牌价值 2.12 亿元。

二、聚焦稳链强链，为信用建设创造价值

现代的商业信用已不再局限于传统的交易环节，在供应链场景中，建立以平等互利为基础、诚实守信为标志的商业道德纽带也尤为重要。公司致力于建立关键供应商、组织和关键客户的战略伙伴关系，以合

作为纽带、以诚信为基础，建立"供方—组织—客户链"沟通渠道，完善售前、售中和售后沟通机制，打造专业的沟通团队，以实现与供应商和客户良好的伙伴关系和无障碍沟通，提高产业链现代化水平。一是强化上下游动态管理，全面汇集客户情况、供应商情况、产品技术性能特点、产品质量、交货期、结算方式、履约评价等信息，建立完善档案库和"黑名单"制度，对产业链进行优胜劣汰，打造高质量的上下游产业链资源。二是通过战略联盟的建立，共同致力于降低成本，将保护供应商的合法权益贯穿于采购活动的各个环节，最终通过长期战略合作伙伴关系的形成，达到供需双方互惠互利、共同效力社会进步的美好愿景。三是控制客户信用风险，制定客户信用评级与分级管理制度，根据客户经营情况和业务合作情况综合评定客户信用等级，每年度定期更新客户信用额度，以此规范客户管理流程。四是规范新供应商的导入流程，维护公司供应链系统的稳定性和可靠性，降低原材料质量风险，明确供应商质量管控要求，加快采购领域电子化采购体系建设，实现从采购立项到履约评价的全过程线上全覆盖，切实做到业务公开、过程受控、全程在线、永久追溯。

三、抓严合规守法，为信用建设奠定基石

中广核高新核材集团作为央企三级子公司，按照《中央企业合规管理办法》要求，积极开展企业合规管理工作。一是完善合规制度。通过组织开展合规风险清单的编制与自查工作，将合规义务嵌入日常业务流程，不断提高依法合规经营管理整体水平；建立合规风险识别预警机制，对于具有典型性、普遍性和可能产生较严重后果的风险及时发布预警。二是培育合规文化。制定《合规行为准则》，针对市场交易、安全环保、产品质量、劳动用工、财务税收、知识产权、商业伙伴等重点领域完善合规管理要求；组织集团各级员工积极参与合规知识竞赛活动，树立依法合规、守法诚信的价值观；重视员工的普法教育，每年定期组织业务部门进行法律业务知识培训，通过法制讲座、法制专栏、法制热线等多种渠道扎实开展普法工作。三是落实监督责任。梳理管理薄弱环节、敏感项目，深入排查各领域的问题风险；创新监督方式方法，实现事前、事中、事后在线实时监督和智慧监管，有效防范各环节廉洁风险；健全责任追究制度，依法查办导致国有资产损失的案件，严厉惩处违法违规行为，及时通报典型案例并开展警示教育。

四、激发文化活力，为信用建设凝聚力量

基于企业自身发展的历史和经验，公司在继承中发展、在发展中创新，融合中广核精神和中广核优秀文化，构建了独具特色的企业文化体系。30多年来，在"严慎细实""安全第一、质量第一、追求卓越""激情、担当、创造"等优秀文化理念的引领下，形成了"诚信透明、专业规范、有效执行、团队协作"的企业精神，成为凝心聚力的指路明灯。一是由上而下贯彻诚信文化。成立纪检工作部，负责推动公司廉洁建设；党委每年按规定开展民主生活会，检视问题，开展批评与自我批评；高层领导每年进行一次民主测评，开展针对政治思想、领导业务等方面的评价；中层干部每年进行一次述职述廉，进行德、能、勤、绩、廉的考核；普通员工以《员工手册》为约束性规范，针对关键岗位员工定期开展廉洁家访活动，促使关键岗位员工签订《廉洁承诺书》。二是策划活动传递诚信文化。积极推进文明单位创建，弘扬社会主义核心价值观，承担起国有企业在促进社会风气转变中的载体作用；通过举办各类文体竞赛活动、素质教育拓展活动、道德讲堂、善行义举推选活动，将诚信这一基本道德规范转化为员工的主流意识；通过举办供应商大会、客户座谈会、用户代表会，开展廉洁文化宣讲，举办廉洁协议签约、宣誓仪式，传递公司企业文化。三是履行社会责任，践行诚信文化。积极主动履行社会责任，重视公共责任、恪守道德行为、践行公益使命，致力于成为卓越的企业公民。公司下属3家子公司为福利企业，共有残疾员工近300人，相继荣获中国百强福利企业、2022年太仓市"最美助残爱心单位"等称号；以实际行动倡导"节能、安全、环保"，在开发设计到产品废弃的整个产品生命周期开展省资源、省能源和减少废弃物的活动，投入专项资金用于环保设备的技术改造，获评

省级"绿色工厂";根据企业特点、地域特点,公司明确了扶贫助残、科学普及、环境保护三大重点支持的公益领域和方向,曾获"2021年曹甸镇慈善之星""2022年敬老爱心企业"等荣誉称号。

"不信不立,不诚不行。"诚实守信、合法经营,是企业常青的基石。2023年是全面贯彻落实党的二十大精神的开局之年,是实施"十四五"规划承上启下的关键一年,在新的征程上,中广核高新核材集团将把企业信用建设作为创造企业和社会共享价值的长期行为、作为提升企业核心竞争力的重要举措,围绕高质量发展的首要任务,用科学的规划、完善的制度、有效的监督、和谐的文化保障其扎实推进,用更加有力的担当、更加有效的实践和更加积极的姿态,扎实做好生产经营工作,做大做强新材料业务,同时全面履行社会责任,促进社会风气转变,为服务经济社会发展努力奋斗。

案例创造人:李金瓯、魏 巍

构建诚信合规经营体系，打造"大唐财司"特色诚信品牌

中国大唐集团财务有限公司

一、公司简介

中国大唐集团财务有限公司（以下简称公司或财务公司）是国内特大型发电企业中国大唐集团有限公司（以下简称集团公司或大唐集团）所属企业，是经中国银保监会批准成立的非银行金融机构，于2005年8月正式开业，公司注册资本为65亿元（含750万美元），共8家股东，均为大唐集团及其所属成员单位。公司主要职能是为集团公司系统提供资金集中管理服务，提高资金使用效率，对成员单位办理吸收存款、贷款、结算、票据业务，提供债券承销、非融资性保函、财务顾问、信用鉴证及咨询代理等专业金融服务，并开展固定收益类有价证券投资等业务。公司实行董事会领导下的总经理负责制，前中后台部门分设，现设有10个部门，拥有一批来自电力和金融领域、熟悉金融和资本市场的高素质职工队伍，截至2022年年末职工人数共计51人，其中硕士及以上学历人员39人、党员35人。

公司自成立以来就高度重视建设诚信合规经营管理体系，坚决将党中央、国务院决策部署和集团公司各项工作要求落到实处，不断深化提质增效专项行动，坚持底线思维，强化系统观念，准确把握财务公司功能定位，聚焦改革攻坚重点任务，落实集团公司司库体系建设和《企业集团财务公司管理办法》新要求，全面提高资金运用效率和经营治理水平，提升金融服务质量、改革攻坚效能和党建引领能力。

2022年公司累计实现利润总额11.52亿元，创历史新高。通过存贷款利率合理定价、免收结算费等措施，让利成员单位约2.44亿元。全口径资金集中度等12项对标指标位列同业第一、第二的领先水平，坚持金融回归服务实体经济本源，全年围绕集团能源保供和"绿色低碳发展"部署发放贷款1110亿元。荣获集团公司提质增效先进单位，获得2021年度人行征信系统数据质量工作优秀机构，人行统计报送A级单位和会计报表报送优秀单位，中国电力建设协会基层党建创优典型案例，中国财务公司协会行业社会责任优秀案例、行业研究突出贡献单位，集团风险管理领域对标一流内部标杆单位和"党建引领+"优秀攻关项目等荣誉，成功争取到西城区政府1000万元增资补助，持续保持纳税信用A级和首都文明单位称号。

二、筑牢诚信合规体系建设，保障公司诚信经营

1. 推进合规建设，持续加强党对法治合规工作的领导

公司高度重视全面依法治企的制度和工作机制的建设与健全。积极发挥公司章程在依法治企中的权威作用，将依法治企及总法律顾问制度内容纳入章程，充分利用法律对公司章程的授权，拓展其依法治企、依章治企职能范围，有效发挥依章治企的管理职能。持续提高制度体系中法律合规审核权重，将法律合规作为制度建设的重要组成部分。通过"三重一大"系统、核心业务系统、OA办公系统、合同管理系统，将依法治企、合规管理流程化、系统化。建立了多层次的依法治企的学习、宣传机制，通过董事会、党委中心组、公司年度工作会、支部党员大会，将法治合规建设思维宣贯于公司业务和管理各个领域中，从顶层制度设计层面保障公司诚信经营。

2. 持续完善公司治理结构，提升公司治理水平和效能

强化组织领导，自觉把党的领导融入公司治理各环节，持续优化完善"十四五"发展规划，健全公司治理制度体系，建立14个董事会层面管理制度，完善形成4大类23小类86小项的"三个清单"，并推动落实执行。进一步明确党委、董事会、经理层各个治理主体决策边界，优化了决策机制，决策程序更加科学合理，构建了权责法定、权责透明、协调运转、有效制衡的公司治理体系，公司发展活力得到进一步激发，有力推动各项改革工作收官，提质增效成果显著。

3. 着力健全规章制度体系，强化合同履行管理

着力健全规章制度体系。参照集团公司发布的现行有效制度清单，并结合相关法律法规、外部监管要求以及内控各项检查整改要求，明确制度层级，密切关注立法动态，及时将法律法规或监管规定内化为公司管理制度要求，完成196个制度的系统上传；持续增强制度的合规性、系统性、可操作性，推进制度对合规管理的基础保障作用持续深化。

加强合同履约能力建设，强化合同全流程管控和跟踪。加强合同审核，积极推广标准化合同应用，完成委托贷款合同、结算协议、技术开发合同、运维服务合同、物资采购合同、贷款合同等7个标准化合同模板。严格落实合同签订和履行管理，在公司法务系统做好合同履行的反馈和报告，避免出现履行异常的情况，加强流转完合同的回收、扫描和上传，提示合同承办人员及时收回盖章合同并归档。严格做到恪守诚信、践诺履约，打造信誉企业的品牌形象，营造诚实守信的市场营商环境。

4. 强化重要决策法律审核，规范内部授权管理

公司积极落实依法决策，持续完善合规审查后评估，对公司授权、修订章程、股权转让、三会议案等重要决策事项以及参股企业议案共130项内容进行法律审查，确保公司各项业务依法合规。建立符合公司章程、自上而下清晰明确的授权管理体系，有效防范操作风险，确保授权行为有效和风险可控，进一步提高诚信科学管理水平。

5. 加强外部风险定期排查，全力防范化解突发事件

妥善处理公司历史遗留诉讼案件和突发事件，有效防范和化解潜在金融风险。开展大唐字号使用等法律合规风险专项排查，从股权结构、大唐商标、假冒国企等多个领域开展排查。2022年排查发现两家假冒公司名义设立企业，全力组织推进假冒企业撤销登记工作，第一时间联系登记核准机关说明情况并邮寄证明材料申请撤销登记，同时在公司官网及相关公众媒介中发布公告。经过与登记核准机关的持续沟通，成功撤销假冒企业的设立登记，有效防范法律风险和声誉风险，维持公司诚信经营形象，避免对社会各界造成损失和影响。

6. 以宣传合规文化为核心，培育诚实守信的企业文化

将常态化的强内控、促合规与阶段性的补短板相结合，全面提高风险合规管理水平。强化全员风险合规意识，树立"违法成本是最大的成本"的意识，守住底线，不碰红线。着力推进风险合规文化建设，制定法治央企建设实施方案及法治宣传规划，形成56项具体举措。制定贯穿全年的普法活动方案，开展多种合规宣传，普法活动达492人次，以培育合规文化为核心，强调公司职工坚守安全发展底线、坚守合规风险底线、坚守廉洁从业底线，提高公司全体职工法治意识、风险意识、合规意识和案防意识，培育诚实守信的企业文化氛围。

三、聚焦主业服务集团，打造"大唐财司"特色诚信品牌

1. 夯实资金管控基础，辅助管理职能高效发挥

资金归集工作卓有成效，资金计划准确度持续提升。持续加大资金归集工作力度，努力压降各类沉淀

资金，着力精减和清理非直联账户，协助集团公司有序开展二级企业银行账户检查。全口径资金集中度连续8个月保持同业对标第一。高效利用集团资金金融协调会机制，保持与集团公司和系统企业密切沟通联动，强化关键时点和重大事项下存款水平预测，开发出日报备大额资金备付系统功能，全年累计保障5000万元以上大额支付4364笔，约9679亿元，全面提高资金计划准确度，有力保障资金备付安全。

拓展深化金融同业交流合作，保持资金平衡高效运用。为使集团公司整体利益最大化，强化同业合作，累计新增和续授信额度95亿元，有效应对存款规模变动，努力为成员单位经营发展、能源保供引入更多低成本资金。根据资金市场形势和流动性管理平衡需要，积极开展短期资金运用，努力增加备付资金收益，同业业务平均收益率提升至2.05%，累计创收2.29亿元，"党建引领+同业业务"荣获集团公司"党建引领+"优秀攻关项目。持续优化调整票据业务结构，年度票据及保函业务总收入实现4521万元，综合收益率远超市场平均水平，票据逆回购金额达到451.62亿元，再创历史新高。通过做精做细做实同业业务，资金运用效率不断提高，有力保障了资金安全性、流动性和收益性的平衡。

持续提供安全、便捷、高效的资金收支服务。2022年公司累计结算资金量3.26万亿元，同比增加9.54%；结算笔数57.32万笔，同比增加2.12%；处理对私支付196.99万笔，支付金额78.7亿元，顺利完成年末余额对账和季度结息工作。不断加大核心系统优化和业务培训力度，受理并完成成员单位900余份询证函回复和资信及存款证明，客户服务体验持续提升。立足集团资金辅助管理职能，加强集中结算监控，建立业务动态联络机制，发布《结算业务须知》引导规范成员单位结算业务的开展，账户入网率、集中结算率、资金归集率均超额完成考核值目标并高于2021年同期，始终保持结算支付安全、高效、平稳运行，成员单位满意度不断提高。

2. 加强资金运用协同联动，拓展深化金融服务成效

强化能源保供资金支持，做强做优绿色金融服务。坚持金融回归服务实体经济本源，全年围绕集团能源保供和"绿色低碳发展"部署发放贷款1110亿元。强化能源保供资金支持，全力做好北京冬奥会和专项火电保供贷款投放，努力争取人行2.35亿元"能源保供"专项票据再贴现额度支持，按照2.5%的最低保供利率投放专项贷款28.93亿元，较同期LPR（贷款市场报价利率）低120BP（基点）。作为为数不多的财务公司之一，公司优质高效的能源保供金融服务，获得人民银行相关部门通报表扬。同时，公司积极践行集团公司"绿色低碳"发展战略，累计投放水电、风电、光伏等企业绿色贷款总额超140亿元，超额完成年度绿色信贷投放目标。顺利完成对托克托外送基地、蔚县外送基地等年度重点新能源项目的授信、融资支持。此外，公司作为北京地区"头部机构"完成人民银行二代征信系统切换部署，在电力行业率先实现征信数据自动报送，有力保障金融服务能力提升。

落实"三提两降一治"要求，助力成员单位降本增效。认真落实集团公司降本增效工作部署，研究制定合理利率定价策略，减少主业外部带息负债占用，有序推进"以量补价"策略落地。截至2022年年末，公司4%以上利率存量贷款已由年初的150多亿元下降至40亿元，累计为135家客户完成贷款利率下调，平均下调幅度达55BP，贷款加权利率由年初时点的4.1%下降至当前的3.55%；对成员单位符合相关标准的活期存款一律按协定存款利率1.15%计息，持续免收成员单位结算及函证业务费，全年综合让利约2.44亿元，为成员单位降本增效提供强有力的支持。

3. 加大金融研究力度，拓展深化投资投行业务

深刻分析经济、金融形势，组织或参与各类投资交流、路演近百场，研究拟定救市股票处置方案，市场分析研判能力获得进一步提升，《积极尝试参与碳金融市场、开展相关业务的建议》荣获集团公司新能源领域职工专项合理化建议二等奖。每月研究发行《金融简报》，详细对标分析四大集团债券发行情况，为系统企业决策提供智力支持。为华银电力两期超短融提供财务顾问服务，直接参与分销各1000万元，确保债券发行成功，并将发债成本控制在2.5%的市场同期同级别最低水平。年内分别完成参股企业27次董事会议案审议，股权管理规范化水平持续提高。

4. 坚持信息科技创新驱动，引领数字化智能化转型

认真落实数字智慧发展战略，全力推进国务院国资委管理标杆项目建设，完成RPA机器人28个业务数字化场景上线，初步估算每月节省工作时间1000小时以上。新一代票据系统顺利上线，实现到期自动清偿并成功开出首张可拆分电子票据，开创集团公司区块链科技应用先河。实现大唐网银U盾与国产麒麟操作系统成果互认，开启公司数字安全自主可控新征程。《基于机器人流程自动化技术的IT智能安全巡检最佳实践研究》获电力企业信息安全研讨会论文一等奖，《基于态势感知的全方位安全防护体系探索》获发电企业信息化技术与应用研讨会成果评价一等奖，RPA机器人国资委管理标杆项目获得6项国家级软件著作权，以创新示范项目建设，推动公司数字化转型。

四、关于进一步深化企业诚信经营的展望

下一步，公司将坚持稳中求进、进中提质，坚持实事求是、尊重规律、系统观念和底线思维，坚决落实绿色低碳转型方向，立足"四个平台""双重属性"功能定位，全面落实《企业集团财务公司管理办法》新要求，协助集团公司做好司库体系建设工作。聚焦运营、服务、协同、安全、党建五大体系建设，全面提高资金运用效率、经营治理水平，提升金融服务质量、改革攻坚效能和党建引领能力，更好地统筹发展与安全，有效防范化解重大风险，着力强化党建引领，以优质高效的金融服务激发高质量发展新动能，全面实现质的有效提升和量的合理增长，唱响"旗帜领航、金融登高"党建品牌，开创高质量、高水平、高效能的诚信经营发展新局面。

案例创造人：曹　军、张鸿雁、栗　娟、陈田园

践行诚信兴商，以央企责任与担当推动地方经济和社会发展

国能北电胜利能源有限公司

一、公司概况

国能北电胜利能源有限公司（以下简称胜利能源）前身是成立于2003年12月30日的神华北电胜利能源有限公司，由中国神华能源股份有限公司、北方联合电力公司、锡林郭勒盟国有资产经营公司共同出资组建，是集煤炭生产、加工、运输、销售，光伏等新能源项目的开发、投资、建设等于一体的国有能源生产企业。所属胜利一号露天煤矿是国家发展改革委8家保供煤矿及14家释放产能煤矿和蒙东地区20处保供煤矿之一，目前产能增至2800万吨/年，可采储量为13.5亿吨，已累计生产煤炭2.84亿吨。近三年来，面对新冠疫情的严重冲击、经济下行的巨大压力和能源市场的剧烈波动，公司党委坚持以习近平新时代中国特色社会主义思想为指导，全面学习贯彻党的十九大、二十大精神，深入贯彻国务院国资委、国家能源局管理要求，以诚信为本，诚信经营，团结带领广大干部员工上下一心、实干担当，有力有序推进各项工作，实现了稳中有进、进中向好、好中增优的改革发展新局面，扎实走出一条具有"胜利"特色的高质量发展之路。2020—2022年连续三年获评国家能源集团年度经营业绩考核A级、先进单位。党建责任制考核为优秀和A级，获评全国"安康杯"竞赛活动优胜单位，2021年度被评为内蒙古自治区A级纳税人。胜利一号露天煤矿于2018年被评为安全生产标准化一级单位，多次被中国煤炭工业协会评为特级安全高效煤矿，获得集团"安全生产十周年以上优秀单位"荣誉称号，被国家能源局、《中国能源报》评为"中国最美矿山"，纳入全国绿色矿山名录。公司原煤生产百万吨死亡率、千人重伤率、轻伤事故、千人负伤率以及职业病发病率均为零。

二、诚信建设和信用体系建设基本情况

1. 诚信管理组织与职责情况

胜利能源坚持树立诚信文化理念，建立健全信用体系，强化信用自律，改善信用生态环境，防范信用风险，提升企业综合竞争力。制定了《国能北电胜利能源有限公司信用管理办法（试行）》(胜能制度〔2022〕11号)，建立了信用管理工作以公司为责任主体，实行公司本部、二级单位分级管理的模式。公司企管法律与内控审计部作为公司信用工作归口管理部门，持续加强信用体系建设工作的领导、组织和协调。各部门、各单位明确分管领导、归口管理部门和人员，加强信用体系建设工作的领导、组织和协调。

2. 诚信工作指导思想及管理理念

公司深入学习贯彻习近平法治思想，不断提高公司依法合规经营管理水平，将诚信守法经营作为法治合规建设的基本要求，制定了《关于"十四五"时期进一步深化"法治胜利能源"建设的实施方案》《公司合规管理实施办法》，着力健全公司法治合规工作领导责任、依法治理、规章制度、合规管理、工作组织等体系。公司将信用工作作为贯彻习近平新时代中国特色社会主义思想的重要内容，纳入党建工作，融入企业文化，以树立诚信文化理念、弘扬诚信传统美德为内在要求，以守信激励和失信约束为奖惩机制，提高

公司各级组织机构、全体员工及公司外部利益相关方的诚信意识和信用水平。

3. 诚信文化宣贯活动情况

公司按照《商务部等13部门关于开展2022年"诚信兴商宣传月"活动的通知》（商建函〔2022〕140号）的工作要求和活动安排，认真组织参加集团公司以"讲诚信，树品牌"为主题的"诚信兴商宣传月"活动，健全方案、建立联动宣传机制，深入开展宣传活动，提升员工诚信意识。利用班前会、小组讨论、微信公众号、宣传海报等方式加强商务诚信文化、信用管理知识、商务诚信政策法规及《国家能源集团诚信合规手册》学习，进一步促使全体员工提升诚信意识、诚信合规技术和能力，进一步提高风险防范意识，依法维护自身合法权益。

三、诚信实践

1. 诚信兴商方面

（1）工程款结算领域信用工作情况

按时办理工程进度款支付。每月督促各工程承包单位及时办理进度款申领手续，每月所有应付的工程进度款均已按照实际工程进度支付完毕，所有在建工程项目均无拖欠进度款行为。坚决扛起农民工工资支付主体责任，实行分级动态监管，对包括拖欠农民工工资行为在内的失信行为进行记录和公示，在建或完工工程均无拖欠农民工工资行为。

（2）采购管理领域信用工作情况

采购活动严格遵守国家法律法规及集团公司有关制度规定，遵循公开、公平、公正和诚实信用的原则，组织开展相关工作，自觉接受上级巡视、审计及采购管理等专业机构或部门的监督检查。根据《招标投标法》《招标投标法实施条例》等国家有关法律法规，做到应招尽招、应公开尽公开。按照合同规定，在双方履约后及时支付货款，全年未发生失信行为。及时向采购代理机构发函，督促其尽快办理失信行为处置。

（3）财务金融领域信用工作情况

胜利能源作为区域内最大的煤炭生产企业，为地方经济发展做出了突出贡献，2022年向地方纳税21.88亿元。被评为2021年内蒙古自治区A级纳税人，开户银行中国建设银行对公司的信用评级为AAA级，煤炭工业协会上一期信用评级为AAA级。

（4）劳动用工领域信用工作情况

胜利能源严格执行《劳动法》《劳动合同法》及其实施条例的相关要求，遵循合法、公平、协商一致、诚实信用的原则与劳动者订立劳动合同。严格执行新员工100%公开招聘，按要求组织开展各类招聘。校园招聘、社会招聘和系统内招聘完成后均及时和录取人员签订劳动合同，协助其办理入职手续。

2. 保供稳价方面

胜利能源作为国家能源集团在蒙东地区重要的能源保供企业和区域内最大的煤炭生产企业，承担着蒙东、东北、华北等地区的煤炭保供任务。公司坚决落实国家能源集团及各级政府煤炭保供安排，充分发挥示范引领作用，深化"产、销、运、需"协同配合，提高产业链、供应链运行效率，面对煤炭供应紧缺、煤价高位运行的形势，胜利能源坚决履行保障国家能源安全社会责任，主动提效增产、带头稳价稳市，提高长协煤兑现率，累计煤炭销售让利超过12亿元。在2022年9月份地区突发疫情情况下实现防疫、保供"双胜利"，充分发挥了区域煤炭供应主力军作用，同时重点做好北京冬奥会、党的二十大等重要时段能源保供工作，坚定履行了央企社会责任，保供工作获得各级政府和用户高度肯定。

3. 生态环保方面

以习近平生态文明思想为引领，牢固树立"生态优先、绿色发展"理念，本着"开一座矿山，还一处花园"的原则，制定矿区生态治理总体规划，以"绿色、节约、创新、智能、和谐"为引领，努力建设具有工业、文化、旅游功能兼具草原特色风情的大型煤炭开发、环境治理与观光旅游一体化示范区，把矿区打造成锡林浩特市"北花园"。巩固绿色存量，做优生态增量，打造"三山、两湖、一带、一厂区"的景观大格局，按照规划，2021年至今陆续打造了南排土场景观瞭望台，党建广场，东湖、西湖矿区景观生态区，工业广场办公绿化区，美丽储运生态综合治理示范区，排土场生态恢复治理区，矿区花卉引种示范区等生态恢复治理区域。累计投入绿化资金3亿元，矿区累计绿化面积达1485万平方米，矿区植物种类由原来的16种增加到近90种，物种多样性显著提升，为建设祖国北方重要生态安全屏障贡献了力量。

4. 生产安全方面

胜利能源坚持以习近平总书记关于安全生产的重要论述和重要指示批示精神为指引，以安全生产专项整治巩固提升活动为抓手，深入推进厂区目视化管理工作，开展"事故警示月"活动，不断完善"两个根本"工作机制，压实"三管三必须"责任链条。2022年以来，在疫情、保供和极端天气多重压力下，胜利能源牢固树立"保供必须先保安全"思想意识，克服困难，积极进取，圆满完成了"两会"、冬奥会、冬残奥会、党的二十大等重点时段的安全保障工作，责任体系、保障体系、监督体系、标准化建设工作稳步提升，实现了安全生产"零事故"，截至2023年4月月底，胜利一号露天煤矿实现安全生产超5000天。

5. 乡村振兴方面

胜利能源履行边疆地区央企职责，呵护民族团结之花，聚焦共同富裕，深刻认识到打好乡村振兴攻坚战的重要意义，在保障能源供应安全的同时，自觉承担起央企应尽的政治使命和社会责任，针对困难蒙古族群众开展多项帮扶项目，主动回馈当地社会，积极发挥好央企的"头雁"作用。一是聚焦产业振兴，带动蒙古族群众增收。全面贯彻落实因村施策要求，为帮助正镶白旗宝日陶勒盖嘎查发展畜牧业集体经济，购进了15头基础母牛，通过托管寄养的方式，每年可为宝日陶勒盖嘎查贫困群众带来近2.4万元的稳定收益。二是实施教育文化振兴，注入振兴新动力。公司先后帮助宝日陶勒盖嘎查完善党建活动室设施、公共基础设施、党支部阵地设施等，同时帮助蒙古族牧民开展技术培训，加强农牧民日常文化教育，助力乡村文化振兴。三是帮扶矿区周边牧民，促进地企和谐。帮扶矿区周边社区实施环境治理项目，进行雨水与污水疏通、道路修整，安装路灯，建设公共卫生设施，改善矿区周边牧民人居环境。发挥央企担当精神，为伊利勒特嘎查牧民捐助冬季用煤，帮助235户牧户解决取暖过冬问题。2021年以来，在锡林郭勒盟政府的正确指导下，胜利能源紧紧围绕乡村振兴目标，在巩固脱贫攻坚成果的同时，持续聚焦重点区域、重点领域、重点人群精准施策，累计投入资金690余万元，提高乡村生活品质，营造稳定和谐的生活环境，展现央企担当，促进地企和谐发展。

6. 志愿公益方面

胜利能源现有党员志愿服务队25支，青年志愿服务队20支，注册志愿者603余人。各志愿服务队坚持以社会主义核心价值观为引领，大力弘扬"奉献、友爱、互助、进步"的志愿服务精神，积极履行社会责任，组织开展文明共建、关爱帮扶、疫情防控、环保宣传等形式多样的志愿活动，弘扬社会主义文明新风尚。广泛开展关爱帮扶活动，累计资助困难中小学生39人，与9名独居孤寡老人建立长期服务联系，为学校赠送书籍、文具等价值上万元的文化用品。锡林郭勒盟发生疫情期间，133名志愿者走进社区一线参与防疫工作，累计捐赠防疫物资30余万元。倡导绿色低碳生活理念，开展"低碳环保""绿色出行""光盘行动"等各类宣传活动72次。公司通过志愿服务暖人心、开展文明实践显担当，多次收到地方感谢信和锦旗，有效提高了企业美誉度，弘扬了社会正能量。

案例创造人：孙俊东、王海清、司令锐

诚信引领　守正创新

深圳市高新投集团有限公司

作为全国第一家地方性融资担保机构，深圳市高新投集团有限公司（以下简称深高新投）自1994年成立以来，坚持以金融服务实体经济为宗旨，积极投身城市发展大局，强化普惠金融创新服务能力，在坚持诚信经营的同时，扩大金融服务范围，大力支持实体经济发展，为推动深圳经济高质量发展蓄入新动能。

截至目前，深高新投累计为8万多家企业提供超过1万亿元金融支持，其中担保资金新增产值15796亿元，新增利税3146亿元，促进新增就业933万人，并成功助推超过360家中小企业在境内外公开挂牌上市，成为深圳中小型科技企业成长可靠、高效的"助推器"，塑造了良好的金融国企形象，打造了助力深圳诚信社会建设的"深高新投"品牌。

一、构建诚信生态，以制度引领诚信经营

党的二十大报告提出："弘扬诚信文化，健全诚信建设长效机制。"深高新投是深圳市委、市政府为缓解科技企业投融资难题成立的全国首家科技企业专业金融服务机构，同时也是诚信文化的建设者、引领者。从成立第一天起，深高新投就明确自身定位有别于普通金融机构，所有工作都要服从于推进深圳产业结构优化转型、缓解中小科技企业融资难问题的公司使命。

1. 弘扬诚信文化，夯实理念地基

深高新投始终坚持正确引导，创新构建分层次诚信教育体系，将诚信经营主基调融入集团经营日常，逐步引导全员共同打造具有深高新投集团特色的诚信文化。第一，在集团领导班子层面，强化思想政治引领。在纪律教育月、主题教育等学习期间，深入学习党的二十大精神，持续统一思想、提高政治站位、增强落实党风廉政建设主体责任自觉和本领，率先做好诚信体系建设。第二，在中层管理干部层面，结合业务动态常提醒常警示。作为集团发展的中坚力量，中层管理人员肩负贯彻执行集团战略部署、教育管理基层员工等职责。通过常教育常提醒，切实提高中层管理人员"一岗双责"主体责任、底线思维和风险意识。第三，在基层员工层面，不断丰富诚信教育方式方法。通过创作廉洁合规视频、联合团委开展青年廉洁诚信知识问答等方式，加强基层员工思想政治教育、廉洁教育和意识形态教育，注重正向激励，传播正能量。

2. 为诚信生态筑牢制度篱笆

深高新投旗帜鲜明地倡导"能者上、平者让、庸者下"的赛马机制，为优秀员工打通职业晋升通道，不论资排辈，每年定期举行公开透明的中层岗位竞聘，让勤奋投身中小企业金融服务事业的专业敬业人才脱颖而出。除了正向激励，深高新投也充分考虑到中小企业金融服务的风险特征，在业内创新推出尽职免责机制，对因客观原因或经济形势变化导致项目出现风险的，在一定额度之内不追究客户经理的经济责任，免除一线团队的后顾之忧，充分保护团队的工作积极性，让诚信理念深植于每位员工心中。

深高新投以《合规行为手册》作为员工履职基本指引，以《合规联络员管理细则》《合规报告制度实施细则》作为合规专项制度，以《反腐败反舞弊管理办法》《利益冲突防范管理细则》《商业伙伴合规管理》等作为重点领域合规细则，建立起"1+N"合规诚信管理制度体系。通过合规诚信体系建设，明确员工在商务活动、市场竞争及日常工作中应遵循的诚信合规原则和行为，并将相关文件发放给集团及下属企业的每一位员工阅读学习，将合规诚信融入公司日常管理、业务操作等细节和流程中，引导员工加强诚信自律，把诚信建

设内容纳入公司组织章程，建立健全员工诚信自律管理制度、不断提高诚信自律管理水平。

二、健全诚信体系，展现金融为企新作为

诚信是企业立业立身之本。自成立以来，深高新投始终坚持不忘初心，将金融为企、金融便企、金融利企、金融惠企做深做实，充分利用自身的信用优势支持民营企业融资。依托资本市场主体信用AAA评级、丰富的资本运作经验以及专业完善的服务体系，一改传统金融机构依赖抵押物为担保条件的观念，将企业成长动能作为主要判断依据，积极为具有良好发展前景的中小微高科技企业提供免抵押、免质押的纯信用贷款担保。截至2023年3月，总担保额中超过77.4%为纯信用担保。深高新投在普惠金融的发展道路上高歌猛进，被媒体形象地称为"连接科技与金融的'金桥'"。

1. 与实体同生，助力企业探索新发展

创办于1995年的比亚迪，是受惠于深高新投金融扶持的典型案例。成立之初，比亚迪面临着资金与设备匮乏的困境。深高新投主动联系比亚迪，分别在1996年、1997年、1998年为其提供200万元、750万元、900万元的担保贷款，2000年又为比亚迪工业园区建设提供了7900万元贷款担保，帮助比亚迪完成锂电池的研发生产，也为比亚迪未来在国内新能源领域的发展奠定了基础。2002年7月31日，比亚迪在香港主板发行上市。

也正因此，比亚迪董事长王传福在2022年深圳全球招商大会现场动情地表示："还记得1995年刚创业的时候，没有厂房、没有固定资产，也拿不到银行贷款，发展很困难。深圳设立了专业金融服务机构深高新投，专门帮助企业担保，让银行借款给企业，帮助中小企业解决融资难的问题，让我们站稳了脚跟。"

像比亚迪这样的陪伴案例，在深高新投可以说数不胜数。深高新投坚持"金融服务实体经济"定位，尤其是顺应时代发展特征和深圳产业经济特点，业务重点向科技型中小企业聚焦。以深圳为例，目前中小企业数量超过200万家，占深圳企业总数的99%以上，深圳1.7万家国家高新技术企业中，80%以上为科技型中小企业。发展势头强劲的科技型中小企业群体，已经成为深圳自主创新的一支重要力量，在推动城市产业结构优化升级、经济高质量发展上发挥着关键作用，也是深圳建设中国特色社会主义先行示范区的骨干力量。

深高新投针对科技型企业轻资产、重智力资源的特点，在业内创新提出以企业发展前景为判断标准、摆脱抵押物依赖的评审思路，创新推出知识产权质押、应收账款质押和纯信用贷款等多种业务品类。目前公司融资担保客户中科技型企业占比超过80%，融资担保贷款中纯信用贷款比例超过60%，有效缓解了科技企业的融资难度。

当前，深高新投继续坚持"服务主业清晰、持续耕耘、技术实力突出的细分行业领先企业，支持专心致志、精益求精、厚积薄发的专家型企业家，在长期合作中增强互信和认知，持续助力企业发展"的思路。

全力以赴，以高质量金融赋能创新创业。在市人力资源和社会保障局及其下属的市公共就业服务中心指导下，深高新投积极发挥"创业担保贷"扶持创业带动就业作用，联动业务经办银行，主动优化审核机制、简化服务流程、扩大贷款范围、提高贷款额度，帮助创业者解决融资难题。2022年，"创业担保贷"审批过会企业982家，合计审批金额30.19亿元，占深圳全市该项放款总金额的63%以上，服务总就业人数超9万人。

靶向发力，以实干笃行支持科技创新。自2019年12月实现中国特色社会主义先行示范区知识产权证券化"零突破"以来，截至目前，深高新投已完成合计规模约93亿元的42期知识产权ABS项目发行，另发行2期合计规模为2.13亿元的知识产权ABN项目，两项合计规模约95亿元，累计服务深圳科创企业580余家次，质押知识产权数量超1300项。深高新投知识产权证券化产品已成为全国目前唯一一个实现变"知产"为"资产"的规模化金融创新产品。

精准滴灌，以创新驱动扶持"专精特新"。围绕专精特新企业高成长、高附加、高风险、轻资产的特点，深高新投打出金融服务"组合拳"：利用专精特新专项贷、知识产权证券化、投保联动、深i小微、纯信用贷款担保、综合金融等六大产融结合方式，为专精特新企业提供便捷式、低成本、高效率的综合信贷金融扶持，逐步探索出在全国可复制推广的综合金融解决方案。截至2022年年底，累计支持国家级、省级、市级"专精特新"金额超808亿元，覆盖率超85%。

2. 与创新同频，激发产业升级新动能

科技创新是驱动高质量发展的强引擎，也是企业焕发生机的新动能。深高新投坚持以金融创新与创新发展同频共振，为重点产业发展腾飞插上"金翅膀"。

平衡风险收益，创新"投保联动"。单一的债权业务模式具有收益固定、抗风险能力弱、盈利天花板低的特点，尤其是遭遇经济周期波动时，融资担保公司自身盈利也波动巨大，可能面临大面积违约的资产减值风险挑战。为了平衡担保的风险与收益，深高新投敏锐地把握中小企业尤其是科技型中小企业"高风险与高成长并存"的特点，在业内首创了"投保联动"机制——对于有潜力的科技型企业，在提供债权服务同时，适时开展股权投资业务，在支持企业发展壮大的同时也能分享企业成长收益。股权业务具有弹性空间大、天花板较高的突出优点，深高新投基于对企业的中长期跟踪和互信认可，推动众多"投保联动"项目实现了较好的收益，"投保联动"模式得到了国内众多担保机构的学习认可。

深高新投以融资担保业务"土壤"为起点，培育金融服务基因，通过创业投资为企业提供直接融资服务，最大限度地满足科技企业资金需求，让"小而美"的中小型科技企业发展壮大。

经过多年的发展，深高新投已经陪伴了众多企业壮大成长。大族激光、欧菲光、东江环保、科陆电子、科信技术、科思科技、迅捷兴、深科达、路维光电等企业，均是深高新投"投保联动"模式应用的典型案例。

深高新投还积极响应国资基金群战略，围绕资产管理端，大力孵化培育合作基金，取得丰硕成果。2022年，深高新投与罗湖区11家股份合作公司、罗湖产投公司合作设立全市首支"市区国企+股份合作公司"股权投资基金，总规模1.7亿元，重点投资战略性新兴产业，助力全市科技创新与产业升级。目前深高新投在管基金21只，总规模100亿元的"深高新投基金谱系"建设进入快车道。

截至2022年，深高新投累计投资额超60亿元，累计投资企业超360家，2022年，投资企业格灵深瞳、中微半导、路维光电、豪鹏科技、凌雄科技、云里物里、卡莱特相继成功上市，山木新能源实现并购上市。另有5家企业已过会，10家企业正在IPO排队，约30家企业拟于2023年申报上市，成为金融活力注入产业细分赛道的典型案例。

此外，深高新投还积极把握数字经济发展机遇，加快部署推进自身数字化转型。2022年先后新建了创业担保贷、批量担保贷、电子投标保函、新投资系统、基金管理系统多个业务产品系统，升级了深i小微、综合业务系统等多个业务系统，搭建资产管理系统、线上签约、数据中台、电子发票等多项管理信息化系统，研发上线了手机微信小程序、企业微信小程序、电子保函平台等多个应用渠道，通过不断加大科技赋能的深度与力度，进一步打造全新的战略竞争制高点。

3. 与发展同向，融入城市战略新格局

创新是深圳最鲜明的特质。深高新投的发展，融入了深圳经济社会的成长。

作为市属国企，深高新投认真贯彻落实深圳市委、市政府和市国资委、深投控等的决策部署，顺应时代发展特征和深圳产业经济特点，业务聚焦科技型中小企业，大力实施创新驱动发展战略，始终把创新作为落实经营方针与发挥政策性职能的关键一招，有力诠释了"党和政府政策落地抓手与杠杆放大工具"的重要角色，成为深圳综合创新生态体系的重要组成部分。

2022年，深圳发布"20+8"产业集群建设意见，明确提出建设20个战略性新兴产业集群和8个未来产业。在此背景下，深高新投发挥自身深耕企业创新领域28年的经验，持续在深圳"20+8"产业集群中孵化、培养、支持高新技术企业成长，并紧密围绕核心企业培育出上下游配套的产业集群，为构建具有韧性和可持续竞争力的城市产业结构做出重要贡献。

2022年成功上市的凌雄科技是深圳市"20+8"产业集群中的软件与信息服务领域企业，也是深高新投助力"20+8"产业集群建设的经典案例之一。2018年，凌雄科技的业务规模还处于起量初期，面临日益增长的客户及市场需求，深高新投向凌雄科技提供首笔纯信用贷款担保，持续至今已累计提供数千万元债权担保服务。出于对凌雄科技创始团队以及行业未来发展的认可，2021年，深高新投投资凌雄科技数千万元，助力企业快速发展。2022年11月24日，凌雄科技正式在港交所主板上市，成为中国设备全生命周期管理行业第一股。

三、秉承国企责任，践行诚信经营

纾困市场主体，金融的支持同样不可或缺。2018年，深圳出台《关于以更大力度支持民营经济发展的若干措施》，推出减负降成本1000亿元以上、新增银行信贷规模1000亿元以上、新增民营企业发债1000亿元以上、设立总规模1000亿元的民营企业平稳发展基金等措施，即"四个千亿"计划，帮助民营企业平稳发展。作为深圳"四个千亿"计划的主力践行者，深高新投业务团队始终高效专业地推进各项工作落地，大力支持民营经济健康发展。

1. 通力合作，助企业"破茧重生"

索菱实业股份有限公司（以下简称索菱股份）是深圳一家汽车电子零部件供应商，近年来因经营不善及受市场不利因素影响，该公司深陷债务纠纷，严重资不抵债。关键时刻，深高新投挺身而出，主动担当作为，以创新的股债结合方式，深度参与到索菱股份的司法重整过程中。深高新投全力以赴协调重要债权人、政府部门、金融机构、司法部门、金融监管机构、证券监管机构等各方力量，大幅提高资产重整效率，共同助力上市公司化解风险，并最终在2021年12月促成索菱股份司法重整的顺利完成。此举不仅实现了索菱股份的凤凰涅槃，挽救了一家濒临破产清算的上市公司，而且更加有利于保护中小股东、广大债权人、在职员工的权益和维护社会稳定。

近年来，深高新投牵头或深度参与的华昌达、索菱股份等上市公司重整，都助力企业走出困境，走上了健康发展的轨道，有力支持了实体经济的稳定和发展。下一步，深高新投将在监管部门的指导下，发挥自身实力，利用资金优势、产业优势和管理优势等，依法依规地牵头或深度参与相关上市公司的重整，实现民营企业和经济社会共赢的效果。

截至2022年，深高新投累计提供债权资金支持企业217家，合计322亿元，帮助近50家上市公司走出困境，有力维护了深圳金融生态的繁荣与稳定。2022年，深高新投自加压力，逆势担当，为小微企业减免担保费近4亿元，惠及市场主体近3000家，充分践行了"扩面增量"的政策辐射效应。

2. 主力推动，做政策落地"放大器"

在持续的中小企业投融资服务中，深高新投积累了丰富的判断经验，培养了专业人才。在政府的科技研发资金、产业转型资金及各类科技经费的发放管理中，深高新投通过推荐企业、筛选项目、受托评审、风险兜底等多种手段积极参与深圳市区各级财政资金发放工作，目前累计发放政府专项经费32.44亿元。

除此之外，深高新投曾受地方政府委托管理常州、顺德两家中小企业投融资服务机构，牵头成立了"深圳市知识产权质押融资风险补偿基金"，受托管理了深圳市50亿元的"中小微企业银行贷款风险补偿资金池"，通过输出自身专业能力，放大服务范围，惠及更多中小微企业。

作为深圳"四个千亿"计划的主力践行者，深高新投业务团队始终高效推进各项工作落地，大力支持民营经济健康发展。截至2023年5月，由深高新投运营管理的"中小微企业银行贷款风险补偿资金池"共涵盖深圳中小微企业和个体工商户近24万家，入库贷款总额约14200亿元，补偿不良贷款金额9.15亿元，撬动新增贷款约1525亿元；在发行民企债券项目方面，深高新投已发行债券项目服务企业560家，共254

亿元，圆满按时完成政府政策性任务目标。在平稳发展基金管理工作中，深高新投创新形成的"固定利率+后端分成""纾困共济深圳模式"，受到上级领导、金融同行和广大民营企业的普遍赞誉。在降低千亿民企成本方面，深高新投也通过积极降低担保费的方式参与其中。

诚信，是中华民族的优秀传统美德。经营企业，就是经营诚信。在新时期，诚信的价值地位日益凸显。深高新投始终持续推进探索诚信建设的有效路径，沿着"金融服务实体经济"主航道，进一步加强高素质专业化人才队伍建设，竭力为构建诚信社会贡献深高新投智慧、注入深高新投力量。

案例创造人：刘苏华

钢铁报国　诚贯始终
绘就高技术高质量创新发展京诚画卷

中冶京诚工程技术有限公司

一、企业概况

中冶京诚工程技术有限公司（以下简称中冶京诚）可追溯于1951年7月成立的鞍山钢铁公司设计处、1952年12月成立的重工业部钢铁局212设计组。作为我国最早从事冶金工程咨询、设计、工程承包业务的科技型企业，70多年来，中冶京诚始终坚持聚焦主责主业，助力中国钢产量从1949年的15.8万吨，增长至2022年的10.13亿吨。这段70余年的历史，也是中国钢铁工业发展史的缩影。中冶京诚是中国从钢铁弱国到钢铁大国，逐步走向钢铁强国的开拓者、建设者和领跑者。

作为由原冶金工业部北京钢铁设计研究总院（以下简称北京院）改制成立的国际化工程技术公司、中国五矿集团的核心骨干子企业，中冶京诚是国内首家同时拥有工程咨询资信综合甲级、工程设计综合甲级、工程监理综合资质和施工总承包特级的"三综一特"资质的工程技术企业，拥有充分支持公司发展多行业工程业务的规划、勘察、造价、环境影响评价等一系列国家最高级别的行政许可。

二、组织架构和经营情况

中冶京诚总部位于北京亦庄经济技术开发区，公司职能层面设有16个职能管理部门，负责战略引领与职能管控；公司业务层面设有"1+2+N"核心直管业务机构和其他直管业务机构，主要包括冶金公司、城建公司、水务工程事业部、赛瑞斯等，负责公司核心业务的经营与管理。公司另设有3个研究机构，分别为中冶京诚技术研究院、中国中冶管廊技术研究院、中国中冶低碳技术研究院（北京），负责公司重大战略核心技术和产品的研发。

在2020年公布的行业排名中，中冶京诚获得中国工程勘察设计行业综合实力50强第3名、中国全过程工程咨询行业综合实力百强第4名，在钢铁领域设计单位中均排名第一。在2022全国工程项目管理、工程总承包完成合同额排名中，中冶京诚工程项目管理位列第4位，工程总承包排名第11位。

近五年公司新签合同额、营业收入等指标均实现较快增长。2017—2021年公司新签合同额复合增长15.30%，营业收入复合增长率为21.88%；近三年利税约19.07亿元，解决了5000余人的就业。2022年完成新签合同额268.23亿元，营业收入184.46亿元，利税10.44亿元。

三、诚信经营理念

一代代京诚人秉持"钢铁报国""技术报国"的初心，怀着崇尚技术、敢为人先、忠诚团结、艰苦奋斗的精神投身于中国冶金事业的熔炉，以持续创新的技术实力，服务服从于国家战略，助力我国逐步实现由钢铁弱国走向钢铁大国、迈步钢铁强国的梦想。

在不断践行"技术报国"初心的过程中，京诚人淬炼出北京院"善于学习、勤于探索、勇于实践、敢于担当"的总院风范，为共和国伟业筑就了钢铁长城。继承北京院老前辈的优良"家风"，新时代的京诚人逐渐凝聚起"创新提升价值、精诚建造未来"的企业使命和"诚信、创新、增长、高效"的企业核心价值观。作为"世界一流冶金建设国家队"排头兵,中冶京诚接续承担起引领中国钢铁走向世界的使命重任,为实现高技术高质量创新发展的"钢铁强国梦"做出更大贡献。

公司全员始终坚持把"诚信、创新、增长、高效"的企业核心价值观融入各项生产经营工作、融入企业运转的方方面面。其内涵为:诚信是根基,创新是动力,增长是理念,高效是要求。诚信,即以诚为本、以信为先,干一个工程、树一座丰碑;创新,即不断学习、勇于探索,以创新求发展、以创新续辉煌;增长,即增长思维、不断迭代,持续提升核心竞争力、促进业务持续增长;高效,即效率为先、效能为本,实现企业高水平管理、引领行业高质量发展。

四、决策部署

国有企业是中国特色社会主义的重要物质基础和政治基础,是党执政兴国的重要支柱和依靠力量。国有企业领导干部必须恪守"忠党报国"这一鲜明的政治品格,必须牢记"国之大者"这一光荣的使命担当,坚决用骨子里的信念忠诚和激情澎湃的热血忠诚干事创业,把出色完成党交给的任务作为对党最大的忠诚。国有企业必须始终把坚持党的领导、加强党的建设贯穿工作始终,把方向、管大局、保落实,当好改革发展的"主心骨""压舱石""排头兵"。

三年抗疫,在经济形势极为严峻的大环境下,面对更加激烈的市场竞争、更加紧迫的项目工期,迎战企业生产经营前所未有的巨大考验,中冶京诚高效统筹疫情防控、生产经营与改革发展,持续发挥国有企业"顶梁柱"的关键作用,做好疫情防控"加试题"。2022年,面临压力与挑战,在半年多的有效工作时间内,中冶京诚埋头苦干、勇毅前行。上下半年开展2次"百日会战"专项营销活动,带领全体干部员工接续奋战,把"踏踏实实干事"的信条转化为践行使命初心的切实行动。138个在执行项目、58个投产项目、35万张A1图纸,中冶京诚义不容辞地在急难险重面前"豁得出去"、在巨大压力面前"顶得上去",最终斩获营业收入184亿元的骄人业绩。

五、诚信实践

选准企业诚信建设突破口,中冶京诚靶向发力,在科技研发中修炼产品"内功",打开质量诚信"总开关"。在现场服务中把握市场主动,吹响履约诚信"集结号"。在实现"双碳"目标过程中抢抓行业机遇,坚守环保诚信"总纲领"。在企业文化中夯实发展基石,铸就劳资诚信"定神针"。以诚信建设重点工作带全局、展作为,中冶京诚在高技术高质量创新发展的大潮中行稳致远。

1. 着力科技研发,确保产品质量诚实守信

中冶京诚坚持自立自强谋创新,以"低碳冶金、流程再造数字智能"为重点方向持续加大研发投入,逐步建立起具有京诚特色的"1+N"研发体系架构。依托技术研究院,启动多项战略前沿及基础研发项目。全面推进"181计划"项目研发,形成多项新技术、专利。以创优为抓手夯实科技实力,成果获奖再创新突破,在勇攀科技高峰的研发创新中交出了一张质量诚信的答卷。

以高技术高质量创新发展为方向,近一年来科技研发亮点频出。2022年,公司研发投入5.4亿元,同比增长16%。承担"181计划"项目研发20项,位列集团第一。落实"首台套"投入机制、"揭榜挂帅"管理机制、"研发项目分红"激励机制,确保研发激励体系灵活多元、创新成果成效显著。获省部级科技成果一等奖12项,再创历史新高。

以平台打造、成果转化、引领行业为重心,近年来创新示范成果颇丰。先后获批国家发展改革委"国家企业技术中心"、工业和信息化部"国家技术创新示范企业"等5个国家级平台,拥有16个国家及省部级科技创新平台。设立2个中心、9个实验室和13个试验区,形成从方案设计到工程应用的研发路径。5

年间，研发投入增长率高达54.3%。累计获得有效专利近3000项，专利成果市场转化率达45%，被评为代表国家知识产权管理最高荣誉的"国家知识产权示范企业"。主持、参与编制340余项国家行业标准，助力行业高质量发展。荣获国家和省部级科技成果奖近500项，20余项成果指标创造世界或中国第一纪录，数十项成果经鉴定达到国际先进水平。先后被行业协会、市科委、市科协和集团公司授予科技工作先进单位、先进科技工作者之家、优秀院士专家工作站、企业创新中心、科技创新先进单位等荣誉称号。

2. 聚焦现场服务，确保项目履约诚实守信

中冶京诚坚持锲而不舍破困境。2022年，面对百年巨变、世界之变、时代之变，在新冠疫情与市场竞争的双重挑战下，中冶京诚贯彻"现场循环市场"理念，克服疫情造成的人力资源紧张、封闭停工等客观因素，全力确保项目顺利实施，在保生产的常态化防疫中交出了一张履约诚信的答卷。

以"世界之最""国内首例""智能制造"为抓手，近一年项目推进圆满履约。56名"最美京诚人"逆行海外，累计出差7000余天，推动部分海外项目实现100%收款。建院71年最大、中冶集团在建最大冶金项目——临沂优特钢项目实现全线贯通、全面投产。邯钢项目群有序推进，中厚板、热风炉等分项工程按期履约。晋钢项目、马钢项目顺利推进，58个项目全面建成投产。鞍山紫竹大圆坯连铸机热试成功，投运世界首台能够同时生产板坯、矩形坯、重型异型坯的连铸机。采用公司新一代高速棒线材智能车间整体解决方案的昆钢棒线材项目顺利投产，在智能化车间技术领域取得新突破。河钢唐钢新区项目荣获国家优质工程金奖，公司首次以工程总承包身份获此殊荣。临沂优特钢项目原料厂工程荣获山东省建筑工程优质结构奖，持续擦亮"世界一流冶金建设国家队"总包实力的企业名片。

以疫情防控、复工复产为总揽，近年来工程管理稳步推进。面对新冠疫情与市场竞争的双重挑战，中冶京诚首先建立横向到边、纵向到底的疫情防控工作机制，确保近5000名员工的身体健康与安全。在此基础上大力推进复工复产，公司领导班子"以上率下"示范性工作作风成效显著。2020年年初，总承包项目管理人员克服万难，陆续入场推进复工，带动咨询设计类项目100%未停工。3年间，近100人次逆行海外，坚守"一带一路"国家，以"契约精神"推动乌兹别克斯坦、印度尼西亚、俄罗斯、马来西亚等海外工程履约。

3. 紧扣"双碳"目标，确保环保承诺诚实守信

中冶京诚坚持奋楫扬帆开新局，坚守"世界一流冶金建设国家队"排头兵初心，牢牢把握钢铁行业转型升级和高质量发展机遇，积极落实"碳达峰、碳中和"目标，充分融合绿色发展重要主题，抓住减污降碳"牛鼻子"，持续推动超低排放改造，在发展方式的绿色化转型中交出了一张环保诚信的答卷。

以关键技术、数字工厂、智能管控为依托，近一年持续发力低碳冶金。绿色低碳氢冶金项目攻克32项关键技术，形成5项原创新技术和新产品，创造经济效益超5000万元。长流程富氢冶金项目成果成功应用于山西晋钢，实现富氢烧结技术工程化示范线建设。两项技术入选2022年国家工信领域节能技术装备推荐目录，彰显工业节能技术领域科技创新能力及影响力。中标柳钢防城港20万立方米煤气柜项目，建设世界上容积最大转炉煤气柜。签订山西新泰15万立方米煤气柜项目，建设世界上容积最大、压力最高单段式橡胶膜密封煤气柜。承揽邯钢废水零排放项目，填补公司零排运营业绩空白。持续聚焦智能制造产品改造需求，新签凌钢项目，进一步提升数字工厂项目影响力。中标武钢智慧生态环保管控系统项目，打造国内首套覆盖废气、废水、固废和综合环保管理的管控系统。

以氢冶金、"碳达峰"为导向，近年来不断引领前沿技术。2019年率先完成基于干法的煤气精制技术研究及工业应用，入选《世界金属导报》年度"世界钢铁十大技术要闻"。2019年联合开发全球首套直接还原冶金的氢能利用技术和工艺研究。2020年中标中国五矿科技专项计划绿色低碳氢冶金技术研发项目，推动低碳氢冶金技术进步及实质性落地。2021年与晋钢签约"碳达峰及减碳行动方案"战略合作，开启构建绿色低碳、协同高效的示范工厂新篇章。

4. 汇聚企业文化，确保劳动关系诚实守信

中冶京诚坚持凝神聚气固根基，把握"以人为本"原则，贯彻"员工至上"理念，与员工共同维系和谐、

稳定、诚信的劳动关系，打造"润物细无声"的"家文化"，努力实现企业和员工共享发展成果。持续增强员工获得感、幸福感和归属感，确保公司健康稳定发展，夯实长久立足市场根基，在文化软实力建设中交出了一张劳资诚信的答卷。

以员工关怀与福利为主线，近一年"家文化"建设稳步向前。在2022年两次疫情冲击中，做好统一部署、隔离转运、区域消杀、三餐供应、人员值守等重点工作，坚持关心爱护、稳定情绪、信息传达、物资调度、生活保障系列工作，以最快速度打赢疫情阻击战。针对员工关切的"急难愁盼"事项，确定13项2022年度"我为群众办实事"事项。不断改善园区办公和生活条件，完成5号餐厅改造、饮水间改造和宿舍改善工作，坚持不懈为员工办好事、办实事、办成事。最大限度做好广大职工的福利保障，公司职工法定节假日、生日等福利达北京市规定上限。最及时地做好特殊群体的慰问关怀，对海外员工、一线员工、生活困难员工、新员工、婚丧育病退员工等开展丰富的关怀慰问活动。最温情地做好艰难时期的员工关心关怀，积极组织发放防疫物资等保障行动。用最适当的方式丰富敏感时期的员工精神生活，引领8个文体协会组织开展建院日健步走、京诚"家"羽毛球赛等文体活动。

以"家的港湾""家国情怀"为驱动，近年来"家文化"凝聚成果显现。为职工采购"爱心小药包"，举办多种形式的文化、健康、心理讲座活动。为哺乳期女职工开设哺乳室，增设奶品储存冰箱。深入项目现场开展慰问，举办七夕联谊，召开退伍军人座谈会，开展端午节送粽子活动。让职工处处感到京诚"家"的温暖，打造有温暖、能诉说、遮风避雨的港湾，凝聚"家国情怀"，缔结和谐温馨的劳动关系。

案例创造人：岳文彦、张　勇、韩　冰

"行诚万里，以诺兴业"
坚持系统诚信建设　保持企业持久动力

中南钻石有限公司

中南钻石有限公司（以下简称中南钻石）是中国兵器豫西集团中兵红箭股份有限公司的全资子公司，是国家级高新技术企业、国家技术创新示范企业、国家级绿色工厂、中国超硬材料行业的领军企业，成功入选工业和信息化部第一批制造业单项冠军示范企业。

多年来，中南钻石坚持诚信经营、合规经营，实施技术创新、管理创新双轮驱动，实现关键核心技术自主可控，产品生产链完整、供应链稳定，生产规模、产品质量处于行业领先地位，高温高压（HPHT）技术达到世界一流水平。2022年，公司实现营业收入26.8亿元，同比增长11.5%，增强了我国在国际超硬材料领域的竞争力，实现国际国内"双循环"，促进国家产业链、供应链稳定方面做出了积极贡献。

中南钻石坚持党的领导、报效祖国、成就客户、回报股东、幸福职工的企业责任，坚持为客户提供优质的产品和服务，积极为地方经济发展做贡献，依托自身规模优势，满足不同用户在成本、效率、安全、环保等多方面的需求，赢得了广大客户、所在行业、地方政府的高度认可。

一、红色基因浸润中南诚信文化

红色基因是中南钻石诚信文化发展的源泉。作为国有企业，中南钻石始终坚持"国家利益高于一切"的核心价值理念，始终坚持"服务国家国防安全、服务国家经济发展"，自觉履行政治、经济和社会责任，是履行强军首责、国民经济建设与基础设施建设的中坚力量。在发展方向上，中南钻石致力于超硬材料产业链发展，长期践行"创新求优质、诚信铸品牌"的质量方针，持续加强对企业员工诚信理念、信用风险意识、合规意识的培养，从质量诚信到岗位诚信，从管理制度到服务客户规范、客户反馈以及客户维护等多个方面，不断在文化传承中融入诚信立业的经营理念和"承诺践诺、真言真行"的诚信文化，引导员工对社会、对客户、对行业讲诚信，建立了以诚信为核心的企业文化，努力打造高素质诚信经营干部职工队伍。

二、体系建设绘就中南诚信底色

中南钻石聚焦质量诚信、品牌诚信、服务诚信、绿色诚信、安全诚信、信用诚信、供应诚信等多个层面，构建了一个突出文化融合、上下贯通、执行有力的诚信管理体系，实现了以"诚信之光"照耀中南钻石高质量发展前行之路。

1. 四维体系打造质量品牌诚信

一是积极践行质量诚信理念。在质量管理工作实践中，始终树牢"抓质量就是讲诚信，抓高质量发展"的理念，坚持"质量第一、顾客至上"的市场导向，贯彻"质量就是生命、质量就是口碑"的价值追求，形成了"关注细节、注重实效、快速联动、追求卓越"的质量管理模式。二是充分发挥党支部战斗堡垒作用和党员先锋模范作用。坚持以问题为导向，组建以党员为骨干的创新工程项目团队、质量管理小组、课题改善小组、科研项目团队等30多支队伍，推动党员带头当好质量提升先锋，全面推动质量管理水平提高。三是以科技创新夯实质量基础。将质量工作与生产线自动化、数字化、智能化升级改造深度融合，通过将生产智能化技术融入质量控制，稳定产品质量，扎牢质量根基。四是以特色质量文化引领质量诚信走向自律、自信。常态化开展质量知识分层级、分类别培训，全面提升"质量是生产出来的，不是检验出来的""下道工序是客户"等全员质量文化意识；积极开展质量技能比武、劳动竞赛、岗位练兵等活动，增强员工质量控制意识；制度化开展质量管理小组、质量信得过班组、合理化建议等活动，形成"关注细节，追求完美"的中南钻石特色质量文化。

2."四千精神"尽展客户服务诚信

在公司起步阶段，市场营销队伍"先当徒弟，再当师傅""先大家，后小家"，发扬"四千精神"，走遍千山万水、说尽千言万语、想尽千方百计、吃尽千辛万苦，攻坚克难，拓荒市场。为了测试复合片新产品，销售员上山上井上油田，带着产品——测试，山脚单衣过夏、山上棉衣御寒；车都上不去的地方，人爬上去，为的是获得第一手的反馈资料，提升产品品质。开发华东市场初期，半年的时间，从烈日炎炎到白雪皑皑，销售员们背着几十斤重的金刚石，下乡开发走访500多家客户，挨个上门拜访一家家锯片厂，最终用真诚打动客户、用产品质量赢得认可，逐步成就了中南钻石的凤凰涅槃。

在爆发国际金融危机、新冠疫情等行业发展艰难时期，中南钻石积极主张共克时艰、诚信共赢、义利统一，与客户相互扶持、共渡难关，力保产业链、供应链稳定，同举民族超硬材料产业发展大旗，得到业内的广泛认同和尊重。中南钻石践行"为客户创造价值、帮助客户成功、让客户满意"的品牌理念，赢得了市场、成就了客户，品牌价值不断提升。

3.生态文明建设践行绿色诚信

中南钻石始终践行习近平生态文明思想，以环境保护三年综合提升行动为契机，以实施节能和污染防治项目为主线，强化科学技术这个第一生产力，深入实施"双碳"战略，全面实现了"用地集约化、原料无害化、生产清洁化、能源低碳化"的绿色发展要求，成功入选2022年度国家级绿色工厂名单。持续加大环保领域资金投入，实施废水废气治理提标改造、固体废物资源化利用等项目，实现工业废水"零排放"、生活污水处理后80%再利用、酸性废气处理效率95%以上、一般工业固体废物100%循环利用，实现生态效益和经济效益的双赢。持续开展节能降耗，通过金刚石提纯、电解节能技术改造，年降低电能消耗280万千瓦·时，减少二氧化碳排放量1470吨，公司污染治理、节能减排水平持续提高，形成了企业在行业内无可替代的"绿色核心竞争力"，中南钻石成为国家"双碳"战略的坚定执行者。

4.四项措施筑牢安全诚信

一是建立形成党委领导、行政主抓、工团配合、专业安全管理力量具体实施的安全监管体系。二是坚持法规引领、依法治安，强化各项安全管理法规制度的学习贯彻落实，利用"走出去、请进来"等形式积极开展国家安全法规（如新《安全生产法》）、公司安全生产规章制度的学习宣贯；通过制度上墙，使安全理念入心、安全技能在手、安全生产禁忌杜绝，营造安全生产氛围；强化法治思维、底线思维，明确有所为、有所不为，发挥安全生产累进奖的正向激励作用，将安全责任层层压实，使公司安全管理体系稳定运行。三是坚持科技引领，强化科技兴安。公司积极实施"人机隔离""机器换人""黑灯工厂"建设，加大安全科技应用投入，实现高质量发展和高水平安全的良性互动。芯柱车间采用中央控制系统，将所有生产流程、设备状态进行实时显示、远程监控，最大限度地做到"人机隔离"，从根源上提高本质安全度，成功入选河南省智能制造车间名单。四是锚定隐患治理，深化排查固安。按照"全层级、全流程、全要素、全员参与"的要求，每月定期开展安全大排查和节假日安全大检查，把安全意识强化、安全技能提升、安全隐患排查等工作做在平时、做在日常，定期组织开展风险隐患辨识，落实分级管控措施，公司安全生产流程化管理体系运行流畅，各项管控要素有效控制，营造了平安诚信的生产环境。

5.依法合规树立信用诚信

中南钻石重视自身信用建设，把"守法经营、诚信经营"作为基本的司策司训，在生产经营中一直秉持诚信守法经营的理念，遵守国家相关法律法规，积极履行社会责任，生产经营情况良好，经济效益显著，社会形象信用记录良好。公司自觉遵章纳税，纳税信用记录良好，连续三年被地方税务机关评为纳税信用A级企业；重视自身信用建设，模范遵守行业准则，重合同守信用，合同履约信用记录良好，2012—2015年连续获得省工商局颁发的"守合同重信用"荣誉称号；公司"中南"牌人造金刚石曾先后获得"河南省名牌产品""河南省著名商标"及行业协会"产品质量十佳"等荣誉。同时建立健全了全面风险管理体系、内部控制建设与评价体系、合规管理体系和安全标准化体系等工作体系，为公司各项业务的健康运行及公司经营风险的控制提供了保障。

6."四个环节"恪守供应诚信

中南钻石一直以来坚持的理念就是"诚信务实、合作共赢"，通过不断完善物资、资产采购机制和管理运营体系，严格落实采购制度执行、规范供应商管理、实施采用分离等措施，保障物资资产合法合规供应。在供应商管理上，通过完善物资供应商动态管理与考核评价机制、发布供应商负面清单、合格供应商网上报价出现问题退出机制等措施，推动供应商公平有序竞争；在全流程动态监管上，通过梳理需求计划、采购计划、比质比价、供应商选择、合同签订执行、入库、报销、付款全过程，实现采购全流程规范管理，促进公司采购规范管理；在推进物资供应链信息化管理体系建设上，物资申报系统全面运行，充分保障管理过程合规可控、业务流程数据可视、采购公开透明高效；在人员管理上，始终以清正廉洁作为选人用人的鲜明导向，注重在实践中不断提高队伍思想道德素质和专业文化素质，提高诚信意识，提高诚信服务管理水平。

三、诚信经营开创璀璨未来

"诚招天下客，誉从信中来。"现如今，诚信经营不仅是企业品质的体现，更是交易市场中最重要的精神筹码，作为行业龙头企业，积极履行经济责任需要诚信经营，发挥行业内诚信经营的示范作用更是中南钻石积极履行社会责任的必然要求。在未来的生产经营中，中南钻石将继续发扬诚信意识、坚守诚信原则、强化诚信担当，以诚待客、以信立企，不断以诚信擦亮品牌，以守诺铸就未来。

案例创造人：郭世峰、刘乾坤、张　帅

逆势破局，践行履约
以"国之大者"做诚信建设排头兵

中国核工业华兴建设有限公司

一、企业概况

中国核工业华兴建设有限公司（以下简称中核华兴）始建于1958年，隶属于中国核工业集团有限公司（以下简称中核集团），是中国核工业建设股份有限公司（以下简称中国核建）的重点成员单位，曾承担过我国"两弹一艇"试验基地以及许多重要核工程建设，是建筑业全产业链资源整合者和一体化解决方案服务商。

中核华兴目前具有房屋建筑施工总承包特级、市政工程施工总承包特级、建筑行业（建筑工程）工程设计甲级、市政行业工程设计甲级资质，拥有一级、二级资质以及各类经营许可资格证70余项，业务涉及建筑业价值链各环节，足迹遍及全国30多个省市自治区，以及英国、巴基斯坦、新加坡、马来西亚、约旦、沙特阿拉伯、文莱、阿尔及利亚、莫桑比克等多个国家和地区。

作为全球核电建设领跑者的中核华兴，拥有5个事业部和30余家参控股子公司、专业公司、区域分公司，10000余名职工，1800余名中高级职称专业技术人员，自主研发核心施工技术和关键施工工艺数10项，获得国家授权专利300余项，获得包括建筑工程"鲁班奖"、国家优质工程金质奖在内的国家及省部级工程奖项300多个。同时，中核华兴已不间断从事核电建设30余年，拥有丰富的核电建造经验、国际领先的施工技术以及成熟的管理模式，先后在全球48台核电机组建设中担纲，核电市场份额稳居世界第一。2022年，中核华兴在困境中开局，在逆势中奋进，在变革中突破，在转型中发展，通过践行履约、精准施策，全年营收、净利润、EVA（经济增加值）、新签合同等主要经济指标均超额完成年度计划。

二、诚信经营理念

中核华兴始终以习近平总书记对核工业和中核集团的重要指示批示精神为根本遵循，胸怀"国之大者"，立足"三新一高"，高度重视诚信体系建设，以"责任、安全、创新、协同"为核心价值观，坚持"以客户为中心"的经营理念，致力于打造全球核电"精品工程""标杆工程"，积极推进我国核工业高质量发展，以实际行动不断地将习近平总书记关于"打造核安全领域全球标杆"的殷切嘱托变为现实。

中核华兴一贯秉持向客户提供最优质的产品和服务的宗旨，充分发挥资源、资本、管理、技术和人才优势，树立"人人都是经营者"的理念，营造人人讲诚信、处处讲诚信、时时讲诚信的企业全员诚信环境，竭诚把国际核电建造质量理念整体贯穿于民用工程，实现"核民融合"转换，旨在为客户打造"核"级品质，充分体现中核华兴诚信经营理念。

三、举旗定向聚思想

中核华兴党委高举旗帜，始终把政治建设放在首位，树牢"四个意识"，坚定"四个自信"，坚决做到"两个维护"，坚持政治理论学习，通过抓好大学习、大宣传、大落实，将政治引领融入企业经营活动。

面对2022年经济下行压力增大的经济困境，中核华兴党委定方向、做部署、谋思路、提要求，明确

"稳增长首先要拓市场"总基调，提出各个区域、各个专业的市场营销要"守土有责、守土尽责、攻城拔寨、开疆扩土、领导垂范、全员开发"，坚定了公司全年各项工作稳中有进、落实落地的发展节奏。10月31日，公司再次召开经济形势与市场开发研讨会，公司总经理、党委副书记主持会议，研究分析市场形势，部署市场开发总体工作。在市场变化的紧要关头，一万名华兴人迎难而上，众志成城，凭借稳健的发展，为客户、股东、职工和社会交出了一份满意的诚信答卷。

四、强化履约有担当

中核华兴聚焦主业之上有主责，政治站位持续提升，讲政治顾大局的意识更加牢固，服务保障"国之大者"的立场更加坚定，以保障重大工程"后墙不倒、越快越好"为核心任务，不断健全思想、组织、资质、机制、资源、氛围"六确保"机制，领导靠前指挥、督战落实，各级单位勇担责任、调配资源、保障有力。面对艰难环境，中核华兴践行首责，不负重托，强化履约，主动担责，举全公司之力全面推进各项任务，在国家重点重大工程中体现使命担当。

五、搭建平台稳市场

企业稳定发展，是对国家和社会最直观的诚信体现。中核华兴加快建设共享平台，大力发挥政策、信息、资源、数据和经验共享等作用。

第一，充分发挥共享平台政策解读和引领作用，及时关注国家层面会议和重要经济金融政策，从不同区域、业态入手，带头解读政策，共同把握核心，分析经济走向，找准投资方向，总结历史经验，查找薄弱点面，寻找政策利好和新一轮发展机会。

第二，加快共享平台信息内部传递速度，建立高层领导出访信息互通和抄送机制，随时发布政府平台信息和内部简报信息，建立及时有效的内部信息系统。2022年，共享平台全天候关注防疫政策，在客观条件允许的前提下抢抓疫情管控窗口期，领导率先垂范，加强与客户深度对接，不断创造条件开展高端商务活动。

第三，深化落实资源共享，跟踪战略协议推进情况。按专业分层级对接，全面推进战略合作的落实落地；通过全面梳理客户资源，评定发布年度重要客户名录，调研重要客户合作在建项目的进展情况，评估履约状况并形成指导意见，增进客户关系，助力市场拓展。

第四，有力发挥平台数据的创新引擎作用，通过各种维度的数据展现多个重要指标，根据目标及时纠偏并制定对策；通过数据共享、比对和管理，助推公司决策精准高效。

第五，常态化推进经验共享，通过开展专题营销分析会，对重大项目进展跟踪、客户关系维护状态、区域行业布局延伸、开发案例复盘等进行深入分析研讨，经验反馈，互动交流。

六、制度建设促保障

以上率下制度是推动诚信建设的关键制度。为加强集中统一领导，中核华兴建立了以党委书记亲自指导和协调各方资源、推动企业诚信经营的领导机制。面对风高浪急的市场环境，中核华兴始终勇往直前，推动改革走向纵深，通过优化组织机构、创新发展模式、干部能上能下等一系列举措动真碰硬、精准发力，使组织更加有活力、治理逐渐出成效、职工尽显其才能的机制日益完善，在创新改革的基础上，诚信经营不断取得新的成果。

1. 国企改革三年行动圆满收官

中核华兴坚持"做深做精、巩固提升、引领示范、狠抓实效"，聚焦治理机制、用人机制、激励机制等重点领域和关键环节深化改革，11个方面40项重点任务提前2个月全部完成，对标提升专项行动10大类

39项目标任务全部提前完成，获得中核集团和中国核建的高度肯定和认可，以优异成绩通过国务院国有企业改革领导小组专项考核，获评"双百企业"标杆企业。

2. 充分发挥总部职能，完善服务诚信

中核华兴以"高质量发展目标"为导向，充分发挥总部"创新、引领、管控、服务"的作用，以竞聘方式完成总部定岗定员，重新定位并做实总师办，全力支持各项重点工作任务。

3. 全面构建区域专业发展格局，稳定发展诚信

中核华兴整合内部资源，以打造营收规模50亿元以上的平台为目标，大规模发挥资源整合作用，增强"投建营"一体化业务的实施能力，系统构建形成差异化发展、业务协同、优势互补的"十大管理平台＋八大专业化公司"组织发展模式。

4. 建立多元化激励机制，提升诚信管理

中核华兴全面优化任期制和契约化管理，确保公司本级及子企业动态调整实现全覆盖；系统构建"人员选定＋任期管理＋精准考核＋结果运用"的"能上能下"用人机制，创新建立"效益＋发展质量＋约束＋专项"的"能高能低"考核机制，全年各单位负责人薪酬差距达2.8倍。

5. 全面从严治企更加深入，强化诚信自律

中核华兴聚焦首责推进政治监督，强化10项监督清单落实；深度整合监督资源，构建"四位一体"大监督体系；推进"三不"机制，加大执纪问责、警示教育力度。

6. 不断提高产品质量水平，推进质量诚信

中核华兴内外部多措并举提升创优能力，全年共有3项工程荣获全国优秀焊接工程奖，3座核电站荣登2022中国新时代100大建筑，荣获省部（直辖市）级优质工程23项，市级优质工程24项，省级质量观摩工地、质量管理考评优良工地各1项，荣获国家、省部（直辖市）级QC成果奖177项，国家、省级信得过班组11个。

7. 推动三年整治专项行动圆满收官，落实环境诚信

中核华兴形成了25项突出成果，深入贯彻国务院安委会"15条措施"和"6个必须"，49项措施全部有效落实；不断健全安全生产责任制，全员实现"一岗一清单"，安全环保积分制考核全面落实，"织网"行动纵深推进，双重预防成效显著；有效推进"质安融合"试点，形成3项成果并在中国核建推介；全面开展核安全文化提升三年行动，全员践行"863"基本动作要领。全年获评全国安全生产标准化示范工地1个、全国安全管理标准化班组1个，获得省（直辖市）级各类荣誉奖项39项。

8. 加强人力资源管理体系纵深落实，持续优化员工队伍，构建积极向上的劳动关系

中核华兴以人工效能提升为基础，控制员工队伍总量，使校园招聘、社会招聘结构得到优化；强化考核退出淘汰制度，优化全员绩效考核，加强试用期满和劳动合同期满考核，退出比例分别达到10%和5%。

9. 科技创新全面发力，不断提升成果转化

中核华兴深化科技创新制度，全年获批集团公司2项"卡脖子"研发课题、1项青年英才研发课题；加快产学研深度融合，与10家高校、科研院所深化项目技术合作，形成成果12项，与7家行业龙头组建两个联合研发实验室；5项研发成果通过集团公司鉴定，其中"第三代核电站超大吨位预应力技术、装备及应用"达到国际领先，其他4项达到国际先进，在中国核能高质量发展大会核电先进建造技术论坛上展示了先进建造技术开发应用成果；全年新增授权专利169项，其中发明专利13项，有效专利数量达到496项；主编集团公司3项企业标准发布，获批企业标准编制17项；全年获得省部级科技奖项21项，打造省级新技术应用示范工程10个，全年实现转化收入2600余万元。

10. 数字化转型有突破，智能建造显方道

中核华兴发布实施智慧建造专项规划，激光智能跟踪MAG自动焊技术、预埋件焊接机器人等在核电

重点工程中投入使用，焊接效率提高3倍以上，激光智能焊接技术亮相央视《焦点访谈》栏目；核工程高效TIG自动焊装备首次应用于核电不锈钢水池覆面工程，填补了国内空白；核工程焊接大数据智能管理平台在南京滨江基地投入使用，实现了数字化线上管理，实施效果得到一致好评。

七、体系建设防风险

为降低经营风险，中核华兴持续加强顶层设计，形成了有条不紊的条线管理模式，从而以高质量经营推动企业诚信建设。

1. 重大风险防范体系更加健全

充分发挥审计作用，建立基于目标控制的TOP10重大风险动态跟踪评估工作机制，聚焦关键岗位、重大项目、重点领域加大审计及监督力度，为重大经营事项决策提供了有力支持，营造了合规经营制度环境。

2. 过程风险防控能力显著提升

建立"市场开发风险研判机制＋合同签订执行风险清单＋重大项目评审机制"的"两机制一清单"，从源头防范和化解风险；完善重大项目法律顾问制度，健全顾问管理制度体系；深入推进降资产负债率和"两金"专项工作，以项目回款为核心，建立"两金"清收动态管理机制和重大债权清收工作体系；健全法律纠纷案件领导小组工作机制和重大案件处理联动机制，部分重大案件取得实质性进展。

八、履社会责任显温情

中核华兴凝心聚力，服务大局成效显著。全面建设"幸福华兴"，健全"员工无忧"体系；深入推进劳模创新工作室及联盟、生产运动会、非QC课题，创新成果先后涌现，经济效益可观；全年共召开基层项目员工代表恳谈会603次，现场解决率达74.9%，跟踪反馈率达100%；建立实施"华兴谢谢您"荣退机制，百余名退休职工幸福满满、交口称赞；热烈庆祝建团100周年，稳步推进青年员工素养提升，青年员工融入中心、岗位建功更加坚决；圆满承办"振兴杯"全国竞赛活动，团中央、中核集团给予高度肯定，认为大赛办出了"央企一号"水平、办出了"全国竞赛"标准，专门发来表扬信，社会影响力得到有力凸显。

九、诚信经营出成效

中核华兴以高度的诚信履约精神，主导全国最大沙漠光伏基地、世界首个实用化和规模化零碳智慧能源中心、国内最大自主同位素生产线等多个行业代表性工程顺利落地，全年新能源项目开发额同比增长262%，公共设施项目开发额增长253%，工程总承包项目开发额增长79%，风险较大的住宅类项目开发额同比下降77%，运营类项目开发额增长近6倍，全年开发额增长近20%。一年来，中核华兴先后收到诚信经营、客户满意表扬信150余封，获得客户极大认可。

近年来，中核华兴承建项目共获得国家级优质工程奖项44项、省部级优质工程奖项300余项，先后荣获国防科技工业质量先进单位、全国先进建筑施工企业、全国优秀施工企业、中国建筑企业500强、中国建筑业竞争力百强企业等称号；多次获得国家市场监督管理总局颁发的全国"守合同重信用"企业证书，连续多年获评中国建筑业协会颁发的全国建筑业诚信企业、全国建筑业AAA级信用企业，获得中国施工企业管理协会颁发的中国工程建设诚信典型企业、企业信用AAA级证书以及南京市高质量发展企业等诸多荣誉，赢得了社会和员工的高度信任和尊重。

案例创造人：周　博、吴　佩

交付价值 建设未来 树立诚信经营行业标杆

中化学土木工程有限公司

一、企业简介

中化学土木工程有限公司（以下简称土木公司）由化学工业岩土工程有限公司更名而来，地处江苏省南京市，创建于1950年，前身是化工部第二勘察设计院，是我国首批综合类甲级勘察单位，现为中国化学工程股份有限公司子公司，是国家高新技术企业。经过70余年的发展，公司已逐渐由单一勘察设计企业发展成为一家提供岩土工程勘察、设计、测绘、施工、监测、检测一体化服务，以及市政工程施工、房建工程施工、地基基础施工、环保工程施工、矿山治理、生态修复、环境监测与检测等工程施工及技术服务的大型综合型工程公司。公司具有房屋建筑工程施工总承包特级，工程勘察综合甲级，测绘甲级，建筑工程设计甲级，地质灾害治理设计、勘查、施工甲级，生态修复甲级，市政公用工程总承包一级，地基基础工程专业承包一级，环保工程专业承包一级，建筑装修装饰工程专业承包一级，机电设备安装工程专业承包一级等多项施工、设计资质，另有多项岩土设计、监测以及桩基检测等相关资质。

70多年来，土木公司始终秉承"精益铸造、服务为本"的理念，立足品质，精细服务，围绕"为客户创造价值"这一核心，充分发挥资源和业务一体化解决能力，用实力与担当打造"共建共享、诚信共赢"的利益共同体，为我国的石油、化工、城市、交通、港口及国防工业的建设与发展做出了重大贡献，相关业务遍及全国各地。公司较早实行国际化发展战略，目前已进军中亚、东亚、东南亚、非洲等地区，在马来西亚、文莱、越南等国家设立了分（子）公司。公司在行业内和社会上广受赞誉，共获得国家及省部级优秀工程奖200多项，累计获得国家优质工程"鲁班奖"4项、国家优质工程金奖2项、国家优质工程奖3项，先后荣获多项国家级荣誉。

二、秉持诚信准则，打造特色企业品牌

1. 兑现承诺，开展诚信合规经营

土木公司严守商业道德操守，严格兑现承诺，始终为业主单位提供优质精品工程，通过诚信合规经营，新签合同额实现连续三年快速增长，连续17年成功申报AAA资信等级，首次获评AAA级信用管理企业。一是强化合规风险防控。创新制定《合规管理三项清单》，通过成立合规管理委员会、选聘合规管理员、签署合规承诺书，不断完善合规管理体系；编制经营负面清单，设置"五不准"边界，加强经营业务合规风险管控；围绕"合规管理强化年、内控体系巩固年"活动主题，通过编发趣味普法漫画和"普法篇"、举办合规培训等方式，逐步提升全员合规意识。二是经营成效显著。发挥地质灾害治理资质、房建特级资质等优势，先后中标马鞍山生态环境综合治理项目、浙江警用无人机一期项目等；利用"央企品牌＋民营机制"，抢抓地方政府专项债"窗口期"机遇，成功中标湖北鄂州青天湖科创人才社区EPC项目，这是公司首次中标单体量超20亿元、公招公建的政府总承包项目。

2. 交付价值，高质建设精品工程

土木公司把高品质作为品牌的基石，把不断提高产品和服务质量作为最高追求，持续打造精品工程。

制定《安全技术操作规程》等管理制度，召开安全生产工作推进会、重点工作推进会等专题会议，创新建立项目安全风险分级监管机制，定期通报在建项目安全管理状态，确保项目管理安全可控。获得江苏省工程勘察设计行业诚信单位、江苏省勘察设计质量管理先进单位等荣誉。参建恒逸（文莱）PMB石油化工项目，荣获2020—2021中国建设工程"鲁班奖"、国家优质工程金奖；承建台州医院新院区，荣获浙江省建设工程"钱江杯"奖。

三、坚持改革创新，培育企业核心能力

1. 深化改革，强化战略引领能力

土木公司坚持战略先行，以混合所有制改革、兼并重组等专项工作为突破口，推进改革走深走实，公司混改成效显著，赢得国务院国资委和集团公司高度肯定，获评国务院国资委"双百企业"考核优秀等级。一是构建"1+4+6"战略体系。修订完善《发展战略与规划管理办法》，科学编制"十四五"战略规划，着力构建"1+4+6"战略管理体系，即1个总体战略规划把握企业发展大方向、4个子规划谋划重要三级公司发展路径和目标、6个专项规划配套提供保障性支撑服务。二是建立"1+1+X"并购后管理体系。发挥"央企品牌+民营机制"优势，组建并购融合专项领导小组，科学制定"1+1+X"并购后管理体系，即以《中化学曙光建设并购后管理方案》为核心，《负面清单》为指引，配套各子方案并行。三是打好双项"改革行动"攻坚战。建立"周盘点，月汇总，季报告"改革督办机制。高质量完成国企改革工作，114项改革任务圆满完成，完成率达100%，推动公司在国务院国资委年度"双百行动"专项考核中获评"优秀企业"。同时坚持"宣教结合"，创新开展企业改革宣传工作，开设"改革进行时"微信公众号专栏，宣传总结文化强企、巡审监督、科技兴企、绿色发展等专项改革成果，将改革经验发表在集团微信公众号上。

2. 科技攻关，提升自主创新能力

土木公司坚持科技创新驱动，围绕课题立项、平台建设、学术交流等方面，加大科研攻关力度，不断提升企业核心竞争力。一是培育科研成果。结合专业优势，积极参与高新课题立项，极大地提升了岩土工程勘测、设计、治理及环境治理新技术层的核心竞争力。2022年，负责国家重点研发计划专项课题"重点区域场地有机污染空间分布与驱动机制"项目子课题获批专项科研经费440余万元，论文《人工湿地水质净化工程建设方案研究与探讨》获2022年度化工建设一等奖，发明专利"一种边坡支护排水渠的施工方法"被评为2022年化工建设行业推广专利，新增发明专利4项、实用新型专利8项。二是加快平台升级。深化省级研发平台建设，持续深入应用岩土、勘察、测绘工程核心领域研发成果，不断巩固技术优势。其中，省环境岩土工程技术研究中心通过省级工程技术研究中心（企业类）绩效考评，省岩土环境检测工程试验室整合优化为省岩土环境检测工程研究中心，江苏省企业研究生工作站顺利通过第二次期满验收，累计合作培养研究生14名。三是深化科研合作。加大与知名高校、科研院所的学术研究交流力度，首次入选江苏省海外人才创新创业联盟环境科学与双碳产业专委会、江苏省岩土力学和工程学会副理事长单位，参与扬子江生态文明创新中心正式申报国家级生态文明创新中心，为产、学、研深度融合奠定良好基础。四是充实科技队伍。制定《工程技术专家管理办法》，完成公司首批工程技术专家评选工作，享受专家津贴的有17人，公司党政主要领导入选中国化工施工企业协会第六批高级管理专家，9名职工成功入选江苏省勘察设计行业协会专家智库。

四、主动勇挑重担，彰显央企社会责任

1. 扶贫助农，践行央企社会担当

土木公司高度重视扶贫助农工作，广泛组织动员，巩固帮扶力量，以实际行动践行责任担当。响应国

家战略号召，助力乡村振兴，支持乡村经济和产业发展，为地方乡村振兴做出贡献。持续对定点帮扶县开展"消费扶贫"，购买甘肃省庆阳市环县农副产品，助力当地脱贫致富。同时，研究落实乡村振兴工作任务及措施，为扶贫助农工作的开展提供了有力保障。

2. 抗疫救灾，展现央企社会担当

土木公司积极与驻地政府、属地单位开展党建群团联建共建活动，完善志愿服务注册制度，组织团员青年成立志愿服务队，着力打造特色志愿服务品牌，助力街道社区疫情防控工作，以实际行动践行责任担当。四川省雅安市芦山县发生 6.1 级地震后，公司第一时间响应国务院国资委和集团公司党委统一部署，公司主要领导主持召开紧急会议对开展抗震救灾相关事项做出安排布置，并迅速调集各地专业公司精干力量，组建了测绘、勘察、岩土工程和环境治理相关专业人员组成工作组，星夜奔赴抗震救灾第一线，彰显央企社会责任担当。

土木公司将始终秉承"精益铸造、服务为本"的理念、围绕"为客户创造价值"的核心，打造"共建共享、诚信共赢"的利益共同体；贯彻落实集团公司"三年五年规划、十年三十年愿景目标"中长期发展战略和土木公司"十四五"战略规划，坚持改革创新，提升企业核心竞争力，打造高质量精品工程，充分彰显央企力量，努力实现做强做优做大和集团化、多元化、规模化、国际化发展目标。

案例创造人：任在栋、熊思思、汤代飞

以诚信经营打造"紫京"金字招牌

江苏紫京有限公司

江苏紫京有限公司(以下简称紫京公司)创建于1995年,是中国石化集团江苏石油勘探局有限公司下属全资子公司。多年来,紫京公司坚持"诚信、精致、包容、共赢"的核心价值观,深耕服务主业,拥有3家自有酒店及7000亩有机粮食基地,取得ISO三项管理体系认证、食品安全管理体系认证、国家一级物业管理资质、国家一级绿化养护资质、国家一级保洁资质以及OFDC有机大米认证、GAP良好农业规范认证。紫京公司始终把诚实守信、履约践诺作为企业立身之本、发展之基,将诚信理念融入企业经营管理各层面、各环节,以口碑拓市场、以诚信获赞誉,先后荣获苏北有机农业发展优秀品牌、中国石化优秀服务品牌、江苏省餐饮协会"金茉莉餐厅"等多项荣誉,被中国石化集团评为标杆基层单位,是国家3A级信用企业。

一、恪守诚信经营理念,以文化塑造紫京品牌

"人无信不立,企无信不兴。"诚信能给企业带来效益,树立良好的企业信誉,塑造良好的企业形象。坚持以诚信塑造企业文化,提高员工队伍素养,是促进企业高质量发展的重要保证。

1. 以增强诚信教育为基础

紫京公司建立了领导班子、中层干部和全体员工三级诚信教育制度,将诚信教育与日常治理工作相结合,依托公司网站、办公系统、微信微博等新媒体平台,通过领导班子季度学法、中层干部合规经营培训、全体员工开展"制度大学习"等形式,在全公司范围积极营造知信、用信、守信的良好氛围。将诚信教育与"遇见紫京"企业故事宣讲活动相结合,与基层党建"擦亮党员责任区"主题实践活动相结合,与文明班组、文明员工等群众性精神文明创建相结合,引导公司全体员工树立良好的社会公德、职业道德和个人道德,弘扬石油石化"说老实话、办老实事、做老实人"精神,在全公司形成重信誉、守信用、讲信义的良好风尚。

2. 以健全信用制度为保证

紫京公司始终坚持完善信用制度体系建设,围绕劳动用工、客户资信、质量等经营全过程,严控采购、销售、合同管理等关键节点,探索建立长效机制。全面贯彻实施《劳动合同法》,规范劳动合同的签订、变更、续订、终止、解除等,不断提高公司劳动合同管理水平,从源头上规范公司的用工行为;上线信用风险联动控制系统,对企业许可类经营项目及资质证照进行定期检查,及时关注商标及字号的依法合规使用情况;修订完善《紫京公司内控权限指引》,对264项行权事项进行设置并规范了审批权限;出台《紫京公司合同实施细则》,规范合同的流程化、标准化;制定紫京公司招投标流程,建立公司统一招投标体系与市场开发保障体系。以科学严谨的管理,以健全的制度系统,筑牢诚信经营的基石。

3. 以打造诚信品牌为目标

紫京公司聚焦业务战略和客户价值,始终坚持以品质筑品牌、以文化润品牌、以诚信固品牌,大力推进"1358"诚信品牌战略。形成了"一片一歌一厅五册(紫京脉、紫京道、紫京律、紫京窗、紫京星)"品牌系列产品,精心打造不同业务领域的标杆项目和特色产品,助力形成"以客户为中心、以服务树口碑、以客户体验促提升"的品牌导向机制。发布新版理念识别体系(MI),重新定位了紫京"三个创造"的使命和"一流智慧综合"的愿景,明确了"服务来自紫京、满意源于内心"的品牌口号。持续加强品牌理念在

公司内部和业务相关方的导入，让品牌意识深入每位员工内心，使员工深刻认识到对品牌的打造就是对服务品质的承诺、对产品质量的承诺，以诚信锻造品牌。

二、深挖诚信经营内涵，以责任推动紫京发展

诚信是现代企业发展的基石，是企业生存和发展的永恒动力。企业间诚信的缺失必然会导致交易效率下降、交易成本上升，极大地制约企业的健康良性发展。企业诚信的建立以规范的法人治理、严密的体系建设为依托，并通过强化企业内部控制与治理结构，为企业诚信经营保驾护航。

1. 完善公司法人治理体系

组建紫京公司董事会、监事会，确立了以公司章程为核心的制度管理体系，建立起权责清晰、协调运转、有效制衡的公司治理机制。制定了《江苏紫京董事会授权管理办法》《江苏紫京董事会议事规则》《江苏紫京董事长专题会议制度》《江苏紫京总经理工作规则》《江苏紫京总经理办公会制度》《江苏紫京董事会议案管理工作规范》等六项制度以及《"三重一大"决策制度实施细则》，按照现代企业制度要求制定实施议事程序、决策程序、工作准则，将规范董事会及公司高管管理行为与公司生产经营紧密融合，进一步提高决策效率，增强风险防控能力。紫京公司正通过不断完善法人治理体系，确保诚信治理机制有效运行。

2. 完善公司依法合规管理体系

合规是诚信的重要内容，也是诚信的基础，诚信理念在企业落地，需要合规体系的支持。紫京公司全面落实依法合规经营战略部署，围绕统筹协调推进、整体规范运行、严控系统风险、全面依法合规四项管理目标，以诚信机制建设为抓手，全面提升依法合规治企能力，为公司高质量发展筑牢根基。公司组建了合规管理委员会，夯实合规工作基础；制定了经营管理"十大禁令"，让员工树牢底线思维；印发了《江苏紫京有限公司基本制度汇编》，修订完善公司基本管理制度36项，实现制度管人管事管权；出台了《江苏紫京合规管理实施细则》《江苏紫京有限公司合规风险防控工作指引》以及行政处罚风险清单、生产经营所涉法律法规清单、经营类行政许可证照参考目录，对食品安全、营业执照管理、产品质量等11个类别66个行政处罚事项进行风险预警；优化公司制度流程化建设，制定各项操作类业务规范流程图，常态化开展"制度大学习"专项活动，确保公司依法合规经营常态化。

3. 完善公司标准化体系建设

没有健全的标准体系做支持，输出的服务、产品标准不一致，就很难让客户产生信任感，标准化程度越高，公司的治理能力和水平也就越高。为打造物业、酒店主营业务板块的"紫京标准"，公司以标准体系建设为重点，总结提炼出具有紫京特色的"七常"标准化管理体系，编制了《江苏紫京有限公司管理规范》《江苏紫京有限公司酒店业务工作标准手册》《江苏紫京有限公司物业项目工作标准手册》，并开展了对标、改进和固化为一体的"紫京标准化"培训，以统一服务标准、统一服务形象，打造"一店一品"服务样板。同时公司严格依据 GB/T 19001—2016/ISO 9001—2015、GB/T 24001—2016/ISO 14001—2015、GB/T 45001—2020/ISO 45001—2018 体系文件和标准要求，每年聘请外审专家对公司职责范围内的体系运行情况进行审核审查，把统筹发展和安全落实到各领域各环节，压紧压实各方面责任，以优质满意的服务、质量可靠的产品赢得上下游客户的认可与信任。

三、实施诚信经营策略，以质量树立紫京口碑

"质量是企业的生命"绝不是一句口号，质量与诚信两者具有紧密的内在联系，诚信是企业赖以生存的基本条件，而质量承载了企业的诚信。质量是企业赢得消费者、赢得市场的关键因素，面对愈加激烈的市场竞争，质量显得尤为重要，只有质量信得过、产品靠得住，企业才能在竞争激烈的市场中站稳脚跟，才

能得以持续发展。

1. 严把质量关口

质量是紫京的根与魂，紫京的价值来源于客户的认同，紫京的承诺就是"服务来自紫京、满意源于内心"。公司始终把质量放在首位，致力于用心做好产品、用情做好服务、用力做好诚信"守门员"。创新"一店一品"紫京味道，提升酒店精致服务品质，坚守绿色有机农业理念，将产品与服务质量考核纳入基层单位绩效考核，严格考核问责，倒逼责任落实，筑牢质量安全防线。紫京王牌产品稻鸭共作有机米，通过了OFDC有机认证和良好农业规范GAP认证，紫京公司成为苏北地区众多申报单位中唯一通过大米类GAP认证的单位。自2013年以来，公司连续10年取得有机认证，持续用高品质农产品"承诺书"履约践诺紫京质量。

2. 严格自检提升

公司各项目强化问题意识、坚持问题导向，依据公司"两册一规范"操作标准、HSE体系要求和制度操作流程，积极发现生产经营过程中容易产生的质量问题与不足、差距和短板，从源头采购、入库储藏、生产加工到公共环境、卫生消毒等进行全方位检查。利用以日检查、立行立改，以周反馈、总结经验，以月通报、考核评价的方式，让自查自检真正发挥出问题在一线发现、难题在一线解决的作用。坚持防范在前，把隐患消灭在萌芽状态，让小矛盾、小问题化解在基层。以提升客户体验为根本，对质量常抓不懈，把质量意识植入每个员工的日常操作，从细处着眼、小处着手，建立长效自查自纠机制，查漏补缺。

3. 严抓体系运行

紫京公司严格实行首问负责制，重抓事前预防、狠抓事中控制、严抓事后治理，从自我监督、公司监督、业主监督、行业监督四个层面，形成全方位质量提升体系。开通400-0251995质量投诉电话，设立客户意见反馈邮箱，应用智能客户服务评价系统，定期开展客户满意度调查评估。每年聘请行业专业机构对物业、酒店服务质量进行内审，持续改进。成立公司质量监督管理委员会，下发质量监管标准，定期开展服务质量检查、通报、整改、奖惩等，强化质量诚信"硬约束"。公司通过全员、全过程、全方位的质量管理体系建设及质量与市场"双向反馈"机制的运行，用实际行动赢得业主信任，仅2022年春节前后，就收到来自世界各地的表扬信和感谢信35封。公司在与甲方共创共享中彰显紫京品牌力量，紫京质量成为客户口口相传的"铁保障"。

四、履行社会责任，以担当彰显紫京形象

作为中国石化集团优秀服务品牌，荣誉不仅是一种信任和肯定，更意味着责任与担当。紫京公司始终坚持依法经营、诚实守信，成为市场经济中的健康力量，彰显国企担当。

1. 组建志愿队伍

2020年，紫京公司积极参与到扬州创建文明城市行动中，涌现出一大批"小红帽"志愿者，协助交警维持交通秩序。2023年4月16日，在"扬州鉴真半程马拉松"赛事中，紫京公司组织志愿服务团队，为参赛选手摇旗呐喊、加油助威、提供服务。结合"我为群众办实事"实践活动，公司成立"紫京石油山庄物业志愿者服务队"，参与到周边小区"扶贫救弱"公益服务中，携手社区、城管共同开展卫生清理、秩序维持等志愿活动。为老一辈石油人送温暖，帮助他们打扫卫生，陪他们说说心里话，听他们讲石油故事，感受浓浓石油情。积极组织员工参加"爱心献血"等公益活动，进一步树立了责任紫京、诚信紫京的良好社会形象。

2. 助力帮扶脱贫

围绕精准扶贫，公司凭借自身优势与广西钦州市钦南区贫困村定蒙村开展合作，帮助当地农民销售富硒紫米。在紫京易捷商超门店开设帮扶专区，拓宽特色扶贫产品销售渠道，助力扶贫产品销售。参加中石化"青春助力扶贫"营销大赛，帮助甘肃省贫困县销售东乡藜麦，鼓励员工通过"以购代捐"方式支持扶

贫产品，用慈心善举帮助贫困地区增收脱贫，提升公司品牌价值和社会影响力，维护公司良好声誉。

3. 彰显国企担当

积极履行社会职责，帮扶患病员工，资助困难学生，为残疾人提供就业机会，帮助他们实现人生价值。2021年扬州疫情发生期间，公司全力保障民生，迅速成立抗疫志愿分队，为战疫警察捐赠防疫物资，为隔离小区配送蔬菜，为隔离大学生提供生活用品，服务隔离群众，高质量完成入住紫京酒店隔离人员的服务保障，为群众守好"米袋子"和"菜篮子"，确保生活必需品供应不断档、不涨价，用实际行动彰显央企担当，画好诚信"同心圆"。

未来，紫京公司仍将一如既往践行"诚信经营"的初心，深入持久地开展诚信体系建设，以诚信立足市场、以诚信擦亮品牌、以诚信谋求发展、以诚信赢得未来，不断提高紫京品牌的美誉度和含金量，让诚实守信的"紫京"金字招牌熠熠生辉。

案例创造人：张振宁、王安东、卢栩、仲康琪

厚植诚信根基，打造"令人向往"的企业

大唐国信滨海海上风力发电有限公司

一、企业简介

大唐国信滨海海上风力发电有限公司（以下简称滨海海上风电公司）是中国大唐集团有限公司（以下简称大唐集团）三级企业，隶属大唐江苏发电有限公司。其所属大唐滨海海上风电项目，是大唐集团首个自主开发建设运营的海上风电场。项目自投产以来实现安全生产零事故，做到"即投产即盈利"，连续两年被中国电力企业联合会评为5A级风电场，被中国电力技术市场协会评为百日无故障风电场。此外，项目年均发电超8亿千瓦·时，可减排二氧化碳70万吨、二氧化硫5006吨、氮氧化物2003吨，具有良好的社会效益和环保示范效果。

滨海海上风电公司始终坚持一流标准，追求领先、追求卓越，以打造行业内海上风电标杆企业为愿景目标，以发电、发展"双发驱动"为引擎，以"出经验、出管理、出技术、出标准、出人才"为抓手，主动将诚信理念纳入企业核心价值观，落实在生产经营管理各个环节。2022年，滨海海上风电公司被属地政府评为诚信企业，被大唐集团授予先进单位、运营管理领域标杆企业等荣誉称号。

二、扎实推进诚信体系建设

1. 启动党建引擎，凝聚诚信之"魂"

滨海海上风电公司以深入学习宣传贯彻党的二十大精神为主线，持续强化诚信理念灌输，将习近平法治思想融入党委会、中心组理论学习、支部日常学习中，引导党员干部重视信用的创造和维护，带头遵守诚实守信的道德和法律规定。将诚信理念、合规理念嵌入各业务流程，引导职工将诚信视为工作习惯和行动准则，不断强化责任担当，持续提升职工诚信合规意识和服务意识。

2. 优化组织架构，筑牢诚信之"基"

为全面深化诚信合规组织领导，推动和加强诚信经营管理，切实防控风险，滨海海上风电公司先后成立合规管理委员会、法治建设领导小组、全面风险管理领导小组等组织机构，明确各层级责任与义务，同步建立定期例会机制，研究诚信合规建设具体工作，以此来调动各岗位员工对诚信工作的主动性和积极性。持续健全以公司章程为统领的公司治理制度体系，规范"三重一大"决策制度运行，制定具体审核事项清单，形成权责法定、权责透明、协调运转、有效制衡的公司治理体系。坚持党的领导和完善公司治理有机统一，健全完善"双向进入，交叉任职"领导体制，进一步厘清了党委会、董事会和经理层等其他治理主体的权责边界，保障了各治理主体各司其职、高效运行，有效提升了企业治理效能。

3. 厚植文化根基，激活诚信之"能"

滨海海上风电公司以宣传法律知识、弘扬法治精神、推动法治实践为主旨，积极推进诚信法治文化建设，先后组织开展了"八五"普法、宪法宣传周、国家安全法等主题普法活动，活动过程中开展专题讲座，为职工发放普法学习笔记本，引导职工提升学法守法崇法意识。落实"诚信兴商宣传月"活动要求，组织开展"诚实守信，青年当先"作品征集活动，结合自身特点，征集诚信主题海报、书画、工艺作品20余幅，

制作多幅挂画在公司门口进行集中轮播展示,通过活动引导职工在创作过程中强化诚信意识、坚守契约精神。开通"诚信兴商,央企先行"微信公众号专栏,宣传公司道德模范事迹、展示优秀作品,宣展企业在履约守诺、诚信经营方面发挥的积极作用。通过开展一系列诚信文化宣传活动,让职工深刻认识到诚信建设对个人和社会的重要性,公司诚信文化传播力、引导力、影响力得到持续提升。

三、多措并举助力诚信实践探索

1. 强化制度建设,提升管理质效

良好的制度建设是企业诚信经营的重要保障,滨海海上风电公司深刻认识到了这一点。为促进企业高质量发展,有效提高公司合规管理水平,杜绝员工违规行为,滨海海上风电公司高度重视制度建设,主动将制度管理关口前移,每季度梳理印发有效制度清单和作废制度清单,有效避免新旧制度混淆等问题。为方便职工查阅和学习制度,组织修编制度汇编,在OA首页开设制度专栏,实时更新制度原文,职工学习制度和管理制度的便捷性得到提升。对制度发文、审批、归档流程予以细化,明确各环节审核责任,确保了制度修编的高效性和合规性。组织开展制度建设"五个一"活动,动员职工在开展制度梳理、制度知识竞赛过程中分享并探索好的经验和做法,有效促进了公司良性发展,企业运作效率得到显著提高。

2. 落实风控职责,扎实做好基础工作

诚信是企业的灵魂和基石。为全方位做好诚信工作,全面消除潜在风险,滨海海上风电公司落实风险管控职责,扎实做好基础工作。创新建立风险分析例会机制,定期结合政策变化和中心工作要求,深入分析公司生产经营过程中可能存在的风险点,每月印发一期内部控制合规风险提示并组织召开专题会进行分析,引导各部门防范化解潜在风险,提早将问题消除在萌芽状态。结合公司实际情况,合理设置了风险管理联系人,定期组织各部门对照风险指标清单,逐条开展风险评估,逐级开展审核,实现风险精准防控、精准管控。为从源头上消除问题,分门别类梳理历年各类检查问题,形成46类风险问题清单,组织召开专题会逐条逐项剖析问题根源,有效避免了同类型问题再次发生。

3. 做好法律服务,营造学法守法氛围

诚信企业应该以高度负责的态度管理法务工作,滨海海上风电公司正是这样的企业。滨海海上风电公司创新性地在合同各审批环节加入送审提示,明确各环节应该审核的内容,从而提高了合同审核的质量。创新性地在OA首页开设法律法规专栏,整理出16类302个适用于海上风电的法律法规文件,形成了法律法规库,方便职工日常学习和使用。定期组织优化法务系统的审批流程,对合同送审文件的命名及附件上传做出明确要求,随时解答职工在系统使用过程中的疑难困惑,不断提高系统的流畅性和便捷性。这些做法有效地保障了合同办理时效,在得到合作方高度认可的同时,也为公司树立了诚信合规经营的好形象。

4. 提升内控管理,筑牢企业诚信根基

公司层面制定严格的内控体系,可以有效地防范内部风险,保证公司诚信合规经营。滨海海上风电公司紧跟新要求,以强化内部控制执行效能为导向,在增强内部控制自觉、压实内部控制责任、加强制度建设和创新方式方法等方面持续发力。组织全员参加内部控制专题培训,加深干部职工对内部控制政策、内部控制流程的认识和理解。梳理发布内部控制典型缺陷清单和部门基础台账资料清单,并用OA便签发送给全体职工查阅,引导职工对照清单开展查漏补缺和自查自纠,提早防范同类型问题缺陷,持续增强内部控制自觉,推动企业内部控制工作再上新台阶。

四、践行企业社会责任,彰显诚信担当

1. 履行环保责任,彰显央企担当

滨海海上风电公司深入贯彻习近平生态文明思想。2022年5月,在江苏省渔业研究所、滨海县农业

农村局、滨海县公证处等相关管理单位的监督见证下，滨海海上风电公司将检验检疫合格的6400余万只中国对虾和三疣梭子蟹投放到黄海海域。通过积极履行央企环保责任，落实了海洋生态修复工作，推动了海上风电与海洋环境和谐发展。

2. 落实爱心帮扶，创造美好未来

滨海海上风电公司始终坚守初心使命，秉承诚信经营理念，积极响应央企社会责任，累计向滨海县正红镇中心小学捐赠20万元，依据学校实际需求和特点，帮助学校更换了课桌椅和多媒体设施，为学生创造更加优质的学习环境。与此同时，滨海海上风电公司深刻认识到，对于学校的帮扶不应该只是物质上的支持，更应该关注学生的综合素质发展，因此开设"启明星"课堂，为学生讲解基础电力知识、陪同学生拼装微型风机，帮助学生进一步提升综合素质，树立正确的价值观念。滨海海上风电公司的善举也带动周边更多的企业和社会力量参与到爱心捐赠中，推动了地方教育事业的长远发展。

3. 践行志愿服务，共建和谐社会

滨海海上风电公司广泛宣传国家安全生产方针政策，积极普及安全知识、弘扬安全文化。连续5年主动开展"安全生产咨询日"活动，开设展台，以现场咨询、互动体验、派发安全宣传资料等群众喜闻乐见的方式开展安全常识宣传，向群众普及新《安全生产法》、消防等安全常识及紧急避险自救、互救、逃生知识。此外，滨海海上风电公司还组织青年志愿者定期到社区开展志愿服务，帮助社区检查消防设施、排查用电隐患，努力发挥专业优势，使社区更安全，得到了广大群众的高度认可。

4. 推进科技创新，助力行业发展

诚信建设和科技创新是支撑企业品牌长久发展的基石，作为大唐集团首个自主开发的海上风电场，滨海海上风电公司致力于探索实践先进技术应用和科技项目创新，成立"海上风电设备健康环境研究"创新工作室，开展海上风电无人值守、海上风光同场等多项科技项目攻关，不断增强企业创新活力。针对海上风电运维环境恶劣、危险性高、可达性差，以及传统数据与信息表达融合度不高的特点，探索建立三维可视化智慧数字平台应用，实现海上无人机、水下检测、传感器等设备与信息化平台的数据对接，建立了海上智慧云平台，创造了国内首家实现多域融合的海上风电项目。累计发表论文26篇，申请发明专利23项，授权发明专利7项，为推动企业诚信建设、促进行业高质量发展树立了好的榜样。

五、以诚待人、以信处事，打造"令人向往的企业"

滨海海上风电公司努力通过提升盈利能力，为合作方和员工创造价值。在对外合作过程中，滨海海上风电公司与供应商建立了透明的沟通和交流渠道，所有物资采购100%上传电子商务平台、所有合同100%上传法务系统，通过平台信息化减少人为干预，使供应商、员工和其他利益相关方能够及时了解信息，及时向企业反馈意见和建议。在对待公司员工方面，滨海海上风电公司以"用事业留人、待遇留人、情感留人，把公司建设成为令人向往的企业"为遵循，创新职工思想动态调研，开通党政直通车，定期督办合理化建议，确保及时解决职工急难愁盼问题。创办"唐风海韵杯"特色文体活动，建立心理咨询室和职工书屋，并为职工提供7×24小时免费法律咨询服务，全方位做好人文关怀，不断丰富和拓展企业文化内涵。

下一步，滨海海上风电公司将继续践行诚信发展理念，以"锚定中国最好、创建世界一流"为目标，进一步强化价值引领，广泛宣传诚实守信方面的先进典型，传播好社会正能量，努力把公司打造成为"令人向往的企业"。

案例创造人：李　理、乔红博

以民生为信念，铸诚信之嘉农

浙江嘉昕农产品股份有限公司

秀水泱泱百年风华，红色根脉厚植心灵。浙江嘉昕农产品股份有限公司正是在嘉兴这片充满生机活力的红色沃土上生根发芽发展壮大起来的。公司成立于1978年，前身为嘉兴县烟糖公司蔬菜总店，2001年改制为有限公司，2016年改造为股份公司并挂牌新三板。多年来，公司始终以"小青菜、大民生，必须建设好红船旁的菜篮子"为信念，强化党建引领、凝心聚力、奋楫争先，连续获得浙江省农产品流通龙头企业、骨干农业龙头企业、重点流通企业、嘉兴市经开区高质量发展十强服务业企业、服务业纳税十强企业、嘉兴市构建和谐劳动关系先进企业、嘉兴市助残先进集体等多项荣誉称号。

作为公司主业的嘉兴蔬菜批发交易市场，创建于1995年元旦，历经两度搬迁扩建，目前市场占地面积约150亩，主要开展来自全国各地蔬菜的集中批发交易，场内设本地菜、外地菜、精细菜和干菜等四个交易区域，拥有商位300多个；配有管理中心、党群服务中心、研发中心、检验检测中心、信息中心、溯源中心、结算中心、监控中心、加工配送、仓储等多个功能板块。市场日均客流近1万人次，形成了"货源足、品种全、销量大、价格低、治安好、管理实"的经营特色。2022年市场交易量为90.81万吨，交易额为53.1亿元。其中，60%的蔬菜供应嘉兴五县（市）二区，40%的蔬菜辐射周边江浙沪地区，有利于本地及周边地区保供稳价、惠农利民，发挥了蔬菜流通主渠道作用。先后获得农业农村部定点市场、商务部重点流通市场、全国蔬菜类批发十强市场、全国农产品供应链建设优秀市场、浙江省食品安全规范化体系AAA级市场、贫困地区农产品产销对接优秀单位等多项荣誉称号。

诚开金石，信步天下。一直以来，公司始终坚持以"必须建设好红船旁的菜篮子"为目标，以诚信经营为信念，通过创立党建高地、加强并落实标准化建设、拓宽高质量发展格局、严抓食品安全与溯源、打造企业特色文化、重视帮扶助困、保障市场管理与经营顺畅沟通等方式，在市场管理中切实主导守法诚信、以德经商，持续做好"三保一稳"（保安全、保质量、保供应、稳价格）工作，在促进社会稳定方面发挥了民生企业的模范带头作用，彰显了民生企业的责任和担当。

一、以党建引领为指导，奠定民生基础

公司党组织为总支建制，拥有3个党支部，党员37名，约占员工总数的20%。公司在抓好日常经营管理的同时，始终把队伍的政治思想建设放在首位，通过三会一课、主题党日、学习强国平台等不同途径和方式加强党员干部政治思想提升。在完成上级党委要求的"规定"学习动作之外，还根据公司自身特点，抓好"特色"教育。一是根据党员分布在不同部门、经常轮班的实际，建立了中心课堂、支部课堂、线上课堂、实践课堂等"四个课堂"；二是制作便于随身携带的"红船旁的党员承诺卡"，供党员随时警醒；三是组织每位党员结合自身岗位和企业实际每年撰写2篇以上学习心得，编印成册，开展党员互学式"微党课"活动。通过学习，公司党员干部员工的思想得到了明显提升，并在工作中得到了较好体现。在2022年3月28日市场停摆抗疫中，党员冲在一线，主动留守市场，积极配合完成政府部门采取的各阶段抗疫举措；由党员、青年员工组成的突击队在市场环境整治、开展重大活动中起早贪黑、敢为人先；在"共同富裕"建设中，积极对接偏远地区农业种植基地，参加各协会业界举办的有关产销区域联络衔接活动，切实带动"农户菜园子"，发挥公司主体和市场广大经营商户在脱贫攻坚、乡村振兴产销对接中的积极作用，进一步拓宽和畅通了农产品蔬菜产销渠道，为助力脱贫致富做出不懈努力。

为此，公司党总支获得浙江省先进基层党组织、嘉兴市先进基层党组织、嘉兴市抗击疫情先进集体等众多荣誉称号。

二、以体系建设为渠道，促进诚信经营

诚信经营既是市场的发展之本，也是经营户的立业之道。公司立足自身优势，构建了具有自身特色的市场信用管理体系，具体包含运营活动管理、人力资源管理、商户管理、物流管理、食品安全追溯、消防、顾客投诉、合同管理等各个方面。

一是通过座谈交流、学习培训、发放法制宣传册等形式，开展对经营户"诚信为先"的经营理念教育，让经营户真正意识到诚信经营才是立业之道；二是通过健全机制打造诚信消费环境，建立商品查验、台账登记、质量承诺、退市召回等信用管理制度，对经营户日常经营行为进行约束；三是通过建立失信预警机制严格把关，依法审查入场经营户资格，构建消费者维权网络，设立消费者维权联络站，及时处理消费者投诉，保障消费者合法权益。同时，根据经营户日常经营行为推出"诚信文明积分制"管理制度，采取每周一期"红黑榜"亮相，辅以信用奖惩，促使经营户诚信经营意识不断提升。每年开展诚信文明"十佳"经营户评选等活动，带动经营队伍素质进一步提升，形成了"比学赶帮超"的浓厚氛围。公司牵头，联合金融机构，将诚信经营理念转化为"嘉蔬贷"授信，为信用良好的经营户解决融资问题。"嘉蔬贷"的上线，体现了公司始终将诚信作为企业文化的根本和内驱动力，构建政企、银企联动机制，营造诚信兴商的良好氛围。2022年度获得企业信用评价AAA级信用企业称号，提高了企业信誉度和影响力。

目前，公司的诚信制度体系比较完善，诚信兴商良好氛围基本形成，经济效益和社会效益也逐步显现。市场交易量连年增长，并获得一系列荣誉。诚信经营让公司发展行稳致远，让经营户拓宽了思路，让消费者共享了成果。

三、以高质量发展为目标，落实诚信理念

2016年公司挂牌新三板之后，更加注意自身的发展形象。以高质量发展为目标，重塑诚信经营、文明消费、共富共享理念，提出新的发展规划，着力创建"五化"（便利化、智慧化、人性化、特色化、规范化）市场，致力于实现打造"三地"（浙江最具活力农产品流通供应集散地、华东最具先进理念和为农服务先行地、全国食品安全溯源数字化体系示范地）目标，着力确保交易"三心"（舒心、安心、放心）环境，并逐步实现市场绿色化、数字化、智能化的升级改造，使"嘉昕"实现跨越式"蝶变"。为此，公司围绕诚信经营，大力推进标准化创建工作。通过构建服务管理标准化、检验检测标准化、电子结算标准化、溯源标准化，系统地将市场标准化建设连接起来。目前已发布《蔬菜批发市场交易服务规范》《批发市场蔬菜检验检测规范》《批发市场蔬菜交易电子结算规范》《批发市场蔬菜溯源信息规范》四项企业标准，荣获浙江省商贸流通标准化良好行为示范企业称号并入选全国服务业标准化试点第一批案例。

食品安全关乎民生基本，也是公司管理和诚信建设的重点。10多年来企业累计投入3000多万元，通过不断完善功能、优化升级，建立了一套完整的食品安全溯源管理体系和检验检测标准体系。食品安全溯源体系标准化建设有效地保证了食用农产品质量安全，激发了市场活力，市场交易量从溯源系统建立至今增长了78%，辐射半径从原来的100千米扩大到250千米，食品安全规范化体系建设成效全省第一，在食品安全溯源上也成为全国农批行业创新典范。

2022年以来，溯源体系向供应链的上下两头延伸，实现数据整合和共享。供应链上游通过微信小程序"智慧嘉昕——货主版"，实行商品信息、车辆信息、产地证明等预约登记申报审核，实现与产地直接连接，同时能够实时掌握在途商品情况。供应链下游实现交易信息定向推送，下游主体通过"嘉昕溯源云"实现交易溯源信息共享。农批市场溯源链上下游延伸实现了农产品溯源数据闭环管理。

在检验检测标准化体系建设上，公司按照标准对实验室易地扩建提档升级。新购置液相质谱仪并有序开展定量检验，同时对检验标准操作流程进行可行性论证。定性检测中，对送样检测流程进行数字化升级。送检人员在微信小程序上预约，工作人员检测完成后在 PC 端生成检测报告，送检人员通过小程序自助下载检测报告，实现了客户"最多跑一趟"的便捷服务。

标准化体系的建立实施，使市场在基础设施、交易场所、服务环境、设备设施以及软件服务方面都有了极大提升，2021 年年底市场服务客商满意度达到 90% 以上。

公司抓住专业市场"五化"改造的契机，将网络直播服务作为市场特色化经营的突破点，设立了"嘉昕小厨房"抖音直播，试水生鲜直播。透过直播镜头，千里之外的蔬菜种植全程展现，"碗里的菜"从何而来一目了然。对于广大农户来说，"嘉昕小厨房"将偏远地区的优质农产品带出大山，让好东西卖出好价钱，让增产实实在在地变成了增收。从 2021 年以来，已轮播过兰州高原夏菜系、山东寿光菜系、张北萝卜、海南长豆、广西南瓜、内蒙古土豆、四川蒜薹等 10 多期，期期蕴满特色，深受广大客户和产地农户的好评。今后，公司将持续探索，努力丰富助农惠民的实现方式，助力脱贫地区优质农产品走出深山，走上餐桌，为菜篮子民生事业、为乡村振兴贡献一份嘉昕力量。

四、以和谐关系为基础，营造诚信氛围

公司内部管理注重职工队伍建设，为维护职工基本权益、打造和谐劳动关系，出台了一系列关爱政策，以人为本，让职工成长与公司发展同步伐，与职工群众心连心，在围绕中心、服务大局的工作实践中凸显桥梁纽带作用。在践行"诚信兴业"经营理念中，培养职工诚信理念和信用风险意识，注重运用制度建设进行信用管理，将诚信理念融入日常管理的各层面、各环节。

公司依靠职工创造效益，职工依赖公司求得更好的发展。公司在发展建设过程中，始终把职工的冷暖甘苦放在重要位置，确保大家都能共享改革发展成果。公司将诚信作为选人用人的标尺，开展职业道德系列教育，制定职工考核细则，定期检查督促规范，并根据实际在每年年底评优时将诚信作为首选考核项进行评定和公示，从而掀起一轮轮学习身边榜样的浪潮。而公司每年的规划中总有一笔固定增长的费用用于职工，以保障每个嘉昕人的付出都能得到回报和肯定，这种双向付出最大限度地保证了就业稳定，进一步促进职工诚恳做人做事，以至诚之心与服务的经营户交流，把践行诚信理念转化为实实在在的举措，将诚信经营的服务理念真正内化于心、外化于行。

公司的诚信还体现在多个方面，每年的节日福利周到及时、品种丰富，每次的组织活动都精心策划，最大限度地让职工的身心得到舒展，然后用饱满的热情继续投入日常工作。

也正因此，公司在面对各种困难挑战时都能凝心聚力、同甘共苦、化危为安。公司多年来的文化建设、制度建设，也获得上级多部门的肯定，2022 年度被评为区和谐劳动关系先进单位。

五、以社会慈善为纽带，践行民生责任

多年来，公司持续开展"四助二化"（助困、助残、助孤、助学，常态化、系列化）助力社会公益活动。每年走访慰问周边需关爱群众近 200 户次，结对帮助贫困大学生完成学业；设立"水点点党员爱心基金"，由公司党员和市场经营户自愿捐献，并由党总支牵头定期（传统佳节）或不定期地通过"送蔬菜＋"的形式，积极参与到爱心济困助弱行动之中，践行民生职责，助力社会发展。公司总经理屠春甫从 2020 年 2 月月初起，每年向区慈善总会个人捐款 10 万元用于帮扶街道辖区内的困难群众。嘉兴经济技术开发区慈善总会于 2023 年起用他每年捐助的款项成立了"屠春甫共富帮扶基金"，帮扶更多的人一起踏上共富路。公司也荣获了慈善工作先进单位等多项荣誉称号。

"人而无信,未知其可也。"早在两千多年前，先哲孔子就已经提出了"诚信"这一道德观念和行为准则。

诚信是中华民族的传统美德，也是市场经济对职工的职业道德要求。人无信不立，企业无信不昌。诚信是公司长远发展的基石，更是公司必须践行的行为准则，浙江嘉昕农产品股份有限公司将继续勇担民生职责，坚持"小青菜、大民生，必须建设好红船旁的菜篮子"这一信念，坚守诚信经营，内抓管理、外拓渠道，丰富市民"菜篮子"、带动农民"菜园子"，为"促一方经济、富一方百姓"而奋勇开拓。

案例创造人：屠春甫、胡　唤、姚　颖、吴文夫

第三部分

优秀诚信企业案例

国企内部诚信评价体系建立与实施

中国二十冶集团有限公司

中国二十冶集团有限公司（以下简称中国二十冶）是一家集投融资、规划设计、工程建设、运营服务于一体的大型工程总承包企业集团，坚持"诚信、团结、敬业、创新"的核心价值观，全面贯彻"诚信为本"的经营理念，践行"选择二十冶就是选择放心"的服务理念，通过构建企业内部诚信评价体系，不断推进企业的诚信建设和信用管理工作，在实现国有资产保值增值的同时，积极履行社会责任，诚信建设取得了显著效果。

一、体系建立的背景

人类社会物质文明达到一定高度，精神文明必须相应提升。企业做大做强，最高级别的竞争是文化的竞争。作为一个现代企业，中国二十冶需要构建什么样的企业文化，什么样的企业文化能够为其注入新的竞争力，这是二十冶人一直在思考和探索的问题。中国二十冶认为，做企业首先要学会做人，做人首先要讲诚信，做企业诚信应该是第一位的。这是中国二十冶在现代企业精神与中国传统文化之间找到的一个结合点。他们继承和发扬中国儒家传统思想的精华，培养用户第一、诚信为本的市场意识，树立以人为本、合作双赢的价值观念，把企业诚信看作是对社会的一种责任、一种应尽的义务，把诚信作为企业永续经营的基石，把诚信放在企业发展的首要地位，形成了深厚而独具特色的企业文化。

在这种背景下，中国二十冶提出建立以"诚信"为核心的企业内部诚信评价体系。

二、体系的具体内容

1. 体系的名称

诚信有两种释义，即"诚实信用"和"诚实守信"，这里选定的是第二种释义，因为信用是法学和金融学的概念，有严格的定义，而守信更多强调道德含义。中国二十冶建立的诚信评价体系更多的是强调道德自律和制度他律的统一，第二种含义更能符合体系的真实诉求。中国二十冶的诚信评价体系，不仅包括对诚信行为的考核内容，而且还包括对诚信程度的评定、评估、评级内容，故称为诚信评价体系，而不称为诚信考核体系。

2. 体系文件的构成

企业内部诚信评价体系由四个主要方面组成，它们从不同的角度对企业内部诚信评价体系的建立和运行做出了详细的规定和说明，构成了企业内部诚信评价体系的框架。体系文件构成及作用关系如图1所示。

3. 体系在企业系统结构中的位置

企业内部诚信评价体系不是游离于经营管理活动之外的一个独立系统，而是融合在企业经营管理活动之中的一种管理行为。该体系在企业系统结构中的位置如图2所示。

4. 体系建立的几个问题

（1）指导思想

以"三个代表"重要思想为指导，以企业诚信文化建设为基础，以全体员工特别是管理者的诚信道德培育为核心，根据企业特点及企业内部诚信的现状，设计出适应企业诚信评价要求的指标体系，并以此为基础建立起有效的诚信激励和惩戒机制。

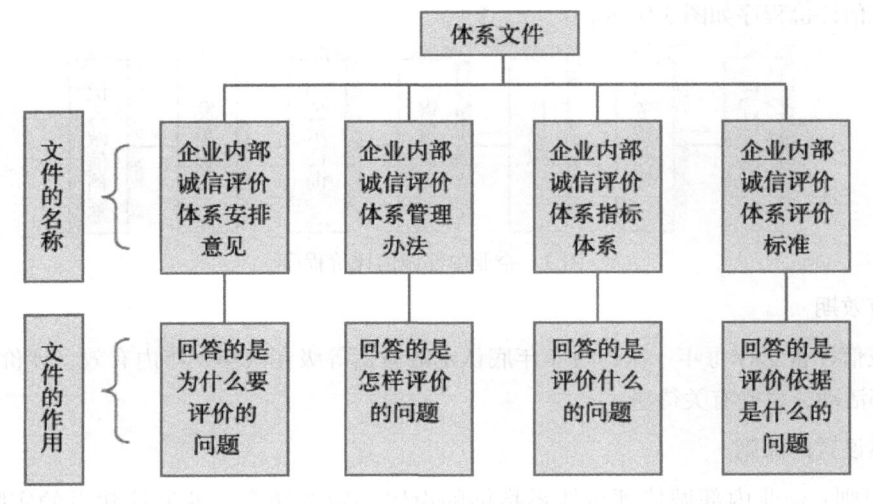

图 1　体系文件构成及作用关系

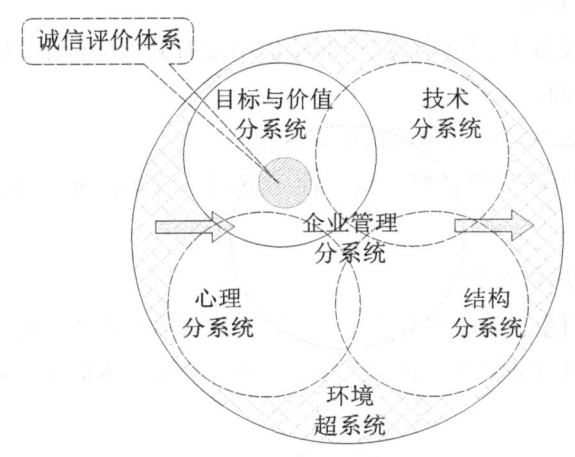

图 2　诚信评价体系在企业系统结构中的位置

（2）目标

建立一个覆盖全体员工、内部单位部门的，与社会诚信体系逐步接轨的诚信评价体系和诚信档案系统是建立企业内部诚信评价体系的最终目标。

（3）方法

采用分级建设、分步实施的方法建立企业内部诚信评价体系。分级建设就是按照企业的组织结构和干部管理权限，上级组织负责直接管理的下级组织和员工的企业内部诚信评价体系的建设。分步实施就是坚持"着眼长远，立足当前，先易后难，循序渐进"的方针，一步步地推动企业内部诚信评价体系的建设。在评价的范围方面，从小到大、逐步扩展，最终达到覆盖全公司的目标。

5. 体系的组织领导

成立企业内部诚信评价工作领导小组，统筹负责企业内部诚信评价体系的建立和运作，下设办公室具体负责日常工作，同时各分公司也要建立相应的机构。

6. 评价的方法及评价结果的分级

由于评价主体具有归一性，因此采用的是"人人评我、我评人人"的评价方法。企业内部诚信等级采用的是五星制，这样设定等级既有效区别对象的诚信程度，又简单明了，易于操作，用星级表示形象生动，容易被接受。

7. 评价程序

企业内部诚信评价程序如图3所示。

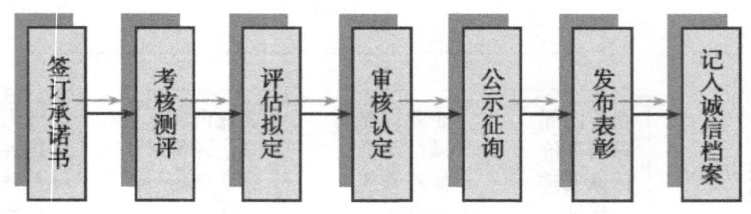

签订承诺书 → 考核测评 → 评估拟定 → 审核认定 → 公示征询 → 发布表彰 → 记入诚信档案

图3 企业内部诚信评价程序

8. 评价的有效期

企业内部诚信评价工作每年一次，每年年底认定的诚信等级在次年一年内有效，评价对象以其诚信等级参加企业内部活动，享受有关待遇。

9. 指标体系设置的原则

- 针对性原则：企业内部诚信评价体系指标的设置一定要切合企业诚信建设的实际，符合企业内部诚信评价体系建立的目的要求。
- 可比性原则：在指标设置上，找到企业内部诚信中带有共性的标准，根据企业内部诚信行为提炼、浓缩出具有可比性的几个方面。
- 全面性原则：全面考虑对评价对象的诚信要求。
- 实用性原则：含义要明确，口径要一致，便于资料的收集，便于评价打分，避免模棱两可、似是而非。

10. 评价的指标体系及制度化建设

集团公司依不同的评价对象设置了对分公司、直管项目部和职能部门的三套指标体系。为提高体系的执行强度，按照企业制度化管理的思想，制定了保证企业内部诚信体系运行的《企业内部诚信评价体系管理办法》。

11. 评价的标准

评价标准由四部分组成：评分标准，指标权重，计算得分的数学模型（公式），诚信等级的认定标准。

诚信度总得分 = 集团公司的诚信得分 ×50% + 集团公司内部单位的诚信得分 ×25% + 本单位内部的诚信得分 ×25%。各分项诚信得分为每张考核测评表得分的算术平均值。

12. 诚信档案

- 档案内容：企业内部诚信档案记载的内容包括每年度诚信评价记录，诚信行为的不良记录，诚信行为的优良记录。
- 档案的管理：诚信档案的管理部门为经营计划部。
- 档案的使用：诚信档案为企业内部公共信息，在企业内部网络上发布，企业内部单位随时可以查阅。

三、实施的效果

1. 有形收益

（1）提升效益

中国二十冶经营规模向着既定的目标持续扩大，新签合同额2022年突破千亿元大关，主要经济技术指标再创历史新高。

（2）降低成本

企业内部诚信评价体系的实施，净化了企业内部管理、交易的环境，提高了工作效率，降低了管理成本，管理费用逐年降低，这是实施企业内部诚信评价体系的效用之一。

2. 无形收益

（1）企业文化建设方面

● "诚实守信"导向功能：通过对诚信的评价及评价前后的一系列活动的实施，中国二十冶广大员工的心理状态、价值追求都发生了较大的变化，"无信为忧、失信为耻、守信为荣"的新的"诚信"文化开始在员工中生根，并影响员工的行为，进而对企业的经营活动产生积极影响。

● "诚信受益"激励功能：对高等级诚信的表彰、奖励，按诚信级别参加企业活动，享受有关待遇等措施，提高了员工诚实守信的积极性，促进了企业诚信文化的建设。

● "失信惩戒"约束功能：体系中"一处失信，处处制约"的内容，对员工特别是单位、部门的领导，产生了强大的约束力，规范和调整他们的行为。原来存在于企业内部交易中的不诚信行为大大减少。

● "蝴蝶效应"辐射功能：内部诚信的评价，内部诚信文化的培育，超越企业自身的范围向社会辐射。

（2）企业商誉方面收益

由于企业内部诚信评价体系建设的推动，中国二十冶的信用能力和信用意愿均有了较大的提升。在全国各地方和行业推荐的52家企业中，成为首批信用AAA级企业之一，并荣获《中国信用年鉴》"信用中国——共铸诚信社会百家示范单位"称号。

（3）机会收益

机会收益是相对于机会成本而言的，即企业失信在现实中存在着面临严厉惩罚的风险，企业的诚信度提高即可降低这一风险发生的概率，也就是有效降低了潜在的风险成本。

四、体系的创新之处

（1）用定量考核办法对企业内部单位（部门）诚信进行考核，变无形抽象的企业文化为有形具体量化考核。

（2）突破了一般信用、资信评估理论的束缚，没有按照"5C"模型、"LAPP"法和"SWOT"模型进行指标设置，而是根据企业的实际情况，突出了指标设置的针对性、可比性、全面性、实用性，并据此设置了内部诚信的评价指标。

（3）"人人评我、我评人人"的互动式评价办法，使信用评级在原来的统计法、有限专家法和专家评价法的基础上有所创新。

（4）根据诚信行为的特征，采用了扣分制的计分办法。

随着市场经济的发展和成熟，企业的社会责任意识越来越成为衡量一个企业的重要指标。国有企业是承担社会责任的重要主体，应积极履行社会责任，做诚信的模范。建立和实施企业内部诚信评价体系，可以促进企业加强内部管理，提高诚信经营和服务水平，增强企业的竞争力和可持续发展能力，也可助力企业争取更多的商业机会和客户资源，为企业的长远发展奠定坚实的基础。

案例创造人：王升堂

打造诚信至上的国际化投资控股企业

浙江沪杭甬高速公路股份有限公司

一、企业简介

浙江沪杭甬高速公路股份有限公司（以下简称浙江沪杭甬）是浙江交通集团核心成员企业和重要上市平台，成立于1997年3月，同年5月在香港联交所上市，现有员工9500余人。2022年，公司收益149亿元，纯利65亿元；截至12月月底，公司总资产为1864亿元。

公司以"打造最讲诚信的国际化投资控股企业"为发展愿景，坚持"诚信、和谐、开放、进取"核心价值观，严格遵循上市规则规范治理，致力于构建安全便捷、优质高效、智慧科技、绿色经济的现代高速公路运营服务体系，荣获国务院国资委"国有重点企业管理标杆创建行动标杆企业"（全国200家、全省4家）、浙江省模范集体等省部级以上荣誉40余项。累计获评"中国路姐"、"中国高速公路信息化奖"、中国证券金紫荆奖"十四五"最具投资价值上市公司等行业荣誉65项。多次入选《亚洲货币》《福布斯》等杂志"最佳公司治理""最佳投资者关系"排名榜单。在国内高速公路行业和国际资本市场具备较高的认可度。

二、案例介绍

（一）"示范引领+科学治理"，获评国务院国资委"标杆企业"

2021年7月，国务院国资委公布《国有重点企业管理标杆创建行动标杆企业、标杆项目、标杆模式名单》，浙江沪杭甬榜上有名，成为浙江省国企持续推进改革创新、数字赋能、管理提升的优秀代表。

1. 管理成效突出，实现企业科学治理

公司经营管理中重大事项主要由总经理办公会及下设高速公路管理委员会、投融资管理委员会审议。2018年起，公司启动提质提速提效专项行动，努力解决运行质量、速度、效能方面存在的问题，着力打造快捷、优质、规范、高效的服务环境。2019年起，公司制定实施打造全国高速公路运营服务第一品牌、稳步进入全国证券公司第一梯队"两个第一"行动计划。截至2020年年底，公司总体达成主业一流品牌和券商第二梯队领头羊两个阶段性目标。2021年，公司创新搭建高速公路运营服务第一品牌综合指标体系，着力推进公司由"一流品牌"向"第一品牌"跨越升级。

2. 管理特点鲜明，确保企业诚信经营

近年来，对标"国内领先、国际一流"，集团先后完成旗下13条高速公路管理整合，实现义东高速首个市场化管理输出，在国内率先推出支付宝付费、货车ETC、入口自动发卡、全自助智能收费等创新服务，率先试点沪杭甬高速智慧化提升改造，率先通过行业安全生产标准化"国一级"达标考评，出色完成G20杭州峰会等服务保障任务，沪杭高速获评全省运营高速唯一"品质工程"示范路。作为省交通集团资产证券化、市场化交通基础设施项目投融资主平台，公司高效完成申嘉湖杭、浙江大酒店等5个集团内资产注入项目。2016年成功收购徽杭高速首个省外项目，主业运营品牌效应扩大至周边区域。2018年作为联合体牵头方中标德清PPP公路项目，并于2021年开通运营，创新了市场化竞争参与模式。发起设立浙商转型升级母基金、长江联合金融租赁、太平科技保险并投资参股上海农商行。

3. 管理信息化水平高，支撑企业诚信经营

浙江沪杭甬着力实现运营管理智慧化，建成省内首个智慧高速大数据分析平台及多个应用场景智慧算法。近五年，公司累计获得实用新型专利49项、软件著作权及科技奖励16项。智慧高速相关项目获评"2020年度中国公路学会经典工程奖""中国交通运输学会科学技术奖一等奖""中国公路学会科技成果评价证书""2021中国高速公路信息化奖经典工程奖""2022中国高速公路信息化奖杰出工程奖"。此外，公司以信息化手段赋能综合办公、财务管理、人力资源管理与安全管理。如自主研发应用企业OA与"智鼎管家"平台系统，实现数字化、无纸化办公，扎实推进企业运行质效提升；试点推进财务共享服务中心建设，创新运用"第四张报表"理念，初步搭建养护价值指标评价体系，助推业财结合与全面转型。

（二）"国际信用评级＋发行美元债"，彰显诚信企业品牌形象

1. 获A+、A国际信用评级，是对诚信企业的重大肯定

2021年7月5日，国际评级机构惠誉和标普分别发布公告，宣布公司成功获得A+、A级别的国际信用评级和"稳定"评级展望，成为国内第一个获得该等评级水平、专注于高速公路运营的国有交通基础设施平台，充分彰显了国际市场对浙江沪杭甬综合实力的高度认可。获得中国同业内国际评级机构最高信用评级和"稳定"评级展望，将有利于浙江沪杭甬更好地拓展资金来源，降低融资成本，为集团更好地承担省委省政府下达的基础设施建设任务提供了强有力的资金保障。

2. 成功发行美元债，体现了投资者对诚信企业的高度信任

浙江沪杭甬的首笔5年期美元债券，在获得惠誉"A+"和标普"A"的国际评级后，于2021年7月7日成功发行，募集资金4.7亿美元，实际利率1.638%/年，创下中资公路运营类发行人同类债券实际收益率的最低纪录，并成为近年来国际债券市场S规则（仅面向美国境外的机构投资者）下发行利差最低的美元债券。此次美元债券发行募集的资金，将主要用于置换浙江沪杭甬境外债务及满足公司经营需求，在进一步拓宽境外融资渠道的同时，降低了公司综合资金成本，为公司"十四五"发展提供资金支持。

3. 浙商证券获最高信用评级

2017年6月26日，浙江沪杭甬旗下子公司浙商证券在上海证券交易所正式挂牌上市，成为浙江首家A股上市券商。经国内权威评估机构——中诚信国际信用评级有限责任公司信用评级委员会审慎评定，浙商证券主体信用等级连获最高信用评级AAA。2022年8月15日，国家发展改革委发布2021年度企业债券主承销商信用评级结果，浙商证券以87.07分，在85家参评承销机构中位列前茅，荣获企业债券主承销商信用评级A类。2021年，浙商证券共计完成企业债12单，主承销金额达到65.8亿元，推动了各地经济发展，为促进地方经济转型、区域资本市场建设和实体经济发展贡献"国字号"力量。

（三）"科技赋能＋沙场练兵"，以支撑服务护航司乘人员安全出行

1. 科技赋能，提高诚信服务水平

2022年12月26日上午8时12分，沪杭甬高速红垦枢纽联勤联动指挥部的管控系统大屏上实时弹出事故监测预警信息"沪杭甬高速K189处发生一起货车抛锚事故，请快速派员施救！"杭州北管理中心监控员通过"全数字化监测预警管控系统"的秒级发现和触达功能，实时将事故信息、处置方案发送至高速联勤部门，相关部门不到5分钟就按照系统提供的科学处置方案迅速完成事故处置。这是浙江沪杭甬首次在沪杭甬高速红垦枢纽正式使用全省首套SATM系统。以往对高速公路主线意外事件的发现主要靠工作人员巡查和司乘人员电话报警，响应时间相对较长，而SATM系统大幅度缩短了特情事件处置反应时间，大大提高了特情处置效率，形成了"一屏展示、一键调度、一体处置"的全闭环交通管理指挥新格局。

2. 锻炼技能，增强诚信服务能力

在2022年浙江省高速公路清障施救职业技能竞赛中，由浙江沪杭甬员工组成的5支地市代表队和1支省直代表队包揽了团体奖项，个人奖前三名经省总工会核准后将被授予"浙江金蓝领"称号。在长三角"三省一市"联合举办的长三角地区2022年清障岗位（救援机械操作员）技能竞赛上，浙江沪杭甬代表队在11支清障队伍中脱颖而出，荣获团体奖和四个单项奖。这些奖项彰显了浙江沪杭甬清障施救队伍成立30年来的优秀传统和深厚底蕴——浙江沪杭甬一直以"一切为了公众美好安全出行"为宗旨，全力打造一支清障施救规范化、标准化、专业化的队伍，勇当全省高速公路清障施救队伍排头兵，为高速公路运营保驾护航。

3. 建立"四化"体系，提供优质诚信服务

一是服务内容精细化，针对疫情常态化新形势，开展了"穿透口罩的微笑"专项行动，同步完成收费站服务品质提升专题培训，规范服务质量综合评价体系，切实营造良好服务氛围，全面提升收费人员服务品质。二是服务现场标准化，将收费站标志标牌作简作优，并编制《收费站服务标准化手册》，重点关注收费队伍形象管理，围绕路域环境卫生整治要求，加强收费现场秩序管理，全方位展示浙江沪杭甬第一品牌员工新形象。三是服务场景智慧化，完成收费站"智在亭"服务岗亭建设，结合集团业务制定特色服务方案，定制个性化客户服务场景，打造便捷高效的服务新模式，增加智能查询、ETC发票云打印、免费物品借用等新服务项目，为无人化自助便民服务夯实了基础。四是服务培训专业化，在钉钉平台上线"智鼎学堂"模块，建立线上培训机制，充分发挥营运业务十大精英导师团队力量，以点带面抓示范，有效提升收费员队伍业务能力和综合素质。

（四）"普法宣传+风控体系"，筑牢企业诚信经营堤坝

1. 常态化普法，牢固树立诚信经营意识

制定《公司法治宣传教育及依法诚信治企行动规划》，成立了诚信依法治理工作领导小组，实现主要领导亲自抓、分管领导具体抓、其他领导配合抓的齐抓共管工作格局。各单位设立了本级的领导小组及诚信联络员，专职负责诚信法治宣传教育工作并组织落实各项计划。多层次开展诚信理论学习活动，每年公司党委理论学习中心组学习不少于4次。定期集中学习诚信法律法规和政策，营造公司内部"知法、懂法、守法"诚信氛围，持续提升全体干部员工诚信法治意识。

2. 风控广覆盖，防范企业经营诚信风险

持续落实重大经营事项法律论证机制，公司重要事项议题的审核已全面实现OA网上审核，并将法律审核作为必经环节嵌入流程，确保重大事项法律审核率达到100%。公司不断健全依法决策机制，进一步完善"三重一大"等决策制度；通过修订《合同管理办法》，严格落实职工参与、律师论证、风险评估、法律审核、集体决策等程序要求。全方位、多策略、系统化应对防范公司法律风险，做实做细法律文件事前审核，稳步"前移"风险关口。将强化合同审核作为法律风险防范的关键，年均审核各类合同2000余件。当前，公司已设置经济合同OA网上审核流程，公司法务对每份经济合同进行实质审核，切实降低公司运营诚信风险，努力实现诚信风险由"被动处理"向"主动预防"转变。

三、案例成效

（一）最早对接国际资本市场、发展实力雄厚的浙江国企

浙江沪杭甬是浙江省委省政府为开辟浙江交通与国际资本市场接轨的融资渠道、加快全省高速公路网建设而设立的，是浙江第一家境外上市的国有企业，也是目前全省唯一的省属高速公路投资运营境外上市公司。高速公路业务：投资和运营高速公路共20条、总里程1577千米，主要包括沪杭、杭甬、上三、甬金、

杭徽、徽杭、申嘉湖杭、舟山跨海大桥、杭宁、龙丽丽龙及乍嘉苏等高速路段。其中投资里程 1247 千米，运营管理 1356 千米（增加临建高速 23 千米、甬金绍兴段 73.4 千米、长宜高速 30.4 千米），跨越浙江省 10 个地市和安徽省黄山市。金融证券业务：控股浙商证券并发展为拥有 130 家分支机构的全国性全牌照上市券商，也是浙江省首家上市券商，整体排名全国前 25 位。同时，浙江沪杭甬开展参股投资浙商转型升级母基金、长江联合金融租赁、太平科技保险、上海农商行等金融业务。酒店物业业务：经营酒店物业资产，全资持有浙江大酒店，并持有杭州浙商开元名都酒店 51% 股权，这些酒店均是区域内标杆酒店。

（二）具有较强运营管理、并购整合能力的高速公路企业

作为浙江省第一家高速公路专业化运营管理企业，浙江沪杭甬以客户需求为导向，在专业化、集约化、智能化、品牌化管理和服务方面拥有领先优势和良好口碑。近年出色完成 G20 杭州峰会、乌镇互联网大会等重大保障任务，在业内率先通过安全生产标准化"国一级"达标考评，陆续收购和托管省内外 15 条高速路段，收购并运营世界级特大桥——舟山跨海大桥，形成可复制的主业并购整合和管理输出模式。积极引领智慧交通发展，在国内率先开发收费站入口自动发卡、支付宝付费、货车 ETC 等智能服务，并以沪杭甬高速为载体，在省内率先启动并完成智慧高速提升改造，建成省内首个专门服务智慧高速的大数据分析平台及配套场景智慧算法。统筹推进杭州绕城西复线、杭绍甬高速杭绍段、杭宁高速等省内智慧高速建设，努力打造浙江省智慧高速建设运营可复制、可推广样板。

（三）积极利用境内外两个市场、稳健拓展海外业务的国际化企业

浙江沪杭甬秉承浙江交通集团赋予的高速公路营运管理、市场化交通基础设施项目投融资和资产证券化"三个平台"定位，争当集团"争做世界一流企业"排头兵。获评惠誉"A+"、标普"A"级国际信用评级，成为全国交通行业唯一母子公司共同获得国家主权级信用评级的企业。统筹利用境内外两个市场，成功发行美元债和两期欧元可转换债，有力提升浙江企业在国际资本市场的良好形象。积极探索资产证券化新路径，成功发行全国首单基础设施私募 REITs 和全国首批、浙江首单基础设施公募 REITs。以欧美发达国家和"一带一路"国家为重点拓展区域，积极稳健开展海外交通基础设施项目并购。

案例创造人：白向东

诚信为本　打造一流企业集团

中铁武汉电气化局集团有限公司

中铁武汉电气化局集团有限公司（以下简称中铁武汉电气化局）是世界双500强中国中铁股份有限公司旗下的全资子公司。作为中国电气化铁路的引领者，中铁武汉电气化局肩负"匠心智造，电化先锋"的企业使命，为中国高铁技术走向世界、为中国雄踞世界高铁强国担当"开路先锋"。

中铁武汉电气化局主要从事铁路电气化、电力、通信、信号和城市轨道交通建设、公路交通、机电设备安装、输变电及工业与民用建筑、楼宇智能化、综合管廊、海绵城市、智慧城市等工程建设，拥有建筑工程施工、市政公用工程施工、通信工程施工、机电安装工程施工总承包一级等"6总14专"共20项建筑业企业资质。

作为中国电气化铁路建设的"国家队"，中铁武汉电气化局参与建成新中国第一条电气化铁路宝成线及武广、京沪、沪昆、海南环岛、汉十、潍莱、牡佳高铁等国家重点铁路，建成全国电气化铁路总里程的三分之一。多年来，公司全面搭建时速350千米的"四电"系统集成技术研发平台，具有年建成2000正线千米铁路"四电"工程施工能力，承建的铁路大中型项目先后荣获建筑工程鲁班奖、詹天佑奖、国家优质工程奖等多个国家级奖项。

作为中国城市轨道交通建设的"主力军"，中铁武汉电气化局坚持科技兴企战略，全面实施产业创新，加快推进智慧城市研究、装配化施工技术研究，高铁、磁悬浮、城市智能交通前沿技术研究。先后在北京、武汉、广州等30余座城市参与了城市轨道交通建设，涉足城市轨道交通供电、接触网（轨）、通信、信号、综合监控、FAS、BAS、售检票系统、机电安装、装饰装修等站后所有专业，是中国城市轨道交通建设的标杆企业。

作为新型基础设施建设的"先行者"，中铁武汉电气化局与铁道科学研究院、西南交通大学、华东交通大学等科研院校联合开展接触网隐患报警系统、高铁供电系统节能技术、"四电"房屋装配式建筑等课题研究开发，促进人工智能、物联网、智能供电系统、试验检测、BIM技术等方面的科研成果研究、转化及应用。以川藏铁路等国家重点工程建设项目为契机，共同开展高原铁路、400km/h及以上高速铁路、智能铁路、新制式轨道交通等前沿技术、关键技术研究。

作为"一带一路"倡议的践行者，中铁武汉电气化局在国际建筑市场承建了坦桑尼亚、赞比亚、尼日利亚、安哥拉等国家及地区铁路电务、电气化工程、城市轨道交通供电系统和市政配套工程项目。承建全长1035正线千米中（国）老（挝）铁路电气化建设，成为中国铁路走向世界的排头兵。

作为社会责任和先进文化的开路先锋，中铁武汉电气化局高擎开路先锋旗帜，建设合创企业文化，重组以来孕育了"兰新精神""汉十精神"，创造了"兰渝速度""浩吉速度"，建成开通全球首条最美环岛高铁，独立承担中老铁路全线电气化建设任务，铸就了"合心合作、创新创造"的中铁武汉电气化局精神文化谱系，培育出全国工人先锋号中铁武汉电气化局信号女子突击队、全国劳模姚振宁等一大批先进典型。"十四五"启帆远航，中铁武汉电气化局牢记"打造国内领先、全球知名、绿色智能的同行业一流企业集团"的企业愿景，肩负使命、永葆初心，向着伟大的中国梦前进。

中铁武汉电气化局以产业报国为己任、以科技创新为引领、以深化改革为动力，在世界轨道交通建设中勇当开路先锋，在响应"一带一路"倡议和"中国高铁走出去"战略中彰显铁肩担当。多年来，公司积极贯彻落实国家和地方法律法规，诚信守法经营、依法纳税缴税，严格执行安全质量管理体系规程，严格执行《劳动合同法》，切实维护员工合法权益，在企业双文明建设、履行社会责任、服务公益事业方面做出了突出贡献。

一、以诚信教育构建企业信用体系

诚信作为企业经营与管理的核心，是企业赖以生存的土壤。中铁武汉电气化局持续推进对标世界一流管理提升行动，完善公司治理制度体系现代化建设，开展诚信教育，倡行诚信之风，通过电气化大讲堂、道德讲堂等做好全员日常诚信教育学习，使经营管理层至普通员工都建立起诚信的工作理念，全员参与诚信体系的学习和建设，建立完善的诚信体系。

中铁武汉电气化局秉承"勇于跨越，追求卓越"的企业精神，始终坚持诚信经营，着力推进与业主、战略合作方、业内兄弟单位之间的友好合作。公司信守合同，诚实履约，规章制度制定、合同评审签约、法律法规普及等都在公司法务部的监督指导下有序推进，公司自觉接受工商行政管理部门和行业监管部门的监督管理，未发生违法违规行为和不良记录。

公司坚持"质量第一，用户至上"的理念，严格执行质量管理体系，严格遵守操作规程、作业指导书规定，认真落实"安全生产专项整治三年行动计划"，针对不同阶段的工作重点开展各类质量安全检查活动。2022年获得中国土木工程詹天佑奖2项，国家级奖3项，省部级奖5项，地市级奖5项，共收到30余封业主和政府的贺信、表扬信和感谢信。

公司坚持诚信经营，着力企业规范化管理，不断提升企业综合素质和核心竞争力，先后被授予"诚信经营示范单位""重质量重服务守信用企业""重合同守信用企业""企业信用评价AAA级信用企业"等诸多荣誉称号。

二、以诚信经营锻造企业匠心精神

中铁武汉电气化局以诚为本，以诚立身，电气化建设大军攻克过宝成铁路的筑路天险，参加过襄渝铁路的三线建设。40多年来，公司从襄阳到武汉，筚路蓝缕，步履铿锵，以"打造同行业一流企业"为目标，坚守诚信经营，彰显铁肩担当。

在连镇铁路电缆复检过程中，电缆上的一条头发丝粗细的浅浅裂纹却引起了物资配置中心负责人的注意。合作的电缆厂家本是经过正规招标流程筛选的优秀厂家，生产的电缆质量也十分可靠。但在运输过程中，电缆因道路颠簸、相互挤压而造成开裂的情况时有发生，连镇铁路项目部物资配置中心立即做出决定："电缆返厂，尽快处理！"确保供货质量，打造连镇精品，诚信经营从细节做起，做到每批物资监理现场验收并当场报验，杜绝不合格材料入库，为实现"打造精品工程，建设智慧高铁，铸就红旗连镇"的目标打下坚实基础。

2022年，中铁武汉电气化局40余个项目在安全管理、质量管理、人员管理等方面开展诚信建设。项目部根据《铁路建设项目质量安全红线管理规定》建立健全安全质量责任体系，完善安全质量管理制度，明确层级管理职能，制定实施细则。组织质量安全自查自纠和质量互检活动，重点把控施工现场的质量安全管理，尤其针对高空作业、施工防护等方面实施全方位管控，坚持领导带班和现场盯岗制度，对质量管理之"假"零容忍。同时针对生产过程中的生产工序编制出详细的作业指导书，分专业、分工序对作业人员交底，严格要求作业人员按照规范操作，组织现场讲解、集中学习、人员示范等形式多样的培训活动，使参建员工熟知工艺工法、操作流程、关键工序，在管理和施工生产过程中始终明确施工目标，严肃工作态度。雷厉风行的综合打"假"行动，有效规范了安全、质量、文明施工，提升了全员责任意识。

得益于过程精准控制和"四电"领域强大施工能力，公司参与建成全球首条环岛高铁海南环岛高铁、中国"八纵八横"高铁网中最北"一横"哈牡高铁、中国"最美扶贫高铁"张吉怀高铁、中国"北煤南运"战略运输通道浩吉铁路、"一带一路"标志性工程中老铁路等近百项铁路工程，开通电气化铁路八千余千米、开通城市轨道交通八百余千米，参与 30 余座城市轨道交通建设。

三、以承诺守信建设国家"超级工程"

在兰渝客专建设中，中铁武汉电气化局仅用 86 天完成了渭重段 70.7 千米站后四电工程任务，向业主兑现了工期承诺，创造了铁路四电系统集成施工的奇迹；在浩吉铁路建设中，创造了平均单月完成近 3 亿元的施工产值纪录，为项目按期开通奠定了坚实的基础；在"一带一路"沿线，更是践行诚信经营、诚信管理，用两年时间高标准建成开通中老电气化铁路。

中国至老挝铁路建设中，中铁武汉电气化局积极响应国铁集团关于铁路工程全过程智能建造的要求，以数字管理、智能建造为抓手，倾心打造中老铁路"四电"创新示范工程新标杆，全面推进数字施工智能建造。

按照 250 千米高铁的标准，中铁武汉电气化局打造工程项目调度指挥大数据平台，提升生产指挥协调能力和重点监控能力；打造 BIM 信息技术平台，实现工程项目高效率管理和综合性控制；全力推进智能化工装研发，全年投入研发资金 2560 万元，促进企业数字化、智能化转型升级，在中老铁路建设过程中初步实现电气化铁路全过程智能建造数字贯通。

四、积极履责获得业界良好口碑

中铁武汉电气化局在危难时刻尽显大爱，逆流而上，多次参加抢险救灾工作。从武汉"方舱医院"到石家庄黄庄公寓隔离点，中铁武汉电气化局勇当战疫先锋；从长江防汛突击队到郑州抗洪抢险突击队，中铁武汉电气化局勇担社会责任，用实际行动奉献一流服务与优质产品，担当社会责任，展示央企风采。

2022 年 3 月 21 日，湖北省鄂州市发改委授予中铁武汉电气化局一公司"攻坚先锋，克难铁军"锦旗，对一公司在鄂州花湖机场建设中做出的突出贡献表示感谢。花湖机场是亚洲第一、世界第四的专业货运枢纽机场，是湖北省"头号工程"。中铁武汉电气化局发扬铁军精神，仅 4 天完成铁塔基础建设，经 5 个天窗期完成铁塔拆除，32 天完成勘察、新塔组立等工作，打通花湖机场校飞前"最后一公里"。

2022 年 6 月 4 日，贵广线榕江站前月寨隧道口发生泥石流并侵入线路发生险情，中铁武汉电气化局接到抢险命令，第一时间紧急调配周边项目的人员、物资、机械赶往现场参加救援，贵南、叙毕以及贵阳西南环等项目部启动应急预案，组织 400 余人第一时间赶赴现场，分别对接触网、通信信号、电力等专业设施进行了紧急抢修。

作为驻鄂央企，中铁武汉电气化局立足武汉、服务湖北，近年来参建了湖北省境内的汉十、武广、合武、武黄、荆荆安九、黄黄城际等铁路网建设，参与武汉地铁 16 号线等 7 条线路工程施工，承建了武汉滨湖、豹澥还建房、南湖初雨调蓄及景观提升工程等民生项目。在湖北全民战"疫"中组建抗疫党员突击队，建成武汉国际会展中心、省妇幼保健院（光谷院区）、谌家矶"方舱医院"、鄂州"小汤山"、长江新城方舱医院等 9 所战"疫"医院，为襄阳等 6 个地市战"疫"提供通信保障，285 名员工主动到 119 个社区和乡村参加志愿活动。集团公司获湖北省抗击疫情突出贡献单位、武汉市抗疫"标杆企业"等荣誉称号。

在建设"轨道上的湖北"的同时，中铁武汉电气化局助力精准扶贫，60 余名高铁建设者先后参与襄阳、十堰等地扶孤助贫、关爱留守儿童等社会公益活动，参与湖北省气象灾害Ⅲ级响应救援工作。在恩施等地暴雨灾害、鄂西北地区暴雪灾害应急抢险中，中铁武汉电气化局扛起使命担当、历经险情大考、擦亮央企底色、担任电化先锋，全力协助地方政府救助受灾群众，抢修故障基站、抢通受损线路，保障人民群众生活。

中铁武汉电气化局立足国内，放眼全球，紧跟国家"一带一路"倡议，以诚信立企，以匠心建造，深度参与国际化竞争，在世界轨道交通领域输出中国高铁"四电"标准，贡献中国高铁"四电"智慧。

案例创造人：贺玉琴、贺德波

以诚信履约打造智慧港口"振华方案"

上海振华重工（集团）股份有限公司

目前，全球制造业正加快迈向高端化、智能化、绿色化时代。就港航产业而言，自动化、智能化、无人化新兴技术正为传统港口的运营赋能。2019年，国家交通运输部等九部委联合发布了《关于建设世界一流港口的指导意见》，提出了提升港口综合服务能力、加快绿色港口建设、加快智慧港口建设、加快推进开放融合发展、加快平安港口建设、港口治理体系现代化六方面要求，明确提出"到2035年，集装箱枢纽港基本建成智能化系统"。未来，放眼海内外，自动化码头将成为越来越多港口的主流选择。

作为全球知名的港口机械制造商之一，上海振华重工（集团）股份有限公司（以下简称振华重工）早在1992年成立之初就进入国外市场，至今已经进入全球107个国家和地区，岸桥产品连续26年保持全球市场占有率第一。鉴于海内外自动化码头建设趋势，深耕行业、坚持创新、管理提升、诚信履约，是推动项目落地、提升品牌价值的关键。振华重工秉承"客户至上"服务理念，不断提升企业履约能力，为全球自动化码头发展贡献振华方案和振华力量。

一、深耕行业，为诚信履约奠定基础

20世纪80年代，由于人口红利递减、劳动力成本高昂等，码头运营商们纷纷将目光投向自动化技术。振华重工从1998年开始关注并着手研制自动化集装箱码头设备，并陆续向欧美、韩国等国家和地区提供自动化单机设备。2007年，振华重工建成国内首个自动化码头示范线。

从单机走向系统、从试验走向市场、从跟跑走向领跑，在创新技术的支撑下，振华重工不断推动传统码头运营模式向智能化、无人化方向转型。除了研制自动化单机设备，振华重工同时奋力研发自动化码头系统，让码头拥有智慧"大脑"，用先进的技术和装备引领新一轮的"码头革命"。二十余年的厚积薄发，让振华重工拥有了坚实的技术优势与敏锐的行业眼光，海内外多个自动化码头在"振华方案"的支持下投产落地。

2015年，振华重工打造的国内首个厦门远海自动化码头顺利投产；2017年，振华重工打造的青岛港自动化码头、上海洋山港四期自动化码头先后开港运营；2022年，国内首个海铁联运自动化码头广西钦州港开港。与此同时，振华重工的自动化码头业务也走出国门，先后承建了阿布扎比哈里发港、印度阿达尼、新加坡大士港、意大利瓦多港等自动化码头项目。凭借多个自动化码头项目的实践积累，振华重工实现了从单机设备到系统研发的跨越、从设备制造商向自动化码头系统总承包商的转变。

二、坚持创新，为诚信履约赋能

科技是第一生产力，也是保证项目落地、实现诚信履约的基础。振华重工坚持"每年至少打造一个世界第一"的科研目标，坚持三个"投入到位"，即资金投入到位、人才投入到位、感情投入到位，为公司的创新工作提供了人性化的施展平台。为了进一步整合创新资源、统筹研发资金投入，振华重工于2017年成立研究总院，开展核心技术和关键装备等技术研发及实施，提升以科技成果市场化推动产业和产品向价值链中高端转移的能力。

振华重工为了更好地推动企业创新能力提升，将"创新文化"纳入企业文化核心理念体系。同时，振华重工还通过举办科技大会、设立创新创业平台等方式，鼓励员工创新创业，形成全员创新的良好氛围。

振华重工多次承担国家和上海市的重大科研项目，攻克了一批关键技术，为智能码头设备的研发奠定了基础。

在创新机制与创新文化"双重保障"下，振华重工发挥品牌创新驱动的优势，依据用户需求和行业趋势，大力推动产品创新，协助用户实现运营绩效提升，协助行业实现向前发展。针对厦门远海港用户"节能减排"的需求，振华重工提供了采用锂电池作为动力的自动化引导小车，一改以往普遍采用内燃机驱动排放污染物的状况。在上海洋山港四期自动化码头项目中，振华重工回应上海港"建设世界一流强港"的诉求，世界首创双箱自动化轨道吊，效率提高一倍，这也是该类新型轨道吊首次投放市场。

振华重工不仅积极探索硬件设备创新，还自主研发了自动化码头智能调度控制系统，包括岸桥、轨道吊、自动化引导小车等设备控制系统。智能调度控制系统综合运用了人工智能、运筹学决策和系统工程的理论，根据集装箱进出信息，智能化地完成集装箱堆存计划和船舶配载作业计划，取代码头操作工人进行操作，实现集装箱作业过程自动化，减少人员数量，降低人工作业差错率，降低设备对人员安全的威胁及设备维护保养成本。这一系统也成为中国制造品牌在工业互联网+港口行业的新实践。2017年，振华重工自主研发的ECS（设备控制系统）成功在全球单体最大的自动化码头——上海洋山港四期中得到成功运用，该系统和码头方提供的TOS（码头操作系统）的同时应用，使上海洋山港四期成为国内唯一一个具备"中国芯"的自动化码头。

三、管理提升，为诚信履约提供保障

保障项目刚性诚信履约，是公司践行与用户合作共赢的庄严承诺。公司积极策划应对生产高峰，坚持以项目高质量履约目标为导向；借助融媒体矩阵宣贯高质量发展理念，牢固树立诚信履约意识；搭建品牌文化交流平台，促进相关方互信共赢。

（一）加强质量管控，践行诚信履约准则

质量是产品的生命，也是振华重工港机产品的核心竞争力之一。为了进一步管控产品质量，振华重工提出了"不欠债离岸"的质量管理模式，关注制造全过程和产品全生命周期，形成"人人参与交付、人人对产品负责"的良好局面，并通过质量管理和技术创新，持续改进，不断为各相关方创造价值。此外，振华重工持续推动精益生产，持续优化工艺，并引入信息化手段，促进研发、生产、工艺体系深度融合，不断强化"内功"，助力振华重工产品在国际市场中站稳脚跟，也使振华重工获得中国质量领域的最高奖项——中国质量奖。

（二）构建媒体矩阵，培育诚信履约文化

振华重工拥有"两微一报一刊一抖一视频号"融媒体平台，通过公司官方微信、官方微博、《振华重工》报、《振华重工》杂志、官方抖音，以及海外媒体矩阵，组成了品牌和诚信文化的传播体系。2023年，振华重工官方微信开辟"高质量履约"专栏，大力弘扬诚信履约精神。同时，振华重工注重加强与社会新闻媒体联系和沟通，打造"媒体朋友圈"，提升"ZPMC"品牌的传播度与美誉度。振华重工曾先后承办"交筑·大国重器""交筑·共赢之路"媒体开放日活动，邀请国内主流媒体以及国外记者代表团走进生产基地，借媒体的"慧眼"展现振华重工依法合规经营、高质量诚信履约的良好形象。振华重工注重打造品牌案例，致力于讲好振华故事。振华重工在党建引领、诚信经营、市场开拓等方面的先进案例多次出现在《人民日报》、新华社、央视等社会主流媒体中。同时，振华重工注重宣传"国之重器"，上海洋山港四期等国内外自动化码头项目多次在公众视野亮相，凸显振华重工践行诚信履约、实现高质量发展的郑重承诺。

（三）搭建交流平台，增进相关方互信

振华重工依托自身的品牌优势搭建交流平台，以文化交流达成互信，促进履约绩效提升，实现企业与相关方的互利共赢。自2017年起，振华重工进一步发挥行业引领作用，打造码头智能化解决方案交流论坛

品牌活动，每年在不同国家举办交流论坛，并邀请全球码头用户、行业专家、上下游合作方等共聚一堂，探讨港航产业发展现状、未来发展趋势以及行业前沿技术，推进港口建设、航运发展的资源成果共享和命运共同体构建，为全球港航业的发展贡献振华力量。与此同时，振华重工积极参加行业内有影响力的展会，向相关方展示公司在自动化码头领域的最新成果，为企业发展赢得更多机遇。

四、诚信履约，为世界智慧港口打造振华方案

（一）拓展品牌应用场景，掀起码头劳动方式革命

全球约有两千多个国际贸易商业港口，每天都在繁忙地进行集装箱装卸。码头的机械操作高空作业多、工作强度大。操作工基本保持俯身下视的姿势，进行机械的重复控制操作，异常辛苦，因而常常受到职业病的困扰。

振华重工所提供的自动化码头一体化解决方案中，所有港机设备均实现了远程控制。经过操作规程培训后的港口操作人员只需要在宽敞明亮的远程操作室，观察操作台上的电子显示屏，进行部分异常工况的干预，就可以轻松实现整个码头运转，码头的劳动方式在自动化技术的介入下实现了革命。而自动化码头，也因现场几乎看不到人，被媒体誉为"魔鬼码头"，形成了良好的品牌传播效应。

（二）推广品牌技术标准，提升中国标准话语权

在自动化码头领域取得累累硕果的同时，振华重工品牌逐步获得了行业标准的话语权。

2017年9月，振华重工完成了全球最大的新加坡港务集团72台自动化轨道吊项目的最终交付。为更好适应港区情况，振华重工提出了一系列意见建议，形成了自动化轨道吊的"振华标准"。经过认真分析研判，新加坡港务集团完全认可该标准，这大大缩短了双方的"磨合期"。该项目实现了创纪录的交付速度：振华重工以每个月6台机、12个月连续交付的创纪录速度，提前1.5个月完成交付。而实现这一速度的背后，正是"振华标准"在发挥作用。

振华重工制造港机设备的品牌和技术标准也在越来越多的国家得到认可。国际航运巨头马士基与振华重工签订了长期战略伙伴协议，累计向振华重工采购了约620台港口机械设备，被送往全球各地。这些订单均采用了"标准模板"，体现了对中国品牌和中国标准的充分尊重。

（三）提升品牌影响力，占据全球行业市场新份额

作为自动化码头发展进程的深度参与者，从提供单机设备、控制软件，到系统总集成，目前振华重工已经参与了全世界范围内70%以上的自动化码头建设。振华重工用中国"智"造、中国创造向全球港航业奉献了"中国方案"，改变了全球自动化码头的行业格局，引领了世界智慧港口、绿色港口的发展方向。

如今，智慧港口在5G技术的加持下有望实现新突破。2020年6月，宁波港多台5G轮胎吊耐久测试完成，标志着该5G智慧港口应用示范项目完成轮胎吊远程控制的首批可行性验证。实现远程控制后，人机比例可由原来一名司机只能控制一台设备提高至同时控制多台设备。可以预见的是，不久的将来，在5G技术加持下的全自动化码头上，工人密集型作业团队将逐渐被智能化的知识型团队所取代，实现码头全智能决策与全系统管理。中国品牌在新一轮科技和产业革命中重新阐释了"中国智造"的新高度，中国制造品牌在世界舞台上大放异彩。

诚信，既是立身之道，也是企业经营之本。未来，振华重工将继续筑牢"诚信发展"的根基，以"客户至上"的理念，筑牢技术基础、优化服务品质、坚持管理提升，不断提升企业履约能力，强化品牌价值，助力智慧港口"振华方案"走向更广阔的市场，助力"ZPMC"打造中华民族工业的旗帜品牌。

案例创造人：刘成云、欧辉生、张 健、山建国、庄一君、杨育青、缪友春

合规保障　标准助力　筑牢企业"全周期"信用风险管控屏障

内蒙古电力（集团）有限责任公司鄂尔多斯供电分公司

一、企业简介

鄂尔多斯供电分公司是内蒙古电力（集团）有限责任公司直属国有特大型供电企业，承担着鄂尔多斯市8个旗区（除准格尔旗）工农牧业生产及城乡居民生活供电任务，供电范围7.95万平方千米，管辖用户123.99万户。辖区内现有7座500千伏变电站，30座220千伏变电站，101座110千伏变电站，110千伏及以上输电线路9502.06千米，是集团公司范围内管辖输电线路最长的供电单位。全网最大供电负荷561万千瓦。截至2022年年底，鄂尔多斯供电分公司资产总额148亿元，内设本部部门16个、所属单位27个，共有职工3571人。2022年售电量完成398.77亿千瓦时，营业收入为219.81亿元，同比增加42.47亿元。

鄂尔多斯供电分公司连续六届获得"全国文明单位"称号，荣获"全国五一劳动奖状""全国脱贫攻坚先进集体""全国五四红旗团委"等荣誉；被中国电力企业联合会授予"AAAA级标准化良好行为企业"及"信用体系建设示范企业"荣誉称号；获评"自治区优秀企业""自治区先进基层党组织"，优化营商环境"获得电力"指标连续四年居自治区首位；连续四年被评为鄂尔多斯市"包联驻村先进单位"，获得"健康示范企业"等多项荣誉称号。

鄂尔多斯供电分公司始终坚持"人民电业为人民"宗旨，围绕集团公司"责任蒙电、绿色蒙电、数字蒙电、开放蒙电"发展定位，聚焦当好集团公司建设世界—流现代化能源服务企业排头兵目标，扎实履行国企责任，全力支持保障地区经济社会发展，得到各界的广泛认同，公司上下呈现出团结奋进、和谐发展的良好局面。

二、"全周期"信用风险管控实施方法

鄂尔多斯供电分公司立足于全面推动公司战略发展的高度，深入开展合规管理体系建设，结合业务特点和企业管理实际，通过"各部门联动，多机制推进，全标准嵌入"的体系运行机制，以法律与合规为两大抓手，切实筑牢事前审查、事中控制、事后救济的"全周期"信用风险管控屏障，横向建立"专业部门审查，综合管理部审核，纪检、审计部门监督"三道防线，纵向完善"制度、人员"两个保障，实现合规信用风险防控系统化，取得良好效果。

（一）部门横向协同，以"五项机制、三道防线"实现合规管理一体化推进

（1）以合规管理部门牵头，各专业部门联动配合，形成一支专业人员齐备的合规管理队伍，配套建立体系运行推进五项机制。一是由企业管理部参与的合规制度管理机制，统筹全公司标准制度体系建设，推动合规管理制度建设由点到面铺开，促进合规管理流程科学化、合理化、规范化，实现合规管理成果向制度再向实践的有效转化。二是人力资源部参与的合规培训机制，落实合规人员培训计划，以"领导班子带头学""跟着专家深入学"等多样培训方式，推进人员培训由浅入深铺开，全面提高企业人员合规意识。三是党委宣传部参与的合规宣贯机制，充分搭建合规体系宣贯平台，通过企业微信、微信公众号专栏由内向外、自上而下推进体系宣贯。四是各专业部门参与的合规审查审核机制，突出专业领域全事项审查、重点事项特殊性审核，全面落实专业部门信用风险识别、审查及重点防控责任制。五是纪检、审计部门参与的合规

监督机制，纪检、审计部门联动监督，再设信用风险管控屏障，有效提升合规管理问题反馈与整改实效。

（2）多防线共管，建立起"专业部门审查，合规管理部门审核，纪检、审计部门监督"的信用风险防控三道防线。以专业部门为第一道防线，将合规审查贯穿全业务事项审核流程中，在已有事项审查的基础上，重点强调审查事项是否符合企业规章制度及相关法律法规等合规内容，根据审查事项开展抽查抽检大行动，在合规审查方面举案例、立标杆，集中整治审核把关不严格、不全面等突出问题，为信用风险管控把好第一道关口。以合规管理部门为第二道防线，在专业部门审查基础上，突出重要合同签订、公司规章制度制修订、重大事项决策、重大项目投资运营等重点事项的信用风险再把控，建立重大决策会议议题前置合规审核、合规人员列席参与重大决策事项审议的信用风险把控机制，实现信用风险管控水平全面提高，信用风险有效下降。以纪检、审计部门为第三道防线，结合日常监督业务开展周期性、临时性监督检查，查摆信用风险防控漏洞，有效落实合规问题的反馈整改，全面提升信用风险管控质效。

（二）制度纵向保障，以"全标准嵌入、全人员配备"实现信用风险系统化防控

（1）全标准嵌入，实现合规管理体系成果向公司内部管理制度的有效转化。一是全面融合合规管理体系建设成果，结合企业管理实际，形成具备可行性的《合规管理标准》，实现一项标准全面涵盖体系建设全系列成果。二是制作标准修订示例，通过300余项标准制度修编，将合规审查要求嵌入鄂尔多斯供电分公司全业务事项审查环节，有效落实专业部门合规审查责任制，真正实现合规管理体系成果向公司内部管理制度的有效转化，以具备可行性的制度带动三道防线整体协同，有效提升合规管理体系的运行质效。三是建立"责任到单位到人"的合规管理监督考核机制，通过制定企业内部组织绩效考核细则，将合规审查、审核、报告等工作纳入依法治企组织绩效考核事项，将合规管理责任落实到单位。通过制定合规管理专项考核办法，将不同等级的违规事件纳入企业重点专项考核事项，将违规行为责任落实到人，层层压实信用风险管控责任，有效提升全员合规管控意识。

（2）全人员配备，组建一支懂业务、知风险、能管控的合规管理专业人才队伍。通过人员编制增补，实现法律合规管理人员编制由"1"到"3"的重大突破，同时专门设置公司本部合规管理联络员、管理员及监督员，以合规培训为能力提升手段，建立起一支懂业务、知风险、能管控的覆盖全业务领域的合规管理专业人才队伍，为全面提升合规管理质效夯实人才基础。

（三）"法律""合规"齐抓共管，筑牢企业事前审查、事中控制、事后救济的"全周期"信用风险管控屏障

协同"法律""合规"两大抓手，齐抓共管全业务领域的事前审查、事中控制、事后救济过程。事前审查作为信用风险把控的第一阶段，也是最为重要的一个阶段，主要通过事前对业务的信用风险评估、预警、审查、审核等前置性把关程序，对业务事项是否存在潜在信用风险以及是否符合企业相关规章制度、法律法规等进行提前把控，最大化做到信用风险提前规避。事中控制是信用风险把控的第二阶段，主要以"法律""合规"为两大抓手，通过在业务开展过程中的法律咨询、合规检查等方式对各项业务进行过程性指导，及时查摆信用风险漏洞，制定信用风险应对紧急预案，实现信用风险的及时补救消缺。事后救济为信用风险把控的第三阶段，建立事后整改机制，确保各环节无遗漏。对于监测发现的失信行为，花大力气开展失信事实整改工作，要求责任单位第一时间查清失信事件，在失信认定机构整改要求限期内完成整改，定期报送整改进展，掌握了解信用修复过程的进展情况及存在问题，提炼总结整个信用修复过程形成案例，为失信行为整改提供参考指导。

三、信用管理实践成效

一是工作机制得以健全，合规体系有效落地。在"各部门联动，多机制推进，全标准嵌入"的体系运

行机制下,鄂尔多斯供电分公司合规管理相关标准制度已经形成,为合规管理工作开展提供了指导性、保障性的制度依据,结合体系宣贯工作,全面推进了合规管理体系在鄂尔多斯供电分公司的有效落地。

二是合规意识稳步提升,合规文化树立。通过合规培训机制及体系宣贯机制,鄂尔多斯供电分公司自上而下已经形成浓厚的知规、守规的合规文化氛围,通过合规警示教育工作的开展,进一步树立起"做合规、讲合规"的企业合规文化。

三是信用风险有效管控,企业运营稳步护航。将"法律"与"合规"两大举措相融合,筑牢企业"全周期"信用风险管控屏障,通过对业务事项的重重把关、对信用风险事件的及时补救,将信用风险隐患消灭在萌芽之时,将信用风险导致的企业损失控制在最低程度。

案例创造人:武永峰、王 涛、郭 宇

创建诚合品牌，以诚信文化打造世界一流冶金建设国家队

中国二冶集团有限公司

一、企业简介

中国二冶集团有限公司（以下简称中国二冶）成立于1956年，是世界500强——中国五矿集团有限公司及中国中冶旗下的核心骨干子企业，是集工程总承包、项目投融资、房地产开发、钢结构及装备制造于一体的大型综合企业集团。

"人无信不立，业无信不兴，国无信则衰。"自古以来，诚信都是国人的传统美德，而对企业来说，诚信更是基本准则。中国二冶在北疆草原腹地孕育发展60余载，始终坚持打造"诚·合"品牌，用实际行动弘扬诚信文化，助推企业做强做优做大。自成立以来，中国二冶厚植诚信体系基础，加快推进诚信体系建设，不断将诚信建设融入企业管理的各个环节，先后承担了包钢、宝钢、武钢、首钢、太钢、邯钢、湘钢、包铝、希铝、连铝、呼伦贝尔驰宏铅锌冶炼、大唐铝硅钛等几十个大型冶金、有色、矿山工程，承建了一大批在地区、行业产生重大影响力的精品工程。

近年来，中国二冶坚持与时俱进，聚力转型升级，以精品工程铸就企业品牌，荣获国家级、省部级、地市级等优质工程奖200余项，被中国建筑业协会评为"创鲁班奖工程特别荣誉企业"。

中国二冶打造了项目优质履约保障体系，彰显了企业品牌形象，荣获全国五一劳动奖状、全国用户满意施工企业、全国优秀建筑企业、中国工程建设企业社会信用评价AAA级企业、中国工程建设诚信典型企业、国家高新技术企业等殊荣。中国二冶已连续12年获得中国工程建设AAA信用等级，并连续7年荣获"中国工程建设诚信典型企业"荣誉称号。

二、以"诚·合"文化引领诚信文化体系建设

"小信诚则大信立。"诚信是保障企业稳健高质量发展的基础。诚，是儒家文化为人之道的中心思想。"人无信不立，国无信不强。"诚信是商业社会的基石，是市场经济的基本准则，也是个人安身立命的根本。合，意在内外合、上下合、左右合，在日趋激烈的市场竞争中，企业只有与他人合作，善于整合资源，做到优势互补，方能形成竞争优势，实现合作共赢。中国二冶从成立之初，就致力于建设"诚实守信、合作共赢"的企业文化。

一是建立健全诚信文化建设组织管理体系和制度。明确诚信文化建设工作的领导和主管部门，完善梳理各项管理制度、业务流程和工作职责，逐步将诚信理念和各分公司、各部门、各项目部、各岗位职工的具体职责与工作结合起来，同时将诚信建设内容标准化，列出具体的操作程序、流程和考核办法。在施工分包商准入、各分公司及项目部内部借款等方面采取信用考核评价，将信用风险量化管理，最大限度地降低企业经营风险，培育了企业诚信土壤。

二是落实契约化管理和经营责任制。把诚信建设工作落实到具体岗位上，通过开展日常诚信文化宣贯教育，加强员工诚信意识，增强员工遵纪守法、诚信工作观念，让诚信深入员工的思想和行为。以创建"守

信用重合同"企业活动为抓手,从身边人、身边事中发现诚信案例,为职工树立职业道德、家庭美德的好榜样,进一步将公司诚信文化理念向家庭、社会辐射,用良好的企业文化为公司稳健发展营造良好氛围。

中国二冶四川分公司通过定期召开信用维护专题培训会,邀请信用维护方面的专家进行培训指导,信用管理工作取得了较好的效果。2022年,中国二冶四川分公司在成都地区信用等级全年保持A++,连续2年位居榜首,在巴蜀大地上树立了良好的诚信品牌形象,成为中国二冶不断规范诚信文化建设体系建设、以诚信扎根区域发展的典型代表。

三、严格把控项目质量,以品质兑现承诺

诚信是品牌保持持久竞争力的基本保障,以诚信擦亮品牌,企业才能立得住、行得稳。对于施工企业而言,质量是企业的生命,优秀产品是卓越品牌的基础,是企业核心竞争力的具体体现。建设高质量的精品工程,方能展现诚信企业风范。中国二冶坚持以"质"促"效",大力提高质量管理水平,不断增强工程建设能力,为打造诚信品牌筑牢发展之基。以"质量月"活动为切入点,结合行业特点和企业实际,制定"质量月"活动方案,明确活动目标、制定工作举措、细化任务分工,牢牢把握"质量月"活动的关键环节,大力开展质量专项检查、质量攻关和质量通病防治交流活动,不断提升全员质量意识,强化企业主体责任,进一步夯实基层质量管理基础。依托强化技术质量基础管理工作成立科技研发领导小组,组织职工学习规程规范,学习强制性条文,学习专业质量信息通报,组织编制专业质量剖析及典型质量问题信息汇编,不断提高质量技术水平,结合业务流程梳理并完善质量管理制度体系,建立健全质量管理考核评价机制,通过全面、客观、公正、准确的考核,督促各级管理人员全面落实质量管理主体责任,严格奖罚制度,将质量管理责任落实到每个职工。

一直以来,中国二冶将质量管理放到第一位,坚持"凡建必精、凡建必优"。一大批展现央企建造实力的精品工程如兰州市西固区柴家峡黄河大桥、甘肃通定高速公路、宜宾市第二人民医院等重点工程不断崛起在祖国的大江南北,彰显了中国二冶建设者们不畏艰难、高品质完成项目建设的雄心壮志。

2022年11月,由中国二冶承建的兰州市西固区柴家峡黄河大桥一项技术研究荣获"中国质量协会质量技术优秀奖",这是我国质量技术领域的最高奖。兰州市西固区柴家峡黄河大桥工程是目前国内曲率半径最小、跨度最大的"S"形曲线斜拉索桥,全长1250米,南岸"A"字形主塔高99.9米,北岸"A"字形主塔高115.5米,属于特大桥工程。在工程建设中,面对工期紧、技术标准要求高、施工任务重的实际情况,中国二冶建设者们迎难而上,以时不我待、只争朝夕的精神,以勇于担当、敢于作为的勇气,积极攻克"大直径超长混凝土灌注桩""顶推设备防失稳装置"等一系列技术难题,为项目顺利竣工创造了良好条件。此外,该项目施工过程被央视财经频道《大国建造》(第二季)栏目专题播出,展现了中国二冶央企建筑实力,擦亮了中国二冶以质取胜的金字招牌。

中国二冶承建的泸州老窖智能化包装中心技改项目运用智能技术,加强质量管理,运用无人机、智能监控、智能化施工机器人、BIM技术,快速、全面、准确地提升施工质量,打造安全风险低、施工质量高、工程进度快、管理效率高的现代化智慧工地,为项目按期履约和创优创奖奠定了坚实的基础。

四、坚持诚信履约,恪守"契约精神"

诚信是企业完美履约的保证,是企业的立身之本。面对竞争激烈的市场环境,唯有不断强化自身履约能力,方能在市场竞争中取胜。中国二冶始终坚持"以客户为中心"的思想,不断挖掘和满足客户需求,守信用、重服务、抓质量,以诚待人、以诚做事,将诚信经营落实在分公司管理的每一个环节,落实在项目管控的每一个细节。

现场是企业的"脸面",打造高品质现场、实现完美履约与企业诚信息息相关。中国二冶从项目策划入

手，坚持"无策划不开工"的刚性原则，狠抓项目策划的刚性执行。中国二冶四川分公司以革新项目策划理念为重点突破口，切实抓实抓细抓好新中标项目编制策划和项目建设工作，让策划成为项目实施的"剧本"，让项目实施做到有据可依。项目实施时按照策划稳步推进，并结合项目实施过程中的实际情况进行动态调整，唱好项目高质量实施这出"好戏"，确保项目严格按照合同履约，做到相关方完全满意。其中，绵阳市经开区生物医药产业园项目建设仅用了9个月的时间，高质量完成总建筑面积为4.3万平方米的建筑群落，比原定计划工期提前1个多月交付。该项目管理团队为确保工程按期履约，面对高温烈日的考验和停电限电的双重压力，毫不退缩、全力以赴，做到"关关难，关关过"。通过制订详细的抢工计划，采取增加人员机械材料投入、实施错峰施工等方式加快施工建设，最终提前完成施工目标。

五、以人为本，积极践行社会责任

作为中央驻包企业，中国二冶始终不忘中央企业责任担当，坚持以诚信回馈社会，把脱贫攻坚放在首位，以高度政治责任感和强烈使命感，肩负起对内蒙古包头市固阳县怀朔镇壕口村（内蒙古自治区确定的29个贫困村之一）的扶贫责任。深入推进"党建＋扶贫"帮扶机制，派驻1名驻村干部到固阳县怀朔镇壕口村担任驻村第一书记，巩固脱贫攻坚成果。

在新冠疫情防控期间，中国二冶积极响应国家号召，认真落实疫情防控工作部署，做好外防输入、内防反弹工作，在坚决打赢疫情防控阻击战的基础上，坚决扛起央企社会责任。第一时间向包头市人民政府提交了《关于全力参与我市抗疫阻击战的请愿书》，勇担使命，冲锋在前，主动参与到各项疫情防控重点工作中。在疫情期间，主动帮助包头本地菜农解决农副产品滞销问题，购买大白菜、胡萝卜、大葱共计5.1万余斤。中国二冶四川分公司青年职工主动请缨，报名参加本社区疫情防控志愿服务活动，协助社区工作人员做好信息采集、秩序维护、入户动员、路线引导等工作，志愿服务3000余人次，为抗击疫情做出了应有的贡献。

对环境"诚信"，守护绿水青山。中国二冶秉承绿色发展理念，强化生态文明项目的建设，提升绿色建造能力。中国二冶承建的宜宾市第二人民医院项目荣获"2022年度中国建筑业协会建设工程项目绿色建造竞赛活动三等成果"。自开工建设以来，该项目管理团队严格按照《绿色施工导则》《建筑工程绿色施工评价标准》等规章要求组织施工，认真贯彻绿色施工理念。同时，以编制绿色施工方案、明确绿色施工管理职责、开展绿色施工教育与培训等方面工作为着力点，定期开展自检、联检和评价工作，针对建设过程中的不足之处进行总结、分析，不断创新与改进，将绿色施工落实到施工中的各个环节，遵循持续、可循环的理念，最大限度地减少对资源的消耗，从而实现经济、社会、环境综合效益的最大化。

诚信是金，一言九鼎。在未来的发展道路上，中国二冶将在诚信体系建设进程中持续探索，以"诚·合"文化为指引，打造"冶金建设国家队"，为祖国的冶金事业奉献力量。

案例创造人：徐永锋、孙铭泽

全流程管控　标准化作业
认真践行"每一滴油都是承诺"

中国石化销售股份有限公司浙江石油分公司

一、企业简介

中国石化销售股份有限公司浙江石油分公司（以下简称公司）是中国石化下属的销售企业，主营石油、天然气及非油品的销售和储运等，是浙江省内最大的成品油销售企业。公司在全省各县（市）均设有分支机构，销售网点遍布省内城乡各地，储运设施完备。多年来，公司在集团公司党组的正确领导下，奋发图强、励精图治，推动企业持续健康发展，各项经营指标连年位居系统前列。

公司秉承"国企为国、在浙兴浙"的理念，勇担政治责任、社会责任和经济责任。在峰会护航、市场保供、油品升级、乡村振兴等各项工作中屡受省委省政府表彰。公司被全国总工会授予"全国五一劳动奖状"，获得"国资委国有重点企业管理标杆创建行动标杆企业""集团公司对标提升行动标杆企业"等多项殊荣，公司党委曾荣获"中央企业先进基层党组织""浙江省先进基层党组织"称号。

二、企业文化建设

1. 企业使命

公司将人民对美好生活的向往视为企业发展方向，坚持走绿色低碳的可持续发展道路，坚持合作共赢的发展理念，与各利益相关方携手共赢。

2. 企业愿景

公司以人民满意为标准，坚持绿色低碳发展道路，努力成为具有一流规模、质量和效益，具有一流企业管理水平和社会形象，具有一流市场竞争能力的油品综合服务商。

3. 企业核心价值观

团结：上下同欲、风清气正的干事氛围。担当：勇立潮头、走在前列的扛旗使命。
务实：稳扎稳打、精益求精的制胜之道。创新：居安思危、守正出奇的行动自觉。

4. 企业诚信经营理念

信守"每一滴油都是承诺""您身边的用油管家"服务理念，深耕精细管理，坚持依法合规、诚信经营，通过不断完善数、质、量风险管理，强化全员全过程管控，确保每一滴油品都"质优量足"，让客户满意，铸造客户放心品牌。

三、制度体系建设

全面导入 ISO 9000 质量管理体系，和成品油销售企业经营管理深度融合，建立了从质量手册、规范性文件到作业账表册多层次、作业环节全覆盖的质量管理制度体系。

（1）制定油库成品油质量管理工作规范。明确油库主任、计量员、质检员等各岗位人员的质量管理职责，规范成品油入库、储存、出库等全过程的质量管理要求，强化油库质量风险管理和监督、检查与考核，确保出库油品质量，杜绝异常和不合格油品出库，保护消费者和经营者的合法权益。

（2）制定加油站（点）油品质量管理工作规范。明确加油站（点）站长、计量员、接卸员等各岗位人员的质量管理职责和任职条件，规范油品入站、储存、加油等油品销售全过程的质量管理要求，理顺质量服务和质量应急处置流程，强化监督，确保销售油品质量合格，保护消费者和经营者的合法权益。

（3）制定成品油外采管理办法。严格遵循"三不采"原则，即无法确定油品生产企业的不采；油源向上追溯三级，生产企业不在规定目录范围内的不采；供应商未提供合格质量检测报告的不采。加强对外采油品的化验检测，对自采检验质量不合格的油品，严格按要求进行处理，把好外采油品质量关。

（4）制定外采油品供应商质量考评规范。明确供应商的基本要求和职责，加强成品油外采供应商的质量监督与管理，促进外采过程的规范管理，去劣存优，确保其持续稳定供应符合质量要求的外采油品，维护"中国石化"品牌形象。

（5）制定成品油质量事故责任追究制度。发生因过失或故意造成成品油质量不合格或存在本质缺陷导致不良影响，或在各级各部门质量监督抽查中发现不合格油品等事件时，从事故报告、事故调查、事故处理、事故责任界定、事故汇报等方面明确质量事故的处理流程，明确职责，分清责任，严肃追责，有效防范成品油质量事故发生。

四、主要做法

1. 加强考核监督，狠抓外采油品质量

外采油品是数、质、量管理的重点，公司持续升级成品油外采管理办法，采取动态考评和静态考评相结合的方式，加强对外采油品的质量管理。每年前往供应商生产现场，从生产能力、生产工艺、过程质量控制要求和实施情况、油品质检设备的配备和使用等方面，对供应商开展静态考评。对采购的每一批次的成品油，都从质量容变性、油源真实性、发货单据真实有效性三个维度，对供应商进行打分，年底汇总，形成动态考核数据。综合动态和静态考评结果，对存在问题的供应商采用电话告知、书面警示、约谈警告、发放黄牌、发放红牌等方式实施动态管理。对经销假冒伪劣油品、化工调和油品的供应商实行一票否决，公司立即发放红牌；对收到红、黄牌的供应商，公司采取停采或取消供应商资格的方式进行处理。严格考核，增强了供应商的质量管理意识，提高了公司外采油品的品质。为严格控制油品质量，公司根据汽柴油质量风险特点，在成品油销售企业中率先提出"国标＋内控"的质量标准，被成品油销售行业广泛采用。

2. 抓关键环节，全流程管控油品质量

在入库环节，认真查验油品质量检验报告，进行取样、检验，检验合格的油品才能安排接卸，确保入库油品100%合格。在储存环节，严格监控油罐水高，按时进行清罐，定期取样抽检，掌握质量变化情况，及时发现问题，避免发出不合格油品。在每年的"3·15"消费者权益日、"4·7"中国石化质量日、"5·20"世界计量日期间，组织库站油品质量专项监督抽查，重点对"他有他营"、他方经营的油站和混油回掺、油气回收相应的油罐进行抽查，确保销售油品质量100%合格。在运输环节，监督运输油品车辆"专车专用"，严格实行电子铅封管理制度，建立风险清单，积极消除影响因素。在销售环节，严格执行加油八步法，与顾客确认加油品种牌号，尽到告知和提醒义务，避免加错油。

3. 创新管理模式，诚信精准计量

公司在中国石化销售系统中率先提出和实践加油站"升进升出"管理，率先实现了自动计量并首创加油机超差风险管控，大大提高了工作效率和准确率，减少了人为差错。其中，加油站"升进升出"管理已成为全国加油站标准化管理模式。自动计量系统自使用以来，随时为各部门提供准确的计量数据，实现了计量工作的自动化、信息化和规范化。内部管理上，公司严把数量关口，主动自我加压，推行高标准严要求，

在政府部门每半年对加油机进行强制检定的基础上，要求每个油站每月要严格按照加油机检定规程，进行全面自检和校准。通过创新管理模式和严格管理要求，公司数量风险得到有效防控，更好地维护了消费者的权益，客户投诉率明显下降。

4. 增强互动，树立企业诚信形象

公司认真践行"每一滴油都是承诺"理念，不断丰富互动形式，采取用户恳谈会、媒体发布会、公众开放日等形式，邀请消费者、政府部门、媒体和社会公众等"走进来"参观交流，彰显科学严谨的作风和负责任的态度，树立"质优量足"的诚信形象，赢得了市场和消费者的信赖和认可，提升了企业的品牌形象。

5. 勇担社会责任，助力行业诚信经营

公司主导起草了浙江省地方标准《加油站计量管理规范》，被省市场监管局用作全省范围加油站计量管理水平的评判准则，为行业的诚信经营贡献了石化经验。公司还积极协调税务、检察等部门，推进成品油综合智治平台建设，加快实现税、物、商三流数据全覆盖、精准化，为数字化精准打非治违发挥实质性作用。积极争取商务部门支持，借鉴兄弟省份的经验，推动成品油行业规范立法，为各级政府部门行业监管提供充分的法律依据，从源头上遏制成品油销售违法势头，进一步净化市场环境。作为销售系统首批"优秀质检中心"的省公司质检中心，具有CNAS和CMA双认证资质，在承担公司内部繁重的油品检测任务情况下，还主动承担起外部非标油品的取样检测全项检测服务，仅过去的一年就为政府部门检验非法油品897批，约8502吨，出具质检报告90份。

由于措施落实到位，历年来浙江石油未发生一起油品数质量上报等级事故和媒体曝光事件，国家、集团和地方政府抽检始终保持100%合格，公司连续多年被评为集团公司质量管理先进单位、获得销售企业比学赶帮超年度红旗，质量管理获得客户和社会的一致认可。

案例创造人：杨　蕾、张　虹

建品质工程　做诚信企业

中铁二局集团有限公司

一、企业简介

中铁二局集团有限公司(前身西南铁路工程局,以下简称中铁二局)成立于1950年6月12日,是邓小平、贺龙等老一辈革命家亲手缔造并授予"开路先锋"大旗的新中国第一批铁路施工企业,是第一家建立现代企业制度和股票上市的铁路施工企业,也是世界500强企业——中国中铁旗下的核心成员企业。

70多年来,中铁二局始终秉承"干一项工程,树一座丰碑"的理念,转战南北,东进西移,从修建新中国第一条铁路成渝铁路开始,先后参与350多条重点铁路建设,累计里程近17000千米,占全国铁路总里程的1/8,为中国铁路建设做出了重要贡献。同时,公司参建400余条高速公路,40余项水利水电项目,20余项机场港口,数千项市政、房建项目,以及国内51个城市的轨道交通工程,盾构、TBM和顶管隧道掘进总里程突破500千米,公司工程项目足迹遍布中国,以及海外50多个国家和地区。

经过几代二局人的奋勇开拓,公司已从单一的铁路施工劲旅,发展成为拥有各类人才近2万人,全资及控股子公司27家,总资产超1100亿元,年综合生产能力达1000亿元以上,集工程施工、基础设施建设管理、房地产开发、国际业务、勘察设计咨询、商贸物流、商业物业等业务于一体的大型现代产业集团。拥有国家28项专业149个资质,拥有铁路、建筑、公路施工总承包特级资质和铁路、公路、建筑、市政公用、水利水电、港口与航道等8类总承包资质。荣膺"全国抗震救灾英雄集体""全国五一劳动奖状""全国优秀施工企业""中国工程建设诚信典型企业""全国企业信用评价AAA级企业""'8星'信用企业"等称号。

二、建设诚信文化

中铁二局以诚信文化建设为抓手,将诚信精神融入客户服务、宣传教育、特色活动、职工关爱等各项工作,营造了"人人讲诚信、处处讲诚信、时时讲诚信"的企业全员诚信环境,着力打造企业道德规范,使诚信文化的软实力全面转化为企业生产力、创造力和竞争力。

一是在服务中弘扬守信精神。中铁二局始终将诚信作为企业发展的根本遵循,面对激烈的市场竞争,通过自身深厚的文化积淀,将深植在文化内核中的诚信基因总结提炼,融入企业"秉持客户至上、突出价值创造、永当开路先锋"的核心价值观,融入"诚信为本、合作共赢"的经营理念,坚持以客户为中心的核心理念,至诚守信、合作共赢、成就客户,奉献一流服务与优质产品,努力打造"诚信经营、业绩良好、管理规范"的良好企业形象。

二是在宣传教育中培育诚信风尚。中铁二局不断丰富诚信文化宣传形式,精心编印《企业文化手册》,对企业标识LOGO、视觉识别(VI)系统及宣传画册进行统一规划设计,整合诚信文化的外在表现形式,同时以企业官方微信、《铁道建设报》等"九位一体"融媒体矩阵为载体,大力宣传诚信单位、最美家庭、先锋班组、奋斗员工,宣传一诺千金的凡人善举,学习交流各单位诚信文化建设的先进经验,充分发挥先进典型的示范作用。

三是在特色活动中汇聚诚信合力。中铁二局将诚信主题贯穿于各项特色活动中,深入开展"理想信念情怀、爱党爱国爱企"主题教育活动,引导广大干部员工坚定理想信念、端正价值取向、汲取奋进力量,以永不懈怠的精神状态和一往无前的奋斗姿态，推动形成企兴我荣、企衰我耻、忠诚企业、奉献企业的良好局面；广泛开展"道德讲堂"活动，以身边人讲身边事、身边人讲自己事、身边事教身边人，培育知荣辱、讲正气、做奉献、促和谐的良好风尚。

四是在关爱职工中共创信用企业。中铁二局践行"依靠职工办企业，办好企业为职工"宗旨，全面展现以职工为中心的"央企担当"。开展"幸福之家十个一工程"，推进项目部"幸福之家"建设，开展"两节"慰问、"四季送"等活动，提升职工幸福感；设立"职工幸福基金"，精心组织开展"三不让""20年工龄职工激励""青年成长红色经典教育"等系列特色活动，提升职工自豪感；开展海外职工连心工程，举办海外职工家书征文、家属探亲、迎新春座谈会，提升职工归属感，推动企业形成安全稳定、团结和谐的良好局面。

三、落实诚信管理行动

项目是施工企业生产经营活动的最基本单元，是推动企业高质量发展的重要支点，承载着兑现合同承诺、创造价值、满足客户需求、拓展市场等重要任务。项目优则企业优，中铁二局将诚信视为企业可持续发展的生命线和核心竞争力，坚定不移强履约促提升，持续夯实企业发展根基。

一是坚持质量为本，做到"以质求远"。工程质量责任重于泰山，这不仅关系到员工的切身利益，更关系到企业的长远发展。中铁二局始终坚持"依靠科技、求精创新、优质高效、守约重誉"的质量方针和"以人为本、创优质工程，追求卓越、让用户满意"的质量管理理念，深入推进安全质量管理系统提升工作，突出"一切工作到项目"的鲜明导向，以优质样板引路，大力推进"四化"建设，持续强化"管""监"分离责任落实，创新"单位工程创全优管理模式"，确保质量创优工作程序化、规范化和标准化。修筑的宝成铁路黄上区段大桥、中桥、石拱桥和路基工程质量全部获优；参建的川黔、成昆铁路排除天灾的影响和干扰，全部工程合格达标；枝柳铁路争创"优质样板工程"，部分工程"免检"；衡广复线连源段工程"全段创优"，创造中国铁路40千米全段创优的新纪录；京津城际铁路建设中采用博格板精调工艺，实现"零沉降""0.1毫米的挑战"，系统掌握高铁建设成套技术和核心设备；在中老铁路友谊隧道建设过程中攻克岩盐高侵蚀性世界难题，技术达到世界先进水平。

中铁二局先后荣获国家及省部级科技进步奖97项，创造国家及省部级工法483项。荣获国家级优质工程奖179项，其中鲁班奖36项、国家优质工程奖59项、詹天佑奖29项、中国建筑工程装饰奖34项；荣获省部级优质工程奖562项。授权国家专利1014件，主编和参编国家、行业、地方、团体标准101项，创建国家级和省部级企业技术中心、博士后创新实践基地等13个科技研发平台，以优质工程推动企业行稳致远。

二是坚持客户至上，做到"以信待人"。中铁二局坚持以客户为中心的核心理念，至诚守信、合作共赢、成就客户，奉献一流服务与优质产品。深化"法人管项目"体制机制建设，实施片区营销生产一体化管理，建立以工期节点分级管控为核心的施工组织管理体系，强化包保领导责任落实，确保产品制造全过程"有人管"。建立客户评价体系与内部处置追责系统，凡是连续三个客户评价期为C级及以下的项目，对子（分）公司包保领导予以撤职，努力为客户提供合格产品和满意服务。以优质履约持续为客户创造价值并赢得业主信赖，在不断提高客户满意度的过程中，实现了企业产品品质持续提升。杭州湾跨海大桥完成"世界第一架"，55天重建宝成铁路石亭江大桥，上级部门发来贺电予以表彰；成功建设拉林铁路，获评"林芝市安全生产工作先进企业"；建设国内最大轨道交通单体工程深圳岗厦北枢纽，该枢纽成为网红的"深圳之眼"。据不完全统计，2022年企业收到表扬函件377份，企业品牌形象大幅提升，市场竞争能力稳步增强。

三是加强信用管理，做到"以诚立业"。中铁二局切实做好信用管理各项工作，塑造企业品牌形象，助推企业更好地开展生产经营活动。高度重视诚信履约暨信用评价工作，牢固树立诚信履约的"三种意识"，全面压实子公司管理主体责任，持续纵深推进标准化管理，强化品质履约，不断提升企业的竞争优势和行业口碑。严格实施公司内部信用评价，建立分行业、分板块、分区域的内部信用评价机制，将评价结果作为子公司任务分配的重要依据。对分包企业实行过程评价，将评价结果运用到"红名单""黑名单"机制中，把有实力、信誉好的分包队伍筛选出来、留下来，坚决淘汰无实力、不讲诚信的不良分包队伍，提升工程履约能力。连续3次获得中国中铁半年度内部信用评价第一名；2021年，取得四川、云南、江苏、陕西、新疆、吉林6个省自治区公路施工企业信用评价AA级；在雄安新区已开展的5次信用评价考核中，共4次获得A级评价；在广州地铁集团2022年度综合履约考评中位居59家施工单位第一名，连续4个季度被评为A档。

四、彰显央企责任担当

中铁二局坚持"筑路报国"的初心使命，不忘践行"全心全意为人民服务"的宗旨，积极履行国资央企的社会责任。

一是在抗震救灾中创造"二局速度"。汶川大地震发生后，中铁二局积极落实党中央抗震救灾指示，暂停川内工程建设，迅速研究救灾措施，组织救援队伍10小时迅速抵达重灾区，争分夺秒、昼夜拼搏，赢得抢险救灾的最终胜利，被党中央、国务院、中央军委授予"全国抗震救灾英雄集体"称号。玉树地震发生后，中铁二局积极响应党和国家号召，迅速组建队伍"跑步"进入玉树地震重灾区参与灾后援建工作，创造了"玉树速度"，让开路先锋旗帜高扬在青藏高原。

二是在扶贫帮困中凸显"二局责任"。中铁二局按照党中央关于开展定点扶贫和乡村振兴工作的要求，定点扶贫四川省通江县，在捐助建立云川村富硒兔养殖产业的基础上，投入和引进资金185万元，扩建260亩蜜李园，配套建成园区道路5千米、整治灌溉山坪塘5口，结对帮扶的5个村全部按期实现脱贫摘帽目标。目前，企业仍有2名青年干部奋战在乡村振兴一线。

三是在抗击疫情中见证"二局担当"。面对突如其来的新冠疫情，中铁二局迅速行动，紧急驰援天津、长春、沈阳、上海、海南、广州等多地的方舱医院建设，广大员工主动参与核酸检验、送菜上门等各地抗疫活动，就地转为抗疫志愿者，圆满完成抗疫任务，助力全国疫情防控取得决定性胜利。

四是在应急救援中展现"二局实力"。中铁二局成立了"国家应急救援中铁二局昆明队"，成为国内首支隧道坍方应急救援队伍，先后在我国（云南等8个省）和老挝参与隧道坍方、突泥涌水、瓦斯爆炸和地震、山体滑坡、泥石流、矿洞坍塌、特大交通事故等救援行动50余次，荣获"全国应急管理系统先进集体"称号，成为3支获此殊荣的国家安全生产应急救援队伍之一。

人不信不立，业无信不兴。着眼未来，中铁二局将继续坚持高质量可持续发展总基调，努力实现市场营销有质量、工程建造有品质、项目管理有效益、创新创造有价值、减亏治亏有成效、党的建设有提高，为推动企业高质量发展努力奋斗。

案例创造人：杜　龙、姜　帆、官贵羊

打造诚信合规企业，营造良好行业生态

中国石化工程建设有限公司

中国石化工程建设有限公司（以下简称 SEI）前身成立于 1953 年，是一家以工程设计为主业，可提供从工程研发、技术许可、工程咨询、工程设计、智能工厂建设、项目管理到工程总承包的一站式服务的工程公司，拥有工程设计综合甲级、工程咨询甲级、工程监理甲级等国家顶级资信证书，在全国勘察设计单位综合实力测评中名列前茅，业务覆盖石油炼制、石油化工、煤制油与煤化工、天然气净化液化与储运、生物能源、新能源等领域。

SEI 高度重视管理体系建设，以制度为核心，构建了三大标准体系，建立了 QHSE 管理体系并取得了劳盛颁发的质量管理体系（ISO 9001）、职业健康安全管理体系（ISO 45001）和环境管理体系（ISO 14001）认证证书。为了更好服务公司经营管理、强化风险防控，2022 年，SEI 启动合规管理体系认证工作，按照《中央企业合规管理办法》与 ISO 37301 的要求，全面梳理了公司的合规方针、目标、组织机构及职责、合规义务、风险识别、应对措施及绩效评价等内容，进一步完善了合规管理体系，丰富了合规文化内涵，夯实了公司高质量发展管理基础，顺利取得了劳盛质量认证（上海）有限公司签发的合规管理体系（ISO 37301）认证证书。SEI 全体员工对合规管理的重要意义和理念要求有了更加清晰的认识，进一步强化了诚信、合规经营的行为自觉。

一、目标清晰，方针明确，为合规管理体系建设定向导航

合规管理的目标和方针是公司合规管理体系建设的"指南针"，指引着合规管理运行的方向和原则。通过最高管理层承诺，明确了合规管理的方针，指明了宗旨和方向，强调了依法合规、诚信经营，践行"一起，做更好的"核心价值观，与商业伙伴共同打造诚信合规的良好业态。通过开展组织环境分析，确定与公司宗旨和战略方向相关的、影响公司实现合规管理体系预期结果的外部和内部因素，开展相关方需求和期望分析并制定应对措施，采用动态管理的方式，确保影响公司战略目标实现的内外部因素得到及时有效识别，并基于组织环境分析结果确定合规管理体系目标及过程。按照公司—部门—业务，分层级设定了明确的合规管理体系目标，包括运营全面合规、满足监管要求、合规文化建设、合规风险有效应对等，并定期对目标达成情况进行监测和评估，形成了基于方针目标的体系化闭环管理。

二、加强领导，细化职责，为合规管理体系运行提供组织保障

组织体系是合规管理体系有效运行的根本保障。2022 年发布的《中央企业合规管理办法》进一步优化了合规管理组织架构，明确了企业主要负责人、首席合规官、合规管理"三道防线"的合规管理职责，明确了企业主要负责人的合规管理职责，强调其在合规管理工作中的关键领导角色。

SEI 建立完善了党委领导、权责明确、边界清晰、运转高效的合规管理组织机制，该机制明确了治理机构、最高管理层、管理层、执行层的各自职责要求。治理机构由党委、执行董事组成。公司党委发挥领导作用，把方向、管大局、保落实，统筹把握合规管理工作的原则和方向。执行董事作为公司合规管理第一责任人，履行依法合规经营管理重要组织者、推动者和实践者的职责，积极推进合规管理各项工作。

最高管理层为经理层，发挥谋经营、抓落实、强管理作用。管理层由合规管理委员会、首席合规官等主体组成，负责组织领导和统筹协调工作；首席合规官由公司总法律顾问担任，领导合规管理部门组织开展相关工作。

SEI 在执行层构建了防范合规风险“三道防线”。“第一道防线”是各业务部门和项目组，对其职责范围内的合规管理负有直接和首要责任；“第二道防线”是合规管理职能部门，负责公司合规管理体系建设，包括合规制度建立、合规审查、组织合规风险评估及应对、合规评价、受理合规咨询及违规举报、合规文化建设等职责；“第三道防线”是监督审计部门，负责对“第一、二道防线”防控效果进行监督和评价。

三、流程为线，制度为基，促使合规风险防控落实落地

企业各项管理活动相互关联贯通，是非常复杂的动态过程。为了打通业务流，畅通价值链，提升管理整体效能，SEI 开展了制度流程化建设，聚焦业务本身，通过识别和管理业务过程，建立流程图，基于流程识别过程风险，在业务活动层面逐一识别合规风险，实现风险有效管控在直接作业环节。

合规风险识别与管控，是指对企业内部合规风险存在或者发生的可能性以及合规风险产生的原因等进行分析判断，并通过收集和整理企业合规风险点形成合规风险清单，以进一步对合规风险进行监测和控制等系统性活动。

识别合规风险的前提是明确公司合规义务范围，合规义务范围既包含强制性的要求如法律规定和合同约定的义务，还包括公司自愿承担的合规义务即合规承诺。SEI 围绕年度重点工作和公司业务过程，结合合规事件报告、合规管理总结等，形成了公司整体合规义务框架。按照《公司诚信合规行为规范》确定的公司经营与治理、QHSE、反商业贿赂和反腐败等十大合规类别，结合公司经营业务范围及合规管理体系十大重点领域，公司编制了《合规义务与风险清单》。组织各部门对原有合规义务和合规风险进行梳理，协同认证专家与公司各部门逐一对接，将各部门适用合规义务、已识别合规风险、风险评估、现有管理制度及内控点进行匹配，整理汇总 573 项各层级合规义务和风险。通过集中评审对风险进行评级，确定重大、重要风险共 88 项，明确责任部门并增补应对措施，推进全面风险管理“四进”要求（进制度、进流程、进岗位、进职责）做全做实。

重大、重要合规风险管控示例如图 1 所示。

合规义务和风险清单（全部风险）																			
合规义务信息						合规风险识别			现有控制措施				剩余风险评估			剩余风险应对			
编号	序号	合规行为类别	合规义务	法律法规名称	相关条文	风险名称	风险描述（合规风险源）	风险后果	内控控制点编号	关联制度	业务流程	识别部门	风险发生可能性	影响程度	风险等级	需增补应对措施（重大重要风险填写）	风险策略（是否可接受）	责任部门	责任岗位
320	371	(九)国际贸易和投资	防范外资准入、国家安全审查、投资审查、行业监管法律法规变化风险	境外项目、投资、分支机构所在国外资准入、投资审查、行业监管等方面的法律法规	境外项目、投资、分支机构所在国外资准入、投资审查、行业监管等方面的法律法规	项目地政策尽职调查风险	未准确识别所在国家和地区外资准入、投资审查、行业监管法律法规变化。	影响合同审批条件、前提条件、成本控制、执行基础等，可能导致投资项目无法获批或者导致合同履约风险增大。	SBGC4.12.1-3.2	合同管理办法、境外项目（投标）合同评审规定	C01.3.4	国际业务部	低	高	重要	在境外业务前期开展对项目所在地法律法规的预先识别和审查。	是	国际业务部、企改和法律部	企改和法律部部门负责人岗；国际业务部部门负责人岗

图 1　重大、重要合规风险管控示例图

四、培育文化，保障资源，助力合规管理体系顺畅运行

合规管理体系文件是合规管理体系运行的保障和依据，SEI 建立了多层级的合规管理体系文件，以《合规管理手册》为统领，以《合规管理办法》为基础，以《诚信合规规范》为准则，通过《反海外腐败与商业贿赂合规工作指引》《商业伙伴合规管理指引》《涉外业务经济制裁合规管理指引》等专项指引明确了重点合规领域风险及防控措施，以公司运营管理标准、项目管理标准、技术标准及规范性文件作为支撑，共同建立起 SEI 合规管理体系文件的大厦。

为保障合规管理体系顺畅运转，SEI明确了合规管理职能部门，赋予其独立性和直接向最高管理层汇报的权限。同时，加强对人力资源、标准体系、基础设施及外部资源的统筹管理，以保障合规管理体系的有效运行和持续改进。同时，SEI将合规文化作为重要内容纳入企业文化建设，通过发布合规制度、定期组织各层级合规培训等方式，确保全体员工了解公司合规管理方针、目标、合规义务及其他合规信息。

SEI采用PDCA循环对合规管理体系进行管理并持续改进。依据《组织环境分析控制程序》，采用动态管理的方式有效识别影响公司战略目标实现的内、外部因素，并基于组织环境分析结果确定合规管理体系目标及过程；结合内、外部因素识别，对适用法律法规等合规义务进行识别、分析、评价、管控，形成《公司合规义务和风险清单》；对于上述清单中重大、重要风险类别，增补应对措施，明确责任部门及责任岗位，将合规义务增补至公司《部门岗位设置及职责规定》，确保对合规风险有效管控；对合规管理体系运行中发生的合规问题进行收集、反馈和处理；通过绩效考核相关制度的相关规定对公司合规指标进行分解，对合规指标进行监视测量；通过管理评审、合规报告反馈合规管理体系运行情况，发现不合格和不合规事项，通过持续改进完成PDCA循环。

五、强化监督，重视考核，持续改进合规管理体系绩效

SEI持续提升合规管理体系绩效并强化过程监督。作为合规管理部门，企改和法律部负责对各部门绩效考核指标进行分解、监视及测量，将合规义务要求和合规风险应对措施融入各业务过程，确保公司在建立、发展、实施、评价、保持和改进合规管理时，能够通过对各个相关过程的强化，持续稳定地实现公司的合规管理方针及目标。

为监视和测量公司合规管理体系的运行状况，SEI每年对体系的运行状况进行内部审核，组建审核组深入各个部门、重点项目，审查合规风险管控和体系运行情况，重点关注合同全流程合规性管理、QHSE、财税、保密、知识产权、公平竞争及制裁等领域的合规管控。在此基础上，SEI组织管理评审，由公司管理层及相关部门负责人、专家参与，对公司合规方针及目标、资源、管理方法、管理体系的有效性进行评审，提出改进需求以及实施方法的决议，不断提高合规管理体系的适宜性、充分性、有效性。同时，聘请第三方合规管理认证机构对实施的合规管理体系进行认证审核和监督审核。

对于在监视测量和审核中发现的不合格和不合规事项，明确责任部门和整改纠正措施，通过对工作效果的统计、分析和评价，寻找改进机会，探索新的方法，制定纠正措施，通过新一轮的运行获得改进效果，持续完善合规管理体系建设。

六、审慎选择，合规约束，营造良好行业生态

在当前各行各业交叉融合日益紧密的环境下，企业不可避免地需要与商业伙伴建立商业联系，谋求合作共赢。如果商业伙伴不具备完善成熟的风险管控机制，比如存在信用风险、财务风险等，而公司又缺乏针对该商业伙伴的切实有效的合规管理机制，就可能会因商业伙伴实施的违规行为受到处罚，从而给公司带来合规风险。SEI高度重视商业伙伴合规风险，在选择第三方时，采用合规尽职调查、合规承诺、持续跟踪、合规审计等手段管控第三方合规风险。

SEI制定了《外部资源管理办法》，规范外部资源使用原则及通用程序，指导外部资源的规范管理。制作了《SEI商业伙伴背景调查评估表》，对商业伙伴的合规情况、财务状况、履约能力进行调查评估，从源头上防范商业伙伴选择不当的风险。市场、技术、采购等各部门结合各自业务需要，也制定了不同的制度规范商业伙伴的背景调查。

在业务开展过程中，SEI注重与商业伙伴的沟通，通过合规承诺、合规条款等，确保相关方知悉公司

合规信息，了解公司合规文化，保证双方之间合规承诺符合公司的合规方针、目标等要求。畅通沟通渠道，及时接收合作方的反馈，建立长效监督机制，共同营造依法合规经营的良好业态。

合规管理体系建设助力公司打造合规"金色盾牌"，构建依法诚信经营的防火墙。持续完善依法合规经营体系建设，是保证企业持续健康稳定发展的内在要求，也是企业治理和管理走向法治化、现代化的显著标志。SEI 将进一步深入贯彻习近平法治思想，落实全面依法治国战略部署，持续完善合规管理体系，传递健康合规文化，继续为营造良好的合规经营业态贡献石化工程力量。

案例创造人：孙丽丽、吴德飞、贾益群

基于技术经济体系质效优化的电网企业信用管理实践

内蒙古电力（集团）有限责任公司内蒙古电力
经济技术研究院分公司

内蒙古电力（集团）有限责任公司内蒙古电力经济技术研究院分公司（以下简称内蒙古电力经研院）以党的二十大精神为指导，始终坚持习近平新时代中国特色社会主义思想，自觉践行社会主义核心价值观，继承中国传统诚信文化的精髓，突出时代特征和电网特色，形成人人讲诚信、人人重诚信的良好局面，为实现"一流经研智库"目标描绘新篇章，全面服务内蒙古电力公司1469战略建设发展，以接续不断的诚信建设助力内蒙古电力公司建设成为以生态优先、绿色发展为导向的世界一流现代化能源服务企业。

一、引言

随着市场经济的发展，信用管理已经成为企业经营的重要组成部分。电网作为国家重要的基础设施之一，其信用管理更是至关重要。自2015年4月成立以来，内蒙古电力经研院始终坚持诚信立场，坚守国企之本，坚定落实企业诚信建设方针和政策，深入贯彻落实"四个革命、一个合作"能源安全新战略。

近年来，内蒙古电力经研院抢抓诚信企业发展机遇，持续倡导管理创新、质量安全、专业支撑，推动诚信管理向纵深发展，持续激发管理创新活力，在全院上下营造了良好的创新氛围。

二、信用管理的重要性

（1）信用影响企业经营。企业的信用记录是客户、供应商、投资者等利益相关方评估企业的重要依据。信用良好的企业容易获得客户、供应商和投资者的信任，从而获得业务和资金的支持。相反，信用不佳的企业必定寸步难行。

（2）信用关乎企业社会形象。电网作为国家重要的基础设施之一，直接关系到人民群众的生产和生活。如果电网企业信用不良，将会影响到社会公共利益和国家安全。因此，电网企业需要建立良好的信用记录，维护企业的社会形象，以保证企业的长期发展。

（3）信用是企业品牌的重要组成部分。建立良好的信用记录将有助于提升企业的品牌价值和市场竞争力。

三、技术经济领域质效优化的信用体系建设

1. 聚焦信用评价机制与管理平台，完善信用监督体系

内蒙古电力经研院利用信息化技术手段，建立起信用评估机制，包括评审机构信用评估、咨询机构信用评估、供应商信用评估、合作伙伴信用评估等。在评审机构、咨询机构信用评估方面，通过评审机构、咨询机构信用报告、银行征信、社会信用评级等方式进行评估；在供应商信用评估方面，内蒙古电力经研院深化信用监督体系，严格把关供应商背景调查、供货历史记录、供货质量评估。此外，内蒙古电力经研院

技经团队还建立了合作伙伴信用评估体系和评价打分机制，对于合作的机构、组织、个人进行持续、深入的信用评估，以保证合作方的可靠性和稳定性。

内蒙古电力经研院加大信用管理平台建设力度，强化信用信息的收集、整合、分析和展示工作。近年来，内蒙古电力经研院技经团队主动研发设备材料信息价平台、电网造价分析平台等专业管理平台，加大内部信用管理体系信息化建设力度，信用管理平台包括专业信用信息采集、专业信用记录管理、专业信用评估结果展示等功能。同时，将信用管理平台与第三方信用信息机构进行对接，获取更全面、准确的信用信息，提高技术经济信用评估的准确性和可靠性。

2. 建立技术经济领域信用管理流程和标准体系

以标准筑基，建立技术经济质效信用管理流程。内蒙古电力经研院技术经济质效体系充分体现标准化、信用化，所建立的标准化的信用管理流程包括信用评估、信用记录管理、信用风险控制、信用惩戒等环节。建立技术经济质效信用管理流程，可以保证技术经济领域专业工作信用管理的规范化和科学化水平，提高技术经济领域的信誉度。内蒙古电力经研院参与国家标准《电力建设工程概预算定额》的编制以及《内蒙古电力公司科技项目预算编制与计算规定》等事关企业信用的企业标准的编制，基于内蒙古电网发展需要，结合技术经济历史项目数据和建设实际特点，编制各类型电网工程造价标准，组织开展《内蒙古电力（集团）有限责任公司输变电工程通用造价》《内蒙古电力（集团）有限责任公司配网工程典型造价》《生产技改、大修工程典型造价模块》《生产大修编审指导书》等专业标准编制工作，建立一系列专业覆盖面广、内容科学、深度统一的造价标准，持续深化造价标准在工程造价管理中的源头控制作用，以造价指导助力提高造价精准化水平，减少投资浪费，进一步减少社会资源占用，从经济性、科学性等方面优化企业信用体系。

3. 深化可靠的内蒙古地区电力技术经济培训机制

施以滚动培训，孵化区域电力技术经济人才培养高地。内蒙古电力经研院全面开启以输变电工程技经评审为主线，以施工图预算指导、工程量清单及招标控制价评审为拓展，以初步设计概算编制为补充的输变电工程技经质量滚动培训。截至2023年2月，已累计开展技经质量培训6次、超100人次，培养一批层次覆盖全面、主专业过硬、专业拔尖的技经人才，打造一流经研智库，助力公司加速实现1469战略。

技经评审作为内蒙古电力经研院在集团公司所属单位中的特色专业，具有经济效能渗透性强、涉及领域广、对生产经营影响大等特点。该院技经团队基于内蒙古电网输变电工程技经评审重点，按月开展评审质量交流活动，每周总结评审实战经验，抓坚持、抓落实、抓实效，依托院内"师徒协议"和"人才计划"，编制并修订《技经模拟评审培训方案》《技经质量培训流程与要求》《技经培训效果评价细则》，针对技经评审各阶段共性问题及相关规定设计编审标准化手册、通用造价示范应用等规范。此外，该院建立了"蒙西地区技经专业交流群"，及时为地区从业人员提供宣贯文件、技经指导和评审答疑，深化了与区域技经人员的交流研讨与互促共进。

坚持以上率下，发挥"头雁效应"。近年来，内蒙古电力经研院配合内蒙古电力公司积极推进生产领域评审标准更新发展与宣贯培训20余次，推进科技类咨询培训10余次，以纵深发展工程评审力释放经研智库效能，力促内蒙古电网生产技术标准体系持续建设与完善，助推内蒙古电网生产持续进步和绿色经济发展，全面优化内蒙古电网造价、评审、咨询、科技发展环境，以经研智库特色助力内蒙古电力公司及内蒙古电力经研院信用电力体系建设与发展。

4. 加强全员信用意识，打好管理创新 + 质量创新"组合拳"

信用意识是产生信用行为的关键，树立持续、可靠的信用意识是信用建设与发展的基石。近年来，内蒙古电力经研院注重建立全员信用管理意识，加强对信用管理重要性的宣传和教育，增强员工的责任感和自觉性。只有在全员共同努力下，才能不断推动形成良好的企业信用记录和较高的信誉度。

（1）编制《内蒙古电力公司通用造价》（35kV、110kV、220kV、500kV），历时数月完成，包括总论、通用造价编制依据及编制内容、公司所辖各地区典型工程参考造价一览、工程典型方案及造价一览、不同电压等级工程通用造价、通用造价使用说明及工程示例。

结合公司"三通一标"的总体要求，汲取国网通用造价编制和应用的成熟经验，考虑内蒙古电网创新和实用需求，基于内蒙古电网通用设计，形成本成果。本成果成功分析典型方案适用性，结合八个盟市和九个供电局（电业局）220kV和500kV输变电工程特点，系统化考虑了区域通用造价一般性和特殊性影响因素，具有区域内广泛适用性和参考价值。

《内蒙古电力公司通用造价》属内蒙古地区首创，为内蒙古电力公司所辖各单位提供了合理造价、缩小工程裕度等方面的重要指导，弥补了内蒙古电力行业"三通一标"的空白，同时对于工程各项费用取值提供了客观可靠依据，为各基层单位规范造价、合理投资提供了参考，为公司工程建设管理提供了有力的决策支撑，推动了公司造价精准管控、降低投资风险。

（2）编制《内蒙古电力公司输变电工程造价编制手册》。该手册包括总则、编制原则、文件汇编、技经成品文件要求。该手册基于内蒙古电力公司实际，首次提出了输变电工程造价材料从收集、整理到提交过程需遵循的各项原则，覆盖了各电压等级输变电工程主要指导文件，弥补了内蒙古电力公司造价编制规则的空白。该手册高效解决了造价编制规则统一度低这一问题，为内蒙古电网各单位提供了科学、可靠、滚动更新的造价编制指导服务；此外，以编制造价手册不断提高造价编制规则统一度，进而强化对造价编制诚信度的监督和管理，为构建区域诚信造价生态做出重要贡献。

（3）形成技术经济绩效评分信用机制。基于国家人力资源统一评分标准，并根据实际工作需要进行调整，形成价格测算绩效评分机制，作为缩短价格测算滞后时间的业绩考核制度。该评分主要由当期业绩构成。在本措施中，当期业绩主要考查设计单位报送人员在规定期间内的工作结果，即主要以提报资料的时间和质量为考核指标。

设计单位报送人员最终考核得分＝当期业绩考核得分

当期业绩：由上月造价材料价格资料和本月造价材料价格变化资料两类组成，其具体打分由这两项资料报送时间和质量决定。其中上月造价材料价格资料占70%、本月造价材料价格变化资料占30%。

上述成果深度规范了内蒙古各电力设计单位按照《输变电工程造价材料价格资料报送时限表》和《业绩考核打分卡》进行造价资料报送，"两步走"创新形成造价资料申报诚信模型，改善了造价资料报送质效，提高了造价编制效率和质量。由于价格测算时间往往受价格资料报送时效影响，解决了造价资料上报质效问题，可以减少价格测算时间滞后的情况，进一步优化国有能源企业以工程造价信息报送与价格测算发布质效同步为重大目标的诚信机制。

（4）质量管理活动是对《中共中央 国务院关于开展质量提升行动的指导意见》精神的深入贯彻落实，更是我国诚信企业建设发展的重要实践。在进一步推动群众性质量管理活动深入开展的基础上，注重质量改进和效率提高，这是新形势下优秀诚信企业的必备素质，即能作为、肯担当、优服务、高质效。

目前，该院题为《提高内蒙古电力公司输变电工程造价精准率》的质量管理成果，在2023年3月21日—24日举行的2023年国际质量管理小组会议（ICQCC）推荐成果发表交流中荣获优胜级成果荣誉。该成果后续将参选"国际QC奥林匹克盛宴"暨2023年第48届国际质量管理活动，发挥"一流经研智库"效能，力促内蒙古电力公司质量管理事业新发展。自2022年3月起，该成果历经所在单位级、所属公司层级、行业级严格审核，在国内各行业千余项质量管理成果中脱颖而出，成为内蒙古电力经研院历史上首个斩获国际质量管理小组会议（ICQCC）推荐成果发表交流最高奖项的质量成果。该成果同时获得内蒙古电力（集团）有限责任公司QC成果一等奖（2022年5月）、全国电力行业质量管理小组成果最高荣誉：示范级成果奖（2022年7月）。此外，该院题为《提高内蒙古电力公司科技项目预算编制一次合格率》的质量管理成果，在2023年4月召开的内蒙古电力公司2023年度QC成果发布会中获得一等奖，并再次入选我国质量管理权威媒体《中国质量》杂志社举办的2023年全国QC小组成果发表交流活动。

四、结语

内蒙古电力经研院基于技术经济体系质效优化的电网企业信用管理实践，在内蒙古电网获得显著成效。该院结合电力行业信用体系建设实际，紧密结合企业专业特色，以持续、有力的实际行动深入贯彻国家《关于推进社会信用体系建设高质量发展促进形成新发展格局的意见》及中国电力企业联合会编制发布的《关于协同推进电力行业信用体系建设高质量发展的实施意见》，积极学习、领会、落实国家社会信用体系建设的重大部署，聚焦信用评价机制与管理平台，完善信用监督体系，建立技术经济领域信用管理流程和标准体系，深化内蒙古地区电力技术经济培训机制，加强全员信用意识，打好管理创新＋质量创新"组合拳"，以专业质效优化力促信用体系建设向纵深发展，维护了内蒙古电力公司和内蒙古电力经研院的良好形象，为企业优质信用体系的建设发展保驾护航。

案例创造人：杨文生、李　欣、太玉鑫

打造废旧物资阳光竞拍平台
营造风清气正社会诚信环境

国能（北京）商务网络有限公司

一、案例背景

党的二十大报告提出，"推动经济社会发展绿色化、低碳化是实现高质量发展的关键环节。""实施全面节约战略，推进各类资源节约集约利用，加快构建废弃物循环利用体系。"2022年11月1日，财政部发布《关于盘活行政事业单位国有资产的指导意见》，要求加快推进行政事业单位各类国有资产盘活利用，建立健全资产盘活工作机制，通过自用、共享、调剂、出租、处置等多种方式，提高资产利用效率。

当前，我国经济已经由高速增长阶段转向高质量发展阶段，供给侧结构性改革持续深化，绿色可持续发展成为国家战略，废旧资产的循环再利用成为可持续发展的重要举措。加强废旧物资管理，有利于降低企业生产成本，提高企业管理水平，防范国有资产流失，并为实现节能减排、发展循环经济、营造风清气正的社会环境做出贡献。目前，越来越多的中央企业资产管理部门要求或鼓励下属单位将废旧物资通过产权交易机构等平台进行集中、连续处置，促进国有资产处置的规范性和阳光化，规避各类风险，实现资产管理和资产处置良性循环。

废旧物资竞拍平台建立之前，国家能源集团（以下简称集团）并未指定并建立统一的业务运行与管控平台，集团所属各单位废旧物资处置工作大多以线下模式运行，处置标准不一，存在不小的管控难度和风险；在废旧物资处置工作中，资产处置授权审批流程烦琐、资产评估耗时长、报废鉴定依据不足，导致大量争议资产处置事项停滞，废旧物资处置不能及时、有效、全面开展；同时造成库房物资堆积，难以实现物资库房的标准化管理。以上问题已成为集团各单位废旧物资处置的痛点、难点，亟待解决。为解决上述痛点、难点问题，建设废旧物资竞拍平台势在必行。

二、主要做法

为解决集团在废旧物资处置工作中存在的废旧物资存量较大、物资堆积较多、处置标准不一、处置透明度不高、管控难度和风险大、难以实现物资库房标准化管理等痛点、难点问题，国能（北京）商务网络有限公司（以下简称商务网公司）开展废旧物资处置业务体系的研究和系统设计，并从以下几个方面开展实施建设。

（一）加强顶层设计，将制度固化于业务流程

国家能源集团物资管理有关部门广泛调研、征求意见，加强沟通协商，打通专业壁垒，弥补流程空缺，发布了《国家能源集团废旧物资处置管理办法（试行）》；商务网公司制定《国能e拍竞拍操作规则（试行）》《国能e拍网络竞价实施办法（试行）》《国能e拍动态报价实施办法（试行）》《国能e拍受理竞拍申请操作细则（试行）》等30余项平台规则，强化物资处置的全流程管理，为平台稳健运行提供有力保障，有效填补相关业务领域制度空白，为循环物资合规处置提供制度依据；与各服务机构签订《国能e拍协同服务协议》，

进一步明晰职责分工，为打开集团外部市场、拓宽业务范围，做好充足准备。

通过将物资管理相关政策法规、制度规章固化至业务流程，商务网公司形成了严密规范的资源循环利用管理体系，实现了物资处置全流程规范化、智能化，打造了循环物资全链协同生态圈。国能e拍"互联网+闭环管理"业务流程如图1所示。

图1　国能e拍"互联网+闭环管理"业务流程

（二）搭建线上交易平台，构建多元业务模式

在国能e购基础上搭建国能e拍平台，创立"竞拍服务+上拍策划+运营管理"的运营模式，提供自行竞拍和代理竞拍的竞拍模式，实现网络竞价和动态报价两种不同的处置方式，同时提供报总价、报单价两种报价类型等多元化处置模式。平台分设资产设备、金属、橡胶、线缆、低值易耗品、危废类等主要物资处置板块，实现资源建库、场次发布、资质审核、直播带看、保证金缴纳、实时竞价、交割备案等全流程自动化、信息化，并具有在线交互、全程留痕等功能。国能e拍"互联网+资源循环"业务场景如图2所示。

图2　国能e拍"互联网+资源循环"业务场景

（三）协同产权交易所和服务机构，延伸产业链

国能e拍与北交所系统进行对接，同步发布物资处置公告，实现与第三方交易平台的互联互通，极大

提高了平台曝光率和资产溢价率，实现资产处置效益最大化；协同服务机构积极开拓外部市场，围绕国能e拍产业链进行市场多元化、物资类别多样化拓展，全面提速国能e拍产业链纵向延伸与横向拓展。通过智慧物资循环产业链协同管理，带动循环物资产业链、供应链上下游共同发展，提高了行业内上下游企业的运营效率和管理水平，降低了企业运营成本和运营风险，全面提升了物资循环管理的资源统筹能力、供应保障能力和精益管控能力。

（四）加强科技研发，创新"云踏勘"竞拍新模式

充分发挥信息化技术优势，着力开发"直播带看"功能，以远程"云踏勘"的方式代替传统现场踏勘，促进"互联网+服务"的深度融合，提高踏勘效率，降低成本，解决疫情传播风险大、经济成本高、过程难留痕等问题；搭建回收商管理体系，全面加强回收商从注册到竞拍再到合同履约等全流程管理，利用大数据、云计算、云推送技术多角度建立回收商画像，实现项目精准获客，有效提升竞拍全过程的风险防控能力，降低履约风险。国能e拍"直播带看"助力"云踏勘"界面如图3所示。

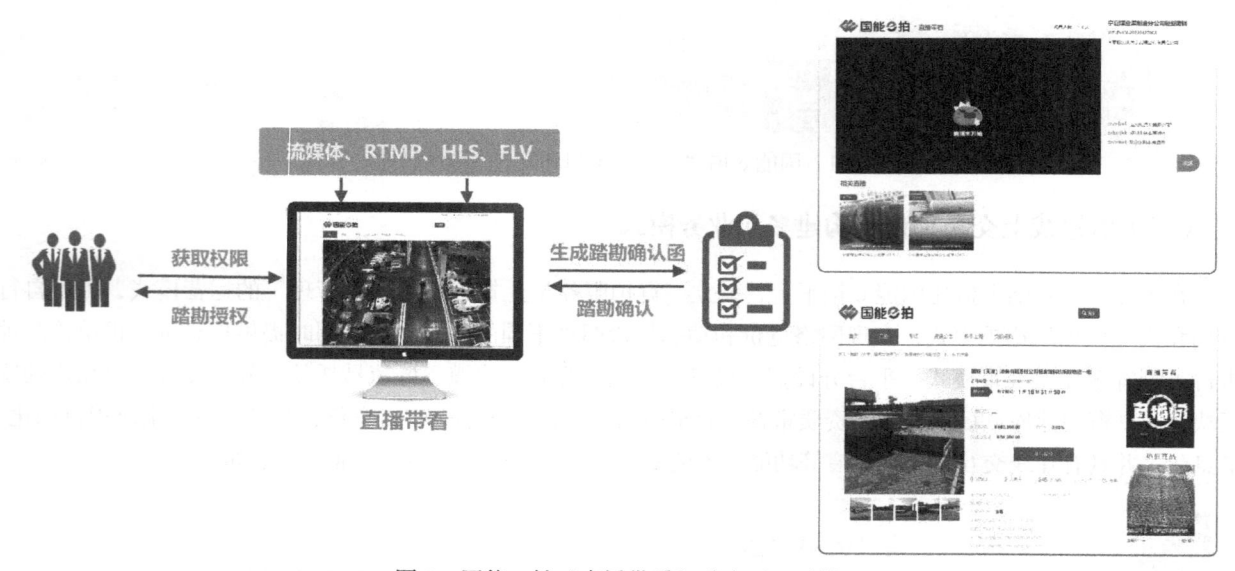

图3　国能e拍"直播带看"助力"云踏勘"

三、主要成效

（一）经济效益增长

国能e拍平台充分汇聚了各地循环物资优势资源，提高了废旧物资循环再利用率。国能e拍平台自2021年4月上线以来，共接收54家子分公司、1家外部单位的竞拍申请，入驻回收商3400余家，发布处置计划829项，成交总价达4.29亿元，溢价金额达1.38亿元，平均溢价率达47.61%。以国家能源集团年处置金额10亿元、平均溢价率47%计算，国能e拍平台每年可为集团增值创效4.7亿元，物资管理绿色发展和资产保值增值成效显著，资源循环利用水平进一步提高。

2022年"某公司废旧金属处置项目"的处置物资为生产过程中产生的废铁，分布于铁路沿线，该项目共有1901次围观，起拍价为3273.39万元，经过86次报价，最终成交价为4263.39万元，溢价率为30.24%，该项目成交金额为目前平台最高值。2022年"某公司废旧胶管处置项目"起拍价为0.2万元，经过83次报价，最终成交价为2.88万元，溢价率达1341%，该项目溢价率为目前平台最高值。

循环物资共享平台建立后，物资变现工作由以前的线下运行模式转变为线上管理，循环物资回收利用业务更加规范，处置效率得到有效的提高，平均可节省管理成本5%，平均可降低处置成本10%。

（二）管理效益明显

1. 废旧物资管理进一步规范

国能e拍平台建立之前，集团内部多数单位有处置需求，但因管理不规范、不统一，只有较少单位实际开展处置工作，导致废旧物资大量积压，且处置方法不同，处置流程不一，存在不小的管控难度和风险。为进一步规范废旧物资处置行为，保障交易各方的合法权益，维护交易秩序，公司建立平台配套制度与规则33项，为平台正常运行提供有力保障，推动废旧物资处置的规范化、标准化和数字化；在风险防控方面，平台将业务监督向后延伸，紧盯货物转移、买家处置是否合规合法。通过业务监督模式，最大限度地规范平台各类参与主体的业务流程，减少因某参与方违法而导致的牵连行政处罚风险；为避免履约环节出现法律纠纷、造成不良影响，平台制定标准合同及协议范本，针对交易各方特点，完善权责关系，规范履约行为，有效防范法律风险。

2. 废旧物资处置效率进一步提高

通过国能e拍平台建立以及与ERP系统集成，规范了资产处置模式和交易流程，确保资产交易规范化、市场化、阳光化，规避风险；通过打通国能e拍平台与ERP系统、SRM系统之间的数据传输通道，减少数据补录工作，降低错误率的同时提高了处置效率。

3. 促进废旧物资循环再利用

通过国能e拍平台的建立以及拍品可视化展示，聚集了更多回收商参与；充分利用交易所的影响力，通过与北京产权交易所的对接，提升了获客能力，回收商数量成倍增长。国能e拍平台废旧物资处置有效地减少了库房物资堆积，提高了资金利用率，满足了各单位的废旧物资处置实际需求，促进了废旧物资循环再利用。

（三）社会效益提升

循环物资回收体系实现了社会、企业和环境的共赢，促进了资源的循环利用，提高了资源利用率，保护了环境，带动了相关产业发展，取得了良好的生态、环保、社会效益。依托远程"云踏勘"，打破以往属地竞买企业参与的界限，实现竞买企业跨区域参与竞价的目标，扩大竞买企业范围，更好地甄选优质买家，在有效减少交易成本、提高处置效率的同时，也减少交通碳排放量、降低疫情传播风险。通过构建完善的循环物资回收网络体系、信息体系，打通循环物资产业链条，拉近资产处置方与回收商的距离，大幅度提高了物资循环利用水平，推动物资产业成为标准化、规范化、信息化的新兴产业，全面提高社会资源利用效率，助力我国诚信社会建设。

案例创造人：杨艳丽、苏成金、毛建新、刘映男、孙　贞、张智勇

立于诚信行万里　筑造精品树丰碑

中交四航局第三工程有限公司

中交四航局第三工程有限公司（以下简称公司）于1974年成立于广东省湛江市，是世界500强企业——中国交通建设股份有限公司所属三级子公司，拥有员工1200多名，年营业额为75亿元，主要从事港口、公路、市政、水利水电、海上风电、房建、水环境治理等基础设施建设。公司先后获得"全国文明单位""全国交通运输企业文化卓越单位"等荣誉称号。2022年获评中交集团重要三级子公司、RH工程专业领航企业。

公司积极履行央企责任使命，紧跟国家战略部署，秉持"立于诚信、得于务实、精于成本、敢于担当、善于创新"理念，承建了宝钢湛江钢铁基地、海南海口新海滚装码头客运综合枢纽站、广西平陆运河青年枢纽等国家重大工程；积极"走出去"，在海外承建了喀麦隆克里比深水港一期工程、安哥拉集装箱码头、越南风电项目等"一带一路"重点项目，为建设粤港澳大湾区、交通强国，响应"一带一路"倡议贡献央企力量，展现了"以诚待人、以信为本"的企业形象。

一、传承创业基因，永葆诚信底色

公司发展历程可追溯到1965年。为支援国家三线建设，当时的交通部公路三局第三工程处由福建调到贵州遵义，成立了交通部公路三局第五工程处。1966年，交通部公路三局第五工程处被调到六盘水地区，先后完成了多项公路、铁路、房建工程建设。1973年1月，交通部公路三局第五工程处划归贵州省交通局，更名为贵州省交通局公路五处。

1974年，全国掀起"三年大建港"建设高潮，贵州省交通局公路五处改称交通部第四航务工程局第三工程处，基地设在湛江。一声令下，他们再次整装，哪里有需要，就到哪里去，携家带口转移"战场"，并将"艰苦创业、无私奉献、团结协作、勇于创新"的"三线精神"带到了湛江。

转战湛江后，公司第一个任务就是建设当时的国家重点工程项目之一湛江矿砂码头工程，全长406米，共包括两个万吨级泊位。面对高规格的建设任务与缺设备、工期紧的重重困难，公司喊出"宁让汗水漂起船，不让工期拖一天"的响亮承诺，发出"义务劳动星期天"的倡议。职工争先恐后响应倡议，机械队吊机班的作业手睡在工地、吃在现场，有时连续工作16小时。工地上出现了"职工早上班、迟下班，分内工作拼命干、分外工作主动干、突击工作抢着干"的动人场面。1975年10月28日，湛江矿砂码头比原计划提前62天竣工，被广大干部职工誉为"争气港"，也成为公司诚信立业的开端。

从此，这支筑港铁军开始崭露头角。随着施工水平的提高和自身实力的提升，公司在湛江地区的信誉和影响力日益扩大，先后承建了湛江南油码头、湛江港三区磷矿码头、湛江港霞海一期水工工程等60余个项目。公司诚实守信，赢得当地广大业主的盛赞："再难的项目，交给四航局三公司就不是难题！"截至目前，公司承建的工程项目获国家优质工程金奖4项、国家优质工程奖21项、省部级优质工程奖51项、水运交通优质工程4项、"鲁班奖"2项、"詹天佑故乡杯"1项。

二、完善诚信体系，牢筑企业发展根基

在近半个世纪创业、改革、发展的历程中，公司始终将诚信视作重要的无形资产、核心资源，形成了以诚信为本的"立于诚信、得于务实、精于成本、敢于担当、善于创新"的企业文化。

公司高度重视诚信体系建设，不断提升履约能力，健全诚信制度保障体系，制定了《合同管理办法》《违规经营责任追究细则》《质量管理办法》等一系列制度文件，将诚信履约纳入司属项目与员工履职考核标准。公司积极履行纳税义务，制定标准化财务会计核算制度，严格执行相关法律法规和制度规定，积极纳税、主动纳税、诚信纳税，得到税务部门高度认可和社会各界广泛肯定，连续8年被税务机关评为"纳税信用等级A级纳税人"。

自成立以来，公司不断完善管理体系建设，提高诚信履约水平，顺利通过ISO 9001、ISO 14001、ISO 45001质量体系认证，为拓展国内外市场、确保诚信履约提供了坚实的体系保障。公司始终把资质增项升级作为企业诚信经营的关键环节，持续加强资质体系建设，获得港口与航道工程施工总承包一级，建筑施工、公路工程、市政工程施工总承包三级资质，有效提升了公司诚信履约、深耕市场的能力。公司以众多精品工程、优质履约获得了业主与社会的认可，获得广西、海南水运工程施工企业AA级信用评价，海南、湖南省公路施工企业AA级信用评价，并连续21年被评为广东省重合同守信用企业。

三、履约示范，树立"讲诚信"形象

公司不断推进诚信建设，将诚实守信作为发展生存的根本。在扎根湛江市场的同时，以"讲诚信"的形象辐射带动环北部湾市场的开拓，在区域市场打造了诚信履约形象。

1991年，公司在防城港成立项目部，承建防城港8号泊位码头水工工程。进场三个月，在项目部紧张进行回填施工之际，强台风来袭，工棚被刮得七零八落，刚刚回填好的场地被冲掉了一大半。项目团队认为，8号泊位码头水工工程是进驻防城港的第一次大考，决不能交出"延期"的答卷。项目部立下军令状：按时完工，这是台风也"吹不走"的承诺。台风袭来，工棚住不了，就租住临时仓库；场地冲掉了，就从头再来。手中的工作始终没有停下，每个人都在咬牙坚持，为的正是"诚信履约"。项目于1992年顺利建成，并被评为广西"交通系统1993年度优质工程"，荣获"1993年度广西优质施工一等奖"，并被广西壮族自治区人民政府通令嘉奖。8号泊位码头水工工程不仅打响了"四航三"的优质品牌，也为公司在当地赢得了"讲诚信"的良好口碑。

2007年，公司承建钦州港10万吨级码头工程，正式进驻钦州。虽然遭遇了60年一遇的寒冷低温天气、春节期间用工短缺等难题，钦州项目部采取24小时"车轮战"，保工期、履承诺。最终，码头主体比合同工期提前了30天完成。在业主组织的40多个"百日会战"工程综合评比中，钦州项目部荣获"综合评比第一名"和"百日会战优秀承包商"荣誉称号，用诚信履约赢得了信任。

凭借长期以来的良好信誉，2022年公司成功中标国家重点项目"平陆运河青年枢纽"一期建设项目。项目团队克服诸多困难，在200天时间内完成了1778万立方米土石方、22.15万平方米边坡防护的建设任务。仅仅半年的时间，公司就获得平陆运河集团11项表彰奖励。目前，二期船闸主体建设任务正在如火如荼地进行。

公司以诚信为本推动合作、以务实担当赢得信赖、以精益求精成就卓越，见证了广西北部湾经济区迅速崛起，不断书写诚信发展的精彩篇章！公司的业务范围也从"大交通""大城市"向"江河湖海"进发，涵盖基建、文旅、海洋、民生等方方面面。

四、坚守质量诚信，"走出去"扬名"中国标准"

公司积极对接国家战略，在"走出去"的进程中，首先抓好工程质量，致力加强质量诚信建设，实现了开拓市场的"走出去"、"中国标准"的"走出去"。

初涉海外，要打响"中国标准"，首先要先过国际"标准关"。2007年，公司开工建设安哥拉油码头工程。该工程是中国在海外的第一个离岸式桩基码头工程，也是第一个要求全面执行英国标准的码头工程。对此，

项目部刻苦钻研英国标准，采用国际通用 OPTIMOOR 软件计算船舶荷载，桩墩连接、桩土模拟等多个重要课题取得突破并同国际接轨，最终顺利通过咨工的严格审核。建成后的油码头，成为安哥拉的一处地标，荣获 2011 年"国家优质工程奖"，是国内首批获此殊荣的海外项目之一。

与国际标准接轨，公司在一次次应对挑战的过程中展现了质量诚信。2016 年 7 月，公司承担建设加纳特码新集装箱码头工程，该工程是"一带一路"重点项目，也是当时加纳境内在建的最大水工项目。该工程采用英标、欧标及美标相结合的技术标准，世界知名咨询企业 AECOM 公司承担该工程监督管理工作。为在世界标准面前展现中国技术、中国工艺，项目团队开展全过程精细化质量管控，把关源头质量，严格监督考核过程，做好分包指导监督，严格实施质量诚信，自主建造轻量型水下整平机，创新应用 Trimble 坡度控制、护面块体可视化安装等系统，有效保障了项目质量。该项目于 2020 年 6 月完成工程建设，较原施工计划提前了 50 天。该项目的优质履约、绿色施工、精品建造赢得全球工程界最高标准的认可，被美国《工程新闻纪录》（ENR）杂志评为机场/港口类 2021 年度全球最佳项目，并于 2022 年获得"国家优质工程奖"。

喀麦隆克里比深水港一期工程是喀麦隆政府与中国政府加强全面合作的标志性项目，是"中国标准"在非洲推行的"桥头堡"工程，技术难度大、质量要求高。该项目施工伊始，咨工、业主就反映，"弄不懂什么是'中国标准'"。对此，项目建设团队组织人员在最短时间内逐字逐句翻译出"中国标准"的英文版，还做了大量的细化诠释标注，经常邀请业主、咨工专家一同参与项目技术讨论、讲解管理程序等。半年下来，中外工作人员迅速磨合，"中国标准"在异域生根，工程施工、验收顺利展开。最终，该项目获得了"国家优质工程奖"等荣誉，"中国建造""中国标准"在喀麦隆一炮打响。

十数载耕耘开拓，公司以"质量诚信"扬名几内亚湾沿岸国家，交出了一份"全面开花"的成绩单：把基础设施"硬联通"作为重要方向，在安哥拉、尼日利亚、喀麦隆、纳米比亚、加纳、科特迪瓦、贝宁等非洲国家承建了一大批优质水工工程，形成互为支持的境外区域市场；把规则标准"软联通"作为重要支撑，让"中国标准""中国方案"扬名海外，为共同构建人类命运共同体做出四航三的贡献；把与共建国家的人民"心联通"作为重要基础，通过项目建设带动当地就业，助力提升属地员工技能，为相关国家可持续发展培养了一批中坚力量。

五、拓展诚信内涵，积极履行社会责任

公司牢记央企姓党、国企为国，始终胸怀"国之大者"，在奔赴江河湖海建设"大城市""大交通"的同时，诚心回馈社会，自觉履行社会责任，在环境保护、生态建设、脱贫攻坚、乡村振兴等方面主动担当作为，赢得了社会各界的认可。

（1）多措并举，助力脱贫攻坚。作为央企驻粤单位，自 2009 年起，公司接连派出扶贫工作组进驻湛江市廉江塘蓬那罗村、雷州白沙镇那楠村、徐闻县西连镇大井村等开展扶贫工作，继实现帮扶点脱贫后，持续深化徐闻县乡村振兴工作，积极响应"中交助梦"行动。公司帮扶的徐闻县西连镇大井村属于广东省认定的贫困村、软弱涣散村、集体经济薄弱村"三类村"中的软弱涣散村，全村共有 866 户、4950 人，其中相对贫困户有 75 户，相对贫困人口有 257 人。为此，公司先后开展了产业扶贫（包括养殖种植、电商销售、光伏产业）、智力扶贫、村环境治理、村医疗养老保障等十多个帮扶项目。到 2019 年年底，驻村工作组配合政府成功帮助 75 户贫困户 257 人实现了脱贫致富，脱贫率达 100%；贫困户年家庭人均可支配收入得到了显著提高，由 2016 年的 3586.6 元上升到 2019 年的 12024.38 元。2016—2018 年，大井村连续三年被评为湛江市优秀扶贫村。

（2）参加志愿服务，展现青年担当。公司始终践行"让世界更通畅，让城市更宜居，让生活更美好"的企业愿景。多年来，公司组织开展了"党团共携手，爱心志愿行"扶贫慰问、"大爱无形，捐血有情"无偿献血、"助力脱贫攻坚，共建绿色大井"乡村美化、"防疫宣讲进班组，教育暖人心"疫情防控知识宣传、"放流鱼苗、保护赣江"环境保护等志愿服务活动超过 200 场。目前，公司共成立蓝马甲志愿分队 28 个，发动

青年志愿者 550 余名，为有志青年更好地践行社会责任提供了广阔平台。

（3）保护生态，加强绿色履约。公司牢固树立"绿水青山就是金山银山"的发展理念，坚持践行绿色发展新思路。公司加纳特码新集装箱码头工程项目部专门设立 ESP 部负责项目环境保护工作，在安全的海滩上建立海龟自然保护区"海龟孕育中心"，引进海龟养育专家，并组织了一支"海龟护卫队"，为生活在这里的小海龟们创造一个合适的孵化环境。经过不断摸索实践，海龟孵化率由之前自然条件下 10%～20% 提高到了 74.5%。该案例《17087 只非洲小海龟在"中国产房"出生》获评"2022 中国企业国际形象建设十大优秀案例"。

公司承建的越南薄寮三期和朔庄一期海上风电项目海域，滩涂上的红树林因船舶的无序靠泊、沿海公路施工等原因岌岌可危。自 2021 年 3 月起，为改善当地生态环境，公司越南项目部自发成立红树林保护小组，沿越南海上风电项目施工海岸线两侧以及交通船码头 2 千米天然削浪带累计栽植了近 3000 棵红树苗，推动了当地生态环境的保护和修复，充分展现中国企业的环保担当，受到业主与当地社会的广泛赞扬。

下一步，公司将以诚信建设为抓手，与时俱进、创新发展，扎实推动公司高质量发展，为广东实现"四个走在全国前列"、当好"两个重要窗口"做出新的贡献，为建设质量强国、交通强国不懈奋斗。

案例创造人：王兆忠、刘　平、刘　伟

坚守初心，深耕煤矿安全生产
砥砺奋进，展现央企担当作为

鄂尔多斯市国源矿业开发有限责任公司

鄂尔多斯市国源矿业开发有限责任公司（以下简称国源公司）坚持以习近平新时代中国特色社会主义思想为指导，牢固树立"安全第一、环保第一、质量为本"的发展理念，全面履行中央企业社会责任，坚持企业合规诚信经营，积极扶持乡村企业振兴，投身公益事业，认真落实电煤保供政治任务，展现央企担当，为公司高质量发展提供坚实保障。

一、企业简介

国源公司是国家"十一五"期间的重点煤炭建设项目，位于内蒙古自治区鄂尔多斯市境内，行政隶属准格尔旗薛家湾镇，包括矿井、选煤厂和铁路专用线三个单项工程。2014年3月开工建设，2019年6月开始联合试运转。井田地质储量为13.68亿吨，可采储量为5.9亿吨，矿井生产能力为1500万吨/年，服务年限为29年。生产规模大，服务年限长，属于先进产能矿井；主采煤层6号煤，平均厚度为22.3米，开采成本低，安全系数高；生产原煤为长焰煤，属良好的动力用煤，洗选加工后，精煤发热量约稳定在21352千焦/千克，末煤发热量约稳定在17584千焦/千克。国源公司交通便利，矿区紧邻109国道，距离首都北京629千米，距离秦皇岛煤炭码头780千米，荣乌高速、大准铁路穿越井田而过。随着自有铁路的开通，大部分煤炭可通过神华大准铁路接入大秦线，并经秦皇岛等北方四港销往沿海地区。

自2017年以来，国源公司全体干部职工秉承"艰苦奋斗、默默奉献、创新开发、矢志一流"的龙王沟精神，按下了项目发展的加速键，矿井于2020年6月30日建成并通过竣工验收。先后获得煤炭工业协会特级安全高效矿井、全国安全文化建设示范企业、内蒙古自治区绿色矿山等荣誉称号，是国家一级安全生产标准化矿井和全国首批智能化示范矿井，2022年通过了国家首批智能示范煤矿验收。

二、层层压实责任，安全环保形势稳步发展

国源公司坚持以习近平生态文明思想和习近平总书记有关安全生产重要论述为指导，严格落实上级公司关于安全环保各项工作部署，构建安全环保"双体系"达标创建考核管理机制，牢牢掌握安全环保工作主动权，确保安全环保形势持续稳定。

（1）安全方面。强化层级管理，健全完善"三级"管控体系，强化责任落实，深化安全责任目标体系建设，完善全员安全生产岗位责任制和履职清单。深入开展"学法规、强管理、反三违"，"强标准、严规矩、反三违、保安全"，安全环保"大排查、大整治"等活动，不断完善安全管理标准、作业标准和技术标准体系建设。根据井下存在的灾害类型，持续加强应急管理工作，先后开展了水害、灾害性天气、辅助运输等应急演练，提高了应急管理水平。认真开展安全培训自查自考，优化培训组织、监管、考评机制，着重解决责任落实不到位、培训走过场、职工意愿低、培训效果差等"老大难"问题，扭转培训被动局面。深化班组建设，以"三无四有五型"班组创建评比为抓手，促进班组管理制度化、操作标准化、行为规范化，职工违章和严违月平均降幅为4.3%和9.7%，职工违章数量同比去年下降了16.9%。开展"金牌班组"评选，

提升班组管理水平和整体素质。

（2）环保方面。一是完成了 61601 塌陷区治理，累计完成治理面积 23.2418 公顷，形成了以特色采摘农业为代表的绿色发展新格局。积极开展违法用地整改，2022 年 11 月 18 日完成了下属外包单位生产生活区域违法用地整改，通过了综合执法局的查验。二是变废为宝，实现循环再利用。将生产、生活、打钻、防尘等污水进行净化处理，用于矿区地面绿化、景观湖注水、消防水补充、车辆冲洗、职工洗澡等，实现了水资源的循环利用。建成压风余热回收循环利用装置，用于职工洗浴和生活用水加热，提高了空压机运行效率，有效减少了自备锅炉出力，减少了能源消耗和温室气体排放。三是美化矿区环境，扮靓绿色矿山。坚持"完成一项工程、绿化一片空地、形成一个景观"的要求，见缝插针地对矿区主干道、生产区、生活区进行绿化、美化、亮化，累计完成矿区 60% 面积的"三化"工程，把工业场地变成宜业、宜居、宜游的美景花园，扮靓工作生活环境的同时，也提升了公司职工的幸福指数。

三、履行社会责任，推动乡村振兴，构建地企和谐发展关系

近年来，国源公司深入贯彻落实"绿水青山就是金山银山"理念，加强沟通，积极履行社会责任，得到了当地政府的大力支持和帮助。

一是争作美丽中国践行者。按照市委、市政府和各级主管部门的要求，国源公司结合当地文化、地貌特点、矿井类型，进行"山水林田湖草沙"统一规划、总体设计，带头探索"整山整沟""一矿一策"塌陷区环境治理提档升级方案，按照土地原始用途分类，栽培既适应当地土壤气候、又能带来经济收入的经济型植物和树木，为子孙后代既留下绿水青山，也留下金山银山。

二是扶持乡村企业振兴。按照准格尔旗委、政府"万企帮万村"精准脱贫实施方案，国源公司结对帮扶龙王沟煤矿采区范围内的点岱沟村、苏计沟村两个行政村发展集体经济，三年来合计赞助资金 240 万元。与此同时大力推动新能源项目落地实施，与驻地居民开展了光伏项目合作，充分利用天时地利人和，保证困难群众扶得上去，保持得住。下一步将按照鄂尔多斯市包联驻村工作领导小组要求，进一步加大鄂尔多斯市优质农牧产品采购力度，按照煤矿最大需求量，统一购买当地村集体所养殖的猪牛羊、鸡鸭鱼等肉食及瓜果蔬菜等当地农产品，最大限度支持乡村振兴。同时，公司把履行央企责任与乡村振兴充分结合起来，把关心关爱职工与消费扶贫行动结合起来，将传统节日慰问职工的生活福利品换成当地群众的农副产品，既彰显了企业对职工的关心关爱，又提升了职工的幸福感、满足感，解决了当地群众的燃眉之急，融洽了地企关系。

三是援建薛家湾第九小学。高标准实现教学楼与教师办公室联建、学生宿舍与食堂餐厅联建、风雨操场建设，并于 2015 年 9 月 7 日投入使用，有效促进当地教育条件的改善和发展，公司原总经理荣获 2018 年度鄂尔多斯市全市尊师重教先进个人。

四是认真落实电煤保供任务。2021 年下半年龙王沟煤矿被列入国家保供煤矿。为了更好地履行央企责任，龙王沟煤矿在按计划完成 200 万吨 / 年产能核增的基础上，在 2021 年 9 月月初停止市场客户合同签订，并与各电厂签订了 56 万吨中长期合同，尽最大努力实现保供要求。2021 年全年，龙王沟煤矿长协兑现率为 83%，中长期兑现率为 109%，高质量完成国家保供任务。2022 年，国源公司积极发挥煤矿企业"顶梁柱、压舱石、稳定器"作用，深挖自身潜力，将煤矿智能设备应用到生产一线，增加能源供应，安全高效地完成了能源保供任务。12 月 3 日、12 月 6 日、12 月 7 日，央视《朝闻天下》《新闻直播间》、上海《东方卫视》等主流媒体连续报道了国源公司全力保障煤炭供应的新闻，体现了央企担当，展示了央企风采。

四、坚持诚信经营，孕育更具高尚价值观的煤矿安全生产管理文化

要实现企业安全生产和可持续发展，事业是基、职工为本、文化为魂。国源公司始终坚持以"以人为本、生命至上"为主旨开展安全文化建设，统筹全员安全意识强化、员工安全素质提升、职工安全行为规范等

各项工作，确保职工生命安全和身体健康，为公司创建本质安全型企业和打造智能化标杆矿井提供了精神动力和理念保障。

一是坚持诚信为先，丰富安全文化内涵。通过标语、文化墙、牌板、井下安全长廊等传统文化宣传载体，营造浓厚的安全诚信文化氛围。通过用身边人讲解身边事，开展安全承诺、家书征集、书画漫画展、征文比赛等系列安全诚信文化宣教活动，促使职工时刻保持对安全的敬畏之心，铭记教训、勿忘安全。通过开展安全知识竞赛、技术比武、岗位练兵等系列活动，不断培养职工的岗位遵章依规作业意识和标准化正规操作能力，真正把安全文化渗透到职工日常一言一行、岗位一举一动之中。

二是坚持理念立信，筑牢安全思想根基。在生产经营中不断提炼，形成了以安全核心理念、安全价值理念、安全质量理念、安全责任理念、安全工作理念、安全管理理念、安全培训理念为内容的安全诚信文化体系。"无论安排什么工作首先考虑安全""绝不用安全和质量换进度""不会抓安全的管理人员不是合格的管理人员""培训不到位就是最大的隐患"等安全理念，成为公司安全诚信文化的核心内容，并且在实践中形成了井口宣誓、入井培训、安全承诺、诚信帮教、违章复盘分析等一系列落地举措，把安全诚信文化融入公司安全生产管理的各个环节、各项工作。

三是坚持制度守信，促进安全诚信建设。建立完善的安全责任体系、安全技术管理体系、安全风险分级管控体系、安全隐患排查治理体系、职业健康管理体系、安全学习培训体系、安全评价考核体系、安全文化管理体系"八位一体"的安全诚信文化实践体系，为公司安全诚信文化建设提供了有效的机制保障。同时，深化安全生产诚信建设内部监督机制，配套完善了安全生产约束激励办法，发挥制度约束和政策激励的双重推动作用，有效强化了职工的安全责任意识、自主互助意识、职业健康意识和规律规则意识。

四是坚持日常重信，激发职工安全诚信主动性。创新职工"安全诚信绿卡准入"制度，绿卡就是职工的安全诚信档案，记载着职工在岗位作业过程中的不安全行为和不诚信情况，其考核得分不仅与职工奖金分配挂钩，也和职工晋升发展密切相关，让职工体会到自己肩上沉甸甸的安全职责。开展安全诚信班组创建，将班组安全管理工作细化成"安全管理、工程质量、创新创效、团队建设"四大类十六项内容，公平、公正、公开评选并重奖月度安全诚信班组，激发了班组安全自主管理的主观能动性。公司基层班组在风险预想、隐患排查、行为管控、手指口述、结对帮扶、师带徒培训等各项工作中取得了长足进步，进一步充实了公司安全诚信文化建设的内涵。

国源公司将以党的二十大精神为指引，立足煤炭安全生产，构建更为科学的管理体系，应用更加先进的管理手段，采取更加有力的管理举措，坚持诚信观念，层层压实责任，有效提高煤矿安全水平，在向第二个百年奋斗目标进军的新征程上守正创新、踔厉奋发，彰显央企担当。

案例创造人：代业滨、张瑞山、王　健

诚信立业　实干争先　央企领航展作为

中国二十二冶集团有限公司路桥工程分公司

一、企业简介

中国二十二冶集团有限公司路桥工程分公司（以下简称路桥公司）于1999年挂牌成立，现主要从事公路、桥梁、市政交通、民用建筑、地基与基础处理等专业施工。

路桥公司下设14个职能科室（部），2个专业公司（岩土基础专业公司、路面专业公司）、搅拌站、试验室及若干个工程项目经理部。现有员工总数483人，其中正式员工有250人，派遣员工有233人。具有大专及以上学历的有418人，占比86%；具有高级职称的有41人，具有中级职称的有104人；高级技师有2人，中级技师有20人。拥有一级建造师69人，二级建造师10人，注册岩土工程师2人，注册安全工程师7人，注册造价师7人，公路水运工程试验检测师16人，公路造价工程师4人，BIM建模师7人；拥有各类施工机械403台（套）。

近年来，路桥公司开拓思维、锐意进取，秉承"一天也不耽误、一天也不懈怠"的朴实厚重的中冶精神，承建施工项目遍及全国多省市及海外各地。路桥公司累计施工公路工程24项，总计350余千米；市政道路工程32项，总计200余千米。项目遍布广东、广西、江西、山东、河北、内蒙古等全国多个省自治区，其中传统项目有51项，PPP项目有5项。承建沈大高速公路、许平南高速公路、潘河大桥、内蒙古省际通道、德商高速公路、金查高速公路、通辽至鲁北高速公路、石家庄太行大街、广西百靖高速公路、马梧高速公路、盘锦大桥、广西崇靖高速公路、承德高铁商圈后窑路、大经高速公路、梧州外环路、兴安盟国道哈白一级公路、梅畲公路、唐山丰润祥云道、丰润区市政道路、溧阳三馆、丰南区南孙庄乡村振兴示范区建设工程、丰润区城乡粮食应急保障产业园、济宁跨线桥等一大批重点民生工程和高质量品牌项目，施工进度和工程质量均达到业主要求，多次受到当地政府和业主的高度赞扬，获得诸多荣誉。尤其是济宁跨线桥项目在企业"云端"开放日直播跨新兖铁路桥梁"双转体"，创造山东省"三个之最"，开启省市主流媒体霸屏模式。该团队被济宁市总工会授予"工人先锋号"荣誉称号，为企业在山东大地上留了一张闪亮的名片。路桥公司多次荣获中国五矿集团、中国中冶"先进基层党组织"称号；路桥公司路面摊铺机班组先后两次荣获全国"安康杯"竞赛优胜；获得"河北省总工会第七届职工道德标兵单位"、中施企协颁发的国家级"三星"绿色建造、"安全文明标准化工地"等荣誉称号。

多年来，路桥公司领导班子带领全体员工不断自我加压、改革创新、强化管理，凝聚出"争先不畏险，亮剑不畏难；坦途不歇脚，重担不歇肩"的企业文化，以"站在前排不让、扛着红旗不放"的气魄和豪情，创造出了一个又一个骄人的业绩。在未来的新征程中，路桥公司将继续以"一天也不耽误、一天也不懈怠"的朴实厚重的中冶精神和集团公司"河北第一、中冶前茅"战略目标为引领，以"说了算、定了干、按期完"为工作准则，朝着"在二十二冶集团争当路桥专业发展的'领跑者'，打造在中冶集团内部具有核心竞争力的'王牌军'"目标而努力奋斗。

二、诚信理念

（1）表述：以诚信为本，以客户满意为标准。诚信是中华民族崇尚的美德，更是当今市场经济的基石。在各种思想文化互相激荡的环境中，更应提倡诚信友爱，建设社会诚信体系，构建社会主义和谐社会。

（2）全心服务，让广大客户满意。永远把客户放在第一位，客户100%满意就是我们的工作标准和追求目标。企业的利益永远和客户的利益是一致的。

三、诚信实践

（一）以诚信初心实践精细化管理，提升履约能力，擦亮企业金字招牌

路桥公司坚持以问题为导向，将产值、营销、利润等各项指标详细分解落实，以提高管理效率和提升效益为落脚点，通过抓落实、促整改、再提升等各项举措，打造项目履约保障体系，构建履约支撑服务平台，全面实现履约目标。

（1）构建项目履约支撑服务平台。路桥公司围绕"如何帮扶项目部干好"和"如何帮扶项目部创效"两大要点，利用整体资源，设立"物资、商务、技术"三个管理中心，充分发挥公司机关对项目的"集中管控+服务"职能，构建起完善的项目履约支撑服务平台。物资中心贯彻规模化集采理念，由"一单一采"向总量采购、区域采购转变，由招募供应商向招募厂家、招募生产商、招募品牌转变，助力项目提高盈利水平；商务中心为项目预算编制业务提供支持和服务，并进行预算审核，保证预算编制质量，为项目经营管理提供可靠支撑；技术中心以帮助项目解决重点技术难题、强化EPC项目管理、实现双优化创效、强化BIM技术落地应用管理等为主要工作任务，为公司创造效益。路桥公司以"三大中心"为基础，搭建起项目履约支撑服务平台，对项目提供精准服务和精细化管控。

（2）抓制度落地执行，提升履约能力。路桥公司坚持"我赢非赢,他赢共赢"的经营理念，以塑造"精益型"系统团队、"高效型"项目团队、"全能型"作业层团队、"优秀型"分供商团队为出发点和落脚点，全面提升项目履约能力。路桥公司重视项目前期策划工作，成立项目策划评审小组，在开工前由机关各部门下达管理指标和具体要求，组织项目部从人员、组织、管理、资源、资金、税务及风险控制等方面进行全面策划，采取量化打分法进行评审，重视从源头到全过程管控的跟踪落实。路桥公司将传统的"阶段性"检查工作再提升，按照"80分法则"精准查摆各项目管理工作中的问题，在检查前分析项目上存在的问题，尤其是影响履约的各项制约因素，做到有的放矢，精准施策。

（3）提质增效为项目高效履约蓄能。为全面提高经营管理水平，路桥公司强化责任制，制订年度计划，坚持以开单作为项目绩效的计算基数，为项目工程款回收和履约提供强力支撑。同时，重视双维度成本管理体系建立，分解双维度成本管理目标，发布《路桥公司双维度成本管控体系实操方案》，明确了管理体系、做法、要求、管控重点和管控方法，为双维度成本管理的运行奠定了基础。路桥公司大力推进亏损治理，强化扭亏方案、结算策划和执行管理，枣庄民生路项目通过路面工程自行组织施工和结算三次经营，主动管理，在快速完成结算的同时实现扭亏。

（二）以诚信为基，筑牢"质量"意识，推动企业持续稳定发展

路桥公司坚持"说了算、定了干、按期完"的工作准则，努力践行"干就干好、做就做精"的质量理念，努力打造业主满意、人民满意的品质工程。

纵横钢铁料棚加固工程突破了行业"禁区"，在滩涂中成功实现"豆腐块里楔钉子"，让超大型料库再次挺直了腰板。丰润博物馆、图书馆、档案馆工程在浭阳新城筑就时光与知识殿堂，一举荣获"河北省建设工程安济杯"奖和"河北省结构优质工程"奖。邯郸市政项目实现60小时贯通邯郸市交通主动脉，不断刷新城区市政修路新速度；赵王大街管廊工程避免"马路拉链"，改善线路蜘蛛网，赋能城市综合承载能力，使市政治理与智慧城市和合共生；涿州雨污分流改造工程实现江水置换、8万水表入户，疏通民生更是在疏通民心，不断探寻海绵城市自由呼吸的韵律；济宁跨线桥工程提前5个月实现火炬路全线通车，创造齐鲁大地"三个之最"，该工程荣获全国市政工程最高质量水平评价，不仅填补了公司在市政工程行业最高质量奖的空白，也展示了二十二冶以匠心铸造精品，为赋能城市高质量发展做出的巨大贡献。承德闫营子大桥提前20天完工，贯通滦河东西两岸，作为中国二十二冶首次施工矮塔斜拉桥桥型，具有开创性意义，荣获

国家绿色建造施工水平最高评价和2022年度建设工程项目绿色建造竞赛活动三等成果。围绕质量系统体系建设"四要求"，编制《项目质量管理体系标准化指导手册》和《项目质量行为标准化、程序化指导手册》，不断构建完善的质量制度体系。编制《市政工程工序质量标准化图册》，涉及路基、路面、管道、绿化等10个部分，为质量系统提供可参考、可借鉴、可适用的"市政工程作战指南"。

（三）以诚信为本，投身民生工程，用责任与担当助力属地建设

2021年全国两会政府工作报告中提出，政府投资将更多向惠及面广的民生项目倾斜，城镇老旧小区改造是满足人民群众美好生活需要的重大民生工程和发展工程，并提出了2021年新开工改造城镇老旧小区5.3万个的任务目标。为切实提升城市整体形象，按照唐山市丰润区委、区政府的要求，采取政府与企业联手共建方式，对城区原企业自管小区进行封闭式智慧改造。接到任务后，路桥公司迅速响应当地政府工作部署，与"我为群众办实事"实践活动相结合，精心谋划，科学组织，抽调精干人员进行施工，发挥自身在市政交通施工领域的优势，无偿对老旧小区进行改造，2天具备施工条件，4天组织材料进场，2个月完成5个小区所有出入口的岗亭、双杆闸道系统、人行门禁、铁艺门安装及小区围墙铺筑、翻新。改造后的各个小区已达到封闭式管理要求，安全系数直线提高，小区内部路面平整，重新修筑的小区围墙外观整洁大气，大幅提升了小区的品质与形象，焕然一新的居住环境得到了住户的一致称赞，使居民幸福感"原地升级"。

2021年，路桥公司对唐山市丰润区76号小区进行了改造。改造前的76号小区是已经交房14年的老小区，由于使用时间较长且多次开挖修理自来水管道，路面破损严重，道路坑洼不平，严重影响住户出行。为确保道路安全畅通，改善道路环境，提升百姓出行舒适性和小区的品质与形象，路桥公司积极履行社会责任，提供专业技术人员、测量人员以及机械设备等，对76号小区道路进行修缮。过程中，项目部采用"见缝插针"施工方式，急政府之所急，想群众之所想，在环保限制结束和降雨停止的时间加班加点赶进度，做到建筑垃圾和弃土"日产日清"，最大限度地减少建筑垃圾对居民生活的影响。路桥公司仅用时有效工期7天就完成了建设任务，原来的水泥路面如今已变成焕然一新的黑色沥青路面，小区道路平坦宽敞、安全舒适，大幅提升了小区的品质与形象，极大地便利了住户出行。

（四）诚信担当，冲锋抗疫一线，展现央企力量

2020年年初，随着新冠疫情的突发，各社区检查点成为疫情防控的"关键点"，值守工作人员在寒冷的天气中昼夜接续工作。检查点为临时设施，仅有一个1米多高、不足3平方米的简易帐篷用于休息和取暖，条件艰苦。路桥公司党委迅速行动，于2月1日、13日、14日，分三次向唐山市丰润区疫情防控一线捐赠14个集装箱，在降温和暴雪来临之时为防疫一线执勤人员送去了温暖，彰显了央企速度、央企担当和央企力量。2022年3月，唐山疫情形势反复，政府决定在南湖会展中心紧急建设方舱医院。由于物资紧张，住建局面向全市企业发起筹措物资号召，接到市政府的抗疫"集结号"，路桥公司第一时间盘点在手物资，联系省内、外多个供货商，订购方舱医院所需的单人床及行李被褥等物资，经过一天一夜的沟通接洽，路桥公司将筹措的全部物资顺利移交建设单位，以实际行动支援了唐山市疫情防控工作。唐山疫情形势稍显明朗，路桥公司又接到了援建邯郸市鸡泽县方舱医院的任务。路桥公司主要领导连夜赶赴鸡泽县方舱医院一线坐镇指挥，并先后从路桥公司各在建项目抽调100余名干部职工、多台施工设备至方舱医院施工现场。经过7天7夜的艰苦奋战，顺利完成了鸡泽县方舱医院的一期局部工程及二期雨、污水工程。

四、展望未来

未来，路桥公司将继续以诚信经营为理念，以优质品牌建设工程和一流的服务为己任，争创一流品牌、一流管理、一流服务和一流效益。

案例创造人：张海松、范昕煜、谭　浩

践行供电保障承诺　诚信服务园区发展

内蒙古电力（集团）有限责任公司包头供电分公司

一、案例背景

土右旗新型工业园区地处内蒙古自治区经济"金三角"呼包鄂区域腹地，总占地面积为2080平方千米，2019年列入国家开发区目录。按布局划分为能源循环产业区、光伏光电产业区、新型材料加工产业区等8个产业区。2022年园区完成工业总产值154.26亿元，同比增长9.8%，固定资产投资完成188亿元，固定资产投资增长39.9%。

按照内蒙古自治区、包头市确定的战略部署和土右旗新型工业园区的发展定位，土右旗新型工业园区全面培育形成光伏光电新材料、新型能源化工、天然气液化、生命健康、煤炭清洁生产等优势产业，着力打造"一区一高地三基地"（建设打造自治区重要的现代化工业示范园区、沿黄经济带协同发展高地和国家级光伏产业基地、内蒙古西部重要的新型新材料化工基地、自治区重要的清洁能源输出基地）。

项目建设是地区经济社会发展的重要支撑，新型工业园区是土右旗项目建设中心。随着土右旗新型工业园区的转型升级，近两年，该园区亿元以上项目以每年新增60家的速度迅猛发展，供电量保持每年新增2.5亿千瓦·时的高速增长，迫切需要加快区域电网建设、全面增强供电保障能力、提高综合服务水平。以园区发展带动项目建设，以项目建设拉动经济社会高质量发展。

二、工作措施

（一）担当作为"重承诺"诚实守信压实责任

土右供电公司（包头供电分公司属地单位）始终把落实服务承诺、保障园区供电作为"一把手"工程抓紧抓实。一是公司上下牢固树立承诺服务意识，当好诚信供电的服务员和宣传员，落实第一责任人、第一推动人责任，强化组织保障，确保压力层层传导、责任层层压实，形成上下一心、左右联动、齐抓共管格局。二是围绕保障和服务园区供电工作重点、目标任务和指标体系，制定优化台账等相关举措，定期分析研究，用新思路、新办法破解难题。持续改进工作作风，提高整改质量，建立长效机制，为园区用户提供更加高效便捷的服务，形成共同推动工作的强大合力。三是完善奖惩机制，坚持奖优惩劣，统筹推进，把服务园区工作纳入业绩考核和干部评价体系，严格奖惩兑现。建立问题台账，明确整改责任、举措和时限，加大跟踪督办力度。紧紧盯住重点服务、重要环节，坚决纠治不作为、慢作为、乱作为行为。四是主动接受社会监督，定期分析梳理和及时处理95598供电服务热线客户问题。采取"四不两直"模式，通过深度走访、电访、开设线上监督专栏等方式，查找管理服务关键环节存在的问题，为内蒙古自治区、包头市和土右旗对新型工业园区重大项目落地和发展各项承诺与招商引资政策保驾护航。

（二）电网建设"高标准"全力保障项目落地

安全稳定强大的电网是支撑地方经济发展的基础。土右旗新型工业园区吸引着大批光伏光电新材料企业和新型能源化工企业在这里开启新的征程。2019—2021年，园区新增入驻项目347个，总投资达404亿元。

为实现与园区项目同规划，土右供电公司与政府勤沟通，与企业对接，在电网规划和建设中跑出办电加速度。公司主动对接政府相关部门，将电网规划纳入区域总体发展规划、土地利用总体规划和地下空间规划，使之既满足电网供电需要，又与城市总体规划相协调。根据用户负荷预留变电站位置，充分考虑接入电源路径合理性，确保电力走廊通畅，与周边企业无用地争议。根据配网专项规划需求，结合区域内重大项目、重点市政工程，统筹业扩配套、计划投资等内容，滚动修订匹配相关主配网规划，推动电力设施与园区和项目需求同步规划、同步建设，对区域内所辖配电线路进行改造升级。

2020年3月，园区引进的晶润、无锡上机、顺风光电等67家企业陆续签订入园协议，增协鑫、亿晶光电、徐州晶茂、元亮蓝宝石等远期项目也达成意向协议。为全面承接新增220兆瓦负荷，土右供电公司迅速启动纳太110千伏变电站建设。纳太110千伏变电站总投资7268万元，于2020年7月开工建设，首期建设63MVA主变压器2台，110千伏出线2回，35千伏出线4回，10千伏出线24回，新建山格架—纳太110千伏线路新建线路5.3千米。经过全体施工人员"五加二""白加黑"的攻坚决战，于2020年12月月底竣工，最终形成了山格架—纳太110千伏线路、土右—纳太110千伏线路双电源供电格局。新营子变电站的成功启动，不仅满足了山格架园区新增负荷用电需求，而且优化了110千伏电网结构，提高了该区域供电能力和可靠性。

目前，园区供电已形成以威俊500千伏变电站和土右220千伏变电站为支撑，5座110千伏变电站分4个区域分区供电的"三横四纵"主网架，坚强电网成为园区发展的新引擎。

（三）供电配套"定制化"聚力重大项目建设

2021年入驻园区的新特能源多晶硅产业项目，是自治区新能源基地规划重要项目之一，是目前世界上首套单体最大的多晶硅项目，也是园区迄今最大的项目。新特能源多晶硅（一期）220千伏供电工程涉及新扩建8个220千伏变电间隔、24千米220千伏线路。24千米输电线路涉及林地0.1982公顷，跨越民房、院落、厂区等10处，跨越线路22回，涉及4乡镇土地。无论是在清障青赔、行政手续办理，还是在线路路径、线路施工等各个方面，公司都面临前所未有的挑战。

为确保新特硅材料公司早日通电，内蒙古电力公司和包头供电分公司针对重点项目，量身定制"一企一策"，以最快的速度响应企业用电需求，开通专属绿色通道，推出企业定制化服务。深入走访沟门镇等4个乡镇、北只图村等8个村落，翻阅大量资料，收集线路走径所涉及的用地分类，反复推敲、设计走径。依法依规避让生态红线、避让基本农田、避让文物古迹，并综合考虑线路所涉及的跨越河流、下湿地、水源地、丘陵等地形条件，分析整体地区的电网网架结构，按照谋划最长、生态最优设计理念，最终确定科学的供电线路。科学考量，采取EPC总承包的方式，有效缩短建设周期。倒排工期，各部门协同联动、紧锣密鼓开展各项工作，克服了冬季严寒、现场湿地作业环境复杂、疫情等诸多困难，科学优化施工方案，全力推动项目建设。在电气安装施工的关键时期，为保障项目按照里程碑计划投产送电，凌晨3点施工队伍就开始进场施工。冬施一直持续到1月25日，春节过后，正月十五，工人们返岗，项目复工。通过定制化服务，2021年年底开工，攻克一个又一个难关，兑现一个又一个节点，鏖战190天，及时解决用电保障方面所遇到的困难和问题，仅用不到4个月的时间就完成山格架变至该公司220千伏线路建设，实现先期供电。尔后，马不停蹄加速补强线路建设，用时2个半月建设完成220千伏土右变至220千伏山格架变联络线路补强工程，如期实现一期全负荷达产供电目标。这是将内蒙古自治区、包头市和土右旗三级招商引资政策承诺落实到重大项目的一个成功范例。

（四）诚信服务"零距离"

办电便捷性直接影响到企业的投资意向。吸引企业、留住企业、发展企业、培育企业，实现打造"一区一高地三基地"战略目标，离不开良好的营商环境，离不开电力的支撑和保障。土右供电公司全面落实包头市、集团公司优化营商环境决策部署，对标国内标杆，最大限度压环节、减时间、降成本，提高供电可靠性和电费透明度，打造高效率办电、高品质服务、高质量供电的营商环境。一是完善网格化客户经理制度，提升客户经理服务能力，强化"上门服务""电话预约服务"。主动对接客户，指导客户线上预约现场勘查时间，办电过程全流程线上流转、全环节时限监控、全过程互联互动，保障各项服务举措执行到位、监督到位。落实"客户经理＋项目经理""1+N"联合勘查机制，实现供电方案现场立达。取消设计审查、中间检查环节，合并合同签订、竣工验收与装表接电环节，高、低压办电环节分别压缩至3个、2个。实现5项常办业务线上一网通办，线下一窗办理，累计跟踪服务重点项目52个，送电时间较客户预期时间平均提前3天。二是对接政务服务平台，解决办电申请资料烦琐问题，打通电子证照在线获取路径，真正实现由原来的"一证受理"过渡到"一证办电"。深化"互联网＋"及信息共享机制，实现全业务在线办理。协商政府部门出台涉电审批政策，对于符合条件的电力接入工程实行告知承诺、审批改备案或免审批等方式，下放工程审批权限，平均办电时长由12个工作日压缩至3.5个工作日。三是将投资界面延伸至客户红线，取消供电验收环节各类收费，创新"电力+金服""临电租赁"服务模式，累计为客户节省成本631万元。四是有效缩短生产抢修作业时间，助力缩短客户停电时间。供电可靠率显著提高，不停电作业率达到88.78%，城市系统户均停电时长仅5.37小时/户，在包头电网排名第二。五是加大信息公开力度，全面提升客户体验。通过营业窗口、网站、APP、微信公众号向客户公示电价电费政策、办电信息和施工企业名录查询网址，通过多种方式向客户公开电价电费、服务流程、时限等信息，确保信息公开透明、更新及时，保障客户知情权和自主选择权。六是依托数字技术推动服务创新，全面推广应用"互联网＋"线上办电服务模式。通过"蒙电e家"APP等线上渠道，实现全天候线上服务客户，让数据多跑路，让客户少跑腿；加强95598电话回访，及时了解客户诉求和反馈意见；针对不同类型客户需求，制定营销服务方案，精准开展客户服务工作。落实同城异地、一证受理、一次告知、容缺受理、承诺备案，让客户"最多跑一次"。

森都碳素公司是内蒙古自治区高新技术企业，目前已形成年产3万吨碳素的生产规模，高峰时期每月电费缴纳额高达100万元。土右供电分公司加大电价政策宣传和解读力度，提高电价政策的公开度，促进客户对电价政策的了解。园区供电所在一般工商业电价的执行方法和优惠政策宣传基础上，建议森都碳素公司选择了更合适的基本电费计算模式，1个月节省电费4万元。

三、取得的成效

土右供电分公司全面落实内蒙古自治区、包头市和土右旗对新型工业园区重大项目落地和发展的各项承诺与招商引资优惠政策，对标内蒙古自治区一流供电营商环境的指标任务，持续推出提升"获得电力"各项举措，以实实在在的电力保障服务，推动产业向园区集中集聚，促进园区产业转型升级，提升园区创新发展能力，增强园区承载能力，实现了以电力支撑园区发展，以园区发展带动项目建设，以项目建设拉动经济社会高质量发展的目标。

一是园区电网建设突飞猛进。2019年以来投资20亿元，实施220千伏山格架变等输变电工程7项，新特能源多晶硅等重大项目供电工程13项，投资金额和建设规模均达到历史之最。通过科学规划电网，优化电网布局，高起点、快节奏的电网建设极大提升了园区电力承载能力，全面消除了线路过载、低电压等问题，实现项目建设供电更可靠、更经济的目标。二是电力配套精准保障。针对招商引资重点项目不同用电需求，为园区157家重点项目企业提供"一企一策"定制办电服务，不仅缩短了办理时间，还大大节省了成本。仅新特能源多晶硅产业项目，缩短近1年的办理时间，节省各项相关成本近1.8亿元，在内蒙古自治区范围内树立起信用供电的金字品牌。三是诚信供电服务持续升级。通过锁定办电环节、办电时限、办电成本、供电可靠性及电费透明度和办电便捷度等指标，全面提高园区企业获得电力水平。

案例创造人：刘云芬、张　华、李沣轩

加强诚信管理　践行社会责任促进高质量发展

中煤科工西安研究院（集团）有限公司

一、企业简介

中煤科工西安研究院（集团）有限公司（以下简称西安研究院）成立于1956年5月，1965年8月整建制从北京迁到西安，隶属于中国煤炭科工集团有限公司，系国务院国资委管理的大型国有骨干科技型企业。经过60多年的发展，已成为我国煤炭系统专业从事煤炭地质与勘探、煤矿安全高效开采地质保障技术、装备与工程领域唯一具有突出优势的国家重点高新技术企业。先后荣获"全国五一劳动奖状""中央企业先进集体""陕西省先进集体""中央企业先进基层党组织""陕西省思想政治工作先进单位""全国守合同重信用单位"等荣誉。1993年在国家科委考察评估的自然科学研究与开发机构中进入300强，位居地质普查与勘探类第一名。2022年6月，西安研究院进行集团化改革，迈入集团化发展新阶段。

西安研究院始终围绕出成果、出人才的价值取向，不断加强科研队伍建设，形成了以国务院政府特殊津贴获得者，科技部、中国煤科、煤科总院的首席科学家，西安研究院首席专家、研究员为主体的高层次科技人才团队。现设有博士、硕士研究生学位授权点和博士后科研工作站，拥有博士研究生导师19人，硕士研究生导师28人，自主培养的已获学位及在读研究生有300余人。中级以上职称人数占职工总数的50%以上。

西安研究院始终以推动煤炭科技进步为己任。作为煤炭安全开采地质保障技术领域科技创新主力军，西安研究院在煤矿井下定向钻探技术与装备、矿井水害防治与救援技术、煤矿井下瓦斯灾害防治技术、煤矿区煤层气开发技术、随采随掘探测技术，以及基于智能开采的透明工作面构建等方面取得了丰硕成果，形成了雄厚的科技创新实力，为引领煤炭地质保障科技进步做出了突出贡献。

西安研究院秉持科学研究与科技产业并重，以市场为导向，以客户为中心，立足国内、国际两个市场，提供地质保障一体化的技术、智能装备、工程总包与智慧服务，不断为客户和社会创造价值。业务涵盖透明地质与资源勘探开发、矿井水防治与水资源利用、智能勘探技术装备与工程、矿山环境保护与灾害治理等新兴产业。拥有煤与煤层气资源勘探与开发、透明矿井技术与地质保障平台、矿井水害防治与救援、矿区水资源保护与利用、智能物探技术工程与仪器、智能钻探技术工程与装备、矿山环境保护与废弃物处置及资源化利用、地热资源勘查评价与开发利用八大核心应用技术。截至2021年，与俄罗斯、美国、加拿大、英国、德国、法国、澳大利亚、意大利、日本、印度、土耳其、波兰、哈萨克斯坦、阿尔巴尼亚、越南、老挝、柬埔寨等40多个国家的有关机构和企业建立了交流与合作关系。

二、诚信经营理念

西安研究院始终以习近平新时代中国特色社会主义思想为指导，坚决贯彻落实党中央、国务院关于诚信经营的各项政策要求，以"人才为本，客户第一，家国情怀，止于至善"为核心价值观，坚持以客户为中心的经营理念，用心为客户服务、为客户创造价值；把以客户为中心的理念贯穿于市场、研发、销售、制造、服务等全业务流程；坚持主动了解、迅速满足客户需要，为客户交付高质量的产品和服务；坚持讲求信用，严格遵守商务约定，对客户有效履约。西安研究院一贯坚持向客户提供优质的产品和服务，充分发挥资源、资本、管理、技术和人才优势，营造人人讲诚信、处处讲诚信、时时讲诚信的企业全员诚信环境，竭诚为客户提供一体化解决方案和综合服务。

三、决策部署

（1）做到"两个维护"，彰显诚信担当

西安研究院立足"两个大局"，胸怀"国之大者"，坚持把党的政治建设摆在首位，把学习宣传贯彻党的二十大精神作为首要政治任务，制定具体实施方案，做出全面部署，深刻领悟"两个确立"、增强"四个意识"、坚定"四个自信"、做到"两个维护"。建立健全落实党组重大决策"第一机制"，做到第一时间召开党委会研究部署，确保实施有方案、过程有监督、落实有成效。同时聚焦主责主业，坚定履行首责不动摇，把"讲诚信"提升到"讲政治"的高度。

（2）编写发展规划，锚定诚信航标

西安研究院紧扣中煤科工集团"1245"总体发展思路和西安研究院"15417"发展方略，立足"十三五"发展基础，从战略全局高度出发，在发展基础与环境、对标管理、发展思路与目标、重点任务和保障措施等方面制定"十四五"发展规划。围绕诚信经营，通过实施15个优势技术工程化产业，努力打造西安研究院在技术、产品、工程、智慧服务一体化方面的核心竞争力，树立优秀品牌，为客户、社会创造价值。

四、坚持科技创新，强化质量措施

西安研究院始终坚持科技兴企的发展理念，近五年来，坚持创新驱动，加快科技研发成果转化速度，推动实现技术与产业协同发展；建立了"首席科学家＋高级专家＋专职研发人员"的三级科技创新人才体系，形成了"高水平科技带头人＋高素质研发人员"的创新团队模式；逐步完善科研支撑平台建设，进一步优化科研管理体系，在核心技术领域开展科技创新顶层设计，配置优势资源突破"卡脖子"技术，持续引领行业进步；以煤矿井下定向钻进、矿山水害防治、煤层气（瓦斯）抽采和地球物理探测作为发力点和突破口，不断推动关键核心技术取得突破，引领行业进步，先进成果不断涌现。

其中，专注于矿井水的资源化处理与利用、监测，研发地面顺层孔区域超前治理保水采煤关键技术和露天煤矿帷幕截水关键技术，保护了地下水资源，实现了保水采煤、绿色采煤，走出了一条人与自然和谐共生的绿色发展道路。

五、争创品质工程，践行品牌服务

打造品质工程是提高工程质量管控水平的有效手段，是西安研究院推行和深化标准化施工、维护品牌形象的有效途径。通过策划先行、标准化引领、项目示范、品牌建设等手段，以咬定青山不放松的韧劲儿，优质高效完成每个项目建设任务，全面提升项目履约能力，提高项目管控水平。

西安研究院深耕矿山水害防治与应急救援服务领域60余载，一直引领行业技术进步，集矿山水害防治技术与装备研发、技术咨询、水文地质综合勘探、防治水工程设计与施工、突水灾害抢险救援于一体，可为矿山在勘探、建井、生产、闭矿全生命周期提供防治水技术、装备与工程一体化服务，创立了"西安院防治水"品牌，2019—2021年共11项成果经鉴定达到国际领先水平。煤层底板水害"探、注、检"一体化超前区域治理、水害监测预警、顶板典型水害致灾量化判别和精准防治体系日臻完善，首次在国内露天煤矿成功建设大型截流帷幕工程。

六、履行社会责任，行动诠释担当

西安研究院始终坚持"人民至上、生命至上"工作理念，积极履行社会责任，以专业知识服务矿山水害应急救援，做到"事故发生第一时间响应"，先后承担了国内 90% 以上煤矿特大型突水灾害抢险救援与治理任务，近 10 年来参加矿山水害应急救援 43 起，解救被困人员 49 人，获得各级政府嘉奖和感谢 50 余次。其中，2021 年承担 12 起事故抢险救援工作，解救 25 人。

西安研究院专家团队用精湛的技术、丰富的经验、实干的作风为水害抢险救援贡献自己的力量，得到了国家矿山安监局、地方政府和煤监局、央视等各方的高度评价和赞誉，获得了矿方"抢险堵水行业领军""全国治水王牌之师""技术精益求精，工程尽职尽责"等高度评价，提高了"西安防治水"品牌美誉度和行业领军地位。

七、筑牢底线思维，加强合规管理

（1）加强内控体系建设。建立健全全面风险管理体系，整合内控、合规、法律事务管理，形成有效分级的事前预防、事中控制、事后救济风险防范体系。成立审计与风险管理委员会，逐步建立并全面完善风险、内控、合规等相关制度体系。梳理内控、合规、法务之间管理关系，形成一套切实可行、职责明确的风险防范体系。逐步充实风险管理、合规、法务人才队伍，明确管理职责，提升业务能力。通过各类培训逐步提高全员合法合规和风险意识。

（2）构建审计监督体系。加大内审监督力度，充分发挥内部审计在"促管理、控风险、强监督"等方面的监督检查作用。完善内部审计工作管理体系，增强内部审计工作人员履职能力，制定审计模板，利用审计信息化提高审计效率，拓展审计范围。建立健全违规经营投资责任追究体系，形成规范有效的工作机制，确保责任追究工作落到实处。

（3）加强风险识别预警。建立高度融合的合规管理与法律事务管理体系。在"三重一大"、规章制度、经济合同三项审查中开展法律、合规一体化审查。开展合规管理体系建设，制定《合规管理手册》，针对重点领域、重点环节、重点人员开展合规管理。提高法务人员业务水平，增强重大纠纷案件的处置能力。

八、结语

新时代赋予新使命，新征程呼唤新作为。西安研究院将高举习近平新时代中国特色社会主义思想伟大旗帜，不忘初心、牢记使命，解放思想、勇于创新，以引领煤炭地质保障领域科技进步，建设世界一流科技创新型企业为目标，全力以赴服务国家重大战略需求，努力打造西安研究院在技术、产品、工程一体化服务方面的核心竞争力，始终坚持"以客户为中心、以市场为导向"，高度负责地从事经营活动，积极履行央企责任，诚信经营，依法治企，筑诚信基石，立行业丰碑。

案例创造人：王海军

牢记嘱托 忠诚担当 不负厚望
筑造精品扶贫工程

中铁隧道局集团有限公司

半个世纪前,老一辈中国中铁隧道局建设者进驻大凉山,承担了全线最长、有"隧道建设禁区"之称的沙木拉达隧道的建设任务,用血汗甚至生命,谱写出了英雄篇章。时光荏苒,2016年4月,新一代成昆建设者接过成昆先辈"为有牺牲多壮志,敢教日月换新天"精神的传承旗帜,肩扛责任和使命,怀着对祖国的"忠诚和担当"火速进场,以传承弘扬艰苦奋斗的老成昆精神,铸造具有特色的新成昆文化,致力将小相岭隧道打造成精品扶贫工程。在峨米全段16家单位中第一家隧道进洞施工,第一家通过业主标准化验收,第一家承办成都局现场观摩会。

中铁隧道局集团成昆项目承建的小相岭隧道,位于四川省凉山彝族自治州越西县和喜德县境内,全长21.775千米,是成昆线第一长隧,属一级高风险隧道,是全线重点控制性工程。隧道地质条件复杂,最大埋深1350米,Ⅳ、Ⅴ级围岩占65%,含有煤层瓦斯、软质岩大变形、岩溶、岩堆、放射性、弱岩爆、断层破碎带等多种不良地质,堪称地质博物馆。

小相岭隧道工程于2016年4月开工,历时6余年,于2022年6月21实现全隧贯通,同年12月26日新成昆铁路实现全线通车运营。全线运营后成都至昆明最快7.5小时可达。小相岭隧道把半个世纪前的设想变成了现实,小相岭隧道建设者们用6余年的坚韧不拔践行了习近平总书记"担当和忠诚"的嘱托,将小相岭隧道打造成了精品扶贫工程。

一、融入忠诚担当,引领文化创新,全面提升企业文化建设创造力

6年多来,项目始终把"忠诚担当"作为企业文化建设和构建奋发向上精神家园的有效手段,内聚人心、外树形象,结合成昆项目实际,开展了以"忠诚担当"为核心的企业文化建设,对特色鲜明的"隧"文化加以拓展,将"忠诚担当"融入企业文化管理体系,得到企业员工的一致认同,形成了共同遵循的行为准则和价值观,员工凝聚力、向心力不断增强,实现了企业文化的创造性转化和创新性发展,也实现了文化建设与企业管理的良性互动。"讲忠诚、有担当"的企业文化,为企业做大做强做优注入了更根本、更深沉、更持久的力量。

项目获评中国中铁项目文化建设示范点,成为全线特色文化建设的标杆。《以忠诚与担当为核心的施工企业文化创新管理》的研究课题,荣获全国国企管理创新一等奖、重庆市企业管理现代化创新成果一等奖。项目1名青年党员当选党的十八大代表。项目青年突击队荣获全国铁道"青年五四奖章"。走在民族复兴的道路上,项目坚持以"忠诚担当"文化为指引,坚持传承老成昆精神,高标准高质量建设小相岭隧道,努力将其打造成新时代的丰碑工程,为建设交通强国贡献力量。

二、践行忠诚担当,加大宣传力度,全面提升企业文化品牌影响力

项目围绕"忠诚担当"精神,在坚持正确的政治方向、舆论导向、价值取向的同时,说实话、动真情,努力推出了一批有思想、有温度、有品质的宣传文化作品。充分利用自身良好的硬件设施和空间,适时更

新完善了"记忆中的丰碑"项目文化展厅,极大地增强了项目员工的自豪感和使命感。紧跟时代潮流,与专业影视公司合作拍摄成昆纪录片,开设"我们都是成昆人"微信公众号,利用新媒体进行广泛宣传。以成昆铁路先辈的光荣事迹激励引导员工,树立新成昆铁路建设过程中涌现出的先进典型,以视频、照片、文字、宣讲等形式进行宣传,使忠诚担当事迹得到生动、鲜活、形象的展示,感染、影响和激励员工。新华社、中央电视台、《人民日报》等中央级媒体先后走进成昆项目,以高规格、高密度、多角度的新闻推送,创树了外宣工作新标杆。两次登上《人民日报》头版头条。新闻联播头条用近7分钟的时长,讲述了三代中铁隧道人在成昆铁路的接力传承。《焦点访谈》专题报道小相岭隧道建设情况。《工人日报》《经济日报》建党百年专刊、《中国青年报》头版头条、《求是》杂志先后刊发了成昆项目相关报道,充分展示了中铁隧道人忠诚担当的良好精神风貌。这些影响力大、持续不断的热点报道,成为企业文化繁荣的推进剂,助推"中铁隧道"企业品牌美誉度持续攀升,增强了员工自豪感和荣誉感。

三、内化忠诚担当,铸魂塑形赋能,全面提升员工干事创业驱动力

项目始终把"忠诚担当"作为促进工程建设、建造精品工程的精神动力,坚持以先进带动后进,以党员带动群众,以模范带动发展,深入开展特色活动,以"忠诚担当"文化的感召力,激发广大员工干事创业、投身企业改革发展的积极性。项目党支部通过在关键岗位建立党员先锋岗、示范岗、责任区,在重难工点组建党员先锋队、突击队、安全岗,推动党员亮身份、树形象、显身手。针对小相岭隧道施工过程中设计图纸与现场实际不符、现场交叉作业等诸多困难,累计协调解决问题14个。面对新成昆线突如其来的最大涌水,"泡"在水里工作的青年党员积极发扬老成昆精神,日夜奋战掌子面,将险情的影响降到了最低。大力开展"打造扶贫精品工程"活动,全力以赴保安全、不遗余力控质量、尽心竭力促环保、齐心协力抓履约,小相岭隧道工程各项工作走在全线前列,在历次信誉评价中名列前茅。

为克服施工进度难题,项目先后组织开展了"共学党史践初心,勠力攻坚解难题""奋楫笃行勇担当,攻坚克难保贯通"等主题活动,先后攻克了正洞作业面岩爆、湿喷机回弹量大、凿岩台车功效低、长大隧道通风难等问题,极大地提升了施工工效,确保了施工安全,取得了小相岭隧道出口平导月进度达270米的可喜成绩,用实际行动让"忠诚担当"底色在大凉山深处闪闪发光。历经6年多的艰苦建设和不懈努力,2022年6月小相岭隧道实现全隧贯通。

四、牢记忠诚担当,践行央企职责,全面筑造精品扶贫工程

项目进场6年多来,党政一条心,不忘初心、牢记使命,在抓生产、比进度、讲安全,全力以赴确保工期的基础上,力所能及地帮助驻地百姓。

成昆项目进口驻地所在的马拖乡是一个人均年收入仅千余元的贫困乡,贫困户多,许多村庄交通不便,特别是每逢雨季,道路泥泞,当地百姓出行困难。成昆项目本着施工一方,造福一方的理念,主动帮助其修建自马拖乡至马拖村一组段2.05千米、新乡乡觉巴村至地达村900米水泥路面,极大方便了当地百姓出行。看到项目平导施工所在地马拖乡安洛村三组村民吃水困难,项目又出资出力为其建造水池一座,帮助村民走出靠天吃水的困境,受到了当地百姓的一致好评。

2018年,马拖乡举办彝族文化惠民活动,成昆铁路项目获得马拖乡人民政府颁发的"脱贫攻坚绘宏图 牵手致富奔小康"的锦旗。位于成昆项目出口工区旁的羊妈妈希望小学是喜德县唯一的一所希望小学,学生全部为附近村庄的彝族子弟。成昆项目的志愿者已经和羊妈妈希望小学里的530名孩子成为了好朋友,志愿者捐助文具、图书、衣物,表达新成昆建设者对他们的关爱。冕山镇尔史村瓦瓦书记说:"感谢中铁隧道集团一处有限公司建设者给我们义务修路,解决了我们村多年来的大难题,以后我们出行可就方便了。"

当前，项目建设已进入尾声。作为新老成昆铁路建设的直接参与者，我们始终牢记习近平总书记的厚望嘱托，传承"成昆精神"，不忘初心、牢记使命，以对祖国和人民的忠诚之心扎根在祖国建设一线，战斗在脱贫攻坚的最前沿，以文化品牌树立企业形象，用实际行动诠释忠诚与担当，把小相岭隧道打造成为新时代的"沙木拉达"。

案例创造人：符世祥、刘卫星、秦清海、谢长峰、刘　乾

践行诚信　卓越担当

中国北方稀土（集团）高科技股份有限公司

中国北方稀土（集团）高科技股份有限公司（以下简称北方稀土）前身是包钢8861稀土实验厂，始建于1961年。1997年9月在上海证券交易所成功上市，成为"中华稀土第一股"，是一家集生产、科研、贸易于一体的大型稀土集团。截至2022年12月31日，公司总股本为36.15亿股，总市值为905.57亿元。北方稀土始终秉持"立己达人"的价值观，将公司发展与职工幸福、客户利益、股东权益、社会发展统一起来，在企业做强做大的同时，为职工谋福祉，为客户提供更优产品，为股东创造更多财富，为社会创造更大价值，更好地履行国企的社会责任，最终达到各利益相关方和谐共赢。

公司坚持以习近平新时代中国特色社会主义思想为指导，全面贯彻党的二十大精神和习近平总书记关于稀土产业发展的重要指示精神，完整、准确、全面贯彻新发展理念，深入落实党中央国务院《关于加快建设世界一流企业的意见》，对照产品卓越、品牌卓著、创新领先、治理现代的世界一流企业建设标准，优化产品结构、提升品牌价值、突出技术创新、完善公司治理，促进产业高端化、数智化、绿色化转型发展。巩固稀土原料端领先优势，拓展功能材料供给能力，着力延伸产业链，选择性地发展下游应用产业，加快建成世界一流稀土领军企业，真正肩负起助推现代化新包钢建设，做强内蒙古自治区、包头市特色优势产业，促进稀土行业健康可持续发展和践行国家稀土战略的时代重任，为我国稀土产业链、供应链安全、健康、可持续发展做出新的更大贡献，在推动我国由稀土大国向稀土强国转变的伟大进程中彰显领军企业的责任与担当。

一、统筹部署，引领诚信经营

公司坚持安全合规运营，充分发挥集团管控、协调优势，稳经营、调结构、促改革，生产运行高效平稳，产品质量和工作质量稳步提高，协同供应商打造负责任供应链，客户体验不断提升。

（一）加强制度管理，规范运营体系

加快推进公司治理体系和治理能力现代化，完善中国特色现代企业制度体系，形成高效的内部运行机制，规范公司经营，实现生产经营过程的有序运作，促进公司发展战略切实落地。围绕合规管理、规划发展、企业管理、综合管理、生产安全、市场营销等方面进行制度的全面梳理，并不断修订完善，公司规章制度执行力显著提升，为公司规范化经营提供了坚实的制度保障。同时，各部门依据现行有效规章制度，将制度体系分为根本制度、基本制度、重要制度、管理规范4个层级，构建了"横向到边、纵向到底、协同共享"的制度体系，形成北方稀土"制度树"。

（二）科研创新引领，持续动能升级

公司以多层次的科技创新组织管理架构为基础，高质量建设科研平台，全方位提升科技研发能力，提高技术水平，健全完善科研成果转化、技术标准、专利管理等管理制度。建有"白云鄂博稀土资源研究与综合利用全国重点实验室""稀土冶金及功能材料国家工程研究中心""北方稀土行业生产力促进中心""稀土材料国际科技合作基地"等国家级科研创新平台9个，以及自治区级科研创新平台17个，具

备国内外稀土研究领先优势和协同科研竞争力;同时研发投入强度进一步加大,科研攻关形成更加先进、稳定的冶炼分离工艺,稀土磁材、储氢、抛光、发光、催化、合金等领域研发取得突破,科研成果转化取得较好成效。标准制定和专利申请力度加大,制(修)订并发布各类标准80项,获授权专利75项,行业技术引领力不断增强。

(三)聚焦国家战略,发挥支撑效能

全面完成国企改革三年行动任务。完成系列公司治理制度制修订工作,重点落实公司及子公司董事会六项职权;规范子公司法人治理结构,全覆盖实现党建与公司治理条款规范入章;完善子公司"三会一层",董事会应建尽建完成率达100%。合规做好信息披露和投资者关系管理,以优异的分红水平入选中国上市公司协会"上市公司丰厚回报榜单",依托良好的治理和管理能力获评"上市公司卓越管理团队奖"。同时以磁材板块为试点,实施专业化整合,打造行业最大磁材合金生产制造企业。完成子公司全南晶环重整,保持南方中重稀土资源布局。完成12家"两非两资"企业处置,减轻企业负担,主责主业更加聚焦、产业结构更加清晰。

(四)加强安全环保,夯实发展根基

公司健全完善安全管理体系,成立安全管理部,制修订安全管理制度,加强专业人员配置;全覆盖签订《安全生产承诺书》,逐级签订《安全生产目标责任状》,层层压实安全生产责任。强化安全督查考核,加强问题整改,安全管理水平显著提高。以冶炼分公司(华美公司)为试点推进智慧安全项目,打造"本质安全工厂",开展有益探索。全年未发生一般及以上安全事故,安全生产态势平稳有序。

坚定不移地走以生态优先、绿色发展为导向的高质量发展新路,大力实施绿色发展战略,加快促进全面绿色转型,努力推进"碳达峰、碳中和"工作进程,进一步推进能源管理体系建设。高耗能设备淘汰率达到100%,节约用电成本;加强能源管控,7家重点用能单位能耗强度同比降低9%;大力推进低碳项目建设,减少源头碳排放、推动余能回用,自治区内分(子)公司碳排放总量同比降低19.12%;并顺利通过国家节能标准化示范创建项目验收,获评包头市"能(水)效对标"领跑企业、节能先进单位;冶炼分公司(华美公司)、天骄清美获评自治区级"绿色供应链"示范单位,成为行业低碳发展标杆。

(五)加强风险防控,致力长期发展

公司依据相关法律法规的要求,加强风险管理,完善法务、合规、风险"三位一体"管控体系,构建风险防控和内控管理制度机制,全面提高合规经营水平。制定全面风险管理办法,健全完善风险管理体系。加强法律事务管理,强化合同、诉讼及授权管理和重大事项推进中的法律论证,公司防范化解重大风险能力进一步提升。不断优化信息披露管理制度体系,加强制度执行与监督,完善信息传递及披露机制,真实、准确、完整、及时、公平地履行信息披露义务,向社会传递公司发展信息,多渠道与投资者沟通交流,切实保护投资者合法权益。

(六)不断提质增效,提供有力支撑

公司坚持质量第一的价值导向,坚定树立"用户第一、品牌至上"的质量理念,强化全面质量管理,开展提质增效活动,逐步建立健全技术、专利、标准、质量、检验等工作的协同机制,激发质量创新活力,全力实施质量攻关、品牌培育工程,完善技术标准体系,加快提高企业质量水平,增强企业核心竞争力,持续提升产品和服务质量。随着法治化、市场化、国际化改革的不断深入,企业的诚信体系建设逐步健全完善,诚信自律、守法经营意识不断增强,经营业绩稳步增长,经营质量显著提升,行业高质量运行态势持续巩固增强。

二、践行公益，勇担社会责任

北方稀土坚持将培育和践行社会主义核心价值观贯穿企业改革发展始终，常态化推进公益慈善、志愿服务等工作，不断探索志愿服务承接公司发展战略、强化内部建设、参与社会治理、彰显良好形象的有效途径，在丰富公司企业文化内涵的同时，也彰显国有企业社会责任担当。

在2022年，围绕对内服务企业、对外服务社会两个维度拓展志愿服务覆盖面，积极与团十五社区、中通快递、养老院、新光小学等单位开展志愿服务对接，内容包括助力疫情防控、保护环境、服务社区、敬老爱幼、文明劝导、赛会服务等，助力建设和谐社会，进一步塑造了企业良好社会形象。全面落实绿化、美化、亮化任务，铺设草坪1820平方米、种植各类花卉60000余株，同时每年组织义务植树活动，2022年植树量达20000余株。持续开展"我帮你"新时代文明实践志愿服务活动，在为文明城市创建贡献力量的同时，也擦亮了"有困难找'小稀'"原创志愿服务品牌。抗击疫情期间，为保障稀土高新区企业核酸检测工作的正常开展，通力协助配合高新区的疫情防控工作，组建了稀土高新区核酸检测队伍，并设置了北方稀土核酸检测点，以"应检尽检、不漏一人"的核酸检测总要求，为稀土高新区10家分（子）公司驻厂职工共开展14轮次核酸检测工作。到疫情防控重点社区——广恩社区开展爱心捐赠志愿服务活动，为坚守在抗疫一线的工作人员送去了口罩、水果等物资。

深入贯彻落实党中央关于实现巩固拓展脱贫攻坚同乡村振兴有效衔接的决策部署，本着"解决实际问题、提供有效帮助"的原则，实地走访结对帮扶地区，及时了解贫困帮扶村面临的困难和需要帮扶的项目，先后向固阳县万和店村、白洞渠村提供帮扶资金和物资44万元；为达茂旗德令沟村提供帮扶资金及物资20万元。利用自主研发的移动磁共振诊疗车，持续在内蒙古自治区沙尔沁镇小巴拉盖村、五当召镇新曙光村、土右旗海子乡、固阳县银号镇等多个乡镇开展精准扶贫、精准医疗，服务当地农牧民达748人次。向定点帮扶单位会宁县掌里村提供资金帮扶40余万元，支持重点贫困户种养殖产业发展以及补齐基础设施短板；以消费形式促进四子王旗产业健康发展，投入330余万元购买8万余斤羊肉，投入96万元采购固阳县、石拐区、土右旗等周边地区村镇农户的蔬菜6000份总计300吨，用于发放职工福利；在帮扶地区开展"政策知识有奖答题""志智双扶"等活动，着力提高村民知识文化水平，进一步彰显国企的责任和担当。

案例创造人：章智强、瞿业栋、白华裔

坚持诚信经营理念　塑造一流口碑品牌

国能大渡河检修安装有限公司

国能大渡河检修安装有限公司（以下简称检修公司）于2005年成立，主要负责大渡河流域"七厂九站"装机1133万千瓦水电机组设备检修、重大技术改造、应急保障、在建电站生产筹备等工作，对外提供水电机组安装、检修、改造及技术咨询服务，业务拓展至云南、贵州、新疆、湖北等10余个省自治区，是国家能源集团最大的区域化水电检修公司、全国领先的专业化水电检修公司。公司下设7个职能部门、7个检修项目部和2个检修试验、小水电运营中心，现有职工441人，党员198名。

近年来，检修公司深入落实国家能源集团"一个目标、三型五化、七个一流"发展战略，发扬敢担当、讲奉献的大渡河精神，致力于打造成为中国领先的水电专业服务和解决方案提供商，大力推进项目化管理、专业化检修、集约化经营、品牌化服务，以先进的专业技术、卓越的服务能力、严格的安全管理、全面的责任意识，推动水电检修行业发展，贡献绿色清洁能源，在业内树立了"大渡河检修"的优质品牌。公司连续17年获大渡河公司考评"A"级，先后荣获中央企业先进基层党组织、四川省先进基层党组织、四川省国资委先进基层党组织、国家能源集团先进基层党组织、大渡河公司先进党委、四川省安全生产先进集体、四川省电力安全生产先进集体、四川省安全文化建设示范企业、大渡河公司本质安全型企业、全国模范职工之家、四川省五一劳动奖状、四川省三八红旗集体、全国电力系统企业文化建设标杆企业、全国发电企业文化建设最佳实践先进单位、四川省文明单位、国家能源集团首届文明单位、大渡河公司企业文化建设示范单位等荣誉。

一、诚信规范、科学高效，立企业之基

公司把诚信合规作为实现可持续发展的基石和保障，持续强化法治意识、契约精神、守约观念，做到诚信合规经营，不断夯实企业高质量发展的根基。

确立诚信理念。公司自成立以来，就确立了以"诚信规范、科学高效"为核心，以"诚实做人、诚信做事""诚实是美德、信用是生命""诚必守、诺必行""诚实是为人之本、守信是立业之基""做人做事讲诚信、工作工程求完美""讲实话、做实事、求实效"为基本要求的诚信经营理念体系。经过多年发展，诚信理念内涵不断丰富，外延不断拓展，已融入企业安全生产、质量管控、服务保障、品牌形象各领域各环节，与管理理念、执行理念、创新理念等13类基本理念及工作、行为2个准则相衔接，构建了系统全面、不断发展的经营理念体系。

强化诚信意识。把诚信合规情况纳入部门和职工年度考核，并将其作为评先选优的重要参考。持续倡导"尊重员工、肩负责任、讲究诚信、追求卓越"的职工行为准则和"讲品格、守德重行，讲规矩、遵章守纪，讲能力、勤学精艺，讲作为、担当奉献"的职工评价标准，开展了"最美检修人""诚信敬业典范"等先进评选活动，推动诚信意识深入人心、形成共识。

践行诚信规范。深入落实集团合规管理规定，大力开展"促合规、践承诺"系列活动，深入开展诚信建设、合规经营，不断提升企业诚信声誉。公司先后获得中国电力行业AAA级信用企业、四川省纳税信用A级纳税人、成都市高新区纳税百强企业、集团公司普法先进单位、乐山市企业劳动保障守法诚信等级A级单位等荣誉称号。

二、质量至上、精益求精，树检修品牌

公司始终坚持"更高更新，益细益精"理念，始终恪守"产品就是人品、质量就是生命"，强化"专业专注、规矩规范、止于至善"的工作准则，质量树品牌、处处创精品。

强化专业检修。坚持"应修必修，修必修好"，专注水电产业，持续提升专业能力和价值，以专业塑造品牌，以专业赢得客户。公司具备水电厂检修安装、水利水电工程总承包、水利水电机电设备安装、检修安装技术咨询、项目管理、水电工程科技研发及技术咨询等能力，拥有承装（修、试）电力设施许可二级、水利水电机电安装工程专业承包二级、水利水电施工总承包三级、起重设备安装维护特级等资质，获得ISO 9001—2008质量管理体系认证、成都市计量授权证书。累计授权专利100项，发表论文282篇、专著1部，编写《水电厂检修与维护》教材1部，获省部级以上科技进步奖36项。

深化精益检修。公司坚持益精益细、匠人匠心，全面深化精益检修。建立精益检修标准化体系，编制水电行业《精益检修操作手册》《水电产业设备检修标准化作业》《缺陷对标管控模型》等规范。加强全过程质量管控，实行设备检修三级验收制、质量旁站监理制、设备隐患排查奖励制，推行检修作业工序卡、关键点见证，做到重要项目重点实施、关键部位重点检查、异常数据重点分析。推行"设备检修质量终身负责制"，建立完善配套考核体系。近年来，年均承担40余台机组、30余台主变、30余条线路（母线）及60余套溢洪设施检修任务，修后设备均一次性启动成功，连续17年实现"零非停"，5台检修机组获得"2022年度全国可靠性标杆机组"称号。

推行智慧检修。紧紧围绕提升设备运行可靠性，大力推进云计算、大数据、人工智能等新一代数字技术在水电行业的应用，编写行业内首个《水电厂智慧检修建设标准》，打造智慧检修新模式。以"实时监测、动态分析、智能诊断、自主决策"为目标，聚焦设备状态参数大数据挖掘，强化趋势预警、设备故障分析、设备树和故障树三大前沿核心能力，确立128个设备故障模型，依托光传输技术突破38个参数模型，实时掌握设备健康状态、预测预警设备运行风险、精确定位设备故障、自动生成最优检修方案、自我配置生产要素，实现检修管理手段从计划检修、事后检修向精准检修、预测检修演进，实现用最经济的方式实现可靠性维修，更好地满足新型电力系统需求。

三、诚信负责、用心服务，赢业内口碑

公司坚持质量第一、信誉第一的服务宗旨，秉承"干一个工程，树一座丰碑，交一方朋友，拓一片市场"的理念，用诚信赢得市场，在业内建立了良好的知名度、信誉度和美誉度。

坚持优质服务。坚持用心服务、用心经营、用心打造，从点滴做起，以令业主满意为衡量检修效果的唯一标尺，实现检修服务"零投诉"。公司先后承揽水利部万家寨水电站，国家电网将军破水电站，华能集团雨城、小关子、铜头水电站，大唐集团川王宫、始阳水电站，中国电建沙湾、安谷水电站等100余座水电站检修、安装任务，大兴电站机组摆度过大缺陷处理等对外检修任务，以过硬的检修质量和优质的服务水平，赢得"精益求精、检修楷模""精益检修、质量第一""业务精湛、服务一流""优质精品工程、和谐高效项目"等好评，先后收到30余面锦旗、50余封感谢信。

践行合作共赢。倡导"相互尊重、互利共赢"的合作理念，打造合作共赢共同体，多个检修项目实现二次合作，先后与26家电力企业签署战略合作协议。永宁河水电站投运3年首次A修，检修公司专门组织技术力量进行攻关，使计划A修变为局部处理和选择性优化改造，高质高效完成抢修改造，工期缩短了12天，赢得"精湛技术修设备、优质服务增友情"赞誉。贵州善泥坡1号机组检修中，公司项目部主动为业主分忧，除完成标准项目外，还处理了机组推力油槽漏油、尾水锥管裂纹、主变压力释放阀渗油等重大缺陷，以优质服务得到二次合作。承揽华能小关子、铜头水电站设备检修、日常维护等工作10余年，赢得"十年合作信誉高、精心检修质量好"高度评价。

做到合规管理。坚持平等、守信，践行"依法治企、守法从业"的法治理念和"廉洁从业、干净做事"的廉洁理念，严格遵守法律法规和公司规定，做到合规红线不触碰、合规底线不逾越。发扬契约精神，认真履行合同约定事项，避免发生延迟交付、拖欠价款等违约行为。优选遵守法律法规、信誉良好的承包商和供应商开展业务，加强对项目全过程监督，对供应商实施名单制管理，对失信行为实行惩戒。在项目选择上，谨慎细致进行安全风险分析、成本预算预控，对指标不达标的项目坚决不做。项目经营谨慎小心，坚决不碰廉洁红线，坚决不做违规行为，筑牢依法经营底线。

四、以人为本、警钟长鸣，筑本质安全

公司秉承"一切风险皆可控制，一切事故皆可避免"的安全生产理念和"绿水青山就是金山银山"的生态文明理念，坚持走安全发展、绿色发展、科学发展之路。

健全安全生产诚信体系。坚持"严肃制度、严明纪律、严格管理、严谨工作、严厉考核"的安全管理要求，健全安全生产管理制度，扎实开展安全生产三年专项整治，开展安全生产标准化达标建设，建立《安全管控对标模型》和《现场管控对标模型》，建立安全生产监督岗，组织各层级岗位人员签订安全承诺书，加强安全生产诚信体系建设。确定每年4月为"平安检修月"，大力开展"安全回头看"大讨论，编制《不该发生的事件》《人本化安全》等书籍，教育引导职工居安思危、警钟长鸣。通过多年实践，形成了"责任务必到位、管理务必从严、过程务必闭环、措施务必严密、执行务必彻底"的安全管理经验，"宁听骂声，不听哭声""没有事故，不等于没有隐患""条条规程血铸成，不要再用血验证""你对违章讲人情，事故对你不留情""违章是事故的祸根，侥幸是安全的天敌"等22条安全文化理念。

推行伤害预知预警活动。全面开展伤害预知预警KYT活动，把检修现场起重伤害、高处坠落、触电、机械伤害、物体打击等13类伤害纳入作业风险预警，建立一事一卡，全员共同参与，辨识危险因素，制定防范措施，手指口述确认，实现事前预防控制，切实将人的不安全行为和物的不安全状态控制在最小范围，以防事故形成。坚持把"干什么、怎么干、有什么风险、怎样防范"的理念贯穿安全管控全过程，突出隐患排查及风险管控"双预控机制"，推行现场安全管理影像曝光、现场执法记录，不断规范人的作业行为。16年来，公司累计安全作业240万工时，形成具有大渡河检修特色的安全风险管控长效机制，安全管理案例获国家电力安全生产科技成果二等奖、国家安全生产科技成果三等奖。

坚持绿色低碳文明施工。编制《安全文明施工标准》和《设备检修作业管理标准》，推进作业标准化、规范化。在检修区域、检修设备、工作场所等所辖区域内按"NOSA"和"6S"要求进行管理和文明施工，认真贯彻"谁使用、谁负责""谁损坏、谁修复""谁污损、谁恢复"的原则，保持检修现场环境清洁。坚持"作业不损一块砖、地面不滴一滴油"，做到"三不落地"和"工完料尽场地清"。坚持"与青山绿水为伴，让青山绿水更美"，践行生态环保理念，从未发生环境保护事件。

五、应急救援、扶危济困，显央企担当

公司充分发挥在水电检修领域深耕多年的优势，切实扛起为党分忧、为国尽责、为民奉献的央企责任。

奔赴抢险救灾第一线。2008年汶川地震发生后，公司第一时间组织应急救援队前往凤鸣、官田、沙金3座电站参与灾后重建工作，历时半年这3座电站全部复产，相当于安装3座同类型电站，被誉为"检修铁军"。2013年"4·20"芦山地震发生后，公司迅速组织救援抢险，积极参与用电恢复、保电送电、伤员运送，得到新华社上海分社高度评价，公司荣获四川省"芦山地震抗震救灾工人先锋号"称号。2022年1月12日，甘孜州丹巴县关州水电站发生透水险情，公司连夜驰援，得到当地政府高度认可。

助力打赢脱贫攻坚战。助力大渡河"沿江一条路、两岸共致富"，积极参与三州地区脱贫攻坚，持续推进消费扶贫工作，积极为扶贫产品代言，帮助乡村农产品走出大山，扩大城市销路。深度参与乡村振兴，

选派一名干部到普格县红军树村担任第一书记,建成大白鹅养殖基地、产业示范园,重新规划和升级改造2所小学,启动规划4900万元农旅融合产业示范园帮扶项目,巩固拓展脱贫攻坚成果,推进乡村振兴。

汇聚志愿服务"小水滴"。建立"大渡河小水滴"检修志愿队,吸纳志愿者80余名,常态化开展志愿服务活动。与黑马希望小学结对帮扶,连续14年开展爱心助学活动。组织志愿者到踏水镇敬老院、沙湾镇敬老院看望孤寡老人。乐山"5·20"特大洪灾中组织志愿服务队转移群众30余人,在大渡河沿岸周边村镇疫苗接种点开辟"爱心通道",开展无偿献血3万余毫升,组织为灾区、疫情等捐款46万余元,以实际行动传播友爱互助正能量。

案例创造人:侯远航、李剑君、马建军、叶凌飞

全要素协同发力　打造诚信采购营商环境

内蒙古电力（集团）有限责任公司物资供应分公司

一、企业简介

内蒙古电力（集团）有限责任公司物资供应分公司（以下简称物资供应分公司）成立于 2007 年 12 月。成立初期，物资供应分公司负责集团公司的物资经营和招投标管理工作，同时行使集团公司物资管理部门职能。2015 年 4 月，内蒙古电力（集团）有限责任公司重新调整物资管理模式，实行"管办分离"后，成立物资管理部，行使物资管理职能，并将物资供应分公司职能调整为集团公司物资管理部的业务支撑单位，主要履行集团公司一级采购招标人职责：负责组织协调集中签约、履约、监造、检测、废旧物资处置、物资信息系统数据维护等工作，负责协助物资管理部开展供应商管理、评标专家管理、仓储及物资调配等工作。

物资供应分公司自成立以来，始终践行诚信为本的经营理念，时刻秉持公平、公正、公开的招采原则，切实发挥从业人员、关键业务、软硬件设施、企业整体全要素共同作用，努力营造崇信守法的营商环境，全面提升企业经营管理和服务质量，为实现蒙电中长期发展战略提供优质高效的物资供应保障。

二、诚信建设

（一）筑牢思想防线，夯实诚信文化根基

1. 加大警示教育力度，切实严守"八个不准"职业底线

常态化开展从业人员的警示教育和纪律教育工作，将《物资从业人员与供应商接触"八个不准"》作为每位从业人员必须遵守的职业守则和道德准则，并在新员工入职培训、日常业务普考、知识竞赛及警示教育大会中广泛宣贯，教育引导全体员工紧绷廉洁自律之弦，秉持诚实守信工作原则，时刻保持规规矩矩工作、诚信守法做人，努力维护采购工作的公平公正、真实可靠，切实维护公司良好信用形象。

2. 提升风险管理意识，有效发挥"三道防线"合力作用

在公司各层级学习中广泛宣讲内控、合规等风险管理工作的重要意义和工作要求，强调全体员工应遵纪守法、依规履职、勤勉尽责、诚信履约，不断提升诚信合规意识，规范自身行为、监督他人行为，努力营造人人合规、事事合规、时时合规的氛围，为公司依法合规经营贡献力量。充分发挥风险管理"三道防线"作用，通过业务部门、风控部门、纪检监察部门联动履职，全面促进业规融合、业法融合，加强重点领域的监督管理，推动法制、内控、纪委、审计等监督职能协同运作，持续推进物资管理业务的合法合规建设。

（二）聚焦主责主业，加强诚信体系建设

1. 规范资格预审流程，严格把控"四步设防"采购关卡

为营造良好的招标投标环境，遏制业绩、资质造假的不法供应商入围，为后续的批次招标采购创造有利条件，物资供应分公司资格预审工作设立"四道关卡"保证评审质量。

第一，严把报名关。将资格预审标段委托多家机构代理，按照新的业绩采信标准核查所有报名供应商递交的资质材料，初步排除不合格供应商。

第二，严把评审关。启用扩充后的评标专家库，分专业类别抽取评标专家，委托多家交易平台同步开展资格预审申请文件的评审工作，对造假行为再次排查，确保入围供应商质量。

第三，严把复核关。由招标代理机构对审查委员会提交的评审报告进行复核，再度排查供应商造假行为，保证评审结果真实可靠。

第四，严把核实关。分批组织各项目单位人员按照入围供应商所在区域分组进行现场核实，重点排查入围供应商是否真正具备营业资质及生产能力，并逐步建立统一完备的供应商综合评价数据库。

2. 紧盯关键重点环节，着重强化"四种人"的监督管控

为进一步规范招投标活动，全方位遏制业务风险，筑牢物资采购诚信公平的防线，物资供应分公司重点强化了对招标采购"四种人"的监督管控。

针对采购人，加强从业人员基本功锻炼，及时组织员工学习最新法律法规和行业标准，创新组织员工开展业务水平提高普考测试，着力培养专家型、学者型、廉洁型人才。深入开展廉洁警示宣教活动，持续加强业务监督和日常监督，促进全员筑牢思想堤坝、自觉拒腐防变。

针对代理人，修改完善代理机构管理办法，结合实际合理调整评价指标，按季度常态化开展代理机构考核工作，严格按照考核结果分配采购任务，定期组织召开代理机构业绩考核交流会，落实问题整改情况，听取合理化建议，推动代理机构不断提升服务质量，保证采购活动顺利进行。

针对评标人，严格执行评标专家管理办法，加强评标专家的监管与考核，维护公平公正的评审标准，针对专家应答率偏低等问题，提出考核建议，对违反评审规定的专家进行考核处理。定期举办评标专家培训班，做好评标专家入库培训和库内专家继续教育，加强评标相关业务知识、法律知识、系统操作知识培训，同时开展评标廉洁教育，增强法律责任和自我约束意识。

针对投标人，依规完成供应商不良行为的核实与处置，持续传导，有力震慑，倒逼供应商依法合规经营。梳理整合各采购系统、平台注册供应商信息五千余家，复查系统内所有不良行为数据，确保处罚信息精准有效，进一步明确不良行为的处理范围、处理措施、处理流程及执行原则，力求营造风清气正、诚实守信的采购环境。

（三）优化服务质量，营造诚信营商环境

1. 深耕数字化转型，开启国企电子采购管理新模式

近年来，物资供应分公司积极贯彻国家关于"互联网+"招标采购行动方案精神，应用"大云物移智"等现代信息技术，严格按照相关法律法规和行业标准率先开发建设电子采购平台，应用效果全国领先，电子采购系统处理能力名列前茅，实现了采购策略科学推荐与自动调整、招标文件自助编制、结构化投标、自动化评标、全程在线受标，实现集中资格预审、网上开标、远程评标、电子辅助评标、在线见证、电子归档、在线监督等招标采购全流程电子化、数字化、智能化，推动招投标业务向智慧化提档升级，保证所有项目无一中断和延误，为各方用户提供安全可靠、诚信透明、稳定高效、操作方便、持续扩展的一体化国有企业采购全流程电子采购平台。

平台在运行期间，完成自动同步公告、供应商共享共用、通知书电子化发布，招投标文件结构化制作、远程异地分散评标、线上澄清回复等新功能的上线工作，配合物资二期工程完成跨平台CA证书互认、移动扫码签章、电子保函等新技术应用，不断提高内蒙古电力招采电子化的公正度、透明度和便利度，切实做到采购全过程留痕可控可查，办事流程简化、采购管理效率提高，减少采购成本，为使用者提供更加优质高效的服务。

2. 畅通交流沟通渠道，长效建立良好供需合作关系

一是积极听取各方供应商意见建议。为全面贯彻落实集团公司助力自治区招商引资暨优化用电营商环境大会精神，不断激发物资领域市场营商活力，打造清风物资品牌，物资供应分公司组织"开门纳谏"系

列活动，邀请供应商代表召开座谈会建言献策，开阔思路。重点就招标采购端优化电子系统、评标办法、技术标准，履约供货端提高异议处置、供应商管理水平，到货验收端完善抽样检测流程等全链条物资供应管理方面提出宝贵建议，对供需双方加强沟通合作、供应商廉洁从业提出新要求。

二是高效开展供应商异议处置工作。物资供应分公司持续梳理、总结已受理异议，深入剖析发生异议的原因，找出症结所在，及时反馈并提出合理化建议。不断规范异议内容范围、受理方式、处置流程等内容，依法合规开展核实工作，有理有据进行异议回复，有效化解分歧。畅通异议热线和受理邮箱，坚持符合受理条件的第一时间受理、已受理的第一时间办理、办结的第一时间答复的"三个第一"原则，合理缩短核实周期，快速高效完成异议处置工作，及时为供应商答疑解惑，帮助供应商解决问题，消弭异议人"怨气"。

（四）主动担当作为，践行诚信企业责任

新冠疫情期间，为保证物资按时到位，工期顺利推进，物资供应分公司勇于担当、冲锋在前，始终坚守物资供应保障第一线。物资供应分公司充分利用物资信息化二期建设和采购系统搭建的成果，依靠电子采购系统"远程开标、线上谈判、专家线上流转签章、全流程无纸化采购"等强大功能，积极探索远程异地分散评标新模式，减少和避免因供应商到达现场造成的疫情风险，缓解疫情期间采购压力，解决一线生产建设燃眉之急，确保自治区和公司重点工程项目如期推进。

为保证集团公司输变电工程、煤改电配套供电建设等涉及民生的保电工作不停歇，物资供应分公司采购管理部工作人员充分发挥党员干部冲锋在前的模范作用，主动到岗，实施闭环管理，24小时待命解决现场紧急突发情况，顺利完成包头英华500千伏变电站第3、4组主变扩建工程、内蒙古西部地区"煤改电"项目配套电力线路工程的招标工作。

三、效果分析

（一）厚植诚信经营理念

物资供应分公司时刻秉持诚信经营的基本原则，强化从业人员的法纪意识，积极开展业务培训和廉洁教育，首先在公司内部营造浓厚的诚信氛围，以此促进外部供应商提供信得过的资质和产品，切实维护供求双方正当权益，将诚信经营理念厚植于招标采购大环境中。

（二）企业公信力助力高质量发展

物资供应分公司从提升从业人员诚信意识和风险防控能力、规范重点关键业务流程和加强监督机制、为供应商提供高效优质的服务等多方面入手，促进"买管卖控"核心业务质效稳步提升，使合规经营、风险防控、监督保障贯彻全业务流程，持续打造"企业经营讲诚信、员工办事讲信用"的国企形象。

（三）信用赋能，营商环境持续优化

物资供应分公司在严格开展各项业务工作的同时，时刻关注供应商诉求，不断畅通沟通渠道，通过开门纳谏、阳光采购、优化流程、提升服务等措施，认真听取供应商意见建议，尽力提前消除供应商疑虑，创建公开、公平、公正的采购竞争市场，营造诚信、和谐的合作氛围。

案例创造人：梁文馨、安　冉、万　江、王福斌

守信重责树标杆　十年坚守暖万家

中海石油气电集团有限责任公司天津销售分公司

中海石油气电集团有限责任公司天津销售分公司（以下简称天津销售分公司）于2013年9月在天津市滨海新区注册成立，是中海石油气电集团有限责任公司（以下简称气电集团）所属企业，负责在京、津、冀、鲁、晋、陕六省市开展天然气销售业务。成立十年来，天津销售分公司依托中国海油品牌资质和诚信经营企业精神，以高质量的产品和服务实现了稳健发展，成为华北地区最主要的天然气供应商之一，累计供应天然气超过1500万吨，为助力推进大气污染防治行动、打赢蓝天白云保卫战做出了重要贡献。

作为中央企业，天津销售分公司长期在市场的风浪中搏击，始终把依法合规、守信重责摆到企业改革发展的突出位置，在实现国有资产保值增值的同时，不断强化信用体系建设，夯实诚信经营，积极履行社会责任，并主动发挥示范作用，"带头遵守市场规则、带头稳定市场供应、带头规范市场行为、带头维护市场秩序、带头营造公平市场氛围"。通过自觉实践，天津销售分公司多年来在华北地区天然气保供工作和推动区域内天然气产业链发展中做出突出贡献，获得政府部门和用户的一致好评。

一、强化信用体系建设

近年来，我国能源绿色低碳转型的步伐不断加快，能源企业信用体系建设对构建能源行业新发展格局，推动行业健康、可持续发展的重要意义更加凸显。在中国海油党组、气电集团党委的坚强领导下，天津销售分公司将信用管理工作作为贯彻习近平新时代中国特色社会主义思想在企业落实落地的重要抓手。公司党支部设置"支委公开日"，自觉接受广大党员和干部员工合规监督，同时建立健全客户服务体系，接受商业伙伴诚信经营监督，不断提高销售服务质量；主动定期开展业务合规风险识别和隐患排查，强化内部约束；持续完善内控制度体系建设，严格把控采购、销售、采办、结算等流程，实现生产经营全过程制度化、标准化管理，并确保相关经营证照依法、合规，切实推进信用管理与企业经营管理各方面、各环节深度融合。此外，在日常工作中，将诚信建设作为总结工作、剖析思想的重要内容之一，纳入"三会一课"学习和企业例会汇报，并积极运用"第一种形态"，提升工作风险管控能力，形成监督合力。同时，将诚信建设与廉洁建设相结合，做实日常警示教育常态化，持续开展廉洁守信主题宣传活动，党支部每年开展专题会议，研究党风廉政建设和反腐败工作重点，领导班子每年与关键岗位员工签订党风廉政责任书，提高员工廉洁守信从业意识，营造全员诚信自律、防控风险的工作氛围。

二、夯实诚信经营

经商之道，诚信为本。近年来，随着我国天然气市场化改革开启"加速度"，天然气应急保障能力频频面临"大考"。作为天然气销售企业，天津销售分公司充分发挥中央企业诚信榜样示范引领作用，持续夯实诚信经营，坚持诚信建设与企业建设同步发展。

（一）诚信履约，保质保价

2017年冬季，我国遭遇民用天然气短缺的"气荒"，而华北地区受供暖需求影响，天然气供需矛盾更为凸显。在天然气价格飙涨大潮中，天津销售分公司始终恪守商业道德，坚持诚信经营，主动响应国家"无条件保障民生用气"号召，承诺"不涨价、不惜售"，始终将供气价格保持在合理区间，并按照约定量价安排确保合同履约。2020年，出现客户因疫情封控、停工停产等客观因素导致欠提的情况，天津销售分公司依然秉承"诚信为本"的经营理念，主动与客户协商多种解决方案，确保合同顺利执行。2022年以来，全球能源供应危机加剧，国际天然气价格屡创新高，高企的资源成本导致市场加注销售价格一路飙涨。在此背景下，天津销售分公司顶住巨大的经营压力，以"诚信共赢"为出发点，优先协调所属加注站点资源安排，并多次对车队和重卡司机客户开展调研走访，分析摸排市场需求和价格承受力，制定公平合理的加注销售价格，确保"民生大通道"资源安全、稳定供应。

（二）理念传导，信用深耕

在不断夯实自身诚信经营根基的同时，天津销售分公司也积极向商业伙伴传递诚信经营理念。在日常生产经营中，一是建立健全客户信用评级制度，引导产业链上下游坚持诚信经营。二是在疫情导致市场信心再次受到冲击时，主动承担能源物资保供稳价责任，向商业伙伴及市场发出倡议函。三是坚决反对和抵制特殊时期囤积居奇、哄抬气价行为，推动构建"平等交易、正当获利、竞争有序"的市场环境，确保华北地区天然气供应平稳、有序。经过多年信用积累，天津销售分公司助力气电集团于2016年获得北京海关AEO高级企业资格认证，并于2019年再次通过高级认证，塑造企业诚信经营良好形象。

三、积极履行社会责任

党的二十大报告指出，要深入推进能源革命，确保能源供应安全。在圆满完成历年保供任务的基础上，天津销售分公司认真学习和践行党的二十大精神，助力保供大局，2022—2023年供暖季向华北地区供应天然气共计13.3亿立方米，圆满完成供暖季和"两会"期间天然气保供工作，充分发挥中央企业能源保供"压舱石"作用，收到来自天津市发改委、重庆石油天然气交易中心、国家管网天津LNG公司等多家单位和商业伙伴的感谢信和锦旗，天津销售分公司在积极履行社会责任的道路上坚定笃行，得到各界肯定。

（一）提前部署，规范管理

面对华北地区在历年供暖季中呈现的需求波动性强、短期调峰压力大的"需求—气温"强关联规律，天津销售分公司提前研判、统筹部署，在供暖季前组织建立管道气应急保供通信录，畅通沟通联络机制。同时，积极配合政府部门及上级单位开展供暖季天然气"压非保民"预案实战演练，明确应急保供工作程序，压实各部门天然气保供职责。此外，牵头编制六级非居民可压减用户清单，以备紧急情况下迅速启动。供暖季伊始，牵头建立华北地区首座LNG槽车安检站，通过对LNG槽车实行全面安检，消除运输隐患，降低潜在风险，进一步提高LNG槽车本质安全水平、增强事故应急救援能力，为天然气安全、稳定运输保驾护航。

（二）科学调度，共渡难关

（1）科学调度、统筹安排，守护华北万家灯火。2022年12月，华北地区大幅降温，民用供暖需求快速增加，天津销售分公司迅速反应，牵头建立"线上+线下"信息传递机制，全力解决城燃用气缺口，全月向华北地区增供管道气量约1350万立方米。在保供压力高峰期，进口LNG（液化天然气）船舶外籍船员突发新冠疫情，公司立即启动应急响应预案，仅用24小时迅速完成应急处理，创国内进口LNG船舶疫情处置最短时间纪录。为应对北京寒潮天气影响，科学调整资源安排，实时监控需求变化，按照"民生优先"原则，加大对北京市公交和城燃供应力度，12月向北京地区LNG加注和城燃终端供应LNG约2.8万吨，环比增长185%，2022—2023年供暖季向北京地区供应LNG约11.5万吨，同比增长9.7万吨，创历史新高。

（2）统一调配、运力接力，保障供应平稳有序。2022年7月，气电集团华北分公司资源调度中心依托天津销售分公司，构筑了运力管理、站存管理、计划执行管控、管网设施对接、船舶接卸、运输安全监控等相关服务体系，实现了华北地区天然气销售"统一调配、高效调度"。党的二十大召开期间，考虑到疫情导致 LNG 槽车无法驶入北京，运力调度团队通过省际交界处"换人不换车"的方式实现运力接力，紧急向北京地区调拨资源 3800 余吨，为党的二十大召开期间北京地区天然气供应保驾护航。

十年来，"守信重责、行稳致远"的经营理念叠加"创先争优，打造一流"的创新引擎，形成了天津销售分公司诚信经营、稳定发展的良性循环。人无信不立，企无信不兴。作为华北地区天然气行业的守护者，天津销售分公司深知自己肩负着全力保障民生用气、引领行业健康发展的使命，将坚持"诚信兴企"并不懈践行。

案例创造人：陈先超、李东欣、李常铭、张　妮、陶婧媛

诚信履约重守责　客户满意保开学

中国十七冶集团有限公司

一、项目简介

景德镇艺术职业大学新校区位于景德镇市珠山区和谐大道向东至福佑路与红塔路相交处，建筑面积约 90 万平方米。由中国十七冶集团有限公司（以下简称中国十七冶）承建的景德镇艺术职业大学 A 区为 EPC 总承包项目，总建筑面积约 275460 平方米，建设内容主要包括教学楼、宿舍楼、体育馆、产业孵化楼、图书馆、美术馆、行政中心、演艺中心、艺术酒店等 16 个单体，是任务量最多、施工难度最大、工期最紧的标段之一。该项目自 2021 年 4 月 25 日开工以来，中国十七冶坚持"诚信社会为本、客户满意为荣"的经营理念，从技术创新入手，在施工中项目部持续创新施工技术，打造精品，2022 年 9 月 21 日揭牌投入使用。中国十七冶在提高工程质量的同时，克服工程体量大、异型结构多、大面积清水混凝土等难题，着力保护原有的生态环境，提升了工程品质，在极短的时间里完成了交付任务，保障了师生如期入驻，用匠心筑造"公园里的校园"。

二、主要做法

自项目开工建设以来，公司秉承"为客户创造价值、为股东创造财富、为员工创造福祉、为社会创造繁荣"的企业宗旨，项目部全体管理人员充分发扬"一天也不耽误，一天也不懈怠"的中冶精神，保安全、强质量、抢工期，在不断提升客户价值、股东价值、员工价值和社会价值的过程中求得发展。

（一）秉承"效率、品质、信用使我们远行"的责任理念

为全面落实业主工期节点要求，确保学校按期开学，及时组织召开项目推进会，开展"保开学，保交付，向党的二十大献礼"劳动竞赛，并多次召开项目推进会、动员部署会，明确目标、凝聚共识，动员各方力量，组织精兵强将，形成了 6 家公司齐奋战，100 余名管理人员中秋、国庆共坚守，30 余个工种 3000 余名作业人员、近百台机械设备协调推进的全作业面、全天候施工局面。

（二）联合攻坚、分区主攻

项目成立指挥部，由两级公司领导及相关部门负责人各司其职，指挥部以每日调度会、进度推进会、专项工作协调会为抓手，为节省时间、提高效率，利用"午餐研讨会"等形式对现场的施工完成情况进行每日研判，对施工中的困难与问题提出建议。施工现场实行片区管理制，参建各单位领导既是指挥员，也是战斗员，更是安全员。落实全天候、全区域、全覆盖管理，实行倒班工作制，作业人员按全天候人力资源配备。各参建单位对应公司的目标要求，以区域负责制为抓手，将所有资源全面落实到六大区域中，满足六大区域资源需求，特事特办，急事急办，特殊情况特殊处理。为保证高质量完成建设目标，项目部优化战术，强攻各个节点。加强动态管控，模拟施工工况，针对现场滞后及施工问题，形成日跟踪、销项清单，充分运用 BIM 技术，优化钢结构设计、提前管线综合排布，通过技术预装，提高现场施工精度。强化科学管理，增加施工机械进场，动态调整施工顺序，有序调配安排材料，使得现场机械设备能够有序运作，有效推进建设任务完成。

（三）重部署、守底线，压实安全防范工作责任

越是强攻，越要严守"三大底线"，安全要管好、质量要控好、疫情要防好。项目部从安全管理组织机构、规章制度、教育培训、安全投入、检查与奖惩五方面搭建"五位一体"安全生产体系，充分利用班前安全会、全员安全教育大会、项目经理带班检查、区域负责人巡查、安全监督员跟班查隐患等一系列"组合拳"，做到"穿透式""网格化"安全管理。

项目部每周开展全体人员安全教育警示大会，做到管理人员、作业人员全覆盖，结合"安全行为之星"活动，对表现突出的一线作业人员进行表彰奖励。全面开展班前安全活动，严格按照"有目标""有仪式""有内容""有针对性""有提高"的"五有"要求，对当日的危险源、风险点进行交底。结合项目部"包保连责"清单，主管级以上人员与协作单位"结对"，形成班前安全活动"包保连责"运行、考核制度。

全面提高文明施工精细化管理水平，项目管理团队克服了项目深处山区林地、现场空间狭小、场地临建布置困难等不利条件，通过精心策划、巧妙布置，充分利用现有场地，将现场布置得紧凑有序。公司高标准、严要求的良好企业形象和诚信服务的理念给业主单位留下了深刻印象，受到业主表扬。

（四）重实干、抓落实，助推安全生产"加速度"

项目部牢固树立安全发展理念，加强源头治理，做好隐患排查，加强施工人员安全教育，做到科学施工、安全施工。项目部坚持把宣传教育和思想动员作为安全生产的第一道关口，利用安全宣传栏、安全警示牌、工作群、现场宣讲等形式，在全体员工中宣贯"安全红线意识"，加强安全宣传，大力营造人人讲安全、天天讲安全、事事讲安全、处处讲安全的浓厚氛围。

（五）重监管、促提升，全力推进安全措施落实

项目部大力开展安全管理培训考核，组织开展了消防安全知识、危大工程安全管理、典型违规违章、起重机械吊装项目管理人员安全专项培训及考核，对新《安全生产法》、吊篮安装、拆卸及使用等进行了系统学习，提升了管理人员安全管理能力。持续加强危大工程监管，建立危大工程作业人员清单，对危大工程作业进行针对性的安全技术交底。项目部建立值班值守制度，全时间段覆盖。

（六）匠心筑造"公园里的校园"

中国十七冶始终以打造世界一流企业作为行动指南、价值导向和企业精神，加大科技创新投入，以一流技术推动项目高质量建设，追求一流的品质、一流的信用、一流的效率。

（1）匠心展现独特魅力。该项目处于丘陵地区，位于峡谷之间，建筑两侧为山体，施工场地极其狭窄，建筑与山地关系较为复杂。为了打造精品，项目部从技术创新入手，不仅提升了工程品质，还做到了节能环保。该项目大量采用木纹清水混凝土，面积达6.1万平方米。大面积使用该工艺在国内非常少见。项目部利用混凝土的拓印特性在混凝土表面形成自然木纹肌理图案，使清水混凝土有了更深层次的表达，不仅具有良好的装饰效果，还避免了二次装修。项目部组织攻关小组，历时四个月研发了"一种白色清水混凝土、配制装置及配制方法"，试配成功颜色偏白、造价可控的清水混凝土。该技术不仅增强了混凝土强度，还保证了混凝土的成品色泽、和易性和质量。

考虑到木纹呈现效果和施工成本，技术团队又研发了"一种异型双面木纹清水混凝土墙施工方法"，采用双层板施工工艺，即内层木纹板采用优质的樟子松实木板，经过火烤碳化之后刷三道清水漆，以凸显木纹效果，并减少混凝土和木纹板的粘接，提升清水混凝土表面的木纹效果。为加强清水混凝土质量管控，技术团队研发了"一种斜柱钢筋保护层垫块"，将与清水混凝土同配合比的水泥砂浆和C型钢结合，以控制钢筋保护层；研发了"一种控制异性清水结构角度的测量装置"，可检查、判断异性斜柱的角度是否和图纸保持一致；研发了"一种固定钢筋网片的卡扣装置"，通过将两个不同规格的卡扣结合达到控制钢筋网片减

少位移的目标；研发了"一种混凝土斜柱养护装置"，有效提升斜混凝土柱的养护效果。

（2）做好绿水青山的"守护者"。该项目遵循"保山空地、集约共享、立体校园、生态校园"的设计理念，在施工中项目部持续创新施工技术，在提高工程质量的同时，着力保护原有的生态环境。该项目局部山坡接近75°，在山坡上进行绿化固土，如何保证绿化过程中的安全性是一项必须考虑的问题。项目部借助GPS+BIM技术，梳理建筑和山坡、屋顶复杂结构及屋面细部节点等关键信息，开展"基于GPS+BIM技术的景观建筑综合建造技术研究"，为景观屋面防水、保温和景观山坡安全建造提供解决思路。通过对丘陵地区异形清水结构施工进行技术、安全及经济等方面的总结，在施工过程中形成了一系列的技术创新成果。研发了"一种丘陵地带临近异形建筑的山体支护方法"，利用GPS+BIM技术，梳理建筑和山坡关系，解决了山体支护和清水墙柱施工空间的问题。

景德镇艺术职业大学新校区项目是景德镇国家陶瓷文化传承创新试验区建设的一项重要工程。项目团队结合当地文化特色，在室内隔墙材料选择中，充分利用陶瓷废料制作保温墙板，为陶瓷废料利用找到了一条新的出路。为了解决发泡陶瓷保温板的安装效率和质量问题，项目部发明了"一种装配式建筑用发泡陶瓷自保温结构"。与现有技术相比，该装置便于板材组装，使安装效率提高了25%，同时便于将连接在一起的板材相互剥离。研发的"发泡陶瓷自保温系统在装配式建筑中的工程应用研究"，使墙体施工维护成本降低了12.4%。

（3）做好创新的"探索者"。该项目设计新颖，与山体融为一体，大跨度和大倾角等设计给技术人员带来了很大挑战。针对复杂结构，技术团队研发了"一种基于BIM的空间曲面现浇板深化设计方法"，基于建筑、结构、机电等各专业施工图，建立各个专业的Revit三维BIM模型，并进行模型整合，避免出错和返工，提升了施工质量。

项目技术人员积极与设计人员沟通，对相关方案进行优化。在C组团教学楼和宿舍楼的2万立方米房心回填施工中，原设计方案采用素土回填，因景德镇长期多雨，不仅回填困难，质量也难以保证，而且工期漫长。项目部提出了采用级配砂石回填方案，被设计人员和业主采纳，工期至少缩短60天，回填质量也得以保证。在体育场屋顶结构施工中，原设计方案为≥32米大跨度混凝土预应力结构，施工难度大。项目部提出的钢结构屋架优化方案被采纳，有效地降低了施工难度。

（七）强基固本筑战斗堡垒，凝心聚力担精品使命

公司坚持"让用户永远感念你"的服务愿景，在服务业主和用户的过程中，在提供精品的同时，以周到、热情、无微不至的服务去感动对方。

项目党支部积极探索创新"党建+"新模式，让党员在项目上"唱主角、做表率、树形象、挑大梁"，以党建"向心力"提升项目"战斗力"。项目部紧紧围绕保交付、保安全、筑精品、创国优等中心任务，广泛开展"党旗飘扬、党徽闪光"行动，以创建"四个一批"为抓手，推动党建、项目建设深度融合，引导广大党员干部强思想提能力，凝聚奋进力量，打好了安全生产保卫战，打胜了施工生产攻坚战，确保了"全面履约"，提升了中国十七冶品牌形象。

（1）"党建+学思践悟"，凝聚奋进力量。为高效履约，项目党支部强化政治理论学习，深化思想政治引领，练就过硬"内功"，在深入学习贯彻习近平新时代中国特色社会主义思想的过程中汇聚力量、凝聚共识。项目党支部将集中学习教育与日常"三会一课"相结合，线下学习与线上学习相结合，通过智慧党建等多种形式，开展政治理论专题研讨，支部党员、青年团员在党史学习教育中汲取攻坚克难力量。大力开展专项培训考核，提升专业技术能力，锻造过硬本领。项目党支部积极打造学习型组织、攻坚型支部。在专业技术培训研讨中，持续赋能，增强攻坚克难的技术能力，提升了管理人员安全技术质量管理能力，提振了支部党员、青年团员干事创业的精气神，为项目推进保驾护航。

（2）"党建+优质履约"，创精品工程。项目部坚持"创新驱动、引领未来"的理念，从源头上把控质

量，在抢工期的同时，坚持技术提质，确保一次成型、一次成优，用匠心筑造"公园里的校园"。奋战抢进度，干出加速度。项目部充分发挥党建的引领作用，激发高质量建设动能，党员干部、青年团员高举党员先锋队、青年突击队鲜红队旗，冲锋在前，按照既定目标，狠抓工期任务目标落实落地。利用晴好天气抢工期抓建设，"歇人不歇机"轮班作业，在安全、质量、环保的前提下，抢抓工期、赶超进度。

三、实践成果

2022年11月1日，时任江西省委书记、省人大常委会主任易炼红深入景德镇调研宣讲党的二十大精神，并到中国十七冶承建的景德镇艺术职业大学项目部调研指导工作。易炼红书记一行沿着校园主干道，一路走、一路看，实地查看了大学内部建设情况，对景德镇艺术职业大学依山傍水、绿树成荫、别具一格的设计和建设成果表示称赞，对中国十七冶建设者在项目建设过程所付出的辛劳给予了高度赞扬。

案例创造人：王　洋

诚信为基践行初心使命　勇于担当履行央企责任

国能大渡河沙坪发电有限公司

一、企业简介

国能大渡河沙坪发电有限公司（以下简称沙坪公司）于2008年8月在峨边彝族自治县注册，于2021年2月5日更名为国能大渡河沙坪发电有限公司，注册资本金为8.08亿元。沙坪公司主要经营范围包括水电项目投资、建设、运营、管理和电力生产、销售。

沙坪公司负责沙坪二级水电站的建设和运营，该项目为二等大（2）型工程，沙坪二级水电站位于四川省乐山市峨边彝族自治县和金口河区交界处，距峨边县城上游约7千米，上接正在建设的沙坪一级水电站，下邻龚嘴水电站，电站装机容量为34.8万千瓦，布置6台单机容量为5.8万千瓦（目前国内最大）的灯泡贯流式机组。该电站于2012年3月获国家发改委核准，2018年9月全部机组投产发电。

沙坪公司始终贯彻落实党中央、集团公司和大渡河公司各项决策部署，围绕"安全发电、稳定发电、高效发电"中心任务，坚持合力攻坚、奋勇向前，历年来获得了"四川电力安全生产先进集体""防洪度汛先进单位""安全生产先进集体大渡河二级奖状""省级安全文化建设示范企业""先进基层党组织""四川省先进党组织"等荣誉。

二、诚信经营理念

沙坪公司深入学习贯彻党的二十大精神，坚持秉承"以人为本，诚实守信"的原则，以创建具有全球竞争力的世界一流示范企业为总体目标，当好能源供应压舱石，当好能源革命排头兵，不断为社会赋能、为经济助力，积极履行央企责任。

三、诚信经营实践

沙坪公司深入学习贯彻习近平总书记关于扶贫工作重要论述，坚决贯彻落实党中央、国务院关于脱贫攻坚决策部署。自2015年起，按照省国资委要求，沙坪公司对口帮扶峨边县，定点帮扶新场乡庞沟村，以高度的使命感和责任感投身脱贫攻坚事业。

（一）依法合规，健全诚信体系

（1）强化合规管理。沙坪公司自成立以来，始终坚持遵守法律法规和社会公德、市场道德以及行业规则，维护行业发展秩序。邀请了外部律师担任常年法律顾问，长期开展法律知识培训和法律咨询，编制了《合同管理制度》合集。持续做好规章制度"立、改、废、释"工作，加强规章制度的执行、评估、修订、完善工作。组织合规管理人员参与业务培训，通过融入具体业务活动提高业务水平。鼓励合规管理人员参加内外部专业培训，更新专业知识储备，适应市场发展要求。组织全体干部职工学习《诚信合规手册》，签署《合规承诺书》，为各项工作夯实了守法诚信基础。

（2）强化风险管控。按照"事前防范为主、事中控制为补、事后补救为辅"的主导思路，完善合规风险识别、评估、应对、检查机制，逐步构建横向到边、纵向到底的管控体系，各专业部门负责对沙坪公司经营风险进行全面管理,每季度上报季度风险报告,形成了"收集风险信息→汇总整理评级→分级采取措施→监督执行检查"的闭环工作形式,建立了风险分级管理模式,强化了过程监督和风险防范。

(3)强化诚信监督。沙坪公司以加强诚信教育为基础,以建设诚信机制为保证,以提升诚信形象为重点,强化干部员工"诚实守信、廉洁从业"的理念,抓实作风和效能建设,引导职工敢于担当、主动作为。坚持依法审计、廉洁审计,通过纪检监察、审计等,不断加强对干部职工、重点领域遵纪守法的持续监督,促使干部职工形成严格遵纪守法的强烈意识,组织职工签订《党风廉政建设责任书》《廉洁从业承诺书》,营造了廉洁从业文化,为各项工作添加了保护屏障。

(4)强化职工关爱。沙坪公司严格贯彻落实《劳动法》《劳动合同法》等法律法规,认真履行劳动保护和保障义务,建立了职工大会制度,以公司网站、企业信箱等为信息渠道,全力做好厂务公开、民主管理和维权保障工作。组织职工参与企业民主决策和民主监督,通过组织开展劳模和困难职工慰问、岗位练兵、先进评选表彰以及职工队伍职业素养和职业道德教育等工作,建立和谐劳动关系,维护了职工合法权益和职工队伍的稳定,切实提高了职工的满意度,增强了职工的归属感。

(二)精准帮扶,打赢脱贫攻坚战

(1)建设一条产业路。针对庞沟村山地较多、林业资源丰富的特点,利用沙坪电站建设的契机,在2017年投入资金156.7万元,援助机械、车辆,开挖贯通了2.3千米的"庞桃产业致富路",0.7千米的"黑龙溪产业致富路",县交通局和县财政局专列资金将两条道路硬化。"黑龙溪产业致富路"贯通后,外来车辆直达庞沟"灯盏沱",黑龙溪的旅游价值凸显;"庞桃产业致富路"方便了当地村民采伐人工林和农作物运输,推动当地村民发展林下经济,起到迅速致富效果。两条产业路将新场乡庞沟村、桃花村、星星村三村原来的村级道路联通,开发出"游庞沟村黑龙溪小景点、吃星星村原产地花牛肉、住桃花村民宿民居"新场乡环线乡村旅游经济圈,为当地村民创造出可持续的稳定增收条件。此外,还围绕便利群众生产生活,在宜坪红岩村、毛坪等分村和老丫村投入资金25万元,重点用于村民饮水工程改造、道路拓宽、村容美化等项目,有力地改善当地基础设施条件,为帮扶村的经济起飞打下了良好的硬件基础。

(2)共圆一批学子梦。沙坪公司坚持"扶贫和扶志相结合",积极做好教育帮扶工作,连续10年开展大渡河"双同"爱心助学活动,累计资助峨边县境内大中小学生48人,投入资金22万元。沙坪公司每年对庞沟村15名贫困学子进行现金资助,累计投入资金9.6万元;组织青年职工成立"家教小分队",对特困户子女进行思想教育和学业辅导。已有38名贫困户学生走上工作岗位,25名贫困学生正在接受本科、大专、中专、职中教育,全村中小学生正常就读,无一辍学。将教育帮扶延伸到对贫困户的思想帮扶,积极做好正面教育引导,打造了"三四五六七"固定活动平台(即在每年3—7月每月开展一次主题活动),其中"好媳妇评选""我为核心价值观代言""青年面对面"等活动产生了较好影响,加深了与村民的情感联系,帮助其摒弃安于现状、不思进取的想法,树立起自主脱贫致富的观念。

(3)资助一些特困户。沙坪公司先后在新场、宜坪、毛坪、五渡等乡镇开展"暖冬""结对"等慰问关爱活动38次,慰问峨边县7家福利院孤寡老人242人次,捐赠冬衣棉被242件;在庞沟开展村民全覆盖慰问2次,每年还定期慰问全村82户贫困户,累计慰问贫困党员及老党员92人次,慰问80岁以上村民110人次,投入慰问资金共计42.9万元,用实际行动把温暖送到每个家庭。同时,沙坪公司坚持"一户一策""因户施策",灵活采用建房资金缺口帮扶、添置家庭必需设施、临时医疗救助等形式,找准贫困户致贫原因和生活难处,彻底解决特困户"两不愁三保障"问题;开展"以奖代补",帮助村民发展种植、养殖业,真诚当好村民"娘家人"。

(4)升级一个村经济。沙坪公司始终把帮扶村集体经济作为重中之重,通过各种方式指导、帮助帮扶村构建核心产业基础。2017年,通过协调各方力量,和庞沟村两委一起经营村"三资",村集体经济增收约54万元,实现了村集体经济零的突破。在庞沟村援建国家能源集团大渡河公司精准扶贫产业经济帮扶点,在庞沟村黑龙溪选址修建集会议、休闲、餐饮、健身、戏水、垂钓、摄影于一体的"山欢生态庞家庄"产业经济帮扶项目，已投入资金227.3万元，项目于2019年"5·1"开始投入使用，由村集体自主经营，经营效益全村共享，优先惠及贫困家庭。同时，在宜坪红岩村，积极与村两委商讨集体经济发展规划，协助开展农产品市场推广，调动社会资源为当地群众找出路、谋发展。

（三）乡村振兴，彰显央企责任担当

在帮助峨边县新场乡庞沟村脱贫摘帽后，沙坪公司连续三年共出资291万元，建设产业道路、太阳能路灯、积分超市，积极帮助庞沟村推进乡村振兴工作，组织开展了"弘扬志愿精神，助力乡村振兴""情系庞沟，企地连心"等主题活动，全力防止返贫，进一步巩固脱贫攻坚成果，彰显了央企担当。

三、实践成效

多年来，在与县委、县政府的通力协作下，沙坪公司围绕"建设一条产业路，共圆一批学子梦，资助一些特困户，升级一个村经济"的"四个一"帮扶目标，坚持发挥好央企优势，派驻优秀干部，累计投入资金812.38万元，助力定点扶贫村庞沟村2018年实现整村脱贫退出，助力峨边县2019年实现了脱贫摘帽，持续在乡村振兴的道路上贡献央企力量，得到了地方政府及当地村民的一致好评，获得了集团公司"脱贫攻坚先进集体"、四川省"社会扶贫突出贡献奖"、乐山市"扶贫先进单位"等荣誉。

案例创造人：汪文元

依法合规　诚信治企　践行央企责任担当

嘉陵江亭子口水利水电开发有限公司

党的二十大报告指出，要坚持全面依法治国，推进法治中国建设，全面推进国家各项工作法治化。中国大唐集团有限公司所属的嘉陵江亭子口水利水电开发有限公司（以下简称大唐亭子口公司）坐落于嘉陵江畔，兼具水利民生和能源央企双重属性，在依法合规、诚信治企中树典范、当先锋、作表率，持续打造"公益亭子口"品牌。守护一江安澜，水润川东北、再造都江堰，造福老区人民是大唐亭子口公司的光荣使命与担当。

一、企业简介

嘉陵江亭子口水利枢纽位于红四方面军北上抗日出发地——苍溪县，是国务院完善长江防洪体系六大重点工程之一，是四川省"再造一个都江堰"灌区骨干工程、西部大开发重点工程，是嘉陵江干流唯一的控制性骨干水利枢纽工程，工程规模为一等大（1）型，具有防洪灌溉、城乡供水、清洁发电、拦沙减淤、梯级补偿、交通航运等综合功能。水库总库容为40.67亿立方米，灌溉面积371万亩，电站装机总容量为110万千瓦（4×27.5万千瓦），设计多年平均发电量31.75亿/29.51亿千瓦·时（无灌溉/全灌溉），是川东北地区规模最大的具有年调节能力的大型水电电源。通航建筑物为2×500吨级升船机。嘉陵江亭子口水利枢纽是大唐集团公司在川发展的"桥头堡"项目，也是央企控股建设运行的唯一水利项目（股权结构为：大唐四川发电有限公司55%，四川川投能源股份有限公司20%、四川省港航开发集团有限责任公司16%、四川省水电投资经营集团有限公司5%、四川省苍溪嘉陵江水利水电开发有限责任公司4%）。

大唐亭子口公司打造公益核心竞争力，服务国家战略，护佑民生福祉，建成以来累计输送清洁电力251亿千瓦·时，实现利润18.49亿元，利用防洪、航运等公益功能持续造福革命老区，赢得社会广泛赞誉。大唐亭子口公司荣获四川省2012—2016年度"电力安全生产先进单位"、2014年四川省"五一劳动奖状"、2017年四川省省级"安全文化建设示范企业"、"四川省文明单位"等荣誉；荣获国资委2014年"中央企业先进基层党组织"称号；荣获中电联2017年度"全国电力企业思想政治优秀单位"；2018年高分通过中电联AAAA标准化良好行为企业现场确认；2019年荣获人力资源社会和保障部及国资委颁发的"中央企业先进集体"光荣称号。荣获广元市诚信品牌企业；2021年荣获水利部"国家水土保持示范工程"；荣获大唐集团公司（省部级）"文明单位"六连冠；2023年荣获水利部"人民治水　百年功绩"治水工程称号；荣获全国大型水电厂劳动竞赛"2020年度、2021年度劳动竞赛先进单位"、2022年全国电力安全文化优秀工程；2022年获评广元市健康企业、2023年获评四川省健康企业等。国家主流媒体中央电视台、人民网、水利报、电力报、四川日报等多次对其进行报道。

二、加强法治建设，构建诚信合规体系

大唐亭子口公司以法治文化为引领，使尊崇法治、厉行法治成为全体干部员工的思想自觉和一致行动，通过落实安全生产、环境保护、合同管理、验收规范的制度体系，确保法治建设行稳致远，重点是围绕"深化三个建设、增强三种能力"精准谋划、精准施策、精准落实。

（一）深化依法合规建设，增强诚信约束力

法律法规是企业生产经营的"硬约束"。一是规范公司治理结构。大唐亭子口公司按照《公司法》组建了完善的股东会、董事会、监事会"三会"机构及董事会专门委员会，制定《董事会工作规则》《党委工作规则》《董事会授权管理办法》《"三重一大"决策事项清单》等规范性文件，明确决策权限。公司党委、工会、团委组织机构健全，牢牢把握住依法合规经营这道企业发展的生命线，制度体系健全，令行禁止。二是贯彻党规党纪。大唐亭子口公司建立了完备的党委会职责清单及党委书记、支部书记履职清单，定期召开党委会会议推动"三重一大"决策事项落实见效，公司内部各项决策和部署严格遵守党的纪律，落实党的路线、方针、政策，符合党的重大战略部署；充分发挥了党的"把方向、管大局、促落实"作用。三是严格执行公司章程及内部规章制度。以公司章程为基本准则，建立合同管理、风险排查和外聘律师等制度，形成包括合同选商、尽职调查、审查修改、签约履行、变更终止在内的全过程合同管理机制。

（二）深化法治体系建设，增强诚信管控力

构建起责任明确、制度完备、指引规范、监督有力的法治体系。一是持续优化依法合规责任体系。进一步落实企业主要负责人法治建设第一责任人职责，将案件化解、总法律顾问设置、队伍建设、重大项目合规等工作列入第一责任人履职清单；落实公司总法律顾问职责，涉及法律问题的重大决策事项，由总法律顾问提前进行法律合规论证，切实做到各项决策有法可依、有法必依；落实业务部门"管业务必须管依法合规"职责，各业务部门定期排查本部门合同的履行异常情况。二是持续优化依法合规制度体系。及时将法制内化为制度规定，聚焦重点领域和重点岗位，优化完善重大项目、合同、案件等合规管理制度，将法律规定、合规风险、防控措施逐一对应到岗位，持续推动制度修订，提升制度系统性、科学性和权威性，狠抓制度执行，做到用制度管权、管事、管人。三是持续优化依法合规监督体系。主动接受并积极配合上级公司的审计检查和监督，强化本公司内部合规监督、纪检监察、审计、内控等协同联动，推动构建大监督体系，打好依法合规"组合拳"，以问题促管理、以管理促提升、以提升促实效，提升依法合规监督体系的效能。

（三）深化法治文化建设，增强诚信引领力

法治文化是确保大唐亭子口公司行稳致远的"软实力"，要把学习贯彻落实党的二十大精神作为我们当前和今后一个时期首要的政治任务。一是学深悟透党的二十大精神。坚持领导带头学、全员参与学、联系实际学、多措并举学，准确把握党的二十大精神中有关法治建设和安全生产的精神实质和实践要求，践行"绿水青山就是金山银山"的环保理念，在嘉陵江畔打造生态家园、共建碧水蓝天，倡导"违章就是事故、安全构筑尊严"的安全文化理念，确保企业长治久安。二是准确掌握必备法律知识。将关键岗位掌握必备的安全生产、环保验收、水保验收、工程建设法律规定、管理办法、操作标准纳入基本岗位职责，全面提升岗位员工依法规范操作、依法解决问题的能力。结合岗位特点完善普法内容，着力增强普法针对性、实效性；结合员工需求因人而异提供法律咨询，扎实推进法治宣传教育常态化、多样化；结合时代特点因时而异、与时俱进创新普法形式。三是营造全员守法合规浓厚氛围。结合"国家宪法日"等开展法治专题谈话、主题培训、合规承诺等活动，强化"法律至上、合规为先"的法治合规理念，使尊法、学法、守法、用法在公司上下蔚然成风。

三、多措并举，践行央企责任担当

（一）江河安澜保民生

（1）筑牢防洪屏障，保一江安澜。嘉陵江是长江水系中流域面积最大的支流，汛期陡涨陡落，沿岸过去"十年九灾"。建成的嘉陵江亭子口水库容量为40.67亿立方米，正常防洪库容为10.6亿立方米，成为嘉陵

江—江安澜的总开关。

2018年7月11日，嘉陵江亭子口水利枢纽成功应对新中国成立以来最大规模洪水，将超50年一遇标准洪水削减至6年一遇标准洪水，使下游上百万群众免遭洪水威胁。2020年嘉陵江主汛期，再次拦截近20个西湖水量的洪水，为统筹疫情防控、经济社会发展和长江中下游抗洪做出了突出贡献。2021年10月三次削峰，迎战40多年来最强秋汛，最大限度减轻了强降雨造成的洪水灾害影响。2022年遭遇60年一遇极端高温干旱，来水同比去年减少40%，为完成冬季蓄水保供要求，在确保生态流量达标的前提下，水库提前完成省政府要求的蓄满目标。

（2）打通水运要塞，成为"黄金水道"。嘉陵江亭子口水利枢纽建成，渠化库区航道约150千米，上接广元港，通达重庆港，枯水期增加流量111立方米每秒，有利改善通航条件，成为嘉陵江高等级航道的咽喉。投资超10亿元、规模为2×500吨级的升船机工程于2019年6月29日投运，至今已累计过闸124闸次，安全运送广元周边及陕西、甘肃货运船舶、公务船舶及工程船舶等373艘，相比公路运输节约了四分之三的运价，实现运载能力、运载方式、运载成本、资源节约和战略安全多重保障，打通川东北通江达海经济社会发展水运要塞，成为嘉陵江黄金水道，支撑秦巴山区、川陕革命老区融入国家"一带一路""成渝双城经济圈"。

（3）完善供水网络，保障水润民生。嘉陵江亭子口水利枢纽建成左右岸渠首，年供水能力为12.6亿立方米。灌区工程从水库引水，供水区惠及南充、广安、达州、广元4个市。2020年12月16日，亭子灌区渠道一期工程正式开工，将惠泽370万亩良田、414万人口用水，切实保障防汛抗旱、乡村振兴、"成渝双城经济圈"战略实施，助推"再造一个都江堰"目标实现，满足人民群众对美好生活的追求。

（4）保障用水安全，确保群众生命健康。嘉陵江中上游三省交汇，应对输入性污染挑战形势严峻。嘉陵江亭子口水利枢纽建成，发挥水库调节作用，精准拦蓄、稀释，让流域供水更加安全，确保了下游群众用水有保障、更清洁、更安全，为长江大保护增添又一道屏障。有效应对2015年锑污染、2016年柴油污染、2017年铊污染，阻止了污染蔓延。

（5）梯级补偿，实现水资源利用最大化。通过嘉陵江亭子口水库调节，提高下游15座梯级电站的保证出力188兆瓦、枯水期增加多年平均发电量约4.5亿千瓦·时。高116米大坝拦沙减淤延长了各梯级电站使用寿命，降低了三峡水库淤积速率，改善其运营条件，促进流域水能有效开发、效益共享。

（6）构建绿色生态，促进人水和谐。建成鱼类增殖放流站，并连续8年开展放流活动，已累计投放鱼苗320万尾，有效维护嘉陵江天然水域生态平衡。建成剑阁县污水处理厂，消减上游水体污染物质，提升水库水环境质量。推动枢纽永久征地复垦和坝区整治，改变传统植被恢复方式，将左岸砂石系统打造为近170亩的果园，右岸混凝土系统改造为40亩的生态菜园，配合地方政府将占地1290亩的洄水坝料场打造为梨仙湖湿地公园，形成"水清+岸绿"的生态景观，助推生态文明建设，推进山水林田湖草沙系统治理，落实长江大保护行动，促进人与自然和谐共生。

（二）绿能电力送光明

（1）打造本质安全型枢纽。嘉陵江亭子口水利枢纽电站装机容量为4×27.5万千瓦，500千伏出线送往巴中，并入国家电网，是川东北调峰调频、黑启动主要电源点，致力清洁能源动力支持，促进区域经济社会发展。积极构建"想安全—提升安全意识、会安全—强化安全技能、能安全—优化安全环境"的安全文化体系，确保清洁能源满发多供。截至2023年4月9日，已连续实现安全生产3530天。大唐亭子口公司荣获"全国安全文化示范企业"称号。

（2）打造创新智慧型枢纽。扎实开展科技攻关，管理提升，高分通过中电联AAAA级标准化良好行为企业验收。"冯磊创新工作室"被评为四川省机电冶煤系统劳模和工匠人才创新工作室。公司拥有科技专利29项，创新成果9项，成果转化2项，实用新型专利29项，参与修编行业标准4部，科创成果切实解决实际问题、提高工作质量和效率。其中"5G+水下机器人"作为打造智慧型水利枢纽首个研发项目,融入新科技,运用新技术,实现安全和效益双提升,获得行业内外的认可,被四川省经信厅评定为国家重点补助项目,获"四川省科技进步奖一等奖""全国设备创新特等奖"。

（3）打造清洁低碳型枢纽。深挖水资源潜能,发挥嘉陵江中上游(碧口—宝珠寺—亭子口)联合调度优势,投产以来,清洁发电 234.04 亿千瓦·时,产值超百亿元,相当于节约煤炭资源 936.16 万吨,减排二氧化碳 2333.37 万吨,减排二氧化硫 70.21 万吨、氮氧化物 35.10 万吨,为实现"碳达峰、碳中和"目标做出积极贡献。

（三）精准扶贫结硕果

嘉陵江亭子口水利枢纽是依托"经济、政治、文化、社会、生态"五位一体的系统工程,其中移民搬迁举足轻重。建设全过程践行"为民服务"宗旨,树立了"在川言川、在川思川、在川为川"的发展理念,移民环境投资超 80 亿元,搬迁安置超 3 万名移民,迁建集镇 13 个,复建等级公路 115 千米,大中型桥梁 25 座,极大地改善了库区基础设施和移民住房等生产生活条件,实现了搬得出、稳得住、能致富。十二载建设运营缴纳税费近 18 亿元,助推川东北革命老区经济社会跨越式发展,人民生活安居乐业,为乡村振兴铺设了康庄大道。

响应国家脱贫攻坚工作号召,精准帮扶苍溪县岫云村、三会村、凤山村、弓岭村和友谊村相继脱贫摘帽,其中岫云村采用的"以购代捐"扶贫模式在全国推广。三会村打造"康养旅游"美丽生态乡村,2019 年村集体经济收入实现近 50 万元,村民人均纯收入超 1.5 万元,成为 2019 年度四川省实施乡村振兴战略工作示范村。

（四）矢志不渝谋发展

新时代、新担当、新作为。嘉陵江亭子口水利枢纽服务国家战略,胸怀"水润民生"大局,立足新发展阶段,贯彻新发展理念,融入新发展格局,践行"能源革命"要求,服务"碳减排"目标,持续发挥防洪度汛、清洁发电、交通航运等六大功能,持续打造"库区水风光互补一体化新能源基地"、实现新能源"再造一个亭子口"目标。目前,大唐亭子口库区水风光多能互补项目法人优选结果通过四川省能源局局务会、发改委党组会以及四川省政府常务会认定,取得省能源局的正式批复文件,获得 110 万千瓦的新能源项目法人资格。推进智能化管控、5G 技术运用,创造"更安全的能源工程、更优质的生态环境,更多的民生福祉",践行守土有责、守土负责、守土尽责的承诺,彰显央企责任担当。

案例创造人：刘林元、李 强、张小甜

坚定忠诚信仰 积极担当作为
打造属地化龙头企业

中交第三航务工程局有限公司宁波分公司

中交第三航务工程局有限公司宁波分公司原名交通部第三航务工程局第四工程处，成立于1974年，是世界500强企业——中国交通建设集团有限公司（以下简称中国交建）的三级全资子公司。公司全体员工坚持"诚信履约，用心浇注您的满意"的服务理念，结合建筑行业特点及上级单位要求，秉承依法合规、诚信经营、精益求精的原则，聚焦水工、海上风电主责主业，不断向房建、市政、路桥、轨交、水利领域进军，积极践行深耕浙江、辐射华东、开拓西北、兼顾全国的经营策略，全面履行社会责任，以"诚"为先助力企业高质量发展。

公司先后荣获全国水运建设行业优秀施工企业、全国用户满意企业、全国'守合同、重信用'企业、全国实施卓越绩效模式先进企业、工程建设质量优秀企业、全国企业文化建设先进单位，以及上海市、浙江省文明单位等荣誉称号。200多项工程获市（局）级以上优质工程奖，包括"鲁班奖"7项，"詹天佑奖"4项，国家"金质奖"2项，实现了三大国家奖项大满贯。连续12年保持"全国水运工程建设优秀施工企业"称号。

一、建立健全组织体系，筑牢诚信根基

深入学习贯彻国务院《关于推进社会信用体系建设高质量发展 促进形成新发展格局的意见》及党的二十大报告中关于完善社会信用、市场经济基础制度相关表述，建立健全公司组织体系，打好制度基础及运行基础，夯实公司诚信根基。

（一）"守合同、重信用"是企业可持续发展的基石

公司不断加强内部信用体系维护工作，陆续修订了《中交三航局宁波分公司工程项目信用评价管理办法》《宁波市交通建设市场及建筑市场信用评价专项考核管理办法》，严格遵循市场机制，严抓自身管理，成立信用评价管理小组，明确在维护信用评价过程中的各有关部门及基层单位的职责并进行考核奖惩。

（二）维护各类信用评价系统，展示公司良好信用

维护信用评价各类系统，做好公司信用建设工作。及时跟进公司在宁波市建筑系统、浙江省交通厅公路水运信用评价系统、浙江省信用评价系统、全国公路建设市场信用评价系统、全国企业信息公示系统等系统中的信用评价动态，维护公司良好形象。同时，在客户资信管理方面，也做到规范细致。全面收集管理客户信息，建立完整的数据库，筛选信用良好的客户，力求打造强强联合的发展模式，铸就企业信用品牌。

（三）加强工程质量建设，为信用体系保驾护航

工程质量过硬是建筑行业永恒的主题，保障工程质量是建筑企业信用体系建设的重点。公司制定了《中交三航宁波分公司质量管理文件汇编》，明确了质量组织管理体系与责任制、质量否决制、质量考核办法、保修管理办法、质量回访等17项工作制度，从各方面严格管控工程品质，树立企业口碑。为保证工程质量，公司采取样板引路、技术先行、过程管理、持续改进等重要举措，通过技术质量要点培训、首件工程经验

总结及推广等途径，增强管理人员质量意识，加强管理人员责任心，为工程质量信用体系建设保驾护航。

（四）加强合同质量管理，持续提高公司信用度

成立合同数据治理专项小组。对申报期内新签与履行的 3000 余份合同的履行情况和经济数据进行逐一梳理，为申报 AAA 企业提供了完整准确的数据基础。修增各项管理制度，严格执行合同法律法规、管理制度及审批流程；推动合同订立、履行全过程依法合规；建立健全合同合规风险管控体系；结合合同管理中的经验和教训，有针对性地对项目进行跟踪。为提高合同信息化管理水平，公司积极使用全局统一的合同管理系统，提高合同审核质量和效率，使公司合同信用管理工作水平进一步提高。

二、持续开展合规经营，打造诚信金名片

公司秉承依法合规、诚信经营的理念，积极践行集团经营策略，通过实施立体经营，聚焦"三重"领域，突出"两大两优"，以"区域化""专业化"深化属地化发展，提升经营质效，优化发展模式，创造了公司成立以来最好经营业绩。

（一）力促国储基地项目高质量落地，打赢重点项目攻坚战

公司在践行国家战略中始终奋勇争先，胸怀"国之大者"，作为舟山国储基地项目的主要参投单位，主动扛起区域经营主体责任。在上级单位的指导和帮助下，公司历时一年的艰苦努力，克服复杂多变的市场环境与严重疫情冲击，通过高端对接及充分扎实的基础工作，最终一举中标两个国储基地项目，成为公司史上具有示范性、标志性意义的重大经营成果。

（二）稳住基本盘，守好压舱石，打赢水工市场保卫战

公司在水工市场收获了丰硕的成果，先后中标温州状元岙港区、中宅自动化项目、温州港乐清湾 4 号泊位工程等众多水工项目，并在 2022 年 12 月连续中标 5 个水工项目，全年省内水工市场新签合同额达到 110.49 亿元，创历史新高。

（三）突破市政公路空白，打好陆上项目崛起战

按照集团"大交通、大城市"战略部署，大力开拓陆上市场，全年接连斩获余姚经济开发区西南园区配套道路项目、象山 G527 公路项目、绍兴越东路市政项目、海盐智慧物流园房建项目等，累计新签合同额达到 25.44 亿元，打破了陆上项目"得分荒"，业务版图得到扩大，初步实现水陆并举转型升级。

（四）优化诚信经营体制机制，打好体系管理提升战

进一步完善经营体系，强化制度建设提升，修订完善了《市场经营管理办法》，通过科学界定各经营责任主体责权利，加强经营考核，树立"以业绩论英雄"的鲜明导向，激发各级责任主体经营积极性；实施月度经营例会制度，各区域公司经营月报与经营信息每月归集，信息管理更加规范，信息质量不断提升；严格遵守《市场经营管理手册》，进一步压实经营、投标工作标准化、流程化，深入贯彻高质量发展理念。

（五）建设市场经营前沿阵地，打好区域布局升级战

2022 年，公司审时度势，根据市场需求，持续完善经营网点布局。在做深做实宁波、舟山、浙北、浙中、浙南等区域经营外，增设浙西、华南区经公司，逐步形成国内以浙江市场为重点，西北、东北、海西、西南、华南市场为重要支撑的"6+5"立体经营布局，国外以东南亚市场为重点的市场经营布局，推动区域发展版图稳步扩大。明确区经公司职责，直面对接市场收集信息、评估环境、分析政策、精心策划，推进高端对接，

推动项目落地。绍兴市政项目、海盐房建项目及宁波公路项目便是区经公司深耕布局的重大成果。

三、弘扬企业诚信文化，营造诚信经营氛围

人无信不立，业无信难兴。公司充分利用新媒体宣传矩阵（公司官方微信平台+12个基层项目微信平台），加大宣传力度，营造"学信用、懂信用、用信用、守信用"的诚信氛围，培育公司诚信文化，让诚实守信成为公司价值追求和行动自觉。

（一）将诚实信用作为第一要义，重信守信，以诚待人

在市场经营活动中，公司在浙江嘉兴（平湖）LNG应急调峰储运站项目码头工程的项目前期阶段，依托嘉兴市在建项目，提前进行该项目信息跟踪，并进行了初步的项目前期策划与评估，了解施工难点，与业主方保持积极有效的沟通对接。该项目原定工期为8个月，预算价为1.68亿元。竞标单位都表示按照预算造价肯定可以按期完工。公司对施工方案、进度计划与报价进行了仔细研究策划，得出结论是无法在8个月内在1.68亿元的预算价内完成本项目。该单位董事长对公司的建议非常重视，亲自与公司主管领导就该项目的施工方案、施工难点、工期、造价等进行深入交流后，完全认可公司的观点，将工期延长至10个月，同时将招标控制价提高至1.89亿元。最终公司成功中标。

（二）在典型诚信单位宣传中，充分发挥头雁作用

公司利用公司官方微信公众平台，大力宣传金正公司"守重"建设事迹，在公司范围内营造浓厚的诚信氛围。自2010年金正公司被授予浙江省A级"守合同、重信用"企业以来，金正公司"守合同、重信用"工作取得了丰硕成果，2012年被授予浙江省AA级"守合同、重信用"企业，2018年首次获评浙江省AAA级"守合同、重信用"单位。2020年通过复评，金正公司被浙江省市场监督管理局授予浙江省AAA级"守合同 重信用"企业，为宁波市首家省AAA级"守重"检测单位。同时，金正公司先后成功举办了宁波市建设用砂颗粒分析技术交流活动、宁波市高性能混凝土配制原理及应用技术交流会、宁波市交通运输协会试验检测专业委员会年度工作会、2020年宁波市公路水运工程混凝土防腐涂层试验检测技术交流等活动，推动诚信品牌建设，受到了宁波市交通工程管理中心及各试验检测同行的高度肯定和赞扬。2022年，金正公司检测参数由440个增加到624个；在品牌创建工作中，连续15年获评浙江省公路水运试验检测机构示范窗口单位，连续6年保持"守重"AAA企业称号。

（三）加强对外宣传，提升企业品牌价值

公司积极加强与中央、省、市主流媒体联系，邀请各级媒体记者来公司项目报道工程进度，发展成就，充分展示公司的良好新形象，为推动公司发展营造了良好的外部舆论环境，进一步提高了公司的知名度和美誉度。2020年4月，《新闻联播》报道公司承建的中广核岱山4号风电项目复工消息，三航局首次登上《新闻联播》；5月中央电视台一套《晚间新闻》报道了公司承建舟山潮流能示范工程。9月，公司承建的安康项目完成跨铁路转体桥，《瞧！万吨双幅空中转体50度》一文发布于新华社平台，点击量超过60万次，刷新公司新媒体外宣纪录，产生了良好的社会效应。

加强对外交流，增加外宣机会，宣传公司诚信品牌。公司积极推进全面质量管理，以技术为平台，以项目为载体，加强开展QC小组活动，解决施工技术难题，降低生产成本，提高质量管理水平。其中路泽太项目成立3年来，项目QC小组活动取得了显著成效，已连续获得3个国家级奖项，7个省部级奖项，5个市级奖项，7个公司级奖项。为增强影响力，公司对各项目获得的QC成果，涌现出来的先进人物进行宣传。同时，利用13个微信平台，在品质工程建设方面，积极策划组织诚信建设宣传。2023年3月1日，纪录片《万盏灯　亮中国》在央视2套播出，展现了三航人建设象山涂茨海上风电的"追风"精神；3月14日，

《了不起的工程》在央视9套播出，达到了224万次点击量，显示了三航品牌的冲击力。

（四）建立健全诚信制约制度，营造风清气正、公开透明的良好市场环境

为了维护公司采购、分包、设备租赁、咨询服务等领域业务合作中合同各方的正当权益，预防和处理破坏社会经营正常秩序的不诚信行为及商业贿赂等不廉洁行为，强化"一处失信、处处受限"的联合惩戒效果，公司建立了"黑名单和重点关注名单"制度，利用月度生产例会就该项工作向总部各部门进行公示，成立了公司各相关部门黑名单专项工作沟通群，明确了具体工作人员，强调了工作任务和目标，确立了月检查和时实督报制度。截至目前已梳理出16家"不诚信、不廉洁"单位，对于已经查实出现不廉洁、不诚信行为的合作单位，做到及时清理、动态调整；对于在黑名单和重点关注名单认定、上报、执行、信用修复等工作中弄虚作假、徇私舞弊或者玩忽职守者，按照管理权限予以通报批评，并依规依纪追究相关责任。

（五）践行央企担当，坚决打赢"脱贫攻坚战"和"防疫攻坚战"，彰显企业情怀

助力脱贫攻坚，承担社会责任。公司工会积极响应三航局决战决胜脱贫攻坚会议精神，开展助力脱贫攻坚"爱心购"活动，积极采购定点扶贫地区的土鸡500多只共计7万多元，用心做好扶贫工作，有效缓解了定点扶贫县农产品滞销的难题。2019年开始至今，定点帮扶云南福贡县退出贫困县序列。近5年来，三航局扶持当地贫困村民胡秀花成立峰福建筑有限公司，帮助33名傈僳职工到银川文化园项目部参加就业培训和"傈僳学堂"技能培训，并全部取得了上岗资格证。2022年10月开始，公司派遣孙泉林到福贡县交通局挂职，帮助当地解决公路建设技术难题。在公司党委的号召下，公司"蓝马甲"志愿服务队积极参加"中交助梦 心系怒江 传递书香"网络支教活动，18名成员组成爱心支教团，以"云支教"的形式为云南省福贡县子里甲完小的孩子们送去爱心网络课程，并组织了"山海情"夏令营活动。

奋勇争先，跑出复工"加速度"。疫情发生后，公司各项目施工进度遭到了严重干扰，施工人员不足、返岗道路封闭等因素大大影响了施工进度。面对巨大的压力，公司104鹿城项目、银川文化园项目、金塘大浦口项目、梅山二期项目、金正公司、预制厂、舟山海洋等多家基层单位100余名志愿服务队队员主动请缨，扛起青年责任，跑出青年速度，内防人员感染、外防疫情输入，主动承担起施工进度协调、项目后勤值班、场地消杀、"点对点"接送民工复工复产、联合属地街道检查、申请复工复产通知等工作，一岗多职搭建起了各项工作的"连接线"，确保了各项工作有序进行，为公司各项目复工复产奠定了基础。在疫情防控期间，积极响应集团、局团委要求，严格按照公司党委部署，自觉配合落实各项志愿服务任务，积极参与国内外属地化疫情防控各项工作112次。在"抗击疫情·奉献爱心"捐款活动中，公司工会共组织1237人次共计捐款190004元，提升了企业形象，展现了央企的责任和担当。

公司将以习近平新时代中国特色社会主义思想为指导，全面学习贯彻落实党的二十大精神，筑牢诚信发展基石，以诚信开拓市场，不断提高依法合规能力水平，树立诚信品牌形象，助力公司高质量发展，为交通强国建设贡献力量。

案例创造人：魏　剑、曹兴茂、侯　俊

弘扬诚信文化　争做诚信楷模

国能（北京）贸易发展有限公司

一、企业简介

国能（北京）贸易发展有限公司（以下简称北京贸易公司）为国家能源集团物资有限公司（以下简称国家能源集团）全资子公司，主营业务为非煤运输货运代理。北京贸易公司积极践行"为社会赋能、为经济助力"的宗旨，利用国家能源集团自有铁路返空运力为社会提供物流运输服务。公司始终坚持诚信经营，获评"2021年优秀诚信企业案例"，公司负责人荣获"2021年企业诚信建设突出贡献人物"称号。

二、诚信经营理念及体系

健全信用管理制度。北京贸易公司在公司章程中明确"依法合规，诚信经营，服务社会，合作共赢"的企业经营宗旨，努力打造治理完善、经营合规、管理规范、守法诚信企业。为提升公司竞争力，公司加强对信用工作的领导、组织和协调，强化信用自律，改善信用环境，防范信用风险，不断健全信用管理制度体系，制定了信用管理办法，企业信用管理逐步走向系统化。公司信用管理工作推崇诚信守法，强化诚信经营理念，坚持全员参与创建、防范化解风险、持续提升信誉，积极构建与一流货代企业相匹配的信用体系，树立诚信经营、守信践诺的良好企业形象。

完善公司治理体系。北京贸易公司完善公司治理体系，为推动信用建设做好顶层设计，全面落实"两个一以贯之"要求，实现加强党的领导与完善公司治理相统一。从制定重大经营管理事项决策清单入手，使各治理主体权责边界更加清晰，推动党支部把方向、管大局、保落实的领导作用制度化、规范化、程序化。不断完善董事会制度体系，实现外部董事占多数，董事会运作更加规范高效，更好发挥出定战略、作决策、防风险作用。建立董事会向经理层授权管理制度，有效保障了经理层依法履行谋经营、抓落实、强管理职责。中国特色现代企业制度在公司落地生根，企业治理机制更加完善，制度优势逐步转化成为治理效能。

坚决做到依法合规。北京贸易公司以法治合规作为推进信用企业建设的基石，严格落实规章制度、重大决策、经济合同法律审核要求，法律审核率坚持做到100%。制定合规审查制度，实现法律和合规审查同步开展。以《国家能源集团诚信合规手册》为指引，管理人员带头做到守法合规，发挥表率作用；员工依法合规履行职责，时刻坚守"依法合规、诚信守约、忠诚敬业"的基本理念。全体员工严格遵守法律法规和公司规章制度，坚守底线，不触碰红线。坚持诚信至上、守约为本，恪守契约精神，不断提升"制度立纲、契约立信、合规立身"的意识和能力。

防范化解各类风险。北京贸易公司不断强化风险意识和底线思维，以加强内控来提升防风险能力。每年年初开展重大风险评估，结合市场形势和往年经验，对全年重大风险进行分析预判，做到居安思危、未雨绸缪。每季度针对评估的重大风险进行跟踪监测，及时采取应对措施，并在事后对应对措施有效性进行评价，最大限度规避风险发生。建立健全风险指标预警机制，强化风险指标运用，紧盯重点指标完成情况，保障公司健康可持续发展。认真开展内控自评，把内控自评作为"健康体检"，对照评价标准逐项梳理、逐条核对，及时补短板、强弱项，提高公司内部控制工作水平，筑牢公司高质量发展的根基。

三、诚信经营实践及效果

将诚信体现在企业文化建设之中。北京贸易公司将信用工作作为贯彻习近平新时代中国特色社会主义思想的重要内容,纳入党建工作,融入企业文化,以树立诚信文化理念、弘扬诚信传统美德为内在要求,以守信激励和失信惩戒为奖惩机制,提高公司全体员工的诚信意识和信用水平。积极参与"诚信兴商宣传月"、"诚信活动周"、"质量月"、"安全生产月"、"6·14"信用记录关爱日、"12·4"全国法制宣传日等公益活动,通过张贴宣传标语、开展集中学习、组织知识竞赛等方式,加强诚信文化宣传,普及法律知识和信用知识,突出诚信主题,大力倡导诚信道德规范,弘扬中华民族积极向善、诚实守信的传统文化和现代市场经济的契约精神,营造诚信和谐的氛围。

将诚信体现在货运代理服务之中。北京贸易公司向客户开展诚信承诺活动:把物流交给我们,请放心!公司可以提供365天24小时不间断物流服务,坚决做到有货必达、按时交付。公司坚持服务是灵魂,根据大宗散货运输特点,聚焦装卸两端挖潜增量,为客户提供端到端、点到点的常态化运输服务。把解决问题作为服务客户的出发点和落脚点,坚持把客户的需求作为第一信号,用"将心比心"的态度、"马上就办"的速度、"办就办好"的力度,围绕客户需求找准工作着力点,积极响应市场变化。加强服务网络搭建与网点协作,实现跨区域服务、多网点协同,在关键区域构建全面的服务客户能力,增强解决问题的能力,为客户提供高品质服务,提高客户满意度和忠诚度。

将诚信体现在合同履约管理之中。北京贸易公司组织修订了合同管理办法,对部门职责、合同签订、合同履行、合同变更、合同终止、纠纷处理、资料管理、监督检查进行了详尽的规定,对合同实施进行事前、事中和事后全生命周期管理。首先是对合同相对方资质和信用状况进行审查,防范履约风险。其次是对合同约定条款反复协商确定,合同签订后严格履行。最后是对合同履约情况定期进行复查,避免出现合同纠纷。建立客户档案,开展客户诚信评价,将客户诚信交易记录纳入应收账款管理,有效防范信用风险。在和客户、联运单位合作的过程中,北京贸易公司不断增强履约能力,以守合同、重信用的形象赢得各方的高度信赖和充分认可。

将诚信体现在公司品牌建设之中。北京贸易公司积极开展品牌创建行动,将守法诚信要求落实到生产经营各环节。公司以"讲诚信、负责任、善创新、勇担当"作为品牌内涵,将诚信作为品牌建设第一支撑点和首要内容。公司认真落实国家能源集团RISE品牌战略,推动业务发展与品牌建设同向而行、相互促进。非煤运输业务涉及的单位众多,除国家能源集团自有铁路外,和国铁、地方铁路等都有合作。北京贸易公司积极发挥服务窗口作用,坚持诚实守信、追求卓越,携手联运单位共同为客户创造价值,使非煤运输业务成为合作方互利共赢的平台,形成高效协同的运输产业生态链条。

将诚信体现在落实社会责任之中。北京贸易公司利用国家能源集团铁路为社会提供物流服务,致力于降低大宗散货运输过程中的能源消耗,实现社会物流成本和生态环境成本同步下降,成为绿色发展的生动实践。该业务推动了运输结构调整,是落实国家"公转铁"要求的有力举措。在实现绿色低碳运输的同时,也为社会物流保通保畅、促进产业链供应链高效运行发挥出应有作用。自2012年启动至今,该项业务已为社会运输货物6800万吨,累计减少公路运输车辆超过194万车次(35吨/车计),大幅减少了物流运输过程中的能源消耗和污染物排放,实现了经济效益和社会效益有机统一。尤其是近些年,该项业务实现规模化发展,年度运量连续3年突破1000万吨,并保持高位运行的良好态势,将继续为实现"双碳"目标做出积极贡献。

2023年是全面贯彻党的二十大精神的开局之年,北京贸易公司将把学习宣传贯彻党的二十大精神作为首要政治任务。党的二十大报告指出要"弘扬诚信文化,健全诚信建设长效机制",这是北京贸易公司开展诚信企业建设的根本遵循。人无信不立,业无信不兴。北京贸易公司将大力培育和践行社会主义核心价值观,秉持诚信经营理念,恪守诚信法治准则,依法诚信经商纳税,维护公司商业信誉。积极参与公平竞争和互利合作,依法诚信披露企业相关信息,自觉接受监督。大力推进质量和品牌信用建设,争做诚信楷模,以弘扬诚信文化推动公司实现更高质量发展。

案例创造人:袁利敬、李洪刚、姜高山

基于风险、内控、合规一体化建设的电网企业信用管理实践

内蒙古电力（集团）有限责任公司阿拉善供电分公司

长期以来，内蒙古电力（集团）有限责任公司阿拉善供电分公司（以下简称阿拉善供电分公司）认真坚持内蒙古电力集团依法、诚信、规范、透明的运营原则，持续树立"依法治企、诚信经营"的价值观，将加强企业信用体系建设作为提高企业经营管理水平的重要途径，不断完善信用管理相关企业标准，深入推进信用体系建设，不断提高从业人员诚信意识，为企业健康持续发展营造良好的信用环境。阿拉善供电分公司围绕风险、内控、合规管理一体化建设实践，秉持"诚信至善，厚德行远"的经营理念，不断完善企业信用风险管理相关管控机制，深入推进风险内控合规体系一体化建设，将信用体系建设与业务管理紧密融合，主动担当作为，走以诚信企业建设为基础的高质量发展之路。

一、引言

近年来，国务院国资委先后发布《关于加强中央企业内部控制体系建设与监督工作的实施意见》和《关于做好2021年中央企业内部控制体系建设与监督工作有关事项的通知》，要求国有企业要以加强内部控制、防风险、促合规为目标，进一步整合优化内部控制、风险管理和合规管理监督工作。在落实内蒙古电力集团防范化解重大风险部署、服务能源安全和"双碳"目标、推动构建新型电力系统过程中，阿拉善供电分公司立足自身功能定位，统筹发展与安全，平衡效率与风险，更好服务地方建设与发展。随着内蒙古电力集团对企业诚信品牌的重视程度和对全面风险管理、内部控制、合规管理要求不断提高，公司构建协同、融合、实用、高效的风险内控合规体系，全面提高生产经营水平，提升信用风险防范能力，为企业更高质量、更有效率、更可持续、更为安全的发展提供有力保障。风险内控合规管理基于法律法规和企业标准，通过强化内部管理、规范生产经营行为，实现依法合规经营、有效防范风险、服务企业战略的总体目标。三者既各有侧重，又相互补充、相互促进，共同为企业经营发展保驾护航。从管理方法看，需要构建覆盖各级企业、全员参与、全过程管控的管理体系，通过风险识别、监测、应对，形成高效运转并执行、改进的运行机制，为推进一体化运作提供管理基础；从工作载体看，需要通过风险管理、流程、授权、制度、评价以及信息化支撑来落实执行。因此，推进一体化运行能够更好地实现"强内控、防风险、促合规"的管控目标。

二、企业诚信管理的主要做法

（一）突出"诚信合规"，认真践行"诚信至善，厚德行远"的经营理念

阿拉善供电分公司坚持底线思维、增强忧患意识，将诚信视为企业健康发展的生命线和核心竞争力，秉持"诚信至善，厚德行远"的经营理念，认真贯彻国家及能源行业信用体系建设相关要求，依法合规、诚信经营，将信用体系建设与业务管理紧密融合，多举措开展企业信用体系建设，深入挖掘、宣传在企业信用建设过程中出现的典型做法和事迹，营造诚信氛围，引导干部职工崇尚诚信、珍视信用，促进诚信意识落地生根，强化对重点业务、关键环节和重要岗位的管理，梳理、识别各业务重大风险点和合规风险点，编制特定岗位合规承诺，落实全员诚信合规管理要求。通过加强事前信用风险评估和合规性审查，事中落

实好信用风险防控措施,事后强化监督评价,实施全过程信用风险管控和合规监督,有效落实投资管理、物资采购、营销管理、资金管理、工程建设等重点领域、关键环节信用管理要求,不断优化用电营商环境,切实防范各类失信风险隐患,全面建设电网坚强、治理科学、管理精益、服务卓越、诚信合规的典范地市供电企业,助力企业运营良性发展。

(二)强化"三道防线",进一步完善信用管理制度体系

阿拉善供电分公司持续加强组织体系建设,成立信用风险管理委员会,完善信用风险、内控、合规一体化管理的组织架构,建立分工明确、相互协同的信用管理"三道防线"。信用管理第一道防线是业务部门,主要职责是结合国家和能源电力行业有关信用管理要求,完善本专业相关管理标准和规范文件,持续优化内控措施,规范业务行为,开展专业失信风险评估及监测预警,研究确定信用风险管理策略,从源头加强企业信用管理。第二道防线是信用管理职能部门,主要职责是做好信用管理体系的顶层设计,实施差异化管理,归口管理风险、流程、制度、授权、岗位等事项,为业务部门提供信用风险管理技术支持和补充。第三道防线是纪检、审计等内部监督部门,负责对信用体系建设和实施进行监督检查,准确揭示信用风险隐患和内控缺陷,推动问题整改,促进管理体系不断优化。

(三)加强"联防联控",推动风险、内控、合规一体化管理

一是全面推进企业信用风险评估。遵循"全员参与、全程管控"的原则,阿拉善供电分公司采用统筹安排、纵向收集识别、横向整合分析、综合研判评定的方式,统一组织开展信用风险评估,制定信用风险管理策略及应对措施,及时收集失信风险信息,做好预判预防,动态跟踪变化情况,有针对性地开展信用风险防控。二是开展内控、合规联合审查。针对重大事项,统筹做好专项风险评估和合法合规性审查,作为决策前置环节为决策提供支撑。研究构建重大事项专项风险量化评估指标,建立量化评估模型,不断提高风险评估的科学性和精准性,防止信用管理与业务管理"两张皮"。三是强化制度规范执行,严格考核问责。将风险、内控、合规纳入业绩考核,同时加强风险内控合规管理日常工作开展情况通报;健全违规经营责任追究体系,强化违规经营责任监督,确保依法合规经营,防范各类信用风险;探索建立容错机制,持续优化考核内容及方式,有效激发创新活力和发展动力,实现信用管理体系迭代升级。

(四)紧盯"重点领域",防范企业重大经营风险

阿拉善供电分公司在树立诚信经营理念、建立健全企业信用管理体制机制的基础上,进一步梳理出易发生重大经营风险的重要领域,编制企业信用风险点防范台账,积极应用电力行业公共信用综合评价季度分析报告、能源行业失信联合惩戒对象分析报告等资源,持续加强安全生产、健康环保、合同履约等方面的潜在问题和隐患排查,有效防范和降低信用风险。一是强化合同履约、劳动用工、财务税务方面管控。加大合同订立、履约环节审查力度,建立违约应急处置机制;加强劳动人事用工管理,保护劳动者合法权益,构建和谐稳定的劳动用工关系;定期组织开展企业财务税务自查,全面评估企业涉税风险,确保财税问题及时发现、及时整改。二是强化施工许可、生产及消防安全管控。严格按照核准文件开展工程建设和工程项目资料检查,严格落实分包商经营范围、行业资质审查要求,加强与属地住建、城管、林业等政府监管部门沟通,避免发生工程建设领域失信行为;严格落实企业安全生产管理相关制度,经常性开展生产安全检查和通报,避免因发生安全生产事故被纳入失信黑名单情况发生;严格落实消防安全责任,采取消防专项检查和日常检查的方式,全面排查消防隐患和督促整改落实。

(五)优化用电营商环境,全面提高"获得电力"服务水平

知不足而奋进,望远山而前行,犯其至难而图其至远。阿拉善供电分公司坚持"人民电业为人民"的

初心和使命，构建了"党建＋优化用电营商环境"工作机制，系统性、集成式推进"获得电力"服务水平提高工作。阿拉善供电分公司积极主动推进政务与供电协同服务、公共服务融合发展，地区政策支撑体系不断健全，线下融合服务、线上数据联通共享；持续深化"三零三省"优质供电服务，围绕"简化办电流程、压缩办电时间、降低接电成本"的目标诚信经营，落实居民和低压小微企业用电"零上门、零审批、零投资"、高压客户用电"省力、省时、省钱"承诺。从用电客户的角度出发，"零证办电""无感报装""无感过户""先储备预报装""电力驿站""公共服务共享营业厅"等新型服务举措相继落地，全面提升供电保障能力。打造全国首个按供电区域实行电力施工行政审批示范点，结合阿拉善地域特点，按照供电区域，实行不同的免审批范围和电力施工行政审批策略，审批时长压缩50%。在总结以往市政公用设施用电报装业务特点的基础上，试点5G基站无产权报装，先行开启了无产权报装新服务。在国内先行探索转供电领域"市场化电价＋分时电价"计费新模式，为彻底规避转供电加价，形成更加规范的价格传导机制起到了示范效应，现代供电服务体系得到进一步完善。

三、信用管理实践成效显著

一直以来，阿拉善供电分公司依法治企、诚信经营，聚焦诚信文化建设、制度建设，加强企业信用风险防范，努力打造诚信经营标杆企业，取得了显著成绩。

（一）企业信用管理能力得到提升

通过搭建风险、内控、合规一体化管理体系，阿拉善供电分公司实现了企业信用风险防范工作由过去的"亡羊补牢"到现在的"事前、事中、事后"全过程管控的转变。公司事前开展信用风险评估和合规审查，将企业面临的失信风险提前消除；事中对信用风险实时评估和动态监测，提前落实好防控措施；事后对失信行为进行惩戒和修复，使企业保持良好信用记录。公司严守企业信用管理的"三道防线"，协同开展多层次监督考核评价，注重失信行为惩戒，落实主体责任，不断推动企业信用管理能力提升。

（二）地区"获得电力"指标逐年提升

作为内蒙古自治区最偏远落后的地区，2022年阿拉善盟"获得电力"指标在自治区12家盟市中排名第五，取得超预期巨大进步。2022年，阿拉善供电分公司线上报装率为98.87%，同比上升21.84%；客户需求密度完成9.22件/百户，同比下降29.60%；实现高低压"免申办电"，市场主体办电时长缩短了19.6%；4413户客户享受到"三零三省"政策，降低客户办电成本3351.46万元，同比增加204%；建成配电自动化线路187条，覆盖率达到85%，配网跳闸同比降低45%；用户平均停电时间同比降低31%，连续三年下降8%以上，供电可靠性逐年提升。

（三）树立了"诚信阿电"良好企业形象

通过大力开展风险、内控、合规体系一体化建设，践行"诚信至善，厚德行远"经营理念，阿拉善供电分公司逐步将"诚信兴商"融入企业文化，将信用建设渗透到企业各业务领域，促进企业合规经营能力提升，法律诉讼案件、违规失信事件等逐步减少，保障客户服务质量，提高客户满意度，降低客户维护成本，进一步保障了企业生产经营活动的稳定有序，树立"诚信阿电"良好企业形象，加强了与用电客户的关系纽带，建立了良好的社会信誉，持续增强市场主体和人民群众的"电力获得感和幸福感"。

案例创造人：方建锴、张智刚、李惠霞

诚信为农　打造数字供应链增信平台

山东省农业发展信贷担保有限责任公司

山东省农业发展信贷担保有限责任公司（以下简称山东农担）于2017年12月18日成立，到位注册资本金40亿元，由省财政厅代省政府履行出资人职责。公司坚守政策性定位，以农村金融供给侧结构性改革为抓手，加快数字化转型，运用"增信、分险、赋能"措施，发挥财政资金"四两拨千斤"作用，撬动金融支持全面推进乡村振兴取得积极成效。通过数字化转型打通金融场景和乡村场景，提升信用价值定性定量和风险识别、管控、化解能力，积极构建"山东农担数字乡村场景金融"，探索出一条从机制上破解农业融资"难贵烦"的数字化转型新路径。目前，"山东农担数字乡村场景金融"建设正在持续快速推进，为全省适度规模涉农经营主体提供融资担保服务。

一、案例基本情况

2018年，山东农担采用"自主尽调、线下作业"的业务模式，资料收集、寄送和风险审查完全依赖人工，业务报表依赖人工台账，公文办理通过纸质签批流转，效率低、成本高，业务开展非常缓慢。2019年，公司目标任务是年末在保余额达到50亿元，靠人海战术、线下作业、零星获客，加班加点开展项目现场尽调和人工审查审批，已经到了能力和体力的"天花板"，业务上量遇到瓶颈。2020年，突如其来的新冠疫情加速了公司数字化转型的步伐，疫情期间无法现场尽调，银担之间信息不对称矛盾突出，农时又不能耽误，倒逼公司必须要加快数字化转型。2020年4月，公司以农村金融供给侧结构性改革为抓手，从破解城乡冷链"最先一公里"难题切入，构建涉农供应链数据自动生成机制，以国企数据资源市场化运作，融合大数据、物联网、区块链技术，引入阿里和国内顶尖冷链专业人才职业经理人团队，成立了鲁担（山东）数据科技有限公司和鲁担（山东）城乡冷链产融有限公司，同时以农业信贷担保工具连接联通金融机构和用户，总体构成数字供应链增信平台，打通金融场景和乡村场景，提升信用价值定性定量和风险识别、管控、化解能力，积极构建"山东农担数字乡村场景金融"。

二、案例目标

（一）解决痛点难点

（1）业务上量困难。2019年，公司目标任务是年末在保余额达到50亿元。为完成目标任务，公司逆周期启动了四季度攻坚战，公司领导带队与员工冒着严寒跑村进户，靠人海战术、线下作业、零星获客，加班加点开展项目现场尽调和人工审查审批，多人累病，已经到了能力和体力的"天花板"，而年底在保余额也只有55.5亿元，与我省农业经营主体的融资需求和其他先进省份业务量相比差距很大，业务上量非常困难。

（2）风险管理能力弱。缺乏有效的手段识别客户欺诈风险和信用风险，风险控制主要依赖银行客户经理现场尽调和公司人工审查，客户资料造假、贷款资金挪用等情况时有发生，无法及时发现失信行为、涉法涉案、限制高消费等明显不良信息，在保后管理环节无法通过逐笔现场保后的方式进行风险防控，无法及时发现资金挪用、重大生产经营变动等情况，风险管理水平在全国农担体系排名不高，发生多个因欺诈和贷前明显信用不良导致无法还款的案例。

（3）业务成本过高。公司服务的客户是适度规模农业经营主体，特点是单笔贷款额度小、户数多，现场尽调工作量大，客单成本在1500元以上，与传统商业银行个人客户客单成本（据查约440元）和与以微众银行为代表的民营银行个人客户客单成本（据查约73元）相比差距很大，公司业务成本居高不下。

（4）作业效率低。公司业务审批效率低，50万元以下项目需3~5天，产业链、产业集群项目需5~7天，其他项目需10~15天，无法满足客户需求和农时需要。在金融科技加持下，合作银行信贷业务办理效率非常高，甚至实现了全线上、秒批秒贷，客户抱怨有了农担担保后反而贷款办理速度慢了、手续烦琐了，作业效率低的问题已经严重影响了与银行的业务合作。

（5）客户服务体验差。农担政策惠农利农，但是靠线下宣传无法有效触达客户，贷款利率居高不下，申请渠道单一，只能面对面申请，申请资料和办理手续繁杂，需要很多纸质证明资料，经常需要反复补充材料。客户缴纳担保费、申请开发票、线下签署纸质合同等手续烦琐，容易出错，客户服务体验感差。

（二）预期目标

（1）业务量居全国农担体系前列。
（2）风险管理水平居全国农担体系前列。
（3）业务成本控制在较低水平。
（4）大幅度提高业务办理效率。
（5）显著提升客户获得感、体验感。

三、案例描述

（一）数字场景"是什么"

1. 流程图

融资担保业务对应于商业银行的担保贷款业务，担保贷款客户与银行签署《借款合同》之后，再与担保公司签署《委托担保合同》并缴纳担保费，待担保公司向银行发出《放款通知书》后方可获得信贷资金。山东农担担保业务的数字场景主要涉及客户直通、审查审批、签约收费、核保出函、保后管理等关键业务环节。

2. 关键业务环节

（1）客户直通。面向政府部门、行业协会、农联站等通过多种方式获取客户名单，经过数据清洗、风险筛查形成白名单，引入"客户直通"二维码，通过政府会议、宣传册、微信群等多渠道开展精准触达，变"广撒网"为"定向邀"，客户扫码注册后简单填写申请信息、自主选择意向银行，银行登录平台进行"接单"并主动上门服务，通过聚集大量高质量客户推动银行抢单强化客户主动权，农担业务部门及银行客户经理聚力打造"24小时不打烊"的客户直通平台。

（2）审查审批。客户通过"惠农贷"小程序签署《信息使用授权书》并提交担保申请，担保业务中台调用"大数据预审服务"自动完成准入审查；合作银行按照其内部规定的流程完成审查审批并提交担保贷款申请资料后，山东农担按照内部规定的流程完成项目受理和审查审批。审查过程中，担保业务中台自动调用"大数据初审服务"获得审查建议及授信额度建议，针对批复的担保申请，系统自动出具加盖电子签章的《项目批复书》。

（3）签约收费。运用电子签名技术实现委托担保合同的线上办理，客户只需要通过手机轻松点击阅读、简单刷脸认证即可快速完成合同签署，提升了客户体验，减少了银行客户经理纸质合同打印成本、合同扫描以及山东农担合同审查等工作，提升了工作效能；在《项目批复书》中嵌入收款二维码，借力第三方支付通道实现"一单一码"扫码缴费，同时基于业财一体化理念打通了财务系统，通过自动对账和凭证推送大幅减小财务人员的工作量。

（4）核保出函。检查委托担保合同的签署情况，按需检查反担保措施的落实情况，必要时追加或者更换反担保人，确认无误后，系统自动抓取信息生成带有电子印章的《担保确认函暨放款通知书》。山东农担针对政府部门重点扶持的产业链、产业集群定制开发的"纯线上担保产品"（例如农耕贷）具备"秒批"特性，充分运用大数据风险管理手段实现了担保贷款申请、审批、支用的零人工干预。

（5）保后管理。依托担保数据、银担对账贷后数据、经营数据、民间借贷数据、司法涉诉数据、资产数据、婚姻数据等多方数据，利用大数据分析、智能算法等技术手段，定期自动发起对全量在保客户的风险排查，输出预警客户名单，交由大数据保后风险分析人员复核并按需创建风险处置工单；从地区、行业等多种维度对公司整体担保业务情况进行数据统计分析，预测群体性风险，综合数据统计分析结果输出公司级资产质量报告。

（二）数字场景"怎么做"

1. 数据价值呈现

（1）数据采集+依法合规多维度采集数据，强化数据要素保障。通过省大数据局接入10个省直部门37个数据源接口，与省农业农村厅共建新型农业经营主体融资数据服务平台。

（2）数据集成及分析+大数据提升决策能力。通过集成多渠道客户名单，对客户进行归类，形成作战地图，精准指导业务开展。

（3）数据应用+大数据风险前置排查。基于名单制准入的业务需求，建立数据从采集、收储、加工、利用的全流程方案，研发"潜在名单筛选策略"，实现了名单自动化筛选。

（4）数据应用+保中风险审查智能化。利用获取的多维度客户数据，运用360度客户视图管理理念，围绕客户本人基本信息、关联企业信息以及资产、信用、经营信息等，对客户进行全面透视和深度洞察；运用智能算法、图数据库技术建立多维度关联图谱，从反担保人、关联企业、家庭成员、银行客户经理等多个关联主体挖掘客户潜在的关联风险，输出关联图谱报告，强化"人机同行"中机器审查的辅助支撑作用，有效防控业务风险。

（5）数据应用+保后风险精准化管理。运用大数据智能风控技术，综合运用模式识别、回归算法、梯度提升决策树、知识图谱等技术，开发大数据保后管理工具，搭载第三方征信数据、客户还款行为、客户关联网络分析等多数据维度的保后风险策略、评分模型，形成分别针对银行客户经理、地区和行业的评级体系，自动生成资产质量报告和关联风险分析报告，实现风险信号的主动发现、提前预警，精准指导分类现场保后和命题式保后管理工作开展。

2. 技术应用实现

（1）融资担保风险管理中台系统+数据应用类+不属于推荐项目+微型供应商。山东农担始终把防范化解风险挑战摆在突出位置，把风险管理能力建设作为公司高质量发展的生命线。融资担保风险管理中台聚焦信贷风险管理领域，针对风险事件的信号识别、自动预警、风险处置、风险评价等关键环节提供一体化的能力支撑。系统与农业信贷担保业务场景深度融合，依托人工智能算法和定制研发的模型、策略，形成了全方位、多层次、全链条的风险防控体系。

（2）以"农耕贷"为代表的线上产品体系+用户服务类+不属于推荐项目+微型供应商。为持续优化担保产品创新流程、切实提升担保业务服务质量，山东农担以线上"农耕贷"产品研发为试点，积极探索线上产品技术体系，成果成效在系统内和同业内起到了较好的引领和示范作用。

（3）大田托管智慧服务平台+研发设计类+不属于推荐项目+微型供应商。平台基于区块链技术，实现资金公开、透明、闭环管理，生产经营过程中所有信息实时上链，相关人员可随时查阅账务信息，确保账务数据真实可靠，使得资金信息更加真实、透明、准确。

（4）生物资产管理平台+物联网平台+不属于推荐项目+微型供应商。在畜牧养殖场景中，使用物联网智能耳标为牲畜活体提供独立的区块链"身份证ID",通过使用耳标芯片24小时实时监测每头牛的位置、温度、运动等健康状况信息,确保生物数据实时存储于监管平台,目前该平台已在多个养殖担保项目中应用,办理出山东省首张《畜禽活体所有权他项权证》,创新研发出生物活体抵押贷款担保产品模式。

四、案例成果

(一)概述

通过建设数字供应链增信平台,山东农担探索出一条让农民在农村金融体系中有信用定价话语权、选择银行主动权、数据变现收益权的乡村场景金融新路子。

(1)融资难方面。山东农担累保、在保、当年新增分别由2019年的66亿元、55亿元、50亿元,提高到2022年年底的1328亿元、606亿元、472亿元,在全国33家省级农担公司中的位次由第13位、8位、7位全部提高到第1位。虽然山东农担在全国33家公司中成立最晚,但在保金额已经占到全国1/6,累保金额占到全国1/7。

(2)融资贵方面。在保项目平均贷款利率为5.1%,经营主体实际融资成本仅2.69%,累计为全省21万农业经营主体节省资金100多亿元,户均减负5万多元。

(3)融资烦方面。审批效率大幅提升,50万元以下项目当天即可审批完成,100万元以下的产业集群、产业链项目需2~3天,100万元以上的项目审批缩短至5~7天,疫情期间联合省工商银行推出的全线上"农耕贷"产品,实现了种粮大户足不出户获得担保贷款,确保不误农时。

(4)风险防控方面。截至2022年年底,项目代偿率仅为0.25%,远低于全国1.35%的平均水平,风控水平连续两年在33家省级农担公司风险管理评估评价中获第一名。

(5)政策效应方面。聚焦"国之大者",保障国家粮食安全,累计为2.85万户种粮大户提供担保贷款105.9亿元,覆盖种植面积800多万亩。以"小钱"撬动"大钱",发挥"乘数效应"拉动增加社会投资3000多亿元,为山东省增加地方税收100多亿元。

(二)形成价值成效

(1)客户体验显著提升。通过运用活体认证、实名验证、电子合同、电子发票、在线缴费等技术,支持客户随时随地办理相关业务,中间过程无须人工干预,给客户带来极速体验。通过运用大数据构建客户精准画像,免去了客户诸多申请资料,真正发挥数据多跑路、群众少跑腿的作用。

(2)改变了传统业务模式,增强了自主风控能力和主动权。通过建设数字供应链增信平台,一是改变了传统线下作业模式,实现了全流程线上办理,业务办理效率、业务质量得到大幅提高,解决了银担系统流程不通和信息不对称问题,提升了银担业务协作能力;二是革新了传统风控模式,运用大数据智能风控技术,实现了智能化风险管理,增强了风险管理能力;三是改变了被动获客模式,实现了批量获客、精准营销,撬动银行竞争让利于农。

五、保障措施

(一)人才引进

用股权激励引进复合型运营团队,成立城乡冷链产融公司和数据科技公司,城乡冷链产融公司引入具有农业、冷链、物流、互联网综合背景的冷链物流平台运营团队,数据科技公司引入具有金融、互联网、农业综合背景的资深金融数据运营团队。

（二）能力培养

组建专家智库，开展教学培训，用好外脑、借好外力，充分发挥专家在平台规划、建设、提升及加强农业政策和产业行业研究等方面的咨询指导作用，更好融入农业服务场景。广泛开展合作，与电子签名服务商、多家数据服务商开展业务合作，提升专业能力。与山东农业大学、山东财经大学、聊城大学、齐鲁工业大学、山东工商学院对接产学研合作，探讨人才培养、实训基地、区块链应用、模型开发。

（三）资源保障

在预算方面，给予充足的资金保障，逐年加大数字化建设投入；在人员方面，加大对IT、金融、农业等复合型人才的招聘，选拔最优秀的员工参与到平台建设中；在硬件配置方面，高标准建设大数据中心和本地机房，发挥农担智慧大脑作用，给所有员工配置单兵装备（Pad+键盘+手写笔），支持移动办公，充分发挥系统工具作用。

（四）绩效激励

为激励、培养数字化专业人才，公司出台了《董事长特别奖励暂行办法》，对于在数字化平台建设工作中有突出贡献者给予精神和物质双重奖励。公司绩效考核办法对于在数字化平台建设工作中有突出成效的员工给予考核加分，公司宣传管理办法对于在数字化平台建设宣传工作中能够出彩、出圈的事项给予考核加分和表彰奖励。

（五）风险控制

引入高水平咨询公司，为公司提供内控体系建设咨询服务，使公司数字化转型及平台建设工作进一步流程化、制度化、规范化，提升组织协作能力。针对平台建设工作开展内外部审计，对系统、产品、数据、管理等检查治病，及时发现、修正过程中存在的问题和不足，确保依法合规开展相关工作。

（六）文化氛围

大力培育员工数字化思维，建立"用数据说话"的企业文化，树立和践行数字化理念，要求各项审批流程线上化、无纸化，倡导开线上会和即时开会的高效工作作风，逐步取代烦冗的线下会议。

案例创造人：李文强、李英俊、毕欣然、王睿千、许凌云

诚信立企　助力"金凤"高飞

湖南华菱线缆股份有限公司

一、企业简介

湖南华菱线缆股份有限公司（以下简称华菱线缆）前身为始建于1951年的湘潭电缆厂，由湘钢集团等5家国有企业于2003年发起成立。2021年6月24日，华菱线缆在深交所主板上市（股票代码为001208）。公司现有员工800余人，是国家电线电缆标准委员会成员，国内领先的特种专用电缆生产企业之一。公司拥有国家级企业技术中心、湖南省特种线缆工程技术研究中心、湖南省工业设计中心、湖南省专家工作站等研发平台，是国家航空航天特种电缆研制基地，荣获全国五一劳动奖状、国家高新技术企业、国家创新型试点企业、湖南省省长质量奖、工信部专精特新"小巨人"企业、湖南省"重点小巨人企业"等荣誉。公司产品被广泛应用在发射场、空间站，登月计划和深空探测等重点工程，以及航母、舰船、核潜艇、战略导弹等国家重器上。2023年3月，公司成功入选国务院国资委"创建世界一流示范企业和专精特新示范企业"名单。

二、公司诚信实践情况

（一）以质量立企，践行国企责任担当

电线电缆行业是国民经济中最大的配套行业之一，行业规模已达万亿元以上。与欧美日发达国家相比，我国电线电缆市场企业众多，规模以上的电线电缆企业达到4000余家，以民营中小型企业为主，占比达到95%，行业集中度较低，前十名占比约10%，竞争异常激烈。

公司在产品质量方面坚持"诚信国企，品行天下"的经营理念。公司将航空航天及武器装备产品的管理要求延伸到公司民用产品质量管理和控制上，严格的质量管理助力公司在严酷的市场环境中稳步前进，得到了市场的广泛认可。

西安地铁"问题电缆"事件是电线电缆行业重大风向标事件。在此之前，行业中大部分企业以次充好，市场上充斥着大量"瘦身"的非标电线电缆产品，以非标产品低价中标、赚取高额利润，"劣币驱逐良币"现象异常严重。公司在这样的竞争环境中，经营状况异常艰难，但出于国有企业对行业的责任担当，公司坚守质量标准，提出"诚信国企、只做国标"的企业宣传语，在夹缝中谋求生存。2017年3月，一名自称奥凯电缆公司员工在网上发布了一篇名为《西安地铁你们还敢坐吗》的帖文，随后西安地铁成立专项调查组进行调查，揭开了行业无序竞争的冰山一角。西安地铁三号线奥凯电缆随机取样的5份样品送检均不合格，该调查组同时也对西安地铁三号线其中一个标段运用的华菱线缆产品进行了严格抽检，检验结果为指标全部合格，后续西安地铁紧急采购了华菱线缆的电线电缆产品用于全部替换奥凯产品。西安地铁"问题电缆"事件受到铁路部门高度重视。铁路部门迅速组织专门力量，对铁路在建工程项目所有非标电线电缆进行全面排查更换。

2017年6月，国务院决定依法依纪对西安地铁"问题电缆"事件严厉问责，依法依纪问责处理相关地方职能部门122名责任人，包括厅级16人、处级58人。西安地铁"问题电缆"事件，使得市场广泛认可

了华菱线缆的产品质量和品牌形象，在轨道交通领域，公司产品被广泛应用于深圳地铁、成都地铁、长沙地铁、广佛线、昌景黄铁路、川藏铁路、广深铁路、云桂铁路等30余条铁路线。近年来，公司参与国家军用标准、国家标准、行业标准和"领跑者"标准工作50余项，助力行业质量稳健提升。

（二）以精品锻就高端品牌形象

公司坚持"做中国特种线缆行业领跑者"的企业愿景，主动对接国家供给侧结构性改革，不断加大研发力度，调整产品结构，充分挖掘特种电缆细分市场客户需求，通过持续研发投入，开发出了一系列质量过硬、口碑优良的特种电缆产品，赋予诚信国企更高端的品牌定位。2023年3月，公司成功入选国务院国资委"创建世界一流示范企业和专精特新示范企业"名单。

从"飞得最高"的宇航员出舱用脐带电缆到"潜得最深"的ROV机器人用脐带电缆，从用于长征系列火箭发射"国内最高温度"1800摄氏度超高温电缆到用于亚洲最大风洞试验的"国内最低温度"零下200摄氏度超低温电缆，从"东风"系列导弹用抗电磁脉冲电缆、发射车用线束到"巨浪"系列新型电缆，从"红箭"系列导弹制导线到"××工程"最新型核潜艇、××系列驱逐舰用舰船电缆，从20世纪60年代"武汉长江大桥过江电缆"到近年广州标志性建筑、中国第一高塔"小蛮腰"，从三峡大坝用扩径导线到矿用替代进口采煤机电缆，从大亚湾核电站核电电缆到北京磁悬浮新型轨道交通电缆，公司产品在神舟、长征、嫦娥、探月、天宫及战略武器等工程中充分发挥了"国家队"和"领头羊"的作用。

在军品领域，公司研制的柔软轻型超高温电缆，瞬时温度达到1800摄氏度、120秒内线路保持完整，超标准实现了点火线瞬时温度达到1400摄氏度、45秒内线路保持完整的运载火箭技术要求，填补了国内空白。公司生产的超高温电缆助力"神一"到"神十二"、嫦娥一号到嫦娥五号，以及长征系列运载火箭等的发射任务，获得高度评价。

在民品领域，公司自主研发的矿山装备用拖曳电缆，综合使用寿命是进口产品的一倍，但价格只有进口产品的一半，该系列拖曳电缆成功应用于江西铜业、紫金矿业等矿山企业，成功改变了此类电缆长期依赖进口的局面。该项目获得湖南省科技厅重点项目资金支持和江西集团物资管理课题研究成果发布优秀奖。

公司特种电缆产品在各种极端环境中优异的质量和可靠的性能表现，满足了高端客户严苛的专业化要求，锻造了"金凤"品牌形象，"金凤"品牌被授予国家银质奖章。2009年4月，"金凤"商标被国家工商行政管理总局（现为国家市场监督管理总局）商标局认定为"中国驰名商标"，2020年"金凤"商标被认定为湖南省"老字号"。

（三）以信用拓企，树立行业信用标杆

2022年8月18日，华菱线缆应付账款ABS首期产品在深交所上市销售，发行规模为2.91亿元，价格区间设置为2.2%~3%。本次产品销售共吸引到10余家机构参与竞标，中标价为公司设置的底价2.2%。公司成功发行了电线电缆行业上市公司首单ABS产品，发行利率创2022年以来同期限市场最低利率，认购倍数达到了5.8倍。

ABS（Asset-backed Securities，资产证券化）具体来说是将缺乏即期流动性的基础资产所产生的可预期的、稳定的未来现金流作为偿付支持，通过结构化设计进行信用增级，以此在金融市场发行可流通的有价证券的融资活动。

当前线缆行业有30余家上市公司，但此前没有一家公司选择通过发行ABS产品进行融资，究其原因主要是无法妥善解决应收账款、应付账款资产包累积、标准化设计以及信用评价的问题。为解决难点问题，华菱线缆一是将应付账款以资产包"储备"蓄能，实现"弹药"累积；二是将应收账款以"模拟"资产包审核，实现标准化设计落地；三是将资料数据实现"线上奔跑"，全流程高效合规运行；四是通过储架模式、循环设计、多方引流，合力助推成功低成本发行。公司创新应用ABS产品，扎实推进信用理念、信用手段与经

营体系深度融合，发挥信用对提高资源配置效率、降低融资成本的重要作用。

作为电线电缆行业首单 ABS 产品，为解决行业普遍存在的上下端资金链错配的痛点问题提供了良好示范，同时积极响应了国家提出的盘活存量资产要求，利用金融创新工具助推实体企业的发展。公司成功发行 ABS 产品社会效应显著，也促进公司在资本市场树立了金融创新的良好形象。上海电缆研究所、深交所"深债固收"官方平台、资本市场信披媒体和湖南当地媒体对此进行了专门报道。

（四）以员工筑企，工匠精神铸造卓越

公司大力弘扬工匠精神，坚持"分层次、分类别、多形式"的培训原则，打造有特色的"金凤大讲堂"培训平台，以针对性和实用性为重点，紧紧围绕"以客户为中心"构筑内部管理体系和人才培养体系，通过"精益生产培训和干部成长训练营"分层次分梯队培养技术技能人才，在标准解读、技术技能方面已形成一批人才队伍，为品牌提升、卓越管理筑牢了坚强基础。

公司对一线操作员工设立星级制度，共设 5 个星级并设置不同的星级津贴。同时，成立星级俱乐部，3 星级以上员工可免费带家属参加星级俱乐部的活动。星级制度成功为优秀一线员工赋能，极大增强了员工的积极性、主动性和归属感，为大力弘扬工匠精神积累了成功经验。

如公司五星级主机手刘光，作为大挤班组班长，勇挑重担，不断创新，带领班组成员通过网上查阅资料、与专家沟通、反复实验和验证，解决了困扰公司已久的喷码间距问题和挤管空筒问题，全面提升了产品质量。2022 年 3 月公司接到生产扁电缆紧急订单，其中对 YVFB 三个规格有特殊要求，他接到任务后立刻与甲方深度对接，潜心钻研操作技能，多量多测，精准控制，同时将原本需要 3~4 人开启的设备，做到了 2 人一台设备，保证设备 24 小时不停机，确保按时按质满足客户要求。2010—2022 年的 12 年间，刘光实现了从一星级主机手到五星级主机手的跨越，在 2022 年第三届湖南省电线电缆制造工职业技能竞赛中荣获湖南省一等奖，成了省内挤塑操作最高水平的代表。同时，公司也在此次电线电缆制造工职业技能竞赛中荣获"团队优胜奖""最佳组织奖"等团体荣誉，全省前 10 名中独占 9 席，并包揽了前 3 名，这个成绩的取得是对公司赋能员工成长、以工匠精神铸造卓越品质的最好诠释。

诚信是公司的立企之本，为公司积累了良好的客户口碑，助推公司核心竞争力提升和跨越式发展。自 2017 年以来，公司营业收入、净利润年均复合增长率达到 20% 以上。未来，华菱线缆将继续以习近平新时代中国特色社会主义思想为指导，聚焦诚信经营、价值创造，为建设世界一流示范企业和专精特新示范企业而努力奋斗。

案例创造人：熊　硕、李牡丹、李华斌、徐　娜

筑牢诚信根基，保障能源供给
打造区域一流能源服务企业

大唐山东能源营销有限公司

一、企业简介

大唐山东能源营销有限公司（以下简称公司）注册资本为 2 亿元，是中国大唐集团所属大唐山东发电有限公司的全资子公司。公司成立于 2016 年 7 月，是山东省首批专业售电公司、山东省电力市场管理委员会成员单位、市场信用管理委员会成员单位。公司经营范围涉及电力销售、热力销售、配电网运营、综合节能和电力业务咨询等业务。2023 年签约电力用户近两千家，交易电量连续多年列国网区域前十名。

公司成立以来，始终秉持"与客户共赢"的运营宗旨，全面聚焦大唐集团公司"1264"发展战略。依托庞大的售电体量和稳定的客户资源，推出多种合约套餐，根据用户用电特性量身打造定制化服务，实现客户的多元化、人性化选择；积极探索"售电+"增值服务，为客户提供用电安全管理、电力设备技术监督服务、电力设备故障抢修、用户节能服务、精益管理指导、配电站建设咨询等一揽子增值服务；同时创新数字化、信息化服务模式，率先建立用户用电数据、市场信息等大数据电子信息平台，以大数据驱动决策，让服务更精准、科学、高效。

二、加强企业诚信建设

（一）构筑诚信体系，助力公司发展

公司始终高度重视信用建设工作，建立了上下贯通的组织机制，成立信用体系建设领导小组，公司主要负责人为组长，其他领导班子成员为副组长，各部门负责人为成员。成立四个以部门负责人及信用专责人员为成员的专业工作小组，工作办公室设在财务部，实现齐抓共管。在实际经营中，深入宣贯依法诚信合规理念，持续完善信用管理体系，扎实推进信用管理工作，充分发挥信用体系作用，不断提高全员依法诚信合规意识和企业诚信经营水平，取得了丰硕成果，有力维护了企业品牌形象和良好信用。公司已三获国家电力行业信用最高等级 3A 评定，2022 年被中电联授予"电力行业信用体系建设示范企业"荣誉称号；2022 年升格为纳税信用 A 级企业。

（二）坚持信用管理，建立长效机制

公司制定了常态化监督机制，每月对信用工作情况进行监督检查，对发现的问题及时跟踪跟进确保信用零风险，切实提高风险防控水平。同时，不断提升对合作方的信用监督意识，严把合同主体信用审核、招投标信用管理等重要关口，加大信用风险清查力度，做到不留死角，防止信用风险的发生。此外，公司将诚信建设具体举措纳入公司信用体系建设测评体系和考核标准，将成绩突出的优秀职工推荐为公司先进个人并予以表彰，反之则取消其评优资格。

（三）强化信用回访，密切供需关系

公司严格执行信用回访制度，以开发新用户、维护老用户为契机，不定期派出信用专责人员参与其中，

深入一线走访用户，解决用户生产经营实际困难，了解用户满意度并及时反馈。充分发挥"负荷聚合商"作用，整合优化用户负荷，灵活调整用电曲线，实现共享调节、平衡服务，为签订全现货套餐用户节约用电成本。2023年一季度为用户降低用电价格40元/兆瓦时，大幅减少用户用电成本，从用户切身利益出发，增强用户认可度。

（四）弘扬诚信文化，营造守信氛围

公司积极组织对信用管理、信用标准、信用政策等方面的研究，开展信用评价培训，提升信用评价管理人员业务能力。建立公司诚信宣传工作机制，打造诚信文化，营造全员重视诚信、参与诚信宣传教育的浓厚氛围，不断提高诚信意识，进一步提升风险防范能力，提高依法治企水平。结合"信用记录关爱日""全国法制宣传日"等活动，组织学习《民法典》《公司法》《电力法》等法规，深入开展信用活动，宣传典型案例，筑造诚实守信基础。

三、打造区域一流能源服务企业

（一）坚持以效益为核心，全面提升现货交易能力

一是全力提升负荷预测能力。通过负荷预测方法策略研究、历史数据分析，掌握客户典型负荷曲线，提升电负荷预测能力，有效抵御市场风险，不断提升盈利能力。二是深耕细作电力现货交易。统筹优化电量申报组合策略，千方百计降低购电成本，平衡日前效益抢发和实时高价增量、日前套利和亏损风险之间的矛盾，规避风险。三是建设辅助决策系统助力科学决策。辅助决策系统的试运行大幅提高了发、售两侧基础数据计算效率，用好海量数据，助力科学决策，不断更新迭代，适应市场需求。

（二）坚持以市场为导向，探索新的业务增长点

一是推进"售电+"业务开展，进一步与大唐山东检修公司就"售电+"服务进行沟通，讨论服务项目实施可行性，以电能为核心，按照"选优起步、先易后难、以点带面、试点先行"的原则，积极拓展分布式光伏、能源托管、增值服务、电热冷联供、绿色用能等方面业务，加快向综合能源服务公司转型。二是加快"虚拟电厂"智慧平台搭建进程。针对2023年市场政策与环境，积极与智慧平台厂家研讨"虚拟电厂"运营方案，完善可调节负荷用户的储备和聚合，时刻关注市场动态和政策导向，持续推动"虚拟电厂"的建设工作。三是扩展需求侧响应规模，加强需求侧响应政策研究，积极开展2023年需求侧响应用户聚合工作。

（三）持续提升服务质量，全力锁定市场优质客户

一是加大电力市场开发力度。继续落实"网格化"开发要求，做好2023年电力市场用户的开发和签约工作，紧密跟踪电改政策变化，灵活制定电力直接交易方案和签约策略。二是提高营销管理水平。向国内一流售电公司看齐，进一步加强制度建设和台账管理，完善居间业务流程闭环监督管理体系，明确居间业务在公司市场开发战略中的位置，严格居间业务管理。三是加大用户走访力度。与发电企业建立用户走访共享机制，持续提高服务水平，增强客户黏性，充分了解用户需求，不断提高客户满意度。

（四）持续强化诚信培训，努力打造一流营销团队

一是强化人员诚信意识和行为规范的培训和交流学习。重点就如何践行诚信经营、与客户建立真诚合作关系、诚信风险和防范措施等方面进行学习，与其他公司交流经验，了解竞争环境下的诚信做法，指导营销人员用诚信赢得客户信任。二是通过案例分析和讨论，让职工认识到诚信对企业的重要性，在开展业务时，始终遵守相关法律法规，诚实守信地履行合同，保护客户利益，避免虚假宣传和误导消费者等行为，全力树立良好企业形象。三是打造一支专业素质过硬的电力交易团队，以前沿的政策研判、专业的市场把脉、有效的诚信监管机制规避风险，让客户感受到公司的诚信和责任，最终实现与客户共赢。

（五）持续加强综合管理，助力公司高质量发展

一是加强基础管理，优化业务流程。持续深化制度建设，继续严格公司资产、采购、招投标、合同、市场开发的管理，规范市场交易行为，通过加强基础管理，实现管理精细化和风险防控新进步。二是持续做好税收筹划，积极与税务人员保持良好关系，合理利用税收优惠政策，千方百计降低企业税负。三是建立健全风险防控体系，强化内部控制。对内部控制执行情况进行常态化监督和定期检查，及时发现漏洞和隐患，切实做到立查立改，将缺陷整改落到实处，把风险消灭在萌芽状态，最终实现闭环风险管控，助力公司合法合规经营，实现企业高质量发展。四是持续做好合规管理工作，确保处理每一笔业务都能按规章制度要求反复对照，规范操作。建立"简单、效率、规范"的流程管理机制，不断提升合规管理能力。

四、履行社会责任，展现央企担当

公司以防范信用风险为着力点，建立企业信用基础标准体系和内部信用监管体系，全方位提高信用管理水平，实现企业信用信息全流程可追溯管理。公司高度重视商业信誉，确保按时结算合同款项，切实保障商业合作伙伴利益，持续提升服务质量。自山东省现货市场运行以来，在上千次的交易申报和清算核对工作中，一直保持"零"失误、"零"误差，充分为用户争取改革红利，有效降低用电成本。与此同时，公司以信用工作与党建工作相融合为抓手，牢固树立诚信办企的文化理念，积极营造诚信和谐的经营环境，全力打造山东营销品牌，为大唐集团公司成为"中国最好、世界一流"能源供应商做出新的更大贡献！

案例创造人：于海义

信誉为本　质效并举　打造新能源企业典范

国能陕西新能源发电有限公司

一、企业简介

国能陕西新能源发电有限公司（以下简称陕西新能源公司）成立于 2009 年 12 月 25 日，填补了国家能源集团在陕西境内新能源产业的空白，成为陕西省第一家开发投运的风电企业，拉开了国能陕西新能源发电有限公司开拓发展的大幕。陕西新能源公司坚持以集团公司"一个目标、三型五化、七个一流"发展战略为引领，围绕"为社会赋能、为经济助力"的宗旨，始终将"奉献清洁能源，造福一方百姓，打造一流企业"作为神圣使命。公司坚持以人为本，着力构建和谐劳动关系，诚信经营。自公司成立以来，生产经营状况良好，在同行业中社会效益和经济效益比较突出。多年来，国能陕西新能源发电有限公司高度重视企业信用体系建设工作，坚持把信用体系建设贯穿企业发展全过程、各领域，并取得了明显的成效。

二、主要做法

（一）强化思想引领，坚持诚信守法经营

陕西新能源公司积极贯彻国家、地方法律法规，坚持开展以诚信守法为内容的宣传教育活动，常修守法之德、常思违法之害、常怀律己之心。陕西新能源公司按照国家能源集团要求，全员签订合规承诺书，全体干部员工深入学习党的二十大精神，认真学习《宪法》《劳动法》《民法典》等法律法规，坚持诚实守信、合法经营理念，在生产经营活动中把依法治企与以德治企结合起来，严格依法办事，依法管理，依法经营，依法纳税，严格履行合同、契约和承诺。按照市场规则开展公平竞争和互利合作，建立和改善互信关系。公司坚持诚信守法经营，维护市场秩序，规范从业行为。

（二）完善制度建设，契合改革发展需求

根据企业发展改革需求，陕西新能源公司结合实际，建立诚信制度体系，积极贯彻落实集团公司、陕西公司信用管理体制机制建设有关精神，切实加强信用体系建设，强基础、补短板，进一步完善信用管理体制机制。2022 年先后印发了《国能陕西新能源发电有限公司党委党务公开工作实施办法》《国能陕西新能源发电有限公司新闻发言人制度》《国能陕西新能源发电有限公司新闻宣传工作管理办法》《国能陕西新能源发电有限公司合同管理办法（试行）》《国能陕西新能源发电有限公司微信工作群管理办法（试行）》《国能陕西新能源发电有限公司劳动合同管理暂行办法》《国能陕西新能源发电有限公司信息公开实施细则（试行）》等制度，推进信用体系建设制度化、规范化，全面提高公司信用体系建设水平。

（三）信守合同信用，诚实履约促进管理

陕西新能源公司成立至今，始终把信誉放在首位，认真贯彻执行有关法律法规，坚持信用至上的经营理念。在实际工作中，依法签订和履行合同，自觉维护双方当事人的合法权益，建立健全公司合同管理办法，坚持不懈抓合规及有关法律法规的学习，加强员工依法守信的观念。自觉接受工商行政管理部门和行业监

管部门的监督管理，没有发生任何违法违规行为和不良记录。2022年，陕西新能源公司共计签订合同300余份，合同履约率达100%。

（四）质量与诚信共筑，确保质量达标争先

陕西新能源公司自成立以来，所有项目的投资、基建、采购均经合规流程进行。

（1）提升生产经营质效。坚持"存量资产提质增效、增量资产创优增效、管理工作管控增效"的经营理念，大力实施安全生产专项整治三年行动，实现连续安全运行4200天，被陕西省应急管理厅评为"2021年全省安全文化建设示范企业"，多个风场连续在全国风电指标对标中荣获"5A"级荣誉，连续获评国家能源集团风电安全环保一级企业。2022年，陕西新能源公司完成发电量14.36亿千瓦·时，实现盈利2.8亿元，纳税6800万元，度电利润、人均创利水平在国资国企排名靠前，连年名列榆林市定边县、靖边县规模以上工业十强企业。

（2）紧抓质量管理效能。按照集团公司工程建设"四优"要求，陕西新能源公司开展了大量优化工作，为保障项目安全可靠、质量优良、造价可控，实现质量效益双提升奠定了基础。在项目建设中，陕西新能源公司牵头，联合各参建单位结成协调联盟，统一规划、统一协调，为全面开展协调工作、提高协调效率、落实协调措施、保障协调效果提供了坚实的保障，有力保障了工程建设进度。严格按照"科学组织、标准引领、质量为上、创建精品"的十六字方针开展质量管理。"样板引路、示范先行"，以升压站为依托建立样板工程，以样板的示范效应确保施工质量创优。按照创建电力优质工程总要求，围绕工程创优技术线路图，紧抓工程创优关键线路的关键节点和重点工作，以项目创优方案为总纲，按照"统一协调、标准引领、策划先行、样板开路、创新驱动、亮点突出、培训提升、检查监督、奖惩激励"的总体思路推动工程创优工作。

（3）着力绿色发展动能。抢抓"双碳"目标新机遇，坚定不移走绿色发展之路，"十三五"实现了"再造一个新能源"的战略规划。"十四五"规划储备开发建设风、光互补项目装机容量为2000MW，制定了"十四五"装机规模翻两番的战略目标。新建设的左庄、新庄、梁吉台、雷家山、陈梁项目相继投产，新庄100MW风电工程荣获"2022年度中国电力优质工程"称号，雷家山风电场、新庄风电场在陕西省风电指标对标中名列前茅。减少二氧化碳排放约650万吨，在毛乌素沙漠边缘种植苗木12万棵，面积达300亩，为地方政府防雾治霾、环境治理做出了应有贡献。

（4）深挖管理创新潜能。坚持以管理创新、科技创新引领企业提质增效，建立综合性科技创新示范基地，取得"基于数据融合的风电场风机风速预测方法及系统"等13项发明创造专利和7项QC成果。《"三维一体"智慧风电场建设实践》管理创新案例（成果）获2020（第五届）全国国企管理创新成果一等奖，《"强基建设"+"源头治理"打造升级版合规管理体系》获中国企业评价协会2022年（首届）电力企业合规管理特等奖，企业竞争力和可持续发展能力显著增强。连年荣获陕西公司先进集体和A级企业荣誉称号，基层党组织多次荣获国家能源集团"双百行动"示范党支部和先进基层党组织荣誉称号。

（五）保障职工权益，提高职工幸福指数

目前陕西新能源公司全体职工共计160余人，均与公司签订长期或定期劳动合同，合同签订率为100%。自签订合同之日起，公司依法为员工办理养老、医疗、失业、工伤、生育等各项社会保险和意外伤害保险，并一直及时、足额缴纳各项社会保险，从未发生瞒报、漏报、欠缴社会保险的行为。公司坚持全心全意依靠职工办企业，依托新建项目投入近3000万元改善职工生活生产条件，职工收入连年高速增长，全员干事创业热情高涨。坚持以文化人、以情感人相结合，建设职工书屋、健身房、综合运动场，满足职工精神文化需求。

（六）诚信与安全同行，打造本质安全企业

陕西新能源公司一直坚持"安全第一，预防为主，综合治理"的方针，践行集团公司"安全一流"发展战略，

筑牢安全基础，确保企业长治久安。全面提高企业的安全生产水平，加强持续改进安全生产长效机制。公司一直以来生产、基建未发生人身伤亡事故，未发生环境污染事故和环保通报事件。

（1）增强安全环保意识。贯彻习近平总书记关于安全生产的重要论述，构建责任清晰严密、风险分级管控、体系动态达标、绩效持续提升的安全生产格局。对照安全生产法律法规、行业标准和集团公司、陕西公司规章制度等要求，修订安全生产管理流程和业务流程，推动安全生产工作制度化、制度流程化、流程表单化、表单信息化，强化制度落地执行，增强安全法治素养，严格执行国家生态环保政策法规。

（2）落实安全环保责任。严格落实集团公司、陕西公司1号文件部署要求及安全环保工作会议精神，坚持确保安全生产60条具体措施执行到位。坚持"党政同责，一岗双责，齐抓共管，失职追责"和"三管三必须"要求，建立了安委会成员联系点制度和安全包保责任制，落实各级"一把手"、班组长的安全责任，切实发挥安全生产保障、监督保障两大体系作用。严格执行"两化两严"安全管理理念，坚持"一票否决"和"四不放过"原则，加大安全责任追究和惩处力度，确保标准、执行、考核、责任等"四到位"。全年深入开展安全生产大检查，全面提高安全管控水平。

（3）健全安全管理体系。持续推进安全生产标准化管理体系建设，建成"要素完备、自主运行、动态达标、持续改进"的安全生产标准化管理体系，完善安全生产组织机构。坚持抓好安全技能培训和技术监督，严格执行"两票三制"，深入开展"三反四保"工作，坚持铁腕反"三违"，全面创建"无违章班组"，建立"不敢违、不能违、不想违"的反违章长效机制。持续加强"平安照亮幸福"文化宣贯及全国安全文化示范企业创建，提升全员安全文化素质。实施科技兴安，强化安全投入保障和应急能力建设，推进职业健康建设，创造安全健康的工作环境。

（七）热心公益事业，积极履行社会责任

陕西新能源公司一直热心于公益事业，积极履行社会责任，深入贯彻习近平生态文明思想，积极巩固拓展脱贫攻坚成果同乡村全面振兴有效衔接，制定了支持乡村振兴相关预算，树立和维护诚信、守法、公正的良好形象，在谋求自身发展的同时，始终把社会责任扛在肩上，彰显企业担当。陕西新能源公司结合各风场驻地实际，坚持做好企地共建，积极支持地方建设，吉山梁风电场党支部、繁食沟风电场党支部与驻地2个乡镇、4个村委会签订了党建共建协议，向相关支部捐赠了宣传展板、书籍等，有效改善了基层支部活动环境。2022年，通过"十联"机制，有力推动"党建共建，乡村振兴"，向集团公司申请了捐款，取得了向定边、靖边乡村振兴项目捐款的批复，先后向风场所在乡镇捐款80万元，用于当地乡村振兴事业。认真践行"两山"理论，以坚决的态度深入转换发展动能，深入开展生态环境保护，在定边县区域种植乔木4670株，投资70万元。累计在毛乌素沙漠边缘种植苗木近13万棵，面积达500亩，投入资金300余万元，为陕北生态治理做出了积极贡献。积极参加社会公益和志愿者服务活动，动员职工参加志愿活动，组织并参加志愿者协会的慰问、普法宣传、维护社会环境卫生等方面救助活动，陕西新能源公司有10余人参加了疫情防控志愿服务，得到了社区的认可。

综上，陕西新能源公司依据有关法规和制度在企业信用方面做了大量工作，今后将继续秉持诚信企业的理念，认真履行社会责任，自觉自律，积极为营造诚信企业的良好氛围做出更大的贡献。

案例创造人：孙经伟、任跃攀、袁　曼

追求卓越　诚信为本　争当疏浚行业排头兵

中交广航疏浚有限公司

一、企业简介

中交广州航道局有限公司（以下简称广航局）始创于1954年，隶属于世界500强企业中国交通建设股份有限公司。广航局业务布局覆盖疏浚吹填、浚前浚后、水利、水环境综合治理、市政基础设施、片区开发、园林景观、海洋工程、海洋资源开发、物流物贸物业等领域，形成了集研发、策划、投资、勘察设计、施工、运营于一体的全产业链布局经营模式，致力于打造世界一流水运工程承包商和国内知名生态城市治理商。

广航局积极融入国家发展大局，聚焦交通强国、粤港澳大湾区建设等重大国家战略，参建了被誉为"现代世界七大奇迹"之一的港珠澳大桥工程，在大桥岛隧建设中发挥了不可替代的关键作用；参建了国家"十三五"重大工程深中通道工程、中国首个由填海造陆建成的机场——澳门国际机场跑道区人工岛填筑工程。作为第一批走出去的疏浚企业，广航局深耕海外，积极践行"一带一路"倡议，参建了中斯合作标杆性项目科伦坡港口城工程、中交集团承建的海外单体最大吹填造地项目菲律宾帕赛吹填发展项目等重大国际工程。近年来，广航局在基础设施、生态环保、投资经营等领域取得重大进展，先后建设了自贡市东部新城三期基础设施建设项目、汕头南澳蓝色海湾整治行动工程、湖北省襄阳市国家储备林建设项目等工程。近70年来，建设足迹遍布国内各大港口，以及南亚、东南亚、中东、非洲近30个国家和地区，为促进当地经济社会发展做出了重要贡献，多个参建项目荣获"中国土木工程詹天佑奖""中国建筑工程鲁班奖"和"国家优质工程奖"。

广航局依托设备、技术、人才、资金、管理等优势，积极承担央企政治责任、社会责任、经济责任，赢得了社会各界的广泛认同，先后获得"全国五一劳动奖状""全国优秀施工企业""中国工程建设诚信典型企业""全国建筑业诚信企业""AAA信用企业"等荣誉。

二、坚守诚信责任，树立履约典范

广州港工程项目经理部（以下简称广州港项目部）成立于1996年，是广航局为一个港口建设设立时间最长的项目部，成立以来承担了广州港出海航道的浚深拓宽和南沙港口建设的重要施工任务，所铸就的一大批精品工程在促进珠三角经济发展、推动粤港澳大湾区建设中发挥了重要作用。

在市场经济日益发达的现代社会，市场竞争变得愈加激烈，客户关系管理在企业中的地位也变得越加重要，"重合同、守信用"已成为企业不可或缺的重要标签，信用优劣直接关系到未来的发展。广航局广州港项目部始终坚持"公平、公正、互利"和"严格执行合同，保证高效施工"的基本原则，着眼于建立长期稳定的合作伙伴关系。广州市港务局、广州港集团作为项目部长期服务的两大业主，彼此建立了长期稳定合作关系。项目部以"合同内履约最受欢迎，合同外服务最受欢迎"为理念，竭诚为业主提供优质服务。

广州港项目部充分利用自身的有利条件，以"干好一个工程，打开一片市场"为指导思想，展开深层次的市场经营活动，保持市场经营的持续性，显示了其华南地区中心项目的地位。

广州港项目部常年管理着不同类型的工程项目，且几乎是不间断交织开展，时刻处于高度紧张、高速运转状态。所属工程项目点多面广，水上陆地需要全面兼顾，出海航道边通航边施工安全压力大，质量要求高，不允许任何环节出现纰漏。多项目交织进行的高压状态下，广州港项目部始终保持高昂的工作热情，科学组织谋划，创新管理思路，革新施工工艺和技术，跨过一道又一道难关，确保了各项合同工程的进度和质量。同时，在施工期间，对业主提出各项变动需求均给出了及时、高效反应，多方位、多角度满足客户需求，为客户提供增值服务，深受业主好评。

三、传承诚信基因，奠定发展基础

广航局广州港项目部作为改革开放的排头兵、广州港建设的拓荒者，最先打破了南沙这片土地的宁静，通过全力为客户提供优质高效的服务，打造了一批精品工程，书写了一个又一个诚信履约、恪守承诺的建设篇章。

1973年2月27日，周恩来总理发出"三年改变港口面貌"的号召。国务院随即成立港口建设领导小组，组织全国港口建设大会战，迅速掀起港口、航道建设的高潮。1973—1978年，广航局在全国范围内调入和招收大量技术干部和工人，大量新建和购置的挖泥船投入港口建设热潮。在那个条件艰苦的年代，施工任务艰巨、工具简陋，一时又找不到足够的施工人员，只能动员内部力量，依靠人拉肩扛，发扬苦干精神来完成。"宁让汗水漂起船，不让工期拖一天"的口号从那时起在广航人中广为流传。时至今日，广航人还坚守着宁可自己吃亏，也要处处维护业主的利益的朴实情感，爱护履约声誉。

1996年，广航局南沙项目经理部成立，"黄埔号""虎门轮"等4艘大型自航耙吸式挖泥船汇集珠江口，投入广州港出海航道浚深预备工程建设，正式揭开被列入国家"九五"计划的广州港出海航道浚深工程的序幕。在之后的二十多年间，作为施工主力，项目部陆续承建了广州港出海航道浚深预备、一期、二期、三期工程。一期工程荣获国家优良工程奖，二期工程荣获中交股份优质工程奖，广州港出海航道疏浚工程荣获全国用户满意工程奖等重量级荣誉。

广州港项目部作为广航局疏浚建设的排头兵，传承着广航局历史荣光，以疏浚主业为立业之本，坚定不移把疏浚事业做精做强。当年"宁让汗水漂起船,不让工期拖一天"的建港精神成为代代相传的文化基因，积淀成项目部宝贵的精神财富，也让诚信的基因得到代代传承。

四、践行诚信理念，打造品质工程

广州港项目部成立以来，一直高度注重信用体系建设，把诚信经营作为立业之道，兴业之本，把诚信服务贯穿到项目部日常生产经营和发展战略之中，不断规范合同管理，规范经营行为，着力打造珠江口项目信用品牌。

（1）强化制度保障，规范诚信经营。一是项目管理人员实行"一岗双责"制。优化科学高效的决策体系，充分发挥党组织"把方向、管大局、促落实"的作用，为诚信经营奠定管理基础。二是持续构建具有项目部特色的制度体系。制定了涉及诚信保障相关的项目规章制度共计22项，明确项目经营各方面合规要求与诚信规范，持续开展管理制度合规有效执行的动态评估并进行内容完善，充分发挥制度对诚信合规经营的基础保障作用。三是加强标准化管理，进一步巩固诚信管理成果，建立清晰、高效、规范的工作流程，从流程的标准化管理入手，注重加强诚信文化影响力，不断提高诚信服务水平。

（2）强化目标导向，信守履约承诺。围绕履约，提高施工效率，实现生产目标，项目部精心组织谋划，投入大量的精力到项目协调和综合管理上，通过开展劳动竞赛活动，推行施工效率和质量并重的竞赛考核，有效调动了广大一线员工的工作热情和生产积极性，完成了各项生产目标任务，确保了各工程项目圆满履约。

（3）强化诚信意识，恪守安全环保信用。一是强化安全环保日常教育督导，引导员工严格遵守安全环保法规，切实肩负起安全环保的社会责任，促进社会、经济和环境的可持续发展。二是制定切实可行的安全环保管理制度，加强安全环保现场管理，对防台、雾天等重点安全工作提前部署，仔细研判每个细节，适时安排必要的演练。三是推行安全环保问题一票否决制，筑牢安全环保防线，打造优质工程。

五、加强党建引领，弘扬诚信文化

广州港项目党支部始终把党组织作为连接项目员工的桥梁和纽带，充分运用和发挥党建工作的优势和功能，以党建促进队伍的诚信建设、以党建提供诚信建设保证、以党建助推队伍担当社会责任，积极引领党员队伍和从业人员深化诚信实践、塑造诚信形象，使诚信理念深入落实到项目建设实践中。

（1）强化队伍诚信建设。项目党支部始终把党员队伍建设作为各项工作的重中之重，注重"把业务骨干培养成党员，把党员培养成业务骨干"的党员队伍建设思路。开展党建工作中，探索总结出把党性教育和执业诚信相结合、党员骨干培养和业务骨干培养相结合、党员模范带头和生产劳动带动相结合的做法，发挥党员示范带头作用，带领员工深化诚信意识、提高诚信觉悟。

（2）加强诚信文化建设。打造诚信品牌，在广州港项目部的管理理念中、在港口和航道建设过程的每一处中得到显示和呈现，广州港项目部以浓厚的文化底蕴，建设自身的诚信品牌文化，增强品牌吸引力。

（3）加强诚信意识培养建设。把法制学习和业务学习作为日常工作的重要内容，强化内部管理，增加责任意识，使团结协作、爱岗敬业和履职守约成为员工的自觉行为，有力地推动了各项工作高效开展。

六、履行社会责任，彰显央企担当

广州港项目部在参与地方经济建设、发挥专业优势的同时，积极担当社会责任，为增进社会和谐发展和项目发展的"两个效益"齐头并进贡献力量。

（1）维护海上公共安全。2020年广州港深水航道拓宽工程Ⅵ标段施工期间，广州港项目部及时向广州交管中心报告浮标漂失情况，并协助恢复浮标效能，施工过程中发现海上人员落水险情，迅速组织营救，维护航道通航安全，收到广东省南沙航道事务中心南沙航标与测绘所表扬信；2021年主动联系社会力量"送核酸检测上船"，克服船舶防疫困扰；2022年，成功打捞起一艘海底无主沉船，保障了海上通行安全。

（2）争当生态保护先锋。二期工程莲花山东航道预备工程，分布着总长度约为5500米，工程量约为101万立方米，占总工程量67%的坚硬的风化岩。在此前的中国疏浚工程史上，从来没有不动用爆破工艺就成功开挖大面积风化岩的先例。建设者们发挥集体智慧，因地制宜，研制出一种"特殊武器"——凿岩棒，最终啃下了莲花山东航道预备工程这块"硬骨头"，开创了不动用爆破工艺成功开挖大面积风化岩的先例，保护了周边白海豚的生长繁殖和海洋生态环境。

广州港项目部在建设过程中，积极践行可持续发展理念，高度重视海洋生态资源和海洋生态环境保护工作。研究调整施工工艺、工序，实现疏浚土的综合利用。成立中华白海豚保护管理小组，利用校企合作资源，邀请大学教授开办黄唇鱼保护培训班，印发海洋鱼类保护宣传册，同时推进工程建设与海洋生态环境保护。

（3）广泛开展志愿服务。与当地社区党支部、社会公益团体组织结对共建，积极开展"争当雷锋""义务植树"等各种主题的公益活动。组建项目部"蓝马甲"志愿服务队，队伍管理规范、服务多元，广泛开展点对点帮助老弱病残困难人群、爱心捐赠、义务劳动等一系列活动，共380余人次参加志愿服务，累计服务时长达1350小时。畅通了职工奉献社会、服务社会、回报社会的途径，显著提升了项目部在当地的美誉度和影响力。

案例创造人：陶宗恒、潘　耀、王振兴

坚守诚信管理　彰显国企担当

内蒙古电力（集团）有限责任公司呼和浩特供电分公司

一、企业简介

呼和浩特供电分公司是内蒙古电力（集团）有限责任公司（以下简称呼和浩特供电分公司）直属的特大型供电企业，担负着自治区首府呼和浩特市区及周边五个旗县的电力供应和电网运行管理及建设任务，供电面积达1.72万平方千米，服务客户166.2万户，客户服务中心（营业站、供电所）79个。截至目前，呼市地区总装机容量为5651.789兆瓦。全公司管理运营220千伏变电站21座，主变47台，容量为8010兆伏安，线路长度为1700.5千米；110千伏变电站59座，主变117台，容量为6114兆伏安，线路长度为1704.523千米；35千伏变电站37座，主变72台，容量为512.05兆伏安，线路长度为1316千米；10千伏公用配电线路627条，总长度为16142.78千米。在集团公司和市委、市政府的正确领导和大力支持下，公司紧紧围绕"打造全新责任蒙电建设亮丽府供电"奋斗目标，以"安全生产"为基础，聚焦"建设坚强电网"和"提升供电服务"两条主线，圆满完成集团公司下达的指标任务，实现了"三个历史突破"，完成了"四个稳步提升"，为地区经济社会的发展和营商环境的优化做出了突出贡献。

二、企业诚信建设情况

（一）企业诚信建设理念

呼和浩特供电分公司始终坚持以习近平新时代中国特色社会主义思想为指导，认真贯彻落实国家信用体系建设有关要求和电力行业信用工作部署，落实集团公司"诚信至善，厚德行远"的企业精神，坚持依法治企，诚信经营。以信用管理能力提升为切入点，完善企业信用全过程管控；以信用档案构建、常态化信用修复为抓手，闭环信用信息管理；以诚信理念宣贯为引源，促进诚信意识落地生根。

（二）企业诚信与信用体系建设

1. 开展信用体系建设，打造诚信企业

为营造良好"蒙电"品牌形象，呼和浩特供电分公司按照集团公司统一安排部署，将企业管理部作为信用管理部门，各专业积极配合，结合企业实际，完善内部信用体系建设架构，及时统计和掌握各类信用记录，做到信息的常态化监测。

一是为保障企业持续健康发展，认真梳理公司内部标准，主要针对合同管理、采购管理、优质服务等重点工作领域，梳理出《信用管理制度体系清单》。实时关注不良信用记录较多的重点领域，梳理出不良信用记录风险点近百项，编制形成呼和浩特供电分公司《信用风险点防范台账》，切实正视安全生产和环保方面可能存在的问题和隐患。积极开展信用电力知识学习和在线答题活动，全公司2800余人参与信用电力知识竞赛，公司的组织方式和参加人数得到了主办方的高度认可。

二是积极开展社会责任落实分解工作，在全公司内部广泛征集守信激励典型案例、失信惩戒典型案例、优秀社会责任案例和蒙电责任故事等内容，按季度进行各类优秀案例选编，并在局域网内宣传，形成了蒙电人践行社会责任和恪守信用的新风尚。

三是组织各类专业人员走进社区、校园、企业、商铺等各用电区域，运用PPT、动画、讲故事等不同方式，讲解和宣传安全用电知识，让用户熟悉各项电费政策，让孩子们养成安全用电的好习惯。

四是加大信息公开力度，主动公开用电、办电信息。营业窗口主动向客户公开最新电价政策、收费标准、办电流程等信息，将12398能源监管热线和95598供电服务热线同步，及时解答客户提出的问题，为客户提供专属技术咨询服务。及时向社会公开最新涉电政策和电力新闻，提高用电透明度。及时主动公开最新电价政策，将电价红利及时传导至终端客户，同步做好对电力客户解释、告知工作；及时公布生产类涉电信息。提前7个工作日向全社会发送计划检修停电信息，提前1个工作日向全社会发布临时检修停电信息。

2. 加强质量环保建设与电网安全建设

一是严格落实安全生产责任。深入学习宣传贯彻习近平总书记关于安全生产重要论述精神，坚持"管行业必须管安全、管业务必须管安全、管生产经营必须管安全"的安全工作要求，编制下发《安全生产工作意见》《安全责任书》《全员岗位安全责任清单》，明确全年安全工作目标和任务，层层压紧压实安全生产责任，严格履行各级人员安全职责。

二是继续夯实安全基础管理。加大安全教育培训力度，围绕新《安全生产法》、反违章、安规等重点内容开展专题培训30余场，累计参加7000余人次，完成202名职工安全技术等级取证工作。严格规范两票管理，每月对所有单位已执行工作票进行抽查，针对突出问题交流研讨，突出整治两票填写与执行"两张皮"的现象。推进安全文化阵地建设，完成6座220kV变电站和1座办公楼安全文化阵地建设工作。组织开展安全教育培训、安全宣传咨询、警示教育等活动534场，发放安全宣传资料1567件。

三是扎实做好安全监督例行工作。持续落实"三案一法"相关工作，梳理排查16类231项综合问题清单整改落实情况，召开专题会议，推进解决一批安全生产重点难点问题。累计开展春查作业、基建、配网施工现场安全督察734人次，前往各类施工现场145处，发现问题190项，下达违章通知单6份。严格执行《相关方安全管理办法》，审核工程三措320份，涉及施工单位87家。

四是稳步推进双重预防机制建设。严格执行风险分级预警管控流程，累计发布各类预警通知单358份，严格落实管控措施，及时通知重要用户做好应急处置准备。按照"全方位覆盖、全过程闭环"的原则，常态化开展隐患排查治理工作。健全完善"警企联动"机制，联合林草局、园林局等相关部门开展电力设施外部隐患治理工作，累计修剪树木6.3万余棵，进一步优化了电力设施外部环境。

五是持续强化应急、消防管理工作。组织开展安全防范、应急能力建设自查自纠工作，组织应急基干分队开展应急救援培训。累计开展专题应急演练活动37场，参与960余人次。组织开展消防设备设施隐患排查治理工作，健全完善主变自动灭火系统消防设施档案。

3. 搭建管理创新平台，打造创新企业标杆

一是深入实施创新驱动发展战略，加快实施管理变革和创新突破，有效提高管理水平。公司通过搭建创新平台，将管理创新、科技创新和职工创新紧密结合，相互促进提升创新项目研发质量，实现创新资源整合和成果共享，从而形成定位清晰、运行高效、开放共存、动态调整、协同发展的创新平台体系，进一步激发职工创新热情，提高企业综合创新水平。

二是进一步夯实基础管理和创新管理，大力开展群众创新、QC、职工创效等活动，取得了一批"接地气、可推广"的科技创新成果，使企业经营管理实现由粗放到集约，创新水平从跟随到超越，总体完成治理规范、管控科学、业绩优秀的创新型企业战略转型。创新开展配电自动化建设，打造党政新区配电网核心示范区，并在蒙西电网首次完成配电网自愈功能调试投运，实现配电网"秒级自愈"。

4. 履行社会责任，建设优秀示范企业

一是积极参与呼和浩特市、自治区行业协会组织举办的信用会议和活动，组织全体员工参与信用电力知识学习、信用电力竞赛活动，编制下发答题工作安排和知识题库，督促员工参与竞赛答题，进一步增强

员工的诚信观念，提高员工的信用水平，达到了以考促学、以学促用的目的，多篇优秀信用案例与论文获奖。根据《呼和浩特市2022年社会信用体系建设工作方案》要求，积极配合市政府和自治区政府开展信用方面相关工作。

二是为规范评价行为，确保评价工作的客观、公正，制定并组织基层单位实施《客户信用等级评价管理办法》。制定符合自身特色的评级规则，根据评分将客户分为诚信、守信、警示、失信四类，以客户信用等级为依据，制定相应的差异化管理措施。

三是积极开展信用体系建设工作。参加集团公司社会信用体系建设培训会，进一步加深工作人员对社会信用体系建设的认识，为信用体系建设工作奠定了坚实基础；联合多部门开展信用电力主题宣传、推广诚信用电文化、宣传电力联合惩戒案例等工作，助力营造诚实守信社会氛围。

5. 内外并举增质效，推进营销服务再优化

持续优化用电营商环境，继续与先进地区对标对表，敢于查找自身弱项，积极探索自我提升新举措，以实际行动确保"获得电力"水平再提高。发挥客户服务委员会作用，定期研究客户服务相关工作，加快问题整改落实，进一步提升服务质量。持续完善网格化服务机制，探索供电网格化服务与社区网格化服务相融合，提高服务到户率，努力实现"网格全覆盖、服务零距离、需求全响应、问题都解决"的优服目标。加大业扩报装、电价电费、现货交易等专题培训力度，加强营销领域基层人员对相关政策、法规和专业知识的学习了解，夯实营销基础，规范营销管理。继续依托新稽管系统和现场核查等手段开展降损工作，负损台区维持清零状态，高损台区占比不突破年度指标。继续强化用户侧安全管理，动态跟踪合表户、高层单电源及临时电源的客户侧用电安全隐患，推动属地政府协调解决。

三、企业信用建设成效

近年来，呼和浩特供电分公司围绕"打造全新责任蒙电，建设亮丽首府供电"目标，主动承担国有骨干企业的政治责任、经济责任和社会责任，以服务地方经济社会发展为己任，勇于担当，真抓实干，主要生产经营指标均创历史新高，顺利通过2021年全国市场质量信用评审，荣获"全国市场质量信用A等用户满意服务（AA级）"称号，连续5年获评纳税信用等级评定A级纳税人，先后还荣获"全国文明单位""全区脱贫攻坚定点帮扶优秀单位""呼和浩特市创建民族团结进步先进示范单位""创新方法推广应用先进单位""内蒙古职工互助保障协会工作先进工作单位""国家卫生城市先进示范单位（2021—2023）""电力行业信用体系建设示范企业"等荣誉称号。企业规模和社会影响持续扩大，服务质量和企业形象不断提升，综合实力和经济效益同步提升，加快建设坚强绿色电网，全力推进主网投资落地和改造升级。作为国有电力企业，公司坚持"经济发展，诚信先行"，践行"人民电业为人民"的初心使命，为首府地区政治经济社会发展提供了坚实供电保障。

案例创造人：孙丙新、孙　晔、程　浩

以诚信经营为公司发展保驾护航

融通地产（河南）有限责任公司

融通地产（河南）有限责任公司（以下简称融通地产河南公司）始终坚持以习近平新时代中国特色社会主义思想为指引，贯彻诚信经营理念、加强诚信体系建设、构建诚信经营环境。

一、构建诚信企业文化，营造诚信文化氛围

企业文化是一种巨大的精神力量，是一个企业实现理想和目标的精神支柱。它不仅仅是若干口号，而是全体员工追求和遵从的价值规范。融通地产河南公司作为中国融通集团三级子公司，在充分理解和吸收集团公司及地产公司企业文化内涵的基础上，形成了"首问负责、闻令而动、举轻若重、坚持担当、率真好学、和已和人"6种素质，从3个层面逐步建立起公司内部诚信文化。

一是加强队伍建设，提高团队综合素质。全面落实党管干部、党管人才原则，抓好骨干队伍和人才队伍建设。一方面，坚持选拔任用政治素质过硬、又红又专的各类人才，持续选优建强配齐中层干部，进一步建设德才兼备、忠诚、干净、担当的高素质专业化队伍，以文育人、以文化人，最终达到以文制胜、以文兴企的目的。每年针对不同岗位进行培训，不断提升人员素质。另一方面，加强岗位流动，鼓励年轻干部到更大更高的平台学习交流。全年输送了9名青年员工交流至总部公司各部门，进一步探索人才培养渠道，提升团队整体综合素质，只有团队整体素质不断提升，才能使全体员工成为企业文化的拥护者和践行者。以制度为保证，形成诚信建设的长效机制。公司不断完善制度建设，梳理制度建设计划，形成制度树。对招投标、采购、投资等重点环节和重点领域的制度定期修订，逐步形成了权力规范运行机制。同时利用"周周讲"等活动进行制度宣贯，使制度入脑入心，成为引导和约束员工行为的规范。

二是凝聚"指标大于天、人人扛指标、人人创绩效"的创业共识。任务层层压实、指标层层分解，绩效层层关联，对每位员工实行动态考核，建立起一套完善的奖惩机制，说到做到、严格执行，促进公司内部诚信建设良性循环。大力宣传先进典型，形成良好氛围。通过全体员工推选，每年都涌现出一批先进模范人物和集体，他们来自一线、来自实践，在各自平凡的岗位上做出了突出的成绩和贡献，同时德才兼优，赢得了大家的一致认可，是大家心中的楷模。通过大力宣传他们的先进事迹，以引领和示范作用带动队伍素质的提升，形成了"学比赶帮超"的浓厚氛围。同时设立党员示范岗、党员先锋队等，积极发挥党员模范带头作用，引领诚信风尚，继而带动广大员工讲诚信。

二、贯彻诚信经营理念，筑牢高质量发展之基

企业的生存与发展是以经济效益的最大化为目标，而真正持久的经济效益来自诚信经营。以高质量标准，打造高质量项目。仓储物流及园区地产作为公司核心主业，打造了融链·郑州融万低碳冷链物流园和融园·郑州汽车产业园两大"明星"项目，在项目建设全周期，秉持精益求精的工匠精神，不断健全项目质量治理体系，提升质量治理能力，严格执行国家、行业、地方工程质量相关的法律法规和管理规定，确保建设工期、成本、质量目标的顺利实现。严格制定质量计划和质量目标，通过严把材料质量关、技术交底复核关、施工工艺方法关、质量检查验收关，实现对工程质量的全过程管控。通过科学编制施工规划，制定合理的施工方案，强化过程控制，每季度进行过程评估，项目交付前再进行自检验收，发现问题及时有效地整改，公司项目

合格率始终保持在100%，保证了工程质量方面不断改进。公司自觉维护并严格执行行业诚信行为规范，狠抓操作质量，着力打造高质量项目。推行安全管理程序标准化，制定《安全生产标准化手册》，融园·郑州汽车产业园项目荣获"郑州市建设工程项目施工安全生产标准化工地"称号。信守合同，提高合同履约率。对供应商、经销商讲诚信，实现合作共赢。公司严格履行与供应商、总包单位等签订的合同，公司成立至今，未出现一笔合同纠纷。同时遵纪守法，诚实信用，没有发生任何违法违规行为和不良记录。公司一方面努力抵制任意变更合同，随意增加不合理合同条款，不及时竣工结算等失信行为，另一方面坚决反对偷工减料、粗制滥造等任何形式危及工程质量和忽视安全生产的不良行为，努力营造诚信经营、忠实履约的企业形象。坚持安全生产和文明施工，用安全创信誉。公司始终秉持"安全第一，生命至上"的理念，不断强化安全生产措施。年初领导班子与各个部门签订安全生产目标责任书，将安全生产任务逐级分解、落实到人。同时成立安全环保办公室，通过制定各种安全生产制度，建立安全生产应急体系，编制各种应急预案，使安全生产有法可依、有章可循。公司坚持以"安全生产月"、专项整治行动、项目自检、项目经理巡查等方式加大安全生产检查力度，对发现的事故隐患及时排除，取得了良好效果。公司领导班子成员非常重视安全生产工作，经常深入项目一线，指导检查安全生产落实情况，公司自有项目和在建项目从未发生过重大安全事故，赢得了客户信任。

三、树立企业良好信誉，构建诚信经营环境

在企业自身做到诚信经营的同时，要求客户也做到守信，以树立企业良好社会声誉。"先以诚信施诸于人，才能取信于人。"要求客户守信的前提是对客户守信。为了更好地服务客户，公司探索建立项目经理制，采取"定点、划片、明责"的方式，为150余个项目配备12名"项目管家"，与他们签订"军令状"，明确工作界面与服务职责，使项目经理全流程参与资产运营，将多线对接转变为单线服务，实现了资产经营、服务、安全一体化管理，解决了项目多人跟进导致的客户沟通不畅、推诿扯皮等现实问题，切实做到了客户情况全盘了解、客户合理诉求及时给予解决，为客户守信创造条件。建立商业伙伴"黑名单"，将部分存在严重失信或损害公司利益等问题的单位和个人列入"黑名单"，实行分级管理，并要求不得与其中的单位和个人开展相关业务活动。而对于履约良好的客户，给予支持或帮扶，逐步建立健全激励诚信、惩戒失信的长效机制，在客户之间形成一种"失信可耻，守信光荣"的氛围，诚信可以为企业赢得更多信赖和支持。守信者必将受到市场的奖赏，而失信者终究会被市场淘汰。在与客户签订合同时，依法依规提前规定好违约金的比例，当客户发生不履行合同行为时，以违约金作为其失信后的经济成本，促使其守信。

人无信不立，业无信不兴，国无信不强。在实现第二个百年奋斗目标新征程上，融通地产河南公司以习近平新时代中国特色社会主义思想为指引，踔厉奋发、勇毅前行，用诚信经营推动企业高质量发展，在践诺守信中彰显"顶梁柱"担当，坚定不移做强做优做大，充分发挥国有经济主导作用和战略支撑作用，为全面建设社会主义现代化国家、实现中华民族伟大复兴的中国梦做出更大贡献！

案例创造人：梅思才、马 遥、朱学韬

以守信塑品牌

江苏华电句容发电有限公司

江苏华电句容发电有限公司位于江苏省句容市，依江而建，因江而兴，是中国华电集团有限公司（以下简称华电集团）落子长江经济带发电、供热、储运"三位一体"的重要综合能源基地，拥有4台百万千瓦机组和一座年通过能力2200万吨的煤炭储运中心，是华电集团在江苏省最大的火力发电厂。

公司一期工程2台机组于2013年11月投产，三大主机选用"东上上"组合，机组设备国产化率达97%以上，被国家能源局评为首批超超临界火电机组国产化示范工程；二期扩建工程2台机组于2019年8月投产，选用二次再热技术，三大主机选用"哈上上"组合，是国家发电设备国产化依托工程，主机、关键阀门、三大泵、六大管道等均实现国产化。

公司先后获得国家优质工程奖金奖、全国文明单位、全国电力行业思想政治工作优秀单位、全国安康杯竞赛优胜单位、全国职工书屋、全国安全文化建设示范企业、江苏省"扬子杯"优质工程奖、江苏省节水型企业、中国电力行业标准化良好行为企业5A级企业、中国电力行业信用体系建设示范企业、全国电力行业1000MW级超超临界纯凝湿冷供电煤耗最优机组等一系列荣誉。

在"双碳"目标背景下，公司围绕"双碳"目标的实现，扎实推进信用理念、信用制度、信用手段与日常工作深度融合，发挥信用对提高资源配置效率、降低制度性交易成本、防范化解风险的重要作用。

一、守信意愿强

（一）强化教育，切实增强员工的信用意识

加强观念教育。公司精心收集《中华传统文化与企业管理》《公民道德》《职业道德规范》等涉及信用建设的有关资料，通过内部网站、宣传展板等媒体宣传让员工了解企业开展信用企业的意义。加强活动教育，以"树信用品牌，做守信员工"为主题组织员工进行座谈，要求员工认真对照信用企业评价标准查摆自己在工作中非信用行为，并制定相应的整改措施。同时要求根据自己的岗位职责，向企业做出守信承诺，从而使守信观念深入人心。加强典型教育。通过厂内部杂志、网站、视频等媒体大力宣传先进典型，把他们"甘于奉献、守信工作"的事迹材料下发到基层班组，组织员工讨论学习，并以巡回演讲形式让先进模范到班组与员工"零距离"交流。通过一系列教育活动，员工们的信用意识得到了明显增强。

（二）健全机制，促进信用建设规范化、制度化

（1）建立健全信用长效工作机制。公司设立信用体系建设管理组织机构，将信用建设列入企业发展战略，明确建设目标，全面健全信用体系制度。升级发布"大学之道"企业文化，深化精神文明建设。每年开展信用建设专题活动，引导员工增强诚信意识。通过"一人一计划"、导师带徒和轮岗实习等有效手段，在青工中开展信用建设，使青年员工在工作之初就以守信的标准来要求自己，从而树立正确的人生观、价值观和道德观。

（2）建立健全信用激励约束机制。公司始终把依法合规、诚信经营摆到企业改革发展的突出位置，建立员工合规诚信记录及公开的纪检举报平台，开展合规风险识别和隐患排查，发布合规预警，组织合规审查，并对领导干部和关键岗位人员定期进行合规诚信评价，将员工合规诚信评价结果作为干部任用、员工评先

选优和奖惩的重要依据，持续健全完善各司其职、各负其责、协调运转的制度体系。通过信用建设，企业形成了浓厚的守信工作氛围，员工素质显著提高，企业凝聚力逐步增强。

（3）建立健全信用监督检查机制。开展全员绩效，制定部门（班组）绩效管理实施细则，形成了各具特色、符合全员绩效管理的绩效考评制度，对大到违法违纪、小到工作不到位的各种违规行为处理均做到了有法可依，有力促进了信用建设。

二、守信能力优

（一）建立"信用门槛"

公司采购管理均采用公开招标方式，保证了采购过程的公开、透明。采购管理制度健全，在严格执行《招投标法》及实施条例的基础上，结合上级公司管理制度，规定了公司采购管理的职能、管理内容与要求、标准的实施、检查与考核，并界定了工程、设备、技术性服务招标范围、组织机构、工作职责、审批程序以及招标全过程管理措施，采购领导小组严格按照标准开展公司采购活动，杜绝了违规采购情况发生，避免了刻意规避、拆分招标或越权自主招标情形，公司对供应商进行年度评价打分分级模式管理。近年来在采购过程中未发生过执行国家规定不力或舞弊行为。对外包单位的资质管理、资金管理、项目管理等方面实行差异化监管，实现优胜劣汰。

（二）建立信任关系

全力做好电量营销工作，筛选优质信用等级市场用户，2022年度签约用户43家，签约电量154.8亿千瓦·时，同比增长33.3%。提高财资融资水平，与银行等金融系统建立合作关系，凭借电力行业信用评价等级，利用金融手段有效盘活碳资产、拓宽融资渠道，顺利与工商银行签订碳排放权质押贷款协议，是中国华电集团公司首笔使用全国碳排放权质押贷款融资业务，也是工商银行系统内首例通过引入第三方代管实现对质押物闭环管理的实践，助力绿色转型发展新动能。狠抓燃料成本管控，与客户维持合作信任关系，严把入厂煤验收关，华电集团2022年首批次进口煤补签转龙湾资源落地公司，2022年节约电煤采购成本2662万元。

（三）建立合规体系

加强企业治理能力建设，强化依法合规决策，采用法律会签、法律审查、法律上会等形式，实现重要决策法律审查100%全覆盖。全力以赴防风险，认真落实上级关于民企和中小企业欠款清理工作部署，开展清理专项行动。深入开展"1+1"普法学习宣传活动，开展专题普法以及法律咨询服务系列活动，发布公司首个普法微电影《小小咨询室，解决烦恼事》。开展全民国家安全教育日宣传教育"五个一"活动，营造全员共筑安全屏障的浓厚氛围。加强制度体系建设，围绕对企业创效、降本影响大，在历次巡察审计中问题多，在安全生产、节能技改、经营管理中风险大、管理弱、有空白的事项，以"精简、规范、实用"为总体思路开展制度"瘦体健身"和"百项管理流程规范"活动，进一步完善劳动用工、风险评估、业绩考核等配套制度。

三、守信表现好

（一）深挖潜力，环保排放精益管理

公司强化央企担当，积极响应镇江市蓝天保卫百日攻坚"立剑"行动，坚定履行社会责任。多措并举，制定污染物降排专项方案，通过采取调整煤炭采购结构、提高环保设备可靠性、合理调整设备运行方式等

措施，兼顾机组安全性和经济性，三项污染物排放浓度均大幅下降，排放指标达到历史最优，2022年二氧化硫、氮氧化物、烟尘排放量同比分别下降28.73%、20.47%、31.03%；排放浓度同比分别下降35.73%、24.15%、36.07%。公司积极开展碳排放管理，率先建成国内首台百万机组脱碳示范工程，荣获"镇江市2022年度大气污染防治友好减排先进单位"称号。能源保供期间，4台百万兆瓦机组实现了应发尽发、稳发满发，最高瞬时负荷达400.06万千瓦，获得江苏省各级地方政府以及上级公司的高度认可。

（二）履行央企责任，彰显社会担当

公司组织117名青年志愿者到疫情封控区参加当地志愿服务，开展重点监测、值班值守、走访排查、防治宣传和帮扶关爱等工作。公司主动采购新疆受援地农副产品、定做新疆棉工作服发放给员工，助力消费扶贫。与句容市天王镇袁巷小学贫困小学生结对210人次，累计捐款145000元；与驻句某部队开展军民共建，累计投入23万元；与句容下蜀镇开展镇企共建，先后开展文明行车、文明街道、健康运动、诗词创作、最美下蜀摄影创作等活动，积极参与下蜀绿化、道路交通建设，累计投入超过100万元；近几年来累计放流鱼苗1000万余尾。公司荣获华电集团公司第三届优秀社会责任案例"最佳璀璨你我奖"；在江苏省"母亲河奖"评比中，公司荣获"绿色贡献"奖，是省内唯一一家获此殊荣的火电企业。一直以来，公司围绕文明单位创建，践行"中国华电，度度关爱"社会责任活动，推行"三步走法"，积聚"好人效应"，好人群体竞相涌现，推进了社会主义核心价值体系建设。

案例创造人：赵　军、阮时智、杨璐璐

改革创新助力诚信建设
信息技术打造金字招牌

国家能源集团国际工程咨询有限公司

一、企业简介

国家能源集团国际工程咨询有限公司（以下简称国际工程公司）是具备行业领先水平的招标、造价、工程咨询业务领域的专业化、标准化、数字化、智能化、一体化服务机构，集近20年招标、30多年造价所积累的技术力量和实践经验，具有雄厚的业务实力，系中国招标投标协会常务理事单位、中国建设工程造价协会副理事长单位。"国家能源招标网"是具有千亿级业务承载能力的央企电子采购平台，拥有注册供应商达22万家、专家2万名，覆盖全集团八大产业板块的招标采购业务，获得国家电子招投标系统三星级（最高级）认证证书，通过网络安全等级保护三级评测，多次获得行业协会授予的先进电子采购平台称号，并拥有多项软著证书。公司管理服务全部集中线上运行，招标、造价和工程咨询业务一体化实施，面向全集团、全社会提供专业化服务。

3年来，国际工程公司坚决落实集团公司"首要任务"，旗帜鲜明坚持正确改革方向；高位推动协同攻坚，构建强有力的组织推进体系；按照"可衡量、可考核、可检验、要办事"要求，形成务实高效改革落实机制。锁定目标问题导向，突破重点难点任务，鼓励基层创新，取得了一系列重要成果，在制度和实践两方面取得多维立体的改革成效，推动企业制度体系更加健全，促进市场经济深度融合，改革意识在广大干部职工中生根发芽，为一下轮改革创新打下了坚实基础。

当前，随着我国知识经济时代的创新发展和信息化水平日益提高，"人工智能、大数据、云计算"等新一代信息技术在工程咨询领域得到广泛应用，电子招标、云造价等数智化手段成为工程咨询行业的发展潮流。公司高度重视信息化建设和新技术应用，致力推进企业数字化转型，拥有自主知识产权的第三代综合业务集成系统（IBS）包含招标、造价、咨询、公共信息平台、商业智能（BI）、大数据等多个子系统，数字化、智能化水平和能力行业领先，实现了改革与创新同频共振、相互促进。

二、主要做法

紧紧围绕集团公司改革发展战略，始终将诚信建设作为公司优先发展方向和业务开展底线。按照业务标准化、管理流程化、组织透明化、工作高效化的要求，将"国家能源招标网"建成行业一流的央企招投标平台、造价和咨询业务服务平台。近年来，国家能源招标网全面依托平台推进智能化技术应用，实现经营管理提质增效，以大数据和人工智能技术赋能，创造智力服务的新能力，推进业务数字化、智能化转型。

（一）坚持政治领航，实现专业保障

国际工程公司始终把政治建设摆在首位，加强党的领导，强化政治理论武装，不断提高政治站位。认真学习贯彻党的二十大精神和习近平总书记在榆林化工考察时的重要讲话精神，研究制定具体措施，推进党建与业务深度融合，不断提升党委领导力、支部战斗力、干部执行力，引领正确的政治方向。积极践行绿色低碳发展战略，全力保障集团新能源建设，公司成立各类领导小组和保障专班，主动对接，靠前服务，

特事特办,实现招标质量和效率稳步提升。2022年,国际工程公司关键业绩指标平均采购周期、一挂成功率、全员劳动生产率、服务满意度等均创历年最高水平,实现了经营业绩考核"十连A",得到了各相关单位的广泛认可与一致好评。

(二)加强"五化"建设,推动公司转型升级

以专业化筑牢发展根基,充分发挥自身专业能力和专业优势,让"专业机构服务专业板块、专业的人干专业的事",充分发挥专业平台的支撑作用,用优质高效的服务筑牢发展根基。以标准化提升质量效率,秉持"一流企业定标准"的理念,以标准化为抓手推进业务质量和效率稳步提升,力争在管理标准、服务标准、数据标准等方面走在行业前列。2022年,公司精心组织编制覆盖集团各大板块的招标文件范本,共514套,4000多万字,统一了资格门槛,限制了自由裁量权,助力集团统一招标管控模式,大幅提高标准化水平,降低了采购风险。以一体化打造核心优势,拥有招标代理甲级资质、造价业务甲级资质、工程咨询业务6个专业资信,经过多年业务一体化发展,在央企中具有独特优势,形成了"以招标为支柱、造价为技术保障、工程咨询为纽带"的一体化运转模式,与我国推进全过程工程咨询服务发展方向相契合。以数字化升级业务模式,大力推进数字化转型发展,致力于将"国家能源招标网"建成一流的央企招投标平台、造价咨询业务平台和数据服务平台。以智慧化赋能业务能力,按照"数据资源化、业务云端化、服务智能化"目标,把智能化手段深入应用到评标、监管和有关专业服务上,提高"国家能源招标网"整体智慧水平,构建了"大数据支撑、网络化共享、智能化应用"的智慧运营体系。

(三)依托大数据资源,实力打造数据资产中心

国能招标公司十几年发展历程,不仅建成了行业一流的专业化公司,还积累了宝贵的历史数据。如何发挥好、利用好这些数据资产,让数据增值尤为重要。为此,公司打造了针对数据资产的大数据平台,自主研发了新词发现工具,形成涉及煤炭、电力、煤制油化工、新能源等8个行业板块,超过17万条的自主迭代生长的能源专业词库。在此基础上,通过文本识别和自然语言比对等技术,实现了非结构化文件向结构化数据的数字转化,为高效利用数据资源提供了技术保障。通过对接内外部系统,尤其是与中国招投标公共服务平台、集团SRM系统、天眼查系统的无缝对接,融合了招投标过程中形成的各类采购过程信息,以及供应商工商注册、失信处置、经营风险、资质证书、关联公司、主要人员等外部信用数据,初步形成了以采购标的物为核心、相关外延数据为补充的数据资产中心,为将来大数据的高效利用打下了坚实的基础。

(四)运用大数据技术,助力业务水平提高

(1)基于范本的智能评标工具实现了智能辅助评标。基于范本的智能评标工具,将招标文件范本进行了标准化和模块化数字化重构,改变了传统范本管理和存储模式。将标准范本设置为通用模块和专用模块两部分,通用模块有9套模板,专用模块按照标的物特征进行合理设置,不仅提高了范本管理的标准化程度和更新迭代的效率,还保证了采购的科学性和针对性。在评标阶段,系统使用文本智能抽取技术,对投标文件数据进行智能识别和数字抓取,通过工程量清单的自动清标、关键数据对比、响应文件章节对比、数据源快速跳转等功能,真正实现了智能辅助评审,大幅度提升了评审工作质量和效率。

(2)立足数据挖掘,辅助管理决策。信息化的优势就是过往追溯、数据可查,公司通过开发知识图谱技术,围绕采购标的物,构建出以供应商、价格信息、采购人、专家等利益相关方组成的采购市场图谱,通过BI系统分析和展示,按要求列出展示信息,为采购策略和方案的制定,提供强有力的数据支持。通过建设商业智能系统,实现了可视化实时管理驾驶舱展示,为公司日常管理提供辅助支持。通过选取近400个监测指标的业务健康数字化诊断体系,建立起了经营、业务、标的物等多维度的主题分析框架。对不同主题在不同周期的指标变化实现了纵向趋势分析,以及对同一时期不同部门指标进行横向对标,辅助管理决策。

（五）以大数据应用，实现诚信风险技术防控

公司高度重视诚信建设，充分发挥技术优势，打造技术防控风险体系，从合规性监督、质量监督和时效性监督等方面建立起了系统技术监督和预警机制，对招标计划、招标实施过程和招标结果的重点环节实现了实时监督和风险管控，满足了各利益相关方的诚信需求。

（1）围绕供应商构建了风险预警知识图谱。实现了供应商信用信息校验、关联关系探查、失信行为和围串标预警等功能。在注册阶段提供信息自动校验；在购标阶段提供失信供应商名单，实时进行系统拦截；在评标阶段提供股权和法人关联关系预警、失信记录预警以及基于投标文件机器码一致、IP地址一致、报价异常一致、文件雷同、作者相同、项目管理人员相同、联系人相同等围串标识别和预警。在线、实时进行系统校验，系统性增强了风险管控能力。

（2）通过机器学习技术，建设智能质量检查工具。招标过程文件的管控是招标成败的关键，公司自主开发了机器学习技术，能对招标公告、招标文件、评标报告等关键文件存在的质量缺陷进行自动比对、不合格项拦截、风险项预警，通过系统可视化的在线显示，起到了极大的预警提示作用。同时，该技术也可以对评标专家在评标现场的打分情况，进行系统化分析和比对，对分数异常一致、异常不一致和计分偏差过大等打分情形进行实时预警，保证了项目的合规性和严谨性。

（3）建设业务监测模块，实现时效性监测。招标业务合规要求高、管控流程长、涉及方面广、技术难度大，通过不断升级迭代系统能力，对业务关键环节处理时限进行了采集和监测，并与各管理节点参与人的手机进行绑带，对超过处理时限的节点进行多渠道预警，让各系统参与方能实时了解项目情况和进度，提高了管理精度和采购效率。

三、案例效果

（1）系统稳定可靠，全面降本增效。国家能源招标网经过近十年的发展和三次版本的迭代，形成千亿级业务承载能力，招标平均节资率达10%，通过远程"不见面"招标评标打赢战"疫"。2022年招标金额已经超千亿元，全电子招标每年为供应商节省印刷、交通及食宿费超过两亿元，电子发票全年可减少开具纸质发票8万张、减少快递费150万元。

（2）业务提质增效，降低诚信风险。大幅提升了采购标准化程度、评标效率和规范性。平均每次评标节约20%的时间，约14人时。按照国家能源招标网的评标规模估算，全年节约14万小时的评标时间及相应成本。项目上线实施后，招标业务各项指标提升明显，2022年平均招标周期少于33天，各项关键指标创历年最高水平。

（3）实力行业一流，树立金字招牌。国家能源招标网是集团唯一招标门户，点击量在央企排名前列，吸引多家央企、地方交易中心前来调研交流。公司荣获中国招标投标协会首批授予的最高等级（AAA）信用评价，综合排名位列全国招标机构第3位，央企第1名；获评"招标领域专业驱动型示范单位"荣誉称号；2022年又荣获中国建设工程造价管理协会授予的最高等级（AAA）信用评价；获得中共东城区委和东城区人民政府颁发的"东城区百强企业"荣誉称号；《能源央企招标造价咨询一体化模式探索与实践》荣获"2022(第十届)全国电力企业管理创新论文大赛"特等奖。行业影响力显著提升，创建一流专业化公司取得重要成效。

下一步，国际工程公司将继续深入推进国企改革三年行动，紧跟数字化、智能化发展趋势，坚守诚信底线，担当央企责任，依托招标、造价、工程咨询强大的数据获取能力和系统集成能力，深挖数据资产价值，提供基于大数据的分析与决策支持，推进公司向采购及工程咨询智库转型，实现品牌与能力的高质量发展。

案例创造人：钟儒耀、杨骏进、向 杰

内强诚实守信文化　外树履约践诺标杆
打造高质量发展的物资产业服务商

中国交通物资有限公司

中国交通物资有限公司（以下简称公司）是中国交通建设股份有限公司（以下简称中交集团）旗下从事物资贸易业务的全资二级子公司，注册资本金为17.34亿元，前身为1989年成立的中国交通物资总公司。公司秉承中交集团"固基修道，履方致远"的企业使命，以打造提供优质增值服务的物资产业服务商为发展定位，持续构建诚实守信的管理文化，通过专业化服务树立了履约践诺的诚信标杆，始终为中交集团重大项目发挥提量、抑价、保供作用。

一、注重诚信文化建设

围绕中交集团"诚信履约，用心浇注您的满意"的服务理念，公司将企业诚信理念的内涵纳入"十四五"战略发展规划，写入了企业远景使命和战略发展目标，促成上自领导下及员工都遵循的行为理念和行为规范，搭建了贯通企业与客户之间的诚信桥梁，进而不断提升核心竞争力。

2022年9月，河南安罗黄河高速特大桥组织施工，受国庆节假期、党的二十大召开和疫情反复等因素影响，供货厂家钢板生产周期拉长、运输不畅等问题亟待解决。公司及时与源头厂家开展高层对接，协调生产计划，派出驻场人员紧盯生产进度，确保项目订单优先排产，同时为施工项目如实发布出货、备料和生产进度情况，最大限度获取客户的理解信任，高质量完成了交付工作。在合作中，公司诚信履约的服务理念以及动态优化的服务方案获得了施工单位和源头厂家的一致认可，并于11月再次中标本标段钢板供应。

公司始终将诚实守信的观念融入企业管理活动，通过开展全体员工的诚信素质教育，让企业管理者和下属形成诚信经营的理念，把企业诚信作为企业道德、员工道德建设的核心内容纳入《员工手册》，指导企业的各项具体经营行为，在制度层面推动了上下级和员工之间建立良好的信任关系，并通过定期考核使其得到长期推进。在公司内部，注重宣贯诚信原则，推动以诚信为主流的企业文化，公司领导层带头坚持承诺践诺，2021—2023年，围绕改进福利待遇、优化绩效考核、改善工作环境等方面，收集了涵盖差旅报销、宿舍改造、工装置办、企业年金、薪酬改革等涉及员工切身利益的事项共计42项，通过职代会表决通过12项，公司党委和各级支部认领解决30项，使企业的诚信理念原原本本地触达员工。

二、打造诚信履约体系

公司通过诚信制度建设、打造诚信品牌、提供诚信服务等工作，把诚信建设落实到企业经营的各个环节，全面提升企业经营管理和服务质量，在服务国家战略中彰显了央企担当。

（一）完善诚信制度

严格加强项目全流程管理，不断完善公司《物资管理办法》《项目管理办法》等一系列制度，制定运输、交付等各类现场作业指导手册，严格把好物资选择和质量管控关，实现公司销售的商品从进货、运输、储存，直至销售到客户手里的各个环节"事事有人管、层层有人抓、人人有专责"的管理模式。确保每一个项目都满足合同约定的要求，安全、质量等各方面都符合设计标准和行业规范，在业内树立了良好的信誉。

持续规范企业合规管理制度，研究出台了《中国交通物资有限公司合规管理办法》，明确了总法律顾问担任公司首席合规官，围绕合同履约、招投标管理、财务税收、劳动用工等十个重点领域开展合规审查与合规管理，联动法律、审计、财务、人资等相关职能部门开展合规管控与风险评估，使合规管理嵌入各管理部门的专业岗位，使合规建设更好地融入诚信体系建设。

（二）打造诚信品牌

保障项目物资的及时交付，既是企业履约践诺的基本要求，也考验着企业诚信经营的底线。2022年7月，国家电投山东半岛南海上风电项目开始施工，由于风电项目施工速度快、施工船舶多、船舶用油量大，公司所属油品公司为避免项目停工风险，顶着资金回笼慢与柴油成本水涨船高的双重压力，紧密对接数十家燃油公司开展集采谈判，全力保障项目施工用油。随着项目顺利完工，供应合同也不断续签，最终实现了公司诚信服务与项目放心用油的双赢局面。

2022年12月，为降低石家庄复兴大街项目采购成本，公司与施工项目协商，决定利用12月份钢材价格低谷期进行锁货采购。之后，公司深度调研市场信息，详细了解各大钢厂的锁货锁价政策，及时编制市场分析报告，将询价情况毫无保留地与项目方进行共享，最终双方约定钢材锁货采购数量为15000吨。同时，公司积极与项目协商储存方案，规划临时存储场地，派专人抵达收货现场开展运输车辆进场调度，出色完成了本次钢材锁货的供应任务。公司践行诚信原则，切实履行交付任务，获得了项目方的好评。

（三）提升诚信服务

作为集团内贸企业，不但要为集团降本增效，更要坚持以诚信服务为企业立足之本，把为客户提供优质服务作为业务开展的首要原则，不断提高客户满意度，树立公司良好的对外形象，也为巩固和带动业务增长注入了新的活力。公司近年来不断完善售后服务和顾客投诉管理体系，针对公司项目部客户服务全过程开展定期监督与考核。按照ISO 9001质量体系中的相关标准，安排专人对客户进行售前、售中和售后服务。公司运营管理部、市场开发部负责对上下游资源厂商和销售客户的开发、准入、评价与满意度调查工作。陆续建设了区域客户服务中心，负责对上下游客户的统筹维护工作，根据制度及时开展客户维护、档案管理、信息收集、售后服务、满意度调查及投诉反馈等工作，保证派出的工作人员能够在1小时内抵达现场解决客户需求。2022年，公司共收集到项目满意度调查表170份，其中问题反馈0个，建议2个，客户满意度达97%。

2023年3月，公司某在供应项目的钢筋在施工现场加工出现脆断问题。接到客户反馈后，工作人员第一时间赶赴现场，同时联系供货厂家技术人员进行技术鉴定，在三方同时确认后，客服人员马上跟进处理，为项目调换了钢筋批次，并对脆断钢筋进行了退货处理。公司严格按照合同约定与双方进行真诚沟通，对处理结果进行全过程跟踪，通过务实高效的服务打消了客户疑虑，维护了合同各方利益。

2022年，公司国际业务分公司竞标沈阳爱尔眼科大厦项目，受疫情等多种因素制约，施工方顾虑较多、压力较大，为保证顺利履约，主动与施工方签订了承诺书，承诺不会因疫情导致人工费及材料上涨等原因后期涨价，承诺根据甲方资金情况可进行前期垫资，承诺将严格按劳动合同及时支付工人工资，承诺不会因疫情影响发生索赔问题，最后经过多次协商达成共识后顺利签下合同。公司的诚信与担当不仅迎来了项目的顺利交付，也赢得了各方的尊重与信任，为以后的长期合作奠定了坚实的基础，为物资公司的品牌信誉增添了光彩。

三、践行央企责任担当

长期以来，公司牢记使命，勇挑重担，积极履行社会责任，服务经济社会发展，认真践行央企责任担当。

围绕生态环境保护责任，对生产供应单位、物流运输单位进行供应商准入审核，对"双碳""双减"受限的生产单位进行动态跟踪，对因生态环境问题被警示限制的供应商谨慎准入或专项管控，在可替代情况下提前做好供应商的替代补充，在供应实施前期进行必要交底，杜绝"跑、冒、滴、漏"等现象。围绕推进中交集团五位一体绿色供应链体系的管理提升，持续开展绿色矿山体系研究，先后在清远洋坑花岗岩项目、云浮都安花岗岩项目开展绿色矿山建设方案规划，按照矿山绿色建材产业园建设标准开展联合开发。积极投身布局建筑材料从生产加工到报废回收的全周期贸易链条，不断拓展如剥离物洗沙、弃土和植土改造等绿色材料产业。

依据中交集团关于定点帮扶的工作要求，党委领导班子成员每年分批次深入云南省贡山县，聚焦重点产业、重点领域开展定点帮扶调研，2020—2023年累计投入200多万元用于学校教室改造和乡村基础设施建设，不断提升定点帮扶和乡村振兴工作成效。公司组织青年志愿者积极参与属地志愿服务工作，以实际行动践行中交集团"奉献、友爱、互助、进步"的志愿者精神。疫情期间，在市区发出核酸检测应急志愿者招募倡议后，公司积极响应号召，组织青年员工义无反顾冲锋奋战在核酸检测一线，在检测点现场的各个岗位各司其职、各尽其责，确保检测点位工作有序进行。2022年年底，中共北京市西城区委组织部、共青团北京市西城区委员向公司发函致谢。

2022年年底，北京疫情政策放开后，抗原检测试剂需求量巨大且价格较高，为保证集团顺利复工复产，公司紧急成立保障专班承担内部抗原供应工作，通过调研十余家上游渠道，按照"价格优先、源头优先"的原则选定了生产厂家，迅速完成集团各需求单位采购计划的收集整理和协调发货工作，合计对接内部单位667家，以成本价完成200万份抗原检测试剂的供应工作，为集团迅速复工复产争取了宝贵时间，为集团降低采购成本1000多万元。

案例创造人：潘卫康、于光辉

诚信合规　精益求精

国能大渡河流域水电开发有限公司龚嘴水力发电总厂

2022年以来，国能大渡河流域水电开发有限公司龚嘴水力发电总厂（以下简称总厂）积极组织开展诚信合规管理提升活动，以促进依法经营管理为重点，以合规管理体系建设为抓手，大力宣传和倡导诚信合规文化理念，积极采取措施防范和化解风险，不断推动治理体系和治理能力现代化，保障了企业健康可持续发展。总厂连续安全生产天数达6400天，先后获评国家能源集团岗位建功先进集体、集团先进基层党组织、"四川省五一劳动奖状"、四川省厂务公开民主管理示范单位等荣誉，保持了四川省文明单位称号。

一、加强组织领导，完善诚信合规管理体系

"火车跑得快，全靠车头带。"总厂在加强组织领导上下功夫，明确各主体在推进合规管理体系建设中的权责，通过科学合理的工作机制与流程，有效整合资源，形成分工负责、高效协同的合规管理格局。

总厂党委牵头发挥"把方向、管大局、促落实"的重要作用，研究通过总厂合规管理实施办法及合规体系建设方案，推动建立完善合规管理体系，组织研究、部署、协调、督办合规管理工作中的重点难点问题。设立合规领导小组及办公室，明确职责和目标，形成厂长负责抓、分管领导具体抓、部门配合抓、层层抓落实的组织架构，将合规要求嵌入业务流程。设置各部门合规管理联络员，负责协调本部门的合规管理工作，持续夯实合规管理组织基础。充分发挥审计监督作用，开展审计整改"回头看"，检查审计发现问题整改方案落实情况，举一反三严防问题反弹。积极调动纪检监督力量，调整党风廉政建设和反腐败工作协调小组成员，成立总厂、沙坪单位联动廉控工作机构，设立党风廉政监督员、支部纪检委员队伍，坚持自律监管与自查自纠相结合、常规检查与专项检查相结合，进一步规范了总厂经营管理工作。

二、强化宣传教育，营造诚信合规浓厚氛围

总厂积极组织开展"学宪法，促合规，践承诺"系列活动，将《国家能源集团诚信合规手册》学习宣传与宪法宣传有机结合，组织全员签署合规承诺，举办学法用法知识竞赛，开展诚信合规宣传优秀作品征集大赛，职工自主创作了"合规先行、人人有责"8个影视作品、6个文学作品，形成了全员学习合规、重视合规、践行合规的浓厚氛围。

2022年6月23日，总厂职工自导自演《美好生活从安全开始》安全生产月普法情景剧。情景剧围绕"贾聪明""甄美丽""严守纪""梅头脑"四个角色展开，提出了8个与生产生活息息相关的法律合规问题，经过观众问答、律师讲解，深入浅出地讲解了《安全生产法》《民法典》相关条例内容。

除此以外，总厂还组织全员签订诚信合规承诺书，开展安全管理制度、物资管理实施细则等制度宣讲，组织观看警示教育片《零容忍》、中央纪委国家监委访谈视频《一案三查三推进》、"小金库"宣传教育微视频，组织参加了第五届（2022年）"信用电力"知识竞赛、法律合规职业技能大赛"应知关"比赛等活动。2022年员工守法合规培训406人次。

多种途径的诚信合规宣传活动，更好地传递了诚信合规理念，调动职工参与积极性，促进总厂形成了浓厚的诚信合规管理氛围。

三、推进合规检查，提升合规风险防范能力

"打铁必须自身硬。"总厂紧盯重点领域、重要岗位、关键环节，发挥审计、纪检监督合力，既盯老问题、又察新动向，推动治理效能持续提升。坚持重大风险事项定期排查机制，开展经营合规风险排查，持续督促巡视巡察审计发现问题整改，抓实经营合规问题治理提升。组织岗位廉洁风险排查，开展总厂、沙坪公司食堂及后勤管理交叉检查，提升干部职工拒腐防变、廉洁从业自觉性。积极推动车辆监督平台上线，开展了车辆合规使用自查，重点关注异地加油、加油频次问题，提升了车辆管理的规范性。

总厂运用信息化手段将合规要求嵌入业务流程，充分应用"三重一大"决策和运行管理系统，积极跟进系统使用和流程优化，实现"三重一大"会议议题线上审批、会议资料线上报送，推进"三重一大"决策流程可监督、可追溯。严格执行公司物资采购和招标管理办法，积极应用电子商务平台，坚持100%公开、100%集中、100%上网，确保采购与招标阳光操作。

2022年7月19日，总厂公布适用的安全生产法律法规和标准清单，紧紧围绕安全生产、生态环保、职业健康管理等实际工作内容，主要分为重要指示批示、国际公约、法律、法规、部门规章、标准规范、地方性法规7个部分，涵盖法律法规277条，推动法治合规管理与生产进一步融合。

持续加强合规监督检查、完善风险管控体系建设，保障了总厂为实现经营目标而采取重大措施的贯彻执行，提高了经营活动的效率，降低了实现经营目标的潜在风险。

四、完善制度建设，强化诚信合规办事意识

制度建设是一个综合性的、动态的过程，没有"最好"的制度，只有"适合"的制度。总厂不断加大对内部控制制度的健全性、可行性、可控性及有效性的审查力度，推进制度管理归口管理与专业负责相结合、统一管理与分级负责相结合的管理模式改革，提升了依法依规治企能力。

总厂创新建立上级下发制度台账，及时开展制度辨识，抓好制度宣贯执行，对照修编总厂制度，确保上级制度精神和要求在总厂落地。制定印发年度制度"废、改、立"计划，2022年内印发制度79项，保证了制度体系与时俱进。开展制度"回头看"，组织安全管理制度、物资管理实施细则等专业制度培训，在制度集成和制度执行上取得了实效。

2022年8月23日，总厂开展制度合规性评价工作，通过部门自查、专项评估、日常检查、内部审核、各项外部监测等工作，进一步提高制度的科学性、可操作性，确保制度的合规性、有效性和约束力。

总厂不断改革制度制定、执行、监督机制，不断强化制度的健全性、可行性、可控性，及加大有效性的审查力度，使得依法依规治企能力保持了持续提升，保持了重大法律纠纷、重大违规"零事件"。

五、促进厂务公开，构建民主和谐发展环境

总厂党委高度重视，把厂务公开工作作为增强企业民主政治建设、促进企业健康发展的大事来抓，坚持厂党委领导，认真履行行政第一责任，充分发挥工会职代会日常办事机构作用，定期向党委报告厂务公开民主管理开展情况，形成了党、政、工共同重视职工民主管理的良好氛围。建立健全厂务公开运行机制，把厂务公开纳入企业管理制度，加大厂务公开的监督检查力度，切实加强企业民主决策、民主管理、民主监督。坚持完善由职代会和专门委员会、二级单位职代小组、班组职工代表形成的三级民主管理网络，落实要求开展工作，保障了民主管理体系完善。

厂务公开工作政策性强、触及面广、职工关注度高，为使该项工作有效运作，总厂坚持职代会会议制度，每年年初召开职代会，年中召开民主管理恳谈会，广泛收集、征询职工建议、意见，形成处理意见。遇到重大问题或需要临时解决的重要事项，按照程序召开临时职代会或职代组长联席会。实行职工代表常任制，

坚持职工代表培训制度，提高了职工代表的角色意识和参与管理的能力。

借助内部网站、宣传栏、办公自动化系统，以及厂长意见箱、党委书记意见箱和纪委书记意见箱等窗口，总厂畅通了职工参与民主管理的渠道，使职工知情、议事、监督三位一体，实现了企业、职工公平对话，双向沟通。坚持职工代表巡视制度，职工代表定期到部门、班组了解情况，密切关注职工的热点、难点问题，掌握职工的思想动态，重点督促职代会决议、提案、意见、企业当前重要工作的落实，确保下情上达渠道的畅通。

为完善现代企业民主管理制度，落实职工群众知情权、参与权、表达权、监督权，总厂长期坚持开展合理化建议月、合理化建议竞赛等活动，围绕企业的管理提升、改革发展出主意、想办法、献良策。合理化建议提出率年均超过人均 0.3 条，立项采纳达 95%，涉及提质增效、安全生产、加强文化建设、人才培养、学科发展等，充分展示出了职工对企业的高度责任感和主人翁意识，让职工"金点子"成为企业效益的增长点，促进企业高质量发展。

案例创造人：米　勇

严抓风险防控　坚持诚信经营

四川盛世元亨国际贸易有限公司

四川盛世元亨国际贸易有限公司（以下简称公司）是泸州老窖集团有限责任公司发起的首个开展国际大宗化工贸易的混合所有制公司。公司成立于2018年7月20日，注册资本为2000万元，现有员工25人，资产总额为15.8亿元，主要开展甲醇、苯乙烯、塑料、橡胶等化工产品国际国内贸易。

自成立以来，公司始终秉承"一元以诚复始，万物由均亨通"的经营理念，恪守诚信服务原则，严格遵守国家法律法规、行业行为规范，全面履行各项应尽义务，充分发挥民营企业敏锐的市场嗅觉、准确的价格判断、灵活的操作模式和国有企业深厚的企业底蕴及抗击市场风险的实力优势，稳步占据国内市场高地，不断提升品牌信誉度。

截至2022年年底，公司累计实现营业收入354.96亿元，实现利润总额1385.21万元，实现纳税总额5.87亿元。公司已顺利跨上百亿元台阶，2020年、2021年、2022年连续三年被列为四川省成都市外贸排名前50位的重点企业，并于2022年首次申报四川省企业联合会与四川省企业家协会组织开展的百强企业评选活动，入围四川省百强和服务业百强榜单；首次申报中国企业联合会与中国企业家协会组织开展的全国500百强企业评选活动，入围全国服务业500强榜单；在四川省社会信用体系建设省级联席会议办公室开展的2022年"四川省企业诚信示范活动"中，经市场监管、税务、人社、自然资源、环保、银保监等部门会审、专家评审、网络投票等严格的审查程序，荣获"四川省诚信示范企业"称号。

公司自成立以来，始终严抓风险防控，从管理层面、业务层面、担保层面建立了防范风险三道"防火墙"，牢固构建"不越底线"和"可落实处"并重的风险防控体系，降低了经营风险，有效整合了人力资源和物力资源，提高了工作效率和核心竞争力。截至目前，公司未发生一例合同违约、风险情况，尤其是在武汉、上海疫情最严重时期，面对物流停运、仓库满仓、市场萎缩等不利因素，公司多措并举确保了已签署合同的正常执行，在国内化工市场打造了泸州老窖盛世元亨这块金字招牌，在国内危化品大宗贸易行业站稳了脚跟，取得了话语权。

一、外部风险防控

（一）坚持构建自主渠道，防范违约风险

经过四年多的稳健经营，公司在国内化工圈内不断积累、沉淀，逐步获取了一批优质、稳定、互信的合作伙伴，在严格的风控管理下搭建起稳定的自有采销渠道，截至目前未发生一例业务风险。同时不定期对这些长期合作的客户进行拜访调研，及时了解客户生产经营情况及诉求，获取第一手资料，为业务开展提供决策依据。对于潜在合作客户，公司在合作前深入调查了解客户背景，通过多渠道了解客户历史沿革、经营生产、合同履约等情况后，谨慎开展合作接触。所有合同需在风控制度规定下细致打磨后，经律所、集团法务审核通过，上报总经理办公会批准后方可实施。因此，公司的销售网络不仅实现了安全稳定，也不断完善扩大，增强了公司与客户的黏合度，提升了核心竞争力，提高了在极端情况下的抗风险能力。在新冠疫情最严重的时期，公司不仅能够采到货，还能销得出，将疫情影响降到最低。

（二）坚持先款后货，防范应收账款风险

公司在经营过程中，并不是单纯追求客户数量的增多，而是在底线的基础上甄别出合格的下游客户。

公司在销售过程中严格按照先款后货模式开展，每周定期开展贸易情况自查清理，自公司成立以来未产生一笔应收账款坏账，从根本上杜绝了应收账款风险。先款后货模式使公司不会被单一客户的话语权所影响，主动权始终掌握在自己的手里，不仅使销售链更加稳固，也保证了公司在控制风险的基础上追求营收的持续增长，保持合理的收益率。

（三）坚持多措并举，防范价格波动风险

一是化工产品的价格依附于产品的核心价值，其价格始终处于波动过程，而非线性的上涨或下跌。从多年来看，化工产品价格处于相对稳定的状态。

二是公司业务团队在行业内浸润多年，对市场、产品价格有较强的把控能力，有效规避价格波动对公司的影响。

三是不把鸡蛋放在一个篮子里，公司向上通过不同价格区间购货，向下采取现货销售与科学计价相结合的方式，有效降低了价格波动和库存贬值的风险。

四是公司库存根据市场形势变化始终处于动态流通的过程中，而非单纯的囤积或者倾售。目前，公司整体存货周转天数大约是12，库存周转速度很快，实现了快进快出，有效规避价格波动对公司的影响。

二、内部风险防控

（一）坚持规范化管理，杜绝虚假、空转贸易风险

开展虚假、空转贸易，套取国家税收属于违法犯罪行为，公司如开展此类贸易，不仅面临严厉的经济处罚，还涉及刑事责任，违法成本高。因此公司采取培训、会议、单独交流等方式，不断提升全员的风险意识和责任意识，树立道德意识和理念，使员工认同并自觉遵守国家法律法规要求，坚决抵制虚假贸易。

（二）坚持权属分离，防范资金风险

危险化学品从仓储、交易到运输、使用各个环节，都受到安检、环保、消防等相关部门全程监控。每一笔进出库及货权转移均需严格按国家相关规范审查出入库记录、交易运输记录。公司定期和不定期前往库区进行现查检查，确保每一个环节均按照相关要求落到实处。自公司成立以来，所有业务均在资金流、发票流、货物流三证实际合一的情况下履行，从根本上杜绝了虚假贸易、空转贸易等情况的出现。

（三）坚持完善内控机制，防范内控风险

公司高度重视各类风险的防控与管理工作，通过建立健全风险管理组织机构，修订和完善风险管理制度，多措并举强化风险管控，有效应对各类重大风险。

1. 事前风险控制措施

（1）完善公司治理体系

建立股东会、董事会、总经理办公会相关制度、运行制度和内部控制制度，优化公司权限核决体系，细化各层级决策事项和权限，有效理顺各部门主体之间的运作关系；不断完善下属部门、子公司治理结构，提升治理能力和公司战略执行力。

（2）树立全员风险管控理念

建立岗前风险管理培训制度，采取多种途径和形式，针对不同岗位，加强对风险管理理念、知识、流程、管控核心内容的培训，不断增强员工特别是高级管理人员的风险管理意识，不断增强相关人员的专业能力。

（3）建立风险识别防控体系

梳理内部流程，建立经营风险管控机制，强化内控流程中的关键点和风险点控制。在经营安全管理中，

推行安全风险预控管理体系，利用会议、案例交流等多种形式，增强员工的风险防范意识和安全履职能力。

抓好风险处置，建立重要风险预警机制，明确超出预警标准和出现危机等情形后的责任部门和责任人、应对策略、工作程序及工作要求。对关键风险环节进行持续不断的监测，及时发布预警信息，并根据情况变化调整控制措施。

（4）重视客户背景调查

业务部门强化对合作方的资信、经营状况等的持续跟踪调查。对于新开展的业务项目，需对合作方的企业性质、股东构成、成立时间、经营范围、注册资金、经营规模、主营业务、涉诉情况、法定代表人等资信情况进行详细调查，充分掌握该企业开展业务的背景资料。

（5）开展项目评估

根据业务部门调查信息综合研判与客户合作的可能性，同时增强对合同履约风险的研讨交流，合理评估开展业务的可行性。除加强对已开展业务的管理之外，对新开展的业务项目实行前期调研、业务部门分析、经营班子决策三级制度，层层把关，力争把潜在风险降到最低。

2. 事中风险控制措施

（1）建立资金预警管理制度

财务口进一步规范资金计划审批、资金风险评估、收支管理等程序，严格审核票据流、资金流、货物流，加强财务监督与资金管控，确保经营活动高效安全运转。

（2）强化合同审核执行监督

优化合同审批流程，加大合同法律审核力度，将外部律师审核步骤前置，进一步加大合同管理力度。业务部、财务部、计划部、办公室积极介入合同审签、执行监督环节，及时识别潜在风险；针对可能或已经出现的违约风险和法律纠纷，提出降低、化解风险建议或制定有效的风险控制方案，必要时尽早进入司法程序。

（3）建立白名单制度

建立白名单制度，除国有大型央企外的贸易均不设账期，防范资金外放风险；销售人员均按照现款现货方式开展贸易，每周定期组织开展贸易情况清理。

（4）实行流程图管理

根据公司贸易业务的特点，进一步加强贸易业务的资金流、票据流管理，按照不同业务，分项目制定流程控制图，以流程图落实每一个业务环节责任人，强化业务过程监管、流程监管，确保各个环节风险可控。

（5）抓好票据流管理

全面加强票据管理工作，在现有制度的基础上，落实责任人，实行终身责任制；进一步加强税票相关知识学习，对新发生的业务，要严格审核票据流、资金流、货物流；每周召开一次财务例会，专题研讨资金往来账目，复核各种票据，做到周提醒、周预警。

（6）完善风险考核体系

定期分析总结风险防控措施执行情况，提出行之有效的改进建议，为经营班子提供重要参考并切实解决实际问题；明确风险管理的考核目标、原则、程序、对象、范围和标准，并把风险管理评价与管理层的绩效考核结合起来，逐步建立重大风险责任追究制度，不断完善风险管理的考核体系。

3. 事后风险控制措施

（1）强化审计管理

公司努力优化事前、事中、事后控制手段，定期组织人员对重大业务的运行状况实施专项检查，及时发现各项风险或问题，持续推进查漏补缺，坚持多措并举、全面管控，实现企业健康发展。

（2）形成长效防控机制

按照不同类型业务的行业规则和经营特点，分别制定按产品类型的甲醇贸易、塑料贸易、橡胶贸易、成品油贸易等以及按贸易形式的国内贸易、国际贸易等的风险控制机制，从业务模式设计、合同签订、资金支付、采购、库存、销售、业务预警等各个环节，建立风险预设、预控、实控制度，力图把风险控制在每一个环节，防止风险扩大化。

（3）强化制度保障

建立完善制度体系。制定《白名单制度》和《失信企业管理办法》，严格筛选合作方；制定《薪酬方案》和《绩效方案》，体现员工工作内容和收入差异，营造干事创业的良好氛围；制定《合同管理制度》和《风险防控方案》，明确责任主体，强化贸易流程监督，严控人为造成的风险等。

未来，公司将继续秉承以诚立信、以信致远的宗旨，以市场为导向，开放合作，创新驱动，多元并举，着力做强做大核心业务、做优做活市场服务、做精做细内部管理，全面推进公司业务高质量可持续发展，更好地为地方经济做贡献，履行社会责任，为实现成为世界领先的能源化工贸易公司的目标而不懈奋斗。力争到"十四五"末，成为国内甲醇进口量名列前茅的化工贸易企业，在国内化工贸易市场占据主导作用。

案例创造人：李　游、李　良、任欣伟、陈　星

在建设人与自然和谐共生现代化中展现责任担当

中铁环境科技工程有限公司

必须牢固树立和践行"绿水青山就是金山银山"的理念，站在人与自然和谐共生的高度谋划发展。这是立足我国进入全面建设社会主义现代化国家、实现第二个百年奋斗目标的新发展阶段，谋划经济社会发展的新要求。中铁环境科技工程有限公司（以下简称中铁环境）作为中国中铁旗下中铁高新工业股份有限公司重组上市后重点发展的新企业，是国资央企在环保领域布局的新生力量，传承"开路先锋"企业文化，奋力扛起践行"两山理论"的历史使命，深入学习贯彻党的二十大精神，深刻把握生态文明建设这个关乎中华民族永续发展的根本大计，引导激励广大党员干部深刻理解把握人与自然和谐共生的现代化的理论逻辑和实践逻辑，扎实推动绿色发展，促进人与自然和谐共生，共同建设美丽中国。

一、坚持理论引领，打造学习践行习近平生态文明思想的先锋阵地

习近平生态文明思想是以习近平同志为核心的党中央治国理政实践创新、理论创新、制度创新在生态文明建设领域的集中体现，标志着党对生态文明的认识提升到了一个全新的高度，开创了生态文明建设的新境界。

自2018年成立以来，中铁环境党委始终将学习践行习近平生态文明思想作为企业确定发展定位、制定发展战略、建设人才团队的行动指南和根本遵循，将习近平总书记关于生态保护的重要论述作为理论学习中心组学习的核心重点，作为党委会的第一议题，作为支部三会一课、员工教育培训的必学内容，推动全公司上下深刻理解"生态优先、绿色发展"主题主线，深刻认识"保护生态环境就是保护生产力、改善生态环境就是发展生产力""人与自然和谐共生""绿水青山就是金山银山"等科学论断，不断形成改善生态环境、建设美丽中国的思想自觉和行动自觉。

党的二十大报告深刻阐述了中国式现代化是人与自然和谐共生的现代化，将"促进人与自然和谐共生"作为中国式现代化本质要求的重要内容，强调尊重自然、顺应自然、保护自然，是全面建设社会主义现代化国家的内在要求。中铁环境党委统筹推动学习贯彻党的二十大精神，深入开展学习贯彻习近平新时代中国特色社会主义思想主题教育，学习贯彻习近平总书记关于生态环境保护的重要指示精神，不断用党的创新理论锻造队伍、凝聚力量，努力打造学习践行习近平生态文明思想的先锋阵地。

二、厚植发展根基，积蓄服务美丽中国建设的前行力量

中铁环境积极践行"绿色中铁"理念，在"十四五"规划中明确了企业的方位目标，确定了"科技型、制造型、服务型"发展方向，以高质量发展为统领，以"环保技术+环境装备+综合服务"为主线，以"发挥央企平台优势、扎实技术创新、做强装备制造"为重点，为企业稳中有进、进中提质的发展态势厚植基础。

立足顶层设计，完善产业布局，点燃高质量发展引擎。坚持"两个一以贯之"，高标准、高起点构建了党的领导与现代企业制度衔接联动的管党治企决策机制，形成了上下贯通、结合实际、管控有效的制度体系和工作流程，企业运行趋于规范高效。坚持战略引领，积极融入绿色中铁产业链条，主动参与美丽中国

建设，布局设立六个区域经营机构，在长沙和西安设立两家环保研究院，创造性建设环保装备产业基地，合资成立了2家专业化公司，初步建成了链条完整、布局科学的以环保技术和环保装备为核心的产业体系。

加强资质建设，增强从业能力，积蓄高质量发展势能。坚持将资质建设作为立足主业、布局未来的重要举措，公司资质建设不断取得突破，当前拥有环境工程设计专项（水污染防治工程）甲级、环境工程设计专项（固体废物处理处置工程、大气污染防治工程、污染修复工程）乙级、环保工程专业承包一级、市政公用工程施工总承包二级、机电工程施工总承包二级、建筑工程施工总承包三级、环境治理甲级、环境治理资信甲级、生活污水处理运营二级和生活垃圾处理处置运营二级等十二项资质，满足公司业务发展和转型升级的需要。

坚持科技兴企，锻造科技创新实力，积聚高质量发展动能。坚持创新驱动，把科技创新作为第一动力，大力培育"技术+装备+服务"核心竞争力，建立了一部一院两公司的科技研发体系，获得102项授权专利，形成9项核心技术及工艺包，公司被认定为国家高新技术企业、国家规上企业、国家级专精特新"小巨人"企业、湖南省级技术研发中心，成立了中国中铁生态环境专业研发中心固废处理与资源化利用分中心，充分发挥科技创新支撑引领作用。

坚持党要管党，压紧压实责任，汇聚高质量发展合力。坚持用习近平新时代中国特色社会主义思想凝心铸魂，始终把贯彻落实习近平总书记重要指示批示作为重大政治任务和根本政治责任，深入践行习近平生态文明思想，"两山理论""三个转变"重要指示，积极培育"三峰党建"品牌，细化完善"生态党建"工作法，加强"成长共同体"文化建设，深化"六廉"工作室和"价值型机关"建设，推动全面从严治党向基层延伸，持续推进党建与生产经营深度融合。公司从一个支部扩展到六个支部，实现了从党工委向党委的转换，努力把党的政治优势、思想优势、组织优势转化为企业的创新优势、发展优势、竞争优势。

三、展现担当作用，奋力推进人与自然和谐共生现代化实践

党的十八大以来，在习近平生态文明思想的科学指引下，我国生态文明建设和生态环境保护发生历史性、转折性、全局性变化。中铁环境积极践行习近平生态文明思想，充分发挥产业研究、规划设计、科技研发、装备制造、建设管理、运营维护、咨询服务等全产业链一体化系统性优势，成为国家生态文明建设的有力推动者和实践者。

深入打好污染防治攻坚战，推动生态环境质量持续改善。中铁环境努力打赢打好污染防治攻坚战，坚持方向不变、力度不减，突出精准治污、科学治污、依法治污。聚焦于工业厂房有机废气治理、焊接烟尘治理，自主研发了移动式烟尘净化器、"吸附+燃烧"等技术和装备，依据不同排放标准要求，提供厂房废气治理设计、技术咨询和服务、装备供应及施工全方位整体解决方案，坚决打赢蓝天保卫战；致力于守护绿水青山，在污水处理工艺技术及装备领域不断创新发展，聚焦城镇污水处理厂提标改造，分散式生活污水、施工废水及特种废水处理等领域。通过自主研发及技术引进，逐步形成了一系列国内先进的核心技术和产品，着力打好碧水保卫战；致力于成为国家"无废城市"的践行者与护航者，聚焦建筑垃圾、市政污泥、生活垃圾处理等细分领域，拥有小型生活垃圾热解气化装置、污泥深度脱水装置、盾构渣土处理处置装备等核心产品，结合先进技术优势及总承包管理经验，根据不同需求以及资源配置状况进行系统整合优化设计，实现资源利用最大化，扎实推进净土保卫战。

深耕环境保护细分领域，推进生态环境保护科技创新。中铁环境先后与中科院水生生物研究所、西南交通大学、华南理工大学等签署战略合作协议，紧盯行业痛点和难点问题开展技术攻关，同时引进国内外先进技术，打造国际先进、国内一流，集技术研发、技术应用和产业化于一体的新技术开发、设计平台，研究最优环境保护和治理技术，推进生态环境保护科技创新。在装备制造方面，形成了高原环境适应性强的综合解决方案，设备能满足环境温度 −30℃～−40℃、海拔 4500 米以上正常工作的要求，并先后在新疆、西藏、黑龙江等多个高海拔、高寒地区进行实战应用，其先进性和可靠性得到充分印证，已有多批装备抵

达雪域高原，为高原高寒地区的施工污水、生活营地污水及餐厨垃圾的处理提供强大的设备支撑，助力高原高寒地区生态保护；在固废处理处置方面，盾构渣土处理技术达到国内领先水平，入选生态环境部"无废城市"首批先进适用技术和中环协重点实用技术，多个固废处理处置项目在杭州、深圳、湖南、湖北等地得到良好反馈；公司作为主编单位之一，编制完成了国内第一份有关盾构渣土处理处置的技术标准；在特种废水处理方面，自主研发了以厌氧氨氧化技术为核心的 CRHIC-IntDN 新型生物脱氮系统。以昆明南动车所旅客列车便污废水处理系统装置项目为例，该项目成为国内首个被铁路局认可并评定为国内领先水平的项目，为规模化高铁站集便器废水处理打造样板模式。该技术还可广泛应用于污泥消化液、垃圾渗滤液等低碳氮比废水处理领域；在施工废水处理方面，隧道施工污水处理技术达到国际先进水平，荣获工信部鼓励发展的重大环保技术装备、中国中铁科技进步奖一等奖和中国施工企业管理协会二等奖。

改善农村人居环境，积极推进乡村振兴。农村污水处理作为农村环境综合整治的一项重要内容，是打造生态宜居美丽乡村的重要内容。中铁环境在乡镇污水处理领域自主研发出一体化生活污水处理设备及成套解决方案，并成功应用于湖南省茶陵县乡镇污水处理厂及管网配套设施 PPP 项目，在茶陵县 16 个乡镇进行污水处理厂及配套管网设施建设，提高茶陵县乡镇环境基础设施水准，提升农村污水处理能力，加快推行乡村绿色发展方式，加强农村人居环境整治，助力茶陵县构建人与自然和谐共生的乡村发展新格局，实现百姓富、生态美的统一。

有序推进"碳达峰、碳中和"工作，促进减污降碳协同增效。"十四五"时期，我国生态文明建设以降碳为重点战略方向，推动减污降碳协同增效，促进经济社会发展全面绿色转型，进入实现生态环境质量改善由量变到质变的关键时期。建筑行业贡献了碳排放总量的 40%，是实现"碳中和"目标的关键，也是解决我国资源环境生态问题的关键，加强环境管理能力、提升生态竞争力是响应国家生态文明建设号召的需要。中铁环境聚焦建筑垃圾资源化，围绕工程垃圾、拆迁垃圾、工程渣土（工程弃土和盾构渣土）等建筑垃圾，探索资源化技术和方法。从源头减少污染，最大限度节约能源和资源，提高资源循环利用效率，降低碳排放。将传统的"资源—产品—废弃物"的线性经济模式，改造成"资源—产品—再生资源"的闭环经济模式，促进建筑垃圾转化为绿色建材。湖北省老河口建筑垃圾资源化利用项目被 E20 平台评为优秀固废处理案例，为全国建筑垃圾资源化利用树立示范样板。

贯彻落实新发展理念，推进绿色建造。中铁环境牢固树立和践行"绿水青山就是金山银山"的理念，坚持走生态优先、绿色发展之路不动摇，推动形成人与自然和谐发展的现代化建设新格局。四川省成都市郫都区应急污水处理厂是国内少数大规模应急生活污水处理厂采用全装备化系统解决方案的成功案例，仅用两套设备，占地 5 亩，日处理规模就能达到 15000 吨。该项目从设计到施工全生命周期贯彻绿色低碳理念，在保证质量、安全等基本要求的前提下，全面落实环保节能管理规定中的相关要求，从节材、节水、节能等多方面入手，优化施工方案。同时，积极推广应用新技术、新工艺、新材料、新设备，进行有效技术集成与技术创新。通过使用自主研发的智能化模块化高效污水处理装备，保证了出水达到《城镇污水处理厂污染物排放标准》（GB 18918—2002）一级 A 标准，实现了工艺高效化、工程装备化、装备模块化、模块标准化、系统集成化、运维智能化、施工绿色化，全面推进绿色建造。

环保管家服务，协同推进经济高质量发展与生态环境高水平保护。保护生态环境就是保护生产力，改善生态环境就是发展生产力。中铁环境为亚洲最大的钼矿——鹿鸣矿业提供全方位、专业化、规范化、精细化的"环保管家"服务，包括企业整体环境问题排查、日常环境问题技术支撑、精细化环境管理体系建设、环保政策解读与宣传培训、环境监理与监测服务、污染物核算、排污许可申报咨询、环保技术服务、污染防治工程设计与工程技术咨询、企业清洁生产审核及评估等，助力鹿鸣矿业成为亚洲最大的绿色矿山。通过"环保管家"服务，鹿鸣矿业在环境效益、经济效益、社会效益等多重目标中寻求动态平衡，实现以生态环境高水平保护推动经济高质量发展。

积极参与全球生态环境治理。随着全球经济一体化进程的加快、国家"一带一路"倡议，以及"碳达峰、碳中和"目标的提出，构建人类命运共同体成为大势所趋。中铁环境充分利用国内国际市场双循环，积极走向海外，成功中标赞比亚一体化污水处理中水回用设备和饮用水设备采购项目。经过一体化污水处理设备处理的生活污水可用于赞比亚办事处绿植浇灌和洗车等用途，有效解决了清洁用水不足的问题；饮用水净水设备为客户量身定制，通过工艺设计可以解决当地自来水水质过硬、泥沙等沉淀物较多的问题。同时，成立赞比亚水处理设备出口和售后服务中心，开展属地化滚动经营，瞄准当地及周边国家水处理设备及污水处理市场，以点带面、不断实现国际化经营布局。

案例创造人：张 前、刘东斌、何旭辉、言海燕

以诚信护航企业稳健安全持续发展

中冶华天工程技术有限公司

一、企业概况

中冶华天工程技术有限公司（以下简称中冶华天）是世界500强企业——中国五矿和中国中冶旗下重要骨干企业，是中国钢铁工业建设开拓者和主力军，其前身是成立于1962年的"冶金工业部马鞍山钢铁设计研究总院"。中冶华天传承和发扬60多年"艰苦创业、圆梦钢铁、改革创新、追求卓越"的企业文化精神特质，致力于建设"科技强院、经济大院、品牌名院"。

中冶华天是钢铁冶金建设与运营服务全流程国家队，是以科研、设计为龙头的城市与产业发展系统解决方案提供商，是工程项目投（融）资、咨询、规划、设计、建造、运营等全生命周期服务商，致力于提供高新技术、智能管理服务和为业主提供产业绿色化服务。在中冶集团"做冶金建设国家队、基本建设主力军、新兴产业领跑者，长期坚持走高技术高质量发展之路"战略定位下，中冶华天坚持深化改革，注重创新驱动，充分发挥工程设计综合甲级EPC总承包能力，主营业务已从单一的钢铁冶金设计发展成为以钢铁板块为主体，以房建市政和环境环保板块为两翼的"一体两翼"三大主营业务及以全过程咨询工程监理、装备制造、新能源、数字化智能化等多极增长的业务发展体系；资质体系已从单一的冶金行业甲级设计资质发展成为具有国家最高等级的工程设计综合资质（甲级）等类别齐全、专业多样的31项资质。

中冶华天已形成马鞍山、南京跨地域发展新格局，公司职能管理层面设有15个职能部门，负责战略引领和职能管控；业务层面有23个生产经营单位，负责公司核心业务的经营和管理。拥有中国中冶水环境技术研究院、中国中冶康养产业技术研究院；设立钢铁技术研究院、双碳技术研究中心、水环境技术研究院、康养产业技术研究院、智慧城市技术研究院等5个二级研发机构，负责公司重大战略核心技术和产品的研发。公司现有从业人员2100余人，其中硕博研究生占比36%，高级职称以上人员占比39%，各类执业资格人员有350余人。

近年来，公司新签合同额、营业收入等指标均稳步增长。2022年全面完成各项经济指标，市场签约116.22亿元，营业收入为60.95亿元，利润实现0.7亿元，经营活动现金净流量为1.42亿元。

二、诚信发展

历经60多年的发展和积淀，一代又一代华天人怀着爱国之心、报国之情，以艰苦创业为荣，以中国钢铁为梦，一路拼搏，一路前行，用初心、信念和坚守，写下"钢铁报国"和"科技报国"的崭新篇章。中冶华天始终坚守冶金建设国家队的历史使命，沉毅勇扛新兴产业领跑者的时代担当，大力发展"一体两翼"四多元发展业务凝心聚力，奋发作为，为实现绿色高质量发展，持续擦亮"中冶华天，绿色明天"品牌奋勇前行。

公司全员始终坚持"诚信为本，创新致远"的企业价值观，坚持诚信办企、诚以待人、重信守诺、担当笃行，将诚实守信作为企业立身处世的根本原则。坚持创新发展，解放思想、实事求是、开拓进取，把勇于创新作为企业行稳致远的不竭动力。

三、实践成效

（一）不断铸牢国企政治属性，厚植企业诚信发展"根""魂"

2022年，中冶华天迎来建院60周年。围绕"庆祝建院六十年，建功献礼二十大"主题，中冶华天党委深度挖掘60年红色基因，全面推进优化升级提质增效，以高质量党建工作为引领，推动持续健康和绿色高质量发展，以全面完成各项任务指标的优异成绩，献礼党的二十大胜利召开。

根植于使命沃土，得益于优质地理，受命于时代之需。中冶华天自成立以来，始终把党的政治建设摆在首位，坚持以习近平新时代中国特色社会主义思想为指导，深刻领悟"两个确立"的决定性意义，不断增强"四个意识"、坚定"四个自信"、做到"两个维护"，时刻牢记"国之大者"，深入贯彻落实国企党建工作会议精神，跟进学习贯彻习近平总书记重要指示批示精神，第一时间学习传达贯彻党的二十大精神，肩负"党建强企，科技报国"企业使命，牢牢铸立国有企业政治属性，不忘初心、牢记使命，持续推进企业持续健康发展迈上新台阶。

持续打造"政治引领强、推动发展强、科技创新强、凝聚保障强"的"四强"党组织，锻造"有使命担当、有形象感召、有工匠追求、有关爱传递"的"四有"党员队伍，找准党建工作与生产经营有机融合的着力点，扩大各级党组织和广大党员融入企业管理的参与面，调动党员干部推动改革发展的积极性和创造性，切实把党的政治优势、组织优势和群众工作优势，转化为科技创新优势、核心竞争优势和经济发展优势，持续筑牢提升企业诚信品牌根基。

（二）不断探索创新工作路径，力促企业诚信发展行稳致远

2022年是极不寻常、极不平凡的一年，国内外形势挑战交替升级，经济下行压力巨大。2022年又是具有特殊意义的一年，党的二十大胜利召开，华天喜迎建院60周年。这一年，中冶华天牢牢把握"稳增长、抗疫情、保安全"的总要求，深入落实"五大行动计划"、"五型五矿建设"、"五个专项行动"和六项重点工任务部署，聚力提升发展质量，全面提升深化改革，总体保持了平稳发展态势。

在钢铁业务上，中标冀南钢铁二期一步产能置换升级改造项目、马钢长钢3#高炉中修项目、达钢搬迁升级项目—轧钢单元—高线标段、攀长特初轧产线升级改造项目Ⅰ标段以及一批绿色环保项目等，持续稳固市场占有率。中标山西安泰120万吨/年绿色建材中小H型钢项目、云南玉昆钢铁产能置换升级改造YKXD项目、硕石印尼镍金属生产线工厂设计和部分设备供货项目等，在型钢、带钢以及镍铁领域实现突破。在水环境业务上，中标郑蒲港新区水环境综合治理EPC+O总承包项目，是公司继马鞍山中心城区水环境综合治理PPP项目后，在马鞍山中标的规模最大的水环境综合治理项目。中标当涂县2021—2022年度堤后填塘固基及堤防加固工程，是公司首次承接长江干流堤防工程水利项目。在房建市政业务上，签约来安县金瑞学府总承包项目、盐城港保税物流中心仓储（二期）项目、常州保障房项目等。2022年年底中标的河西大街片区环境综合整治项目是公司在南京市场上通过公投拿到的第一个真正意义的EPC项目。

（三）不断增强技术科研能力，着力锻造企业诚信发展硬支撑

从勇担科技自立自强、托举冶金建设国家队的站位高度，中冶华天科研工作者勇挑重担剑指尖端，带头冲锋攻坚克难。2个项目获批中冶集团"181"计划，1个项目获批中冶集团非钢重大专项，1个项目获批安徽省重点研发，1个项目获批工信部揭榜挂帅项目。

"地表水环境治理多功能一体化技术及装备的研制与开发"等科研成果鉴定为国际先进水平，成果转化广受市场好评，树立了行业权威，提升了核心竞争力，为公司业务发展提供了有力的支撑。

（四）不断提升项目精细管理，强化项目诚信履约能力

2022年，工程项目建设实施契约化管理，通过27次生产例会强化全过程风险管控，强化调度协调作用，

加大对工期、质量、安全的把控力度，推动工程项目履约能力提升，促使50余个在建项目有序推进。

钢铁板块国际技术最优、产能最高的中天绿色精品钢项目轧钢工程投产，国内首个高架式QSP连铸连轧带钢生产线玉昆钢铁YKXD工程稳步推进，山钢永锋300万吨长流程设计项目投产一年来在业界产生强烈反响，在智能化、绿色化呈现上效果突出，充分体现了华天项目组织能力和扎实的技术实力。

在水环境板块，马鞍山中心城区水环境综合治理PPP项目、深圳市新洲红树碧道项目等区域代表性项目全面完工交付。在房建市政板块，安岳县第三人民医院整体迁建、淮安金湖县牌楼花园工程总承包等项目主体结构封顶。

组织全国冶金行业工程勘察设计成果奖申报，29个项目获奖，其中一等奖6个、二等奖14个、三等奖9个。黄石经开区汪仁镇沿山片工业板块还建房4#住宅楼项目获得黄石市"铜都杯"奖，并获批"2021—2022年度第二批湖北省建设优质工程（楚天杯）项目"。

（五）不断履行社会责任，持续擦亮诚信服务品牌形象

从精细处入手，向民心中聚力，中冶华天党委慎终如始坚持党的群众路线，坚持服务员工、保障民生，切实为职工群众办实事、办好事，体现为民情怀和暖心温度。

认真践行"我为群众办实事"实践活动决策部署，党委委员进基层、走一线，深入对口联系单位察民情、听民声，调研排查员工群众"急难愁盼"事项，从最突出的问题抓起，议定重点民生项目清单。提高节日慰问、员工体检及总承包项目施工管理人员餐饮标准等举措，让企业发展成果充分惠及员工。推进办公园区改造、员工宿舍翻修、设立快递收纳室并安装快递柜等重点民生项目，全年冬送温暖、夏送清凉、困难职工、海外员工、疫情灾区员工慰问近1000人次，切实办好员工关切事。

以保障员工生命健康安全为底线，把疫情防控作为重中之重的风险防控工作，主动对接联系属地政府和集团公司，落实防疫要求，推动对口帮扶、青年志愿者等联防联控服务，获得地方政府好评。

从赓续基因、传承发扬、凝心聚魂、推动发展的高度，统筹推进企业文化建设。围绕宣传贯彻党的二十大精神，突出庆祝建院60周年，策划开展LOGO征集、主题征稿、院史编印、诗歌献礼、主题报告、书法书画、劳动竞赛、球类联谊、"微党课"宣讲等系列文化、体育及群众性娱乐活动，将"我爱华天"的心锚，深种进每一个爱党爱国爱企的华天员工灵魂深处。

案例创造人：郭世星

坚守央企担当　诚信经营保供热

大唐国际发电股份有限公司下花园热电分公司

大唐国际发电股份有限公司下花园热电分公司（以下简称下花园热电分公司）始建于1937年，现役3号机组于1988年1月投产，2010年由纯凝机组改为供热机组，并于同年11月对外供暖，是张家口市下花园区集中供热的唯一热源。

一、积极开展设备改造，勇担供热使命

3号机组初始设计供热面积为165万平方米，抽汽量为150 t/h（最大为200 t/h），外部热力管网长度初始设计为16.5千米，随后逐年增加，至2022年12月外部热力管网总长度为74千米。为应对不断增加的供热需求，下花园热电分公司先后增加了热网循环泵、加热器，并完成高低旁联合供热等改造工程，年供热量逐年增加至140万吉焦左右。下花园热电分公司切实承担央企社会责任，精心维护设备，加强老旧设备治理，迄今为止已连续安全运行14个供暖期，未发生供热中断事件。

二、克服单机影响，持续强化设备治理

2022年，下花园热电分公司肩负保冬奥保供暖的政治责任和社会责任，深感使命重大。公司超前谋划，2021年利用3号机组A修对机组存在的问题进行全面治理，解决和消除了影响机组、设备安全稳定运行的延期缺陷和设备隐患。特别对供热系统进行全面排查治理，升级改造热网首站DCS，提高了热网系统的可靠性。深入隐患排查，消除安全运行风险。2021—2022年开展了重大危险源评估工作，以及反事故技术措施、炉后设备及钢结构隐患排查、爬梯专项隐患排查等多轮次问题排查工作，整改问题80项，主要消除了3、4号低压变油电缆老化等安全隐患，提高供热机组可靠性。同时加强备用热源设备治理，在集团公司、大唐国际的大力支持下，对2号炉至热网首站管道和备用热源减温减压器进行扩容更换，改造后供汽量增加了一倍。更换屏过、高低过热器管道1762根，更换锅炉油枪、燃油速断阀、CPU板件、通信模块等备件，解决了11项影响安全运行的重点问题，大幅提升了备用热源的可靠性。

三、加强应急管理，突出过程管控

提前做好极端天气情况预想，修订完善《下花园热电分公司防止雨雪冰冻极端天气应急预案》《下花园热电分公司防寒防冻技术措施》，全面开展防寒防冻检查工作，并组织开展了相关预案、方案的联合演练。供热期间，重点对机房内外管道系统、水源地供水系统、室外仪用气系统、氨气系统的管道保温伴热、储气罐排水等进行了全面防寒防冻检查，及时补充和修复缺失、破损的保温设施，同时对伴热偏少的管路增加伴热带，确保水源地供水、锅炉仪用气、喷氨系统运行稳定。全面检查机房所有门窗玻璃、墙壁孔洞、设备管道保温，发现问题及时完成整改。

强化供热应急管理，组织开展供热演练。2022年11月9日和2023年2月22日，下花园热电分公司组织各部门开展了供热应急全面演练。2022年11月9日和2023年3月2日，按照两会保电的要求，组织全公司各部门开展了备用热源紧急启动全面演练。通过演练增强了全公司应急救援队伍快速反应能力和对供

热突发事件的应急处置能力。为保证极寒天气3号机组不能满足供热需求时，启动紧急备用热源，采用紧急备用热源与3号机组向热网首站联合供汽方式，公司各部门全面动员，相关人员24小时待命，有效保障了极寒天气下的稳定供热。

四、慎终如始积极"战疫"，全力保障供热稳定

供暖关键时期恰逢疫情形势严峻，下花园热电分公司全体员工扎实做好安全生产、稳定供热各方面工作，党员干部带头坚守一线岗位，克服疫情减员的实际困难，全力确保机组供热期间稳定运行。2022年年底疫情突发期间，园电运行人员放弃休息，严格落实最小化工作模式要求，实行连续倒班制，由五值四运改为四值四运，后面由于人员连续出现异常症状，倒班方式再次改为三值三运，所有备值人员在厂区内进行封闭管理，连续坚守32天，扎实筑牢冬季保供和安全生产防线。

五、坚守诚信底线，圆满完成供热任务

自2018年以来，煤炭价格持续波动上涨，尤其在2021年煤炭价格飙升，供热出现成本倒挂且供热亏损日趋严重现象。同时，2021年以来地方供热公司延迟支付热费情况频发，给企业资金回收带来极大困难。面对种种压力，下花园热电分公司彰显央企担当，供热期努力筹措资金采购保供燃煤，为应对气温的变化，顶着燃料成本压力，连续多年做到提前开栓并延期供热，让当地百姓在初冬寒流来袭和开春乍暖还寒之际感受央企温度。2022—2023供热季，下花园热电分公司完成供热量139万吉焦，发生供热成本6680万元，实现供热收入3726万元，供热亏损达2954万元。

六、着力能源保供，燃料供应"保质保量"

面对2022年煤炭价格持续高位运行及电价调整政策限制等因素影响，下花园热电分公司经营承压，行业整体处于亏损状态。中长协合同是煤炭市场的"稳定器""压舱石"，公司与矿方达成长效合作机制，有利于稳定市场预期、减弱煤价波动。在公司党委的有力指导下，园电全面打响"长协煤全覆盖攻坚战""长协煤兑现率攻坚战"两大战役，多措并举坚决守住、守好、守稳煤炭供应底线。为提高长协兑现率，保证签约煤量到厂，公司领导高度重视，带领燃料物资部骨干力量，以兑现量"能抢一吨是一吨"、采购成本"能降一分是一分"为原则，特别是在山西、内蒙古矿与矿间隔几百千米路程的情况下，驻矿人员不惧困难，常常连夜赶路，为的是第一时间协调相关煤矿并监测煤炭发运情况，并实时了解煤矿生产信息，合理制订每日工作计划，确保长协兑现率稳中提升。国之大者，为企为民。园电的干部职工正是有这种狼性精神和牛劲品格，以其超强的工作力度及过硬的工作举措，使得燃料稳定供应，长协兑现量不断提升，进一步改善进煤结构，一定程度上提高煤炭质量，提升设备运行可靠性。同时，进煤结构的优化还有助于缓解汽车来煤衍生的厂区周边道路扬尘污染、交通安全风险及运输费用增加等问题，助力企业环保、效益、效率多项指标共同提升，为落实"双碳"目标、服务地方民生、确保国有资产保值增值贡献了园电力量。

下花园热电分公司以民生保供为己任，践行契约精神，对民生供热的社会风险、政治风险高度重视，本着坚守保民生、保供热的底线和原则，在集团公司、大唐国际的正确领导下，上下齐心协力，全面统筹抓好安全环保、生产经营各项工作，圆满完成了2022—2023供热季供热任务，实现了"零非停、零限热"供热目标。

案例创造人：赵世杰、王　俊

弘扬诚信文化　树立诚信理念
践行诚信经营

广州万宝集团压缩机有限公司

广州万宝集团压缩机有限公司（以下简称万宝压缩机或公司）于1987年建成投产，公司专注研发、大规模生产电冰箱压缩机，是广州工业投资控股集团有限公司的核心二级企业。公司拥有广州人和、广州从化和山东青岛三大冰箱压缩机生产基地，拥有万宝和华光两大知名品牌，年产能力达3000万台。近年来，万宝压缩机始终把诚信建设作为工作的重中之重，坚持守法诚信经营，夯实安身立业之本，让企业在诚信的经营环境中健康发展，让客户在诚信的环境中放心合作，用一流的质量、一流的创新、一流的服务，为国家"一带一路"倡议、粤港澳大湾区建设和为广州实现"制造业立市"贡献了广压力量，在忠实履行国企社会责任的同时，奏响了一曲曲诚信履约的品牌赞歌。

一、健全诚信制度体系，筑牢经营发展基石

健全的诚信制度，是企业经营中不可或缺的重要组成部分，亦是企业发展壮大的基石。万宝压缩机将信用管理工作与国企改革三年行动有机结合，制修订安全环保、工程建设、采购管理、财税金融等领域的信用管理制度，搭建了集团公司自上而下、多层次、矩阵式信用制度管理体系。一是丰富诚信文化内涵。公司塑造了"责任、忠诚、创新、尊重、激情、执行"的企业核心价值观，将信用工作纳入党建工作，融入企业文化，以树立诚信文化理念、弘扬诚信传统美德为内在要求，以守信激励和失信约束为奖惩机制，积极践行社会主义核心价值观，坚守契约精神，践行诚信经营理念，树立"守信光荣、守信可敬"观念，全面提高风险防范意识，带头构建信用经济生态。二是健全企业诚信制度。万宝压缩机通过建立健全以信用为核心的自我规范、自我约束和自觉维护相关方合法权益的诚信管理制度机制，将诚信理念贯穿融入企业生产经营管理全过程，不断提高诚信经营水平。建立了《合同管理制度》，对于合同的签订、履行、变更等做出了详细约定，有效防范法律风险，维护公司和客户的合法权益。加强全面、全员、全过程质量管理，制定了《产品质量管理办法》《物料采购管理办法》《质量激励管理办法》《市场质量问题处理相应制度》《质量事故管理办法》等制度，从质量中求效益。加强质量监管、质量抽查和质量检测，鼓励员工参与产品质量改进和创新，建立快速响应、分析、解决问题的售后服务体系，提高用户满意度。三是加强诚信文化宣贯。公司发挥国企诚信榜样示范引领作用，通过企业官微、视频课堂等方式，组织开展以诚信为主题的宣传活动，倡导诚信观念、加强诚信教育、普及诚信知识，带头宣传商务诚信文化和信用管理知识，让诚实守信成为企业及所有员工的共同理念与行为准则，以弘扬诚信文化推动企业高质量发展。

二、争做诚信楷模，打造诚信品牌

万宝压缩机大力推进质量和品牌信用建设，扩大优质产品和服务供给，提高产业链供应链安全可控水平，将守法诚信要求落实到生产经营各环节，打造诚信经营、守信践诺的标杆企业。一是加强员工队伍建设。在公司管理层方面，公司党委严格落实全面从严治党主体责任，制定领导述职述廉、廉洁承诺、重大事项报告、谈话提醒、诫勉谈话等反腐倡廉制度，签订《党风廉政建设工作责任书》，带头对分管范围落实党风廉政建

设责任情况监督检查考核,形成"大监督"工作格局。在营销采购队伍方面,公司深入推进廉洁风险排查活动,深入排查营销采购等岗位工作中存在的隐患,梳理出队伍建设、工作程序、业务开展、服务能力等四方面存在的突出问题,制定切实可行的改善措施,建立一支信念坚定、敢于担当、清正廉洁的队伍,提高群众满意度,为公司营造良好的经营环境。二是加强高质量发展。万宝压缩机坚定不移调整优化产业、产品结构,牢牢把握市场变化和经济增长新常态,抢抓发展机遇,投资约10亿元,在从化建设技术领先的冰箱压缩机生产线,打造"自动智能化、数字信息化、精细柔性化"的现代智能工厂,于2022年7月15日顺利建成投产。在新冠疫情、俄乌冲突、原材料价格波动等外部因素的严重影响下,顶住外部压力,克服不利因素,营业收入从2018年到2022年增长达1.5倍,产品产销量从2018年到2022年分别实现增长1.16倍和1.2倍,公司综合实力明显提升,构建了丰富的产品平台,现已拥有成熟的T、Y、K、X、N、L、VT、VK、VX九大系列的活塞式制冷压缩机,产品线齐,全覆定频、变频、商用以及其他终端,可满足客户全面的需求。三是坚持质量立企。万宝压缩机坚持质量立企、质量强企、质量兴企的理念,全面厚植质量文化,走出了自己独具特色的大质量文化建设之路。在日常质量管理活动中,公司成立了质量文化建设领导小组和工作小组,紧密围绕阶段性工作任务,制定目标和行动计划,结合QC小组活动,实施六西格玛计划、QPQP产品质量先期策划等活动,打造质量文化氛围,引领公司全体员工通过"刚性质量年"主题活动,不断提高全员质量意识。公司从"为客户服务"中树立了"坚持以客户为中心"的理念,持之以恒答好服务考卷,特别是在2020—2022年疫情期间,全体员工齐心协力,围绕"价值营销、精品研发、质量领先、精益制造"的战略方向,在确保订单交付率100%的基础上,继续为客户提供增值产品和服务,得到客户高度认可,先后被越南海尔、佛山海尔冰箱、广东三胜等客户评为"优秀供应商",被长虹集团评为2022年度"最佳创新供应商",蝉联"中国质量过硬知名品牌"、"中国名牌"和海尔集团"金魔方奖"称号。四是弘扬创新精神、工匠精神。万宝压缩机一直持续加大研发投入,创新体系建设,以工匠精神为引领,践行初心使命,坚持科技创新,不断实现自我突破,取得了骄人的业绩。公司的研发项目《基于变频冰箱声品质提升的超静音小型变频压缩机技术开发与应用》荣获2021年度山东省科学技术进步奖三等奖,"超静音小型化R290压缩机开发与应用"和"除湿机用高效轻型低噪铝线往复式压缩机的开发与应用"分别荣获2022年广州市职工"五小"竞赛二等奖和优胜奖。截至目前,公司拥有专利授权159项,其中发明专利71项,2021年1月首次获得一项欧洲发明专利受理,完成关键技术成果鉴定评价国际先进水平10余项,为推动行业进步发展做出重要贡献。在企业发展的同时,员工与企业实现了共同成长,公司近年来培养选树了全国五一劳动奖章获得者陈忠华,广州市劳动模范郑旭,广州工控十大工匠陈会平等国家省市级劳模工匠,为公司实现长远发展奠定人才基础。

三、坚持以人为本,构建和谐企业

一是坚持以人为本。积极响应员工诉求,开展节日慰问送温暖、防暑降温送清凉、员工体检、改善工作和就餐环境等工作,深入开展"我为群众办实事"实践活动,在从化工厂开通通勤交通车,建设职工宿舍,持续落实惠民工程。近五年来,公司共走访慰问困难职工、住院病人194人次,因病困难和住院(含抗疫慰问)慰问品和慰问金合计65.49万元,节日和生日职工慰问品总额达330.58万元,为职工办理"住院二次医保"8261人次。二是维护职工权益。公司严格执行《工会法》和《中国工会章程》的规定,依照法律规定,通过职代会或其他形式,组织职工参与公司的民主决策、民主管理和民主监督,维护职工合法权益。2022年度组织召开职代会、工会委员会等会议12次,审议《员工守则》《一线工人薪酬管理方案》等涉及职工切身利益的议题和制度。进一步加强职工代表巡视、厂务公开等民主管理制度,深入听取职工群众职工食堂供餐质量、劳动保护工作等方面的意见和建议,最大限度地保障职工群众的合法权利。进一步健全和完善进行集体协商和签订集体合同制度,落实企业最低工资标准,依法维护职工群众的切身利益。三是提升本质安全。万宝压缩机强化风险分级管控和隐患排查治理双重预防机制,强化生产计划性,扎实抓好技术监督工作,组织开展遗留缺陷、隐患消除和治理,近年来,公司未发生重大治安刑事案件,未发生重大火灾事故,未发生群体性事件，企业保持连续稳定的安全生产形势。

四、履行社会责任，践行国企担当

一是助力区域经济高质量发展。公司围绕"自身对表找差距补短板、行业对标赶先进做示范、国际对标树标杆创一流"的原则，精准"对标对表"，加快企业又好又快发展，近五年来，累计上缴税费3928万元，其中广州工厂实缴税额2910万元，2018—2019年蝉联人和镇"纳税大户"称号，为广州市白云区经济发展做出了积极贡献。二是践行绿色环保理念。公司积极探索"双碳"目标实现路径，不断提高技术创新水平，将绿色转型理念贯穿至产品生产制造全流程中。在超低温应用领域，已实现冷冻温度 –90℃ 的应用，独有的超低温发明专利技术国际领先，一批碳氢混合工质绿色产品率先市场化，成为制冷行业绿色发展的先行者之一。在加快冷媒转型方面，积极开发低GWP值（全球变暖潜能值）绿色环保制冷剂专用压缩机，率先研制出R448A环保冷媒直流变频压缩机，在制冷系统中的温室效应较R404A冷媒降低68%、电耗降低10%~15%，性能更环保低耗。公司投资建设的广州从化智能工作实现用电节约达20%，并能循环处理工业废水。三是助力脱贫攻坚。公司坚持真招实策、真情互动，尽己所能发挥企业优势力量，制定帮扶规划和脱贫措施，对接帮扶清远英德塘下村、茶山村贫困户，村民生活实现全方位改善，脱贫攻坚取得全面胜利。2020年，联手广州市人社局、白云区人社局等政府职能部门，从贵州省平塘县招聘45名务工人员，既帮助解决了贫困地区劳动力的就业问题，也顺利实现了企业复工复产。四是支援疫情防控。在2022年新冠疫情中，万宝压缩机积极采取行之有效的措施行动，紧盯供、产、销和疫情动向，800余名干部员工驻厂加班加点、保证生产不停、链条不断、产能不减、秩序不乱，实现疫情经营双统筹双胜利，2022年被广州工控评为"双统筹"先进单位。2022年10月，广州遭遇抗疫三年以来最复杂、最严峻的疫情形势，万宝压缩机党委有呼必应、不讲条件，发起"红色动员令"，积极动员广大党员干部职工就地转化、主动下沉参与社区疫情防控工作，全年累计下沉街道社区支援共359人次，选送60名优秀干部和骨干员工加入广州工控先锋突击队，义无反顾奔赴花都、白云、海珠等疫情防控第一线，协助开展核酸检测、扫楼排查、配送生活物资等工作，以责任和担当为群众的生命健康筑牢坚实防线，用实际行动彰显了万宝压缩机人的使命和担当，为抗击疫情贡献了"广压"力量。

诚信建设是社会主义市场经济运行的基础，是国家治理体系和治理能力现代化的重要实践，也是企业传承发展之根本。未来，万宝压缩机将继续勇担国企社会责任，将诚信理念内化于心、外化于行，立足服务群众、服务发展、服务社会的理念，不断推动公司自身完善内部信用管理、形成市场自律机制，弘扬守信践诺的精神，营造"人人守信、人人受益"的市场环境，让万宝压缩机在诚信的经营环境中实现高质量发展，助力助推广州"制造业立市"发展之路行稳致远。

案例创造人：王　松、邓承武、宋智辉

打造诚信文化品牌　助推企业高质量发展

陕西北方动力有限责任公司

陕西北方动力有限责任公司（以下简称北动公司）隶属于中国兵器工业集团动力研究院有限公司，现有职工1223人，1941年始建于上海，1950年内迁陕西宝鸡。70余年来，北动公司伴随我国的成长而不断发展壮大，始终以"打造一流兵器动力，服务社会经济发展"为初心和使命，传承和发扬"自力更生、艰苦奋斗、开拓进取、无私奉献"和"把一切献给党"的人民兵工精神，创造了新中国历史上的"三个第一"（1959试制成功新中国第一辆水陆两用坦克；1979年引进生产出我国新一代轻型装甲车辆动力，填补国内空白；1980年成功开发50型轻便摩托车，成为我国第一批起步最早的八大摩托厂家之一）。目前，北动公司是我国风冷柴油发动机科研制造的国家队，是国内新能源动力研制的领跑者，是我国特种车辆动力生产的骨干企业和柴油机核心零部件重要研制基地。公司先后荣获国家级工业设计中心、国家第三批专精特新"小巨人"企业、陕西省"依法治企示范单位"、国家发改委发动机再制造企业、集团公司困难职工帮扶先进集体等荣誉称号，2项政研成果分别荣获集团公司优秀课题研究成果二等奖、陕西省27届企业管理现代化创新成果三等奖。

一、实施背景

企业文化品牌的核心是文化内涵，其蕴含着深刻的价值内涵和情感内涵，是品牌所凝练的价值观、个性修养、情感诉求的精神象征。"北方动力"品牌就像一面高高飘扬的旗帜，贯彻强军思想，履行强军首责，秉承建设有中国特色的先进兵器工业体系愿景，以诚信文化品牌为支撑，打造质量效益型企业，服务国家国防建设和经济发展，在企业73年的发展和长期经营中形成厚重的文化积淀，在新时代努力承载着兵工人的追求，放飞着北动人的梦想，扬帆起航，以诚信文化品牌建设助力企业在高质量发展的道路上奋勇前进，追赶超越，使"北方动力"诚信品牌凝结为企业改革发展的不竭动力，多年来为国防建设、地方经济建设做出了积极贡献。

但长期以来，由于企业整体经济总量规模小、多品种小批量、生产链条长、合同履约率低、核心竞争力不强等瓶颈，凸显出战略目标难以实现的困境。为扭转大局，实现可持续高质量发展，企业以习近平新时代中国特色社会主义思想为指导，认真贯彻强军思想，履行强军首责，坚持新发展理念，以文化为引领，打造企业诚信文化品牌，形成与新时代高质量发展要求相融合的北动特色诚信文化，对外提升了企业的知名度和影响力，对内鼓舞了士气，增强了内生动力，通过培育、诠释和践行诚信文化理念，形成了全员行动自觉，助推了企业高质量可持续发展。

二、认识企业诚信文化的基本内涵

企业诚信文化，是指企业在长期生产经营活动中逐步形成的并为企业员工认同的诚实守信的经营理念、人生价值观、行为准则、处事规范等。企业诚信文化成为企业文化的重要组成部分，体现于企业经营活动的各个领域，体现于企业中每一位员工、每一个单位、每一个群体的企业价值观、经营道德理念、经营行为方式、企业制度规范、生产环境文化及产品实体性文化等方面。其核心是要求企业遵守信用，言行一致。企业诚信是一种管理文化，是企业在处理内外关系中的基本道德规范，其实质是企业对顾客、对员工、对社会履行契约的责任心,也是企业间建立信任、实现横向交往的基础,是企业良性循环的保障。

三、加强企业诚信文化建设的主要做法

北动公司在近70年的发展历程中,积淀了深厚的文化底蕴。从1999年以实施启动"形象工程"建设为标志,正式开始把企业文化建设提升到增强企业软实力的战略高度来抓。特别是2005年公司实施改制重组以来,全面加强企业文化体系化建设,贯彻新发展理念,在凝练企业精神、核心价值理念、企业使命,培育核心价值观,塑造企业形象,提高员工素质,营造文化氛围,推动制度创新等方面进行了有益的探索和实践,做了大量富有成效的工作,使企业文化建设成为内强素质、外树形象、提升市场竞争力、推动公司发展战略实现的重要系统工程,形成了以企业精神、核心使命、企业愿景、企业价值观、子文化理念为主的北动文化理念体系,其中包括诚信理念、发展理念、创新理念、质量理念、安全理念、科研理念、经营理念等20个子文化理念,进一步激发了全员潜能,提升企业核心竞争力,彰显出文化特色。

(一)建设诚信品牌,增加品牌文化附加值

1. 打造"曲轴"品牌

2000年以来,随着公司武器装备供货量的逐年减退,公司军品任务大幅下滑,北动公司曲轴事业部面临着"生存"和"吃饭"两大问题,事业部抓住"一带一路"的机遇,大力拓展市场,先后与德、俄及国内多家公司合作,为国内外大型重点企业重卡柴油机,船用柴油机,天然气发动机,矿山、油田压缩机,无人机发动机等生产配套多品种曲轴、凸轮轴产品,在"一带一路"上唱响了北动"曲轴"品牌。公司成为德国BF与PB公司奔驰技术服务的最大供货商,占事业部生产总量的63%;成为国内外多家发动机企业首选的"优秀供应商",进入康明斯全球采供系统,与德国奔驰(MTV)公司、广西玉柴公司等一流企业实现合作共赢。

2. 打造"风电"品牌

2008年,新成立的风电公司实现模拟法人治理结构,从零起步,以"融入集团大团队、融入行业大平台、融入地方大产业"的"三融"理念,带领风电公司员工抢抓机遇,向新能源产品方向发展,逐步建立了完整的产品研制开发、生产制造、检测试验、市场营销和质量保证体系,集产、供、销、研于一体,开发生产出了风力发电机用电机轴、风电齿轮箱等系列产品,获得了ISO 9001及TS 16949质量体系认证,取得了对外贸易经营许可证,近三年连续荣获地方政府"纳税大户",上缴税金上千万元,获陕西省瞪羚企业、专精特新"小巨人"等荣誉称号,实现了与德国博世、丹麦VESTAS、美国GE、比利时采埃孚等世界著名公司合作,走出了一条股权多元化的发展道路,取得了卓著成绩,"风电"品牌在企业发展史上留下了浓墨重彩的一笔。

3. 打造"渭动"品牌

应市场大势所趋,为整合服务资源,柴油机大修业务从原北动公司柴油机分公司剥离,组建陕西渭阳动力技术服务有限责任公司(以下简称渭动公司)。渭动公司践行"有求必应、第一时间赶到现场、精准维修"三准则,就是无任何条件做好客户服务。多年来,渭动公司把"三准则"化为全员执行力,历经两千多天的积淀,撬开并占领了全国铁路养路机械的技术服务市场。渭动公司响应习近平总书记"一带一路"倡议,把这个市场拓展到了东非铁路线,以优异的服务,赢得了良好的口碑,"渭动"服务品牌效应不胫而走,唱响铁路沿线。2016年7月,渭动公司取得美国卡特彼勒公司(中国西部8省、1市及全国铁路系统)柴油机维修服务及备件销售许可证,这些资质成为渭动公司的无形资产,渭动公司也发展成为柴油机再制造行业的佼佼者。

4. 打造"鼎晟"品牌

20世纪初叶,我国尚未加入WTO,但国企改革的步伐已经在加速。北京北方鼎晟国际贸易股份有限公

司（以下简称鼎晟公司）就在这种大气候的沃土里诞生了。公司虽然成立了，但如何把贸易做起来？钱袋子薄薄，无力打广告，市场和用户在何处？用户的需求是什么？如何利用社会资源和股东资源？一系列的问题摆在了眼前。破解这些难题成了公司发展的当务之急，鼎晟公司"贸易＋服务"决胜市场，"做敢于第一个吃螃蟹的人"。多年来，鼎晟公司凭借精准的战略决策、精细的管理方式、优质的服务质量，在赢得市场的同时，也在业内树立了自己独有的"鼎晟"品牌，取得了德国道依茨公司矿山机械代理权。

（二）提升产品质量，增强品牌市场竞争力

1. 打造"质量"品牌

加强质量体系管理，确保体系运行有效。北动公司统筹策划 GJB 9001C—2017 和 IATF 16949 两个质量管理体系工作，制订年度计划，明确日常监督检查内容和管理评审、二方审核、三方审核工作，确保质量管理体系运行有效，消除"两张皮"现象，真正发挥体系的增值作用。公司获得 GJB 9001C—2017 军品质量管理体系认证和军事装备承制资格认证，并通过了 IATF 16949 全球汽车生产件质量管理体系认证。

创新管理机制，夯实质量基础。执行质量例会"铁"的纪律制度，每月总结质量工作，摆问题、提措施，实现专项工作专题讨论，专项问题专题解决，以"没有问题就是最大的问题"的工作思路为切入点，对问题整改情况进行检查和考核，把改善工作真正落到实处。以踏石留印、抓铁有痕的工作精神，推行质量问题归零工作，从流程上规范质量归零的程序步骤，从实际工作中落实质量归零措施要求，从管理上堵住质量问题的漏洞。实施质量索赔、质量问题考核问责、工艺纪律检查和质量评审，不断提升产品实物质量。

2. 打造"服务"品牌

履行政治责任，勇担强军使命。2015 年 9 月 3 日，装有北动公司产品的 4 个地面方队浩浩荡荡、气势如虹地通过了天安门广场，接受了党和国家领导人、全国人民以及多国元首的检阅。为顺利完成 2015 年纪念抗战胜利 70 周年"9·3"阅兵装备保障任务，公司成立阅兵保障领导小组，制定技术服务工作计划和维修保障方案，扎实做好各项工作，高标准、高质量及时解决各种问题，圆满完成任务，充分展示北动公司有抱负、负责任、受尊重的团队风采。中央军委阅兵联合指挥部授予公司"纪念中国人民抗日战争暨世界反法西斯战争胜利 70 周年阅兵保障贡献突出"荣誉称号，并被多个方队授予公司"为阅兵倾心尽力保打赢铁马神医"奖牌，给出了"服务到位尽显军魂，保障有力扬逞国威""服务阅兵，保障有力"的评价。

3. 打造"诚信"品牌

言必行、守承诺，赢得职工群众和债权人信任。企业多年来信守"发展依靠职工、发展为了职工、发展成果与职工共享"的人本理念，致力于构建和谐企业，尽心尽力为职工办好事、办实事，在努力提高经济效益的同时实现职工收入同步增长，并改善职工居住、生活条件。在最艰难的 20 世纪 90 年代末期，企业多方筹集资金，模拟建立厂内医保体系，解决职工看病难问题，实行旧楼改造，缓解住房难问题。2005 年抓住军工企业政策性破产历史机遇，完成了破产，妥善处理 4400 名职工安置和 3000 名退休职工历史遗留问题，一举结束了 16 年亏损历史并实现盈利。利用国家改善居民住房条件政策，与地方政府加强合作，在公司福利区建设公租廉租房 10.2 万平方米，彻底解决了职工家属住房困难问题。

（三）积极履行责任，诚信助推企业长足发展

1. 服务地方经济发展

北动公司拥有发动机总装总试和箱体、曲轴、凸轮轴、铸造等发动机核心零部件生产线 10 余条，具有风冷发动机 2000 台/年、发动机零部件每年数万件的生产能力。2022 年，实现主营业务收入 56462 万元，为年度目标 36700 万元的 106.17%；利润总额 5194 万元，同比增长 68.47%。民品国际配套 Vestas 集团、Bosch 公司、德国 MSI 公司、Siemens 公司、GE 公司、ZF 公司等世界顶尖企业，发动机核心零部件出口欧

美等国家。国内已配套重庆康明斯、法士特集团、玉柴机器、陕汽集团、重庆科克、上海扬发等著名主机生产企业,"曲轴"品牌被授予"优秀供应商","渭动"品牌荣获西安市灞桥区"优秀企业"称号,公司被美国康明斯评为"I类合作伙伴",是唯一一家荣获此项荣誉的中国企业。公司两次被陕西省国税局、地税局评为"A级纳税人",被宝鸡市陈仓区国税局、地税局评为"诚信纳税单位",被陈仓区委区政府评为"纳税大户""纳税增长先进企业",被陈仓区委区政府列为"陈仓区动力装备制造产业园区",被列入陕西省国防系统"军民结合重点企业"和陈仓区"重点保护企业"。

2. 扶贫帮扶彰显兵器担当

北动公司不忘履行社会责任,积极参与陕西省、宝鸡市"千企千村"帮扶活动,连续两年为宝鸡市陇县后沟村提供帮扶资金30万元,彻底解决了人畜饮水历史难题。向陇县东风镇中心小学捐赠图书500册。积极履行国防义务,多次光荣完成宝鸡陆军预备役各项军事演练、年度点验和支援地方绿化、抢险等任务。近几年重点对精准扶贫定点县红河县、甘南县开展农产品采购和精准扶贫工作,共消费扶贫59440.3元,捐赠现金15万元(其中,向黑龙江甘南县定点捐赠14万元,向陈仓区退役军人基金捐赠1万元)。北动公司党委被国务院国资委评为"抗震救灾先进基层党组织",工会被陕西省总工会评为"陕西工会抗震救灾先进集体",被全国总工会评为"模范职工之家",被陕西省企业信用协会评为"第七届陕西省最具信用价值企业"。

3. 疫情防控彰显国企担当

面对新冠疫情,北动公司党委坚决贯彻落实党中央、国务院决策部署,严格按照地方政府疫情防控文件精神要求,把疫情防控作为当前头等大事,以战时状态组织开展防控工作,全力守护职工及家属生命安全和身体健康。2020—2022年,公司共组织了100余名志愿者,进入公司各小区支援疫情防控工作,服务职工群众1000余人次;同时为陈仓区疫情防控捐款10万元,充分体现了企业的政治责任感和大局意识,体现了强烈的国企担当。

案例创造人:赵文利、张莎、姜 婷

在党的旗帜下筑牢合规底线
助力公司高质量发展

中海油常州涂料化工研究院有限公司

一、企业简介

中海油常州涂料化工研究院有限公司（以下简称常州院）始建于1969年，2006年10月随中国化工建设总公司整体纳入中国海洋石油集团有限公司，2008年纳入中海油能源发展股份有限公司（以下简称海油发展）管理，后更名为中海油常州涂料化工研究院有限公司，为集科研开发、行业服务、产品制造与销售、工程技术服务于一体的综合性科技型企业，连续16年获得国家"高新技术企业"称号。

常州院自成立以来，坚决贯彻党中央决策部署，积极学习宣传贯彻党的二十大精神，深刻把握"两个确立"的决定性意义，严格落实"第一议题"和党委理论学习中心组学习制度，强化思想理论武装。作为有着50多年历史传承的企业，红色基因已融入常州院的奋进征程，始终坚持贯彻党建引领，按照"抓党建促经营，搞经营讲诚信，以诚信树标杆"的思路，坚持把党建工作与重点工作同安排、同部署、同结合，聚集主责主业，以诚经营，稳步推动经营规模的增长。

二、实践经验

1. 始终坚持党建引领，指引企业发展

常州院始终以习近平新时代中国特色社会主义思想为指导，坚持以党的政治建设为统领，认真学习党的二十大精神，贯彻落实习近平总书记连线"深海一号"重要讲话精神，健全工作机制，建立落实清单，把党中央重大决策部署转化为常州院改革发展的生动实践。

在集团公司党组和海油发展党委的坚强领导下，2022年常州院围绕"党建＋合规＆经营"主题主线，全体干部员工积极应对疫情反复、经济下行、需求紧缩、成本高企等严峻挑战，在稳增长、抓改革、促创新、强党建、防风险、保安全等多方面做了大量卓有成效的工作，实现经营规模持续较快增长、高质量科技成果不断涌现。全年公司规模以上客户销售额增幅达13%，重点产品销售稳步增长，平均增幅超5%。持续推进商务模式创新，通过涂装总包破解客户难题，为客户提供一体化涂层管理服务，达到超1亿元增量市场。通过守正创新，新材料、新技术应用于核电、民用航空、海上风电等重要领域，科技对业务贡献率超65%。质量健康安全环保形势稳中向好，持续保持安全生产"五个为零"。常州院坚持党建引领，全面从严治党纵深推进，依法合规治企、诚信经营、强化管理迈上新台阶，为推动公司高质量发展交上了合格答卷。

2. 以人为本、守正创新，始终坚持诚信经营

（1）坚持以人为本、绩实效优，建设诚信文化

常州院以企业诚信文化为支撑，坚定以人为本态度，弘扬社会主义核心价值观，提倡向上向善的社会道德和美好品德。开展了"四个诠释"党员岗位讲述活动，其中，有"诊断故障，维护运转"的设备员，有"疫情当前，不计报酬"的志愿者，有"网络意识形态阵地"的守护人，也有"在科研道路上奋进"的老兵和新兵，做到了用身边人、身边事教育引导广大职工。通过工会、共青团牵头组织，搭建了为广大职工、

青年搭建展现自我价值的平台，组织了羽毛球、篮球、乒乓球等体育比赛，组织员工进行育婴、茶艺培训，开展了端午节包粽子、中秋节猜灯谜等具有人文特色的活动，让员工快乐工作、舒心生活，为推动公司高质量发展凝聚动力。

常州院也以绩实效优为目标，建立公司坚强蓬勃发展的后劲。2020年，在集团公司、海油发展的支持下，常州院成功申报并进入了国务院国资委首批204家"科改示范行动"企业名单，2022年实现改革台账中60项任务100%完成。把科技创新作为重要抓手，建立起从"市场需求—科技研发—成果转化"的"揭榜挂帅"机制，做到市场与研发的快速联动、快速响应，积极探索和推动绿色低碳、数字化、新材料等前瞻性业务的发展方向和路径。2022年建成防腐涂料智能化车间，为海油发展自主研发的生产管理数字化平台，采用"数据＋平台＋应用"的涂料生产新模式。2023年年初，常州院重防腐涂料跨出国门，拿下首个百万级海外订单，扎实推进了腐蚀防护一体化2.0和涂装一体化2.0提升工作，持续推进设备设施涂层保护领域研究，打造功能统一、整体美观、防腐性能优越、绿色环保的防腐涂层体系，进一步完善"技术＋产品＋服务"一体化服务体系，为中国海洋石油集团有限公司增储上产"七年行动计划"、"三大工程、一个行动"和"四个中心"建设保驾护航。常州院持续深化市场改革，坚持创新驱动发展，打造科技创新龙头，诚信经营，实现绩实效优的发展目标。

（2）坚持秉承开拓、创新理念，推进诚信建设

常州院从建院至今，一直履行依法经营、合规经营的准则，坚持守正创新。先后承担863、国家攻关项目45项；取得了600余项技术成果，其中获国家科技发明奖、科技进步奖24项，省部级科技发明奖和进步奖50余项，获省部级其他奖项70项；连续16年被认定为国家高新技术企业；累计专利授权211项，现有有效专利160项，其中发明专利有143项；相继主导制定了涂料和颜料领域的相关国家标准和行业标准263项，并主导制定了3项国际标准；向全国28个省市自治区推广技术成果300余项。通过技术创新解决武器装备和国防建设领域的卡脖子问题，一如既往地加快技术创新的步伐，提供高品质的产品和一体化服务，持续为推动中国涂料和颜料行业的技术进步做出自己的贡献。

常州院也是全国涂料行业生产力促进中心、全国涂料工业信息中心、中国化工学会涂料涂装专业委员会、中国化工学会水性技术专业委员会、国家化工行业生产力促进中心钛白分中心、全国无机颜料信息总站的依托单位，在信息科技服务领域开展了大量工作，发行包括业内唯一"五核心"期刊《涂料工业》在内的5本专业学术期刊。面向涂料行业开展广泛的技术培训、研讨会议、专业展览等业务，围绕供应链探索产业互联网服务，是涂料行业科技成果转化建设孵化的重要平台。

常州院一代一代的涂料人通过坚持以人为本、绩实效优的工作态度，坚持守正创新、诚信经营，不断推进常州院的企业诚信建设，以行业科技综合服务、检测信息服务和标准化服务为基础，涉及涂料研究开发和生产、技术服务、技术转移、专业技术资格培训与认证、创业孵化、科技咨询、科学技术普及、监/检测和标准化等一体化服务，科研成果广泛应用于车辆、建筑、核电、船舶、风电、卷材、工程等领域，引领我国涂料技术的发展，有效地推动了行业技术进步和常州院自身业务的发展。

常州院始终坚持诚信为本、创新为魂的经营理念，不断加强诚信建设，积累良好的企业信誉、树立业内优良的企业标杆形象。

3.持续推进诚信建设，夯实发展根基

（1）筑牢合规底线，履行诚信服务

复旦大学管理学院教授李元旭指出："诚信可以提升企业竞争优势，从企业管理的角度看，诚信合规建设包括社会责任，也包括内控角度。"常州院董事长高杨也强调："依法治企是全面依法治国的微观基础，赋予了企业经营管理更清晰的视野，也是企业行稳致远的重要保障。常州院各级员工必须一直树立合规理念、底线思维、红线意识，强化只有全过程合规才是真正合规的认识，把合规要求嵌入业务流程、合同全周期，把风险防控责任落实到岗位到人头，力戒走形式、走过场。"

企业合规管理体系的生命力就在于其有效性，合规是做业务的一种方式。2022年，常州院的诚信经营得到客户的认可，满意度综合评分为96.81分，客户对常州院的服务态度、合作性、人员能力、品牌形象、售后水平等方面的满意程度较高。常州院也通过规范客户信息和信用管理，对客户进行授信额度评估，严格客户准入规定，并与合同审批保持同步，抓好客户信用过程管控，通过事前、事中及事后的全过程管理，控制经营风险。

常州院坚持党建与经营的深度融合，不断筑牢合规意识，依法治企、诚信治企，持续引导全员将合规要求牢记于心、作为行为底线，遵守公司各项规则制度。2022年接受上级单位、地方政府的巡视巡察、审计等各方监督，完成问题整改20项，提高了公司合规运行水平，自觉把合规作为职业操守和道德信仰，自觉履行诚信经营。

（2）通过制度建设，夯实诚信建设

常州院作为海油发展的二级单位，一直坚持理念先行、文化先行，加强信用理念宣贯培育，将诚信文化作为常州院核心子文化之一进行重点建设。有计划、分层次、广泛深入地开展形式多样的信用宣传活动和诚信主题实践活动，党群通过梳理诚信典型，讲好"诚信故事"，实现信用宣传和诚信教育的全覆盖，通过流动红旗制度，使常州院和员工做到"内诚于心、外信于行"。

常州院在集团公司、海油发展的指导下，始终遵循内外部监督要求，将监事会公司治理监督、纪委专责监督、员工民主监督和监察审计部门作用有机结合，各级监督部门联动机制，推动形成大监督工作格局。常州院通过健全制度体系，不断融入管理流程。2022年全年制修订内控管理制度69项，进一步健全管理长效机制，把自上而下的体系建设与因企制宜的信用实践结合起来。

2022年，常州院深化三项制度改革，为组织发展注入强劲动力，优化组织绩效考核体系，契约化指标量化到岗、责任到人，实现从严考核、刚性兑现；优化了组织机构和干部队伍结构，推进竞争性选拔，打造诚实、信用、能干、廉洁的干部队伍，成为常州院发展的基石。

通过企业诚信文化建设、制度建设、组织建设的持续健全和完善，不断夯实常州院诚信建设，进一步助力公司高质量发展。

三、案例成效

一分耕耘，一分收获。2022年，常州院围绕"党建＋合规＆经营"工作主线，树立大抓基层的鲜明导向，守好党风廉政建设和反腐败工作底线，营造干事创业良好环境。2022年相关科技成果获得中国化工学会颁发的科技进步奖一等奖、江苏省人民政府颁发的科学技术一等奖等9项奖励，在科技成果创新、转化等领域取得优异的成绩。2022年，常州院被评为省级专精特新企业，被江苏省精神文明建设指导委员会评为"江苏省文明单位"，获得江苏省市场监督管理局颁发的"江苏省标准创新贡献奖二等奖"，被常州市钟楼区统计局评为"统计信用红名单企业"等。

四、结语

面向未来，常州院继续致力于"抓党建促经营，搞经营讲诚信，以诚信树标杆"的思路，将持续以党建为引领，围绕党建与经营深度融合的工作主线，着力发展主业，着力改革创新，着力提升科技自立自强能力，着力防控风险，坚持依法合规经营、诚信服务经营，不断强化市场意识、效益意识、竞争意识、服务意识，推动公司业务转型升级，不断向绿色化、低碳化、数字化发展，奋进高质量发展，扛起新时代下中国涂料民族工业高质量发展领军者的旗帜。

案例创造人：高　杨、李世涛、刘汉功

坚持以诚兴企，以信致稳
打造"精、优、美"绿色水电

国能城固水电有限公司

国能城固水电有限公司、国能城固马家沟水电有限公司（以下简称城固梯级电站）位于陕西省汉中市城固县小河镇小河村，为湑水河流域梯级开发水电站，上级单位为国能陕西水电有限公司，属国家能源投资集团有限责任公司。近年来，城固梯级电站发展日益稳固、管理体系逐步完善、工作落实持续提升。在国能陕西水电有限公司的正确领导和大力支持下，城固梯级电站坚持以习近平新时代中国特色社会主义思想为指导，坚持"一个目标、三型五化、七个一流"发展战略，努力建设绿色水电，争创一流电站。以"高标准、严要求、优服务、创效益"的工作思路，大力加强各项文明建设，本着诚信经营、造福社会的目标愿景，先后荣获汉中市委市政府"市级文明单位"，陕西省小水电协会"先进单位"，国家能源集团、陕西公司、陕西水电公司"先进基层党组织""五四红旗团支部"等称号；连续被评为水电公司A级企业和年度"先进集体"，2018年通过国家能源集团安全生产标准化验评，并在汉中市承办了国家能源集团中小水电管理提升推进会，连续两年代表陕西水电公司参加国家能源集团安全生产一级企业验评并被评为一级。以践行"两山"理论为抓手，全力争创绿色水电站和标准化示范电站，三级电站被水利部认定为"农村水电站安全生产标准化一级单位"和"2022年度绿色小水电示范电站"。

一、企业概况

2010年12月20日，国电陕西水电开发有限公司（现更名为国能陕西水电有限公司）从汉中恒发水电开发有限公司收购，成立国电城固水电有限公司（现更名为国能城固水电有限公司）。2012年因经营工作需要，将马家沟水电站分立为国电城固马家沟水电有限公司（现更名为国能城固马家沟水电有限公司）。公司按照"两个公司，三个电站，一套人马"管理模式运转，现有员工33人。

1. 马家沟电站为城固梯级电站第一级水电站

马家沟电站总装机容量为25MW（2×12.5MW），于2008年9月开工，2010年3月完工，目前设备运行良好。坝址以上集雨面积为1311km^2，坝址多年平均流量为20.4m^3/s，多年平均径流量为6.43亿m^3。本电站大坝为混凝土砌石重力坝，最大坝高69.5m，水库正常蓄水位为794.00m，水库总库容为2970万m^3，正常蓄水位以下库容为2405万m^3，调节库容为1828万m^3，属中型水库。

2. 白果树电站为城固梯级电站第二级水电站

白果树电站总装机容量为13MW（2×6.5MW），于2007年9月开工，2009年元月开始发电，目前运行情况良好。坝址以上集雨面积为1435km^2，坝址多年平均流量为22.29m^3/s，多年平均径流量为7.03亿m^3。本电站拦河坝为细石混凝土砌石重力坝，最大坝高27.8m，水库正常蓄水位为715.00m，水库总库容为360万m^3，正常蓄水位以下库容为127万m^3，调节库容为17万m^3，属小（1）型水库。

3. 狮坝电站为城固梯级电站第三级水电站

狮坝电站总装机容量为14MW（2×7MW），于2005年9月开工，2007年3月开始发电，目前运行情况良好。坝址以上集雨面积为1627km^2，坝址多年平均流量为25.3m^3/s，多年平均径流量为7.97亿m^3。本电站拦河坝为细石混凝土砌石重力坝，最大坝高为40.7m，水库正常蓄水位为670.00m，水库总库容为978万m³，正常蓄水位以下库容为648万m³，调节库容为130万m³，属小（1）型水库。

二、深化经营管理，坚持诚信经营

始终坚持党建引领，以及国企党建会精神，深刻把握当前形势的重大变化，坚决贯彻党中央、各级党委决策部署，坚持"一个目标、两条主线、三个结合、四个强化、五个提升"工作思路，即以建设"五更一低"（安全更可靠、排放更环保、节能更高效、机制更灵活、现场更整洁、运营低成本）和"精优美"（管理精细、指标优良、环境优美）的绿色水电为总体目标，围绕安全生产和经营效益两条主线，坚持"以人为本"与"依法治企"相结合、机制建设与队伍建设相结合、安全生产体系与企业文化建设相结合，开展强化党建党廉、体制建设、员工激励、设备治理等基础工作，最终实现管理水平、队伍素质、安全生产、应急能力、经营效益的全面提升。城固梯级电站一直将信用管理工作作为公司的一项重要管理工作，在日常工作中不断加强对信用工作管理的投入。通过"信用中国"网站查询，公司无行政处罚信息、无失信惩戒信息、无风险提示信息。

三、完善信用体系建设

随着市场竞争日趋激烈，如何建立、巩固诚信体系，如何将诚信的正能量在整个社会传播开来，是每一个企业应该思考的问题。为树立诚信意识，弘扬诚信精神，全面提高企业信用建设水平，充分发挥诚信典型示范引领带动作用，城固梯级电站采取多项措施，全力推进企业信用体系建设工作。

一是诚信履约。城固梯级电站在合同履行方面坚持诚实信用原则，设置合同管理岗位，安排专人负责合同管理相关工作，对合同实施的全过程进行监督管理，建立合同执行台账，及时更新合同进度节点，将合同履行节点列入台账，并设置履约提醒，确保合同按期履行。加强供应商管理，多方位和供应商进行交谈、交流，增强相互之间的信赖。同时借助国能e购平台以及利用外部信用工具，进一步掌握供应商各方面信息、信用情况，以便开展业务工作。

二是诚信支付。按月梳理历年合同台账，对于具备支付条件的项目及时支付，对于存在争议项目及时与承包单位进行沟通，协商处理方案，并督促、跟踪承包单位尽快实施，确保及时支付相关款项。

三是诚信纳税。自觉遵守社会主义市场经济体制下的竞争规则，坚持守法经营，保证企业在法治建设的良好空间内健康有序发展；严格遵守企业财会制度、会计准则，真实准确核算企业经营成果，依法履行纳税义务，保证依法诚信纳税；认真履行代扣代缴义务，做好企业员工个人所得税全员全额明细申报工作。

四、完善制度，强化培训

公司通过优化组织结构，完善管理流程，逐渐步入良性发展轨道。一是建立健全"三标一体"管理体系，编制党群工作标准11项，建立发布各类标准137项。管控层级扁平明晰，管理程序更加规范。二是坚持问题导向，深入对标精细管理。对外推行"比、学、赶、超"模式，选定区域标杆电站，确定竞争对标，找差距、补短板；对内逐级细化对标管理办法，拓展对标内容，坚持开展班组间对标，细化实施细则，争发电量降水耗，精细化管理深入人心。三是采取七项措施。成立专项自查监督机构、集中优势资源持续解决生产难题、大力开展定向专业培训、完善机制与制度标准、深入开展QC和"五小"活动、落实科技创新与检修技改、领导干部深入基层蹲点分包。四是为全面提升公司合规管理工作，提高依法合规经营管理水平，着力打造"法治国家能源"，保障公司持续健康发展，根据《中央企业合规管理指引（试行）》《国资发法规〔2018〕106号》《企业境外经营合规管理指引》（发改外资〔2018〕1916号）和公司章程，结合实际，公司印发了《诚信合规手册》并制定《国能陕西水电有限公司合规管理规定（试行）》，根据培训计划对公司全员开展诚信合规培训相关工作。

五、安全生产标准化管理提升

1. 标准化创建坚持全员参与，强化责任，建立奖惩机制

一是公司领导包挂电站、领养设备；职能部门挂靠指定电站、细化责任区域；电站党、工、团组织发挥自身组织优势，适时组织活动；强化电站主体责任，以电站为主体全面推进现场标准化建设。二是成立标准化办公室，职能部门关口前移，重心下沉到电站。三是领导班子带头，率先垂范。电站、部门按照周计划、日推进、月考核的工作模式，倒排工期，调整运行值班方式，广大生产一线干部员工放弃休息时间，齐心协力参与现场整改及资料整理。四是奖惩并举，保障目标。明确干部员工安全生产标准化建设工作表现与岗位调整、晋级晋升、绩效奖金直接挂钩，实行按周检查、两周通报，按月考核的奖惩机制。

2. 培训先行，全面提高管理水平

城固梯级电站生产外送培训39人次，内部培训参培800余人次，所有特种岗位人员实现持证上岗。一是持续开展"培训年"活动，定期开展员工小讲台、以考促培工作。二是高度重视"技术带头人"技术带头引领作用，"技术带头人"承担电站技术攻关任务，定期组织"技术带头人"技术讲课，并荣获国家专利一项。三是把检修、消缺现场作为培训课堂，注重员工技能提升。四是自行组织开展C级检修，建立"检修标准档案"。五是不断拓展完善培训渠道和方式，通过现场观摩、外出培训、劳动竞赛、网络教学等方式激发员工学习主动性。六是整合电站专业技术力量，开展QC活动、技术创新和技术攻关，集中解决技术难题，为设备治理提供了坚实的技术支持。

3. 建立安全监督体系和全员安全生产责任制

一是公司建立两个平台，即标准化建设平台、安全性评价平台。二是建立三层监督，即基层电站监督、职能部门监督、公司领导监督。三是建立"公司、部门、电站、班组"四级管控体系。四是建立安委会、安监部、公司安全员、电站安全员、班组安全员的监督体系，层层落实安全监督责任和全员安全责任。

4. 加强"三全"管理，保障设备健康

一是相继开展电缆整理、定置管理、三接地、土建等专项治理，解决了电站主厂房房顶漏水，厂区、枢纽水工建筑物地面破损、墙面龟裂、电缆沟盖板破损、电缆防火封堵不完善等诸多"老大难"问题。二是累计消除文明生产缺陷4702项，其中处理渗漏点101处，更换、加装高度不符合标准防护围栏1600多米，完善电缆桥架1200多米，封堵整治电缆220余处，盘柜整理60余面，加装管道防凝露设施2532平方米，自主完成了原计划外委施工的全部设备防腐工作。三是狠抓"跑冒滴漏"，改善现场面貌。为彻底改变设备"跑冒滴漏"状况，多次开展设备普查，建立了设备动、静密封台账（城固梯级电站动密封点706个、静密封点6211个），针对不同性质的渗漏问题"对症下药"。2016年消除三级电站渗漏点64处，解决了蝶阀内漏、大坝廊道渗漏等多年来的"疑难杂症"；2016年年底全部通过陕西公司"无渗漏工厂"验收挂牌，"跑冒滴漏"彻底根治，安全文明生产状况有效改观。四是强化检修保安全。规范备品备件的计划管理和库存管理做到统一调配。严格执行国家能源集团设备检修标准化作业规范。提前谋划、精心组织实施年度检修、技改项目。三年来完成A级检修2台次，B级检修2台次，C级检修14台次，公用系统、生产建筑物修理10项，重大非标项目8项；完成技术改造16项，其中地质灾害监测治理3项。

5. 建立安全风险和隐患排查治理的双重预防机制

一是加强设备缺陷管理。公司集中内部主要技术人员对所有电站进行多轮"设备健康普查"，累计发现设备缺陷409条，消除393条，消缺率达96%。二是深入开展隐患排查治理。结合春安、秋安检查，保护"四查"，安全性评价整改进行隐患排查，三年来累计发现隐患 1102 条，消除 1095 条，其中发现并消除重大安全隐患 24 条；安全性评价检查问题累计整改 214 项，其中安评复查中电气二次专业整改率达到 92.7%，整改率在国家能源集团系统内排名靠前，解决了白果树电站主变总烃超标、接地为零，狮坝电站 1、2 号机组转轮气蚀，马家沟电站机组出线温度高等重大问题。严格落实检修、消缺验收制度，提高消缺质量，避免重复缺陷。建立综合预案 1 项、专项预案 31 项、现场处置方案 27 项。三是开展安全风险评价，明确风险等级，落实对应的管控措施。

6. 提高调度和管理技术含量

一是在上游投资 420 余万元建立上游气象水文保障系统，科学研判水情，发挥三站水库联合调度优势，科学编制马家沟电站"一库三站"经济调度方案，提高了水库调度策略的科学性、及时性和管理水平。二是不断优化机组运行方式、提高运行效率，严控"六种电量损失"。三是坚持"来水预测、预泄腾库、洪水利用、汛末回蓄"，实施过程精准控制。

六、积极履行社会责任

（1）积极开展扶贫任务，参加陕西省国资委国企合力团专项扶贫，完成汉中市勉县、西乡、略阳等县域专项扶贫 1000 万元，实现年度消费扶贫约 80 万元。

（2）为促进公司所处区域乡镇脱贫攻坚成果同乡村振兴有效衔接，经公司研究决定向小河镇人民政府捐赠 20 万元，用于修复辖区排水设施。

（3）大力支持与配合渭惠渠灌溉区农业水利灌溉工作，在历年冬、夏用水时节积极配合相关部门灌溉用水计划调度发电用水，错峰检修，保证农业用水需求，助推灌区水利管理事业实现全面优化，以实际行动彰显国企责任和担当。

案例创造人：陈代明、陈少勇

多管齐下，全力推进采购、物资诚信合规管理

国能大渡河流域生产指挥中心

诚信是企业发展的基石。2022年，国能大渡河流域生产指挥中心（以下简称生产指挥中心）深入学习贯彻习近平法治思想，始终坚持诚信经营理念，努力打造诚信企业，塑造优质品牌，认真贯彻落实集团、大渡河公司各项采购、物资工作要求，不断提高企业依法合规经营管理水平，健全采购、物资管理制度，统筹中心年度采购物资工作任务，开展专项清查整治，严格规范采购合同全过程管理、资产管理、废旧物资处置等各项流程，为中心年度重点工作任务的圆满完成做出了重大贡献。

一、案例简介

（一）持续完善顶层设计，职能职责履行到位

一是生产指挥中心以"合规管理强化年"为载体，进一步理顺依法治企管理界面，落实企业主要负责人履行推进法治建设第一责任人职责，完善法治建设及普法领导小组、合规管理委员会、采购与合同管理委员会等兼职机构，出台《生产指挥中心合规管理实施细则》，推行"各处室主要负责人为兼职合规管理员"的"管业务必须管合规"机制，健全了分层分级全覆盖的合规管理组织体系。二是建成统一规范的内控制度体系，通过制度建设"立改废""回头看"等工作进一步固化招标采购、物资管理等各项流程标准，上线规章制度查询平台，有效衔接OA系统自动提取最新制度版本，实施制度版本在线管理，方便职工进行关键词查询、学习，确保物资采购业务"有章可依、有规可循、有制可查"。三是每年针对招标采购、物资管理等多项内控管理工作开展情况进行全面梳理，形成总结材料备查，及时总结经验、补足短板，保证企业经营管理合法合规、资产安全、相关信息真实完整，进一步保障内控管理职能部门对企业生产经营管理进行监督和评价的权力和职责。四是加大采购合同监管力度，防范采购合同风险。严格按照国家能源集团风险分类表，梳理出了防洪度汛、招标采购、物资管理等业务领域的19个三级风险清单，并将"采购与合同活动违反法律法规风险"纳入年度重大风险统一管理，通过月度风险防控措施督办、季度监控预警，确保安全风险时刻处于可控状态。2022年以来，生产指挥中心积极配合公司开展招标采购等经营合规问题专项治理，未发生违规事项，进一步增强了采购、物资业务的合规管理边界意识。

（二）贯穿全年"一张报表"，采购工作可控在控

一是为实现依法合规和满足生产需求，一方面针对部分检修项目和运维项目开展专题讨论，优化项目内容安排，将部分项目承包方式从总价承包调整为单价承包，便于项目造价和周期的控制，另一方面针对部分委托运营、内容变化不大的长期项目，将其采购周期从一年一采调整为两年或三年打捆招标，进一步提高招标效率。二是在全面梳理年度采购和合同管理任务的基础上，编制了包含项目采购计划、项目执行计划、项目结算计划和中心考核指标等内容的"采购及项目执行任务分解表"，用于指导全年采购与合同工作，并由合规管理委员会办公室根据企业生产经营的关键控制点和阶段性工作重点，实行采购工作专项督办机制，在中心月度工作协调会上通报项目采购进展、协调滞后工作、明确下月重点事项，确保项目进度可控在控。三是根据表格节点计划，统筹安排项目立项、招标计划报送、招标文件审查等工作，做好与公司采购与合同部、

生产管理部、科技部等部门的沟通和衔接，提高采购效率。2022年，生产指挥中心完成27项采购项目，其中招标项目7项，非招标项目20项，采购项目一次挂网成功率达100%。

（三）保驾护航"两个专项"，科学推进物资管理

一是开展物资管理专项合规检查与考核工作，细化物资管理清单，明确各项物资来源，规范了物资出入库、领用、盘点等管理流程，并从通用法律法规的角度，加强对经济合同、重大决策的合规性审核，有效提高了物资管理水平。二是开展废旧物资处置专项清查工作，集中宣贯集团公司、公司最新废旧物资处置制度，明确了废旧物资鉴定、评估、处置等要求。针对废旧物资处置典型问题开展了深入分析，并全面清查历年已处置资产情况，确保账实相符，为后续资产管理、下一年度资产购置及资产处置计划提供指导。

（四）强化培训双线并行，多点提升岗位素养

一是专业培训抓得紧。积极参加集团公司、公司组织的评审专家、物资主数据、物资与采购业务高级研修班等培训及大渡河ERP技能操作竞赛，荣获团体二等奖及项目、物资模块个人二等奖和三等奖，内部也组织开展了ERP物资模块考核指标宣贯、ERP竞赛模块等培训，不断提升相关岗位业务技能。二是法规培训不放松。针对采购合同管理涉及的合同、财务、税务等多方面的法律知识要点，全年通过合规讲堂、培训讲座、有奖答题、微信推文等方式多维度普及《宪法》《民法典》等法律法规，促进法治教育与生产经营有机结合，特别增强物资、采购、合同、纪检、审计等关键岗位的依法合规意识，确保每月普法有主题、全年培训不断档。同时，针对采购及项目执行过程中遇到的供应商失信、质保金支付等问题，向大渡河公司法律顾问进行了专题咨询，为中心采购合同工作及时提供了合规指导。

（五）党建引领"多道防线"，全面护廉阳光采购

一是严格落实第一议题、党委理论学习中心组学习等制度，把习近平总书记重要讲话精神、国家战略、审计监督和招标采购等工作纳入专题学习，持续强化理论武装。二是贯彻落实"三重一大"集体决策制度，完善党委会、主任办公会、采购与合同管理委员会议事规则，发布最新决策事项权责清单，清晰明确招标采购金额等事项，规范内部管理结构和权力运行规则。三是推进党建与招标采购业务深度融合，及时宣贯公司各级人员与供应商交往正负面清单，发布岗位廉洁风险提示手册，明确对标严格依法采购、严格采购预算管理、严格采购需求管理、严格采购信息公开、严格加强内控管理和严格监督检查等"六个严格"目标定位。四是强化纪检、审计等部门的采购合同业务审计监督责任，打好监督执纪问责与合规管理的"组合拳"。2022年，纪委开展了采购合同、合规管理等16次专项监督，重点抽查重大项目、单一来源采购计划、财务资金、物资采购、招投标等集体决策、合同变更、验收结算等关键环节执行情况，同时，结合近年巡视巡察及审计发现的问题，开展典型案例及制度的学习和分析，增强采购合同关键岗位人员在工作过程中的合规意识、审计意识和廉洁意识。

二、案例经济效益

2022年，生产指挥中心严格规范采购合同全过程管理、资产管理、废旧物资处置管理，清晰各项业务流程，年度采购项目一次挂网成功率达100%。在公司年度经营目标考核中，中心检修、技改投资管理均获得满分加分，荣获大渡河公司ERP技能操作竞赛团体二等奖，两人获得项目、物资模块个人二等奖和三等奖。

特别是相较2021年，生产指挥中心在继续严格按照规章制度要求做好物资盘库的同时，根据废旧物资实际情况，发挥专业人才和技术优势，积极开展修旧利废，切实提高资源利用率，节约生产经营成本，对于一致确认无使用价值的报废物资，在经过广泛市场调研、询价比对后挂网处置，防止国有资产流失，不断提升诚信经营的能力和水平。截至2022年年底，中心已完成两批废旧物资挂网处置工作，圆满完成了年

度废旧物资处置任务。

三、案例主要贡献

生产指挥中心以"诚信"为发展宗旨，从机制、制度、流程、培训、监督等方面多管齐下，规范采购合同全过程管理、资产管理、废旧物资处置等各项业务，规避内控风险，采购、物资管理更加合法合规，为企业提质增效、高质量发展奠定基础，打造出企业诚信"金名片"。

案例创造人：李雪梅、傅小沧、王　琼

以诚信为本、品质为要
努力建设世界一流发电公司

国能大渡河瀑布沟发电有限公司

一、企业概况

国能大渡河瀑布沟发电有限公司（以下简称瀑布沟公司）成立于 2010 年 11 月，公司推行"机电合一""运维合一""无人值班（少人值守），远方集控"新型生产管理模式，负责管理运营瀑布沟水电站，总装机容量 360 万千瓦，是目前国家能源集团最大的水电站。

瀑布沟水电站是国家"十五"重点工程和西部大开发标志性工程，是大渡河中游的控制性水库，是一座以发电为主，兼有防洪、拦沙等综合效益的特大型水利水电枢纽工程。该电站装设 6 台混流式机组，单机容量 600 兆瓦，多年平均发电量为 147.9 亿千瓦·时。水库总库容为 53.9 亿立方米，具有不完全年调节能力。工程于 2004 年 3 月开工建设，2009 年 12 月 5F、6F 两台机组投产发电，2010 年 12 月 6 台机组全部投产。

近年来，瀑布沟公司围绕大渡河公司建设"幸福大渡河，智慧大渡河"总体思路，坚决贯彻创新引领，扎实开展"智慧电厂"建设，建立了设备主人具体负责的技术管理体系，构建了以绩效为核心的人力资源管理体系，培育了一支政治素质优、技术业务精、创新意识强、作风形象好的大型水电机组生产管理人才队伍。公司先后荣获全国五一劳动奖状、第 14 届中国土木工程詹天佑奖，以及荣获全国文明单位、中央企业先进基层党组织标杆、全国安全文化建设示范企业、全国电力行业设备管理工作先进单位、电力行业示范智慧电厂、企业信用评价 AAA 级信用企业等荣誉称号。

二、企业诚信经营理念

瀑布沟公司始终秉持"以诚信为本、品质为要，大力推进品牌建设，努力建设世界一流发电公司"的理念，不断推动诚信治企理念落实落地。一是推进诚信经营融入企业发展。公司始终坚持把履约责任扛在肩头，推动企业将诚信经营作为安身立命之本，依法从事生产经营活动，严格遵守各项规章制度，真实准确记录生产经营及财务活动情况，依法按章缴纳税费，严格执行各项合同，努力营造诚信经营、忠实履约的企业形象。二是落实责任牢固树立诚信经营意识。坚持以企业和职工诚实守信、公道处事、公平待人，确保公正合理，恪守道德规范；坚持全面履行企业社会责任，致力于人与人、人与企业、人与社会、人与自然和谐相处；坚持严格遵守国家法律法规，依法治企，规范办企，努力践行央企责任，彰显社会担当。三是以人为本构建企业诚信文化。广泛开展诚信教育培训，坚持一把手带头推进诚信合规建设，通过周会、月会、专题会等形式宣贯诚信合规理念要求，将诚信经营与合规管理融合，将诚信经营涵盖各业务管理、深入职工业务日常，做到价值共识、信念共守，共同维护企业诚信，形成讲诚信的团队精神。

三、企业诚信建设工作

（一）依法纳税，履行企业责任义务

2022 年公司收入达到 26.13 亿元，净利润为 4.26 亿元，资产总额达 288.71 亿元，缴纳税费 5.78 亿元。公司严格遵守国家各项税收法律法规，自觉履行纳税义务，成立至今无不良资产，无民企清欠事项，按月进

行资金往来清理，强化企业治亏扭亏能力，与往来单位建立健康良好的经营往来关系，通过强化财务预算的管控与分析，财税管理工作持续向好。

（二）扶危济困，彰显央企责任担当

公司践行"社会主义是干出来的"伟大号召，深入贯彻落实"四个革命、一个合作"能源安全新战略，大力开展岗位建功行动，圆满完成了能源保供、防汛减灾、防疫保电等重大任务政治任务。

（1）防洪度汛保安全。2020年汛期，公司遭受了最频繁、最严重的地灾，一度影响正常的生产和生活，在大渡河公司党委的坚强领导和关心指导下，公司坚持"防汛、保电"两不误，全体干部职工勤力同心，攻坚克难，认真落实"安全第一，常备不懈，以防为主，全力抢险"的防汛方针，有效应用智慧企业成果，全面提升防汛和风险管控能力，成功应对了"8·18"特大洪水、黑马营地泥石流、"9·3"GIS楼公路边坡垮塌、瀑布沟值班道路中断等险情，受到水利部来信表扬，荣获"大渡河公司防洪度汛特别突出贡献奖"。

（2）高温保供强责任。2022年，面对四川历史同期最高温、最少降水量、最高电力负荷"三最"叠加不利形势，充分发挥瀑布沟电站的主力调峰调频作用，在形势最严峻时期，瀑布沟预留20米保供水位，库存水量超12亿立方米，与下游电站共提供了超7亿千瓦·时保供电量，成功应对四川省持续极端高温，保障了能源稳定供应，受到了国务院国资委、四川省领导的高度认可，被中央电视台等主流媒体报道。面对成都严重疫情和周边地区地震灾害，公司认真落实企业主体责任，坚持常态化疫情防控，严格人员出入管理，深入开展行程和轨迹排查，确保疫情零感染。特别是"9·5"泸定地震，对上游大岗山电站造成较大影响。地震发生后，公司快速响应，立即启动地震灾害应急预案，迅速安排人员前往受灾地区开展抗震救灾工作，得到地方政府高度认可。

（3）公益行动显担当。近年来，公司累计投入超过100万元，推动雅安市汉源县、凉山州普格县脱贫攻坚和乡村振兴工作，帮扶汉源、甘洛、金口河优秀贫困学子300余人次，组织片区团员青年开展了珍稀鱼类增殖放流、"守护绿水青山、共建美好家园"植树护绿、安全用电知识宣传、疫情防控等小水滴志愿服务活动，参与了金口河区"萤火计划"等关爱行动，组织向公司定点帮扶县图书馆捐赠书籍1000余册，连续13年开展珍稀鱼类增殖放流工作，累计投放鱼苗690万尾，有效改善了库区生态环境，助力企地共建绿色发展，展现了央企良好形象。

（三）合规管理，营造诚信经营氛围

公司建立了合规管理体系，组织全体职工学习并签订了诚信合规承诺书。严格落实行业规定及法律法规，坚持执纪治企，保障能源供应，电力交易过程中无违法相关记录。完善了"三重一大"决策事项规则，确保了决策事项的分级审核、过程把关、决策体系运转更加规范。开展法律专项讲座2次，高风险业务专项法律意见咨询8次，规章制度、经济合同、重要决策法律审核率达到100%。有序推进了制度"废、改、立、释"，2022年完成制度修订42项，制定了职工行为手册，对职工职业道德行为等方面进行规范；年初开展了企业重大风险评估，对政策风险、法律风险、市场风险等进行警示和管理；全年无重大风险及危机发生。贯彻落实集团公司法治工作会精神，坚持依法治企核心理念不动摇，制定了"八五"普法规划，全厂干部职工法治素养得到大幅加强。

（四）以人为本，坚持用安全创信誉

公司始终坚持"安全第一、预防为主、综合治理"的安全生产方针，以"落实安全主体责任、完善制度标准体系、提高安全管控水平、强化作业现场监督、持续推进科技兴安、扎实推动专项行动、营造浓厚安全氛围、提升应急管理能力"为工作重点，扎实开展各项安全工作。围绕保安全、护稳定、促发展，制定安全生产目标，并将目标以责任书的形式逐级分解、落实到人。同时还制定了各项安全生产制度，建立

了安全生产应急体系，编制了各类应急预案，从人员上、机构上、资金上给予保证，抓教育、重检查，加大对安全生产隐患的责任追究，防患于未然。公司坚持以"季、月联检"、开展"安全生产月"、专项整治行动、安全监察人员巡查、日检等手段加大安全生产检查力度，对发现的事故隐患及时排除，取得了良好效果。

公司围绕"安全环保、守法诚信、风险预控、持续改进"的安全理念，按照《企业安全文化建设评价准则》要求，开展安全文化建设，编制安全文化手册、制定安全文化发展规划、建设安全文化视觉识别系统，不断提升职工的安全意识，规范职工的安全行为。

（五）加强宣贯，培育诚信文化氛围

公司高度重视职工诚信品质培养，广泛开展多种类型的诚信活动，开展法治宣传月活动，积极做好特色普法活动，针对性地做好重点人群的普法宣传，开展领导干部典型普法案例学习宣贯，做好关键岗位人员、普通职工的分类普法宣传，组织全体职工集中学习《诚信合规手册》。结合"12·4"国家宪法日等关键时间节点，丰富内容、创新形式，联合法律顾问组织开展专题普法宣传教育活动，提升全员法律合规意识，营造浓厚的法治文化氛围。

公司把"诚信为本"的理念作为一种社会责任，贯穿到企业生产经营全过程。通过企业文化教育培养职工诚信做人、踏实做事，自觉维护企业的形象，通过人格的塑造实现企业团队的诚信。牢固树立诚信经营的意识，通过培训教育、奖惩和树立典型，不断提高职工素质。公司要求领导干部以身作则、率先垂范，引导职工以诚做人、以诚待人，以诚信坚守岗位，在社会上做诚信公民、在公司做诚信员工、在家庭做诚信成员。把诚信作为一种社会责任，作为对人的最基本要求，切实推动诚信理念内化于心、外化于行。

案例创造人：魏文龙、严映峰

基于"四位一体"协同机制下的诚信体系构建与实施

内蒙古电力(集团)有限责任公司锡林郭勒超高压供电分公司

一、企业简介

内蒙古电力(集团)有限责任公司锡林郭勒超高压供电分公司(以下简称公司)成立于2015年4月,是内蒙古电力(集团)有限责任公司直属供电企业,主要负责内蒙古电网东部区域500千伏电网运维管理和规划建设等工作。目前运维全盟500千伏变电站4座,220千伏变电站2座,变电容量6900兆伏;输电线路16条,全长2010千米。现设职能部门15个,本部内设机构1个,生产单位5个,其他机构3个。

公司紧紧围绕内蒙古电力(集团)有限责任公司建设以"生态优先、绿色发展"为导向的世界一流现代化能源服务企业目标,立足"责任蒙电、绿色蒙电、数字蒙电、开放蒙电"战略定位,坚持"团结奋进、创新超越"工作理念,以"夯实基础、健全制度、完善职能、规范管理"为主线,加强"基层、基础、基本功"管理,狠抓制度建设和队伍建设,确保电网安全和队伍稳定。秉承"诚信至善,厚德行远"的企业精神,坚持以诚信理念为引源,完善企业信用全过程管理,促进诚信意识在企业内部落地生根,打造良好诚信企业形象。

二、主要做法

(一)强化组织领导,构建诚信管理工作体系

公司认真贯彻落实国家信用体系建设有关要求和电力行业信用工作部署要求,本着依法治企、诚信经营的管理理念,将诚信管理有效融入各职能领域的管理链条和工作流程,与"审计监督、纪检监察、合规内控、财务经营"协同管控,构建形成以诚信企业建设为主线的"四位一体"协同机制。

一是建立完善信用管理体系。制定《信用信息管理标准》,明确各层级信用体系建设工作负责人及对接人,完善信用管理人员体系架构。加强"审计监督、纪检监察、合规内控、财务经营"协同管理,持续强化内部控制管理,有效确保各项工作开展依法合规,从源头上强化信用管理。完善信用信息管理机制,建立"统一采集、统一报送、统一发布"的工作机制,强化信用信息归集,及时掌握存在的各类信用记录,做到信用信息常态监测。

二是常态化开展企业信用修复。持续开展自查自纠工作,及时关注相关平台、网站中的守信记录、失信记录、重点关注名单、黑名单,制定整改方案,明确整改时限,开展信用修复工作,纠正失信行为,退出重点关注名单或黑名单,全力消除不良社会影响。

三是建立企业信用风险点台账。重点关注不良信用记录较多的重点区域,切实正视安全生产、工程方面可能存在的问题和隐患,积极落实责任,动态更新完善《信用风险点防范台账》。

四是梳理重点领域信用管理标准。梳理完善在合同管理、采购管理、供应商不良行为管理、基建工程承包商资信月度考核管理等重点工作领域和环节中的信用相关标准,全方位实时监督,打造公平、公正、公开的诚信企业。

五是营造诚信企业氛围。广泛征集信用典型案例,多渠道开展宣传工作,组织职工积极参与"信用电力"等知识竞赛,普及信用文化知识。结合企业实际,把信用理念、诚信意识贯彻到各职能领域的管理链条和工作流程中,营造诚信企业的工作氛围。

(二)构建多方联动审计监督机制,提升内部治理能力

一是规范审计制度建设。制定出台加强内部审计工作、有效利用内部审计和其他监督部门成果的统一性的制度或标准,通过制度约束推动所有监督部门能够共同理顺内部审计管理体制,形成规范化的内部审计和其他监督部门成果共享、风险共防机制。

二是统筹整合审计资源。建立健全审计与组织人事、纪检监察以及其他有关部门的工作协调机制,在日常监督工作过程中,对于涉及的重大问题、重要事项,双方及时通报相关工作情况,实现监督情况信息共享。对于个别重大审计项目,让其他监督部门人员作为审计组补充成员参与审计工作,实现监督资源共享和监督手段互补,降低监督成本,减少或避免重复监督,实现全覆盖、全方位、全过程监督。

三是提升审计持续监控质量。建立健全整改跟踪检查机制,建立尚未整改的问题清单,实行整改销号制度,把审计查出问题的整改情况作为审计部门的日常督办事项。加强审计整改督促,定期对前期被审计单位整改情况进行"回头看"工作,将整改不到位的严重问题移交纪检监察部门问责,从而深化审计整改在更高的层面上实现"审计体检"。

(三)建立健全"大监督"体系,增强廉洁风险管控能力

一是建立"大监督"联动协同机制。制定《监督检查工作实施方案》《监督检查一览表》以及三本台账,对全年监督内容实行清单管理、台账管理,实行两级纪检监察机构联动监督,构建全面覆盖所属单位、上下联动、紧密联系的监督体系,充分发挥"监督的再监督"作用。

二是构建"大监督"分级落实责任工作机制。按照管理权限和"谁管理、谁负责、谁监督"的原则,牢固树立管理与监督并重思想,不断细化完善监督职责和责任分工,构建党内监督、职能监督、群众监督和专项监督等四类监督,形成"党政统一领导、部门紧密协同、分级落实责任、员工广泛参与"的"大监督"工作体系,实现齐抓共管,提升监督质量和效果。

三是构建"大监督"廉洁风险防控工作机制。按照"业务谁主管、监督谁负责"的原则,组织公司各单位、各部门梳理完善内部管理体系,注重责任、问题、实效、问责四个导向,形成以党政主要领导为"主攻手"、单位部门负责人为"传递手"、职工为"防御手"的权力运行风险防控网格化工作体系,编制《权力运行廉政风险点防控手册》,强化企业管理精细化。

(四)构建合规内控管理体系,提高企业依法治企水平

一是优化完善合规管理组织架构。梳理完善公司合规管理组织体系和工作职责,理顺公司治理结构、业务职能,找准合规、内控、风险之间的内在联系,修编《合规管理办法》,进一步完善管理机构职责、运行机制、考核评价、监督问责等内容,加强合规管理部门建设,配备与经营规模、业务范围、风险水平相适应的合规管理人才。

二是实施专业化合规管理。健全完善违规风险识别预警机制,加强合规管理审查,从源头防控经营风险。积极探索法治框架下合规、内控、风险管理协同运作的有效路径,编制重点岗位合规、内控职责清单,确保合规、内控职责到岗、到人。组织各职能部门梳理本部门合规、内控管理重点业务流程,确认管理流程中的合规、内控管理重点节点,制定合规、内控管理重点节点清单和合规、内控管理措施,加强合规、内控的协同运作。

三是强化合规内控风险联合审查。启动公司内部合规内控风险联合审查工作,编制内控管控手册,开

展内部风险点自查评价,强化"三重一大"事项清单的工作事项以及公司规章制度制定工作事项风险管控,确保各项决策事项依法合规、规范开展。

(五)强化财务经营,防范化解重大信用风险

一是加大票据审核及日常会计核算监督工作力度,抓好资本性、成本性费用的合规性、及时性入账工作,严格执行各经费支出审批程序,杜绝财务会计信息虚假问题。

二是加强各类合同审核工作,防范税务、资金支付等经营风险。编制税务工作指导手册,全面梳理涉税风险点,加强税务政策宣贯,将税务管理要求与会计核算标准整合,有效降低涉税风险。定期开展税务自查工作,依法诚信纳税。

三是健全完善民营企业、中小企业往来款项清理长效机制,协同物资、生产等部门,保障民营企业、中小企业及农民工的合法权益,担当国企责任。

三、实施成效

(一)信用管理能力得到进一步提升

通过开展"四位一体"协同机制下的诚信体系构建与实施,本着依法治企、诚信经营的管理理念,将信用理念、诚信意识有效贯彻落实到安全生产、经营管理、工程建设、物资管理各项管理业务中,将诚信体系建设与公司的各项规章制度挂钩,促使员工严格执行各项规章制度,珍视信用、崇尚信用,促使诚信意识在员工思想中落地生根。

(二)公司依法治企水平不断提高

构建以诚信企业建设为主线的"四位一体"协同机制,建立风险防范和日常监督制度,确保诚信体系建设工作落实到位,强化了合规、内控、审计、纪检部门的监督职责,堵塞了管理漏洞,真正使制度成了防控违规行为发生的"防火墙",进一步将制度的指引作用落到了实处,全面提高了公司的法治化治理能力和水平,为优化法治营商环境提供了良好的内部工作与对外服务保障。

(三)展现了诚信企业良好形象

通过持续强化信用管理工作,公司安全生产体系不断健全完善,未发生各类安全事件,保持了长周期安全生产周期纪录;精益化管理水平不断提升,高质量完成国企改革三年行动任务;企业影响力不断增强,公司先后荣获全区民族团结进步示范单位、锡林郭勒盟文明单位等荣誉称号,1个集体被评为自治区级"青年文明号",1人被评为自治区级"五一巾帼标兵",多个集体、个人荣获得"五四奖章"集体、"优秀共青团员"等荣誉,1人被评为年度企业诚信建设突出贡献人物。

案例创造人:许淑华、李英俊、吴馨田、张天祥、刘思铭

筑牢诚信之基　促进企业发展

内蒙古电力（集团）有限责任公司薛家湾供电分公司

一、企业简介

内蒙古电力（集团）有限责任公司薛家湾供电分公司（以下简称薛家湾供电公司）成立于1992年，在册职工共1191人，担负着准格尔旗1个经济开发区（含2个产业园）、10个苏木乡镇、4个街道供用电和国网榆林供电公司网间供电任务，供电区域有7692平方千米，服务用户21.45万户。

地区电网以宁格尔、常胜2座500千伏变电站为支撑，连接8座公用电厂和2座自备电厂，装机容量为503.6万千瓦。建有35千伏及以上电压等级变电站41座，变电总容量为6869.7兆伏，运行维护的35千伏及以上线路106条，共计2173.05千米，供电负荷达到142.5万千瓦，是集变配电于一体的中型供电企业。

薛家湾供电公司连续11年获评"全国文明单位"称号，先后获得"全国用户满意服务单位""全国工人先锋号""中国企业信用协会全国行业诚信经营示范单位""全国三八红旗集体""中共内蒙古自治区国资委委员会先进基层党组织""内蒙古自治区总工会全区五一劳动奖状""内蒙古自治区民族团结进步模范集体"等集体荣誉。

在内蒙古电力公司的正确领导和政府的大力支持下，薛家湾供电公司在稳字当头、稳中求进的基础上稳中快进、稳中优进，立足新发展阶段，贯彻新发展理念，构建新发展格局，加快电网转型发展，筑牢安全生产防线，聚焦优质服务，推动企业数字化转型，为地方经济社会发展提供了坚强的电网支撑、安全的电力保障和优质的供电服务。

二、企业诚信建设管理举措

人无信不立，业无信难兴。薛家湾供电公司高度重视信用体系建设工作，始终坚持依法、诚信、规范、透明的运营原则，以信用体系建设作为提升内生发展能力的重要途径，以信用管理作为提高企业经营管理水平的重要抓手，通过理念宣贯、体系构建、制度完善、社会责任践行等举措，营造人人讲诚信、处处讲诚信、时时讲诚信的企业全员诚信环境，努力打造诚信经营示范企业。

（一）以制度建设为抓手，持续提高企业信用管理水平

为切实降低企业信用风险，防范失信行为的发生，一是编制发布《信用信息管理标准》，从信用信息监测、信用信息征集上报、信用信息机制建设、信用信息使用等方面对企业信用管理进行规范；二是依据国家、自治区、集团公司信用管理政策文件要求，编制形成《薛家湾供电公司信用风险点防范台账》并动态更新，在此基础上，围绕合同履约、电力设施保护、电费缴纳、招标采购等重点环节中出现的不良信用行为，探索开展信用分级管理，助推信用管理制度体系不断完善。

（二）完善两个体系建设，筑牢企业信用安全防线

一是构建公司合规管理体系。以集团公司合规管理办法为指引，印发《薛家湾供电公司合规管理办法》、合规手册及合规管理标准等，形成全套合规管理成果体系，将合规审查作为公司重大事项、重要决策及重

要合同的前置程序，实现合规审查全覆盖；聚焦合同管理中各类易错问题，编制《合同管理工作手册》，进一步明确细化合同签订各环节要求，强化各环节、各岗位的合法合规性审查，增强业务源头合规管理的操作性，充分发挥业务部门第一道防线的作用；强化各级人员合规管理意识，组织公司领导、各部门负责人及合规联络员开展合规管理系列网络专题班培训，将合规管理纳入业绩考核事项，不断提升领导班子成员、管理人员、重要风险岗位人员合规管理意识，为公司合规管理体系稳步运行提供组织保障。

二是完善公司内控管理体系。依托标准体系复审工作，动态更新完善内控体系。按照标准体系复审工作安排，全面开展内控体系和标准体系融合，组织公司16个部门发起全公司182项管理标准内嵌风险管理专项工作，动态补充完善《内部控制手册》，覆盖所有业务涉及的风险点和防控措施，统筹健全和完善内控体系，精准定位和整改风险问题，通过标准修订、发布、上传至信息系统全流程固化内控体系管控措施，发挥内控约束和监督效用；按照集团公司标准体系数字化转型及标准化重点工作安排，继续深挖管理本质，探索管理路径，推动多体系融合，从业绩考核减项指标、公司各治理主体权责清单以及各部门重点工作等多方位梳理风险事项，调整优化内控手册，组织本部部门对182项管理标准进行风险识别，梳理风险点85项，制定控制措施165条，综合评估企业内外部风险水平，有针对性地制定风险应对方案，防止风险由"点"扩"面"，避免发生系统性、颠覆性重大经营风险，编制风险评估报告、内控体系自评价报告。

（三）聚焦重点领域履约守诺，持续优化用电营商环境

公司始终坚持"人民电业为人民"的服务宗旨，竭力为客户提供更加优质的服务。一是持续精简优化服务流程，聚焦客户办电需求，圆满完成办电环节和时限压减工作目标。二是不断深化和巩固"三零、三省"服务效果，经营区低压居民和160千瓦及以下小微企业接电"零投资"服务实现全覆盖。2022年"三零"服务惠及小微企业和低压客户4893户，节省办电成本5321.10万元，平均为每户节省投资1.08万元。"三省"服务惠及大中型企业18户，节省办电成本675.43万元，实现户均节省投资37.52万元。三是严格落实价费政策，疫情期间执行"欠费不停供"诚信用电政策，累计为2.75万余户聚集性、接触性服务企业、小微企业及个体工商户缓交电费582.28万元，减免电费违约金3.61万元。对不满1千伏代理购电工商业客户电费实施95折优惠结算，累计减少用电成本210.67万元，全力保障客户用电无忧。

（四）践行诚信招标原则，构建后疫情时代物资保障体系

公司不断优化管理，积极探索新时期的物资管理模式，持续推进各方面工作提质增效，践行公平、公正、公开的诚信招标原则。一是推动设施保障体系建设。通过配置各项软硬件设施，完成异地评标分会场设置，通过实时监控加强了评标专家现场管理，空间地域限制规避了评标专家被围猎的廉洁风险，保证评标的公平、公正。二是加强对外协同，强调全链参与。建立代理机构工作评分机制，结合实际合理调整考核指标，常态化开展代理机构考核工作，推动代理机构服务质量不断提升，保障采购活动顺利进行；严格执行评标专家管理办法，加强评标专家的监管与考核，维护公平公正的评审标准；通过市场信息、资质业绩核实、招标采购、合同履约等环节动态掌握供应商信息，对供应商的不良行为从重从快依规进行核实与处置，将供应商不良行为处理结果与招标工作联动，力求营造风清气正、诚实守信的供需环境。三是加强奖惩联动，唤起诚信意识。广泛应用信用中国、中电联的完备信用体系，禁止重点关注名单中所有企业参与公司所有招投标；引入博弈论机制，合理设计供应商履约质控管理策略，加强供应商履约管理的针对性和有效性，构建合作共赢的供应商履约体系；积极处理履约质控过程中发生的违约行为，约谈违约供应商，将供应商不良行为及时上报集团公司，严格按照《供应商不良行为管理标准》进行处理，暂停或取消其投标资格，让失信供应商"一次失信，处处受限"。

（五）强化诚信文化宣传，树立诚信企业良好形象

公司坚持诚信为本的发展理念，广泛传播诚信精神、诚信文化。2022年，制定印发《"诚信兴商宣传月"

活动实施方案》，与准格尔旗社会信用体系建设工作领导小组办公室各成员单位、各金融机构多形式、多渠道开展"诚信兴商宣传月"活动。一是在企业微信公众号设立"诚信兴商宣传月"活动专栏，发布信用体系建设政策文件和主题宣传稿件共 6 篇；二是与准格尔旗社会信用体系建设工作领导小组办公室各成员单位、各金融机构在准格尔广场共同开展"6·14 信用记录关爱日"主题宣传活动；三是采取进商铺、进社区的形式，开展"信用兴商，你我共筑"主题宣传活动，为大路新区锦丽家园小区附近商户、居民进行信用政策及用电知识宣传；四是采取腾讯会议形式，组织各部门、各单位相关管理人员共计 30 余人开展信用管理人员线上专题培训，进一步提升了相关管理人员诚信意识和信用水平。

三、实施成效

薛家湾供电公司始终坚持诚信经营理念，信用管理工作多点发力，喜报频传。2022 年，经中电联初审、复审和复核，公司获评"2022 年电力行业信用体系建设示范企业"；深入挖掘在诚信企业建设过程中的典型事迹和先进做法，常态化开展信用案例征集活动，经商业信用中心评审，公司 1 篇诚信企业案例获评"2021 年优秀诚信企业案例"，公司总经理、党委副书记冯德荣获"企业诚信建设突出贡献人物"称号；积极组织参加信用电力知识竞赛活动，公司 1 篇信用案例在第五届（2022 年）"信用电力"知识竞赛活动中获评"典型案例"。

展望未来，薛家湾供电公司将持续加大企业内部信用政策宣传力度，不断提升全员信用意识和信用水平，秉承"人民电业为人民"的服务宗旨，积极助推社会信用体系建设工作，为地方经济社会高质量发展提供良好的信用保障。

案例创造人：冯　德、闫　昕、刘斌权

建立健全信用制度　赋能企业高质量发展

上海宝冶集团有限公司

上海宝冶集团有限公司（以下简称上海宝冶）始建于1954年，是世界500强企业中国五矿和中国中冶旗下的核心骨干子企业，自成立以来，"诚信经营"理念已融入企业经营的血脉，嵌入企业文化和日常经营行为。

60余年来，上海宝冶始终秉承着"诚信、笃行、创新、共赢"的核心价值观，将诚信体系建设工作作为发展战略的长期行为，融入公司常态化的全过程管理，坚持健全诚信体系建设管理制度，不断擦亮企业诚信品牌，在引领行业诚信经营方面做出了突出贡献，树立了良好的企业形象，赢得了社会各界与广大客户的普遍信赖与良好口碑。上海宝冶连续15年荣获上海市建筑业诚信企业称号；连续18年获评全国工程建设企业AAA信用等级；2020年，成为上海市首席信用官联盟会员单位；2023年，工程建设企业信用星级再升1星，认定为21星。

一、健全诚信制度体系，构建诚信长效机制

"求木之长者，必固其根本。"诚信经营是企业行稳致远的立身之本，而诚信制度体系又是企业诚信经营的重要保障。上海宝冶深入贯彻落实国家社会信用体系建设有关精神，按照行业信用工作总体部署和工作安排，以建立健全企业信用体系为核心，着力提升企业品牌形象和声誉，有效防范信用风险，营造公平有序与诚实守信的经营氛围，为加快建设美好宝冶、打造一流的最具竞争优势的全产业链全生命周期工程服务商创造信用条件。

（1）建章立制，统一思想。上海宝冶首先从建立企业信用管理制度着手，统一思想，将企业信用纳入公司战略目标之一，制定信用发展战略规划，打造信用品牌的顶层设计，颁布信用管理方案和系列规章制度。经过近一年的走访、调研和打磨，2019年出台《企业信用管理规定》并召开文件解读专题会，对文件进行全方位解读，明确各单位、部门的对应职责划分，各司其职、各管其政，要求各二级单位根据实际经营情况和当地市场环境制定实施细则，将公司信用管理夯实到基层，落到实处，推动公司信用体系建设，维护良好的企业信用。

（2）搭建体系，畅通管理渠道。在企业信用管理组织架构的搭建上，横向成立公司信用管理委员会，组建工作小组，遵循"谁发生，谁修复"原则，建立跨部门联络、协同的管理机制；纵向建立以公司层面信用领导小组和工作小组为总指挥、以市场营销部为总协调、以二级单位书记为直接责任人的企业信用管理体系，定期对失信行为情况进行梳理，执行全闭环跟踪管理。建立企业信用信息归集分析和奖惩制度，全面推进企业信用管理，将失信行为纳入公司平衡计分卡考核指标进行严格考核，规范内部信用行为，全力营造良好经营环境，助力公司高质量发展。

（3）强化培训，丰富诚信文化内涵。企业的领导者和员工对信用管理的认知程度，决定了企业信用管理的好坏。因此要让全体员工从骨子里深刻认识到企业诚信经营的重要性，打造诚信体系，以契约精神助力企业行稳致远。为了不断提升各二级单位负责人和项目经理的信用管理意识，上海宝冶邀请中国施工企业管理协会信用委员会的专家和上海市社会信用促进中心的老师进行专题培训，深度强化大家对信用工作的警醒意识，同时让大家对国家、地方和行业的信用政策有了更深层次的认识与理解，对如何建立起有效的信用管理体系有了更明晰的思考，以及对行政处罚的防控和修复学习了更多的经验，为公司打造良好信

用品牌、获得更高质量发展打下基础。为促进信用工作在基层的扎根落实，加强全体企业员工的信用意识，各二级单位也相继开展了内部信用培训，围绕"社会信用体系与企业信用管理""施工企业信用建设与失信行为修复"等议题，针对各单位的信用问题深入研究，让诚实守信成为企业及所有员工的共同理念与行为准则。

二、恪守诚信履约理念，塑造企业金字招牌

上海宝冶始终把项目履约作为企业发展的根基和命脉，秉承着诚信合作、优质履约的经营理念，全面搭建"1721"项目管控体系，强化项目策划，从源头控制项目风险，探索试点重点项目契约化管理，让各专业充分融合、博采众长，有效提高项目运行质量和效率，加强项目履约督导，从项目全过程、全方位增强履约能力。通过优质履约展现公司对项目整体管控实力，赢得诚信、负责、可信赖的企业形象和口碑。

项目策划是项目如期履约的重要保障。所有新开工项目都严格按照公司管理要求做实做细开工策划，科学合理安排工期，持续提升项目管控信息平台业务应用能力，多措并举确保在建项目开工策划上线率，综合施策形成长效工作机制，以高标准策划牵引高水平建设。强化资源配置，从供给角度抓好供应链管理，分级分类做好需求计划，管好用好合格供应商，促进资源高效周转和有序流动，为项目生产夯实资源保障。公司两级职能部门下沉一线，加强履约督导，聚焦新项目开工率、在建项目产值完成率和收尾项目竣工率，聚焦重点区域和重点项目、进度计划和产值计划完成情况，切实做好现场指导、现场检查和现场服务，动态掌握履约情况，及时发现和解决问题，形成高效有序的生产秩序。

2022年，上海宝冶承建的国家雪车雪橇中心在北京冬奥会惊艳亮相，宝冶冬奥项目团队圆满完成北京冬奥会场馆建设、运维和赛事保障工作，助力"雪游龙"诞生中国队雪车雪橇项目首枚奥运奖牌；厦门天马项目第6代生产线正式点亮，打造成为国内最大、全球最先进的柔性AMOLED单体电子厂房超级工程；安阳体育中心体育馆提前15个月完工，把"体育惠民"落到实处；富阳大盘山项目提前52天通车，打通杭州亚运会交通运输大动脉；雄东、容西安置房项目按期交付近9000户，见证雄安新区人民幸福回迁；许禹供热长输管线项目141天顺利投运，保障了百万人口供热需求，创下国内长输供热行业新速度；马钢B高炉大修工程84天顺利点火投产，续写冶金建设"国家队"高炉大修新传奇；科威特医保医院正式试运营，不断打造"一带一路"上的"中国建造"新名片。还有厦门国际会展中心、中国海洋大学、宝山再生能源利用中心、吉林公主岭肉牛繁育产业园等一大批项目，平稳有序、优质履约，获得业主肯定及社会各界高度关注。截至2023年4月，上海宝冶累计获得中国工程建设质量最高荣誉"鲁班奖"56项，国家优质工程奖52项，詹天佑奖9项。上海宝冶用品质和诚信锻造了一大批精品工程，擦亮了企业"诚信经营、守信践诺"的金字招牌。

三、党建引领诚信建设，厚植高质量发展底蕴

在企业诚信体系建设中，党组织肩负着保障监督作用。上海宝冶充分运用和发挥党建优势，以党建引领诚信文化，为公司诚信体系建设提供坚强的思想和文化保证。

公司各级党组织充分发挥政治核心作用，深入开展"党旗飘扬、党徽闪光"行动以及"三有三无三创"主题创先争优活动，打造"四个一批"，创建"四强党组织""四好"示范党支部等，教育引导和激发广大员工增强诚信意识，遵守信用规范，坚守职业操守，干干净净做事，清清白白做人，着力打造党建诚信品牌。在群团工作方面，上海宝冶党委坚持党建带工建、带团建，以打造"宝冶·家"文化为主线，深入开展"我为群众办实事"实践活动，从做好"困难帮扶解民忧"入手，着力解决职工群众急难愁盼问题，2022年向上海疫情封控期间在沪员工家庭派送蔬菜生鲜大礼包，慰问海外员工及家属、大病员工、困难职工近千人次，切实增强广大职工群众的获得感、幸福感、安全感，持续提升企业凝聚力和向心力。践行以文育人、以文

惠人的发展理念，围绕"成就客户，成就员工，发展企业"的核心理念和"诚信、笃行、创新、共赢"的核心价值观，凝练、打造更具特色的宝冶诚信文化品牌，大力弘扬守诺重信诚信标杆方面的先进典型，发挥榜样的示范引领作用。

作为一家负责任的央企，上海宝冶积极履行社会责任，在上海抗疫大考中，充分发挥党组织战斗堡垒作用和党员先锋模范作用，成立临时党支部，组建党员突击队，迎难而上，在精准做好疫情防控工作的同时，积极承担上海市疫情防控援建、志愿服务和医疗保障等多项任务。5000余名党员干部职工以极限速度完成7座方舱医院援建任务，总建筑面积为20万平方米，隔离床位超过2万张，第一时间向政府捐赠了3000余套防护用品和5000余套生活物资，组织党员自发捐款22万余元。在这场大战大考中，上海宝冶用诚信笃行展现了央企的责任担当，切实发挥了央企"压舱石""顶梁柱""稳定器"的作用。

人无信不立，业无信不兴，国无信不强。当前，企业诚信管理、诚信应用场景日趋复杂多变，为更好地保证企业健康可持续发展，树立可靠可信的企业形象，上海宝冶将继续树牢诚信经营理念，增强项目履约能力，提升党建赋能，持续推进信用体系建设，进一步筑牢诚信基石，努力开创新时代上海宝冶高质量发展新局面。

案例创造人：赵　培、潘柏佺、李丙慧

以诚信文化推动实现安全健康发展

西安北方惠安化学工业有限公司

西安北方惠安化学工业有限公司隶属于中国兵器工业集团公司，是新中国"一五"期间建设的156项重点项目之一。近70年来，公司始终聚焦主责主业，坚决履行强军使命，产品成功应用于我国第一颗人造卫星"东方红"，为我国的国防和军工事业做出了重要贡献。

新时期，公司始终坚持"主动担当作为从我做起，提高工作质量从我做起，打造'军队、家庭、学校'三者合一的党组织战斗堡垒从我做起"的工作理念，始终牢记主责主业，切实履行强军使命，依法治企、合规经营、诚信守则，全面完成了改革发展和重点项目建设任务，经营业绩稳中有进，创历史新高。

一、筑牢质量防线，夯实质量诚信基石

坚持"四铁"要求抓质量管理，依据上级下达的各项考核指标制定个性化质量责任书和承诺书，组织各级各类人员逐级签订。修订印发《质量奖惩管理办法》，明确了质量奖励考核内容，突出"目标导向"，以质量目标及工作要点作为奖惩重要依据，对制度执行不力、工作质量不高的员工旗帜鲜明反对，做到奖惩并重、以罚促奖。对各项质量检查中发现问题进行梳理分析，对于屡查屡犯问题进行通报，并对相关责任人进行经济处罚，用刚性管理手段狠抓质量。

积极改善提升质量风险点辨识工作，公司制定下发《质量风险点辨识与分级管控管理办法（试行）》，开展了质量风险点辨识与评估管控工作，并对所有风险点均制定了管控措施。针对运行过程中存在的漏洞查漏补缺，修订公司《质量风险点辨识与分级管控管理办法》，在制度中增加辨识具体方法，调整检查频次，增强制度的指导性和可操作性。采取科学系统方法开展新一轮质量风险点辨识与评估管控工作，对管理、辅助环节进行全面深入的辨识、评估和管控，组织各领域专家成立质量风险点辨识与评估专业组，强化专业组对辨识和评估过程的指导。运用"二八定律"和"BCRS法则"对各类质量检查表单进行合并优化，使检查标准可验证、可量化，集中精力对重点岗位和重要质量风险点扎实开展监督检查，把质量监督作用充分发挥出来。同时，认真开展质量风险点管控工作效果评估，对效果不明显的措施进行改进提升，制定PDCA工作表单，对措施效果较好的风险点进行降级管理。

推动全员参与质量管理，以质量月活动为平台组织开展质量知识答题、质量合理化建议征集、质量案例征集等活动，大力开展质量宣传，强化党员示范先锋作用发挥，评选在质量工作中表现突出的"党员示范岗"，增强党员干部在基层一线工作中的影响力和带动力。建立"质量曝光台"，通过负面、正面两个方面的典型曝光和宣扬公示，突出奖优罚劣，营造一次把事情做对做好的良好质量氛围。积极组织参加QC小组和质量信得过班组评选活动，荣获兵器行业优秀QC小组成果一等奖5项、陕西省优秀QC小组成果二等奖3项；3个班组被评为兵器行业质量信得过班组，1个班组被评选为国家级质量信得过班组。

二、主动担当作为，严控安全生产风险

安全生产是发展之基、生存之本。公司坚定"一切事故皆可预防"的理念，紧紧围绕"100%安全、100%可靠、100%放心"和"零隐患、零违章、零事故、零伤害"目标，从"零"开始、向"零"奋斗，确保科研生产安全、确保生命财产安全。坚持"管理、装备、素质、系统"并重，坚持"人、机、管、环"结合，持续深入开展安全风险隐患大排查大整治。落实"双五条归零"标准，以流程化管理、"20防"工作法、

"李党屯安全工作法"等为抓手,从设计源头、科研生产现场"九查"等方面扎实开展风险隐患排查,确保风险受控在控。

加强正向设计,吃透机理、吃透技术、吃透环境、吃透变化,持续开展火炸药安全技术研究,完善产品安全感度数据库,从研发设计源头把隐患消除于无形。落实"四个铁"要求,强化制度刚性执行。坚决杜绝超员、超量、超能力组织生产和"三违"行为,采取行政、经济处罚并重,对"三违"者加大考核追责,实现"零违章"。提高设备设施本质安全度,加强设备设施的安全改造和维修保养,实现生产条件的突破性提升。完成设备全寿命周期信息化平台建设,促进设备管理水平提高。

持续管控变量,运用"三级四步五清楚"方法,紧盯现场,保障安全生产。提升现场管理水平,严格执行《属地管理办法》,按区域、业务划分属地,从"人、机、品、法、环、测、运、急、制"等九方面明确属地责任、工作标准,完善现场定置划线、设备设施及功能区域标识,深入推动"人流""物流"形迹管理专项工作走深走实。

提高安全培训教育的针对性,采用"手指心想口述"等方法开展现场培训,验证安全操作技能掌握情况。加强安全文化建设,大力推行"李党屯安全工作法",宣贯《安全生产文化手册》,让每名员工从"要我安全""我要安全"到"我会安全、我能安全",营造全员参与安全氛围。

三、推进依法治企,提高合规经营水平

公司高度重视法律合规工作,实现重大事项、制度、合同协议的法律合规审核率达100%。构建起以合同全周期管理为主线、多层协同的合同管理体系,打通各部门层级数据壁垒,实现合同数据共享,保证了公司合同依法合规履行,各类合同在网上实现高效审批,有效防控各类合同引发的风险,在项目招标、合同管理领域发挥了积极作用。公司法律合规部门积极参与业务事中防控,坚持法律审查端口前移,针对企业重大改革、资产处置事项,参与路径设计、风险审查,发挥了法律专业作用,起到了积极效果,促进了业法融合、业规融合。在法律合规管理方面,公司落实"合规管理强化年"各项工作要求,制定了《合规管理办法》,同时认真组织开展法律与合规管理自评工作。公司定期在公司OA系统发布《适用法律法规、标准规范清单》,清单涵盖安全环保类、人力管理类、审计财务类、综合管理类等1400余项法律法规、标准规范,为企业依法合规经营提供上位规范支撑。

四、强化财务管理,推动降本增效落地

围绕集团公司发展战略,科学合理制定公司年度经营目标和重点工作任务,巩固财务管理基础,强化内部控制,优化资源配置,紧盯重大财务事项,深入贯彻"创造价值、管控风险"和核心管理理念,持续推进业财深度融合,不断提升财务的服务和保障能力,支撑公司履行强军首责,高质量完成年度财务金融工作。此外,公司认真学习税收各项法规,严格遵守财经纪律,依法履行纳税义务,提升纳税遵从意识,树立依法合规经营典范,做到守法经营、合法获利、依法缴税,连续三年获评A级纳税人。

五、履行社会责任,推进员工增值获益

公司把发展经济和履行责任有机结合,严守安全生产、生态环保、节能管理等"底线",树立了富有责任感的企业形象。同时,深入学习贯彻习近平生态文明思想,以问题为导向,以法律为准绳,以强军首责为立足点,坚决履行社会责任,加快推进绿色低碳发展。万元产值综合能耗不断降低,超额完成节能指标。

公司大力支持助力乡村振兴,深入帮扶村——渭南市大荔县三合村开展调研,指派驻村第一书记及工作组。推动深化农村各项改革,培育新型农民和新型经营主体,帮助发展乡村特色产业,壮大村集体经济。科学指导农产品种植,组织实施村集体经济开展经营活动、推广有地域特色的农副产品销售等产业帮扶项目。

推动实施乡村建设行动,加强农村公共基础设施建设,推进改厕和污水、垃圾处理等人居环境整治重点工作,着力建设宜居宜业的美丽乡村。除发展产业经济、完善基础配套、解决群众急难愁盼问题外,公司更是把三合村村民当成了"自家人",资助村里孩子上大学、服务空巢老人、关爱留守儿童,开展青年志愿服务等都已成为常态。

积极构建和谐劳动关系,全面落实职代会各项职权,不断深化厂务公开,保障职工的知情权、参与权、表达权和监督权。坚持以员工为中心的工作导向,广泛开展"我为群众办实事"实践活动,做实做强"四季送"品牌活动,大力开展员工普惠性服务,持续强化员工日常慰问、心理健康、生日祝福等工作,切实改善职工生产生活环境,不断提升职工群众获得感、幸福感、安全感。坚持文化治企、文化强企和文化兴企,广泛传播践行"三个从我做起"工作理念,深度培育企业精神,不断提升企业软实力。积极开展职工医疗互助保障行动,为公司全体职工免费办理职工互助保险,建立多元化、多渠道的医疗保障体系。持续加强帮扶救助工作,坚持开展金秋助学,实现帮扶救助广覆盖、常态化。

新的赶考路上,公司将坚持以习近平新时代中国特色社会主义思想为指导,全面贯彻落实党的二十大精神,坚持"一个工作方针"和"一个工作理念",筑牢安全、质量两大基石,全力推进装备保供、能力建设、科技创新等重点任务,主动作为、守正创新、勇毅前行,奋力谱写公司安全健康发展新篇章。

案例创造人:朱立勋、张爱娟、张 杰

诚信立业　行稳致远　奉献社会

四川联众供应链服务有限公司

"人而无信，不知其可也。"早在两千多年前，孔子就已经提出了"诚信"这一道德观念和行为准则。诚实守信是中华民族的传统美德，是社会主义核心价值观基本要素，是一切道德赖以维系的前提，也是文明社会的基石。人无信不立，业无信不兴。个人成长需要诚信，企业发展必须守信。诚信是企业宝贵的资产，是企业发展的核心竞争力，是企业的持续发展壮大之本，它承载着企业的良好商业形象，预示着企业的美好发展前景，只有诚信的企业才能赢得更多的商机。

四川联众供应链服务有限公司（以下简称四川联众公司）创建于2016年，是泸州老窖集团有限责任公司（以下简称泸州老窖集团）全资子公司，是泸州老窖集团"新物流"战略深化改革的开拓者，是深入贯彻落实泸州老窖集团"大物流"战略的实践者，是泸州老窖集团依托物流产业开展供应链一体化服务的综合型平台。

公司围绕"做活—做实—做大"三步走的战略规划，以成为国内具有影响力的供应链综合物流服务商为战略目标，与中远海运、中国物流形成稳定的战略合作伙伴关系，打造了"1个母公司＋2个控股子公司＋5个参股子公司"的公司架构。公司主营业务包括一体化供应链物流服务[仓库租赁、仓储管理、仓单监管、仓单质押、物流运输（公、铁、水）]和粮食供应链业务（国内、国际酒用粮、饲料粮、口粮贸易）。

一、不忘初心，砥砺前行

作为泸州老窖集团全资子公司，自创立伊始，四川联众公司传承泸州老窖文化血脉，秉持"诚信立业、行稳致远"的核心经营理念，将"诚信"作为企业文化第一要素，明确"诚信"在企业文化中的重要地位，始终把诚信理念贯彻于企业经营管理的全过程，确立企业发展核心价值导向，着力打造诚信企业。

四川联众公司将诚信作为一项基本要求纳入公司治理，在企业规章制度和员工管理规范中，对诚信工作做出明确要求，对失信行为制定严惩措施，不断加强企业信用体系建设，将诚信体系与经营管理紧密结合。同时，公司大力践行社会主义核心价值观，弘扬诚信文化，牢固树立诚信品牌形象，推动企业健康持续发展。

经过6年多的发展，如今的四川联众公司已成为行业内具有一定知名度的国家4A级物流企业，先后荣获四川省物流行业优秀企业、四川省首批供应链服务提供商、泸州市青年文明号、西部物流百强企业等荣誉称号。

二、完善诚信管理制度，建设信用管理体系

作为一家致力于成为国内具有影响力的全方面、综合型供应链一体化服务平台商，四川联众公司严格遵守国家、地方有关法律法规和政策，把"重诚信、抓质量、树品牌"作为公司经营的总抓手和撒手锏，建立企业诚信制度，为公司的信用体系建设提供了准绳。一是在内部建设系统的制度管理体系，建立了供应商管理制度、黑名单管理制度、往来款管理制度、合同管理制度等，完善信用奖励惩戒机制，弘扬诚信价值文化。同时持续、全面开展诚信理念宣传、教育和培训活动，挖掘内部诚实守信事例，树立诚信典型，宣讲外部诚实守信鲜活案例，曝光外部失信典型，剖析失信行为产生的原因及危害，公司管理层及员工均具有较强的诚信理念和信用风险意识。二是在外部与供应商、客户的合作过程中，重合同讲信用，严格遵守各项法律法规，坚持信用至上的合作理念，依法签订合同，认真履行合同条款，自觉维护各方的合法权益。

同时积极推动反商业贿赂和廉洁建设，与供应商、客户均签订廉洁诚信协议，规范业务活动，共同抵制商业贿赂、腐败、不正当竞争、商业欺诈等违反"公平、公正、简单、透明"合作精神的行为。

通过企业信用管理体系的建设，有效增强了全员依法办事、诚实守信、自觉遵守信用的意识，树立了公司诚实守信的企业形象，企业和员工的整体形象得到提升，生产经营活动处于良性循环，推动公司健康发展。

三、恪守诚信经营理念，重合同讲信用

在过去3年，各行各业都受到了疫情的影响，物流行业受到的影响尤为显著。在疫情期间，目的地无人收货、联系不到收货人的情况不足为奇，货物延期交付成为常态，物流行业运输资源的紧张，运费的翻倍增长，一柜难求、一车难求的状态也成为行业常态。

面对与客户签订合同交货日期的临近，公司始终将客户利益放在首位，为了坚决履行合同承诺，不影响客户的经营，四川联众公司不惜增加自身运营成本，改变运输方式。铁路运输到不了就改走公路运输，公路运输到不了就改空运！哪怕公司没有空运资源，哪怕公司需要承担额外的昂贵的空运费，但公司只有一个目标，不管怎样都要在合同交货期之前把货物完好无损地交到客户手中！

公司成立至今，未发生过一起合同纠纷，同时严格遵守各项法律法规、恪守诚信经营理念，自觉接受社会监督，无违法违规行为。

四、履行社会责任，展现国企担当

作为一家物流起家的国有全资企业，四川联众公司始终牢记诚信就是生命线，是无论何时都要守住的底线。面对疫情天灾，公司不忘回馈社会，主动作为，充分担当起一个国有企业的社会责任，发挥自身物流资源优势及自身的社会资源，主动请缨担当泸州市防疫物资的保障任务，积极参与筹集与运输工作，政府主管部门给予公司充分的赞扬与肯定，授予锦旗以示表彰。同时公司积极主动向仓库承租企业宣传政策，组织、协助符合条件的租户办理减租手续，助企纾困，共克时艰。

四川联众公司积极践行企业社会责任，以实际行动落实奉献社会的使命，以实际行动贯彻党和国家的方针政策，努力把社会效益放在第一位。同时，公司关键时刻的行动赢得了合作各方的充分肯定，进一步提高了客户忠诚度，在市场上获得了更多的信任与尊重，不但在后续订单的付款方式和交货期限上提高了灵活性，合作关系也更加稳固。

五、坚持诚信经营策略，打造企业良好口碑

在酿酒用粮供应业务中，出酒率是酿酒企业最为关注的指标，是酿酒企业的生命线，而出酒率的保障靠的就是严苛的酿酒用粮质量标准，各项质量指标都必须符合要求。而四川联众公司作为泸州老窖集团全资子公司对此有着更为深刻的理解，所以，公司在开展酿酒用粮供应保障业务过程中，始终将粮食质量摆在第一位。

在质量保障方面，第一，公司按照客户质量标准采购粮食，实地调研粮食质量，并要求供应商提供相应第三方专业质检机构出具的质量检测检验报告。同时，公司自行取样，并送至具有权威性的质量检验机构进行检测。第二，经检测合格后，公司第一时间将货物转运至专用粮食仓库进行专业化存储。第三，货物进出库时，做到每车必抽、每车必检，达到质量标准的，才可收货或发货。对未达标货物第一时间进行退货处理，以确保每一粒粮食都符合客户要求。第四，为保障自行进行质量检验的科学性、规范性，四川联众公司还配备了相关检验检测设备，建立检验室，并制定严谨的操作流程，规范操作、严格记录，做到环环相扣，不留死角，保障粮食质量，严防死守质量底线，不触红线。第五，公司作为国有全资企业，面对品种繁多的粮食品种，始终坚持单一品种的供货要求，保障所供应粮食质量稳定、品种纯正，为客户把

好质量关，同时增强企业核心竞争力和品牌影响力。

在供应保障方面，因四川联众公司地处西南地区，客户主要面向云贵川等白酒金三角地区酿酒企业，该区域为粮食主销区，与东北等粮食主产区之间存在空间距离长、交通运输不便等客观因素。四川联众公司作为物流运输企业，积极响应国家号召，第一时间打通了南粮北运的水路通道，打造了从东北营口港至南通港至泸州港的江海联运模式，为粮食大批量进入销区提供坚实保障。

2021年下半年中，华北、东北大面积出现积雪灾害天气，再加上全国限电，各个运输通路全力保障供电任务，同时，四川联众公司主要承担着泸州老窖华中、华北、东北的成品酒运输任务。面对突如其来的状况，四川联众公司首先想到的就是客户的用粮供应保障，为此，立即成立专项小组进行讨论研究，会上没有任何不同声音，没有任何疑问，只有一个目标——"保障供应"！物流运输部立即调转"枪头"，将工作重心放在粮食供应保障上来，集中整个公司的运输资源全力保障粮食从产区运抵客户厂区，保质保量完成交付任务，坚决避免了因粮食供应不足带来的客户停工停产等不良影响。

六、诚立天下，信赢未来

四川联众公司始终坚信，企业的繁荣之花开于诚信的沃土，诚信建设不仅关系到企业当前的效益，更关系着企业的发展潜力和前途。今后，四川联众公司将继续牢记自己的使命和责任，立足实际，脚踏实地，不断加强诚信品牌建设，将诚信理念贯穿于企业发展的各个领域，将诚信制度贯彻到企业经营的方方面面，不断深化诚信内涵，做让社会放心的企业，努力为国家经济发展和诚信建设做出更多贡献。

案例创造人：李　艳

"疫"不容辞全力保供　持续彰显诚信企业示范引领作用

国能物资南方有限公司

一、案例背景

国能物资南方有限公司（以下简称南方公司）认真落实国家能源集团公司 RISE 品牌战略，深入总结新时代企业信用建设实践经验，发挥示范引领作用，营造良好的信用环境，推进商标准市场体系建设。该公司紧扣"改革创新""一体化""可持续""平等共享"品牌内核，始终坚持把防疫保供作为最大的政治责任，深耕细作物资保供主业，在大战大考中彰显了物资人的责任与担当，诠释了物资公司精神，擦亮了央企品牌，树立了可信的中国企业形象。

自新冠疫情发生以来，南方公司多次在疫情防控严峻、防疫物资紧张的情况下，充分调动专业化采购队伍实战力量，以国家能源 e 购商城职业健康专区为"主战武器"，敢干、稳干、精干、苦干、实干，千方百计保障防疫物资备得足、供得上、送得快，有力保障了集团各单位防疫物资供应，紧急驰援西藏聂荣县、华北电力大学、中国矿业大学等地方和单位防疫物资，为我国经济社会高质量发展发挥了坚实保障作用。

二、主要做法

南方公司拥有一支专业的物资采购队伍，始终坚守防疫保供一线阵地，敢打硬仗，能打硬仗。在紧急采购供应工作中不断加强磨炼，增强业务能力和辨别产品真伪的能力，在防疫保供这场大战大考中经受住了考验，千方百计保障各项防疫物资备得足、供得上、送得快。

一是未雨绸缪，深耕专区经营建设。南方公司作为国能 e 购职业卫生健康专区的经营单位，始终深耕细作专区建设，以用户单位需求为导向，持续丰富职业卫生健康专区服务品类，全力以赴打造防疫物资常态化供应平台。加强与用户单位沟通，掌握需求、积极寻源、特事急办，优先开展重点防疫物资铺货。在新冠自测试剂获国家药监局批准上市后，第一时间与 21 家生产企业取得联系，高效完成采购流程，抢先与 3 家生产企业签订购销合同，迅速在国能 e 购员工大集平台铺货上架，常态化储备试剂 48 万支，全力保障防疫需求。以用户单位需求为导向，持续丰富职业卫生健康专区服务品类，开展常规防疫物资、消毒机器人等防疫物资的铺货，打造防疫物资常态化供应平台。建立防疫物资库存储备、预留产能代储方式，其中，口罩已锁定六大生产厂商库存储备 1500 万只，预留库存 20 万只 / 天；医用手套库存储备 5 万副，预留产能 1 万副 / 天；酒精预留产能 0.5 万千克 / 天，10 天可供应 6 万千克；消毒液、防护镜、防护服等物资储备充足，为集团公司各用户单位防疫保供提供了坚实保障。

充足的防疫物资储备，起到了未雨绸缪的作用，切实为战胜疫情保驾护航。2022 年 8 月 19 日上午，物资公司接到了集团公司关于向聂荣县提供防疫物资援助的紧急部署，要求两日内完成医用口罩、防护服和抗原试剂检查盒等 24 类物资的紧急采购任务。能在如此短的时间内完成任务，充足的物资储备成为公司应战的有力底气。

二是全员行动，积极拓展寻源渠道。公司将防疫保供作为重要政治任务，动员全体干部员工人人将保供责任扛在肩上。2022年8月19日上午接到援助聂荣县的任务后，公司立即成立应急物资保供突击队，紧盯寻源和物流重点环节，建立实时汇报工作机制，对照防疫物资清单，刻不容缓开展"白加黑"模式的寻源工作，得到了长期合作厂商的大力支持，于8月19日夜间就快速完成了整体寻源工作。在短短的2天时间内，实现了24类防疫物资寻源、采购和发货。长期稳定的货源，是南方公司完成西藏聂荣紧急任务的坚强后盾。

三是争分夺秒，大力缩短运输时间。时间就是生命，在防疫保供中，如何缩短运输时间是南方公司需要花大力气攻克的主要难题。在每一次接到防疫保供任务后，公司领导都带领业务人员亲笔绘制物资运输路线图，反复探讨最可行、最省时的运输路线，确定最佳运输方案。与多家物流公司建立了良好协作关系，在运输过程中既当监督员又当战斗员，有效保障运输安全，最大限度缩短运输时间。

在新冠抗原试剂获国家药监局批准上市后，业务人员第一时间连夜赶赴生产厂家，锁定货源，协调物流，连夜将首批2万支新冠自测试剂运抵集团公司防疫一线，争分夺秒助力集团公司坚决打赢疫情防控阻击战。为缩短物资西藏聂荣防疫物资运输时间，公司想方设法克服重重困难，与供应商和物流商反复沟通协调，通过将防疫物资快速集中至指定地点、航空汽运接力和专车统一配送等方式，与时间赛跑，将物流时间缩短了4天，为战胜疫情赢得了时间。密切跟踪配送情况，组建了物流信息跟踪群，配备专人在群里每隔1~2小时通报一次物流位置和物资情况，实时掌握运输状况，监督运输安全。2022年8月25日13时58分，历经4个昼夜、奔袭近8000千米的防疫物资专车顺利抵达西藏聂荣。

2022年11月14日，接到集团公司关于向华北电力大学紧急支援防疫物资的指示，物资公司党委高度重视，迅速安排部署。所属南方公司作为防疫物资供应的主责单位，坚持特事特办、急事急办，迅速成立工作专班，制定专项组织方案，积极协调货源、对接物流运输，并连夜安排装车运输，全力确保防疫物资第一时间送到华北电力大学。公司全程与山东青岛货运公司保持联系，及时掌握车辆到站计划、装运流程及防疫物资运输沿途情况，压缩非作业等待时间，运输车辆经过22个小时连夜奔袭1000余千米，顺利抵达华北电力大学。

三、案例效果

目前，南方公司已具备了充足的防疫物资储备、紧急时刻供得上的稳定货源，与防疫物资优质生产厂商和知名物流公司都建立了长期友好合作关系。以专业化标准化的业务能力、优质高效的服务水平，在抗疫保供战役中积极履行社会责任，创造了一个个从"不可能"到"可能"的"奇迹"，用担当擦亮了央企品牌。

一是匠心服务获好评。自疫情发生以来，南方公司先后为集团公司766家单位供应口罩23.7万只，测温仪3111台，消毒酒精11621千克，护目镜7782副，防护服61605件，洗手液19875瓶，消毒液14678.72千克，一次性手套13000双，防护面罩1486个，滤棉27000片等重要防疫物资。这些数字不仅仅是一个简单的记录，更是物资人践行职责使命、在抗疫保供攻坚战中交出的亮丽答卷。

南方公司的匠心服务得到了用户单位的一致好评，收到了多封表扬信，得到了集团公司的充分肯定。

二是勇毅担当赢赞誉。面对紧急保供任务，南方公司迎难而上，勇挑重担，奋力攻坚。从2022年8月19日上午接到援助西藏聂荣县的保供任务到8月25日将防疫物资顺利运抵防疫一线，历时不到一周时间，有效缓解了聂荣县燃眉之急。向聂荣县提供的防疫物资品类繁多，均是目前防疫一线的急需物资，包括一次性医用外科及N95口罩10万只、新冠检测试剂8万支和红外线测温仪520台，以及消毒液、体温计、喷雾枪、医用垃圾处理袋、热成像仪等在内共24个品种，总计40余万件，总重量达12吨，价值240余万元。这些数字象征着一种深厚的情谊，浇灌了民族团结之花在雪域高原绽放。聂荣县人民赞誉南方公司与聂荣人民心连心，千里驰援送来了及时雨、雪中炭。

公司还向华北电力大学和中国矿业大学捐赠防疫物资，公司贯彻落实党的二十大精神，践行"人民至上、生命至上"理念的具体行动，进一步深化了校企合作，得到了这两所大学的高度赞誉。公司向华北电力大学捐赠 20 万只 KN95 口罩、1 万套防护服套装（含防护服、隔离面罩、鞋套），总价 150 余万元，向中国矿业大学捐赠 30 万只 KN95 口罩、1 万套防护服套装（含防护服、防护面罩、医用鞋套、医用帽子）等，总价值 178 余万元，有力缓解了两所大学疫情防控压力。

在物资公司建设科技型平台示范企业的新征程上，南方公司将始终以党的二十大精神为指引，发扬"严、细、深、实"的工作作风，打造"平台物资、高效物资、科技物资、合规物资"，积极探寻企业经营管理的信用价值取向，以平等观念为基础，构建现代企业诚信体系，为企业打造良好品牌形象、勇担社会责任奠定基础。

案例创造人：梁永吉、王路路、杨　帆

诚信经营铸品牌 "数智" 服务助成长

四川长虹佳华信息产品有限责任公司

一、企业简介

四川长虹佳华信息产品有限责任公司（以下简称为长虹佳华）是一家国企控股的香港上市公司（股票代码为3991），以"做帮助成长、支持成功的好伙伴"为企业经营理念，定位于新时代卓越的数字智能综合服务商，以数字化、智能化核心能力赋能自身及伙伴价值提升，致力为合作伙伴提供泛ICT线上线下新流通生态服务、ICT基础设施及服务、数字智能服务，长久、持续地帮助合作伙伴成长、成功。

2004年长虹佳华起步，2011年步入百亿企业阵营，2013年在香港上市，2020年营业规模突破400亿元，在ICT行业企业中名列前茅。公司常年蝉联"中国数字生态增值分销商十强"，凭借在构建创新生态赋能数字产业发展方面的卓越表现，斩获"行业创新典范"及"数字化转型推动力"奖，并在营销业绩、诚信经营、社会责任、品牌形象等多范畴获得地方政府、权威协会、合作企业的数百项荣誉奖项。

长虹佳华秉承"做帮助成长、支持成功的好伙伴"核心经营理念，为渠道合作伙伴提供专业的产品及解决方案服务，赢得了良好的行业信誉与口碑。长虹佳华荣获"2021年社会责任先锋奖""2022年四川服务业企业100强""2022年四川省电子商务示范企业""2022四川省诚信示范企业""AAA级企业信用等级评价证书""2021中国新经济500强潜力企业"等多项荣誉，获得了社会、客户与消费者的认可与肯定。

二、具体做法

1.合作共赢造价值，诚信至上创品牌

作为ICT生态圈的连接者，长虹佳华深谙"有信则立，守诚致远"之理，与厂商和渠道伙伴保持多年精诚合作、持久共赢，是数十家世界500强企业的中国总代理或唯一总代理，与其中多家企业维持十年以上的深度合作关系，在业界具有良好口碑，积累了深厚的品牌影响力，并荣获"2021年杰出品牌形象奖"。

在企业级领域，长虹佳华在分销产品的基础上，依托自身技术、资源整合及服务能力，搭建应用层面的平台，并将产品有机整合为多种技术及行业解决方案，同时提供技术支持、咨询、培训、资质认证等多种增值服务，致力成为国内知名的大数据、云计算综合服务商。长虹佳华拥有云计算体验暨培训中心，并联合多家知名厂商，共同为渠道合作伙伴提供数据方案、虚拟化方案、灾备方案等解决方案，以及市场咨询、技术支持等一站式服务，从而促进厂商与集成商更紧密的合作。长虹佳华为不同专案配备专门的客户经理，负责用户问题的沟通与回馈，并通过呼叫中心电话提供一对一服务支持、技术咨询、故障分析及远程诊断。

在消费级领域，长虹佳华以专业的营销能力帮助厂商迅速将产品推向市场。深入把握市场和客户需求，拥有逾万家核心代理商，建立了覆盖全国的渠道体系。通过与厂商及核心代理商保持稳定、长期的合作，充分保证供应链各方的利益，形成了良好的分销体系。同时，依靠高效的运营平台和物流体系，提供了良好的服务保障。组合营销模式，将代理产品有机结合，帮助合作伙伴满足用户不同层面需求。建设优化佳华哆啦互联网B2B新分销平台，撮合区域分销商与终端经销商线上交易，构建覆盖全国的开放、合作、共赢的区域分销新生态，同合作伙伴共同成长，多方共赢。

长虹佳华在2021年创造了营业收入445.58亿港元和连续17年保持业务增长的业界佳绩，行业影响力

与社会影响力不断提升，打造新时代卓越的数字智能综合服务商品牌形象，成为中国 ICT 行业新标杆。

2023 年长虹佳华将紧抓数字经济发展机遇，以"做数字智能价值伙伴"为品牌主张，致力构筑智能商业体系，业务聚焦，管理聚力，提升数字化、智能化核心能力，赋能自身及合作伙伴和客户价值提升，做新时代卓越数字智能服务商和价值伙伴，与合作伙伴共同获得新时期的新发展，为股东做出更大贡献。

2. 行业创新为己任，赋能数智生态圈

长虹佳华在深耕行业、稳健前行的同时，始终以创新为己任，连接国内外伙伴，共同赋能 ICT 生态圈。

我国虚拟现实产业已初步形成全产业链生态体系，作为元宇宙建设综合服务商，长虹佳华提早布局元宇宙赛道，目前，长虹佳华业务范围覆盖高职教、工业设计、仿真实训、展览展示等多领域，成为行业前沿产品组合和解决方案的供应商。在"元宇宙元年"2021 年，长虹佳华相关业务收入突破亿元，实现同比增长 289% 的快速高质发展，并荣获了"2022 中国数字生态元宇宙先锋企业"称号。

在以国内大循环为主体、国内国际双循环相互促进的新发展格局下，长虹佳华与亚马逊云科技共同打造"MCC 制造业出海互联平台"。MCC 将不断整合资源，运用科技手段打通供应链，通过优质、创新的产品与数字化服务，助力中国工厂、卖家、服务商将产品与服务推向全球，塑造更多优质的中国品牌，让中国制造走向世界每个角落。

长虹佳华作为 ICT 生态圈中的连接者，主动收集渠道伙伴和企业在转型、运维、运营等场景痛点，构筑 CSP 数字化云生态运营综合服务平台，围绕提高运营效率、规范流程安全、清晰账务来源，将数字化抽象成工具化，为渠道伙伴提供丰富的数字化场景思路，一站式赋能伙伴，切实帮助伙伴"选好云，上好云，用好云"，共同服务市场客户，助推合作伙伴数字化转型。

长虹佳华旗下的新型全链路综合服务型品牌虹 Design，为海内外成长中品牌和运营成熟工厂品牌客户提供全链路的品牌综合解决方案。同时，在智能连接、互动娱乐的游戏相关业务领域积极布局，赋能生态合作伙伴，提供更为潮流和极致综合营销服务。

长虹佳华始终坚持创新理念，保持敏锐行业嗅觉，投资建立云计算中心，积极布局、稳步推进云计算、大数据、物联网等新兴业务发展，努力促进产业生态创新发展。并联合多家知名厂商，共同为渠道合作伙伴提供数据方案、虚拟化方案、灾备方案等解决方案，以及市场咨询、技术支持等一站式服务，从而促进厂商与集成商更紧密的合作。

3. 社会责任勇担当，诚信建设立标杆

诚信、责任与担当，既是长虹佳华对社会与合作伙伴的承诺，也是长虹佳华一直以来不变的坚持。长虹佳华注重企业与社会、环境的协调可持续发展，在追求经济效益和企业发展的同时，自觉将社会责任纳入经营战略，诚信合规经营，积极履行社会职责和义务，实现公司与员工、公司与社会、公司与环境的健康和谐发展，持续创造价值。

在合规管理方面，长虹佳华为实现企业使命，秉持诚信、透明、公开、高效的原则建立良好的企业管治常规，并已执行及完善各项政策、内部监控程序及其他管理框架。遵守中国国家、省级和市级政府有关公司经营的各项法律法规，并已设立合规程序。长虹佳华制定了《员工独立性监管守则》《长虹佳华问责管理办法》，规范员工在经济交往活动中的职务行为，并设定相应的舞弊信息举报电话和邮箱，保持公司业务活动的客观性、公正性和协同性，规避业务操作风险和预防各类利益冲突，防止贿赂、勒索、欺诈及洗黑钱等不当行为，确保公司声誉及公司、客户利益，建立良好的商业秩序。长虹佳华通过日常开展对采购、财务、销售等关键环节进行合同法的专项培训，有效地增强了员工依法办事、诚实守信、自觉遵守信用的意识，在公司上下形成了恪守合同信用的氛围。通过建设企业信用机制，树立了公司诚实守信的企业形象，使公司的生产经营活动处于良性循环。

长虹佳华在发展中始终不忘其肩负的社会使命和责任，积极开展系列公益活动，投身于社会公益事业，为推动建设和谐社会做出积极的贡献。为响应国家安置残疾人的号召，2016 年正式启动残疾人招聘项目，

优先为社区周边的残疾人群提供就业机会。2022年在多个部门设立了残疾人员专岗，接纳符合录用条件的残疾人员进入企业，实现就业，合计雇佣残疾人员14名。2022年，四川甘孜藏族自治州泸定县发生地震，长虹佳华通过绵阳市慈善总会向四川泸定地震灾区捐赠100万元，用于抗震救灾工作。在得知四川雅安特殊教育学校的同学们缺少书籍的情况后，立即与雅安残疾人福利基金会取得联系，提供通过员工运动等绿色行动兑换的书籍和书柜，为同学们提供"虹书架"，帮助同学们更好地了解世界。为了提升民众反诈意识，联合丰台科技园区派出所，开展反诈宣传活动，间接树立长虹佳华反诈的公益形象，传播触达万余人。长虹佳华自2015年起举办全体员工"约步"活动，鼓励多走路、少开车，推广"绿色出行"，该活动已连续举办8年，员工积极参与，活动期间运动步数超过2310万步。

为抗击新冠疫情，长虹佳华积极发挥连接者作用，集合厂商与代理商的力量，基于自身强大的平台运营管理优势，保障业务正常运营，及时提供服务。面对紧急需求，内外各方协同联动，快速沟通反应，集中力量，协助合作伙伴满足抗疫一线的客户需求。新冠疫情期间，联合厂商开展主题为"新基建、新动能"的系列直播培训，探索在全球疫情演化与经济挑战之下ICT领域的发展方向，从多个维度和场景助力抗疫新基建。

今后，长虹佳华将继续牢记自己的使命和责任，立足实际，踏踏实实经营，以诚立身、以信增利，不断加强诚信品牌建设，努力为国家经济发展和诚信建设做出更多积极贡献。

案例创造人：祝剑秋、何建华

诚信为本　奋力谱写高质量发展新篇章

大唐泰州热电有限责任公司

一、企业简介

大唐泰州热电有限责任公司（以下简称大唐泰州公司）主要经营电力、蒸汽的生产及销售，是中国大唐集团公司"十三五"期间第一个开工建设的燃机项目，一期已建成两台E级燃气-蒸汽联合循环热电联产机组，装机容量为2×200MW，设计供热流量为200吨/时，分别于2017年7月26日、8月10日投产运行。

大唐泰州公司始终以履行社会责任为己任，着力打造诚信企业品牌，高度重视依法管理，诚信守法经营，先后获得"智慧电厂创新单项精品工程""火电造价单项精品工程""先进基层党组织""江苏省五一劳动奖状""江苏省模范职工之家""江苏省平安企业""江苏省五四红旗团委""节能工作先进企业""泰州市劳动保障诚信示范单位""泰州市诚信纳税人"等荣誉。此外，大唐泰州公司1号、2号机组同时获评2019年度全国180MW"E"级供热机组5A优胜机组，成为全国唯一一家"双5A"级燃机企业。

二、加强诚信建设，合力推动企业高质量发展

1. 树立诚信经营理念

大唐泰州公司作为国有发电企业，始终秉承合法经营、健康发展的理念，杜绝任何违法违规操作，依法诚信经营。努力提升企业整体素质，内求管理、外求发展，积极开拓，围绕公司合法经营、提质增效做文章。坚持和完善党委理论学习中心组学法制度，加强领导干部普法学习工作。开展主题党日、部门学习日活动，加强中国法治建设历程专题学习工作。通过法务风控"学习日"、邀请律师开展普法讲座、宪法宣传周等多种形式推动公司形成浓厚的法治氛围，强化公司上下合规运行的法治意识，使依法合规、诚实守信成为全体员工自觉遵守的行为准则。

2. 加强制度体系建设

为提高制度的规范化和及时性，制度归口部门定期按照"科学简洁、高效管用"原则对公司现行有效制度进行修订，组织各部门提前制订下一年度制度修编计划，规范公司管理流程。在OA系统开设专栏，方便职工查阅学习，组织业务部门自学、集中学习现有制度，进一步提升依法从严治企的制度管控能力。开展"制度大讲堂"活动，实现人人上讲台，搭建便于职工学习交流的平台，有效提升公司各级各类人员履职能力。将制度建设贯穿安全生产、经营管理、科技创新、党建思政等重点工作，促进公司和职工共同发展，达到共同提高的"双赢"目标。

3. 筑牢诚信合规体系

为全面贯彻落实普法规划，依法治企防范经营风险，加强合规管理工作的组织领导，公司成立合规管理委员会。根据实际工作需求，委员会下设五类工作组，具体明确各部门承担业务领域的合规管理职责。通过成立合规管理委员会建立起合规问题的发现、识别和通报机制。定期组织开展跨部门的合规风险排查，制定并落实合规风险防控措施并督促违规整改和持续改进。组织开展本企业年度或定期合规风险评估，每

月联合江苏公司及各基层企业共同开展合规风险培训工作。制定宪法宣传周普法规划，组织开展赠送法制宣传册、《民法典》宣传日历等系列活动。开展员工家属廉洁座谈会，签订《家庭廉洁承诺书》，赠送廉洁联系卡，筑牢诚信法治廉洁合规体系。

4. 强化诚信内控监督

大唐泰州公司切实发挥"监督保障执行、促进完善发展"作用，确保党中央决策部署和上级工作要求贯彻落实。建立政治监督检查台账，严抓合规风险防范，强化制度管理，明确责任，细化重点业务部门责任，建立大唐泰州公司风险库，发放给业务部门进行风险提示，并定时更新风险库内容。严抓过程管控，发挥法务风控专业的牵头协调抓总作用，推动系统各企业建立健全诚信管理体系，加强合规审查和评估。强化纪检监察、审计等部门监督责任，定期对重大项目、财务资金、物资采购、招投标等重点领域进行监督检查。对选人用人、选优评优进行监督，累计对144个参加选优评优的组织或个人进行严格审核，严把选人用人、选优评优的政治关、品行关、诚信关、廉洁关。开展"靠企吃企"监督检查，牵头开展化公为私、"影子股东"两个问题的专项整治工作，督促各牵头部门按期完成其余4个问题自查报告和自查清单，切实发挥内控监督检查作用。

三、注重责任实践，将诚信为本融入企业高质量发展

1. 依法诚信纳税，履行央企义务

大唐泰州公司积极履行社会责任，坚持以纳税报国、反哺社会为己任，不断增强依法纳税意识，规范财务会计工作，规范企业纳税行为，确保及时足额纳税。公司内部已形成浓厚的依法纳税、主动纳税氛围。持续深化税收管理，加强企业税务风险内部控制机制建设，提高企业纳税遵从度，降低税收风险，规范和约束自己的涉税行为，明礼守信，树立良好的企业形象。诚信纳税，遵守税法，不说假话，不做假账，不偷税、不骗税，不抗税。大唐泰州公司严格遵照国家的税收法令及税收政策，正确计算缴纳各项税款，服从税务部门管理，及时足额地应缴尽缴。即使在公司资金紧张的情况下，公司也顾全大局，力保税款资金及时足额入库。依法纳税，尽企业应尽社会义务，税收的资金保障也为公司创造了良好的政策、法律等外部环境。聘请专业税务顾问政策指导，前期谋划、重点防范、查漏补缺，进一步提高纳税遵从度，履行央企义务。

2. 践行环境保护，走向绿色文明

响应地方环保要求开展友好减排工作，降低氮氧化物排放量，收到姜堰区生态环境局的感谢信。完成污泥、危废合规处置，委托具有处置资质企业进行污泥合规处置，实现了污泥全流程的可追溯。进一步落实《环保污染物远离"红线"和杜绝污染物瞬时值超标措施及考核保法》，进一步优化环保指标的控制和调整，保证污染物达标排放。完善危险废物管理，推进危险废物管理规范化、处置合法化，全面提升危险废物管控能力和水平。开展《突发环境事件应急预案》的修编评审工作，明确大唐泰州公司环境风险，并根据应急预案采取针对性的措施以降低环境风险。

3. 推进厂务公开，协商互利共赢

公司秉承"厂务公开、以人为本"的诚信管理理念，以"推动企业健康发展,促进劳动关系和谐"为主线，通过实施"三承诺""三公开""三评议"，不断加强厂务公开民主管理工作的长效机制建设，持续推进厂务公开民主管理工作的规范、深化和创新，使厂务公开民主管理工作始终保持良好发展势头。以构建联系职工群众、服务职工群众工作机制为要点，领导班子深入到基层一线进行5次专项调研，覆盖人数超过85人次，占职工总数80%以上。创新开展"五小"、"金点子"、"QC"评比等活动，由创新工作室牵头组织完成的主要改造项目达15项，累计发表专业相关论文20余篇，获得新型专利10余项。集体协商是维护广大员工合法权益、助力企业发展的重要手段。大唐泰州公司通过创新创造类成果奖励的协商、技术技能类津贴

协商、各级集体荣誉类的专项奖励协商等集体协商核心内容，创新激励制度，提升综合素质，优化奖励方式，努力营造"有事多商量，遇事多商量，做事多商量"的诚信沟通氛围。

4. 打造优秀劳动关系，构建诚信和谐企业

大唐泰州公司健全和完善了《劳动合同管理实施细则》《员工离职管理办法》《工资支付实施细则》《荣誉奖励管理办法》《绩效考核管理办法》等一系列用工管理、薪酬、奖励制度，推动企业规范用工，建立健全薪酬体系，维护双方合法利益，保障员工各项权益。根据人员变动情况，及时、足额为全体在职员工缴纳各项保险，社会保险参保率达100%，从未发生过瞒报、漏报、欠缴社会保险费的行为。重视安全生产工作，完善劳动保护机制，自投入生产运营以来未发生人员伤亡事故，已连续安全生产2205天。文体活动种类多样，丰富员工业余生活，组织开展各种"球类竞赛""健步走""健身操"等趣味活动，为员工业余生活增色添彩。此外，与当地医院多次举办联谊活动，解决单身青年交友难题，增强员工幸福感和归属感。

四、践行诚信责任，彰显央企担当

大唐泰州公司累计发电量突破80亿千瓦·时、供热量突破310万吨、工业总产值突破49亿元、纳税超过2亿元，用实际行动诠释诚信责任，彰显央企担当。通过公开透明招标采购、良好的福利待遇、平稳的安全生产形势、绿色低碳的环保理念、扎实有力的内控监督等措施，提高企业诚信水平。常态化开展"学雷锋"志愿服务活动，积极参与社会公益事业，为推动公司精神文明建设贡献青春力量。开展"学雷锋"志愿服务活动，走进姜堰特殊学校，弘扬志愿精神，展现国企担当。

今后，大唐泰州公司将高扬干事创业之帆、鼓足攻坚克难之劲、笃定决战决胜之志，全面实现各项生产经营目标，为大唐集团公司"二次创业"，为服务地方社会发展、造福泰州人民，为以中国式现代化全面推进中华民族伟大复兴贡献更多智慧和力量！

案例创造人：周子越、韩　洁

以服务品牌创建成效为企业诚信代言

国能诚信招标有限公司

一、案例背景

近年来,加快品牌建设成为企业转型升级、迈向高质量发展的内在要求,有效发挥品牌引领作用,成为加快构建新发展格局的现实路径。国能诚信招标有限公司(以下简称诚信公司)2020年业务转型初期,品牌定位与企业发展战略尚未构建清晰协同,核心竞争能力的提升与企业高质量发展的需求面临挑战。研究制定品牌战略成为公司立足新发展阶段、贯彻新发展理念、构建新发展格局,推进高质量发展的客观需要与迫切要求。公司党委紧紧围绕集团公司"七个一流"中"品牌一流"的战略要求,牢牢把握集团RISE品牌模型的内在逻辑,迅速开启品牌创建之路。

《尚书·周书·周官》记载有"功崇惟志"的说法,在企业运营方面可解释为,想要创建一流的品牌需要找准品牌定位。诚信公司注重在优秀传统文化中挖掘品牌内涵。"诚者,天之道也;思诚者,人之道也。"孟子提出儒家文化的内核之一就是诚信,"人无信不立",事业无诚则犹如无根之木不可长久。从文化和精神传承中,不难看到诚实守信、追求卓越等精神文明成果的印记,成为孕育品牌的精神土壤。

"盘圆则水圆,盂方则水方。"诚信公司深刻理解把握集团RISE品牌"负责任、讲诚信、善创新、勇创优"的品牌个性,在经营管理中树立依法合规的价值理念,深入贯彻"法治国家能源"建设,遵循集团公司《诚信合规手册》内在规定,把依法合规、诚信守约要求融入企业发展战略和经营管理各方面。在实践探索中将品牌战略写入"创一流"发展规划中,确定"诚信合规,卓越服务"作为公司服务品牌理念。

二、案例实施路径

(一)在创建服务品牌过程中讲好诚信故事

"文章合为时而著,歌诗合为事而作",这是历史文人对历史使命感的一种集中概括,同时也指引公司在建设好品牌的过程中要注重倾听时代的声音,呼吸时代的空气,把握时代的脉搏,结合企业文化积极营造良好的品牌文化氛围。

"这真是一出趣味横生的情景动漫剧,我们变成动漫角色走上'讲台',来生动演绎国家能源集团《诚信合规手册》的核心内容,我们不再以旁观者的身份聆听,而是变为参与者、体验者。"一名90后职工在观看公司自导自拍的微动漫情景剧《我们都是国家能源诚信合规人》后有感而发。诚信公司创新以"微动漫"情景剧为载体,以有情、有声、有景的新颖方式,向广大干部职工讲授了一堂诚信合规课,该作品荣获集团公司"合规先行人人有责"主题宣传活动微动漫类二等奖。

为更好地树立公司服务品牌形象,诚信公司用好企业文化建设成果,积极为品牌宣传营造浓厚的文化氛围。积极开展宣传贯彻集团公司RISE品牌战略,树立品牌意识,推进服务品牌与战略融合,制定印发《品牌管理办法(试行)》《品牌建设工作计划》,加强精神文明建设和企业文化建设,使企业文化建设与品牌建设同频共振;选树典型发扬工匠精神,推动"物资工匠"工程落地,据此拍摄宣传片《指尖上的采购工匠》,该宣传片荣获国家能源集团红色记忆微电影微视频优秀奖,入选教学课件在集团公司融智学习平台网上发布;

组建"诚信之窗企业文化宣传"突击队,强化宣传阵地建设,对外讲好诚信故事,公司服务品牌得到有效宣传。

(二)在推广服务品牌实践中提高企业诚信知名度

"合抱之木,生于毫末;九层之台,起于累土。"品牌的良好口碑,来自对"闻于心,践于行"的真诚实践,诚信公司注重在实践中提高品牌的知名度。

"喂,您好,这里是诚信管家,您单位的项目已经挂网并评审结束了,首选备选供应商已推送至SRM系统,请安排定标工作。""贵单位发来的澄清已在平台上回复,感谢您参与采购项目,诚信公司竭诚为您服务。"这是诚信公司业务人员的工作日常,这些业务人员更愿意称自己为"诚信管家"。

2021年8月,《国能诚信招标有限公司金牌管家服务手册1.0》(以下简称《手册》)正式在5家试点电厂发布使用,手册说明了金牌管家服务的意义、内涵,清晰确定了管家组织架构体系、流程架构、服务标准和考评机制,使服务标准化、清晰化。《手册》的发布,标志着公司追求卓越服务的体系载体有效落地。

公司党委注重将品牌建设与贯彻落实习近平总书记重要指示批示和党中央重大决策部署相统一,坚持把抓好品牌建设作为发展契机,有效将服务品牌与建立"三级联动精准服务体系"、开展"精益管理年"活动等重点工作相结合,培育打造出"金牌管家服务""云协作协同服务体系""集采业务大课堂""清廉诚信"等一批特色精品项目,依托精品项目冠名品牌,通过项目塑造品牌文化、维护品牌形象、提升品牌价值,让品牌的认知度在实践中得到最广泛的认可。品牌建设期间,累计开展登门、驻厂服务43次,协调解决技术难题134项,圆满完成短名单批次集采,顺利保障集团公司"两个1500万+"项目所需光伏电缆紧急供应,服务满意度达100%,用诚信服务品质,叫响了服务品牌。

(三)在叫响服务品牌质量中培育诚信可靠代言人

自古就有"邦之兴,由得人也"的人才思想主张,诚信公司在服务品牌创建中注重在岗位练兵中培育人才,由一流的人才为服务品牌代言。

"我表态,要以身作则带领先锋队加强学习落实规范,密切沟通做好服务,不忘初心坚定信念,不负青春勇当先锋,在一线工作中争当岗位能手、争做采购排头兵。"这是在2021年9月17日举行的诚信公司组织召开"奋进'十四五'"党员先锋队、党员示范岗授牌会暨"大干100天"动员会上,挂牌集团公司党员先锋队的代表所作的作态发言。

"疫情就是命令,防控就是责任,我要做公司防疫的小金刚。"这是在2022年5月,诚信公司综合管理部主管李刚面对来势汹汹的新冠疫情而发出的宣言,期间他三进三出封控区域搬运消杀,日工作超10小时,累计转移搬运笔记本电脑68台、台式机4台、打印机6台以及各类资料8箱,累计发送快件112份,在北京驾车行驶逾350千米前往狼堡职工宿舍及快递无法送达地区开展上门服务,用担当与勇气,留下一个个"最美逆行者"的感动瞬间。

坚持以人为本,在服务品牌建设中坚持品牌的发展要靠人来实现、品牌的精神要靠行动来体现的建设理念,深化"社会主义是干出来的"岗位建功行动,组建8支"突击队"、3支防疫保供"先锋队"、1个创新工作室、27支"兴趣小组"和6支"产品工程师"课题团队,充分发挥"奋进'十四五'"党员先锋队、示范岗先锋模范作用,让想干事者有机会,让能干事者有舞台,让干部在实干中迅速成长成才。在疫情常态化下积极引导,让党员、青年亮身份,做承诺,比贡献,积极探索采用现场+远程视频形式,高质量完成集团"碳中和"、资产统保、债券发行、经济审计等重点项目的采购;积极开展"火线服务",帮助花园、神二、榆次电厂进行紧急采购寻源,助力电厂排除故障,兑现了在重要岗位有党员、主要骨干是党员、关键时刻见党员的承诺。

三、案例效果

取法其上,高屋建瓴。诚信公司服务品牌经过不断打磨已成为诚信人的精神坐标,激励着公司奋力迈向建设成为世界一流水平的采购专业化公司的战略目标，以"云评数驱，平台赋能"为理念，为打造国际一流的平台型科技示范企业贡献诚信力量。

（一）有力提升企业的竞争力

坚持把抓好服务品牌建设作为发展契机，充分将品牌价值红利与经营管理效益、"数字化转型"发展有机结合，把品牌价值有效转化为发展动能。自品牌创建以来，通过清产核资、清理往来款项以及增收利润等举措，资产负债率大幅下降，首次低于50%大关，较品牌创建前下降了36个百分点；非招标效能指标持续提升，一挂成功率达97.23%，较品牌创建前增长6.94个百分点，评审时间为6.18天，较品牌创建前缩短4.48天，采购指标全面优于历年同期值；积极贯彻"数转、数智、数驱"发展理念，以数字驱动引领数字化转型，全面推动"智能云评审"项目广泛应用和创新实践，推进集团公司级短名单物资主数据标准化建设，提升无人化、智能化领域话语权，推动服务工作由"经验驱动"转向"数据驱动"；定量、定性制定三大类17项考核指标，利用视频录像等信息化手段建成全流程可追溯的监督管控体系；公司申报的《国能e购IPS系统》荣获"2021年全国电力行业物资管理创新成果项目"管理类二等奖，《基于FTA法的采购投诉异议处理方案》荣获首届"趣·创未来"创客大赛一等奖。公司连续三年荣获经营业绩考核先进单位和党建工作责任制考核"优秀"单位称号。

（二）有力增强企业的凝聚力

坚持将品牌建设与集团核心价值理念体系及精神文明建设相统一、同步调，制定实施"践行'三情'文化、打造服务品牌、提升服务质量"活动方案。推进品牌、信用、社会责任体系建设，持续开展北京市丰台区儿童福利院互助帮扶、集采短名单内精准帮扶活动，全年为湖北企业减免服务费400余万元，公司"蓝极光青年志愿者服务队"荣获集团公司2022年度青年志愿者优秀组织称号，彰显新时代企业担当精神。公司纪委以"制度保廉、活动倡廉、教育思廉、谈话促廉"手段，打造"清廉诚信"亮丽名片。自服务品牌创建以来，累计在集团公司及物资公司各类媒体刊登新闻稿件342篇，公司形象显著提升。

（三）显著提高企业的知名度

诚信公司党委深化"社会主义是干出来的"岗位建功行动，将服务品牌在党建与经营融合实践中广泛推广。发扬"支部建在连上"的精神，与定州电厂、鄂温克电厂开展业务、党建共建，把"诚信合规，卓越服务"服务品牌在项目单位逐步推广。成立"抗疫保供"突击队，协调打通涉疫区域供货渠道，实现对130余家厂矿远程连线全覆盖，完成天津港务、龙源电气等单位的紧急物资供货需求，累计收到表扬信及锦旗30余封（件），实现了采购服务提速又提质。公司先后荣获国家能源集团先进基层党组织、2021年中国招标投标协会"行业先锋"称号，荣获物资公司"首届文明单位标兵"、"社会主义是干出来的"岗位建功行动先进集体、创建世界一流示范企业先进单位。公司知名度和美誉度得到有效提升。未来，诚信公司将秉承"平台是核心、服务是灵魂、合规是基础"的公司价值观，持续依托国能e购平台，树立国能e购"好货好平台"形象，积极建设国际一流的平台型科技示范企业，为国家能源集团全球可持续能源典范的品牌定位不断助力。

案例创造人：陈昆亮

国之大者，诚信为先
猴子岩公司扎根藏区展现央企担当

国能大渡河猴子岩发电有限公司

一、企业简介

国能大渡河猴子岩发电有限公司（以下简称猴子岩公司）位于四川省甘孜州康定市孔玉乡四清坝营地，主要从事猴子岩水电站的投资、运营、管理和电力生产、销售。2004年5月成立筹备处，2006年12月成立分公司，2007年12月成立猴子岩水电建设有限公司，2021年1月更名为国能大渡河猴子岩发电有限公司。目前公司下设综合办公室、党群办公室、纪委办公室、财务劳资处、安全监察处、生产技术处、市场营销处、运行维护处8个部门和1个工程尾工项目管理中心（包括计划合同处、征地移民处、工程建设处），现有员工116人。

公司始终以"依法治企，诚信为先，力争一流"为经营理念，重信守诺，合规经营，积极承担中央企业社会责任，大力进行针对藏区百姓的技能培训、关怀慰问、修路搭桥、产业帮扶等各项活动。2021年6月21日，国家能源集团召开脱贫攻坚总结表彰暨乡村振兴安排部署会，会议表彰了集团公司脱贫攻坚先进集体和先进个人，猴子岩公司被集团公司授予"国家能源集团脱贫攻坚先进集体"称号。

公司始终致力于打造员工幸福、愿景美好、共同发展的和谐氛围，与员工共享企业发展成果，在业主营地内修建了羽毛球场、室内室外篮球场、职工影院、阅览室、健身中心等设施，组织各项活动，并设置丰厚奖励，努力营造职工干事创业与身心健康相得益彰的生活环境。

二、企业诚信经营理念

猴子岩公司把学习贯彻党的二十大精神作为首要政治任务，加强组织引领，周密部署安排，准确把握领会，持续掀起宣传贯彻热潮。全面落实国家能源集团"一个目标、三型五化、七个一流"总体发展战略，落实集团公司"41663"总体工作方针，积极践行"六个担当"，以"开局就是冲刺、起步就是争先"的工作态度，为全年高质量发展开好头、起好步。坚持大渡河公司"六个突出、八个强化"的工作思路，按照"创新驱动，智慧引领，价值创造"积极推进提质增效和智慧企业建设，全力争创利润效益，持续保障电站安全生产稳定有序，牢牢把握年度工作大局，统筹协调，攻坚克难，担当奉献，勇于作为，圆满完成了各项目标任务。公司曾荣获国家能源集团安全环保考核评级一级单位，被评为国家能源集团首届文明单位；运维分工会获得"全国模范职工小家"称号，多年保持大渡河公司考核A级。

公司坚持以国家能源集团企业文化为统领，结合乡村振兴和党史学习教育的要求，不断推进"智慧大渡河、幸福大渡河"和职业道德、家庭美德、个人品德、社会公德"四德"建设，充分利用公司网站、电子屏、橱窗、QQ、微信等宣传载体，加大先进典型报道力度，弘扬社会主旋律、传递社会正能量。充分发挥工会、团委等群团组织力量，广泛开展"学雷锋志愿者服务""社会主义是干出来的"岗位建功等活动，引导职工忠诚敬业、诚信尽责、依法合规。落实落地公司惠民工程，积极开展"我为群众办实事"实践活动。加强文化惠民建设，通过职工风采墙、职工劳模墙、企业文化墙，展示职工文明风采、讲述身边劳模故事、宣传企业最新文化。推行"健康生活、快乐工作"的理念,从文明部门、文明员工等细胞工程入手,策划开展"三美四不"活动,大力倡导创工作环境美、居住环境美、家庭环境美,不随地吐痰、不乱扔垃圾、不乱贴乱画、不乱停乱放的行为习惯,使员工养成文明、健康的生活方式,自觉维护公共环境卫生。公司通过利用职工影院阵地,为职工播放电影,通过投入专项资金建设"职工之家"活动中心,改建职工健身房场地120平方米,增设了10余台(套)智能健身器材,新增亲子乐园等职工文体场所,满足职工文体活动需求,切实提供职工急需福利,极大改善了职工生活、工作、文化环境。

三、诚信建设具体举措

1. 依法纳税,积极履行企业义务

公司高度重视税收管理工作,按月对应收账款账龄进行分析,依法纳税、主动纳税、诚信纳税,严格遵守国家各项税收法律法规,自觉履行纳税义务,截至2022年年底向四川省甘孜藏族自治州共计缴税15.04亿元,助力藏区经济发展。

2. 定点帮扶,造福社会

助力乡村振兴,造福地方百姓。公司作为国有企业,秉承国家能源集团"为社会赋能、为经济助力"的宗旨,结合公司生产建设实际,积极承担社会责任、参与公益事业。公司作为"大渡河公司丹巴县定点扶贫工作组"的牵头单位,具体实施对丹巴县的定点帮扶工作,协助半扇门镇腊月山三村完成脱贫任务,帮扶丹巴县在甘孜州率先完成"脱贫摘帽"任务。2021年6月,公司荣获"国家能源集团脱贫攻坚先进集体"称号。

2020—2022年,猴子岩公司落实资金325万元,对丹巴、康定、小金三市县7个村的道路桥梁建设、电力设施改造、花椒种植、蔬菜储存室建设、村级活动室维修等9个项目进行了帮扶,解决了百姓生产生活中需要解决的重点难点问题,得到当地政府和群众的一致称赞。公司每年捐助4.5万元帮助三市县18名优秀贫困学生就学,已累计资助300余名学生完成学业。结合公司管理实际,向三县市30余名贫困群众提供长期的劳务合同,帮助贫困家庭得到稳定的工资收入。

猴子岩公司坚决贯彻执行党和国家的民族政策和法律法规,切实履行央企的政治责任和社会责任,以铸牢中华民族共同体意识为主线,紧扣各民族"共同团结奋斗、共同繁荣发展"目标,通过党建引领、支部共建,积极探索"党建+民族团结"新路子,全力促进民族区域文化融合。公司多次与康定、丹巴、小金三市县开展文体活动联谊,组织篮球友谊赛、支部三会一课交流、森林草原防灭火宣传教育、藏区"入户认亲"、乡村振兴进藏家等活动,不断加深公司员工对民族地区的了解,常态化推进联谊,促进经济发展、增进民族团结、维护社会稳定。

2020—2022年,猴子岩公司依法加强环境保护。增殖放流珍稀鱼类60万尾,合规处置危险废物35.882吨,打捞处置库区漂浮物约26110吨,对生活污水定期取样检验,助力甘孜州美丽河湖建设。确保生态流量下泄量达标,积极推进生态文明建设。深刻汲取安全生产事故教训。关州水电站透水事故发生后,公司党员先锋队第一时间紧急驰援,获得甘孜州委州政府和丹巴县政府感谢信。常态化开展事故案例学习,成功应对了"3·10"上游环保事件、"6·1"芦山地震、"9·5"泸定地震等突发事件,持续巩固森林草原防灭火。常态化开展检查,每日开展线路巡视,累计排查整改问题隐患40个,100余人次协助地方政府扑灭森林火灾3处,专职消防队随时待命,助力孔玉乡森林防火,获得地方政府好评。

3. 尽责履职,加强安全管理

公司始终将安全摆在首位,认真贯彻国务院15条硬措施和集团公司60条举措,层层压实安全责任,扎实落实安全措施,圆满完成迎峰度夏和党的二十大保电任务,发挥了能源保供主力军作用,期间未发生人身、设备、火灾等事故。公司持续强化安全体系建设。修编完善了全员安全责任制和履职清单,建立健全了安全风险分级管控和隐患排查治理双重体系,在2022年4月获得全国安全文化建设示范企业称号,在

2022年11月通过了集团公司安全生产标准化一级企业达标验评,依法治安能力持续提升。同时严格落实安全生产责任,深入贯彻落实集团公司及大渡河公司安全环保1号文要求,大力推进安全生产专项整治三年行动,动态调整"两个清单"。编制承包商专项整治方案,严格外委项目管理,多次组织开展水淹厂房、防汛等应急预案演练,通过了甘孜州治安反恐一级防范现场验收,持续提升履职尽责能力,持续筑牢安全防线,组织全员运用4M风险屏障理论,完成生产安全环保风险数据库建设,全面推行风险预控票,定期组织开展风险隐患排查并及时发布风险告知。在此期间,公司积极组织开展"安全生产月""安全生产两千天再出发"等活动,进一步提高安全生产意识。严格兑现安全生产奖惩,形成了重奖重罚、奖惩分明的格局。

4. 关爱职工,构建和谐劳工关系

坚持以人为本,着力构建和谐劳动关系,关心职工,善待职工。猴子岩公司严格执行《劳动合同法》,切实维护职工合法权益,每月按时发放工资薪酬,从未出现拖欠职工工资现象。大力实施人才引进、人才培养等工程,吸引人才、留住人才、用好人才,与职工订立劳动合同遵循合法、公平、平等、自愿的原则,严格遵守劳动保障法律法规,努力构建和谐稳定的劳动关系。为最大限度减少安全事故和职业病危害,猴子岩公司严格执行国家劳动安全卫生保护标准,给每一位职工提供国家规定的安全卫生条件和劳动保护用品,对每一位从事职业病危害工作的职工按照国家规定每年开展在岗和离岗时的职业健康检查,对女性员工也实施特殊劳动保护。猴子岩公司依法为职工缴纳养老、医疗、失业、工伤、生育等各项社会保险,为职工的工作和生活提供了有力的保障,并缴纳意外伤害保险。在工伤保险覆盖、防护用品配备、职业健康监护建档方面确保落实到每一位职工身上;在职业危害事故、新增职业病例、不合格工作环境方面做到零发生。

5. 加强宣传,增强意识

开展多样诚信活动。猴子岩公司广泛开展多种类型的诚信活动,积极组织参加中央企业全面质量管理知识竞赛,开展"质量宣传月"活动,全体职工进行学习并完成答题。积极开展"安全生产月"活动,围绕"消除事故隐患,筑牢安全防线"主题,组织开展了"安全知识普及教育""安全生产咨询宣传日""应急演练""反'三违'自查""全国安全知识网络竞赛"等一系列丰富多彩的安全活动。在每年"12·4"国家宪法日,组织多种形式的法律宣传活动,通过举办法律知识竞赛、微信普法、法律讲座等方式,线上线下多方式联动立体普法,增强了广大职工的守法诚信意识。

案例创造人:宋 柯、白 维

诚信经营，提供优质可靠能源

河北大唐国际张家口热电有限责任公司

河北大唐国际张家口热电有限责任公司（以下简称公司）是大唐国际发电股份有限公司全资建设的大唐集团三级企业，于 2008 年 9 月 8 日注册成立，注册资本为 4.58 亿元。规划建设 4×300MW 热电联产机组，一期工程建设 2×300MW 供热机组，为河北省"上大压小"项目，于 2008 年 7 月 14 日获国家发改委核准。两台机组分别于 2009 年 12 月 11 日和 2010 年 2 月 12 日投入商业运营。2010 年 10 月 19 日正式开始向市区供热，供热面积为 1000 万平方米，是张家口市重要热源点。

公司坚决贯彻党中央、国务院决策部署，坚决捍卫"两个确立"，坚决做到"两个维护"。党的十八大以来，坚持以习近平新时代中国特色社会主义思想为指导，坚定不移扛起央企的职责、使命、担当，以高质量党建引领高质量发展，胸怀'国之大者'，践行政治责任、经济责任和社会责任，恪守安全生产底线，有力推动地方经济发展，全面服务乡村振兴战略，圆满完成全国"两会"、北京 2022 年冬奥会和冬残奥会及党的二十大等重大政治保电任务。

习近平总书记强调："企业无信，则难求发展；社会无信，则人人自危；政府无信，则权威不立。"公司自成立以来，就把诚信写入企业文化，增强企业诚信意识，坚持依法合规经营，优化诚信履约建设，丰富诚信文化内涵，营造出诚实守信的浓厚氛围。截至 2022 年，公司两台机组累计发电 408.58 亿千瓦·时、供热 4614.93 万吉焦、上缴税金 13.45 亿元，为地方经济发展和服务民生做出了重要贡献，具有良好的信誉和知名度，真正实现了"以诚信求发展、以诚信促效益"。

恪守诚信法治准则，坚持践行诚信经营。公司深入贯彻落实习近平总书记关于信用建设的重要指示精神和党中央、国务院社会信用体系建设的战略部署，认真研读《能源行业市场主体信用数据清单》和《能源行业市场主体信用行为清单》，培育和践行社会主义核心价值观。始终把诚信贯穿于生产经营各项工作中，秉承诚信经营宗旨，带头执行各项法律法规、规章制度、行业标准和规范，依法管理、守法经营。积极加入社会信用体系建设，通过行业自律，规范各类交易行为。坚持守合同、重信用，让诚实守信逐渐成为企业的共同理念和行为准则。

参与诚信行为管理，坚决杜绝不良行为。加强供应商评价机制，根据资质及系统内业绩情况，建立优质供应商分类目录，便于采购方掌握更多市场主体信息，扩大寻源范围，引入良性竞争。严厉打击不良供应商，发现围标、串标、供应质量问题、资质业绩造假等行为，及时处理上报。对长期"组团投标"和"陪标专业户"的行为加强研判，严厉打击，持续净化供应商队伍。与供应商构建良性"亲清"合作关系，探索建立基层企业层面"战略供应商"，对中选率较高的供应商要做到动态评价、知根知底。全面分析供应商履约不合格的原因中是否存在着采购方的过失，从根本上解决问题。

加强诚信理念宣教，自觉接受诚信监督。通过多维度、多频次开展员工诚信理念宣传教育，全年完成 300 余人次的学习培训，切实提高了员工诚信意识和信用水平，认真落实各项合规要求，坚守诚信经营底线。严格遵守企业年度报告制度，按要求定期在国家信用信息公示系统填报上一年度报告，并向社会公示。微信公众号开设信息公开专栏，自觉接受监督，积极履行社会责任。

讲政治、顾大局，克难攻坚打好能源保供"攻坚战"。2022 年是极不寻常的一年，也是极不平凡的一年。这一年，北京冬奥会、冬残奥会成功举办，向世界奉献了一届简约、安全、精彩的奥运盛会，全面兑现了对国际社会的庄严承诺。这一年，党的二十大胜利召开，擘画了全面建设社会主义现代化国家、以中国式现代化全面推进中华民族伟大复兴的宏伟蓝图，吹响了奋进新征程的时代号角。这一年，火电企业面对三年以来最为严峻、最为复杂的疫情考验和煤价持续高企的市场环境，公司遭遇到前所未有的"寒冬"。"越是艰险越向前"，公司上下同欲、攻坚克难，最终圆满完成了重要政治保电和能源保供任务，彰显了央企的责任担当与品牌实力。

疫情防控贯穿了整个2022年，公司一手抓疫情防控，一手抓能源保供，实现了两手抓、两不误。公司深入学习贯彻习近平总书记关于疫情防控工作的重要指示精神，全面落实党中央、国务院部署要求，严格执行属地政府防疫规定，以组织有力、响应及时、运转有效的群防群控体系，实现了疫情防控的万无一失，为打赢疫情防控阻击战做出了积极贡献。同时，公司克服疫情带来的诸多不利因素，加强设备维护消缺、优化运行调整，设备可靠性不断提升，机组顶峰发电能力显著增强，全年发电量同比提升9%，为确保经济平稳运行、确保能源安全可靠、确保人民群众温暖过冬提供有力支撑，充分发挥了央企在能源保供工作中的"压舱石"作用。在疫情期间，全体干部职工始终坚持家、单位"两点一线"，生产人员以最小运行方式夜间值守，确保应急情况下生产不断、秩序不乱。特别是在年初、年末的两个关键阶段，公司实行封闭管控，全体干部职工克服了很多困难、做出了很大牺牲，只为让源源不断的暖流和能源输送到千家万户。

一是以最好保障助力"两个奥运、同样精彩"。2022年年初，作为2022年北京冬奥会、冬残奥会核心重点保电企业，公司超前部署、精心谋划，以最高标准的政治态度和责任担当，全力备战政治保电任务。

一切准备就绪，疫情输入成为当时最大的风险。为了最大限度避免疫情影响，全面兑现"提供稳定能源、热源，圆满完成政治保电任务"的庄严承诺，公司决定在2022年北京冬奥会、冬残奥会期间分两轮次实施驻厂办公模式。2022年2月2日，大年初二，当全国人民都沉浸在节日的欢乐氛围和与家人团聚的喜庆中时，"张热人"有序返回工作岗位，以默默坚守，确保各项保电措施落实到位，实现了设备健康可靠、机组安全运行、职工队伍稳定，为2022年北京冬奥会、冬残奥会的胜利召开营造了安全、稳定、和谐的良好环境。

与此同时，公司积极践行央企担当，派出3名城市志愿者助力冬奥会和冬残奥会，35名职工获评张家口市国资委系统"相约冬奥—扛红旗、当先锋"先锋个人。

二是勠力同心、共克时艰，保供有我。2022年10月3日，在张家口市区相继检出2例新冠肺炎外省关联无症状感染者后，为尽快阻断隐匿传播风险，地方政府下发通知开展全域核酸筛查，倡导市民非必要不外出。为积极应对疫情防控、政治保电和机组检修三重大考，公司党委充分研判形势，果断采取三天封闭管控措施，广大干部职工"疫"无反顾、逆行返厂，保障了正常生产经营需求，并为后续全市疫情升级管控奠定了良好基础。2022年10月6日，疫情形势依然严峻，张家口市发布《关于延长区域全员核酸筛查时间的通知》。公司紧急召开专题会，将原定于2022年10月8日凌晨封闭管控的保电实施阶段措施提前至7日凌晨实施，以最快的行动、最严的举措全力打好这场疫情防控遭遇战、阻击战，全力保障职工生命安全和身体健康，确保生产经营各项工作不受疫情影响。

由于疫情形势反复，公司因时因势调整防疫措施，最终，近500名职工（包括外委项目部人员）讲政治顾大局，克服了重重困难，放弃了与家人团聚的美好时光，承担了巨大的心理压力，以长达67天的驻厂坚守守护了城市的万家灯火和暖意融融，保障了能源的安全可靠供应，体现了高度的政治意识和大局意识，彰显了央企责任担当。2022年12月，随着防控二十条、新十条相继出台，公司果断决策、及时优化防疫措施，年内顺利实现平稳有序转段。

这只是大唐履行社会责任的一个缩影，是为保证全市人民温暖过冬的一份诚信承诺。在这背后，还有无数个默默坚守的日日夜夜，只为"大唐人"肩上的那一份责任和担当。

精诚所至，必定硕果累累。在日复一日的不辍努力中，公司获得全国文明单位、全国模范劳动关系和谐企业、全国模范职工之家、全国安全文化建设示范企业、河北省诚信企业、河北省文明单位、张家口市最佳信用企业等荣誉称号，实现了效益与口碑双赢、履行央企责任和企业自身发展的协调统一。沉甸甸的荣誉是认可，更是鞭策。

"不信不立，不诚不行"，诚信建设将永远在路上。诚信体系建设不是一朝之功，也不可能一蹴而就，而是一项长期和复杂的系统工程，需要全社会共同努力。接下来，公司将继续牢记"国之大者"，坚持创新、恪守诚信、久久为功、善作善成，切实担负起中央企业在诚信体系建设过程中的责任，以诚信赋能企业行稳致远。

案例创造人：李立坚、马　冲、赵　楠

以诚为本，履央企之责
以信为基，铸国之重器

内蒙古北方重工业集团有限公司

内蒙古北方重工业集团有限公司（以下简称北重集团）始建于1954年，是国家高强韧炮钢研发生产基地、中国矿用汽车研发生产基地。在近70年的发展历程中，北重集团始终秉承"诚信、责任、创新、卓越"的经营理念，为国家国防建设、国家经济发展做出了重要贡献。北重集团研发制造的大量武器装备列装陆、海、空部队，多次在国庆阅兵仪式上接受了党和国家领导人及全国人民的检阅。利用军用材料技术发展形成的以大口径厚壁无缝钢管为代表的特种钢，达到了世界先进水平，广泛应用于国内300余台亚临界、超临界和超超临界火电机组的四大管道，是国家能源局确定的国产化示范产品。矿用车持续保持行业龙头地位，已销往全球67个国家和地区，遍布国内外500多个大型矿山和重点水利水电等工程，销量居全球前三，连续10年入选"全球工业机械50强"，为"一带一路"国家高质量发展积极贡献中国力量。

2022年，北重集团先后获得"国家知识产权示范企业""中国兵器工业集团民品发展先进单位""世界一流专精特新示范企业""信用评价AAA级信用企业"等称号，继续保持全国文明单位称号。

一、履行三大责任，筑牢军工央企诚信基石

作为党领导下的国有企业，北重集团始终把诚信、合规作为生产经营的基本遵循，按照高标准的商业道德准则从事经营，在依法合规的前提下开展业务，全面履行政治、经济、社会责任。

一是履行政治责任，全力服务国家国防建设。作为国家重点保军企业，"诚信"是北重集团服务国家战略需要的政治要求。高标准完成装备保障，北重集团树牢强军保军意识，坚持全流程隐形流水线生产方式，全力以赴保进度、保交付，顺利完成全年装备承制任务，实现军品计划达成率100%、产品试验成功率100%。高质量做好服务保障，成立装备服保中心，建立了"1+X"售后服务保障模式，圆满完成"坦克现代两项竞赛""国际军事比赛—2022"等大型演习及远航护航保障任务，先后荣获"保驾护航、守卫深蓝""精准保障，尽心尽责，勠力同心，助力打赢""装备保障急先锋服务部队好典范""技术精湛,保障有力"等奖牌、锦旗30余次，有力完成了装备保障任务。

二是履行经济责任，积极打造民族工业品牌。北重集团立足高水平科技自立自强，以"振兴国家装备制造业，提高民族装备水平"为目标，立足高强韧炮钢制备技术和垂直挤压装备优势，大力发展"高精特优"特种钢产品，先后攻克一系列关键核心技术，研制出无缝钢管、模具钢等一系列处于世界先进水平的产品，一举打破国际技术和产品垄断，成功进入华能、国家能源集团等央企项目，P92大口径厚壁无缝钢管在国内四大管道市场占有率达85%，稳居行业之首。北重集团积极融入"一带一路"，推进国际化运营，体系化开展矿用车产品研制，成功研发了NTE240G高原电动轮矿用车、NTE260混合动力矿用车、NTE360C全国产化电动轮矿用车、TR100E纯电动矿用车、NTH150氢燃料矿用车、AT150纯电动无人驾驶智慧矿车等系列产品，借助中国兵器工业集团矿山一体化项目，通过提供系统解决方案，产品远销全球67个国家和地区，俄罗斯、蒙古国、非洲、东南亚等传统市场销量显著提高，国内市场占有率、国内项目中标率均达到80%以上，国际市场销售额占比70%以上。

三是履行社会责任，全面展现央企良好形象。聚力绿色环保发展,建立健全环保管理体系、污染防治体系、

环境风险防控体系，加强重点污染防治项目建设，积极开展无组织排放颗粒物治理、固体废物资源化利用、原辅材料绿色化工作，北重集团北方股份入选工业和信息化部公布的2022年绿色制造名单。积极助力乡村振兴，坚持消费扶贫和产业扶贫相结合，帮助云南省红河县、黑龙江省甘南县和包头市土右旗双龙镇张子淖村提前脱贫。持续深化国企改革，稳妥推动解决历史遗留问题，扎实推进职教机构深化改革，实现"三供一业"分离移交、北方医院转让、退休人员社会化移交工作。积极投身社会志愿服务，组织参加文明创城活动76次、2000余人次，2000余名志愿者参加各类志愿活动，北重集团青年抗疫志愿服务队被共青团内蒙古自治区委员会、内蒙古青年志愿者协会授予"优秀青年志愿服务组织"称号。

二、厚植诚信理念，建立健全诚信合规经营体系

北重集团积极贯彻落实国资委关于诚信建设的工作部署，持续提高诚信合规管理水平，将诚信合规经营理念纳入生产经营、制度建设和员工行为管理，筑诚信合规之基、行诚信合规之道、积诚信合规之势。

一是强化顶层设计，系统谋划诚信合规管理工作。北重集团坚持以"强管理、防风险、促合规"为目标，建立健全了诚信合规工作机制，研究制定《诚信合规管理体系建设方案》《经营业务合规问题专项治理暨合规管理强化年实施方案》《全面依法治企"十四五"规划》等一系列管理举措，保证提高依法治企水平、提升风险防控能力、加强诚信合规体系建设等基础工作统筹协调、一体推进，增强了全员诚信合规意识和管理能力，构筑了坚实的合规风险防线，为促进企业诚信合规经营和高质量发展保驾护航。

二是规范标准流程，建立健全诚信合规管理制度体系。北重集团将制度建设工作纳入诚信合规管理体系，制定诚信合规管理顶层文件《北重集团合规管理办法》，明确了合规管理的组织机构及职责，合规管理的重点，合规管理的运行机制、保障机制。组织梳理诚信合规规范，制定印发《商业伙伴合规管理工作指引》《反商业贿赂反腐败负面清单》《反垄断反不正当竞争负面清单》《知识产权和数据信息保护负面清单》等，将制度要求融入日常管理，将诚信合规嵌入各项业务实施流程的重点环节，有力推动了北重集团诚信合规经营标准化、规范化。

三是坚持过程监管，推动诚信合规管理落地落实。实施事前把关、事中跟踪、事后评估的管理闭环，研究制定《合法合规性审查办法》，明确审查流程和审查内容，将诚信合规要求嵌入管理流程，把合法合规性审查作为必经程序，有机嵌入重要决策、合同、制度审核环节流程。充分发挥"业务部门＋专业部门＋法律部门"的三级职能部门作用，强化"管业务必须管合规"责任制落实，加强业务部门、法律合规牵头部门和审计巡察纪检部门等的横向协同，强化总部与各单位的上下联动，健全完善法律合规风险识别评估、沟通报告、应对处置等工作机制，加强诚信合规与内控体系、全面风险管理体系的统筹协调、一体推进。

四是坚持文化引领，积极营造诚信合规管理良好氛围。北重集团按照抓基础、育文化的工作思路，把培育诚信合规文化作为法治建设的重要工程，提出了"人人合规、事事合规、时时合规"的合规文化理念，积极营造诚信合规管理良好氛围。坚持抓住领导干部这个"关键少数"，组织科级以上领导人员签订了《诚信合规承诺书》，通过参加国资委法治讲堂，开展"法律顾问上讲台、培训到基层"活动等方式，不断提升"关键少数"的诚信合规思维和诚信合规能力。采取"线上＋线下"形式开展诚信合规培训，组织编制《合规管理手册》，开展法律服务咨询日，使依法合规、守法诚信成为全体员工的自觉行为和基本准则。

三、坚持质量制胜，以优质产品践行诚信承诺

北重集团积极践行诚信文化，坚持依法合规经营，诚实守信，以提升产品质量为导向，优化工艺流程，不断打造精品工程，赢得了诚信经营和高质量发展的双丰收、互促进。

一是以提升质量体系治理能力，作为打造优质产品的基本要求。北重集团持续推进质量管理体系要求和各项业务流程的嵌入融合，合理进行顶层规划设计，全系统、全要素、全流程统筹分析改进，全面提升了质量保证能力，提高了管理水平。以完善质量管理制度、强化体系诊断分析、开展质量专项提升、推动

质量信息化管控四方面为抓手,通过制定《质量损失成本统计核算指导意见》,改进质量损失成本核算方法,设计开发生产过程产品质量管理信息系统,实现了质量信息的及时传递、电子化存档与自动化分析,实现重点产品一次交验合格率达到100%。

二是以提高设计工艺质量水平,作为打造优质产品的鲜明导向。坚持系统思维,注重质量本质,严抓源头管理,加强研发设计,加强工艺设计过程管控,体系化提高产品可靠性设计和工艺制造水平,从源头上消除产品质量隐患。加强数字化建设,进一步提升军用软件研制能力,各项核心指标达到同业先进水平,2022年通过了中国新时代认证中心GJB 5000A二级正式评价,成为内蒙古自治区首家具备GJB 5000A资质的单位,推动客户创造价值和企业全面发展一体化。

三是以提升产品售后服务能力,作为打造优质产品的评价标准。北重集团不断强化市场化意识,增强服务能力,推动产品售后服务全面提升。在装备产品服务保障上,持续推进"一个中心,两个基地,三级保障体系,四个思想转变"的服务保障模式,服务范围涵盖五大战区、海军陆战队,保障装备实现现役装备型号全覆盖,一大批重点项目高效率、高标准履约,荣获"中国兵器工业集团重大专项装备服务保障先进单位""国家知识产权示范企业""世界一流专精特新示范企业"等多项荣誉,客户满意度逐年提高,企业核心竞争力不断增强,"北方重工"品牌进一步拓展。

四、坚持成风化人,擦亮诚信形象品牌

北重集团把"诚信经营,行稳致远"的诚信文化作为企业文化理念体系的重要内容,发展成融入企业生产经营的专项文化,切实将诚信合规体现在实际行动中,树立了诚信品牌,赢得了客户信赖。

一是不断树牢诚信理念。加强学习,把好职工思想方向盘,引导职工践行中共中央办公厅、国务院办公厅《关于推进社会信用体系建设高质量发展促进形成新发展格局的意见》,深入学习社会主义核心价值观,以党委理论学习中心组学习为抓手抓好领学带学促学,各支部以"三会一课"、主题党日等形式推动学习制度化、常态化、规范化,实现诚信理念进车间、进班组、进头脑。把诚信教育作为培训的重要内容和必讲课程,贯穿到各级各类培训中,覆盖到所有员工。通过线上宣讲、线上测试等形式,2022年100余人参加诚信文化专题学习,5000余人参加线上测试,提升全员诚信意识,让职工牢固树立诚实守信的职业操守和价值观念。

二是积极营造诚信氛围。发挥主题活动影响力强、覆盖面广的作用,组织开展形式多样的诚信文化活动,引导员工规范自身诚信行为。开展诚信兴商宣传月"诚信兴商,你我共筑"主题活动,组织全员签订《诚信承诺书》、观看诚信教育专题片,并在线上开展诚信教育知识测试,累计参与8000余人次。坚持开展常态化警示教育,深刻剖析违规案例,以案为戒、以案说法、以案促改,充分发挥警示震慑作用,引导员工以案为鉴,坚守诚信底线,促使员工从被动诚信变为主动诚信。积极开展典型引领活动,全国优秀共产党员王士良、全国劳动模范戎鹏强等先进模范利用各类主题活动,传思想、教经验、带作风,营造职工讲诚信、守信用的良好氛围。

三是着力打造诚信品牌。以中央主流媒体、国家部委媒体、省部级地方媒体为重点,全面展示北重集团改革发展好形象、新时代产业工人好风采,持续开展全方位、立体化北重集团优质诚信品牌形象宣传。围绕三大核心产品加大品牌宣传力度,在各主流媒体上持续擦亮"国字号"品牌。人民日报客户端推送超超临界海外项目并网发电主题报道,《解放军报》推出履行强军首责专版报道,《工人日报》刊登"大国工匠进企业"专题报道,新华社客户端推送产业工人队伍建设改革等重点报道。视频作品《"挤"出中国创造》获得第五届中央企业优秀故事一等奖。在"学习强国"学习平台推送专稿12篇,阅读量累计突破百万人次,展现了北重集团诚信建设的强大传播力,彰显了勇担当、负责任的央企形象,企业的品牌价值、社会影响力不断提升。

案例创造人:李 军、杨燕玲、王玉坤、郭 曼

依托信用体系建设深入推进电网安全监管工作

内蒙古电力(集团)有限责任公司内蒙古超高压供电分公司

一、背景描述

电力是国家重要能源与基础产业,电网安全运行关系到国计民生,电力安全生产又是信用建设重点领域之一,《国务院办公厅关于加快推进社会信用体系建设 构建以信用为基础的新型监管机制的指导意见》和《内蒙古自治区人民政府办公厅关于印发自治区"十四五"社会信用体系建设规划的通知》等文件明确要求,要深入推进安全生产信用体系建设,创新安全生产监管理念、监管制度、监管方式,不断提升安全生产监管能力和水平,构建安全生产长效机制,这为新形势下的电网安全监管工作提出了新的要求。

内蒙古电力(集团)有限责任公司内蒙古超高压供电分公司(以下简称内蒙古超高压供电分公司)以"时时放心不下"的责任意识和负责精神坚决抓好安全生产工作,牢固树立安全发展理念和安全底线意识,切实落实自治区、集团公司"十四五"发展规划,以保安全、强电网、畅东送、抓管理、增效益、优队伍、育文化、惠民生为目标,依托信用体系建设深入推进电网安全监管工作,在责任落实、信用筑牢安全、强化信用评价、突出奖罚分明、做好信用宣传等五个方面取得了明显的工作成效。

二、现状分析

近几年,安全生产形势总体向好,但依然严峻,重大、特大人身事故时有发生,对社会的发展以及人民的生活影响较大,企业安全无法保障,就无法保障员工安全,更无法保障社会和谐发展。人身事故的发生多源于生产过程中人员违章,实质上反映的是安全管理薄弱、管理方式单一、人员安全意识淡薄、现场作业风险管控不到位等一系列问题。传统的安全监管方式存在一些不足:一是现场安全监督方式有限,不能实时监控各类作业现场,实现远程视频监督;二是现场安全管控工作仍存在安全风险,作业人员对各类作业现场的复杂性、风险性认识不足,各项管控手段、安全措施组织和落实不到位;三是安全管理工作存在漏洞,安全责任制未有效落实;四是人员安全责任和奖惩制度落实不到位,风险点的排查预防不彻底。通过推进安全生产信用体系建设,创新安全生产监管理念、监管制度、监管方式,完善创新监督手段来坚决杜绝人的违章行为,杜绝人的放松思想,避免安全事故的发生迫在眉睫。

三、工作措施

(一)强化组织领导,压实各级责任

内蒙古超高压供电分公司坚持目标导向和问题导向,建立以单位主要负责人为第一责任人的安全生产责任体系,加强组织领导、落实工作责任,确保各项工作落地生效,并不断提高安全生产信用建设水平。

(1)内蒙古超高压供电分公司以信用体系建设为载体,以褒扬信用、惩戒失信为手段,建立安全生产监管长效机制,实现安全生产治理体系和治理能力提升。按照管生产必须管安全、管业务必须管安全、管经营必须管安全和谁主管谁负责的原则,严格执行安全生产法律法规,加强安全生产标准化、信息化建设,

从严抓严管中做到安全生产主体责任"五落实、五到位"。

（2）在企业内实行全员安全生产责任制度，逐级下达安全生产责任书，结合生产实际下发《2022年安全管理重点工作分解表》，将13项年度安全管理重点工作分解为69大项175小项，按照年、季、月、周详细分解，落实具体的措施及责任人，以履行安全信用为前提，进行履责激励、失责追究。推进企业内专业部门履行业务范围内安全管理责任，强化规划、建设、运维等全过程安全责任，推动关口前移，防范事故风险。

（3）坚持各生产单位安全第一责任人负总责、班子成员履行分管责任，严格执行安全工作"五同时"，规范开展生产单位班子安全述职评价和管理人员安全履职评价，加大在履职评价、事故追责上的应用。每年年初，组织全体员工开展安全承诺书的签订活动，紧紧围绕工作要求和岗位特点，抓好全员安全责任落实。

（二）党建引领生产，信用筑牢安全

公司上下深入学习贯彻习近平总书记关于安全生产工作的重要指示批示精神，贯彻落实总体国家安全观，牢固树立安全发展理念，牢牢守住安全生产"生命线"，推动落实"党政同责、一岗双责"要求，将安全生产责任落实到各级党组织，充分发挥基层党组织的战斗堡垒作用。

（1）统筹抓好安全工作和党风廉政建设，从严从实强化学习教育和贯彻落实。各级党组织推进"党建＋安全生产"，围绕落实安全生产重点任务，统筹做好服务保障工作，把党的"细胞"融入安全生产各方面。

（2）依托党员先锋岗、示范岗、责任区、突击队特色载体，深入开展"两岗一区一队"党员实践活动，以党员带动全员不断提升安全意识，树牢安全思想，真正做到入脑入心，切实发挥党建工作服务保障安全生产工作的重要作用，团结广大干部职工以实际行动维护公司安全稳定良好形势。

（3）各级党组织结合党建活动，将习近平总书记关于安全生产重要论述和重要指示批示精神纳入学习内容，积极开展"党员无违章""党员身边无违章"等活动，将安全工作成效纳入优秀党支部、优秀党员评选条件，推动党建与安全联动评价，切实发挥党建引领作用。

（4）通过推进电网安全监管信用体系建设工作，筑牢"一个体系"（安全管理体系），完善"两个机制"（安全风险分级管控工作机制、隐患排查治理工作机制），落实"三个抓手"（加大反违章力度、推进数字化应用、深化标准化建设），强化"四个管控"（人身、电网、设备、网络安全管控）。以严字当头，严格执行"严重违章一票否决"，坚决杜绝违章行为；严抓严管，聚焦基层生产班组的安全管理，促进基础能力提升和安全文化建设，保持安全"双零"良好态势。

（三）加强信用评价，做好现场管控

内蒙古超高压供电分公司加强安全生产领域信用综合评价结果应用，对重点作业人员加强安全监护，做好生产作业现场管控，对作业现场事前准备工作、事中具体措施落实、事后评估方式开展全方位督查检查，防范人身事故和人员责任事故发生。

（1）对于变电检修一次专业，加强防触电、防高空坠落管理，带电喷涂、带电清扫等检修带电作业工作严格执行《安规》（变电部分）带电作业相关规定。变电检修二次专业以防继电保护"三误"为重点，严格按制度使用二次工作安全措施票。对于输电专业，落实防高坠、防感应电、防落物伤人等作业风险较大工作的措施。每年组织开展作业现场的专项竞赛活动，积极鼓励作业人员参与现场管控工作。生产作业现场安全管控系统如图1所示。

（2）公司安全质量监察部门履行安全综合监管职能，综合协调、监督安全工作，持续开展"四不两直"安全督查工作，近两年安全检查、督查超过1500人次，督导超过500人次，下发通报超过100期，处罚超过100人次；对各类作业现场进行全面监督、检查980人次，共下发通报59期。通报各类问题共计359项，累计处罚26个部门、51人次，营造了严管严治的生产氛围。

```
                        生产作业现场安全管控系统
    ┌──────────┬──────────┬──────────┬──────────┬──────────┐
  人脸识别   精准定位   视频管理   锁具管理   地线管理   平台系统
  人脸上传   电子围栏   实时监控   授权模式   使用管理   操作日志
  识别分析   靠近报警   视频录播   指定模式   状态显示   人员管理
  显示结果   SOS报警   违规视频   开锁记录   异常告警   权限分配
```

图 1　生产作业现场安全管控系统

（3）根据新《安全生产法》，修编安全奖惩实施细则等规章制度，结合现场工作对《"两票"管理办法》进行修编，结合工程建设领域突出问题自查工作，对《安全工作管理标准》中的 6 个条款内容增加补充规定，对 26 项安全管理标准进行了修编，进一步健全安全管理制度体系，明确安全责任，实现压力层层传导，形成明确清晰的安全管理体系。

（4）各职能部门履行专业分管业务范围内的安全管理职责，紧密结合安全生产业务，进一步贴近一线、贴近现场，盯紧重点领域、关键时段和薄弱环节，做好生产、基建、营销服务等施工作业现场安全督查，做好故障抢修等小型分散和夜间、节假日期间作业组织和现场管控，确保作业现场全覆盖。

（5）通过企业内部安全监管信息化平台，将考核发证的电工、高处作业、动火、危险品等特种作业人员全部录入安监一体化信息平台，对特种作业人员的信用信息进行公示，保障作业人员的信息和背景时时可查询、事事可追溯。

（四）强化源头治理，做到奖惩分明

内蒙古超高压供电分公司切实落实安全生产主体责任，牢固树立"违章等同于事故，控制违章就是防范事故"的安全生产理念，构筑反违章的长效监督管理机制，扎实做好电网安全生产各项工作，坚决防范不安全事故和事件。

（1）加大对电网安全生产违章惩处力度，结合工作实际，修编《安全工作奖惩管理办法实施细则》，完善违章行为清单，分层次对违章行为制定处罚标准，严重违章按照事故调查流程开展调查。对严重违章行为实施员工绩效、组织绩效双重考核，同时实行违章人员岗位退出机制。

（2）开展专项生产、安全、基建专项竞赛活动，加大向一线和"三种人"倾斜力度，实施精准奖励，细化奖励标准，对发现重大隐患、避免安全事故、现场无违章的安全先进集体和个人及时给予奖励。开展"反违章"、"最规范生产现场"和生产专项竞赛活动，对先进集体和个人进行表彰奖励。

（3）加强事故（事件）、违章调查管理，严格落实信息报送、事故调查、事故处理，以及约谈、说清楚、停职配合调查等各环节工作。做好违章曝光、惩处、警示教育等工作，确保人人守规章、知敬畏，形成诚信监督合力，努力营造安全生产管理"人人参与、人人有责、人人受益"的浓厚氛围。

（4）坚持问题导向、目标导向、结果导向，通过自查自纠，强化安全生产主体责任落实，扎实推进安全生产专项整治三年行动，整改问题隐患 7 项，整改制度措施 11 项，防范化解重大安全生产风险，坚决遏制安全生产事故，保障电网安全稳定运行和电力可靠供应。

（五）开展文化建设，做好信用宣传

贯彻落实国家能源局《电力安全文化建设指导意见》，通过开展教育、宣传等多种形式的活动，推进企业安全文化建设。充分调动和发挥广大职工参与安全生产文化建设的积极性，注重制度文化和精神文化的深度融合。

（1）以提高员工安全修养、培育安全意识、规范安全行为为目标，以"遵章守规"为主线，突出违章"零容忍"，营造班组安全文明生产的良好氛围，形成各具特色的班组安全文化。

（2）逐步转变企业安全生产监管方式，使员工实现"要我安全"到"我要安全"的转变，举办安全生产月各项活动，践行信用承诺，组织公司1000余人利用网络集中组织观看《生命重于泰山——学习习近平总书记关于安全生产重要论述》电视专题片，组织观看《焦点访谈》播放的《安全生产红线不可逾越》专题片，做到安全和发展良性互动，多措并举推进信用体系建设。

（3）积极探索创新，以宣誓与签名活动引导员工诚信守法，严守安全生产法律法规，切实把对员工生命与健康的尊重落实到生产、经营、管理的全过程。在开展企业主要负责人、分管负责人和安全管理人员培训时，将诚信建设作为授课内容之一，促进企业强化信用意识，遵守国家法律规章制度。

（4）加大电网企业安全监管信用体系建设宣传力度，在安全生产月、防灾减灾日、电力设施保护宣传月等重要时间节点，通过发放社会信用体系宣传海报、彩页，集中开展安全生产诚信宣传、信用政策法规解读、信用知识和典型案例宣传等活动，提高职工的诚信意识。

（5）加强员工信用宣传教育，积极组织开展各种实践活动，利用集中培训、专题讲座、实地考察、座谈等形式，拓展宣传教育范围，提升宣传教育效果。采取公益提示、文明引导等形式，教育广大员工提高安全生产意识，形成谦和、诚信、互助的人际关系，营造"普遍信任"的良好氛围。

四、实施成效

内蒙古超高压供电分公司通过开展电网企业信用体系建设工作，做好电网安全生产各项工作，逐步形成政府主导、行业引导、电力企业齐抓共管的良好局面，实现安全监管标准化、规范化，达到管住设备、管住队伍、管住人员、管住现场的目标，持续筑牢安全管理基础，全面落实全员安全责任，不断加大违章管控力度，持续提高本质安全水平和精益化管理水平，以安全责任清单和目标量化分解为抓手，履行好企业责任义务，构建好信用环境，发挥好电力保障作用，构建符合电网企业安全监管信用体系特点的工作新格局，有力确保了西电东送输变电设备安全稳定运行，为自治区经济高质量发展做出应有的贡献。

案例创造人：居　峰、翟春雨、臧政宁、杨国峰、王轶国

党建引领促发展　诚信守法铸国企担当

文县柳园水电开发有限公司

文县柳园水电开发有限公司（以下简称柳园公司）成立于2018年4月，注册资本金为6680万元，是国能陕西水电有限公司的全资子公司。在上级公司的正确领导下，柳园公司发展日益稳固，管理体系逐步完善，管理工作持续提升。公司始终恪守诚信经营理念，坚持以诚取信、以信立誉的原则，以"高标准、严要求、优服务、创效益"的工作思路，大力加强各项文明建设，本着诚信经营、造福社会的目标愿景，先后获得"文县见义勇为工作先进单位""先进文明单位""2019年度全县规模以上工业企业统计工作三等奖"等荣誉，2021年4月被绿盾征信机构评为"立信单位"。

一、企业概况

柳园公司位于甘肃省文县石坊乡境内，距下游文县县城20公里。白水江属长江流域嘉陵江水系二级支流，发源于四川省九寨沟县境内，多年平均径流总量为29.17亿立方米，坝址处设计径流为79.3立方米每秒。柳园公司为一座径流引水式电站，以发电为主，总装机容量为28兆瓦，设计水头为30米，多年平均发电量为1.52亿千瓦·时，年利用小时数5414。

工程于2005年10月8日开工建设，2011年12月2台机组全部投产发电，先后通过档案验收、水保验收、枢纽安全鉴定、消防验收、职业健康评价，并于2017年12月取得竣工决算报告批复，2018年7月通过集团公司安全文明生产标准化验收，2018年9月通过国电集团公司安全性评价复检，2018年8月取得土地使用证，2018年11月在文县水务局完成大坝注册备案。

二、精细管理

柳园公司坚持以国家能源集团公司"一个目标、三型五化、七个一流"发展战略为引领，以服务中心工作、促进业务发展、提供优质服务、塑造良好形象为创建导向，深入开展文明单位创建工作。截至2023年4月20日安全运行3245天，累计发电量约20亿千瓦·时。

（1）明确职责。诚信守法经营是企业生存和发展的基石，柳园公司一直严于律己，坚守公司形象，领导干部主动将自身工作责任纳入公司全年总体规划、工作重点目标以及绩效考评指标。在生产经营过程中始终坚持领导带头，深入做好诚信经营，以确保文明创建高起点规划、高质量推进。

（2）认真落实。公司进一步健全和完善了企业各项规章制度，综合和提炼了切合自身特点的企业文化，确定了把"诚实守信，求实创新"作为企业发展的核心经营理念，明确了企业健康发展的价值取向，始终把坚持诚实守法经营作为企业发展的第一生命线，并力求从人员能力素养、企业经营绩效上得到具体体现。一是跟紧时代步伐，狠抓形势任务教育和思想文化建设，第一时间抓好中央和上级党组织精神的学习贯彻，特别是深学活用党的二十大精神，及时布置了有关贯彻落实的研究课题，保持央企的政治本色和时代气息。二是在创建工作上，坚决做到持续奋进，树立目标，落实有检查，做好反思，从而形成常态化、长效化创建体制机制。

（3）营造氛围。柳园公司依托地方各类载体开展诚信经营、信誉第一创建活动，确保创建工作更加贴近生活，延伸诚信文明创建工作的内涵。柳园公司主动加入小水电行业协会，积极参加各种以诚信为主题的宣传活动，按照行业协会宗旨坚持自我规制、自我约束、自我管理、自我净化。积极参与行业协会工作，坚持执行行业自律规范、自律公约，建立健全企业信用评价、激励和惩戒机制，促进企业诚信经营。

三、从严治企

党的二十大以来，柳园公司坚持以习近平新时代中国特色社会主义思想为指导，牢固树立"四个意识"，坚定"四个自信"，做到"两个维护"，紧紧围绕"落实从严治党主体责任，提升党建工作质量"的工作思路，亮明党员身份，引导全体党员立足本职岗位发挥先锋模范作用，将学习教育的成果转化为推动企业提质增效的内生动力，确保学习教育成果落到实处，发挥实效。落实组织生活会谈心谈话制度，将政治先进、业务过硬、工作扎实的优秀骨干吸入党组织。全面落实党风廉政建设主体责任，不断加强党员领导干部作风建设，扎实推进党风廉政建设和反腐败工作做实做细，为公司提供了坚强的政治保障和纪律保证，为公司攻坚克难、发展壮大注入永不枯竭的生命力。

柳园公司结合自身特点不断创新教育形式，丰富教育内容，广泛开展廉政教育。一是认真落实"一岗双责"。公司始终将廉政建设和反腐败工作纳入整体工作部署，明确党支部书记为第一责任人，亲自抓、带头做，管好班子、带好队伍；班子成员严格按照"一岗双责"要求，通过党支部集中学习、民主生活会等形式有效落实职责范围内的廉政建设和反腐工作。二是开展主题活动学习，巩固了公司人员的党性根基，加深了对国家政策方针和廉政建设工作的认识，对领导干部转变工作作风，自觉接受监督起到了积极的促进作用。三是切实提高理论水平。根据实际情况，进行了党的二十大精神以及习近平总书记系列重要讲话精神的组织学习，让大家深刻领会廉洁从业的要求，督促和引导广大党员干部守住底线、不踩红线。四是组织公司成员参加支部书记讲党课、道德讲堂、知识竞赛，以及参观廉政教育基地、观看反腐教育片，并要求干部职工充分吸取各种案件的教训，根据自己职务的工作内容，撰写学习体会。通过思想和警示教育，党员干部的廉洁从业意识得到进一步提高。公司风清气正，员工和谐共进。

四、加强职工队伍建设

要想公司稳定发展，队伍建设是根本。因此，柳园公司在国能陕西水电有限公司党委的带领下，大家团结和谐，努力奋进，始终把"诚信为本，操守为重"作为树立品牌形象、提升核心竞争力的重要工作来开展。

一是严格执行公司的人力工作规划，不断完善人才工作机制，始终践行"以德首选，以能居之"的工作导向和目标导向，进行人才的选拔，从现有的人员中发现人才、培养人才。近年来，柳园公司已有一大批优秀的员工，成为企业的中坚力量。

二是提倡公平公正、诚实守信的工作理念，营造和谐的工作氛围是留住人才的关键，公司不仅对青年人的稳定工作做好思想工作，同时对业务骨干、领导干部的工作作风和领导方法有所要求，要求他们自觉遵守行业规范，抵制各种不讲信用、内部操作等行为举措，以此构建合理的人才梯次。

三是贯彻落实绩效考核制度和奖惩兑现办法，从源头上激发人员的活力。按照陕西水电公司文件为员工进行定岗，制定个人职业晋升通道；绩效考核以科室和项目双向互动，看到亮点，多鼓励，重引导，推广放大增效益。与此同时，进一步营造"家园文化"氛围，以文化人，以科学的人才考核评价体系引进、培养、激励、留住优秀的实干型人才。公司始终坚持并深化"诚信为本"的发展理念，在打造素质高、作风硬、专业化人才队伍上下足功夫，攒足干劲。

五、践行职责

（1）争做环保使者。柳园公司紧紧围绕两山理论践行要求，树立了"与青山绿水为伴,让青山绿水更美"的现代环保文明理念，持续抓好水电开发水保环保工作，在加强安全生产管理的同时，出资200余万元对水毁渣场进行环保修复，并通过环保、水保验收，得到文县生态环境保护局高度肯定。参与政府组织的义务植树活动，并在厂区、调压井周边种植各类树苗共计500余棵，美化了企业周边环境，为建设绿色文县贡献自己的最大力量。

（2）争做扶贫先锋。柳园公司作为地处文县境内的央企，一直铭记企业的社会责任。为体现企业的担当和责任，并充分发挥好"企地共建"精神，2022年，公司按照关于开展"助力乡村振兴·情暖童心"关爱农村中小学生励志包裹公益活动，捐助"励志包裹"50套，共计20000元。与此同时，公司积极响应集团号召，在扶贫网站慧采商城上采购员工劳保用品及节日慰问品，助销贫困县产品，为精准扶贫贡献力量。

（3）争做人民卫士。2020年8月17日下午，文县境内白水江石鸡坝镇朱元坝村附近河道形成堰塞湖灾情，造成水位迅速上涨。面对如此严峻形势，柳园公司勇担重任，及时向文县防汛办及陇南地调汇报电站来水及运行情况，启动防洪应急预案，坚决服从水调，有效削减洪峰，电站所属库区及减水河段沿岸安然无恙。

案例创造人：陈代明、孙天航、王　伟

坚持诚信经营　勇担社会责任
擦亮企业立身亮丽名片

中铁二局集团电务工程有限公司

一、企业简介

中铁二局集团电务工程有限公司（以下简称中铁二局电务公司）成立于1952年11月，是中铁二局集团有限公司所属的大型国有企业，注册资本为6亿元，年综合生产能力为40亿元以上，至今已有70多年发展历史。公司拥有机电工程施工总承包一级、公路交通工程（公路机电工程）专业承包一级、铁路电务工程专业承包一级、铁路电气化工程专业承包一级、输变电工程专业承包一级、消防设施工程专业承包一级等13项施工资质，先后参与北京、广州、上海等31个城市的轨道交通建设，成渝、宝成、浙赣、京沪等20余条重大铁路干线建设，以及京津冀、珠三角、长三角、西南、西北等地区的上百条高速公路和楼宇智能化工程建设，荣获中国建筑工程鲁班奖、中国土木工程詹天佑奖、国家优质工程奖、国家科技进步奖、省部级优质工程奖、国家级优秀QC小组成果等奖项200余项。

公司始终秉持诚实信用、竞争合作、优质高效、和谐共赢的理念，致力于成为具有强大竞争实力的建筑总承包商，先后获评中国中铁三级工程公司20强、成都市"守合同重信用"企业、四川省"守合同重信用"企业、四川省住房和城乡建设系统先进集体等。

二、坚持以教育为抓手，持续打造诚信文化阵地

诚信是企业生存之本。70多年来，中铁二局电务公司始终坚持以教育为抓手，广泛开展诚信宣传活动，使诚信文化贯穿企业发展始终。

诚信宣传上墙。公司组织所属各单位在显眼位置制作诚信宣传栏，打造诚信宣传长廊，将"精诚所至，金石为开""人背信则名不达""人之所助者，信也"等有关诚信的名言警句制作成海报张贴在文化墙上，让广大职工在休闲中观看学习，潜移默化受到感染教育。

诚信宣传入手册。大力弘扬中国中铁"开路先锋"文化，制定"开路先锋"企业文化宣传手册，明确提出把诚信经营作为立业之本、兴业之道，在全公司推广宣传，营造了"守信光荣、失信可耻"的良好氛围。

诚信宣传入课堂。诚信是社会主义核心价值观的重要内容，公司把它列入企业道德讲堂，通过邀请全国劳模、成都工匠为职工讲诚信课，讲诚信目的、意义，讲古今名人诚信的故事，讲身边人诚信的故事，并展开讨论进行互动，进一步加深职工对诚信的认识和理解，让职工自觉做诚信人、行诚信事，让诚信滋润每个人的心灵。截至目前，中铁二局电务公司开展诚信敬业道德讲堂30余场次，受教育人数超900。

三、坚持以客户为中心，持续提升诚信履约能力

公司始终坚持以客户为中心，秉承"优质履约、诚信履约"的理念，以"求真务实"的工作作风，全力以赴保工期、保安全、保质量，施工足迹遍布大江南北，斩获了可喜可贺的丰硕成果，承建的大批工程

高标准高质量交付，获得广大业主一致好评。

兑现工期承诺。大力弘扬"开路先锋"精神，鏖战若民、苦战长白、再战南昆、搏击西渝，"快字当头、稳步推进"的高效履约能力获得广大业主一致认可。为了顺利兑现业主工期承诺，中铁二局电务公司统筹项目管理策划，强化后台管控，领导班子靠前指挥，坚持带班检查，组织各项目全体参建人员跑步进场，以"开局即决战、起跑即冲刺"的姿态，科学组织、强化管理，制订详细施工计划，通过正算、倒排工期的方式，把每个工程节点时间精确规划出来。在建设过程中，全体建设者冒严寒、战酷暑，克服工期紧、任务重、环境恶劣等一系列难题，采取"白+黑、5+2"等作战方式，快速打开施工大干局面，为顺利兑现工期承诺奠定了坚实基础。

兑现质量承诺。始终坚持用匠心打造每一项工程，建立健全质量管理体系，加强质量人才队伍建设，坚持样板引路，充分运用数字工程技术引领工艺工法创新，强化材料进场把关、技术交底、监督检查、查漏补缺等质量全过程管控，在高效推进工程进度的同时，工程质量也受到广大业主充分肯定。

兑现安全承诺。持续优化安全质量管理系统，建立健全安全风险分级管控与隐患排查治理双重预防机制，机关本部、基层项目经理部两级领导班子成员坚持带班检查、带班生产制度，扎实开展每日班前安全讲话和安全生产"大培训、大考核"活动，采取"四不两直"方式深入开展安全生产大排查、大整治，严格高空作业、吊装作业、有限空间作业等危险工序盯控，持续开展"双安杯"（群安员、青安质岗）技能竞赛，营造"人人讲安全、人人懂安全、人人护安全"的良好氛围，有效保障了企业安全生产持续稳定。

四、坚持以责任为引领，持续彰显央企良好形象

主动投身抢险救援。无论是抗震救灾，还是抗洪抢险，抑或是抗击疫情，中铁二局电务人在祖国和人民需要的时刻总是冲锋在前，彰显了央企良好形象。2008年汶川发生特大地震之后，中铁二局电务公司火速成立青年突击队，深入震中抢险救援，为震后灾区第一时间恢复通信与电力做出了积极贡献。2022年6月4日，贵广线榕江站发生列车脱轨事故，中铁二局电务公司在接到通知后迅速成立抢险救援领导小组和党员抢险先锋队，紧急抽调110余人和大量设备奔赴现场开展抢险救援工作，为贵广线榕江站恢复通车创造了有利条件。2022年11月，广州抗疫进入新冠疫情发生以来最困难时期，中铁二局电务公司在接到上级援建广州南沙方舱医院指令后迅速成立援建领导小组，抽调技术骨干和作业人员前往方舱医院开展援建工作，在72小时内完成110间房间搭建、8000米BV放线、6台配电箱安装、6000米电缆敷设任务，为方舱医院通电创造了先决条件。

大力弘扬"雷锋精神"。雷锋虽已离去，但其精神永存。关爱留守儿童、义务植树、爱心献血、爱老敬老，在中铁二局电务人身上时刻都能看到"雷锋"身影，他们用实际行动诠释着新时代"雷锋精神"。公司所属贵阳引入项目部携手驻地社区开展"传递光热，与爱同行"关爱留守儿童活动，同留守儿童包饺子、绘画，为他们带来一段充满爱与快乐的时光；福州地铁5号线机电项目部青年主动前往当地老年医院开展敬老爱老活动，获得老年人一致好评；广州工程项目部组织青年志愿者开展志愿清扫活动，推动驻地社区卫生面貌焕然一新。

积极参与脱贫攻坚。从2012年年底拉开新时代脱贫攻坚序幕，到2020年年底我国如期完成新时代脱贫攻坚目标任务，在脱贫攻坚过程中，公司坚持"党有号召、我有所为"，通过以工代赈、以购代捐、以购代销等多种方式积极参与地方脱贫攻坚。在焦柳铁路建设期间，公司组织焦柳项目部招聘当地农民工为劳务人员，有效促进了当地就业；通江县作为中铁二局脱贫攻坚定点帮扶对象，中铁二局电务公司工会定期组织机关本部和基层项目部采购通江县农产品，通过以购代捐的方式助力地方脱贫攻坚；滇中引水供电项目部、重庆东环铁路项目部在建设期间，积极配合当地村委会定期帮扶困难户，为他们送去大米、面、油等生活物资，解决他们生活中的实际困难，帮助他们过上好生活。此外，中铁二局电务公司参建的新疆若民高速公路、遵余高速公路、焦柳铁路等一大批工程拉近了城乡之间的距离，加强了城乡之间的联系，有力促进

了乡村振兴。

五、坚持以职工为中心，持续建设美好幸福企业

一个优秀的企业必定是善待职工、真诚友善的企业，始终坚持"发展依靠职工，发展成果同职工共享"的理念，强化职工与企业的关系，广大职工幸福感、获得感、安全感不断提升。

实现职工收入稳步增长。紧跟社会经济发展步伐，牢固树立"以奋斗者为本、以价值为纲"的鲜明导向，持续优化薪酬单元，不断修订薪酬分配制度，实现职工整体收入增长与公司发展同步。

实现选人用人公平公正。不断拓宽选人用人渠道，建立健全以公开竞聘、民主推荐、社会引进相结合的选人用人机制，大力选拔业绩突出的年轻干部，持续推进岗位任职资格调整，保证晋升渠道公正透明。

实现职工生活丰富多彩。扎实开展"我为职工群众办实事"实践活动，持续深化"三工建设"，认真践行"幸福之家十个一工程"，大力开展职工喜闻乐见的文化活动，职工日常生活更加丰富多彩，企业文化自信进一步增强。

案例创造人：林光华、刘远刚、钱时正

践行诚信谋发展　踔厉奋发开新篇

国家能源聊城发电有限公司

一、企业概况

国家能源聊城发电有限公司（以下简称聊城公司）成立于2000年9月，按4台60万千瓦机组规划，分二期建设。管理体制为一二期合署办公，"两块牌子、一班人马"。一期规划两台600MW亚临界燃煤发电机组，1998年12月开工建设，分别于2002年9月和2003年8月投产发电。二期规划两台650MW超临界燃煤发电机组，2006年8月开工建设，分别于2009年3月和2009年8月投产发电。

聊城公司自成立以来，以"文明守法、诚信经营"为企业信条，积极贯彻国家、地方相关法律法规，在发展过程中形成了"文明、诚信、责任、创新"的企业文化。坚决贯彻落实集团公司、山东公司各项战略部署，不断总结管理经验、转变创新理念、完善规章制度，在提升管控效能、增强内生动力过程中，使公司经营更加规范、决策更加科学、管理更加精细。公司坚持以社会道德为基础、以守法遵章为准绳，建立健全企业标准化体系，推行标准化管理，促进企业管理规范化、专业化。扎实开展普法教育，提高全员法律意识，加强员工培训学习，增强诚信意识，注重处理企地关系，关口前移、及时清理、加快整改，避免对生产经营造成制约。

二、经营业绩

2022年，在煤价持续高位运行、市场环境复杂严峻的形势下，聊城公司上下积极践行文明守法、履行责任、内强管理、外拓市场的理念，紧紧围绕国家能源集团"一个目标、三型五化、七个一流"总体发展战略，优化生产经营管理，深化改革创新，广大干部职工克服困难、履职尽责、扎实工作，各项工作取得了新成绩。全年累计完成发电量101.76亿千瓦·时，实现营业收入43.09亿元，售热量完成297.7万吉焦，获2022年度"山东省电力行业党建创新示范单位""省级文明单位"等称号，生产经营、党建发展在严峻考验中再上新台阶。

三、多措并举加强诚信企业建设

（一）高质量党建引领保障高质量发展，实现深度融合

聊城公司党委切实发挥"把方向、管大局、保落实"的领导作用，全面贯彻新发展理念，服务构建新发展格局，推动党建和中心业务互生动能、互促共进。

（1）强化党建引领，同频共振建机制。明确党组织在企业决策、执行、监督各环节的权责和工作方式，使党组织成为企业治理结构的有机组成部分。完善"双向进入、交叉任职"领导体制，认真落实"一岗双责"，坚持业务工作与党风廉政建设一把抓。

（2）抓好载体创新，凝心聚力强堡垒。实施"五带头三联系一融合""531"党建工作法，开展"学党史、践初心、强信念、聚力量"等主题党日活动，定期组织党支部书记培训班，认真开展党委理论学习中心组学习，把党中央决策部署和习近平总书记重要指示批示精神落实到企业发展规划、决策部署重大任务、推进重点工作的实践中去，增强党组织凝聚力。

（3）注重素质提升，立足发展强队伍。深入推进"奋进'十四五'"党员先锋队、党员示范岗创建活动。党支部创新开展"党员及党员设备身份双亮""凝心聚力党员'铸'新在行动"等活动，亮明党员身份，亮明党员设备、党员攻关项目、党员责任区身份，落实人才强企战略。

（二）增强能源保供责任担当，发挥"稳定器""压舱石"作用

（1）坚决扛起能源保供责任，推进常态化能源保供机制高效运转。优化机组启停和双机供热技术措施，确保机组应发尽发。扎实推进双重预防机制建设，完善安全生产标准化建设方案，推进安全生产专项整治，开展安全风险辨识评估、隐患排查治理，强化机组运行、检修维护管理。圆满完成党的二十大、冬奥会等重大时期电力热力保供任务，荣获"山东省迎峰度夏突出贡献先进单位"称号，为区域经济社会发展提供有力支撑。

（2）深入贯彻习近平生态文明思想，秉持"遵守环保法规、实施清洁生产；控制环境污染、发展循环经济"的环境方针，持续推进绿色低碳工程建设，实现转型发展新提升。危废、固废处置规范，综合利用率达100%；氮氧化物、烟尘排放达标率为100%，公司连续三年未发生环保处罚。完成优化外排水综合治理，废水排放日均值达标率为100%。锅炉出口氮氧化物、原烟二氧化硫浓度大幅度下降，有效减少了尿素和石子耗量、脱硫废水量和酸沉降污染。实施中水处理设备性能优化改造，提高了中水综合利用率。公司为建设美丽中国做出贡献。

（三）完善制度文化建设，筑牢企业诚信基石

时刻牢记"诚信为本、合作共赢"的初心使命，持续加强以诚信为根基的制度体系建设，不断夯实诚信基石。

（1）组织各部门开展标准制度"立改废释"工作，进一步优化完善标准制度体系。每年制订标准制度"立改废释"计划，每季度发布制度有效性清单，公布标准制度"立改废释"成果。就标准制度体系的实施情况，通过组织各部门自查或第三方中介机构评估等方式，检验制度体系的科学性、完备性和适用性，检验制度体系对改革发展和生产经营工作的支撑作用发挥情况。

（2）密切关注国内相关法律法规、强制性标准、监管规定出台等，加强制度"立改废释"过程中的合规性审查。牵头部门及业务部门将法律法规、强制性标准或监管规定内化为企业内部管理要求，持续保持与最新法律法规、强制性标准或监管规定的一致性和符合性。

（3）通过内控审计、第三方评估等方式对各部门制度落实情况以及对上级颁布的制度落地执行情况等进行科学检查评估，针对存在的问题，通过内控缺陷信息、制度落实缺陷等形式进行提醒，并不定期开展"回头看"工作，检查落实实效，确保制度得到有效落地，提升制度建设实效。

（四）强化合规意识，统筹推进内控风险合规管理

以合规管理为基础，以风险管理为重点，全面排查处置经营合规风险，强化合规意识，深入分析问题，采取有力措施，努力突破重点难点问题，培育合规文化，形成职责分工明晰、机制运行顺畅、合规意识牢固、风险防控有效的合规管理体系。

（1）分层分类开展合规培训。把学习习近平法治思想、强化合规经营理念作为党委理论学习中心组集体学习的重要内容。各部门定期组织重点领域、高风险岗位人员合规培训，力争合规培训重点突出、全员覆盖。建立重要岗位任前合规培训考核制度，提升重点员工合规意识和能力。

（2）结合落实"八五"普法规划，积极组织开展法律合规知识宣讲，运用网站、电子大屏、短视频等多媒体平台进行合规宣传教育，以合规作品塑造、宣传为载体，不断增强全员合规意识。开展合规管理成果收集活动，推进优秀成果的示范带动作用。

（3）通过以案说法、警示教育等形式开展法治宣传教育，提高全员法律风险意识。加强关键岗位人员和相关领导合规管理技能培训，加强业务部门人员的业务学习和法律知识培训，提高业务人员专业化水平。

（五）积极履行社会责任，彰显中央企业担当

（1）依法依规诚信纳税。聊城公司秉承守法经营的原则，依法进行生产、经营、管理活动，积极研究税收政策，坚持税收管理合法合规，以实际行动践行国有企业的责任与担当。

（2）回馈社会，践行公益担当。通过企业社区"1+1"、企业职工"1+1"的联合共建模式，开展"我为群众办实事""弘扬雷锋精神，展现企业风采"学雷锋志愿服务月活动，"社会公益行"等实践活动，走进社区、村庄慰问老人，打扫卫生，帮助解决日常生活困难；与朱老庄镇14名留守儿童进行"一对一"结对子，开展赠书促学活动，捐赠2000册图书。结对帮扶20多户困难家庭，40多名贫困生受到资助。40余名青年志愿者加入造血干细胞捐献行列，向社会各界展示了能源行业职工成为新时代雷锋精神传播者、弘扬者、践行者的热情与实践，大力弘扬了"奉献、友爱、互助、进步"的志愿服务精神。

聊城公司立足新发展阶段，贯彻新发展理念，服务构建新发展格局，推动高质量发展品牌理念，倡导重质量、讲诚信、负责任，坚持价值创造，实现行业引领，全面提升对客户、合作伙伴、员工、社会公众和同行业的价值，紧紧围绕集团公司"六个开新局"，积极践行集团公司创建具有全球竞争力的世界一流示范企业的目标使命，助力企业转型升级，为国家电力事业输送源源不断的动力。

案例创造人：郝　军、马　哲

以诚信守正谱写大渡河绿色发展新篇章

国能大渡河新能源投资有限公司

一、企业简介

国能大渡河新能源投资有限公司（以下简称公司）是国能大渡河流域水电开发有限公司全资国有子公司，是一家专注于清洁能源开发和高效利用领域的投资型专业公司。注册资本金为12.2亿元，资产总额为24.37亿元。主营业务涉及发电、售电、低碳环保、清洁能源投资及电力信息咨询服务等。

公司是国能大渡河公司的新能源专业化开发公司、售电平台公司和碳资产管理平台公司，又是国家能源集团两大碳资产专业服务单位之一。公司以整合西南地区碳资产资源为基础，积极拓展集团内外碳资产开发市场，构建碳资产管理全业务体系，已形成了包括碳减排项目开发、碳资产交易、碳盘查（核查）、碳咨询、碳中和、碳培训、碳金融的核心业务体系，具备了完全独立自主的CCER项目开发能力和碳资产交易能力。

2015年，公司率先完成电力销售业务工商注册，是四川省电力交易中心首批注册、规模最大、具有售电资格和发电背景的大型国有售电公司，是国能大渡河流域水电开发有限公司电力销售市场化经营、客户管理及发售电服务资源整合平台。公司售电服务处承担公司市场拓展、渠道管理、跨省跨区交易、售电服务、客户管理、配网、电能替代、节能环保投资等业务。

二、诚信守正勇担当，提升大渡河影响力

公司以"开发清洁能源，奉献美丽蓝天"为己任，践行"绿水青山就是金山银山"的理念，坚持走绿色发展道路，既寻求企业可持续的高质量发展，也自觉担负起建设生态文明的责任，企业经济效益和社会效益稳步提升。公司坚持诚信守正的经营理念，从事新能源项目开发与资源获取工作，与四川省内市县主管部门、政府机关、供应商建立了良好的合作关系。在市场竞争中，合理利用社会资源，充分发挥企业自身优势，采用正当手段，提升企业竞争力及影响力。

三、光伏业务谱新篇，创造大渡河新篇章

公司积极开展新能源发展工作，全力推进四川省重点项目。自2020年以来，公司推进新能源资源获取工作，开展阿坝州、凉山州、甘孜州、攀枝花市及雅安市现场踏勘，累计行程超30万千米。一是编制大渡河流域水风光一体化基地规划并成功纳入四川省"十四五"能源规划，新增纳规超1500万千瓦；大渡河流域风光水（储）网源协同优化及综合能源示范基地研究成果纳入四川省能源局"十四五"电力源网荷储一体化和多能互补发展工作方案，从政策层面为公司新能源资源获取奠定基础。二是与阿坝州政府、若尔盖县两级政府签订战略合作协议，储备风光资源约600万千瓦。三是与国内光伏组件厂商（通威新能源、晶科新能源）签订了战略合作协议，借助光伏组件、支架、逆变器厂家的技术、品牌优势，形成合力，提升公司品牌形象。四是多渠道积极争取资源。参与各州市竞价10余次，总计装机超300万千瓦，取得雅安市85万千瓦光伏、风电项目和甘洛县32万千瓦光伏项目开发权。开展多模式示范项目研究10余项，充分

利用各州市地方特色，开展"湖面光伏""光伏治沙""光伏+环保""农光互补""牧光互补"等项目研究。2021年金川水电站营地屋顶103千瓦光伏项目投产发电。收集调研光伏并购项目10余项，总计装机超50万千瓦。五是项目前期专题手续创纪录办理，作为首次开展光伏工作前期手续办理，公司精心谋划，运筹帷幄，加强政策研究，确保项目合法合规，90天内完成项目立项及环评、水保、林地、用地预审等13项目专题办理。

四、售电业务诚信建设，遵纪守法控风险

1. 客户资信管理制度

公司及时对客户的信息进行修订和完善，并严格进行资信调查，筛选信用良好的客户进行合作。电力市场客户按照分类、分级管理的原则开展。履约过程中，建立客户的履约记录；履约完成后，根据客户的履约记录按信用风险等级形成星级客户名录。重点发展五星级客户，维护三、四星级客户，防范一星级客户，使资源更多用于信用风险低、签约量大的客户，控制信用风险高的客户份额。

2. 招标管理制度

公司严格按照《招标投标法》《国家能源集团招标采购实施办法》《国家能源集团非招标采购实施办法》等制度要求编制采购文件。

结合现行行业或专业资质标准规定，合理设置投标人资格条件，禁止以特定条件排斥潜在投标人等行为。建立经常教育机制，定期开展廉洁从业教育、业务交流培训、制度宣贯学习等活动。限价编审把握采购计划可控、预算价格合理、历史价格可比、市场价格相当的四项基本原则，综合考虑项目特性、方案、市场竞争程度、历史成交价格，合理确定投标限价。

采购从业人员签订《采购工作保密承诺书》，严格遵守《国家能源集团采购保密管理办法》等有关规定。

3. 合同管理制度

公司严格执行《国家能源集团合同管理办法》等制度。对造成重大经济损失，或致使经济损失严重扩大的，予以通报批评；对负有责任的领导人员依照集团公司有关规定进行问责；对有关责任人依照《国家能源投资集团有限责任公司职工违规违纪处理办法》给予组织处理、纪律处分、扣减绩效；涉嫌违法犯罪的，移送国家检察机关或司法机关处理。

加强合同条款审查，重点审核有无实质性条款变更。坚持合法合规，不得订立违背招采购文件实质性内容的其他协议。严格执行合同审签制度，监督部门定期对合同进行检查。明确大渡河公司、基层单位合同签订权限，严格按照权限签订合同。合同印章管理人员对合同用印进行审查，凡是不符合用印条件的一律不予用印。

按照电力市场信息化披露要求，开展自查，保证资质满足《关于加强售电公司管理有关事项的通知》（川发改能源〔2021〕549号）要求；严格按照政府发布的合同示范文本签订购售电合同，并在规定时间内提交电力交易机构备案。

4. 风险控制及危机管理制度

公司自觉遵守国家法律法规和行业相关制度规定，依法合规开展售电业务。制定交易方案事前审批制度；建立电力交易过程操作票制度；建立"售电管理用户侧平台"，充分利用信息化手段，增高交易能力，规范决策程序。

公司重大设计变更采用多方会审机制；做好各流程管控，严格工程变更管理；定期集中研究工程变更立项审批及变更费用审查意见，强化立项多层级把关；实施工程建设过程跟踪审计；借助工程管理信息系统，记录工程变更立项、费用结算信息，做好过程记录、信息通报、统计分析和过程审计，实现全过程追踪溯源。

5. 信用评估考核制度

公司建立全面信用评估考核制度，并严格执行。一是对客户进行评估、考核，发展资信良好的客户，

防范信用等级低的客户；二是对供方进行信用评估、考核，根据其完成项目的效益、工期、履约等情况形成名录。

公司连续两年被评为四川"保底售电公司"，是由地方主管部门负责审批选取经营稳定、信用良好、资金储备充足、人员技术实力强等市场主体，再综合评定选取。公司在2022年度四川售电公司信用评价结果为AA，表示公司信用记录良好，履行电力市场经济责任能力强，不确定因素对公司经营和发展影响很小。

6. 客户服务及关系管理

公司客户划分为战略客户、重要客户、主要客户、内部客户、普通客户，该项工作由专职人员来完成。自有客户和居间客户按照一致性原则管理，针对不同层级的客户制定相应的开发、维护策略。

7. 与股东、投资人和债权人等利益相关方的关系

国能大渡河流域水电开发有限公司是国能大渡河新能源投资有限公司的母公司，持有国能大渡河新能源投资有限公司100%股权。公司积极与利益相关方沟通，理顺各种关系。

8. 反对商业贿赂、欺诈等

公司党员领导干部签订廉洁从业协议，牢记党员廉洁自律规范；严格执行《中共国家能源投资集团有限责任公司党组关于规范采购工作纪律的规定》，对采购事项严格审批，对采购工作严格监督，对采购人员严格管理；做好"八小时外"监管；关键岗位人员开展任前廉洁从业谈话；落实好集团公司"四个三"监管要求，防范采购全过程风险。

五、低碳业务强保障，严控数据保合规

作为全国领先、西南最大的碳资产管理机构，公司发挥集团内部专业化碳资产管理单位作用，为集团火电企业提供碳盘查咨询服务；开展碳排放盘查相关业务，已经连续4年顺利完成集团火电盘查任务。公司严格遵守碳排放管理原则，提前部署、周密安排，按照相关行业温室气体排放核算指南，不断优化工作流程，设计科学的排放报告及监测计划模板；编制碳排查任务清单，细化分解重点工作，将碳盘查管理分解到日、落实到人，以日保周、以周保月，确保按期高效完成盘查任务。

六、响应扶贫号召，履行社会责任

公司积极响应国家精准扶贫号召，大力开展捐资助学、扶贫帮困等活动。每年在捐资助学、扶贫帮困等方面投入多项资金，在支持开展生态修复、项目所在地乡镇村基础设施建设、参与道路共建等方面大力投入，为雅安市石棉县、凉山州甘洛县修建道路。

案例创造人：李正洪、张纯淳、王健馨、谢 亮

奋楫笃行　诚信兴企　开启高质量发展新篇章

国能神皖合肥发电有限责任公司

一、企业简介

国能神皖合肥发电有限责任公司（以下简称合肥公司）整体规划装机容量为 2×660MW + 2×1000MW，一期 2×660MW 机组工程项目作为安徽省"861"重点项目，动态总投资为 44.42 亿元，于 2017 年 2 月开工建设，2018 年年底相继建成投产。2019 年，合肥公司全面转入商业运营，立足诚信经营，不断加强企业信用管理与内部控制，成为皖中地区电网的有力支撑点，拉动了地方经济发展，解决了 613 名当地人的就业问题，树立了良好的品牌形象，赢得了当地社会与广大合作方的普遍信赖与赞誉。公司先后获得"安徽省推进与中央企业合作发展工作先进单位""安徽省环保诚信企业""安徽省 AAA 级信用企业""中电联 AAA 级信用企业""合肥市健康企业""安徽省工人先锋号""庐江县纳税十强企业""电力安全生产标准化一级企业"等荣誉称号。

二、案例背景

习近平总书记在党的二十大报告中强调，"高质量发展是全面建设社会主义现代化国家的首要任务。发展是党执政兴国的第一要务。没有坚实的物质技术基础，就不可能全面建成社会主义现代化强国。"

在我国经济已由高速增长阶段转向高质量发展阶段的新常态下，社会信用体系对促进国民经济循环高效畅通、构建新发展格局的重要意义更加凸显。合肥公司进一步认识到贯彻诚信经营理念、加强诚信体系建设、弘扬商务诚信文化是义不容辞的责任，也是推进企业高质量发展的必由之路。

三、具体做法和成效

（一）统筹兼顾，持续完善企业信用体系

良好的信用是电力企业走向市场的重要核心竞争力，合肥公司高度重视信用工作，成立了以执行董事为组长、总经理为副组长的信用体系建设工作领导小组，公司各部门主任为领导小组成员，进一步压实主体责任。领导小组下设信用体系建设工作领导小组办公室，由综合管理部负责，办公室设有兼职的信用体系管理人员。按照《电力企业信用评价规范》要求，围绕安全生产、经营业绩、企业内部控制、财务情况、人力资源、战略发展以及履行社会责任等方面开展信用体系建设，将诚信理念贯穿融入企业生产经营管理全过程，不断提高诚信经营水平。2021 年，公司相继被评为"中电联 AAA 级信用企业""安徽省 AAA 级信用企业"。

（二）聚焦主业，持续落实保供责任

贯彻落实集团、安徽公司保供工作部署，将发电保供作为首要政治任务，重点抓实点巡检管理、消缺和隐患治理、应急值守、燃煤接卸、网络安全和信访维稳等工作，圆满完成重要节点保电工作任务。安全

环保形势平稳，电力可靠供应。

迎峰度夏期间，公司克服燃煤价格上涨、持续高温天气、疫情形势严峻等困难，多措并举，保持两台机组"多发满发、应发尽发"，累计发电量达23.43亿千瓦·时，创投产以来迎峰度夏最高发电纪录，连续14天发电量超过3000万千瓦·时，平均负荷率达89.1%，公司获得"2022年全省电力迎峰度夏工作中表现突出的单位"荣誉称号。

（三）多措并举，持续推进企业治理现代化

一是推动党的领导融入公司治理制度化、规范化、程序化，持续完善公司法人治理结构，坚持科学、民主、依法决策，动态更新决策事项权责清单，厘清决策事项的管理边界，严格落实"三重一大"决策制度。二是持续深化"法治企业"建设，强化合规管理，将法律合规要求全面融入企业决策运营各个环节，合同、重大决策、制度三项"法律审核"达100%。三是不断健全中国特色现代企业制度体系，开展制度"立改废"工作，全年梳理修订制度300余项。四是推进"八五"普法规划落地，开展"送法上门"普法活动，为员工发放《民法典》《公司法》《安全生产法》等常用法律法规200余册，营造了"尊法、学法、守法、用法"的浓厚氛围。五是开展"经营合规问题专项治理""合规管理强化年"活动，全领域、全方位排查生产经营合规风险，确保企业经营发展依法合规，全年未发生行政处罚与单位犯罪等情况。

（四）严抓细管，持续夯实安全环保根基

一是坚持"党政同责、一岗双责、齐抓共管、失职追责"，逐级签订安全目标责任书，确保安全职责落实到每一个岗位、每一名员工。二是建立安全生产责任清单，持续完善《安全生产防非停奖励办法》《不安全事件管理办法》等奖惩机制。三是认真贯彻安徽公司1号文精神，全面落实安全生产环保7项重点工作、32项任务、103项具体措施。四是公司领导班子靠前站位，以风险分级管控和隐患排查治理双控机制为抓手，制定公司安全专项整治三年行动实施方案，全面开展风险防范和隐患排查。深化防非停"三个专项治理"，对照《二十五项反措》及防治锅炉"四管"泄漏要求，结合机组调停和检修，及时开展金属监督、热控逻辑、电气保护、重要辅机等隐患排查。建立风险分级管控和隐患排查治理双控机制，严格开展安全文明生产大检查和季节性专项安全大检查工作。全年安全专项检查22次，累计整改问题938项，扎实落实隐患治理，全力提升设备可靠性。

（五）纲举目张，持续合规开展生产经营活动

认真学习贯彻党和国家方针政策，严格执行各项法律法规、规章制度、行业标准和行业规范，通过制定业务操作标准、强化采购、招投标文件编制规范等方式，利用ERP、SRM系统进一步强化采购、招投标业务流程标准化管理，主动提高履约水平，自觉维护相关方的合法权益，积极维护商业信誉，至今无任何不良信用记录。强化合同源头管理，对合同签订、合同条款完善、权利义务等内容进行重点审查，通过合同条款约束，切实防范相对方违约风险。重点做好春节等重要节日和重要会议期间的信访维稳工作，针对农民工欠薪讨薪苗头积极协调供应商解决。强化事后处理，将存在诚信问题的合作方拉入黑名单。多措并举提高诚信合规经营水平，防范化解重大经营风险。

（六）凝心聚力，持续构建员工情感家园

保障员工各项福利，增强员工归属感。根据员工工作区域、工作性质的不同，为职工"量身定制"体检套餐，保障员工身体健康。按期购买采购补充保险、人身意外等险种，持续"加码"员工保障工作，确保各项保险力度"不打折"。严格落实对员工劳动保护用品的配备保障，开展接触职业危害人员体检工作，为员工配备口罩、防噪声耳塞、绝缘鞋等高质量劳动保护用品，保护员工在工作过程中的安全和健康，提高劳动效

率，促进生产经营。深入推进"我为群众办实事"实践活动，投入资金200.2万元，完成"实事项目"17项，完成率达100%，开展为患病员工家属募捐、组织困难员工慰问等暖心工程，通过办实事、办好事，全心全意为职工美好生活赋能。

（七）守正创新，持续开展企业诚信文化宣传

为进一步落实诚信经营理念，推动企业信用体系建设，营造"诚信兴商"良好环境，合肥公司围绕"讲诚信，树品牌"开展诚信兴商宣传月活动，以线上、线下相结合的方式广泛开展主题宣传和典型案例推广，生产、经营、财务等关键岗位人员共同签署了《诚信经营倡议书》。大力倡导"诚信兴商"经营理念，讲好诚信故事，弘扬诚信文化，提升诚信素养，营造出"人人知诚信，处处讲诚信"的良好氛围。组织全体员工学习《国家能源集团诚信合规手册》，将诚信合规手册作为企业文化的重要呈现载体，跟踪全员签订合规承诺书。

企业的繁荣之花盛开于诚信的沃土，诚信经营是企业的生命线和立业之本。合肥公司将牢记自己的使命和责任，全面贯彻国家能源集团"41663"总体工作方针和安徽公司"1248"中长期发展战略，不断加强诚信品牌建设，将诚信意识与诚信精神作为企业文化建设的重要内容，持之以恒地践行诚信经营理念，为推进世界一流综合能源公司建设做出更多积极贡献。

案例创造人：徐鑫炎、张达学

以勇担责任和践诺守信助力富士康普工招募

河南省人才集团有限公司

河南省人才集团有限公司（以下简称河南人才集团）于2022年5月经河南省委、省政府批准设立，省委组织部（省委人才办）、省人力资源和社会保障厅负责业务指导，是服务人才强省战略的市场化抓手，由河南投资集团履行出资人职责，注册资本金为12亿元。2022年6月河南人才集团揭牌成立，是全国第三家、中西部地区首家省级人才集团，目前资产规模近30亿元，旗下拥有分（子）公司50余家，其中与鹤壁、安阳、濮阳、新乡、信阳、许昌、焦作合资成立7家地市人才集团，公司业务覆盖北京、上海等全国20余个省市，省内实现18地市服务全覆盖，在服人数超过20万。

公司自成立以来，践行诚信经营理念，既注重对企业员工诚信理念和信用风险意识的培养，又注重运用制度建设进行信用管理，把制度建设作为践行诚信的安全保障。公司先后出台了劳动管理制度、招聘管理办法、外聘律师管理办法、合同管理办法、劳动合同管理办法、客户关系管理制度等一系列诚信企业相关制度，将诚信理念融入企业生产经营各层面、各环节，形成有效的内部动态监督机制。营造诚信氛围，同时重视培育企业诚信文化，以"成人之美、美美与共"作为自身服务理念，严格履行合同协议，严禁不合格产品出库，禁止不公平竞争、欺诈等不良行为，建立包括个人专业提升、工会福利、职位晋升、能力成长、社会荣誉等多维度的薪酬福利与诚信企业体系。

2022年11月，郑州航空港区富士康科技公司出现"招工难"情况，为深入贯彻"疫情要防住，经济要稳住，发展要安全"的重要指示精神，在河南省人社厅支持下，由河南人才集团牵头，协同另外两家省管国有企业下属人力资源机构成立联合工作组进驻港区富士康，联动助力富士康员工招聘工作，在时间紧、任务重的危急关头，河南人才集团主动申请承担45%招工计划，带领团队锚定目标、咬牙坚持，最终超额完成招工任务，努力为全省稳就业、保就业贡献力量，体现出河南人才集团勇担社会责任、铸造诚信企业的良好形象。

一、积极快速响应，郑重许下承诺

2022年11月28日晚，河南投资集团人力资源部接到省人社厅通知推荐三家国企为富士康招募工作提供保障，公司领导亲自挂帅，紧急抽调6名骨干力量组成攻坚小组，连夜深入港区现场，同步组织公司近百人收集富士康招工政策、现状信息并组织编制招募工作计划书，于次日中午完成《港区富士康招工及人员管理方案》并上报省人社厅，快速为省委省政府厘清招工思路提供必要参考。

2022年11月29日晚7点，省厅领导与河南人才集团、另外两家协同单位、富士康集团相关负责人共同在郑州航空港区举行现场会议，决定招募工作自2022年12月1日起开始执行，在2022年12月17日前需完成13000人的招募任务，平均每日需招聘到岗765人，时间紧、任务重、压力大，在合作模式尚不清晰、招募区域尚未确定的危急时刻，河南人才集团主动承揽8717人招募任务，占整体任务的45%，为联合工作组做好表率，也向省委省政府许下坚定承诺。

二、克服艰难困苦，积极践守承诺

2022年12月1日，河南人才集团与富士康集团现场确认招募工作安排，随后统一协调另外两家国有人力资源公司共同组建联合工作组，当天完成三家企业共计15名精干专业人员联合工作组组建工作，并同步明确职能分工，迅速进入正式运转状态，其中河南人才集团每日向省人社厅汇报工作进展，小组成员坚持当天复盘，累计开会30余次，高效找准问题症结和瓶颈难点，实现问题日清日结。随着招募工作深入，联合工作组成员顶受的压力与日俱增，河南人才集团成员积极发扬"能吃苦、能受屈、能战斗、能奉献"的四能精神，发挥先锋模范作用，带领工作组克服富士康招聘平台频繁故障、新冠病毒感染人员多等各种不利因素，在疫情形势最严峻时期盯紧目标、努力坚持，招工初期与疫情第一波感染高峰期重合，多个地区不得不暂停招募，给整体招聘进度带来极大阻碍，工作组成员克服困难，深入一线，确保募工任务不断档、不留死角。2022年12月中旬，郑州迎来疫情第一波感染高峰期，联合工作组成员在全部阳性的情况下仍咬牙坚守，互相支持鼓励，积极践守承诺，感人至深。

三、实时联动机制，同心诚信招聘

招工过程中，河南人才集团各部门、子公司齐心协力，综合管理部（办公室）、运营管理部、外包事业部负责政策收集及宣传工作，借助10余家媒体力量，广泛宣传报道，有效提高招募知晓率；外联合作部积极寻求外部协助，融合多个平台多份力量，形成招聘合力；数字科技部利用数字信息系统，有效提升招聘过程中的数字化水平与效率；外包事业部、人力资源开发中心、高端引才事业部借助通过业务积累起的广泛招聘线，深入挖掘潜在资源，为招工工作提供持久输出；健康管理事业部在物资匮乏时期积极协调相关医护用品，为联合工作组提供坚强保障，让每位成员免去后顾之忧；在地市公司方面，鹤壁、许昌、新乡、信阳等地市人才集团充分发挥省市联动优势，在各地利用宣传、政策优势，纵深至县、乡、村，自上而下形成联动机制，产生蝴蝶效果，有效助推招聘工作顺利进行，也彰显了河南人才集团厚重的诚信文化。

四、超额完成任务，擦亮诚信名片

2022年12月3日，召开了河南省富士康疫情防控指挥部会议，河南人才集团代表三家国企对为富士康提供招募服务做了详细汇报，上级领导对三家企业的工作给予高度肯定，赞扬三家国企能够服从大局，在较短时间内组织开展工作并取得明显的成效，充分发挥国有企业承担社会责任、关键时刻能够顶上去的作用，当日会议下发了《关于印发〈富士康定点定向招工工作方案〉的通知》，助力以河南人才集团为首的联合工作组进行富士康招工工作。

依照与人社厅、富士康三方会议决议，2022年12月17日前富士康募工目标为13000人，至任务结束时共计37499人报名，录用13736人，目标达成率为105.66%，超额完成招工目标任务。富士康下发的第二次招募任务共6200人，任务周期为2022年12月18日—12月24日，在12月23日前共计11882人报名，录用7163人，目标达成率为115.48%，并提前一天超额完成任务。两次募工任务累计为富士康招募到岗20899人。其中河南人才集团承担8717人招募任务，占整体任务的45%，实际招募到岗12404人，占整体到岗人数的60%，完成了向省委省政府许下的承诺，助力全省经济维稳的同时，也擦亮了河南人才集团的诚信名片。

五、践行诚信责任，彰显使命担当

在全国人民战胜疫情、经济社会进入全面复苏之际，河南人才集团圆满完成富士康招工这一事项。2023年1月10日，央视新闻《朝闻天下》对"复工复产·富士康郑州，对未来发展更有信心"进行宣传报道，多家媒体也进行了后续跟踪报道，形成相当良好的社会效应。这背后，是以河南人才集团为首的一群默默无闻的人，在无数个深夜里坚守着，在与病毒斗争时坚挺着，在朝着目标前进的道路上坚强着，更在践行诚信的信念上坚定着，努力书写着诚信企业的社会责任，彰显出中华儿女的使命担当。

未来，河南人才集团将继续发扬诚信精神，聚焦中央及省委省政府重大战略部署，深入贯彻落实党的二十大精神，发挥主观能动性，充分彰显国企诚信担当，为谱写新时代更加出彩的绚丽篇章做出新贡献！

案例创造人：郝国庆、张东红、祝　莉

以人为本　服务至上　合作共赢
打造受尊敬的诚信企业

内蒙古包钢钢联股份有限公司

一、企业简介

内蒙古包钢钢联股份有限公司（以下简称包钢股份）是包钢（集团）公司控股公司。包钢（集团）公司始建于1954年，是国家在"一五"期间建设的156个重点项目之一，是新中国在少数民族地区建设的第一个大型钢铁企业，也是周恩来总理唯一为其投产剪彩的钢铁企业。经过近70年的发展，包钢（集团）公司目前已成为世界最大的稀土工业基地和我国重要的钢铁工业基地。

包钢股份作为包钢（集团）公司的重要钢铁板块，于1999年6月29日成立，于2001年3月9日在上海证券交易所正式挂牌上市，是我国西部最大的钢铁上市公司。上市以来，包钢股份充分利用资本市场的融资功能，对包钢（集团）公司钢铁主业进行资产收购，成为集采矿、选矿、焦化、烧结、球团、炼铁、炼钢和轧钢于一体的全流程钢铁联合企业，目前具备1750万吨铁、钢、材配套能力，可生产重轨、风电板、耐磨钢、锌铝镁镀锌板、管线钢、家电钢、汽车钢、石油管等重点产品，总体装备水平达到国际一流，形成"板、管、轨、线"四条精品线的生产格局。2013—2015年通过定增收购白云鄂博西矿资源和白云鄂博尾矿资源以来，包钢股份致力于白云鄂博资源的综合开发利用，逐步由单一的钢铁企业向钢铁和资源开发利用双轮驱动战略转型。包钢股份依托白云鄂博铁和稀土共生的资源禀赋，造就了独有的"稀土钢"特色，产品拥有良好的延展性、耐磨性、耐腐蚀性、耐低温性、韧性及抗拉拔性，广受下游用户的认可和好评，产品广泛应用于京沪高铁、青藏铁路、三峡工程、北京大兴国际机场、中俄东线天然气管道等国家重点工程项目，并远销欧美等60个国家和地区。经过几年的发展，包钢股份稀土钢品牌价值已达到208.37亿元，跻身中国品牌价值500强行列。

二、主要做法

人无信不立，业无信不兴，国无信不强。诚信是企业核心竞争力和发展战略的重要组成部分，是企业生存的基本准则。包钢股份以合作共赢维护股东、债权人及相关方权益，以顾客驱动维护消费者权益，以人为本保护员工权益，将诚信建设作为立企之本，贯穿于生产、销售及服务中，营造诚信氛围，开展诚信经营，树立诚信服务意识和信用风险意识，同时以生态优先、绿色发展履行好社会责任。

（一）合作共赢，共同发展

诚信经营，是为了更好实现企业存在的意义。包钢股份作为国有企业，有着自己的使命、愿景和价值观，要实现国有资产保值增值，要履行好国有企业的经济功能和社会功能，首先要维护好股东与债权人的合法权益，同时与供应商等相关方通过互利和优势互补，建立长期合作伙伴关系，以达到合作共赢，实现共同发展。

（1）生产经营稳定顺行。包钢股份建立生产、能源、安全、环保、设备协同机制，提升自有资源效益，自产铁精矿产量创近十年最高水平；统筹推进提产攻关，高炉利用系数同比提高，各产线屡创生产纪录；主要盈利产线生产效率显著提高，超额完成降本任务，结构调整实现新突破；推行以用户为中心的产销结合运行模式，合理排产，保证合同交付，各类产品源源不断运往四面八方。全年产铁1327.65万吨、产钢1418.46万吨，生产商品坯材1344.27万吨，实现营业收入721.72亿元，上缴税费27.31亿元。包钢钢铁品牌2022年品牌价值达到243.53亿元，相比上一年度增长35.16亿元，成功登上中国品牌价值500强榜单和内蒙古百强品牌榜单，获评内蒙古品牌建设标杆企业。

（2）打好抗疫保产阻击战。疫情期间，包钢股份坚决统筹疫情防控和生产经营，最大限度保护了职工群众的生命安全和身体健康。组织13个核酸检测点开展了50余轮70余万人次的核酸检测，顶住了一轮又一轮疫情的冲击，构筑起抗击疫情的坚固防线。制定抗疫保产预案，主动停炉调产，合理优化库存，对生产物料进行优先级排序，开发紧缺物料供应渠道，突破运输保产瓶颈。根据不同疫情防控时期实际情况制定不同策略，适时启动非封闭驻厂模式，两班人员封闭驻厂模式，关键岗位、关键工序员工轮岗备岗保产模式等，统一指挥、上下协同，共进行三次封闭驻厂，共13天，约21万人天，最大限度防控疫情、保证生产。积极履行社会责任，先后为昆区政府、固阳县、乌拉特前旗、九原区哈业胡同镇、包头职业技术学院提供抗疫捐款675万元。

（3）注重股东知情与回报。按照公开、公平、公正原则，切实履行信息披露责任，全年公开合规披露定期报告和临时公告128份。充分考虑包钢股份的盈利情况、当前所处行业的特点以及未来的现金流状况、资金需求等因素，兼顾可持续发展和对股东合理回报的需求，以2021年年末总股本45585032648股扣除公司回购股份180090400股后的45404942248股为基数，向全体股东每10股派发现金红利0.19元（含税），共计派发现金红利86269.39万元（含税）。

（4）诚实履约，维护债权人权益。包钢股份始终坚持诚实守信的原则，按时履行到期融资产品还款义务，保障了债权人的合法权益。2022年兑付债券本金25.57亿元，兑付债权融资计划本金0.5亿元，兑付债券利息2.32亿元，兑付债权融资计划利息0.55亿元，支付海外债利息267.5万美元。2022年，联合资信评估有限公司出具了《内蒙古包钢钢联股份有限公司2022年跟踪评级报告》，确定维持公司主体长期信用等级为AAA，并维持"19包钢MTN001""19钢联""19钢联03""20钢联03""GC钢联01"的信用等级为AAA，评级展望为稳定。公司盈利能力等综合实力得到公开市场的高度认可。

（5）诚信服务，合作共赢。包钢股份致力于营造高效、透明、健康的营商环境，认真落实国家法律法规要求，努力建设阳光诚信品牌责任链。持续推进采购管控规范化、制度化、体系化，达到科学、规范、高效的组织和管理目的，为增强采购体系管理能力提供有效支撑。积极引进国有或大型煤炭供应商，争取直供包钢股份。增加预选供应商频次，引入潜在的优质供应商参与竞争。积极开展重要供应商与潜在优质供应商走访活动，聆听供应商意见和建议，拉近彼此距离，增进彼此友谊。深化"服务思维、服务理念"，做好服务客户工作，向供应商发出了质量管理方面倡议书、履约承诺书等，从中心内部加强服务文化、服务管理、服务意识、用户满意度等方面提升服务能力。

（二）诚信经营，擦亮品牌

企业诚信经营的最终目的是让顾客对产品和服务满意。包钢股份坚持为客户提供高质量产品、高品质服务，聚焦"用户满意"，不断打造满足客户需求的品牌，以一流工作质量和服务质量生产一流产品、建设一流企业。

1. 生产名优产品

围绕"十千亿"战略目标，高端高效产品销量持续攀升，全年创效5.96亿元。风电钢销售突破90万吨，创历史最高水平。家电钢成功开发四家大型企业，销量增幅达150%。汽车钢成功入围上汽乘用车、重庆长安两家主机厂。锌铝镁镀层钢板成功下线，填补自治区空白。打桩钢产品成功首发，打开香港建筑市场。高强耐候抗震热轧H型钢在业内首家实现批量供货，增效200余万元。2300MPa级高强钢绞线盘条实现国内首发，应用于昌景黄高速铁路试验箱梁，公司随即参与《铁路预应力混凝土钢绞线》标准制定。钢轨产品成功中标朔黄铁路、包神集团、大准铁路项目。海工用H型钢成功中标海洋工程项目，首次进入海工领域。开发工程机械用稀土无缝管系列产品，覆盖机械车辆气缸缸筒、旋挖机钻杆等应用领域，累计供货4000吨。耐腐蚀无缝钢管、850MPa级液压缸筒用管产品成功应用，成功向包银铁路、内蒙古新机场高速公路等项目供货约90000吨。

（1）包钢结构钢助力建成北京冬奥会山地转播中心。包钢590吨中板、834吨H型钢等近1500吨结构钢，应用于北京2022年冬奥会张家口赛区核心区的山地转播中心建设，为包钢产品再添一张"冬奥工程"亮丽名片。

（2）包钢十万吨优质钢轨铺就世界首个沙漠铁路环线。作为和若铁路优质钢轨的供应者，包钢股份坚持高站位、高标准、严要求，在设计、研发、冶炼、轧制、质检、运输等各环节精益求精，成功向和若铁路提供了10.12万吨具有良好的强度、韧性，以及优异的焊接性和耐磨性的优质钢轨。

（3）包钢耐候管助力中国中车宽轨客车出口巴基斯坦。包钢钢管有限公司生产的近百吨转向架用耐候无缝钢管首次应用在机车转向架上，包钢钢管随着这批宽轨客车助力中巴经济走廊建设。

（4）包钢钢轨为中欧共建"一带一路"高质量发展助力。包钢股份一根根高品质钢轨漂洋过海，为匈塞铁路项目建设，以及中欧共建"一带一路"高质量发展添砖加瓦，贡献包钢力量。

2. 提升产品质量

质量诚信是企业最根本的社会责任，是企业的信誉和生命。包钢股份以过程质量稳定来保证产品质量稳定，对15个重点产品开展稳定性评价并逐项改进，提高了产品质量稳定性。全面推行"8D"模式，科学规范质量异议分析整改，全年质量异议同比减少103件。钢材产品综合合格率、综合成材率等6项技术质量工作指标全部完成计划。铁水一级品率创历史最高水平；冶金焦用煤质量及稳定性稳步提升，焦炭硫分创近5年最高水平；自产铁精矿质量稳定，钾、钠等有害元素含量较上年度明显降低。主要产品合格率稳步提升，其中轨梁厂310乙字钢合格率、稀板厂冷轧卷合格率等5项指标均达到历史最低水平。质量异议率和质量异议赔付金额为近3年最低水平，重大质量异议为零。2022年，荣获"全国产品和服务质量诚信品牌""全国质量信誉保障产品""全国质量检验合格稳定产品"等荣誉称号。高速铁路用钢轨、冷轧无取向电工钢带、汽车结构用热轧钢板及钢带等8个产品获评"金杯优质产品"，其中高速铁路用钢轨同时获评"金杯特优产品"。

3. 提供优质服务

包钢股份对重点战略和终端用户进行走访，通过"云拜访"形式，与重点战略用户进行视频座谈，了解用户实际情况，及时解决用户需求，对用户提出意见及建议积极给予回复，及时把整改措施情况及时告知用户，形成有效的闭环管理。对标宝钢股份EVI服务模式，介入下游用户早期研发阶段，充分了解用户对产品性能的要求，从而为用户提供更高性能的个性化服务。以营销、研发、制造专家为核心，推进与战略用户形成"需求→用材方案→实验室研究→新产品试制→产品检验及应用→产品系列化→行业标准"的联合研发、成果共享的技术创新路径，建立满足用户特殊需求的快速研发机制。用户便捷采购体验持续优化，全面实现一站式配送服务，为用户提供产品综合解决方案。持续提升优质销售技术服务和高效生产供应，进一步擦亮"包钢制造"品牌，赢得更多用户信赖。2022年顾客满意度测评结果平均值为97.91%。

（三）以人为本，维护权益

企业的诚信经营同样离不开全体员工，重视员工意味着确保员工的满意、发展和权益，营造一个鼓励员工承担风险和创新的环境。

1. 助力员工成长

制定《包钢股份三年人才规划》及细化项目推进方案，积极推进人才工作制度体系创新。推动高技能领军人才"提质增量扩面",评选出首席技能大师17人、技能大师45人、操作能手136人,较2021年增长33.8%。坚持把源头储备作为加强年轻干部队伍建设的基础性工作,选拔49人列入"骏马计划",推荐590人入选"良驹计划"。全年共派出47名年轻干部赴政府、头部企业、其他板块挂职锻炼,积极探索培育青年人才新模式。包钢股份全面推进公司、单位、车间各级各类技能竞赛,让更多职工通过竞赛公平公正地切磋技艺、施展技能、历练提升,切实让竞赛涵盖更多岗位、覆盖更多工种、锻炼更多职工,不断夯实高技能人才队伍建设。全年共投入213.4万元开展高炉、转炉、质量立功专项劳动竞赛和能源专项竞赛,激励各产线破日产、月产纪录116次;在集团公司第十阶段员工自主改善评比中获特等奖19项、一等奖95项,员工创造力极大增强。

2. 建设优质环境

坚持以习近平总书记"人民至上、生命至上"为指导,严格按照上级要求,紧抓安全工作不放松。全面落实"三管三必须"工作要求,层层压实全员安全生产责任。巩固安全生产专项整治三年行动,引进外智外力,聘请专业机构对涉及金属冶炼、危化和非煤矿山单位开展了"钢八条""粉尘涉爆六条""有限空间四条"隐患排查整改及专项评估工作。推动"两化一制"落地实施,所有作业均执行安全确认制。积极开展安全法律、法规和相应的安全知识教育及安全知识竞赛等,通过教育切实提高员工整体安全素质,健全应急管理体系。举办"6·16"安全宣传咨询日及安全知识竞赛活动,开展各类警示学习3078次,共100484人次参加,此外还组织了"我是吹哨人""主要负责人谈安全""安全万里行"专项应急预案演练等系列活动。定期或不定期进入生产单位进行职业卫生工作检查,健全岗位责任体系,做到责任到位、投入到位、监管到位、防护到位、应急救援到位;对有害岗位人员定期开展全员职业卫生培训工作,提高主要负责人、管理人员职业病危害防护意识;严格落实建设项目职业病防护设施"三同时"制度。2022年度共对42个新建项目开展了"三同时"评价工作,强化源头管理;委托有资质的机构开展职业病危害因素监测和职业健康体检工作,对公司范围内1525个职业有害因素点进行了检测,为14279名接触职业危害人员进行职业健康体检,为职工建立职业健康档案,"一人一档";开展全员职业健康培训,普及职业病防治知识,提高职工职业病防治意识。搞好"职业病防治宣传周""职业健康达人""职业健康知识专题讲座"等活动。

3. 营造和谐向上的工作氛围

包钢股份积极构建困难帮扶、互助保障、温暖慰问、生活服务等层次清晰、各有侧重、有机衔接的服务体系,使广大职工深切感受到企业大家庭的温暖。关注关心困难职工、困难学子,救助694人次,共计投入127万余元。1395名一线职工、劳模、先进个人享受职工短期休养,职工福利费支出6200余万元。开展"三问"活动、"我为群众办实事"活动,改造老旧浴池23个,职工休息室、操作间109个,解决职工所急所盼难点热点问题1032件(条)。大力实施关爱职工心理健康行动,承办集团公司心理健康知识讲座11期。开展各类有益于身心健康、职工参与率高的健步行、羽毛球赛、气排球、趣味运动会、读书分享等各种活动,着力打造一支富有活力、凝心聚力、乐观向上的职工队伍。

(四)注重绿色环保,履行社会责任

包钢股份坚定不移走以生态优先、绿色发展为导向的高质量发展新路子,牢固树立并践行"绿水青山就是金山银山"的理念,站在人与自然和谐共生的高度谋发展。

2022年,公司吨钢排放二氧化硫0.47kg、氮氧化物1.02kg、烟粉尘0.58kg、化学需氧量0.0191kg、氨氮0.0013kg、废水0.83m³,较2021年吨钢指标均有所降低。排放二氧化硫总量为6731.83吨、氮氧化物总量为14498.95吨、烟粉尘总量为8291.03吨、化学需氧量总量为271.08吨、氨氮总量为18吨,排放总量均满足排污许可要求。2022年包钢厂区空气质量优良天数为314天,较2021年增加39天。

2022年,先后斥资1300余万元,投入61项超低排放改造项目,预计将于2023年完成超低排放改造,全工序达到超低排放标准。先后完成了炼铁厂四烧1#脱硫脱硝提标改造项目、运输部鱼雷罐加盖项目、炼钢厂转炉三次除尘改造项目、薄板厂冶炼区域无组织综合治理、炼铁厂三烧超低排放改造等9个项目，其余项目均有序推进。

截至2022年年底，厂区绿化覆盖率已达到48.8%。2022年9月，包钢股份稀土钢炼铁厂烧结机组超低排放改造项目入选2021年度企业绿色发展典型案例。2022年，包钢股份被全国绿化委员会授予"全国绿化先进集体"称号，被新华网评为"最具影响力绿色企业品牌"。

面向未来，包钢股份将把握新发展阶段、坚持新发展理念、融入新发展格局，坚定不移走以生态优先、绿色发展为导向的高质量发展新路子，全力推进"碳达峰、碳中和"规划项目建设，力争"十四五"末，钢铁产能达1750万吨以上，人均产钢1200吨，品种钢占比超50%，重点产品市场占有率再提高2～3个百分点，营业收入超1000亿元。实现以"优质精品钢＋系列稀土钢"为特色的产品结构，以"冷轧深加工＋钢管深加工"为重点的产业链条，以打造国内领先的稀土钢新材料综合供应商和服务商为目标，以"深度挖潜＋改革创新"为运营模式，聚焦做精做优，综合竞争能力达到国内一流水平，成为我国钢铁行业品牌化、绿色化和智能化转型发展的践行者。进一步完善诚信建设体系，齐心协力以诚信塑造良好社会形象，增强企业的信誉度、美誉度和竞争力，成为卓越的稀土钢新材料优质供应服务商，成为与城市互融共生的绿色钢企、智慧钢企、诚信钢企。

案例创造人：杨志强、刘　宁

坚守"诚信"底线　铸就"信用"品牌

中国二冶集团有限公司西北分公司

"诚信者，天下之结也。"就是说诚信是行为准则的关键。企业要想长远发展更离不开诚信。

"诚信立业"是中国二冶集团有限公司西北分公司（以下简称西北分公司）企业发展理念中最重要的一条。从2016年成立甘肃分公司到现在更名为西北分公司，业务已拓展到甘肃省20多个市县（区）并辐射陕西、新疆等区域。建筑产品由一般住宅向道桥、学校、医院、厂房、中高端住宅、冶金、新兴产业等专业领域快速发展。正是对于诚信经营的那份执着与坚守，公司品牌才在具有较强竞争力的大西北施工领域，在整个陇原大地闪闪发光，企业的诚信经营发展之路也越走越宽。

一、加强信用体系建设，弘扬诚实守信精神

西北分公司始终把依法合规、诚信经营摆到高质量发展的首位，建立员工合规记录及公开的纪检举报途径，各相关职能部门主动开展合规风险识别和隐患排查，发布合规预警，组织合规审查，并对领导干部和关键岗位人员定期进行合规评价，将员工合规评价结果作为干部任用、员工评先选优和奖惩的重要依据，持续健全完善各司其职、各负其责、协调运转、有效制衡的治理结构。

西北分公司认真贯彻执行相关法律法规，坚持信用至上的经营理念，把企业信誉放在重要位置，提出守合同、重信用是企业发展的原动力，在实际工作中，依法签订和履行合同，自觉维护双方当事人的合法权益，建立健全合同信用管理制度，坚持不懈地抓法律法规学习、宣传培训工作，培养和加强员工依法守信的观念。在项目建设过程中，始终遵循"守信激励、失信惩戒"原则，着重从项目招投标、施工许可、现场监督等重要环节，对施工生产的全环节进行信息化、动态化监管，提高建设管理水平。

深入践行"以客户为中心"服务理念，提高项目建设服务能力。在项目建设过程中，各项目部积极主动与业主沟通交流，协调联系，制定具体措施解决项目建设中存在的实际问题，努力降低项目的履约风险；加强对分包商和机械租赁的系统化管理，对在建项目使用机械台账进行整理及汇总并及时更新优化，对分包商准入、考核、信用评价进行动态管理；全力以赴推进项目建设进度，强化过程管控贯穿始终，高标准严要求持续推行精细化管理，确保实现项目良好履约。

二、强化安全精细管理，以质量铸造信用品牌

为落实企业安全生产主体责任，规范安全生产管理行为，保障施工生产安全，西北分公司根据国家有关法律法规及公司相关制度，把安全、环保各项管理指标层层细化量化，结合实际修订安全相关制度，为安全管理提供了制度保障；通过组织签订《2022年安全生产目标责任状》，进一步明确安全职责，将安全生产责任目标层层分解，落实全员安全生产责任制，为实现全年安全生产无事故的目标奠定基础；制定《安全事故应急救援预案》，设立应急救援小组，以应对突发事故的发生，定期进行演练，以便协调生产现场的人、机、物、料的合理安排，实行定置管理，保障安全有序的工作环境，施工生产现场设有安全通道，沿通道设有醒目标线。

坚持层层落实安全责任，实现安全管理、安全生产的长效机制。西北分公司的劳动安全设施和劳动保护条件均符合国家有关标准和规定，特种作业人员持证上岗，对从事有职业危害作业的职工定期进行健康检查，高危作业安全指标严格遵守有关规定。始终把安全检查整改、安全教育培训作为预防事故发生的有力抓手，有效防止了各类安全事故发生。在一年的时间里，共计开展内部安全检查82次，领导班子到施工

现场带班检查314次，既保障了安全生产，更有力提高了安全管理水平。

组织开展"强基行动""安全生产提升年行动""安全生产月""三违"整治等11次专项活动，取得了良好的活动效果；同时通过认真组织实施，武威历史文化街区保护建设项目获评中冶集团标准化工地，张家川县中医医院迁建工程项目获评甘肃省天水市建设文明工地。

2022年，西北分公司编审超规模危大工程专项施工方案、危大工程专项施工方案38项，为项目施工提供了技术支持与保障。同时，通过组织开展复工复产专项质量检查，混凝土、建筑防水、钢筋验收质量的专项检查，配合中国五矿安全生产专项自查，"包保"安全生产责任片区检查等，及时发现并整改质量问题，推动项目部及分包单位管理人员的质量意识、技能水平和管理水平进一步提高，有效防范了质量风险。

2022年，2项BIM作品代表中国二冶参加了"中冶2022年度BIM应用大赛""中建协第七届建设工程BIM大赛""东北三省一区2022年建设工程BIM技术应用大赛"。其中，《兰州新区瑞岭御景苑保障房项目BIM技术应用》荣获"第三届智能建造技术创新大赛"施工组一等奖，《基于BIM技术在张家川回族自治区中医医院医技综合楼及二期建设项目的施工应用》先后荣获"第三届智能建造技术创新大赛"施工组二等奖和甘肃省第四届BIM技术应用大赛综合组二等奖。在创优创奖工作中，甘肃德福电解铜箔建设工程、中国自动化绿色精密铸锻产业园工程项目获得冶金优质工程奖；武威历史文化街项目QC小组作品《提高预应力锚索抗拔试验一次验收合格率》荣获冶金行业二等奖。

三、树立环境保护理念，多维度践行诚信规范

西北分公司的项目遍及甘肃省各地市（州），有山林、戈壁、水源保护区、文物遗址和尚待开发的自然风景旅游资源，生态环境极为敏感。

西北分公司自各项目的规划及设计阶段，就在绿色建设方面下足了功夫。在项目选线时，充分考虑安全、地质、地形、生态、环保等因素，根据当地实际情况，科学规划，合理布局，在高质量建设工程项目的同时，将"绿色施工"理念落实到工作的每个环节。在项目招投标及合同签订阶段，将"绿色施工创建"纳入招投标文件，确保绿色施工创建主体责任落实。要求各项目部在实施性施工组织设计时，制定绿色施工方案，凡涉及环境敏感区域的必须制定生态环保施工专项方案，经评审后方可实施并严格进行考核，认真兑现奖惩。所有项目部，在施工生产阶段，采用绿色施工工艺、环保新型材料，严格落实施工生产区域周边围挡、物料堆放覆盖、土方开挖湿法作业、路面硬化、出入车辆清洗、渣土车辆密闭运输和暂不开发土地临时绿化等"七个100%"扬尘防治要求。对施工生产区域进行网格化管理，落实责任部门和具体责任人，实现施工生产现场"横向到部门、纵向到人头"的全覆盖管理。

武威文庙是西北地区建筑规模最大、保存最完整的孔庙，也是全国三大孔庙之一，有着极强的历史文化影响力。为了确保武威历史文化街区保护建设项目顺利实施，西北分公司在综合分析研判的基础上，本着"坚持人文精神，营造绿色建筑，追求社区、人居和施工环境不断改善"理念，把"预防、控制、监督和监测"这一环境管理基本思想贯穿于整个施工生产过程中，以"预防"为核心，以"控制"为手段，通过"监督"和"监测"不断发现并解决问题，约束自身行为，调节自身活动，为实施环境持续改善取得依据。为了解决噪声扰民问题，工程外立面采用密目安全网实行全封闭；现场木工房使用之前完成封闭，封闭率达到100%；在结构施工阶段，尽量选用低噪声环保混凝土振动棒和有消声降噪的施工机械；同时，购置噪声监测仪，专人定期监测。在施工生产区域内装设空气监测系统，随时关注PM2.5及PM10的数据，在施工区域采用喷雾、喷淋、循环洒水等方式，确保施工生产活动中扬尘得到有效控制，施工生产环境优良。

"诚者，天之道也；思诚者，人之道也。"一个企业要在市场竞争中立于不败之地，就必须把诚信贯穿于企业发展的始终。可以说，诚信是企业的经营之本、立身之魂，是最为宝贵的"隐形资产"。西北分公司将继续坚持"诚信铸业"，踏着坚实铿锵的步伐，弘扬诚信文化，推进诚信建设，为企业高质量发展贡献力量。

案例创造人：王力海、张宗义、刘鹏飞

靠实干保履约 以诚信铸品牌
勇当湾区大动脉"开路先锋"

中交广州航道局有限公司

一、企业简介

中交广州航道局有限公司（以下简称广航局）始创于1954年，隶属于世界500强企业第60位中国交通建设股份有限公司。广航局业务布局覆盖疏浚吹填、浚前浚后、水利、水环境综合治理、市政基础设施、片区开发、园林景观、海洋工程、海洋资源开发、物流物贸物业等领域，形成了集研发、策划、投资、勘察设计、施工、运营于一体的全产业链布局经营模式，致力于打造世界一流水运工程承包商和国内知名生态城市治理商。

广航局积极融入国家发展大局，聚焦交通强国、粤港澳大湾区建设等重大国家战略，参建了被誉为"现代世界七大奇迹"之一的港珠澳大桥工程，在大桥岛隧建设中发挥了不可替代的关键作用；参建了国家"十三五"重大工程深中通道工程、中国首个由填海造陆建成的机场——澳门国际机场跑道区人工岛填筑工程。作为第一批走出去的疏浚企业，广航局深耕海外，积极践行"一带一路"倡议，参建了由国家主席习近平揭幕的中斯合作标杆性项目科伦坡港口城工程、中交集团承建的海外单体最大吹填造地项目菲律宾帕赛吹填发展项目等重大国际工程。近年来，广航局在基础设施、生态环保、投资经营等领域取得重大进展，先后建设了自贡市东部新城三期基础设施建设项目、汕头南澳蓝色海湾整治行动工程、湖北省襄阳市国家储备林建设项目等工程。近70年来，广航局建设足迹遍布国内各大港口及南亚、东南亚、中东、非洲近30个国家和地区，为促进当地经济社会发展做出了重要贡献，多个参建项目荣获"中国土木工程詹天佑奖""中国建筑工程鲁班奖""国家优质工程奖"。

广航局依托设备、技术、人才、资金、管理等优势，积极践行央企政治责任、社会责任、经济责任，赢得了社会各界的广泛认同，先后获得"全国五一劳动奖状""全国优秀施工企业""中国工程建设诚信典型企业""全国建筑业诚信企业""AAA信用企业"等荣誉。

二、尽职尽责，在百年疏浚征程上勇当国家队

"至诚至信，尽职尽责，共创价值"是广航局的品牌理念。在参建被誉为"现代世界七大奇迹"之一的港珠澳大桥后，2018年，广航局作为华南地区的国家疏浚队，参与到粤港澳大湾区的国家"十三五"重大工程——深中通道的建设之中。作为世界级跨海集群工程，深中通道集"桥、岛、隧、水下互通"于一体，采用"东隧西桥"的建设方案。广航局主要参与的就是"东隧"部分的沉管隧道工程建设，具体负责沉管隧道区域的基槽开挖与维护性疏浚工作。因为基槽开挖是整个沉管隧道项目的第一道工序，开挖的质量将直接决定沉管的安装质量与隧道使用寿命，整个沉管隧道工程的"开路先锋"使命便直接落在了广航局这支华南疏浚国家队身上。

"基础不牢，地动山摇"，隧道基槽质量的好坏关系着深中通道这一珠江口百年门户工程大计。基槽开挖稍有闪失，带来的就不仅是工期延误，还会直接影响沉管隧道的安全，阻碍深中经济发展大动脉的通畅。选择广航局这支疏浚国家队担负"开路先锋"的光荣使命，是对这一疏浚老字号的信任与托付。

为了做好深中通道的基槽开挖与基槽开挖后的维护性疏浚工作，把一条长约5千米、宽约330米的深海基槽从概念变成现实，给重达8万吨的一节海底隧道沉管安装打下坚实基础，依托港珠澳大桥建设经验，广航局科研团队在2016年开始进行技术准备，并针对性地开展了为期两年的"深中通道沉管隧道基槽回淤观测试验"专题研究。通过对珠江口内伶仃海域水文、地质及泥沙含量等长期连续观测，结合海底地形演变情况，研究团队逐渐找到了深中通道隧址区域泥沙淤积规律。项目开工伊始，广航局项目施工团队就根据浅滩深槽、硬岩开挖、基槽回淤远大于港珠澳大桥隧道基槽等特点及难点，开展了精挖、清淤、岩石处理等关键工艺的技术创新探索和关键设备的技术改造升级，为后续如期实现隧道基槽开挖贯通提供了坚实的保障。

三、深耕精作，再攀世界外海沉管隧道建设高峰

利用高标准的工艺、高精尖的设备，将合约中工程建设设计要求无条件地转化为现实，企业信誉、项目能力才会不断提升。深中通道海底隧道是一项隐藏在水下的深海工程，却要求将隧道基槽精挖高度误差严格控制在0.5米以内。这一深水深槽高精度开挖施工要求国内罕见，已远超目前疏浚工程技术领域的标准和规范。要想完成这项工作，项目团队需要发扬深耕精作的精神，施工船舶则需要有一身"海底绣花"的技艺。

以关键工艺创新确保项目高标准、高质量履约。首先，按合约要求投入万方耙吸船，其最大挖深达50米，并具有DPDT系统、DTPS轨迹显示系统功能，有效解决横流条件下的深基槽大挖深技术难题。其次，投入了国内首艘具备定深平挖功能的大型抓斗船"金雄"轮，采用高程直接控制的方法，大幅度减小了风浪流对挖掘精度的影响，实现了挖泥高程的高精度控制；研发了针对不同土质的自动整平挖泥控制系统，满足基槽复杂变坡及高精度挖泥作业要求，使开挖误差控制在0.5米范围内，并实现了施工过程的可视、可控。再者就是针对沉管隧道基槽深度大、清淤质量要求高的特点，利用"捷龙"轮改造升级了复杂工况的深水清淤吸头，优化吸头清淤防损系统及触底保护装置，既达到了外海施工高精度、高效清淤的目的，又保护了基槽基础，有效解决了槽底多重坡度清淤施工难的问题。最后，由于基槽开挖是一项在水下作业的"隐蔽工程"，在"看不见"的海底下作业，无法用"看得见"的方式去控制，因此项目团队开展水下高精度检测及监测技术应用研究，自主研发了一套先进的水下地形精确测量的综合技术，包括投入了多波束测深系统、浮泥监测系统等，隧道基槽监测精度达到厘米级。

四、不断突破，在40米海底续写"绣花"传奇

深中通道基槽施工区位于珠三角核心区域，施工会受到航空、通航、环保、气候等多重因素限制。就拿对施工影响最大的通航来说，基槽开挖施工区域穿越矾石水道、伶仃航道两条出海主航道，航道通航等级高，其中伶仃航道珠江口水域每天船舶交通流量达700余艘次，矾石水道每天船舶交通流量达1400艘次，涉及广州港、深圳港等多个大型港区。做好多方协调，方可实现施工与航道通航的平衡。而基槽开挖需要在条件繁杂的环境中，在繁忙的海面上，确保水下施工精度严格控制在0.5米以内，这正是广航局深中通道项目部要面对的巨大挑战。以E1沉管隧道基槽开挖为例，作为水上关键线路的首个沉管隧道基槽精挖，因基槽距离实现桥隧转换的西人工岛很近，长达百米的船舶就必须克服施工作业面狭窄与交叉施工频繁带来的巨大干扰。同时，因为沉管隧道基槽与水流基本垂直，不断冲刷而过的水流很容易导致走锚，以至于出现施工定位不准、定深偏差等情况。

"失之毫厘，差之千里。"若是首节沉管隧道开挖都不能满足高精度要求，又谈什么国家队与"开路先锋"？伴随这种刺激，面对复杂的施工环境，一种昂扬斗志在项目员工之中弥漫开来。鼓足干劲打败开工拦路虎，以高标准高精度打赢首场基槽开挖战，成了项目员工的共同目标。为此，结合港珠澳大桥岛隧工程的丰富

施工经验，通过几轮技术研讨和多次典型施工论证，项目部最终决定投入广航局独立自主研发、配备定深平挖控制系统的"金雄"轮进行精挖工作。当挖泥手在"金雄"轮的操作间收到施工口令，并在驾驶台上将操作杆轻轻下压，仪表上的数字开始变动时，"金雄"轮那高达10米、重达100吨的巨型抓斗缓缓入水，挖起基槽精挖的第一斗泥。当"金雄"轮无数次重复这个操作，挖起首节沉管隧道的最后一斗泥后，一条长123.4米、宽50米、挖泥精度严格控制在0.5米以内的海底基槽便已成型。

在2020年3月27日—2022年6月30日这两年多的时间里，在广航局深中通道项目部的指挥下，"金雄"轮将抓斗无数次深入海底，用一斗斗的精挖，开辟出了一条长达5千米的高精度海底沉管"大床"。

五、铁骨铮铮，突破海底花岗岩

海洋是一片神秘的世界，除了大量的生命外，在泥沙底还分布着广袤的花岗岩。在深中通道沉管隧道的必经之路上，近30万立方米的全风化花岗岩及中风化花岗岩如铜墙铁壁一般，向基槽开挖工作提出挑战。这些花岗岩分布范围广、埋藏深、强度大，即使"金雄"轮的百吨"巨无霸"抓斗出动也是无从下手，只能感慨"英雄毫无用武之地"。这片巨大的花岗岩顽固地躺在那里，仿佛在给基槽开挖团队警告说："此路不通。"

面对如此大面积的海底花岗岩，想要开辟出最大挖深达到38米的海底基槽，最常见的施工方式是利用大量火药进行持续性海底爆破。若是能通过炸药的巨大破坏力，直接将这堵横亘在施工道路上的铜墙铁壁炸裂、炸碎，基槽开挖的施工难题将迎刃而解。但是，深中通道基槽施工水域位于珠江口，是粤港澳大湾区的核心海域，水上通航量大，水下栖息着中华白海豚。要是为了追求进度而开展大规模水底爆破，不仅会干扰数条水上交通"大动脉"的安全和持续运转，同时也将对整片水域脆弱的生态环境造成难以逆转的巨大破坏。为了实现施工进度与生态环保的共赢，项目技术团队对国内外类似施工案例和各类施工工艺进行了全面研究。经过多方面探索，最终决定在重型抓斗船"金建"轮上安装重达35吨的凿岩棒进行物理"爆破"。相较火药的巨大轰鸣，当巨锤一次次砸向海底，一条条裂纹也就不断在海底花岗岩上绽放。伴随这个在最大限度保护生态环境基础上推进工程的问题得到解决，深水基槽范围内的凿岩工艺也成了国内首创。

确定了凿岩工艺后，项目基槽的高精度开挖工作得以继续推进。但是，随着花岗岩硬度的不断加强，一直以来无往不利的凿岩棒也碰上了海底的硬骨头——当凌空落下的巨锤砸在这些硬骨头上，预料中的裂纹并未出现，留下的只是一个碰撞产生的小点。花岗岩上的基槽施工陷入了进退两难的僵局！为了确保尽快解决这个难题，项目领导带头驻船，项目的工程、测绘、安全人员也齐齐出动聚到船上，全员拧成了一股绳，为研究优化施工方案贡献个人的专业力量。那段时间，白天，项目指挥船舶按照施工计划一次次放下凿岩棒进行现场试验，测量人员一次次出海进行海底测量；晚上，结合白天拿到的最新凿岩数据，工程人员点灯奋战，在施工图、测量数据中不断进行数值模拟，最终定下第二天的施工方案。

每当凿岩棒落下，都带着项目全员的期待，精准施工反馈，则带来了无数次的期待落空。这个状态一直持续，直到项目团队昼夜鏖战半个多月之后，伴随"凿岩棒破岩成功！"的好消息传来，才最终结束。随着海底的那堵花岗岩硬墙被狠狠击碎，压在项目团队每个人胸口的巨石也在那一刻应声而碎。这次突破，成功破解了深中通道项目基槽开挖凿岩施工的技术难点，一套可被国内工程项目借鉴的高精度岩石处理关键技术走向成熟。

六、尽职尽责，大胆魔改创奇迹

在尽快破解各类施工难题，避免因开挖进度缓慢耽搁工程进度的同时，作为"开路先锋"，项目团队还必须把控施工节奏，确保基槽在沉管安装前的特定时间点完成维护性清淤。

这意味着，为了避免增加晾槽风险，项目团队必须在固定的时间点完成基槽开挖；为了确保工程进度，在每一节沉管隧道安放之前，项目团队必须抓住紧张的清淤窗口期，按计划完成节点任务。这种对施工与维护都提出的"分秒不差"的要求，是项目船机保障、施工组织安排要面对的巨大挑战。也正因为这样，当广航人在深中通道建设的五年间不断用技术实力与高效管理实现30余次节点按时完成时，一个疏浚精品项目也逐渐诞生。

安装节点的成功保障背后，是广航人对清淤设备的一次魔改。因为基槽所在海域处于前期采砂区域，海底水文条件复杂，且船舶通航对基床扰动大，这导致海底回淤强度约为港珠澳大桥岛隧工程项目的2倍，节点保障工作面临巨大挑战。为了满足清淤需求，确保抓住沉管安装前的清淤节点，项目团队投入了曾为港珠澳大桥最终接头顺利对接做好清淤保障的"捷龙"轮清淤船。为应对基槽清淤工作量大的问题，项目团队还对"捷龙"轮进行了技改，通过加大水下泵功率，提高了吸淤能力3倍以上；通过重新设计桥梁，将挖深增加到水下40米；通过改造定位装置，实现了对清淤头高程的厘米级控制，能够做到指哪儿吸哪儿的高精度清淤。这条特制清淤船，成为基槽清淤的不二利器。

2022年，为了确保3月需要安放的两节沉管按照安装计划顺利入水，项目团队120名项目建设者在春节期间坚守海上工地，最终克服水深浅、施工协调复杂、节假日船机设备故障等一系列不利影响，保障了两节沉管的"双管齐下"，实现了同一施工窗口期沉放两节沉管的施工壮举。2022年6月30日，按照节点安排，"金雄"轮抓起最后一斗泥，深中通道沉管隧道基槽按时贯通。整个2022年，用人不离岗展现疏浚国家队敬业精神的项目团队，累计完成了1815米的沉管隧道基槽高精度基础处理，创造了平均每月顺利保障一个管节完成安放的奇迹。这个奇迹背后，是广航人尽职尽责的坚守。当2022年春节联欢晚会跨年钟声敲响时，在那个寒冷且疫情未散的冬季，正在项目部坚守战线、为深中通道沉管隧道建设亮起夜灯的项目部成员，心中充满了一种奋斗的温暖。为了按节点要求实现深中通道项目这一百年疏浚工程的安装工作，每天忙碌不断的广航人身上，无一不展现广航人的奋发有为的精神底蕴，更深刻揭示着华南疏浚国家队的责任与担当。

"至诚至信、尽职尽责、共创价值"是深深铭刻在广航人心中的文化基因。永远用一流的疏浚技术做出一流的疏浚工程，不仅是近70年来广航人的价值理念，更是广航人将永远秉承的价值追求。身处粤港澳大湾区腹地，竭诚为深中通道这一湾区大动脉贡献国家队疏浚力量的广航人，将矢志不渝地用最负责的态度、最先进的技术、最诚恳的服务为国家交通强国建设贡献广航力量。

案例创造人：杨景鹏、马定强、林镇定

以诚立企　以信兴企
用诚信树工程丰碑，赢客户口碑

广州白云国际机场建设发展有限公司

一、企业简介

广州白云国际机场建设发展有限公司（以下简称建发公司）成立于1995年，是广东省机场管理集团有限公司下属广东民航机场建设有限公司的全资子公司，是国家高新技术企业。

建发公司主营业务为民航机场建设专业施工，具有机场目视助航专业承包一级、民航空管工程及机场弱电系统工程专业承包一级，以及机场场道工程专业承包二级资质，是目前全国共14家同时具备三个民航类专业资质的企业之一。拥有行业领先的不停航施工管理经验和技术实力，近两年承接机场助航灯光工程合同额已跻身全国行业前四。

建发公司同时持有建筑工程施工总承包三级资质、消防设施工程专业承包二级资质、建筑机电安装工程专业承包三级资质、电子与智能化工程专业承包二级资质等多项资质，并通过ISO 9001质量管理体系、ISO 14001环境管理体系、GB/T 28001职业健康安全管理体系（已于2020年3月7日废止）认证。

建发公司深度参与区域经济发展和民航工程建设，立足广东，深耕中南地区并辐射全国。近年来，建发公司先后参与了广州白云、河南郑州、广东湛江、广东揭阳、辽宁大连、昆明长水、天津滨海、空军南苑、新疆克拉玛依、广西桂平、湖南郴州、四川巴中、湖北襄阳、河南开封、江苏徐州等机场民航专业工程施工，项目工程质量均达到设计要求并高于行业验收标准，得到建设方的一致好评，获得"广东省土木工程詹天佑故乡杯""广东省守合同重信用企业（连续六年2015—2020）"等多项荣誉，建立了良好的市场口碑和品牌形象。

二、企业诚信建设情况

（一）发挥党建引领作用，狠抓诚信经营见实效

建发公司以"五强五化"为载体，以诚信经营为抓手，不断把党建工作引向深入，强化引领作用；不断把诚信经营植入员工行为、市场经营、工程建设当中，形成良好的诚信企业文化。建发公司通过党建与诚信经营的深度融合，形成强大合力，助推可持续、高质量发展。

建发公司通过"一二三四"党建工作做法，用诚信经营成果检验党建工作。一是抓好一套顶层设计，通过2年时间完成了17类58项落实举措。二是转变工作作风与转型创新发展两促进，以党建引领"作风能力提升"，开创转型创新发展新格局。三是做实党建工作三个规范，保证学习规范，做到管理规范，保驾工作规范。四是探索"加减乘除"四种工作模式，激发党员活力，破解生产经营难题，凝聚攻坚力量，保持队伍整体稳定，提升建发公司经营业绩和市场核心竞争力。

建发公司通过抓实党建与诚信经营的融合，在党建和诚信经营上取得了一定的实际成效。一是工作作风基本实现"三个更坚定"：主动担当的作风更坚定，真抓实干的作风更坚定，清正廉洁的作风更坚定。二是经营业绩逐步提升，近两年承接机场助航灯光工程合同额已跻身全国行业前四，是目前全国共14家同时具备三个民航类专业资质的企业之一，获得"国家高新技术企业"认定和"2022年度广东省技术研究中心"认定，获得1项发明专利、22项实用专利。

(二)多管齐下以诚立企,多措并举以信兴企

建发公司大力弘扬诚信企业文化,把诚信作为建发公司作风建设的重要课题。公司领导率先垂范,对于公司做出的决定,承诺的事项,签订的协议书、责任状,做到一一兑现,决不失诚于客户,决不失信于员工,以办实事、靠实干赢得所有客户及广大职工的信赖,塑造了建发公司诚信经营的良好形象,承担起国企该有的政治责任、社会责任和经济责任。

建发公司通过建章立制,依靠经营管理、工程质量、安全生产、奖罚考核等一系列管理制度营造出良好的诚信经营生态环境,不断规范员工行为,奖优惩差。通过设置执行董事信箱、书记信箱、工会信箱、廉洁信箱等实物和电子邮箱,进一步拓宽畅通诉求信息渠道,更为广泛地听取干部职工针对建发公司经营、管理、诚信建设等的意见与合理化建议,不断强化员工的主人翁意识,激励员工积极参与公司管理,更好地为公司发展献计献策。同时多管齐下加强廉洁监督,多途径收集干部职工关于办事效率、工作作风、不良问题等方面的投诉和举报,真正打造反映职工意愿、汇聚职工智慧的诚信平台。

建发公司严格遵守国家税法,依法纳税,多次获评为企业纳税信用A级纳税人,在信用中国平台上留下优良记录。建发公司严守合同契约,树立诚实守信的榜样。建发公司视工程质量如企业生命,实现"建一个工程,树一座丰碑"。建发公司秉持科技兴企、创新强企的发展理念,持续开展重大课题研究和工法编制,并积极转化为成果,对民航机场建设专业工程创新发展起到了重要作用。同时努力创新环保施工的工艺、方法,体现了公司从施工到产品,从领导到一线员工对环境保护的深切关注和自觉行动。

以党建为纲,通过融合诚信经营引领建发公司高质量发展,将党建工作的"软实力"转化为企业发展的硬支撑;以制度为保障,形成诚信建设的长效机制,让企业文化转化为企业发展的硬实力;以科创为突破口,通过技术补链、优化塑链,为人才引进、研发咨询、开拓新业务赛道铺路搭桥;以战略为导航,与外部合作,催生活力,实现融合强链,努力将建发公司打造成国内领先的数字化、智能化机场建设运维一体化平台。

三、诚信履约案例

建发公司以诚立企,以信兴企,用诚心和信誉服务每一个客户,做好每一个项目。以郴州北湖机场助航灯光与飞行区供电、站坪机务用电及照明工程为例,建发公司于2020年4月6日中标该机场建设施工标段,同月9日开工,在实施该项目过程中碰到了一些技术难点和疫情防控等影响因素。为了确保高质量履约,建发公司采取了一系列措施保障了项目的顺利完成,践行了对业主的诚信履约承诺。

(一)项目背景

为了打造"南大门",推进高水平开放,打造湖南"新增长极"、推动高质量发展,进一步提升郴州综合交通服务功能,进一步构建郴州融入全国区域协调发展战略的快速通道,奠定郴州在全国对外开放和经济版图中的重要地位,郴州市于2019年1月4日开工建设郴州北湖机场。该机场定位国内旅游支线机场,是中国民航局、国家发改委纳入全国民用机场"十二五"建设规划新增的30个机场项目之一。

(二)项目实施内容及存在问题

本工程新建一条长2600米,宽45米的跑道,跑道共设4处掉头坪,在跑道与站坪间新建一条垂直联络滑行道。机场设置一套助航灯光监控系统、一套单灯监视系统及一套高杆灯监控系统。

该项目的实施存在诸多问题和困难。一是22座灯光带进近灯钢结构铁塔处于高低起伏的山脉之中,对于基础施工作业面的宽度要求极为苛刻,且没有现成的施工便道,给组织施工造成了非常大的困扰。二是项目涉及山体开挖,山体开挖面不一致又存在地下渗水,存在易塌方的风险,部分基础存在沉降不均或滑移的风险。三是铁塔分项施工受郴州多雨少晴及地形影响,机械设备、车辆打滑,不易上山,易造成停工、窝工现象,甚至引发安全事故。四是2020年11月冬季比往年更寒冷,而钢结构铁塔高峰安装正值高空作业高峰期,施工条件艰难,提高了保证施工进度、安全及质量的难度。五是施工作业面范围与其他施工单

位交叉频繁，因面广而难以照顾所有成品保护，多次发生因地下电缆破损导致通电不正常的现象。

（三）采取措施

一是多次察看现场，多次与业主、监理单位、设计单位等多方进行沟通，对施工便道方案进行切合实际的比选，最后业主采取了公司建议的实施方案，利用现有少量的民间小道及再征用少许林地的便道，加快了施工进度，同时业主因此减少征地面积约9.5亩，节省征地费用约130万元。

二是多次深入现场，结合实际，组织专家论证，坚持建议采取具体问题具体分析的思路，对适合做筏板基础的铁塔按原设计，对适合做机械旋挖桩基础的铁塔进行设计变更，对存在地质勘查不详的个别基础重新勘查及设计，使设计跟现场结合更精准。

三是充分利用不同气候时间特性，精确组织施工，基础施工任务均按关键节点圆满完成。在大雨天时，利用机场开挖的石方填厚加强便道，为雨后或小雨施工组织基础；小雨天时进行基础开挖或旋挖；晴天时抓紧浇筑混凝土。经过公司不懈努力，零安全事故、高质量、按时地完成了铁塔基础，该项目成为郴州市旋挖机上山施工先例。

四是在2020年疫情冲击不断期间，项目管理人员、建设工人积极响应政府提倡的就地过年政策，自愿留守赶工，充分体现了全员拧成一股绳、只争朝夕保履约的精神。

五是面对电缆被其他施工单位损坏的情况，在难以确定责任方的情况下，建发公司主动担当，在大年夜马不停蹄从广东佛山请来检测单位，找出故障点不下5处，最终在大年初五成功进行该项目助航灯光全部灯具的试亮灯，在春节向郴州人民备了一份惊喜的"拜年礼"。

（四）项目成效

建发公司上下一心推进项目实施、坚守诚信保履约，2021年4月27日，郴州北湖机场完成竣工验收；5月21日，机场试飞成功；9月16日，郴州北湖机场正式通航，首条航线为中国联合航空使用波音B737-800执飞的北京大兴国际机场航线。

1. 项目经验对建设单位及行业的影响

该项目将仅有的民间小道拓展成施工便道，虽增加了材料二次搬运的难度及费用，但为建设单位大大节省了林地、耕地的征用面积，保护了原生态环境，做到了所提倡的绿色可持续发展，为绿色机场建设提供了参考。

铁塔基础因地制宜进行设计变更，更精准地保证了工程质量的可靠、安全，为机场安全运行提供了重要保证，避免了难以勘查的工作给建设单位造成风险。

该项目创建了郴州市大型机械旋挖机上山施工的首例，不仅加快了施工进度，节省了造价，同时保证了工程质量及安全，为郴州相关施工工艺提供了样板工程。契合建发公司倡导的"服务机场建设，奉献一流工程"的企业文化，符合国家提倡的建设百年工程之纲要。

2. 项目意义

郴州北湖机场正式通航，为郴州加快建设全国区域性综合交通枢纽安装了强力引擎，将推动郴州从二维交通到三维立体交通的历史性飞跃，形成航空、铁路、公路融合发展的现代化综合立体交通运输服务体系。机场正式通航，为郴州的高质量发展插上了"腾飞"的翅膀，将助力郴州打通融入粤港澳大湾区建设、长江经济带发展、"一带一路"、中部崛起等的"空中通道"，落实"三高四新"战略，全力打造"一极六区"，集聚区位质变、能量聚合的新优势，让郴州从"高铁时代"跨进"高空时代"，更好服务郴州530万人民和周边市县群众快捷出行。

3. 业主表彰

建发公司在郴州北湖机场项目建设中成绩突出，被郴州北湖机场建设协调指挥部评为"2020年度先进单位"，这是业主方对建发公司诚信履约的高度认可。

案例创造人：宣　勇、张　勇、曾小林

践行诚信为本　彰显责任担当
凝聚企业高质量发展强大动力

国能神华九江发电有限责任公司

"人无信不立，业无信不兴。"诚信是经济持续健康稳定发展的牢固基石，是全面优化营商环境的重要保障，是企业的立身之本、生存之道、谋事之基、发展之源。国能神华九江发电有限责任公司（以下简称公司）作为江西北部电网最重要的电源支撑企业，始终以习近平新时代中国特色社会主义思想为指导，深入贯彻党的二十大精神，培育践行社会主义核心价值观，秉承国家能源集团（以下简称集团）和国家能源集团江西电力有限公司（以下简称江西电力公司）诚信建设理念，坚持高起点规划、高水平设计、高标准建设、高品质投产、高质量运营，扎实推进企业诚信建设，践行诚信为本，彰显央企担当，走出了一条特色的诚信企业建设道路。

一、以信促行，担当科技创新"先行者"

公司成立于2011年4月29日，规划建设4×1000MW等级超超临界燃煤发电机组，并留有扩建2×1000MW等级燃煤发电机组条件,煤炭储备（中转）400万吨/年。一期工程建设2×1000MW超超临界、超低排放燃煤发电机组和150万吨/年的煤炭储备（中转）项目，两台机组分别于2018年6月和2018年7月建成投产，主要环保经济技术指标达到国内一流水平，采用哈汽集团自主设计、研发、制造的拥有100%自主知识产权的百万机组新型技术，集成高效回热、烟气余热深度利用技术等23项代表国内最先进的火电节能环保和创新综合提效技术，是目前国内百万千瓦超超临界一次再热综合参数最高、热效率最好、创新应用最多的机组。公司获中国电力优质工程奖、九江市工业企业40强（第6位）、国家优质工程奖等荣誉。

公司全面贯彻落实"碳达峰、碳中和"目标要求，深入贯彻新发展理念，主动担当、积极作为，大力推进企业绿色高质量转型发展，持续开展节能降耗高品质行动，狠抓设备技术改造升级，两台机组环保排放严格执行"近零排放"标准，主要能耗和环保水平持续保持国内同类机组最优，关键技术指标、关键效能指标和关键效率指标达到世界一流水平。深入实施创新驱动发展战略，推进科技创新，2号机组成功实现燃煤发电机组新型等离子体稳燃系统的研究与示范应用，标志着我国最新一代高效轻量化等离子体点火及稳燃系统首次成功应用于百万千瓦燃煤发电机组并登上央视新闻。曾获第四届全国设备管理与技术创新成果一等奖、第三届工程建设行业科技创新十项新技术、电力行业设备管理与技术创新成果、中国电力科技进步奖三等奖、中国电力创新奖一等奖等荣誉。

二、守信立信，担当安全生产"责任人"

深入贯彻习近平总书记关于安全生产的重要论述,牢固树立安全发展理念,全面落实国务院15条硬措施、电力工程建设30条要求、集团60条措施、集团和江西公司安全生产1号文精神，坚持"两个至上"，做到"七个到位""党政同责、一岗双责、齐抓共管、失职追责""三个必须"，紧盯关键环节、关键岗位、关键风险，开展强意识、健体系、防风险、夯基础、提能力工作，全力以赴抓排查、治隐患、控事故、保安全、筑牢安全防线。严格压实各级安全生产责任，建立安委会成员联系点制度和安全包保责任制，以点带面拉好"安全网"。巩固安全生产标准化建设成果，提升安全管理品质。突出抓好人身风险预控，严抓建设项目、承包商和高风险作业安全管控，增强防范各类安全事故、自然灾害和极端天气的敏锐性、主动性、实效性，坚决遏制各类事故发生。扎实开展安全培训，持续开展安全生产专项整治行动，严格落实"两个清单"和承包商"十必须两严格"管理要求，突出抓好人身风险预控、外委队伍管控和非停防控，推进安全文化建设，强化自保、互保、联保，推进应急管理体系和能力现代化。实现"人员零伤害，消防零火险，环保零事件，机组零非停"四零目标。机组稳定运行能力显著提升，安全生产形势持续向好。截至2023年4月27日，连续安全生产2860天且持续保持，创全国同类机组最优。2号机组以总分第一的成绩荣获2021年全国发电机组可靠性标杆机组称号，公司获评能效AAA企业。此外，公司获电力安全生产标准化一级单位、环保先进单位、消防先进会员单位等荣誉称号。

三、重信践诺，担当能源保供"压舱石"

习近平总书记高度重视能源安全，明确要求大企业特别是国有企业要切实扛牢能源保供责任，带头保供稳价。作为江西省能源协会理事单位，公司坚决扛起能源保供重任，全力保障能源安全可靠供应，助力经济社会平稳较快发展，全面贯彻落实省能源局和上级公司关于能源保供的决策部署，统一思想、强化措施、突出重点、落实责任，统筹做好安全管控、运行调整、设备维护和煤炭储运，积极应对能源持续紧张、发电增量不增利甚至亏损的经营形势，牢记央企责任与担当，开足马力，全力保证民生用能，把能源保供作为最重要、最紧迫的政治任务。牢固树立一盘棋思想和全局意识，积极抢占资源，盈利能力、机组利用小时、可靠性等指标位列区域之首。以"保供控价"为主线，克服全年煤炭供应市场紧张等不利影响，持续开展错峰储煤，合理调配进煤节奏。始终保持厂内和码头存煤，满足电煤保供要求。公司经受住市场竞争和能源保供双重考验，历年皆实现盈利目标。作为江西省主力电源企业，始终肩负能源保供神圣使命，机组投产五年来累计向江西电网输送绿色电能500余亿千瓦·时，实现利润总额超30余亿元，缴纳税费超10余亿元，持续创造良好经济效益，保持国有资产保值增值，为全网及四省能源保供做出了突出贡献，获得了华中电网的通令表扬和地方政府的高度赞许，彰显出在赣央企良好企业形象。为社会赋能，为经济助力，充分发挥了稳定器、压舱石作用。自投产以来，连续五年被评为纳税信用A级纳税人，获高质量发展考评税收突出贡献奖，入选"诚信企业红榜"。此外，获"燃料创效专项奖一等奖""营销创效内部协同创效奖一等奖""湖口县税收突出贡献特等奖"等荣誉。

四、守法诚信，担当绿色发展"模范生"

做优火电，推进煤电清洁高效化。充分依托集团一体化优势，积极发挥能源供应压舱石、稳定器最大化作用，全面加强企业安全环保管理，深度推进一期机组节能降耗，把减污降碳融入生产经营全过程，加强环保设施运维管理，确保不发生无组织排放。推进煤电清洁低碳发展。继续做强做优清洁煤电，进一步强化江西电网主力电源支撑作用，在江西能源发展布局下，以建设充分体现时代特征、国能特色的"绿色低碳、智慧高效、多能互补、世界一流的综合能源示范基地"为目标，以"技术最优、最佳耦合、建金牌精品工程"为路径，推进二期扩建工程2×1000MW高效超超临界二次再热燃煤发电机组规划建设，设计供电标准煤耗261.62g/kW·h，项目2022年8月已获得核准，力争2025年7月双机建成投产运营，打造绿色煤电新标杆。

做大新能源，推进清洁能源规模化。坚决贯彻"十四五"发展思路，坚持集中分布并重、开发合作并举、效益效率并进，继续推进湖口县及周边县域新能源项目开发和资源获取，广泛宣传动员，加快项目"大储备"。以建设多能互补综合能源示范基地为目标，丰富完善输入侧能源架构，打造风、光、火、储一体化项目。以九江市湖口县为重点和出发点，有序推进公司在湖口县域光伏资源开发，目前装机总量为465.9MW，首个新能源项目发电破 200 万千瓦·时。

做强综合能源，推进能源服务多元化。着眼长远发展，以供汽业务为中心，开展冷、热、水、气、灰渣综合利用等多联供综合能源服务市场开拓，积极履行央企社会责任，充分发挥大机组、高参数、低能耗、清洁化优势，主动承接地方政府和湖口县工业园区企业用汽需要，首期对外供热改造项目已于 2021 年 8 月 10 日高标准投产运营，实现向工业园区企业供汽，目前已累计对外输送清洁工业蒸汽达 77 余万吨，综合能源业务不断向规模化、智能化、集约化、精细化发展，助力园区企业和地方绿色发展。着眼未来发展，积极实施供热改造二阶段项目，在现有最大供热量 155t/h 的基础上，通过改造，最大能实现 480t/h 供汽量，不断加快综合能源发展步伐，实现供热拓展，打造新的增长引擎。

五、以诚相待，担当公益事业"热心人"

大爱无疆，致力社会公益事业。弘扬"奉献、友爱、互助、进步"的志愿服务精神，常态化开展"服务企业""服务社会"志愿服务。深入开展贯彻社会主义核心价值观体系、员工思想道德教育等实践活动，协助江西省能源局、市发改委多次开展培训班及协调会，印发《文化手册》数百册。爱心助学、敬老爱老等累计帮扶助学扶贫达 160 余万元，帮扶湖口县贫困学子 68 人次。充分承担央企的政治责任、经济责任和社会责任。开展志愿服务，先后组织爱心助学、乡村振兴、敬老爱老、增殖放流、保护环境、微课进校园、企业开放日、共护长江岸线等社会志愿活动，擦亮公司"萤火虫"服务品牌，累计信用时数达 4000 多，彰显央企担当，树立良好形象。获"守望相助，传递爱心"公益先进单位荣誉、"情暖爱心助学　践行央企担当"锦旗等。

凝心聚力，建设幸福和谐企业。发挥沟通职工的桥梁作用，积极为职工排忧解难。坚持帮扶常态化，健全困难救助、大病救助等长效帮扶机制，解决困难职工实际问题。持续开展各类文体活动，发挥协会作用，打造工会文化阵地，以丰富多彩的职工文化活动搭建交流沟通的平台，提高职工幸福指数，增强企业凝聚力。持续推进星级班组建设，坚持用好月度自查、季度检查、年度评价的查评机制，夯实班组基础管理，提高班组建设水平。丰富职工业余文化生活，开展节日、检修、防疫、疾病困难等慰问。开展"甜蜜烘焙"、"安康杯"文体比赛等活动。大力开展惠民工程，扎实做好困难员工精准帮扶工作，构建"我为群众办实事"长效机制，增强员工获得感、幸福感、安全感。获九江市总工会"工人先锋号"、全国安康杯竞赛优胜单位、江西省五一劳动奖状、江西省第十六届职工职业道德建设先进单位、企业劳动保障守法诚信 A 级企业、高质量发展标杆企业、江西省优秀企业等荣誉。

诚是聚心之魂，信为立足之本，诚信是企业生存、发展的基础。在全面建设社会主义现代化国家新征程上，公司持续深入践行习近平总书记"社会主义是干出来的"伟大号召，始终发扬企业诚信精神，按照集团"一个目标、三型五化、七个一流"总体战略，推进实施江西公司"一体两翼三化四新"发展思路，打造清洁高效、技术领先、世界一流的标杆项目，锚定"绿色低碳、智慧高效、多能互补、世界一流"的综合能源示范基地建设目标，推动公司新征程持续高质量发展，加快建成区域综合领先的一流能源企业，打造长江沿岸现代工业艺术品，踔厉奋发、勇毅前行，奋力谱写诚信建设新篇章。

案例创造人：张宝川、雷思雨、朱意兵、任柳成

诚信守正树标杆　红色央企展担当

大唐富平热电有限公司

一、企业简介

大唐富平热电有限公司（以下简称富平公司）位于陕西省渭南市富平高新技术产业开发区，西北距富平县约 4.5 km，南距阎良区约 6.5 km，总装机为 2×350MW 超临界空冷供热机组，是陕西省"十二五"规划的首个重点县城（工业园区）热电联产示范项目。2015 年 8 月开工，采用 EPC 总承包模式建设，总投资 31.1 亿元，工程同步建设脱硫、脱硝和除尘设施，烟气排放采用"四塔合一"技术，环保指标趋零排放，燃煤铁路运输入厂，送出工程为 2 回 330kV 线路，生产用水全部使用城市中水，灰渣全部综合利用。2018 年 7 月和 8 月两台机组相继投产发电，同年实现向富平县、阎良区供热，是红色革命老区主要电源和热源支撑企业，并用"高品质绿色发电"有效促进当地经济发展，改善环境质量和居民生活条件。在册职工 218 人，平均年龄 35.8 岁。设置办公室、人力资源部、党建工作部、纪委办公室、燃料物资部、财务部、计划营销部、新能源发展部、安全监督部、生产技术部、运行部、燃料质检部、检修维护部 13 个部门；党委下辖机关、生产管理、运行、检修维护 4 个党支部，12 个党小组，党员 91 人，预备党员 4 人，入党积极分子 18 人。

公司先后获得全国电力行业"党建品牌影响力企业"、集团公司先进单位、先进基层党组织、陕西省国有企业文明单位、"十三五"节能减排先进单位等荣誉称号。

二、企业诚信经营情况

2022 年是各种变化超越预期的一年，也是公司发展历程中极具挑战且极富成效的一年。在两级公司的坚强领导与关怀支持下，富平公司认真贯彻落实集团公司"1244"发展战略和"2456"途径措施，紧紧围绕陕西公司"12345"发展战略和"一体两翼四轮驱动"工作思路，全体干部职工与时俱进、创新发展，战胜了燃煤量缺价高、疫情反复冲击等困难，化解了机组深度调峰、燃煤掺烧等风险隐患，高质量完成了关键时期保供政治任务。公司全年营业收入为 13.48 亿元，同比增长 44.87%；在燃料成本较 2021 年升高 3.54 亿元的情况下，利润总额完成 1.283 亿元，同比增长 5721 万元；入炉标煤单价完成 907.15 元/吨，供电煤耗完成 291.55 克/千瓦·时，综合厂用电率完成 5.04%，发电量完成 33.14 亿千瓦·时，供热量完成 241.58 万吉焦，在大战大考中彰显了硬核担当，在党的二十大召开之年和"十四五"关键之年交出了靓丽答卷。

近三年经营状况：2020 年利润为 13565 万元，2021 年利润为 7110 万元，2022 年利润为 12831 万元。

三、多措并举，优化管理，促进企业高质量发展

（一）注重体系建设，将诚信理念融入日常管理，推动企业实现可持续发展

牢固树立"质量立企、信誉为本"的理念，大力加强信用企业、法治企业建设，利用多种形式开展全员覆盖的法治宣传工作。重点宣传习近平法治思想及《民法典》，组织开展法律大讲堂、法律咨询等系列活动，强化公司依法合规运行的法治意识，使依法合规、守法诚信成为全体员工的自觉行动和基本准则，营造浓

厚的法治诚信文化氛围。一是坚持依法治企，完善制度建设，推进规范管理，按照两级公司要求完善了"三重一大"决策制度，制定了"三个清单"，明确了党委前置研究讨论的重大经营管理事项，进一步厘清了各治理主体权责界面，实现权责边界清单化、程序规范制度化、决策运行流程化、督办落实常态化，决策效率和执行效能显著提高。二是按照合规管理年度重点工作安排，在风险重点防控领域开展合规自查工作，搭建合规管理专项负责与强化监督相结合的工作机制，对企业安全生产经营工作开展全面排查，梳理制度建设情况、执行内部合法性合规性审查情况、业务管理规范化程度，落实合规风险防控措施，为进一步形成合规闭环管理体系奠定基础，不断优化法律风险防范制度体系，提高依法合规运行水平。

（二）抓实安全生产，努力当好勇担重任的"压舱石"，为高质量发展提供基础保障

贯彻落实"三全四零"安全管理思路，以"跟最先进对标，向最优秀看齐"为原则，以"五个等于零"为抓手，安全对标杜邦，技术管理"实事求是、求真务实"，设备管理"依从制度、依从标准"，运行管理"回归设计、回归标准"，连续四年实现机组"安稳长满优"稳健运行，连续两年获评中电联AAA级优胜机组。在绿色环保上，践行习近平总书记"绿水青山就是金山银山"生态文明理念，建立"不环保不生产""环保设备等同于主设备"考核体系，加强废气、废水、固废、危废、无组织排放等监督管理，各项污染达标排放、危废依法合规处置、固废100%综合利用，二氧化碳排放强度逐年下降，与投产初期相比下降67克/千瓦·时。

（三）抓实经营成效，努力成为提质增效的"主力军"，为高质量发展提供业绩保障

坚持价值思维、目标导向，牢固树立"人人都是利润中心"共识，以"五个一"（效益成本增一减一、主要指标争一创一、各项工作勇争第一）经营管理思路为统领，以经济效益为核心，强化经营职能，实施全面预算管理，注重数据内部分析、外部对标，深挖降本增效潜力，稳步提升经营管理质量。对外主动出击，灵活营销策略，以日保周，以周保月，以月保年，坚持把争、抢、拼作为工作常态，紧跟电力政策变化，争抢效益电量指标，在电价电量上齐发力。2022年发电量创投产四年以来最高水平；现货交易获得电量6500.1万千瓦·时，收益6609.2万元；争取到应急调度电量1338.2万千瓦·时，收益2488.5万元。在煤炭价格持续高位运行的情况下，想尽一切办法增补长协煤签约量，并把紧协调、调运工作，确保了有价格优势的长协煤足额兑现。2022年针对公司趸售热价较低不利因素，积极协调渭南市政府开展市场调研、重新核算热价150余次，供热价格上调4元/吉焦，每个供热期预计增利1000余万元。对内严控成本，在物资管理方面，紧盯计划管控、定期盘库、平衡利库；在财务管理方面，加强资金盘点和平衡、及时协调降低融资规模和贷款利率、享受税收优惠；在日常管理方面，从节约"六个一"入手，精打细算，聚沙成塔，抓好开源节流。2019年实现投产元年即盈利，2020年实现盈利翻两番，2021年在煤炭价格持续高位运行的严重冲击下实现逆势盈利7110万元，2022年在燃料成本较2021年升高3.54亿元的情况下盈利1.283亿元，在陕西公司系统内连续两季度劳动竞赛中分别获得一等奖、三等奖的好成绩。深挖管理潜力，通过加强资金盘点和平衡、及时协调降低融资规模和贷款利率，节约财务费用300余万元；积极与税务局沟通，建立良好税企关系，以最快速度收到留抵退税1.05亿元，享受税收优惠2000余万元。

（四）抓实诚信经营，努力成为央企担当的"品牌"，为高质量发展提供依法合规保障

富平公司从基建到投产运营，始终坚持从严管控，加强合同管理工作，严格合同合法合规性、严谨性、程序性方面审核，合同主管、法务主管和外聘专业法律顾问层层把关，实现合同四个100%（合同法务上线率100%，合同应签必签率100%，法律审核率100%，程序性审核率100%），杜绝了不完善和不合法合同的出现，自投产以来共签订2373份合同，依法督促合同履行情况，至今未得到一家供应商投诉、起诉，未发生一起法律纠纷。

富平公司始终绷紧根治欠薪这根弦，不断提升履职尽责能力，强化责任担当，细化工作措施，严防欠薪讨薪事件，确保关键时刻能够贴得紧、跟得上、使上劲，维护企业信誉、农民工合法权益和社会稳定。富平公司坚持欠薪问题零容忍、硬考核，依法依规严肃问责。同时对民营企业、中小企业账款支付、拖欠线索核实处理、信息化管控、考核奖惩设置等方面进行检查抽查，加大对清欠工作的监督检查力度，视情况对金额大、反映强烈、影响恶劣的拖欠问题，组织开展调查核实和责任追究工作。按照供应商和业务范围逐项核对应付款项，涉及民企的付款业务坚决做到应付尽付，严格按照合同约定付款，质保金到期无争议立刻办理付款手续，合理、妥善处理供应商失联的应付款项。坚决杜绝虚假清偿、虚减任务、隐性拖欠、台账不清、有分歧长期不清理等不良行为，切实防范拖欠信访舆情，维护企业信誉。

富平公司深入学习宣传习近平法治思想，弘扬宪法精神，维护宪法权威，推动宪法全面实施，让宪法精神植根人心，使全体人员要不断增强宪法观念，营造学习宪法的良好氛围。组织开展"美好生活·民法典相伴"主题法律大讲堂活动，并开展了《民法典》知识答题活动，管理人员及中层管理干部共132人参加了答题活动，提高全员的法律意识，做到"尊法、学法、守法、用法"。每月对合同管理、合同审定、潜在法律风险等开展排查，确保企业依法合规，使懂法、知法、守法氛围愈加明显。

四、取得的实效

一是诚信经营硕果累累。富平公司加强供应商管理，不定期开展供应商满意度调查工作，同时督促业务部门严格执行采购合同，树立公司良好市场形象，实现合作共赢，为供应商、员工创造价值，经济环境社会效益显著。富平公司认真贯彻落实党中央、国务院、国资委关于民企清欠工作部署，按照集团公司、陕西公司要求，建立完善民企清欠长效机制，建立应付民企账款台账，定期盘点民企到期付款，按进度到期及时付款，涉及民企付款的业务坚决应付尽付，从未拖欠民企应付款。

二是以反哺之心扛起社会责任。为当地提供300多个就业岗位，"以购代捐""以买代帮"消费扶贫30余万元；向富平县大王村、三合村捐赠帮扶养殖项目资金50万元，搭建小尾寒羊和奶山羊养殖场地，扩大养殖规模，用实际行动促进脱贫攻坚与乡村振兴的有机衔接，使中央精神落地落实。

三是持之以恒纠治"四风"。制定加强日常监督、专项监督工作措施，把严格、规范、公正、文明、廉洁落实到生产经营各项工作中，公司组织纪律严明、厂风厂纪风清气正、廉洁文化蔚然成风。

四是煤电转型发展持续发力。深入贯彻落实邹董事长"发电+"战略发展思路，积极争取富、阎两地支持，抢占富阎产业合作园区能源供应市场，与陕西富阎新能源科技有限公司、富平县频阳热力有限公司签订供热供汽意向协议；积极推进新能源项目开发，陕北区域储备规模达到60万千瓦·时，签订土地开发协议2.5万亩，为下一步项目落实落地创造了有利条件。

五是彰显大唐"绿色"品牌。富平公司以供暖为契机，充分利用"绿色"品牌，将大唐供热打造成"有温度"的品牌，坚决执行两级公司能源保供央企责任和疫情防控部署，得到了当地政府的肯定。截至2023年1月，累计消耗原煤414万吨，发电量133.63亿千瓦·时，供热量1177万吉焦（其中富平县供热面积约220万平方米，阎良区供热面积约530万平方米；公司供热能力为1200万平方米），累计盈利3.41亿元，累计纳税1.7亿元。

案例创造人：李福东、张文清、杨红梅

坚持诚信为先 推进"四化"建设
为企业高质量发展助力赋能

中铁七局集团郑州工程有限公司

中铁七局集团郑州工程有限公司（以下简称公司）于2003年12月重组成为中国中铁股份有限公司下辖中铁七局集团有限公司综合施工类三级子公司。公司具有铁路工程、公路工程施工总承包一级资质，桥梁工程、隧道工程、公路路基工程、铁路铺轨架梁、建筑装修装饰等专业承包一级资质，同时拥有工程测绘甲级资质和国家认定检验检测资质。公司业务范围包括铁路、公路、市政公用、建筑、水利水电、桥梁、隧道、公路路基、铁路铺轨架梁、城市轨道交通等。

近年来，公司始终坚持诚信为本、以信立业，积极构建企业内部信用管理体系，为企业稳健发展打下了坚实基础。在安全、质量、进度等方面践行品质承诺，在效益、成本、管理等方面践行价值承诺，在职工收入、福利待遇、培训教育等方面践行幸福承诺，促进了企业稳步持续的发展，筑造了一个又一个精品工程。2022年，公司确立了"贯彻新发展理念，推动公司集约化、标准化、信息化、智能化建设，打造中国中铁标杆企业"的管理模式改革方向，全方位、全过程推进信用管理，全年完成新签合同额231亿元，施工产值110亿元，均创下历史新高，在建项目利润率显著提高，企业发展迈上了新台阶。先后荣获"中国中铁三级工程公司20强企业""郑州市建筑业信用评价AAA级企业""郑州市建筑业10强企业""郑州市建筑业引领型龙头企业"等荣誉称号，彰显了企业的品牌形象，为公司打造"信用企业"做出了积极贡献。

一、聚焦集约化建设，夯实信用企业"基本盘"

（一）正视企业形势，提高商务水平

国内经济从低迷到复苏，企业面临着巨大的经济压力。旧的增长方式将不会再占据经济增长的主导地位，新的经济增长点如数字经济、节能环保、新型城镇化建设等还在培育阶段，这个转型的过程必然会带来生产方式的深刻变革，公司要实现高质量发展就必须推出管理改革措施应对外部环境的变化。为克服项目管理中的散乱、资源浪费、组织效率不高等问题，必须以大商务管理体系建设为契机，进一步推动法人管项目落地，核心是从过去重点抓项目管理向统筹要素资源进行集中管理转变，实现全公司、同区域、各项目各种资源的集约化管理，最大限度提高全要素生产率。

（二）瞄准重点领域，狠抓集约化建设

一是加强资金集中管控。加大资金集中管控力度，充分利用当前资金资源，解决扩大经营规模和提供生产保障的问题，同时多与优质金融机构合作，放大资金效能，最大限度利用资金资源。二是加强下游供应链集中管控。坚定推行物资设备和劳务队伍集中采购，最大限度降低成本，控制合同风险。依托"物贸分公司+招采中心"，加快形成"公司后台负责资源配置、项目前台组织实施"的管理新模式。三是加强专项资源集中管控。坚持由工程装备、物资设备、试验检测、测绘、信息科技等专业化分公司集中垂直管理专项资源，坚持推行房建分公司统管房建项目管理模式，通过以专业技能和集中优势从事专项工作，实现工作质量的本质提升。四是加强区域项目集中管控。按照区域化、专业化原则，加大"项目群"管理模式推进力度，提升管控效能，做到资源配置更优化、管理成本更经济。

（三）力推以量换价，深挖降本潜力

强力推进公司级物资集中采购，实现项目部物资集中采购全覆盖，2022年组织12次框架协议供应商招募采购，采购价格平均下浮10%。成立物贸分公司，通过以量换价，实现降本增效，全年签订供应合同价值5.78亿元，节约金额6394万元。与中铁七局物贸公司签订"总对总"物资供应战略合作协议，保障各项目钢材、水泥等物资需求，为现场施工进度推进提供高效物质基础。

二、聚焦标准化建设，筑牢信用企业"压舱石"

（一）守牢底线思维，提升安全标准

公司建立完备的安全、质量管理体系，全面落实安全生产责任制。在日常工作中，公司安全管理人员走遍项目现场各关键施工部位，全覆盖、无死角开展安全检查，结合汛期、大风、高温天气等关键节点，制定防汛防台防高温方案，抓早抓小、防微杜渐；充分利用质量安全环保月例会、复核验证、挂牌督办、通报约谈等手段，督促各项目部履职尽责、整改到位、不留隐患。公司常态化、长效化推进安全教育培训、应急预案演练、安全管理提升活动等重点安全管理工作，以"安全生产月""安全生产法宣传周"等活动为契机，深抓狠抓全员安全生产责任落实，进一步提升安全管理工作质效。2022年，先后开展10余项综合及专项检查活动，共排查整改各类安全隐患2566项。

（二）夯实管理基础，狠抓标准化建设

只有标准化建设落实到位，才能有效杜绝项目管理行为的随意性，夯实项目管理基础。一是构建完善的制度体系。在严格执行国家法律法规、业主及上级领导单位的相关制度类文件的基础上，建立完善一套目标明确、结构清晰、职责分明的项目管理制度，做到实施有标准、操作有程序、过程有控制、结果有考核。二是构建标准的人员体系。明确岗位职责分工，制定具体的岗位任职标准，选配素质和能力达标的人员，确保岗位设置满足管理需求，人员素质满足岗位要求。三是构建统一的施工标准。编制现场布局和临时设施建设、施工组织安排和资源配置、现场检查、技术管理、内外协调等标准化手册，做到全公司标准统一、实现规范管理、文明施工。编制现场定型化标准图集，统一构件标准，提高可周转性，降低一次性费用支出。四是构建全面的管控体系。细化分解项目建设目标，建立健全管理流程、作业流程及相应的制度、标准，实现管理和作业过程的闭环有效控制，保证每一个环节工作质量和成果达到规定标准要求。

（三）严格落实执行，树立行业典范

编制《施工工艺标准化指导手册》《内业资料标准化指导手册》，切实提高施工工艺及内业资料管理水平，为标准化工地建设打下坚实基础；编制周转料定型标准化图集，提高模板及周转料的利用率。编制项目临建标准化图册，对驻地、拌和站、预制场、钢筋加工棚等临建工程的建设规模、配置、数量统一规定，避免盲目建设导致浪费。珠肇铁路、南邓高速、沿黄高速、宜阳高中、郑开延长线等项目严格执行临建标准，有效控制临建投入，节约成本450余万元。在郑州地铁七号线、菏兰铁路、广湛铁路、沿黄高速、福音雅园等项目，持续推动"看点工地""亮点工程"建设，并在重点项目组织开展标准化观摩活动，着力打造安全生产标准化标杆项目。

三、聚焦信息化建设，强化信用企业"动力源"

（一）强化信息应用，推动企业转型

近年来，以5G、大数据、云计算、人工智能为代表的新一代数字信息技术日新月异，信息化、网络化、

数字化交织演进，全球正加速进入以"万物互联、泛在智能"为特点的数字新时代。数字化转型是大势所趋，建筑企业需要把握契机，推动转型升级。在这种背景下，建筑企业需要强力推动信息化建设，嫁接现代信息技术和数字科技，实现管理上的创新改造升级，业务上的数字化、智慧化发展，进而焕发新的生机。同时，信息化不仅是一种手段或工具，信息化建设应与企业发展战略融为一体，成为实现企业发展战略的重要保证；应与企业转型升级融为一体，成为激活企业创新能力、改变传统生产方式的动力引擎。

（二）坚持上下联动，狠抓信息化建设

信息化建设对于加强项目管理、提高管理效率、有效控制成本具有重要意义。一是将信息化建设上升到战略的高度，牢固树立信息化服务意识、效率意识和适用意识，提升员工信息化获得感和企业信息化竞争力。二是加强管理软件开发，建立覆盖各业务全面工作的信息化体系，解决公司与项目部之间信息传递滞后、数据失真的问题，充分实现公司和项目信息互联互通。三是积极探索BIM、移动互联网、物联网、大数据等前沿技术与施工现场深度融合之路，重点推广生产调度指挥、现场农民工实名制、现场施工监控、项目成本监控、机械设备监控等信息化系统，实现对项目施工质量、安全、成本和进度的有效控制。四是研发大数据填报系统，涵盖经营开发、施工生产、成本管理等多个业务系统，实现各部门数据共享。

（三）夯实信息基础，管理规范到位

公司完成了企业云、数据中心、统一企业专网、桌面云、网络信息安全等基础设施建设工作，初步形成统一管理、分级授权的信息化基础设施共享平台。全面建设应用生产调度、财务共享、成本管理、物资管理等系统，提升服务施工一线的能力。积极推广应用安全培训教育多媒体工具箱、云平台，综合运用现场违章行为识别报警系统、作业人员定位系统、劳务人员实名制管理系统、远程视频监控系统、智能安全帽等信息化管理手段，不断提高项目安全管理信息化水平。大力开展BIM技术推广应用，培养一、二级建模师170余人，取得国家级、省级等BIM技术成果19项。

四、聚焦智能化建设，提升信用企业"含金量"

（一）突破自身瓶颈，增强竞争实力

2022年公司成功挺进中国中铁三级企业20强，但公司管理也面临着重大瓶颈，管理模式和资源未能充分匹配公司规模扩大的需要，在施工生产、成本管理、资源要素配置等方面存在明显不足。随着中铁七局全面打造中铁王牌工程局战略的推进，公司迎来重大发展机遇，通过探索运用智能化技术，大力建设智慧工地，加强智能建造在工程建设各环节的应用，以机械化生产替换人工作业、以自动化控制减少人工操作，提升施工生产质量的科技保障能力，加快质量管控转型升级，力争实现短板消缺和瓶颈突破，为规模扩张提供强有力支撑。

（二）紧跟改革潮流，狠抓智能化建设

智能建造是大势所趋，企业只有在智能建造改革浪潮中抢占先机，才能提升核心竞争力。一是按照生产需求，重点针对钢筋加工、钢筋绑扎、模板打磨、混凝土浇筑、预应力张拉、压浆等重要工序研发或升级改造智能化工装设备，达到"机械化换人、自动化减人、智能化无人"目的。二是以"实用、经济"为基础，加快"智慧工地"建设和应用，统一策划、统一标准、统一平台，推进智慧梁板场、智慧地铁、智慧铁路公路市政等建设，使施工管理可感知、可决策、可预测。三是以胜任高难施工、保障高效作业为导向，进一步加大工装设备研发投入，在人员密集、风险集中、环境复杂的施工区域和生产作业面，尽快实现"机械"替换"人工"，最大限度提高生产效率、保障劳动安全。四是联合高等院校、行业专家等"智囊"，搭

建"产学研用"协同合作平台,推动机械化、专业化、智能化、信息化落地。五是创新推广高效工艺工法工装,加大基础设施装配式建筑的要素投入和科技攻关力度,形成分专业的解决方案。

(三)坚持试点先行,打造品质标杆

在广湛八标、荷兰高铁等6个项目通过物联网、大数据等技术,开发了"物资设备资源共享系统",全面推广"智能安全帽+视频监控"技术,实现"人、机、料、法、环"等各要素互联互通。在沿黄高速项目新建智能化小型构件预制场,采用智能信息化管理平台,打造集混凝土浇筑、温控蒸养、自动脱模、机器人码垛等于一体的自动化生产线。在广湛八标项目中,联合中铁三院开展的梁场智能建造、智能钢筋加工场成为国内梁场智能建造的首例,极大降低了人工成本,提高了施工质量。

案例创造人:石军伟、牛学忠、张新民

打好专项监督"组合拳"
持续优化用电营商环境

内蒙古电力（集团）有限责任公司乌海超高压供电分公司

一、基本情况简介

优化营商环境是党中央根据新形势、新发展、新要求作出的重大决策部署。内蒙古电力（集团）有限责任公司乌海超高压供电分公司（以下简称公司）纪检监察机构立足职责职能，发挥监督保障执行、促进完善发展作用，督促各部门、各单位切实履行优化营商环境主体责任，聚焦优化营商环境的痛点难点堵点、信用违规风险点，聚焦监督保障执行、促进完善发展作用，推动落实信用监督体系，厚植诚信理念、守信观念，持续推动公司更好地贯彻新发展理念、融入新发展格局。

二、"四聚焦"强化诚信建设

（一）聚焦监督目标实现靶向施治

开展信用行为专项监督，对生产调度、电力交易、工程建设、物资管理及招投标领域存在的利益输送、拖欠中小企业账款、损害营商环境、信用的不作为/慢作为等形式主义、官僚主义问题和吃拿卡要、雁过拔毛等腐败问题重拳出击。专项监督的重点包含自治区、集团公司关于发挥监督职能优化营商环境的所有监督内容，涉及信用评价、失信行为相关工作。为持续优化用电营商环境、进一步建立诚信监督体系，今年以来，公司纪委结合年度重点工作任务，将物资管理领域专项治理、工程建设领域腐败问题以案促改同优化营商环境、信用体系建设工作相结合，实现工作一体推进，切实推动专项监督走深做细、取得实效。

（二）聚焦工程建设腐败问题以案促改

公司纪委聚焦从各类领导干部严重违纪违法案件中暴露出的问题，通过强化思想教育、强化监督督促、强化执纪问责，深入纠治工程建设领域的突出问题和不正之风，助力企业形成风清气正的政治生态，推动全面从严治党向纵深发展。

一是强化思想教育，靶向引领算好违规违纪违法成本账。深刻汲取贪污腐败问题案例教训，强化不敢腐的震慑，公司纪委协助党委定期组织召开警示教育大会，参会范围覆盖旗县公司级及以上领导干部、工程建设相关专业管理人员。通过通报公司系统、电力行业工程建设领域腐败问题、失信案例，播放警示教育片，讲述身边人身边事教育引导公司各级党员领导干部知敬畏、懂收敛、严自律。

二是强化监督督促，多维发力打好权力运行监督"组合拳"。坚持关键少数带头承诺、广大党员全面践诺、多措并举全程督诺，监督督促公司全体党员郑重签订集中整治工程建设腐败问题承诺书、诚信践诺承诺书154份并存档备案；督促工程建设部、物资管理部等部门发挥业务监管职能作用，对照自查在建工程项目存在问题23项，分类建立问题整改台账，扎实推进整改。组成专项督导组，列席监督各基层党支部以案促改专题组织生活会，对全体党员对照查摆、剖析整改、批评与自我批评等环节进行监督，确保"党性体检""政治体检"到位。凝聚两级纪检监察机构合力，创新开展交叉互检互查，紧盯各单位工程项目"三重一大"制度执行、上年度工程建设领域突出问题专项治理自查问题、监督检查反馈问题及失信行为清单整改情况，有力增强基层单位推进以案促改工作的主动性、系统性、实效性。

三是强化执纪问责，持之以恒下好正风肃纪反腐守信先手棋。加大工程建设领域违纪违法案件、失信行为查办力度，持续释放越往后执纪越严的强烈信号。全面梳理公司成立至今在纪检监察、巡视巡察、群众反映、信访举报、监督检查、审计中发现的工程领域腐败、诚信问题，推进集中整治工作全覆盖、无死角。同时，立足于公司生产指挥中心投入使用，公开设置举报箱、意见箱，并公布举报电话、网上信箱等信息，鼓励干部群众提供工程建设领域腐败问题、失信问题线索。

（三）聚焦物资管理领域突出问题专项治理

公司纪委深入贯彻落实集团公司和公司两会精神，进一步落实优化营商环境工作要求，通过纪检审计联动监督、全链条监督、配合巡察监督等多种监督形式，对物资管理领域突出问题专项治理进行监督，努力做到"监督一域、规范一域"的成效。

一是发挥专业专长开展纪检审计联动监督，由纪检监察部联合审计部针对物资管理专业开展联动监督检查，制定《联动监督检查工作方案》并开展进驻检查，将制度执行、物资计划、采购流程、招标代理机构管理、党支部落实党风廉政建设责任等作为监督重点。充分发挥纪检、审计专业专长，从不同角度和侧重点，通过查阅招标投标资料、合同，谈话了解等方式开展检查，发现相关问题并组织召开联动监督工作推进会推动问题切实整改。围绕标准制度规范、招投标工作流程、招标代理机构管理等方面提出监察建议，推动责任部门完善制度，堵塞管理漏洞，不断提升贯彻执行标准、制度的思想自觉和行动自觉，厚植照章办事、合规履职的土壤。

二是主动靠前站位开展物资全链条监督，公司纪委聚焦物资领域开展全链条监督检查，抽取部分招投标项目从立项审批、采购流程、合同签订、到货验收、项目施工等各环节入手，全面介入物资信用评价体系，深入查找其中的廉洁风险点和监督薄弱点，并形成监督检查工作反馈报告，与业务部门沟通确定后正式反馈和督促整改。同时加强警示教育针对性，公司纪委联合党支部开展物资领域专题警示教育大会，对物资招投标领域违规、违纪、违法、失信、失约典型案例及日常监督检查中发现的典型问题进行通报剖析，帮助关键岗位人员进一步认清岗位廉洁风险、信用风险，变"大水漫灌式"教育为"精准滴灌式"教育，持续筑牢拒腐防变思想防线，提高守信守约意识。

三是高质量配合集团公司党委专项巡察监督，细致梳理近年来物资管理领域开展工作整体情况，整理相关佐证材料，围绕集团公司党委巡察反馈问题整改、集团公司纪委交叉互查、以案促改等工作开展专项监督、联动监督、全链条监督等多形式、多轮次监督检查，深入查找物资管理领域存在的信用问题、责任问题、工作问题等，以整改通知书、监察建议书等形式反馈问题并督促整改，坚持把全面从严治党的要求贯穿于物资管理的全过程和各方面，切实解决物资管理领域存在的各类问题，充分发挥纪检监察机构监督保障执行的作用，进一步建立完善纪检监察信用监督的长效机制。

（四）聚焦诚信守约专项监督

在做好优化营商环境专项治理工作的同时，统筹推进诚信宣传教育及日常监督、专项监督各项工作，围绕全年重点工作任务加大落实力度，全面聚焦精准监督这个主攻方向，依托"233"监督工作机制深化与各职能部门联合监督，探索开展信用体系建设监督、信用管理日常监督、守约守信专项监督的"驻点"监督，加强巡察、审计反馈问题整改监督检查，精准分类督办、强化跟踪问效、从严执纪问责，不断完善发现问题、纠正偏差、精准问责长效机制。

守信履约监督检查，开展"诚信履约意识提升专项活动"，围绕基建工程、物资采购、招标投标等重要对外窗口进行全年滚动监督，严肃整治合同违约、造假、搞变通、打折扣、应付对付、失信失约等失信问题和行为，提升全员诚实守信的纪律规矩意识。

注重诚实守信宣传。拓展青年信用、送信用下基层等特色活动，将信用管理工作、诚信履约定义、失信行为案例、失信惩戒等内容讲深讲透，以纪律教育推动信用建设，提升警示实效。

三、工作成效

良好的营商环境及信用评价是企业经济软实力、综合竞争力的重要体现。纪检监察机构加强对工程建设领域、物资管理领域等重点领域、关键环节的专项监督、信用管理日常监督，紧盯损害营商环境、造成失信的违规违纪行为，用精准监督、执纪问责助力优化用电营商环境，提升全员守约守信意识，为企业良好信用体系的构建打下坚实基础。

案例创造人：关　旭、巴特尔、王云翔

党建引领　诚信经营　造福社会

舟曲县凉风壳发电有限公司

近年来，舟曲县凉风壳发电有限公司发展日益稳固、管理体系逐步完善、工作落实持续提升。在国能陕西水电有限公司的正确领导和大力支持下，舟曲县凉风壳发电有限公司党支部认真学习习近平新时代中国特色社会主义思想和党的二十大精神，认真贯彻党的方针政策，坚持诚信服务、弃旧创新。以"高标准、严要求、优服务、创效益"的工作思路，大力加强安全生产标准化建设，本着诚信经营、造福社会的目标愿景，先后获评舟曲县见义勇为工作先进单位，舟曲县民族团结进步模范集体，舟曲县民族团结进步示范企业，2015年度全民义务植树活动先进集体，2016年度工业企业生态环境保护工作先进单位，2017年、2018年、2019年纳税信用A级企业，2020年度企业生态环境保护工作先进单位，2020年获得舟曲县民族团结进步集体，2021年电力安全产业一级企业等多项荣誉称号。

一、企业概况

舟曲县凉风壳发电有限公司是经甘肃省发改委甘发改能源〔2007〕919号文件批复核准成立的，集水电资源投资开发、水电发电销售于一体的水力发电企业，主要产品是清洁能源。2010年9月开工建设，2013年9月竣工投产发电。电站位于白龙江干流舟曲县逢迭乡上游约6.0 km处，为白龙江尼什峡至沙川坝河段梯级水电规划调整的第十二级电站（自上而下），上游为喜儿沟水电站，下游为锁儿头水电站，坝址距舟曲县约21 km，距兰州市约392 km。坝址右岸、左岸有313公路通过。

舟曲县凉风壳发电有限公司装机容量为52.5MW，水库正常蓄水位为1469.0 m，额定水头为43.5 m，机组台数为3，单机额定流量为46.67 m³/s，保证出力13.53MW，多年平均发电量为24413万千瓦·时，装机年利用小时数为4650。电站工程由引水枢纽、引水发电系统及发电厂区三部分建筑物组成，属三等（中型）工程。拦河引水枢纽、引水隧洞、调压井、压力管道及厂房等为3级建筑物，尾水渠及交叉建筑物为4级建筑物。

二、优质服务，诚信管理

舟曲县凉风壳发电有限公司坚持以集团"一个目标、三型五化、七个一流"发展战略为引领，以服务中心工作、促进业务发展、提供优质服务、塑造良好形象为创建导向，深入开展文明单位创建工作。截至2023年04月21日，凉风壳电站累计已安全运行3502天，累计发电约20亿千瓦·时。

（1）明确职责。诚信经营是企业常青的根基和养料，舟曲县凉风壳发电有限公司一直严于律己，坚守公司形象，党员干部主动将自身工作责任纳入公司全年总体规划、工作重点目标以及绩效考评指标。坚持党员干部模范带头，深入做好诚信经营，以确保诚信企业创建高起点规划、高质量推进。

（2）深入贯彻。始终围绕诚信单位创建"内质外形"的本质特征，不断细化诚信元素，夯实诚信载体，优化创建手段，确保创建成效，并力求从人员能力素养、企业经营绩效上得到具体体现。一是跟紧时代步伐，狠抓形势任务教育和思想文化建设，第一时间抓好中央和上级党组织精神的学习贯彻，特别是把党的十九大、二十大精神做到深学活用，及时布置了有关贯彻落实相关精神的研究课题，保持央企的政治本色和时代气息。二是在创建工作上，坚决做到持续奋进，树立目标，落实检查，做好反思，从而形成常态化、长效化的创建体制机制。

（3）完善诚信制度体系。组织员工认真学习《民法典》《关于公布失信被执行人名单信息的若干规定》《重大税收违法失信主体信息公布管理办法》《拖欠农民工工资"黑名单"管理暂行办法》等相关法律法规与制度。通过学习强化员工的法治意识，严格要求员工在工作中遵纪守法，诚实守信。公司恪守商业道德，依法合规参与市场竞争，致力于与商业伙伴建立相互尊重、互利共赢的良好合作关系。在提升自身诚实守法的基础上，加强督导商业伙伴的诚信经营，建立评价评级制度。积极开展商业伙伴尽职调查，严格审查其资质和诚信合规表现，优选资质完备、信誉良好的商业伙伴，并密切关注商业伙伴的资信状况变化。在遵守国家法律法规的基础上，公司结合实际，印发了一系列涉及信用管理的制度，如《合规管理规定》《合规评价管理办法》等。

（4）营造良好氛围。在相关制度作为日常生产经营活动准绳的引导下，公司对内以诚相待，鼓励和认可员工业绩，提高员工归属感、荣誉感，并认同企业行动方向，增强了与企业共命运的意识，提高了企业信用度。多年来，公司自觉接受市场监督管理部门和行业监管部门的监督管理，对外遵守法律和市场规则、认真履行契约责任、依法纳税，未出现任何偷逃税款等违法行为或不良记录。组织员工积极参加第五届（2022年）"信用电力"知识竞赛，活动以电脑PC端和手机移动端两种线上方式同步开展。此次"信用电力"知识竞赛题目涵盖信用相关的法律法规、政策、标准、"双碳"目标的知识、电力专业技术等内容。

三、尽责履职，风清气正

党的二十大以来，凉风壳电站党支部坚持以习近平新时代中国特色社会主义思想为指导，牢固树立"四个意识"，坚定"四个自信"，做到"两个维护"，紧紧围绕"落实从严治党主体责任，提升党建工作质量"的工作思路，亮明党员身份，引导全体党员立足本职岗位发挥先锋模范作用，将学习教育的成果转化为推动企业提质增效的内生动力，确保学习教育成果落到实处，发挥实效。落实组织生活会谈心谈话制度，将政治先进、业务过硬、工作扎实的优秀骨干吸入党组织。全面落实党风廉政建设主体责任，不断加强党员领导干部作风建设，扎实推进党风廉政建设和反腐败工作做实做细，为公司提供了坚强的政治保障和纪律保证，为公司攻坚克难、发展壮大注入永不枯竭的生命力。

舟曲县凉风壳发电有限公司结合自身特点不断创新教育形式，丰富教育内容，广泛开展廉政教育，并取得了显著成果。落实"一岗双责"，将廉政建设和反腐败工作纳入公司的整体工作部署，明确党支部书记为第一责任人，亲自抓、带头做，管好班子、带好队伍；班子成员严格按照"一岗双责"要求，通过党支部集中学习、民主生活会等形式有效落实职责范围内的廉政建设和反腐工作。一是开展主题活动学习，巩固了公司人员的党性根基，加深了对国家政策方针和廉政建设工作的认识，对领导干部转变工作作风、自觉接受监督起到了积极的促进作用。二是根据实际情况，进行了党的十九大、二十大精神以及习近平总书记系列重要讲话精神的组织学习，让大家深刻领会廉洁从业的要求，督促和引导广大党员干部守住底线、不踩红线。三是组织公司成员参加支部书记讲党课、道德讲堂、知识竞赛，以及参观廉政教育基地、观看反腐教育片，并要求干部职工充分吸取各种案件的教训，根据自己职务的工作内容，撰写学习体会。通过思想和警示教育，党员干部的廉洁从业意识得到进一步提高。至今，公司发展风正气顺，员工和谐共进，没有重大违法违纪事件发生。

四、文化管理，锤炼队伍

要想公司稳定发展，诚信企业建设、队伍建设是根本。因此，在凉风壳电站党支部的带领下，大家团结和谐，努力奋进，始终把"诚信为本，操守为重"作为树立品牌形象、提升核心竞争力的重要工作来开展。

一是严格执行公司的人力工作规划，不断完善人才工作机制，始终践行"以德首选，以能居之"的工作导向和目标导向，进行人才的选拔，从现有的人员中发现人才、培养人才。近年来，舟曲县凉风壳发电有限公司已有一大批优秀的员工，成为企业的中坚力量。

二是提倡公平公正、诚实守信的工作理念，营造和谐的工作氛围是留住人才的关键，公司不仅对青年人的稳定工作做好思想工作，同时对业务骨干、领导干部的工作作风和领导方法有所要求，要求他们自觉遵守行业规范，抵制各种不讲信用、内部操作等行为举措，以此构建合理的人才梯次。

三是贯彻落实绩效考核制度和奖惩兑现办法，从源头上激发人员的活力。按照水电公司文件为员工进行定岗，制定个人职业晋升通道；绩效考核以科室和项目双向互动，看到亮点，多鼓励，重引导，推广放大增效益。与此同时，进一步营造"家园文化"氛围，以文化人，以科学的人才考核评价体系引进、培养、激励、留住优秀的实干型人才。公司始终坚持并深化"诚信为本"的发展理念，在打造素质高、作风硬、专业化人才队伍上下足功夫，攒足干劲。

五、践行职责，服务社会

（1）争做环保使者。凉风壳电站党支部紧紧围绕两山理论践行要求，树立了"与青山绿水为伴，让青山绿水更美"的现代环保文明理念，持续抓好水电开发水保环保工作，在加强安全生产管理的同时，积极参与地方经济建设，为解决城内、城外村农田灌溉，投资 200 余万元敷设了供水管道 8 千米，保证了村民农田的用水问题；在库区左岸投资 110 万余元进行农田防护加固工程，确保杭嘎村农田不受水毁；每年拿出资金 7 万元，参与政府组织的义务植树活动，并在厂区周边种植各类树苗共计 5 万余棵，美化了企业周边环境，为建设绿色舟曲贡献自己的最大力量。

（2）争做模范先锋。作为大型国有央企，舟曲县凉风壳发电有限公司一直铭记企业的社会责任。多次组织向沿岸困难群众、地震震区捐款捐物活动；主动参与政府亮化工程，出资电费 9 万元。坚持送服务进学校、进乡镇、进社区，多次深入关怀孤寡老人和贫困儿童，并向当地贫困学生捐赠爱心基金 2000 元。与此同时，积极响应集团号召，在扶贫网站慧采商城上采购员工劳保用品及节日慰问品，助销贫困县产品，为精准扶贫贡献力量。

（3）争做人民卫士。2010 年 8 月，面对舟曲突发的泥石流事件，公司上下迅速行动，班子靠前指挥，干部员工奔赴一线，积极发扬抗泥保电精神与灾难斗争、与时间赛跑，全员积极参与救援重建，彰显了公司勇担社会责任的央企形象。2020 年 8 月 18 日凌晨，甘南州迭部县境内白龙江支流多儿沟旺藏镇班藏村附近跨河桥涵发生塌陷，形成堰塞湖灾情，造成水位迅速上涨。面对如此严峻形势，舟曲县凉风壳发电有限公司勇担重任，及时向舟曲县防汛办及甘南地调汇报电站来水及运行情况，启动防洪应急预案，坚决服从水调，有效削减洪峰，舟曲新区及老城基本未形成大灾。此行为受到了沿江父老乡亲们的一致称赞，切实履行了央企社会责任。

六、坚持创新，引领发展

科学精练的组织结构、稳定持续的精益生产、主动协同的特色营销以及提绩增效的成本控制，在提升公司效益的同时，实现职工人员整体素质的提升。坚决做到"依法治理、依法决策、依法经营、依法办事"，规范生产运营，诚信经营管理。

坚持创新驱动，通过工业化和信息化的深度融合，为公司的发展奠定良好基础。利用 3D 建模、虚拟现实（VR）、增强现实（AR）、5G 网络等先进技术，应用智能穿戴设备、无人机等智能终端，实现对电站所有区域的智能巡检、智能运维以及智能化的管理目标，部署基于集控中心的浸入式仿真培训系统。将水电集控中心建设成为中小水电的智能化应用和培训示范基地。深度挖掘基于 AR 技术的远程协作及专家支持系统研究及应用。结合人工智能、物联网等技术手段，后台专家可以通过语音视频通信、AR 实时标注、数据库相关设备信息调取等进行远程协作，实现各专业技术人员与远程专家"零距离"技术沟通，更好地帮助生产现场解决生产难题，快速查找故障或事故原因，提升了企业应急能力。逐步实现智能前端中的发电机绝缘在线监测系统、变压器在线监测系统、开关站高压触头温度监测系统、高压电缆在线监测系统、库区地质灾害监测系统的建设。探索实现高级应用软件平台中的流域水情计算、梯级优化调度高级应用建设。建设人员定位及安全监测系统、流域水情测报系统、智能移动终端，更加有力地提升企业的社会价值和经济效益。

金戈铁马温征鼓，只争朝夕启征程。2023年充满着机遇与挑战，在国能陕西水电公司的正确领导以及舟曲县委、县政府和主管部门长期以来的关心和帮助下，舟曲县凉风壳发电有限公司将率领广大员工不忘初心，认真扎实做好各项工作，不断强化诚信经营，用诚信的力量去提升自我、推动发展、服务社会。

案例创造人：路冬艳、张　平、朱相印

诚信赋能领跑冶金运营服务
勇毅坚守扛起抗疫保产担当

中冶宝钢技术服务有限公司

一、企业概况

中冶宝钢技术服务有限公司（以下简称中冶宝钢）作为中国五矿和中冶集团旗下唯一以冶金运营服务为核心主业的子公司，是国内首家规模最大、人数最多的、综合实力最强的现代钢铁技术服务企业。公司起源于1954年成立的武汉钢铁建设有限公司，先后参加了武钢、攀钢和宝钢的建设，是新中国钢铁工业发展的建设者、见证者和守护者。经过几次更名和重组，2006年12月25日正式更名为中冶宝钢技术服务有限公司。

作为国内提供冶金运营服务的"先行者"，中冶宝钢坚持"聚焦主业、做强一业，相关多元、科学补充"发展战略，构建"检修协力核心主业+技改工程、装备制造及新型材料、钢渣综合利用"的"1+3"四位一体的产业格局，形成了全天候、全产业链、全流程、全生命周期的冶金运营服务能力，营业收入屡创新高，市场份额逐年增加。迈上"十四五"新征程，中冶宝钢在中国五矿党组、中冶集团党委坚强领导下，紧扣中国五矿建设"世界一流企业"愿景目标，坚持"好于大盘、优于行业、快于自身"工作总原则，认真落实中冶集团"一创两最五强"奋斗目标和基础管理三年行动计划，正朝着打造"国内第一、国际一流"的冶金运营服务商的宏伟目标踔厉前行。

中冶宝钢始终以诚信经营为立身之本，服务国家战略、服务人民需要、服务区域发展，积极履行社会责任，不断创造社会价值。从高质量、高规格运营服务国内外30余家钢铁企业，到打造"区域化、一体化、高效化"标杆项目；从建设全国首个全流程、全产业链冶金智能运营平台，到深挖绿色清洁运输潜能助力环保A级企业创建；从具有自主知识产权的钢渣综合利用产品登陆世博会、进博会配套市政工程，到自主研制的425吨铁水运输车全球首发；从远赴南极完成昆仑站、泰山站配套系统工程建设，到打造"港口码头专业运营服务""工业包装""工程机械BOO"等品牌业务；从疫情期间100余天驻厂生产，到披坚执锐驰援上海方舱建设……中冶宝钢坚决履行冶金运营服务"国家队"的责任使命，用"骨子里的信念忠诚"干事担当，围绕行业发展、产品升级、城市建设、社会和谐增强企业实力，在关键时刻擎起战疫情、保供应、稳生产的责任担当。

二、诚信经营理念

中冶宝钢怀着"钢铁报国""钢铁强国"的初心，从1985年9月宝钢投产，就立足宝钢、服务宝钢，在技术创新、服务创新、人才创新和市场开拓等方面取得长足的进步，实现了从钢铁"护工"到钢铁"护士"，再到钢铁"医生"的华丽蜕变，心无旁骛地推动我国冶金运营服务向更高水平发展。

在践行"钢铁报国"初心的过程中，中冶宝钢将服务好宝钢等钢铁企业作为钢铁强国、推动我国冶金运营服务向更高水平发展的抓手和切入点，从"诚信社会为本、客户满意为荣"的经营理念中，具象提炼出"让业主满意、业主无小事、业主的事就是我们自己的事"这一脍炙人口的服务理念，引导和带领广大员工切实服务好钢厂，助推我国钢铁工业的发展壮大，为实现"钢铁强国梦"做出更大贡献。中冶宝钢坚持诚信经营，遵循市场规律，依法诚信纳税，全面打造诚信文化，连续17年获得上海市AAA级守合同重信用企业荣誉称号，企业品牌信誉度、美誉度不断提高，取得了良好的经济效益和社会效益，为企业高质量发展打好坚实基础。2020年以来，中冶宝钢统筹抓好生产经营和全过程疫情防控，勇担使命，领导干部靠前指挥，全体员工尽锐出战，克服诸多困难、付出不懈努力，弘扬"越是艰险越向前"的拼搏精神，举全公司之力打赢了抗疫保产和方舱建设"攻坚战"，在武汉保卫战和上海保卫战中全身心、全要素保障国家钢铁产业链安全、供应链稳定，全力守护人民生命健康和城市安全。

三、组织架构和经营情况

中冶宝钢坐落于上海市宝山区，公司下设13个总部职能部门，1个设备智能运维技术研究院，3个服务中心；公司注册20家分支机构，1家事业部，13家全资子公司，2家控股子公司，3家参股子公司，7家直管项目部。现有从业人员28401余人。各类专业技术及管理人员1576人，本科及以上学历人员1781人，大专学历3208人，中级及以上职称人员937人，中级及以上技能员工10210人。

中冶宝钢已连续三届通过了国家高新技术企业认证，拥有中国钢结构制造企业特级资质证书，连续多年荣登"上海市设备维修安装行业50强企业"榜首。在不断深耕细作宝武集团宝钢股份宝山基地的基础上，按照"区域覆盖、集中管理、效率优先"的原则，构建"一总部、多基地"的管控模式，建立了"八基地、一板块"，促进上海区域和外部基地协同发展，实现区域化管理、专业化协同、产业化发展。2022年，在上半年面临严峻疫情冲击的前提下，中冶宝钢经营质量保持稳定，历史性实现"百亿营销"的宏伟目标，在"十四五"承上启下的关键之年，交出了一张靓丽的成绩单。

四、实践成效

2022年3月，上海市新冠疫情本土病例数量增长迅速，疫情防控形势严峻。中冶宝钢深入贯彻习近平总书记关于疫情防控工作的重要指示精神，认真落实中国五矿、中冶集团关于安全生产和疫情防控工作部署，胸怀"国之大者"，坚决履行"四方责任"，统筹抓好疫情防控和生产经营工作，真情诠释"战疫情，守钢厂"的庄严承诺，在守护钢铁产业链稳定和保护员工健康安全的主战场上尽责担当。

（一）勇毅担当，筑起抗疫坚强堡垒

守土有责，发挥政治优势主动担当。面对陡然严峻的疫情形势，中冶宝钢党委尽锐出战，于第一时间启动疫情防控应急响应和处置机制。中冶宝钢主要领导亲自挂帅，成立领导指挥中心，每日召开专题会议，密切跟踪疫情实况动态，强化疫情防控组织领导。领导指挥中心下设总部工作组和6个专业工作小组，形成自上而下疫情防控管理体系，配齐配强工作人员，科学研判疫情走势，精准部署防控措施，落实落细防控要求。同时，中冶宝钢党委明确下达"安全有序、平稳运行"工作目标和"守土有责、守土尽责"工作要求，带领党员干部共同肩负起安全生产、如期履行职责、严控疫情、周到服务员工的重担。

扛起责任，筑起抗疫一线"红色屏障"。中冶宝钢党委充分发挥政治优势、组织优势和密切联系群众的优势，切实担负起组织党员、动员群众的责任，形成攻坚克难、奋勇拼搏的强大合力，在抓实抓细疫情防控各项工作中深化"党旗飘扬、党徽闪光"行动，组建党员服务队、设立党员先锋岗、划定党员责任区，发挥好基层党组织、全体党员在疫情防控中的战斗堡垒作用和先锋模范作用，让党旗在抗击疫情第一线高高飘扬。3月伊始，中冶宝钢生产一线就已成立临时党支部，抢先吹响防疫保产攻坚战的号角，提前做好厂区防疫人力、物力等基础保障工作；驻厂生产期间，党员干部主动靠前、恪尽职守，执行24小时在岗值班制度，及时排风险、解难题。封闭管控后，党员突击队仅用48小时就在厂区内迅速建成4处应急隔离点，为一线应急防控工作保驾护航。基层党员技术骨干主动请缨留守生产前线，克服人少任务重、高压阻力强难题，圆满完成生产任务。

（二）发挥优势，科学统筹保障生产

钢铁工业是保障国计民生的支柱产业。为保障国家钢铁产业链安全、供应链稳定，中冶宝钢统筹疫情

防控与生产经营,排除万难保障钢厂平稳运转、生产有序,交出抗疫保产"完美答卷",彰显冶金运营服务"国家队"的专业实力。

逆行出征,科学高效恢复炼钢生产。为了缓解严峻疫情对宝钢股份宝山基地安全生产带来的巨大冲击,中冶宝钢提前预判、统一调度,结合生产实际于3月月初实行厂区人员封闭管理,在24小时内快速集结设备检修、生产协力、行车运维等管理和操作人员260人,从广东湛江跨区域拉动18名行车工骨干驰援上海,组建炼钢复产专班,为炼钢全流程工序复产保驾护航。根据宝钢股份工作指令,中冶宝钢炼钢复产专班连夜进入宝山基地炼钢区域,高效完成环境消杀、设备检查、冷试车等工作,迅速解决炼钢物流、中间包砌筑维护、精整机组检修等三大瓶颈,在复产43小时后实现转炉和连铸"一炉一机"模式下的兑铁水和开浇产坯,96小时后实现"二炉二机"生产运转,并在当天创下炼钢40炉的高产纪录。

组织有序,齐心协力创造保产佳绩。在疫情防控"攻坚期",中冶宝钢迎难而上,在全面做好疫情防控的同时,有序组织4600多名员工驻守宝钢股份宝山基地和宝武特冶生产一线,确保封控期间钢铁产业链和工业链安全稳定。为了保证防疫稳产"两不误",中冶宝钢遵循"划小单元、减少交叉"原则,落实人员精准防控和区域化、网格化管理。依据宝钢生产指令,中冶宝钢科学排定生产任务,提前制定生产组织方案,实施"二班二运转"24小时连续生产,守牢疫情防控和保产稳产防线。在严峻疫情冲击下,中冶宝钢保障各生产单元、各工序满负荷生产、精细化运行、24小时不间断运转。100多个日夜的驻厂坚守,中冶宝钢运营服务炼钢2800多炉、驳运钢卷17600卷、接卸废钢82700余吨、直供炼钢废钢单日运输量较历史平均水平提高30%,全产业链日、定、年修2000余项,常规点检、运保780项,抢修304项,坚强助力宝山基地圆满完成生产计划,实现重要作业线有效运行率达94.69%,同比提升0.82%,厚板产品4月份轧制量为预定目标的106.73%,无缝钢管热处理创下9年来月产最高纪录。在人员少、强度高、任务重的情况下,中冶宝钢保障钢厂屡创产量新高,展现了中冶宝钢极致专业化的冶金运营服务能力,深刻体现了中冶宝钢党委强大的领导号召力、凝聚向心力和决策执行力。

(三)临危受命,投身方舱医院建设

中冶宝钢接到紧急指令支援上海临港2号方舱建设任务。在运营服务钢厂满负荷、不间断生产前提下,中冶宝钢迅速组织700余名精兵强将投身方舱建设,以高度责任感和使命感守护城市安全和人民健康。

雷霆出击,分秒必争。在中国五矿和中冶集团的统一指挥下,中冶宝钢第一时间成立领导指挥部,主要领导亲自带队驻守指挥。为抢出施工进度,中冶宝钢聚焦重点多线并行促提速,提前预制钢结构安装、电气施工、管道施工等,确保施工过程无缝衔接;抽调专业骨干成立水电工程突击队,优化布线施工方案和管道路由,高标准完成施工;克服设备图纸不全、施工空间狭小、线路管道交错复杂等困难,保质保量完成了医院淋卫系统、化粪池系统的安装调试,以及污水处理系统的组网建设,为方舱医院早日投入使用创造条件。为保证方舱医院分区交付、整体投用,中冶宝钢集中优势资源和技术力量,先后完成了C区、D区电气、排污管道援建工作。此外,中冶宝钢还成立后勤保障组,承担起近万名建设者的餐饮供应和物资供给保障,为高效建设解决后顾之忧。全体建设者用顽强的意志撑起钢铁般的脊梁,以极高的建设效率和施工水平尽显敢于攻坚、敢于挑战的使命担当。

免检交工,使命必达。历经10个昼夜的奋勇鏖战,6座方舱拔地而起,中冶宝钢优质完成了上海临港2号方舱1套污水处理系统、1套淋卫系统、1836张床位、2.3万米电缆敷设、1万平方米地板铺设、4600米方舱照明带安装、4500米管道施工、1个垃圾站的建设工作,如期交付投入使用。在工程验收现场,检验人员在查验中冶宝钢承建的项目后,给出了"标准、规范、免检"的最高评价。建成后,中冶宝钢受到了上海市住建委书面表扬。上海临港2号方舱医院正式启用后,中冶宝钢继续投入了方舱运维保障工作,全天候保驾"生命之舱"平稳运行,以实际行动守护着城市安全和人民健康。

(四)以人为本,体恤员工共克时艰

中冶宝钢坚持"人民至上、生命至上",在疫情期间将员工的生命健康和生活保障放在重要位置,想方

设法创造条件解决员工困难、满足员工期盼，高度关注生产一线和生活区域员工的健康情况与情绪状态，为员工提供全面生活保障，保持队伍高昂士气和战斗力，树立战胜疫情的坚定信心。

落实保障有力度。中冶宝钢党委坚决贯彻"以人民为中心"发展思想，先后两次慰问坚守在岗的一线员工和家属，公司领导亲自协调、打通渠道，跨省疾行328千米为一线员工送"救命药"，带领工作人员进驻员工宿舍生活区协调指挥后勤保障和辖区全员核酸检测工作。各级党组织主动发力，打通粮油、果蔬、蛋奶等食材及各类生活物资购买渠道，保障全体员工生活质量与生活秩序。基层党支部主动作为，封控期间照顾员工子女、畅通老人就医渠道，消除驻厂员工后顾之忧，尽显企业人文关怀。

助力抗疫齐上阵。为全力做好上海封闭管控期间一线员工与封控区域的后勤保障工作，中冶宝钢组建了"保生产供给、保封控平稳、保基地安全"的后勤"三保"工作体系，全天候做好各项后勤服务保障工作。在中冶宝钢的积极响应、快速动员、有序组织下，89名炊事员提前7天封闭管控，顶住持续性高强度作业压力，以"一班到底"连班制，每天工作17个小时，为生产一线和生活区域的5000多名员工提供种类丰富、安全营养的"一日四餐"，以充足生活供给有力支撑前方生产。

志愿服务显大爱。在社区封闭管理的关键时期，人力最为吃紧。中冶宝钢248名党员职工挺身而出、主动担当，积极投身于社区疫情防控工作，协助社区完成每日核酸筛查、秩序维护、分发餐食等工作。中冶宝钢月浦单宿和大学生公寓涌现了53名志愿者，自愿成立了志愿服务队，负责全区域1000多名员工生活保障和全员核酸筛查、抗原检测工作，同时志愿服务队还肩负起该区域23个住宿点1000余份餐食的派送工作。

此外，中冶宝钢深化与地方政府的合作，充分调动自身资源，为保障人民群众生活物资供应做出积极贡献。除全力保障生产一线和生活区域的工作餐外，中冶宝钢毅然肩负起为当地镇政府每日1500余份的餐饮供应任务，为街道社区疫情防控提供坚实后勤保障。同时，中冶宝钢全力克服物流任务重等困难，为宝山区、镇两级政府调配十辆卡车和两处物流周转场地，确保政府防疫物资供应安全畅通。

（五）精心谋划，铆足干劲复工复产

自上海市发布第一批复工复产白名单企业以来，中冶宝钢再次雷霆出击、精准施策，迅速集结骨干力量，有序推进复工复产计划，全力履行冶金运营服务"国家队"的使命和担当，确保行业快速复苏。

中冶宝钢在确保安全的前提下，有序开展复工筹备、专业知识培训、应急预案演练等工作，积极夯实复工复产基础，抢先按下"快进键"。在人员组织上，中冶宝钢结合上级部署和生产需求，精选能兵强将压缩复工人数，完成了员工驻厂静默管控点的搭建，有序安排各工序人员做好核酸筛查和提前驻厂等准备工作，确保复工复产安全顺行；在现场管理上，中冶宝钢组织复工人员对大型施工机械进行"地毯式"检查、维修和保养，对现场用电设备隐患进行一一排查，确保项目复工安全有序；在开工筹备上，中冶宝钢多措并举，顺利打通制造原材料、产成品的运输通道，积极协调外部资源，设置物流中转站，确保运输过程安全高效，为复工复产创造有利条件。

上海全面恢复全市生产生活秩序后，因疫情按下"暂停键"的多个项目重新启动。中冶宝钢承建的宝钢股份宝山基地一二三高炉热风炉增设烟气净化装置项目正式复工，宝钢股份宝山基地炼钢1号转炉、冷轧2030连退机组、宝日汽车板3号热镀锌机组三个检修项目相继启动，中冶宝钢环保型焊接渣罐流水线、特种车辆组装流水线、钢厂专用备件修复车间、钢结构制作车间全面开工……中冶宝钢快马加鞭抢回时间、补足进度，以实际为加速推进复工复产注入强心剂。

艰难方显勇毅，磨砺始得玉成。中冶宝钢党委高举习近平新时代中国特色社会主义思想伟大旗帜，贯彻落实中国五矿党组、中冶集团党委工作部署，把抗疫保产作为践行初心使命、体现担当作为、诚信履行责任的试金石，保护全体员工生命安全，保障钢铁供应链安全，勠力同心、携手并肩，促进中冶宝钢品牌的知名度、信誉度和美誉度全面提高，彰显冶金运营服务"国家队"勇毅担当的硬核力量。

案例创造人：王振智、常云琪、戴雨蒙

践诚信　行致远　打造绿色智慧物流企业

包头钢铁（集团）铁捷物流有限公司

一、企业简介

包头钢铁（集团）铁捷物流有限公司（以下简称铁捷物流公司）成立于2016年9月，注册资本为6.44亿元，是包钢（集团）公司全资子公司，主要开展铁路运输、公路运输、钢材现货销售配送、供应链贸易、钢材深加工、仓储、物流服务（含劳务承揽、装载加固、金属包装）等业务。铁捷物流公司按照"十四五"物流产业发展规划，坚定不移走以生态优先、绿色发展为导向的高质量发展新路子，逐步形成运输、贸易、仓储、深加工、供应链金融"五位一体"的发展模式。2022年，其营业收入达到136.9亿元。

铁捷物流公司在服务包钢的同时，积极拓展社会化业务，以打造西部地区最大的工业品物流服务商为目标，以"资源整合、创新驱动、全方位发展"为主题，推进绿色物流体系建设，打造物流信息化平台，发展多式联运，构建运输、仓储、贸易、深加工、电子商务、物流园区、物流综合服务、信息平台等一体化物流产业发展体系，实现公司传统物流业务的升级，将铁捷物流公司打造成为在国内物流领域具有较高知名度的优质物流品牌。

二、企业诚信建设的主要做法

"人无信不立，企无信不兴。"铁捷物流公司将诚信建设作为立企之本，实施绿色、数智发展战略，全面推进低碳、智慧物流企业建设，牢固树立诚信服务意识和信用风险意识，营造诚信氛围，开展诚信经营。遵规守法，依法治企，全面履行社会责任。

（一）秉持诚信立企，赓续红色血脉

诚信守法、规范经营是企业健康可持续发展的根本。铁捷物流公司始终把诚信守法作为发展准绳，全力建设企业诚信，用五年时间突破了百亿元大关，实现了爆发式发展。从创业之时的铁犁破土到"十三五"末实现从"量变"到"质变"的飞跃，包钢物流品牌得到政府、企业、市场和社会各界的广泛认可，从当初的蓝图绘就、规划引领到如今成功晋级全国第三十五批5A级物流企业、自治区级物流枢纽示范园区、交通运输新业态百强企业、西部物流百强企业、A级纳税信用单位、行业3A级诚信示范单位、连续三年入选中国物流企业50强、通过ISO 9001质量管理体系认证。支撑铁捷物流公司思想和行动的，是包钢集团"坚韧不拔、超越自我"的企业精神，是"齐心协力建包钢"和保持工人阶级本色"七个特别"的精神品质的引领，是铁捷人在艰难困苦、玉汝于成中形成的"自强不息、勇于担当、开拓进取、敢打敢拼、争创一流"的群体品格和独有精神特质，这些都已融入了血脉、刻进了骨髓，凝结成了铁捷物流公司企业文化的"根与魂"。

（二）以诚信为本，建设诚信体系

铁捷物流公司始终把诚信建设作为企业的基本总则，从公司领导、中层管理人员到普通员工都建立了诚信行为准则，将重合同、守信用落实在经营管理的全过程。与销售客户签订与主体合同具有同等效力的《廉洁诚信协议》，约束双方的履职行为。按时足额缴纳社会保险和税金，提高社会信用等级。截至目前，铁捷

物流公司在中国建设银行（企业基本账户）、兴业银行办理的各项信贷业务无逾期和欠息记录，资金结算方面无不良记录，执行结算记录情况良好。铁捷物流公司制定了《铁捷物流公司员工守则》《铁捷物流公司反腐倡廉重点工作》《铁捷物流公司党员奉献专题活动安排》等，建立了诚信管理体系，提高了公司诚信经营水平。

（三）加强合规管理，依法诚信经营

铁捷物流公司通过建立分类授权体系，创建守法和诚信经营的环境，并影响相关方。铁捷物流公司依据《合同管理办法》规定，按分工及职责授予采购、销售人员合同处置权，一年授权一次；公司高层领导带头学习法律法规，通过《普法宣传纲要》广泛开展普法教育，贯彻落实国家颁布的《环境保护法》《安全生产法》等法律法规，依据法律事务部出台的《全面风险管理办法》《投资项目风险评估报告制度》等文件和制度，制定了公司风险管理实施办法，并向法律事务部咨询合作过程中产生的合同、协议、成立事业部的相关法律风险后才开展后期工作，有效防控了法律风险。同时，公司在内部开展对外贸易时，对贸易合作方、贸易形式、效益、合同协议签订等方面进行风险评估，并依据金额不同逐级审批，在全公司营造合规经营、依法纳税的经营理念。2022 年，公司上缴税金 1.08 亿元。

（四）秉承诚信理念，实现共赢发展

铁捷物流公司秉承"物通四海，诚达天下，共赢发展"的理念，立足产业链，服务供应链，延伸价值链，以满足客户需求为出发点，为客户提供便捷、高效、低成本的全流程物流服务，实现共赢发展。运用物流信息化平台进行智能分析，充分利用自身物流、仓储、深加工、供应链贸易及金融等优势，为客户定制最优服务方案，并在快速报价、物流组织建议、运输质量管控、末端配送服务、线上快捷结算等方面为货主、客户、第三方物流企业提供增值服务。

（五）延伸服务链条，打造诚信物流

铁捷物流公司成立以来，非常重视与重要的供应商、顾客和同行业重点企业相互沟通、诚信合作，建立"长期、稳定、共赢"的战略合作伙伴关系。公司高层定期走访战略供应商、顾客和同行，进行双向交流。与内蒙能投签订战略协议，承揽旗下各公司基建项目所需钢材的供货业务，建立了稳定的直供渠道。与上海钢联物流成立包钢钢联物流公司，通过建设升级"智慧物流"平台，解决公路运输各环节互联互通不畅和信息化孤岛模式问题，进一步加强了公司内部信息化管理和对外资源连接；通过对信息化平台线上派单、成本自动生成、数据在线结算等功能的熟练应用，不仅提高了车辆的使用效率，而且司机工资在作业结束即可在线查询，数据管理更加透明化、公开化，目前平台司机注册人数达 21.57 万，车辆注册 22.47 万辆，2022 年运单达 261.67 万个，成为行业内值得信赖的公司。为增强包钢产品竞争力，提高市场占有率，进一步提高包钢产品经铁路、水路、公路实行多式联运的物流管控及服务水平，满足包钢产品在长三角、珠三角地区的销售需要，同时为客户提供"预制生产""库存前置""点单式"物流配送服务，推进包钢产品"多式联运"全程物流服务；利用包钢产品销售点多、面广的布局，在外埠地区如天津、重庆等开展异地仓储业务，并逐步布局到全国，打造从生产、销售到物流、仓储的"一站式"服务供应链新模式。

（六）坚守质量诚信，用心服务客户

铁捷物流公司非常重视客户对产品质量、服务态度等各方面提出的异议、投诉、建议和意见等，为客户提供完善的售前、售中、售后服务，要求各分（子）公司及业务人员找出问题的源头，及时有效地给予处理和反馈意见，并吸取教训，避免问题重复发生。通过出现的问题不断改进产品和服务质量，最大限度提高客户满意度。在质量保证方面，及时处理客户质量异议问题，提供技术服务，针对客户一事一议，发

现问题及时解决。例如质量异议，第一时间派人赶赴现场，掌握实际情况，在不影响客户生产的前提下，经过与客户洽谈，最终以调换产品解决，达成继续合作意向。

在提升产品质量的同时，努力提高客户满意度，坚定实行"优质高效快捷"物流服务宗旨，努力发展与保持与客户良好的合作关系，积极提升公司形象，为包钢和社会提供优质快捷物流服务。根据业务情况和工作实际，结合 ISO 9001 体系认证，制定了《铁捷物流公司客户满意度调查管理办法》。各分（子）公司通过问卷调查、定期走访、电话回访、建立微信群等多种形式与客户积极沟通，维护客户的稳定性。由运营部牵头，形成公司客户满意度测评报告，反馈到公司领导和相关部门，对于客户反馈的满意和非常满意的信息进行固化，并形成制度推广落实；对于客户反映出的不满意内容，由运营部组织制定整改措施并实施整改，整改结果和跟踪验证情况反馈到相关客户，在客户中树立了诚信经营的良好形象。

（七）坚持绿色发展，实现清洁运输

铁捷物流公司坚决贯彻落实习近平总书记走以生态优先、绿色发展为导向的高质量发展新路子的重要指示精神，贯彻落实"绿水青山就是金山银山"的理念，聚焦绿色低碳转型。近年来，公司累计投入运营电动重卡 295 台，已建设了集中快速充电站 4 座、充电桩 28 座，实现了绿色低碳运输。此外，为消除对新能源电动重卡续航的顾虑，提升车辆在厂区各作业环境中的运输服务质量，公司陆续建设了集中快速充电站、充电桩，不仅保证了厂内作业的稳定性，降低了物流成本，而且为绿区建设和新能源重卡的继续投入做好了基础布局。同时通过与重庆三峡、包钢铁融、北方奔驰、宁德时代、国电投等公司的合作，拥有了成熟的融资租赁经验，在新能源重卡采购、运营管理等方面积累了丰富的实践经验。

古人云："言而无信，行之不远。"诚信是企业安身立命之本，是企业长远发展之需，诚信建设是一个系统工程，需要下功夫去做。铁捷物流公司将立足新发展阶段、坚持新发展理念、融入新发展格局，坚定不移走以生态优先、绿色发展为导向的高质量发展新路子，扬起诚信之帆，塑造诚信品牌，增强企业的信誉度、美誉度和竞争力，打造成为中西部地区现代化综合性供应链服务商和国家中西部地区物流枢纽城市的重要载体，创建"基地+平台"的现代物流服务网络模式，力争进入国内物流企业 30 强。

案例创造人：孙　哲、杨　盛、张　祺、孙硕欢

打造诚信经营标杆　提升优质服务内核

大唐陕西发电有限公司渭河热电厂

一、企业简介

大唐陕西发电有限公司渭河热电厂（以下简称大唐渭河热电厂）位于西咸新区秦汉新城，始建于20世纪60年代末，原安装两台50MW东德产燃煤机组，历经新厂扩建、资产转让、委托代管、租赁经营。2002年12月，在国家电力体制改革中，划归大唐集团公司。2006年5月，热电联产技改工程前期工作正式启动。2007年11月28日，项目获得国家发改委核准。2007年8月，在拆除原有两台50MW机组的基础上，技改项目正式开工建设。2009年5月两台机组顺利通过168小时试运行，正式移交生产，目前装机容量为600MW（2×300MW）。

大唐渭河热电厂技改工程属"上大压小"环保型技改项目，供采暖能力1300万平方米，年发电量33亿千瓦·时，在为社会发展提供电能的同时，实现向西安、咸阳两市集中供热。投产机组为西北第一家脱硝机组，脱硫脱硝环保设施与主机实现"三同时"。本项目节约能源、节约土地、使用城市中水、增容不增污，极大地改善了周边区域生活环境和生活质量，有利于西安、咸阳区域加快建设资源节约型、环境友好型的和谐社会。2015—2022年连续7年获得"省级文明单位"称号，2019年3月荣获大唐集团公司2018年度安全生产先进单位称号，2019年2月荣获西咸新区秦汉新城"纳税十佳企业"称号，2019年5月荣获全国火电能效对标三等奖，2021年3月荣获秦汉新城2020年度税收贡献企业奖，2021年6月荣获"2021年发电行业水处理技术创新成果"奖，2023年3月荣获西安市2022年度经济保卫工作先进单位称号。

二、企业诚信经营情况

2022年，面对电量市场持续开放、电价竞争异常激烈、电煤形势量缺价高、绿电发展举步维艰等诸多不利因素，大唐渭河热电厂始终坚持高质量发展主题，加强形势研判、科学应对挑战、及时调整策略，切实提升管理效能，奋力推动各项工作稳步向前。

（一）强化管理，筑牢企业生产"奠基石"

2022年，大唐渭河热电厂全面从严管理、紧抓关键环节、深化安全监督，保持安全生产稳定局面。截至目前，长周期安全纪录已突破5000天。完善保供方案和应急预案，压实责任，圆满完成保供任务，不分昼夜，履职尽责，确保大负荷期间稳定可靠供应。2022年迎峰度夏保供完成发电量8.93亿千瓦·时，同比增长23.2%，创历史新高，为年度电量电价超额完成打下坚实基础，也充分彰显了央企担当。

（二）提质增效，经营业绩硕果累累

大唐渭河热电厂始终把"转出效益、发出利润"作为工作的落脚点，紧扣"两利四率"主题，贯彻"五个一"经营理念，奋力攻坚"八项指标"，大幅提高电量电价，严格管控燃料标单，合力攻坚企业效益。全年实现利润9135万元，同比增利达2.95亿元，超额完成目标任务，利润总额在关中三厂中排名第一。

（三）落实责任，供热服务优质惠民

大唐渭河热电厂作为西安、咸阳地区重要电源支撑和居民采暖保障企业，担负全市居民集中采暖面积超 1300 万平方米。整个供暖期坚持做到"思想、人员、措施、落实"全到位，周详安排消缺、巡视、设备切换、重大操作等工作，成立防疫管理、安全纠查、设备巡查、后勤保障工作组，24 小时通信畅通与机组运行同步，现场突发异常当即解决排除，全程在线严密监控机组各项指标，多点发力优化运行安全供暖。供热期间，面对煤价上涨的严峻形势和"满负荷保电保供热"的民生需求，燃料战线职工长期出差在外，分赴各煤源地，催交催运，监质监装，燃料部实行 24 小时不间断接卸模式，全体职工加班加点、日夜奋战，克服来煤结构复杂、接卸困难，保证了供热季口粮充足。相继开展供暖中断演练、重污染天气预案演练、疫情防控应急演练，提升干部职工对突发异常、机组缺陷、舆情应对的现场处置能力，坚持采取"不通知""不打招呼"随时抽查举措，增强各级人员工作责任心，提高安全管理水平，以高严细实的精准管理为提交满意供热答卷筑牢根基，顺利实现守护千万百姓"光热"的目标。

三、案例实施

大唐渭河热电厂以"诚信经营"作为供热工作基本准则，强化职工思想道德建设，实施"诚信践诺服务"，重承诺、践承诺、惠民生，切实履行企业社会责任，做好供热服务，赢得热用户口碑，树立大唐企业良好的品牌形象。

（1）诚信教育提升品质。企业信誉、品牌形象是企业竞争力的组成部分，企业需要在内部形成一个守信的环境、培育守信的员工，让职工人人都成为恪守诚信者，让企业对外处处展现诚信风采，闪亮品牌形象。一是大力宣贯社会主义核心价值观、大唐精神，培育"渭水"企业文化，积极宣贯特色文化，"寓教于乐、寓教于行、寓教于心"，将文化和制度、文化和管理相融合。引导职工心系企业发展，树立忧患意识、竞争意识和发展意识，同心同德、同甘共苦，携手为企业发展增添正能量。二是坚持依法治企、从严治企，从问题出发，从源头规范，实施过程管控、结果考评，促使管理水平有效提高。坚持教育引导、制度约束、监督促效相结合，培育诚信意识、责任意识、效率意识和奉献精神，打造务实、高效、执行力强的团队。做好供热管理建章立制工作，制定完善全厂对外供热中断事故应急预案，明确各应急指挥机构及职责、预警分类及应急响应、信息发布流程、应急保障等内容。全面修订完成热网系统图，使之完全符合实际，以有效指导工作。三是加强道德建设，打造诚信平台，造就忠诚员工队伍。以道德讲堂为契机，广泛宣传诚实守信、道德模范先进典型，营造浓厚的教育氛围，倡导员工争做道德标兵、忠诚企业的先锋，在服务热用户的工作实践中做到换位思考，一心一意为用户着想，做好优质服务。

（2）主动服务，庄严承诺。该厂立足西咸新区秦汉新城，采取四面辐射的供热思路，分别向西安、咸阳、机场、泾河四个方向主动出击，大力推进热力市场开发。调整泾河方向供热市场开发思路，从"等靠要"变为主动出击，充分发挥主观能动性，创新思路，加大宣传，赢得用户。认真研究国家政策，结合西咸新区发展规划，抢抓时机提前布局，将热网工程规划纳入城市发展规划。走访针对落户新区的新企业、居民小区以及潜在的热用户，秉承"诚信理念"洽谈供热事宜，坚持在设计阶段即先期介入，做到热网施工与小区建设同步进行，使用户及早享受热力服务。在供热宣传中，向用户庄严承诺，实施 24 小时快捷上门服务，确保供热品质，同时承诺将与时俱进，不断采取新技术进行创新，采取多元化供热方式，满足居民、商用采暖及集中供暖、夏季热制冷多元化热力供应需求。

（3）严守信用，对标践诺。一是攻坚克难，按期供热。由于供热管网横跨西安、咸阳两市，跨越渭河、泾河两条河流，穿越高速公路、铁路，涉及市区复杂的地下设施协调等问题，为了践行按期供热承诺，公司制订节点计划，倒排工期，攻坚克难，全力督办，高度重视下埋管道的安装质量，对焊口、保温等严格按技术标准进行验收，严格试转，确保了热网系统按期高质量投运。如咸阳方向热网输送距离达 25 千米，

面对长距离输送还要保证热力品质，该厂大胆采用新技术，满足了最末端用户的热力需求。二是坚持用户至上，注重售后。实施"生产型"向"生产服务型"转变，建立热网监控系统，及时准确掌握热网运行参数，为用户提供便捷服务。将供热服务链末端由原先的换热站进一步延伸至广大用户，与用户直接面对面，努力提升服务品质。推行以人为本的供热售后服务，将供暖服务从换热站延伸到了每家每户，用优质的服务赢得客户的信赖。该厂在采暖期到来之前进行了入户调查，征集用户对供暖室内温度、供暖效果、服务质量等方面的意见或建议；在采暖期内每月进行一次供热协调会，召集主要用户对供暖存在问题进行协商排查，并及时进行处理；在热网系统末端用户的家中设立温控监测点，定期电话回访，不定期入户检查，确保了供暖效果。在走访中了解到，长庆泾渭苑小区采暖季供热温度低，立即组织热用户、设计院和厂内相关部门进行协商分析，制定解决方案，对该小区热网增设了板式换热器，增大供热流量，赢得热用户的称赞，创建了大唐供热品牌。协助西安咸阳国际机场编制 3 号航站楼热网调试方案，全程参与系统调试，以自身专业优势帮助用户尽快熟悉热网运营，使之顺利实现按期供热。三是未雨绸缪，提供优质服务。每逢供热季来临前，均制定详细的热网运行方案、热网巡检制度和冬季供热"三措"，认真开展危险点分析并提出解决方案，在职工中开展形式多样的安全及服务礼仪等知识培训，提升服务品质。热网停运后，对整个热网系统设备进行排查，对 100 多口热网外网的阀门井、补偿器井逐一检查，发现缺陷及时安排处理，确保热网可靠备用。为减缓热网加热器腐蚀情况，对需更换管束的热网加热器进行充氮防腐保养。在供暖期到来之前，提前 3 个月对热网系统进行全面检修，消除设备缺陷，保证热网系统正常运行。结合热网改造增容等实际情况，对热网运行规程及热网系统图进行重新修编，加强热网系统技术管理，积极开展运行技术交流，为热网安全、稳定运行做足保障。

四、取得的实效

大唐渭河热电厂通过"诚信践诺服务"做实供热品牌，建立了有效的诚信服务团队，充分利用所处区位优势，逆势攻坚、守正出奇，以优质服务推进热力市场开发，赢得了热用户，扩大了供热范围，取得了良好的社会效益和经济效益，企业核心竞争力大幅提升。该厂自投产以来供热面积连年实现快速增长，由最初的 120 万平方米已增至目前的 1030 万平方米，范围覆盖西安、咸阳、泾河、机场、秦汉新城五个方向服务区域，已成为该区域的最佳热源点，吸引了众多热用户慕名前来，主动登门求购热力，该厂的大唐供热品牌已声名远播，传为佳话。该厂不断创新，供热方式由单一的对外供汽已转变为多元化供热方式，满足居民、商用采暖及集中供暖、夏季热制冷多元化热力供应需求，极大地改善了周边区域生活环境和生活质量，有效提高了民生幸福指数，快速推进了"美丽陕西"建设的进程。

案例创造人：赵国兴、陈玉静、孙东峰

信用为本　严守规矩
尽心打造永不褪色的诚信名片

国电环境保护研究院有限公司

国电环境保护研究院有限公司（以下简称南环院）位于江苏南京，是电力环保领域多专业、综合性的科研和服务机构，长期保持行业领军地位，主营业务涵盖生态环保咨询、安全环保监督、燃料监督检验、降碳减污协同、"双碳"技术服务、智慧综合能源等诸多领域，拥有雄厚的技术研发积累和实践应用经验。南环院向市场提供的多为现场技术服务，服务地点遍及大江南北，客户单位往往对品质和时效都有很高要求。南环院秉持诚信经营、诚信服务理念，一贯将信誉和品质作为公司的底色、本色，信守承诺做好每一项服务，诚实依规做好内部管理，在新时代电力行业的发展大潮中坚定不移履行社会责任。

一、信誉为先

2022年3月，南环院评价工作组奉命前往山西河曲电厂开展环保评价，却因为南京突发疫情，一行人刚刚抵达目的地，即按要求被送往当地医院隔离。防控政策要遵守，工作任务也不能耽搁，评价工作组成员沉稳做好心理调节，迅速调整工作程序，围绕保证完成任务的目标，同步采取多项措施，第一时间致函客户电厂，讲明特殊情况并做出工作质量承诺，及时向公司"大本营"报告情况寻求支持，尽可能获得当地生活便利。开展心理疏导，增进交流、充分沟通，互相打气鼓劲。发挥党员先锋作用，组织召开线上会议，研究数据资料，讨论后续工作可能出现的问题并制定预案……身在医院，心在现场，全体成员团结一心，为进入现场后加快赶上进度，已经做足准备，隔离一经解除，全员迅速奔赴电厂投入工作，最终圆满完成任务。紧接着，评价工作组又研判疫情形势，把按时提供服务、维护公司信誉摆在首位，从降低自身感染风险和避免隔离耽误时间出发，一致决定放弃返程休整，"一竿子插到底"，继续转战后续工作现场，逐一完成既定目标，一路虽历经波折，但赢得了客户单位由衷的信赖和尊重。

2022年下半年，疫情形势转为全国多点散发，而南环院煤炭机械采制样设备性能测试却迎来业务高峰。南环院着眼全局做好规划，建立全国疫情动态跟踪小组，提前设计工作时序，选择恰当节点进场服务。为保证顺利进入电厂完成既定任务，性能测试队伍毫不犹豫采用"就地转场"的工作方式，几经辗转，排除万难，前往宁夏石嘴山电厂，因银川地区疫情，便绕道内蒙古进入宁夏；赶赴四川华蓥山电厂，受制于成都地区疫情，即从重庆转进四川……南环院人珍惜每个白天和每个夜晚，秉承能今天转场绝不拖到第二天的态度，一个接一个地区、一家接一家电厂连轴转，65天、92天、107天，连续出差天数不断被刷新，更一举创造了煤炭机械采制样设备性能测试同期最多完成台数的纪录。从东北延吉到广西南宁，从福建沿海到四川内陆，南环院为每一家客户电厂都提供了最及时的技术服务，也在每一个角落留下了完美的诚信记录。

二、品质保障

"守江山就是守客户口碑"是南环院奉为圭臬的企业文化，南环院向来把保证服务质量作为长期立足市场的根本之道，主打的环保服务也真切为客户单位、为全社会带来不少益处。

针对客户电厂的《全厂节水与废水综合治理可研》报告评审，南环院开展第三方评审工作，有效提升可研编制质量，提出优化水处理工艺路线等合理建议，帮助降低系统投资总额；面向火电企业水资源综合利用情况开展普查，准确掌握火电企业废水治理现状，制定技术路线指导提高电力产业水资源综合利用率。开展全国发电及输变电项目环境影响评价，为百万千瓦级大型清洁高效煤机组、直流特高压输电线路、UPFC示范工程等重要项目提出环评意见。广泛参与环境监理与环保验收，为燃机热电联产、乌东德电站送电输电工程、超超临界二次再热燃煤机组等项目顺利完成提供保障。进军水土保持领域，为海上风电场、生活垃圾焚烧发电、天然气分布式能源等项目保驾护航。紧跟"双碳"目标，向市场提供排污许可咨询、排污许可证委托管理、排污许可证申领及执行、碳盘查技术咨询等多项服务，最大范围、最高品质满足客户单位的迫切需求。应用储能技术辅助电厂参与电力现货交易市场，提高机组经济收益水平。试水二氧化碳在线监测，大大减少电厂的人为工作。南环院人始终用精益求精的态度，在每一次现场服务、每一份技术报告、每一场项目评审中都让客户单位感受到诚恳精神与至高水准。

实验室是南环院业务工作出品质、出声誉的"心脏地带"。面对每年近5000个检测样品，实验组成员牢记质量控制要求，将检测任务细化到每月、每周、每天，设备的维护、标定、送检，数据的审核、比对、汇总，每一人都严谨做好每一项环节把控，确保每一个检测数据准确可信。实验研究不光是化验出结果，还要分析出结论，实验组立足于掌握的综合数据，采用远程和现场相结合的方式，系统开展监督抽查超差原因分析，面向电厂提供碳排放、碳交易及碳氢检测计量培训，帮助火电企业规范燃料验收过程管理，显著降低指标的异常率、超差率，为客户单位实实在在解决问题，用市场口碑检验服务品质。

三、合规护航

公司诚信体系构建，少不了合规管理护航。随着南环院业务快速发展，经营规模持续扩大，并且不断涉足新机遇、新领域，市场相对方日趋复杂，各类风险悄然增大，维护诚信企业声誉的价值愈发突出，严格落实"守规矩、重程序"的管理要求更加重要。

2022年开始，南环院使出强化合规管理的关键一招，结合公司经营业务复杂、市场化程度高、外委项目多、现场作业频繁等特点，出台合规考核细则，常态化开展合规考核，建立覆盖安全管理、科技管理、采购管理、合同管理、财务管理、信息化和网络管理、保密管理、车辆管理、品牌管理以及宣传纪律等多领域的监督评价标准，按月进行考核打分，全年通报合规考核事项82项，形成查摆问题、考核警示、督促整改的全过程机制，通过机制应用赋予合规管理相较业务拓展、安全生产、科技创新的同等地位，使合规管理成为具备一票否决能力的"门槛"性评价指标。经过一年的合规考核执行，南环院内部不规范事项逐月减少，以考核促合规的目标得以实现。规范员工绩效考评标准也是推进合规管理取得实效的重要构成，南环院建立起更加公开透明、公平公正的员工绩效评价制度，并在执行中严格遵守，通过严格执行奖惩措施激励公司员工，以合规管理提升促成企业经营业绩提升，也使企业内部的互信氛围大大增强。

编制实施《廉洁风险防控手册》是南环院促进全员诚实守信、实现风险长效管控的重要抓手。2022年发布的《廉洁风险防控手册》结合南环院部门设置方式，将公司所面临的廉洁风险划列为八个单元，按照思想道德风险、决策风险、管理（业务）流程风险、制度机制风险、外部环境风险五个类别分类，按照可能造成的损失多少、负面影响大小划分三个风险等级，归纳涵盖30类重点业务，296个廉洁风险点，以此为基础形成了以岗位为点、以程序为线、以制度为面的廉洁风险防控机制。《廉洁风险防控手册》的实施为决策事项权责清单、制度等合规管理规定的应用，以及巡视巡察、审计内控、专项检查等监督检查的整改提供了坚强保障。通过明确、可行、易评价的防控措施，抓住了主要矛盾、主要风险，分层次、分主次运用综合手段，使业务监督、职能监督、执纪监督的"三道防线"落实到位，风险防范关口进一步前移，把"诚信测试"做牢做实。

2022年是中央企业"合规管理强化年"，南环院以此为契机，全面梳理公司经营业务合规问题，排查历史遗留及当前面临的潜在合规风险隐患，对照经营业务是否符合法律法规，是否符合国家政策标准，是否符合上级单位规定，认真细致开展自查自纠并及时处置整改。在经营合规专项整治过程中，南环院重点围绕公司各项技术服务工作中的质量、工期以及诚信履约等要求，参照所属集团《通用法律禁止性、强制性规范指引》《技术监督制度标准》的管理要求，检查试验检测的真实、准确、客观、合规情况；根据公司业务快速发展势头，自我检视在依法招投标、范本合同运用、服务质量、竞争正当性等方面的可能问题；在安全生产全过程方面，系统排查设备损坏事故、涉险事件、生态环境事件、职业病病例等各类合规性问题，对发现问题及时做出整改。通过排查整改，南环院将"当下改"与"长久立"结合起来，补齐经营合规制度短板，优化管理流程和机制，以"坚定捍卫诚信"的精神，持续巩固治理成果。

四、品牌立命

南环院有着四十多年历史，经风吹浪打，依然闲庭信步，几代人不辱使命，悉心守护着这块金字招牌，也传承着诚信这笔无形资产。南环院走到今天，靠科研积淀，靠人才辈出，靠市场开拓，而品牌声誉最根本的依托则是企业诚信。科研落后可以攻关，人才断档可以培养，市场萎缩可以重振，但诚信一旦缺失，便可能万劫不复。

在愈加开放的市场经济浪潮中，南环院人几经考验，凭着一股韧劲，增强了忧患意识，懂得了审时度势，学会了自我宣传，摸索出市场门道，闯出了一条善用优势专长谋得新增长点的转型之道，同时也从未忘记那颗初心，从来都清醒地知道，南环院品牌皇冠上最闪亮的明珠，必然是诚实守信。诚信企业建设，南环院人永远在路上，只有坚守诚信，方能让南环院品牌永不褪色。

案例创造人：张　杰、曹　含、杨爱勇、窦有权、张亚伟

恪守诚信之基　彰显企业担当

苏州市味知香食品股份有限公司

一、企业概况

苏州市味知香食品股份有限公司（以下简称味知香）成立于2008年12月，2021年4月27日在上海证券交易所正式上市（股票代码为605089），是目前预制菜行业内研发、制造规模较大的企业之一，拥有八大产品线，超300款产品。

多年来，味知香一直致力于为家庭提供营养健康的美食方案，并通过不断创新和对家庭饮食需求的挖掘，为顾客奉献好产品（健康/方便/美味），为社会发展做贡献。

公司曾先后获得国家农业农村部"全国主食加工业示范企业"，中国连锁协会"连锁新锐奖"，中国食品工业协会"三品（增品种、提品质、创品牌）示范企业"、"中国肉类食品行业强势企业"和"影响力品牌"，中国商业协会"企业信用AAA等级证书""长江三角洲名优食品""苏州市农业产业化龙头企业""吴中区2022年度税收贡献30强企业"等多项荣誉。截至目前，公司拥有专利36项，注册商标381项。

公司一直坚持以顾客需求为中心，加强营销网点建设、提高公司品牌知名度、搭建线上线下一体化的新零售模式，打造"立足苏州、辐射全国、着眼全球"的多渠道、多层次的营销网络，全面提升公司核心竞争能力和竞争优势，推动公司充分履行社会责任，为伙伴、客户、供应商、股东、社会创造最大价值。

二、精选优质食材，重视产品品质

味知香心系顾客对美食的需求，始终将"安全、健康、美味"作为企业发展的重要基石，专注于把"省时、省钱、省力、安全、营养、美味"的产品端上餐桌，更致力于把美味的中国菜肴推向全球，更执着于用诚信打造社会信赖的品牌。在产品管理方面，公司以消费者为导向，严把质量关，"产品即人品"，注重产品质量，在采购、生产、销售、仓储物流各环节均建立了完善的管理体制。在供应商管理方面，公司制定了《采购管理制度》《采购管理规范》保证公司与供应商的合法权益，公司与供应商一直秉承平等协商、互惠互利的原则，合作共赢，谋求共同发展。公司实行供应商评估制度，建立了公平、公正的评估体系，建立了合格供应商名录，对供应商进行严格的筛选，只有产品品质高、具备相应资质的供应商才能进入公司供应链。公司严格执行供应商准入、管理、退出机制，以产品和服务为基础，甄选全国乃至全球优质一流原料商。公司还通过与优秀的原材料供应商建立战略合作关系，共同研究开发新材料，丰富公司产品多样性。公司严格履行与供应商之间的合同，按期支付供应商货款，切实保证供应商的合法权益。

采购原材料到货时需进行入库检验，合格后方可入库。在生产端，公司在行业内率先通过并遵循ISO 9001质量管理体系、ISO 22000食品安全管理体系、ISO 14001环境管理体系以及ISO 45001职业健康安全管理体系，设立质量控制岗，由品质专员全程监督生产过程，保证生产的产品安全合规。在仓储配送端，公司拥有低温仓储设施和自有冷链运输车队，在产品储存、出库、运输过程中均能保证产品处于低温环境中。其中，储存场所、运输车辆会定期进行严格的清洗消毒，进行微生物检验，全面保障运输过程中的食品安全，以高度的责任心保证产品品质，守护餐桌安全，让终端消费者真正安心。

三、扩宽服务网络，提升配送时效

经过多年的市场开拓和建设，公司科学地划分区域市场，打造完善的营销网络，主要体现在以下层面。

（一）渠道深度下沉

公司终端客户为个人消费者和餐饮企业，主要通过经销商和加盟商体系将产品销售至终端客户。经过十余年的积淀，全国各大城市开设"味知香门店"2000余家，主要分布在苏州、上海等地各大农贸市场、集市、街道门店，贴近消费者生活区域。此类经销商、加盟店主要采用零售方式进行销售，服务范围限于周边社区及街道的居民，公司通过构建高密度的销售网络弥补覆盖范围的不足。销售渠道下沉一方面使得产品更加贴近顾客消费场景，让更多的人了解半成品菜产品，培育潜在消费者；另一方面也便于服务和巩固存量消费者，使其能在日常便利选购公司产品。

（二）物流配送时效性高

半成品菜出于保鲜需要，从仓储到物流配送均需要处于低温环境。公司自建冷链物流配送体系，从客户下单到产品出库、装车运输、配送签收耗时较短，既缩短了客户的等待时间，也更大限度地保障了产品的新鲜程度。高效、及时的物流体系能够帮助公司进一步扩大产品销售区域，更好地服务经销商客户，形成了对于同行业其他企业难以替代的优势。根据客户所在区域不同，公司采用自有物流配送或者第三方物流配送的方式将货物送达指定地点交由客户签收。

四、强化制度建设，完善风控体系

以诚为本，以信为根。公司高度重视诚信合规管理，建立健全制度体系，将诚信合规经营理念纳入公司治理、制度建设和员工行为管理。目前，公司建立了《信用（合同）管理制度》《供应商管理制度》《货币资金管理制度》《会计稽核制度》等在内的信用管理制度体系，以点带面促进诚信合规经营，于2021年9月荣获苏州市市场监督管理局的"守合同重信用企业"称号。

公司恪尽反腐责任，坚决反对任何形式的腐败，严格执行公司内部政策及相关制度，如《味知香举报人保护和奖励制度》《味知香礼品馈赠管理制度》《供应商客户付费的差旅及商务宴请规定》《味知香廉洁奖励试行办法》《廉洁自律承诺书》等，同时，与公司发生业务往来的合作方均签署《反商业贿赂协议》，确保公司与合作方的共同利益，共同反对商业贿赂行为，共同维护和打造信用建设环境，不断深化反腐败治理和反腐败日常宣传工作，加强员工的廉洁约束，引导和规范员工的日常行为，从源头上预防腐败。

为了不断增强广大员工的廉洁从业意识，公司持续开展廉洁与反腐败教育，将廉洁风险防控关口前移，针对管理层、各部门负责人及普通员工有针对性地开展廉洁教育活动，做到了全覆盖、无遗漏，深入将廉洁建设的思想传达、落实到每一位员工。针对违反廉洁规定的责任人员，坚持零容忍、层层问责、人人反腐。

五、热心助力公益，践行利他之心

企业根植于社会，回馈社会是企业的应尽之责。企业的爱心能量也是构建和谐社会的中坚力量。公司秉持为社会创造价值、为民造福的初心，在发展自身的同时，不忘积极回馈社会，为社会人民实现美好生活贡献力量。公司坚持帮助社会弱势群体，开展助学公益慈善事业，持续在教育、扶贫领域开展爱心捐赠活动，彰显企业责任。2010年7月，"苏州红十字会味知香爱心基金"正式成立，味知香为该基金会的发起及主要赞助机构。2022年8月，味知香爱心基金第十三届助学款发放圆满完成，味知香爱心基金连续13年来持续捐赠，从开始救助的19人，到现在共有大、中、小学生263人受到资助，帮助家庭困难的学子渡过难关，并勉励学子们在求学道路上学有所长、学有所用、学有所成。

新冠疫情期间，2020年年初公司通过苏州红十字向"雷神山医院"捐赠了100万元，2021年通过吴中区政府，参与"留吴有礼"活动，捐赠1万份年夜饭大礼包，以尽公司的一份社会责任。2022年3月，公司立即开展民生保障工作，积极援沪。公司快速响应，主动担当，把保障物资供应作为最重要的任务，充分发挥自身渠道优势，不遗余力、争分夺秒组织货源，调运物资，确保第一时间投放市场，一线工作人员不惧疫情、坚守岗位、持续奋战，在这场艰苦卓绝的大上海保卫战中，为保障上海人民基本生活物资供应做出了重要贡献，充分彰显了公司的社会责任和使命担当，得到了上海市民的认可，并收到了上海市商务委员会的感谢信。

经营之道在于诚，盈利之道在于信。诚信是公司搏击市场赖以生存的前提，诚信经营、以"诚"为本，是味知香始终秉承的初心，用制度规范经营，用改变提升品质，用诚信维护市场，用行动捍卫责任，始终坚持着对食品安全的尊重与守护，为消费者提供健康绿色、便捷美味的半成品菜肴，将舌尖上的安全传递给每一位消费者。

案例创造人：夏　靖

利用数字技术革新
构建技术监督信用纽带

内蒙古电力（集团）有限责任公司内蒙古电力科学研究院分公司

一、公司运营情况

内蒙古电力（集团）有限责任公司内蒙古电力科学研究院分公司（以下简称内蒙古电力科学研究院）发展至今已成为专业门类齐全、技术人才密集、仪器设备先进、科技实力雄厚的电力生产、基建、科研中心，承担着内蒙古自治区电力工业"技术监督、技术服务、技术开发、技术信息、技术人才"五大中心职能任务。内蒙古电力科学研究院不但给予系统内生产运维的技术支持，还积极面向市场，参与竞争；不但监督管理，更承担全区电力企业的监督服务。任何一次监督工作的开展，都是对企业信用度及社会形象的直观体现。因此建立健全技术监督体系是打造企业信用体系的重要内容。

随着电网发展进入以智能化、数字化为标志的新发展阶段，电网内部、外部运行环境将日趋复杂，传统技术监督模式下，尚未建立统一、成熟、完备、公开的数字化技术监督管理体系，技术监督工作依靠人工管理存在一些不足。一是数据收集、统计、汇总、分析等工作效率较低，造成管理滞后、信息反馈偏差、知识共享不足、监督没有公开透明等问题，难以保证各项监督工作真正落实；二是技术监督工作主要通过书面考核评价、现场监督等方式进行，监督要点容易遗漏，监督尺度存在差异，公正性存疑，监督问题追溯性差；三是设备状态信息利用率不足，对历史数据信息的积累和对比分析不充分，工作管理流程闭环不完善。技术监督在数据共享和业务融合方面存在不足，公信力较弱。因此，内蒙古电力科学研究院以发展为引领、以问题为导向，利用数字技术革新，破解技术监督管理质效提升中的难题，聚焦客户需求，以多样化优质服务提高客户满意度。

二、案例实施情况

（一）强化顶层设计，明确数字化监督目标思路

1. 明确目标思路

多维度数字化技术监督管理将以内蒙古电力公司数字化发展战略为引领，依托生产精益化管理平台，以技术监督数字化模块为支点，建立健全全专业、全业务、全周期的数字化技术监督档案，通过监督体系管理数字化、监督计划管理数字化、设备状态管理数字化、报表报告管理数字化、考核评价管理数字化，实现数据的透明性、溯源性、共享性，为传统电力技术监督工作模式赋能。强化各级人员对数据信息的有效管理和及时共享，用数字化的手段加强技术监督业务管理精细化，实现"以设备隐患为导向，以数据应用为核心，以风险预控为目标"的技术监督方式转变，达到决策指挥一体作战、设备状况一目了然、风险管控一线贯穿，最终达到体系运作便捷顺畅、缺陷隐患整改及时、设备风险预控高效、设备运维经济安全的目标。

2. 强化组织落实

加强组织领导，建立高效协同管理体系。成立"数字化技术监督管理"活动领导小组，设立办公室，

以工作目标任务为驱动，由各公司分管领导统筹决策，管理部门组织推进，相关专业技术支撑落实，充分发挥顶层设计和专业协同能力，齐抓共管，加大环节监督指导力度，确保技术监督数字化管理各项举措落地。

（二）依托先进技术，构建数字化技术监督模块

通过整合不同系统的信息资源数据库，在生产精益化管理平台构建起一个以设备台账、设备运行状态数据和设备运行影响量数据等为基础，以标准及技术监督管理业务工作流程为依据，以深化技术监督及技术服务工作、完善工作流为目的数字化技术监督模块，充分挖掘和发挥技术监督在数据融合、数据分析、信息共享等方面的优势和作用，实现对设备运行状态、健康状态等信息实时智能监控，为电网提供全面、完整、精确、及时的设备综合数据分析，更科学地为电网生产管理提供决策支撑。

（三）体系建设管理数字化为监督提供有力保障

技术监督管理体系是技术监督工作的中枢，建立一套配置科学、行之有效的技术监督管理体系尤为重要。健全的技术监督管理体系应包含完善的组织体系、制度体系、标准体系、培训体系。依托技术监督数字化模块，技术监督管理体系将进行动态更新，实现技术监督管理体系数据的透明、可溯源、共享。

1. 组织体系

根据《内蒙古电力运行技术监督工作管理办法》《电力技术监督导则》的规定，成立由本单位领导任组长的技术监督领导小组，作为技术监督工作的领导机构，技术监督领导小组下设技术监督办公室，设在本单位生产技术部门，在技术监督领导小组的领导下负责技术监督统筹管理工作。监督体系数字化管理完成技术监督管理基本职能定义，包括技术监督组织、技术监督人员职责权限分配，实现技术监督多级组织机构中所有监督成员的线上管理。与技术监督组织机构中成员有关联的技术监督相关业务，如上报月报、督办事项等业务，均可即时推送技术监督组织机构中的相关成员。若人员变动，及时对领导小组成员及各专业技术监督网络成员进行调整更新。

2. 制度体系

实现技术监督规章制度、专业技术监督管理规定、技术监督实施细则、技术监督异常情况告警制度、技术监督检查管理规定的添加、编辑、查询功能。固化监督管理流程和审批流程，技术监督操作层、管理层、决策层各级人员在技术监督工作中有章可循，进一步加强工作开展过程的规范性和可追溯性，确保相关政策制度得到严格贯彻执行，监督网络体系良好运转。

3. 标准体系

通过监督模块将技术监督工作的标准进行量化上传发布并及时更新，根据标准编号、名称、关键词、标准级别等实时查询技术监督有关文件、标准和规程，为技术监督工作提供依据和指导，标准管理的规范化是技术监督其他功能模块赖以运行的基础。

4. 培训体系

以提高三级监督网络管理人员的专业水平为抓手，健全培训体系。一是及时发布共享培训计划，深化培训内容，针对目前较为新颖的管理理念、先进的技术开展线上培训，提高生产和技术管理人员在工作中的创新能力和专业素养；二是积极发挥技术监督专家作用，举行技术监督专家讲坛活动，开展专家巡视监督，建立重大问题线上集中会诊机制；三是针对技术监督专业人员的持证情况建立持证信息库，实现技术监督人员的培训、定期考核、发证以及证书的有效年限管理。

（四）计划执行管理数字化为监督提供精确指导

技术监督工作计划由两类方式产生：一类是根据已确定执行的监督标准工作制定的工作计划；另一类是

上级主管单位、技术监督单位等下达的临时性工作计划。其中定期计划由系统根据频率自动产生，执行人按照要求执行任务。不定期计划由用户制定，系统根据计划的时间自动产生待办任务。临时性工作计划包括：年度生产技术监督目标、反措的制定与落实，监督问题整改及专业技术攻关，年度技术监督检查评价计划、技术标准及制度的收集、修定、制定等。

技术监督工作计划数字化管理将实现计划编制、计划审核、计划执行全流程闭环管理。内蒙古电力公司技术监督办公室依照生产重点工作结合生产工作实际，制定发布年度、月度技术监督工作计划，根据临时技术监督需求，调整技术监督计划内容。技术监督执行单位、各地市级单位技术监督办公室根据内蒙古电力公司技术监督工作计划，结合本单位实际制定发布本单位技术监督工作计划。技术监督工作计划执行环节在计划审批完成后，技术监督办公室安排技术监督人员参与计划执行，并及时填写计划执行情况及人员绩效情况。技术监督工作完成后，技术监督办公室确认工作结果，至此完成计划执行闭环。

（五）设备状态管理数字化为监督提供科学决策

设备状态管理是技术监督数字化管理的核心，依托技术监督数字化模块，建立全专业、全流程的生产设备状态档案，通过对数据的分析、挖掘，了解设备运行状态，为各级管理人员提供决策依据。通过对设备评级、设备故障跳闸分析、典型异常、严重危急缺陷消除情况、非停情况、隐患排查及治理情况等的统计分析，有针对性地提出重点工作开展建议，不断增大技术监督工作穿透力，也为全面掌握设备运检情况提供了技术依据。

1. 设备台账管理

规范设备基础台账录入，建立各项技术监控管理的基础台账，实现所有档案台账电子化、信息化。台账管理可展示各设备静态基础信息，动态维护检修、更换等信息，实时查看经验反馈、事件快报、定期检测、定期试验等相关信息。

将试验数据与设备关联，对设备的试验记录、检修记录实现数字化填报及深度应用，通过将报告中孤立的试验数值串联起来，对同一设备、同一试验项目、不同试验日期的历史数据进行对比，对同一组设备、同一试验项目、不同相别的历史数据进行对比，分析数据的变化，并绘制历史试验数据的发展趋势图，计算试验数据的同比环比，为趋势分析、共性问题对比提供信息支撑。在每次更新试验结果时，系统自动对标标准值，若数据合格则记录，若不合格则自动生成问题，进入问题整改流程，直至完成问题闭环。

2. 设备缺陷管理

发现设备缺陷后，运行维护部门及时判断缺陷严重程度和发展趋势，分析并受理缺陷。设备缺陷处理部门根据缺陷管理流程，按规定时限要求完成缺陷处理。缺陷处理完毕后，运行维护部门进行验收。

3. 预警机制管理

建立预警机制，及时发现设备存在的问题，建立和规范问题整改流程，实现对问题的分类分级闭环管理。识别当前设备工况的运行数据参数，自动与监督标准范围对标，得出设备运行状况信息，给出异常预警提示、预警等级等；结合专家知识库，分析出异常出现的原因，并给出解决方案建议；设备运维单位针对下发的预警单做排查工作和整改工作，实现问题早发现早处理。通过管控系统严格管理预告警的发布审核、措施预控、治理消除、解除闭环，全流程跟踪整改落实情况，强化技术监督预告警规范化管理。

（六）考核评价管理数字化为监督提供公平依据

在技术监督管理制度的要求下，积极建立技术监督在线考核方式，通过科学协同考核机制的建立做好不同考评内容同工作实际情况的挂钩。定期开展指标考评工作，通过不同指标管理方式的应用实现整体工作质量水平的提升。一是考核年度重点指标及工作任务完成情况。根据年初下达的各专业季度及年度指标，将技术监督同专业工作内容紧密结合，按年度计划及月度计划的完成情况落实考核内容。二是开展技术监督考评工作。建立技术监督考评制度，将落实反措闭环整改情况作为一个关键指标，对全年各类隐患、全过程技术监督问题整改执行情况以及运行设备缺陷处理情况进行约束和考核。

根据技术监督模块中监督体系建设管理情况、监督计划执行管理情况、设备状态管理情况、报表报告管理情况，测评技术监督的效果，建立技术监督措施的执行情况和重点工作的完成情况信息库，每季度做好考核与通报，提供真实、实时的技术监督标准实施情况、设备异常统计分析情况等决策信息。

三、案例实施效果分析

（一）技术监督精益管理水平显著提高，体系运行顺畅

多维度数字化技术监督管理，构建起了决策层决策、管理层制定阶段实施方案、执行层落实的联动机制，充分发挥组织协调和专业协同能力，组织架构进一步明确，工作职责进一步清晰，各项措施有序实施，提高了技术监督精益化管理水平。

（二）设备隐患风险预控治理效果突出，经济效益显著

充分利用数字化技术监督管理手段，深度挖掘数据潜力，通过多维度、多层级的统计分析，有效评估设备运行状态，为设备由预防性维修过渡到预测性维修奠定基础，也使专业人员从报表、计划、总结等烦琐的日常事务中解脱出来，实现了技术监督管理工作规范化、标准化、高效化。监督技术指标、管理指标的实时提取和智能分析、预警机制，使技术监督工作从事后整改向事前预防转变。

（三）监督多维度数字化转型实现突破，推广价值良好

技术监督数字化管理利用先进的信息化平台，定制了电力技术监督工作各类数据填报流程，搭建了工作资料共享及技术交流平台，实现了电力技术监督工作的网络化和信息化，形成了一套完备的技术监督管理系统，极大提高了技术监督工作整体水平，具有广泛的推广应用前景。

（四）树立良好企业形象

内蒙古电力科学研究院改变以往以专业需求为出发点的服务模式，通过技术监督数字化平台，真正把"诚信为本、守信为先"理念贯穿到监督服务各项工作中。根据自治区营商环境测评反馈结果，内蒙古电力科学研究院获得良好的社会评价，为打造可信、专业、开放的诚信企业，保障企业持续健康发展奠定坚实基础。

案例创造人：辛力坚、乔彩霞、刘涛玮

积极履行社会责任　充分彰显央企担当

中广核风电有限公司

中广核风电有限公司（以下简称中广核风电）是中国广核集团的全资子公司，注册资金为103亿元，专业从事风电项目的投资开发、工程建设、生产运维，致力于环境保护和节能减排，实现社会效益和经济效益的双赢。

2007年发展至今，中广核风电坚持"以点带面、布局全国"的战略方针，面向全国、跨地区、多基地同时建设和运营管理多个风电项目。截至2022年年底，中广核风电在全国设立了27家分公司，包括安徽、福建、甘肃、广西、贵州、河北、河南、黑龙江、湖北、湖南、广东、吉林、江苏、江西、辽宁、内蒙古、宁夏、青海、山东、山西、陕西、上海、四川、新疆、云南、浙江、重庆分公司，公司累计控股在运装机容量2905.1万千瓦·时。中广核风电始终坚持依法纳税，在同行业中保持领先地位。

中广核风电切实贯彻落实国资委、集团公司管理要求，诚信守法经营，实行信用管理联动机制，财务部、合同商务部、计划经营部等部门加强信用一体化管理，在企业征信、税务、合同履约检查、供应商管理、经营指标管理设置专责专岗，构建起完整的信用管理架构和体系，具体如表1所示。

表1　信用管理措施和实施细则

信用管理措施	实施细则
供应商不良行为联动管理、联动惩戒	对供应商实行动态管理，客观开展供应商评价，与集团公司、中电联实现供应商黑名单联动惩戒
合同履约管理	公司设置合同履约偏差考核指标，定期跟踪复盘，履行央企责任，维护中小企业合法利益，打造公司商务品牌
建立考核机制	日常业务操作完毕后，总部按月对各分公司执行情况进行检查，按季度列示考核范围进行考核，以监督、督促各分公司进一步提高管理认知与高度，加强内部管理
贷后信息化管理	公司在资金管理系统（TMS）中统一进行贷后前置审批、基础信息维护以及日常信息数据管理，提高管理效率，保证信息数据完整准确性，做到有据可依
内部管控	依据《关于加强贷后管理工作的通知》对总部及各分公司业务进行指导，规范操作
建立完整的安质环体系	中广核风电有限公司以"三级两线"（三级指公司、分公司、场站/项目，两线指监督线和保障线）为安质环管理的层级和模式，保持安质环监督业务的独立性，同时构建"横向到边、纵向到底"的全方位安全防御机制。各级单位建立了安全质量环保管理委员会，作为安质环管理的最高机构，全面贯彻落实公司各项安全生产工作。 公司依据法律法规要求建立完善的安质环制度体系，取得ISO 9001、ISO 14001、ISO 45001质量、环境、职业健康安全管理体系认证，每年通过体系内审、管理评审和外部监审，保持制度执行的合规性和适用性。公司目前持续推进卓越绩效管理，将三标体系融入卓越绩效管理体系，并不断追求卓越。 按照《安全生产法》要求，公司推行并建立独特的标准化管理，结合公司制度建立了标准化4个清单276项动作的指导性文件。公司建立分级推荐、分级评审机制，对场站/项目的特级、一、二、三级标准化进行评审认定和复核。公司通过2020—2022年的实践并与挪威级社合作，建立并发布了中广核海风国际标杆评审标准，公司内部10个场站/项目中3个达到国际标杆四级水平、7个达到国际标杆三级水平。

续表

信用管理措施	实施细则
建立完整的安质环体系	公司将双重预防机制与安全生产专项整治三年行动相结合，深入开展现场隐患排查和风险评估，针对存在的风险建立预防机制，完成4064项问题清单整改及1226项制度清单整改，投入资金8.96亿元，达成全员安全生产意识进一步提高、安质环体系制度更加完善、安质环管理水平进一步提高、安质环业绩稳中向好四项成果，高质量打赢安全生产三年行动收官战。 公司通过各专项活动推动安质环日常工作开展。一是持续落实全员安全生产责任制，并以履职督查复核验证责任落实情况，并将履职结果有效应用，切实落实各级安质环责任；二是建立独特的安质环激励和约束机制，以精准考核为导向，以正向激励、负面考核为手段，促进各单位自主化管理；三是建立独有的安全云、经验反馈、应急管理、视频监控等信息化平台，优化管理流程，推动日常工作开展；四是积极优化防控举措应对疫情新形势，发布《新能源控股公司疫情防控分区分级管控方案》，因时因势精准调整防控政策，从应急防控有序向常态化管理转变，保证公司内部未发生聚集性疫情，固牢了防疫防线。 针对新能源行业发展中逐步延伸的新业务，公司组织全面识别相关领域存在的安质环风险，编制抽蓄、光热、储能、燃气、氢能一对一专项管控方案，并建立一对一帮扶机制，确保新业务风险得到充分管控，达成守护员工生命安全使命。 在习近平总书记的安全生产重要论述等精神指导下，公司坚持以人为本，坚持人民至上、生命至上的理念，全面落实企业主体责任，实现安全生产稳中有进，保障员工人身健康
节能减排	落实国家"双碳"政策情况： 公司绿电绿证销售持续领跑，在市场竞争仍不充分的情况下，全年累计交易绿电16.3亿千瓦·时，度电提升收益4分/千瓦·时，连续两年获得彭博社中国绿电卖方第一名，安徽、广西、湖北、江苏、湖南分公司绿电交易量在本省排名靠前。同时，公司与宝钢湛江钢铁签署全国首个平价海上风电绿电交易协议，标志着全国首个平价海上风电项目与全国首个钢铁"零碳"工厂的绿色电力供应正式开启；与苹果电脑贸易（上海）有限公司签约"中长期环境权益销售协议（10年期）"、中标贵州茅台3万张平价绿证交易，助力企业绿色低碳发展，公司行业影响力进一步提升。 污染物排放情况： 公司坚定落实国家能源绿色低碳发展目标，努力践行"发展清洁能源，建设美丽中国"的企业使命，积极抢抓新能源发展历史机遇，近三年新能源业务快速发展，实现装机规模和上网电量快速增长。 中广核风电有限公司发行蓝色债券： 2022年10月26日，人民网、北京财经和北京青年报等官方主流媒体，相继报道了中广核风电有限公司蓝色债券发行成果：本次发行金额为20亿元，期限为3年，票面利率为2.36%，为2020年蓝色债券推出以来全市场单笔发行金额最大的蓝色债券，较发行前一日中债AAA企业估值低30BP，逼近同期国债利率2.28%，同时为新能源公司3年期债券发行价格新低。本次发行的蓝色债券所募集资金将全部用于新能源项目的开发与建设，按20亿元募投项目资金占项目总投折算，预计可实现年减排二氧化碳27.45万吨。同时，预计每年还可实现节约标准煤12.6万吨，减排二氧化硫42.24吨，环保效益显著。 在风电业务方面，截至2021年年底，中广核新能源风电项目遍及全国省区，已形成海上与陆上全面发展的格局，为建设美丽中国贡献力量。2022年上网电量485亿千瓦·时，与同规模的燃煤电厂相比，相当于每年减少标煤约485万吨，减排二氧化碳4850万吨，减排二氧化硫7.5万吨，减排氮氧化物7.5万吨，环境保护、节能减排的成效不断突显

续表

信用管理措施	实施细则
信用创新 工作开展	企业特色化、创新性信用工作开展情况及效果： 公司高度重视信用工作，各部门实行信用管理联动机制。依托信用管理手段完善企业债券市场管理，实施年度评价+日常管理。 （1）优化信用管理手段 通过信息技术提高企业风险识别能力和效率，不断完善评价指标和实施方案，进一步提高结果的科学性、准确性、实用性。 （2）内部规范管控 组织发布《关于加强贷后管理工作的通知》对总部及各分公司业务进行指导，规范操作。 （3）贷后实现信息化管理 公司在资金管理系统（TMS）中统一进行贷后前置审批、基础信息维护以及日常信息数据管理，提高管理效率，保证信息数据完整准确性，做到有据可依。 （4）建立监督考核机制 日常业务操作完毕后，总部按月对各分公司执行情况进行检查，按季度列示考核范围进行考核，以监督、督促各公司进一步提高管理认知与高度，加强内部管理。 （5）持续开展信用等级评价工作 运用电力企业信用评级方法、电力企业主体信用评级模型持续开展客观公正的结果评价
信用记录	征信报告 公司提供中国人民银行企业基本信用信息报告（统一社会信用代码：91110000717827080A），公司无未结清和已结清的不良信贷信息记录。公司公开债务无逾期情况，整体履约情况良好。 纳税信用等级证明： 经国家税务总局北京市税务局查询，中广核风电有限公司 2019、2020 年度信用级别均为 B 级，近两年中广核风电有限公司下属分公司获得 118 次 A 级纳税信用等级评价。中广核风电有限公司荣获"2022 年电力行业信用体系建设示范企业"称号
社会责任	中广核风电有限公司守家国初心、担时代使命，在发展业务的同时，始终践行"建设一个项目、改善一片环境、发展当地经济、造福一方百姓"的庄严承诺，支持乡村产业发展、资助乡村教育、改善基础设施、帮扶农村弱势群体、助力抢险救灾等，切实扛起央企社会责任，参与脱贫攻坚战，接续助力乡村振兴。通过一系列举措，整体带动区域经济发展，保障区域民生，取得较好成效，为巩固拓展脱贫攻坚成果，建设爱心社会、和谐社会贡献智慧和力量。 2019—2022 年，公司连续四年在集团公司精准扶贫和乡村振兴工作考核中获得一档最高分。2020 年 12 月，公司在扶贫、抗疫、公益等领域，获得中国电力企业联合会先进会员企业称号。2021 年 1 月，《中广核新能源产业扶贫：坚持走市场化开发之路，构建长效稳定脱贫机制》获评国务院扶贫办（现为国家乡村振兴局）"企业精准扶贫专项案例 50 佳"，2021 年 11 月入选中国电力企业联合会《2021 年度电力行业企业社会责任优秀案例集》。2022 年 11 月，《高效"用活"清洁能源，"五位一体"助力乡村振兴——中国广核集团帮扶广西百色市风电案例》荣获 2022年第三届全球减贫案例征集活动"最佳减贫案例"奖项。 1. 产业帮扶方面。公司创新产业帮扶机制，联合国投创益旗下央企乡村产业投资基金、欠发达地区产业发展基金打造清洁能源产业帮扶平台，重点在贫困地区、民族地区、革命老区投资新能源项目。截至 2022 年 12 月，在内蒙古、四川、新疆、江西、河北等地已累计投资建成 16个新能源产业帮扶项目，1 个项目在建，总装机容量超 460 万千瓦，总投资近 300 亿元。 此外，公司积极落实中央企业定点帮扶部署要求，与地方政府联手，打造 1 个央地合作风电项目——广西百色乐业 17.2 万千瓦风电产业帮扶项目。乐业县 63 个贫困村 11 万人口受益，其中贫困户有 11168 户，共 48771 人。2022 年 9 月 16 日，项目一期首年分红 458 万元，平均每个村集体增收超 7 万元，有效推动乡村资源增值。 通过一系列举措，公司探索出独具特色的产业帮扶模式：一个新能源产业帮扶平台+市场化机制运作+产业链协同协作+深挖区域资源打造重大优质项目+产业项目反哺区域，形成新能源产业链闭环运作，真正释放新能源产业带动价值。

续表

信用管理措施	实施细则
社会责任	2. 教育帮扶方面。公司坚持扶智、扶志并重，帮助贫困地区青少年努力学习文化知识，树立远大志向。截至 2022 年 12 月，在云南、广西、四川、内蒙古、青海、新疆、湖北、湖南等地，公司共直接帮扶中小学校超 15 所。其中，自主实施建设了 5 个"白鹭班"教育帮扶项目，在整校帮扶的基础上，打造中广核"白鹭班"教育品牌。在内蒙古，捐资 1 亿元建设兴安盟白鹭学校，该校于 2020 年 12 月投入使用，在云南、广西、四川、湖南、新疆等地资助的教育帮扶项目已投入使用。截至 2022 年 12 月，上述项目累计惠及学生已超 4000 人，有效助力民族地区、边疆地区、脱贫地区、欠发达地区教育均衡发展。 3. 帮扶资金投入方面。截至 2022 年 12 月，公司直接对外捐赠资金约 2.3 亿元，帮扶足迹遍及全国各地，实际捐赠数量超过 350 项。资金主要用于支持教育事业、帮扶产业发展、完善基础设施建设、帮助弱势群体等。其中为广西乐业、凌云两个定点帮扶县直接捐赠 2904 万元，帮扶资金用于建设新能源产业帮扶项目、资助教育项目、开展人才培训、消费帮扶、整村帮扶等。 4. 挂职干部方面。2019—2022 年，公司已累计选派能力强、业务精、作风硬的党员干部和青年标兵 21 人前往广西、四川、新疆、湖北等地进行挂职。2019—2020 年，一线挂职干部员工以不获全胜绝不收兵的顽强意志、一鼓作气乘势而上的奋勇姿态、披荆斩棘冲锋在前的精神面貌，带领帮扶县、村攻破一个个贫困堡垒，生动诠释了脱贫攻坚精神，书写了新时代中广核新能源人的扶贫故事。2021—2022 年，挂职干部接续奋斗，有力推进乡村振兴事业。目前 7 人在乡村振兴一线挂职，积极开展中央定点帮扶、东西部协作、援疆、省级定点帮扶等工作。 5. 基础设施建设方面。截至 2022 年，公司积极支援地方改善基础设施，提升项目所在地民众幸福感、获得感。在新疆、青海，累计投入超 1500 万元，为新疆阿勒泰地区、青海海南藏族自治州两地 8338 户牧民免费配置户用光伏发电设备，解决 3.6136 万人的用电问题。在贵州，2020 年援建国务院扶贫办（现为国家乡村振兴局）定点帮扶县雷山县永乐镇草坪村路灯工程，全村 248 户、965 人受益。 6. 引入社会帮扶资金方面。公司积极动员社会爱心企业伸出援助之手，参与扶贫和乡村振兴事业。截至 2022 年年底，推动亨通公司、明阳公司、广拓集团、深圳爱心人士李慧娟女士等爱心企业和个人为中广核定点帮扶县累计捐赠 151 万元，用于建设太阳能路灯工程、支持教育发展等公益事业。 7. 防控疫情和抢险救灾方面。截至 2022 年，在疫情防控、抢险救灾等方面，公司累计捐赠 4933 万元，支援地方政府防控疫情和抢险救灾，保障人民群众健康安全，减小自然灾害的不利影响，助力恢复生产生活秩序。其中 2021 年捐赠 1500 万元支援河南抗击洪灾，2022 年向四川泸定灾区捐赠 1000 万元，向新疆、内蒙古各捐赠 1000 万元疫情防控资金。 8. 消费帮扶方面。截至 2022 年，通过工会采买、食堂销售、员工爱心购买等方式，累计采购脱贫地区农产品 826.66 万元；通过直播带货等方式，累计帮助销售脱贫地区农产品 615.9291 万元。 9. 外部引资方面。公司荣获深圳证券交易所 2022 年度绿色发展固定收益产品优秀发行人奖项，该奖项主要用于表彰在绿色发展债券融资中做出突出贡献的单位，全国仅有 10 家单位获此奖项，这也是公司连续第二年获得深交所此类殊荣。 为实现"碳达峰、碳中和"的目标，全面践行绿色金融投融资理念，公司始终积极探索绿色融资工具的创新和应用，2022 年公司在深交所成功发行了公司首单蓝色债券 20 亿元，也是深交所风电行业首单储架式蓝色债券，资金专项用于可持续型海洋经济，在推动海洋保护和海洋资源的可持续利用中发挥着重要作用

当前，中广核风电已成为国内主要风电开发商之一。中广核风电将发扬"严慎细实"的工作作风，坚持"安全第一、质量第一、追求卓越"的基本原则，努力做优风力发电业务，进一步推进市场化、专业化、集约化、标准化建设，综合绩效水平达到国内前列，为信用体系建设、国家新能源事业发展、建设美丽中国做出更大贡献。

案例创造人：张志武、许嘉鹏、谈 安、王宏伟、郝春雨、陶瀚霄

牢记使命勇担当　勇毅前行创一流
加快建设高质量清洁低碳综合能源供应中心

国能（惠州）热电有限责任公司

一、企业简介

国能（惠州）热电有限责任公司（以下简称惠州电厂）注册成立于2021年10月26日，是由2007年12月注册成立的中国神华能源股份有限公司惠州热电分公司"分转子"变更设立的、具有独立法人资格的新公司，注册资本金为28.9067亿元，为中国神华能源股份有限公司全额投资，直属国家能源集团广东电力有限公司管理。

电厂建设选址于惠州大亚湾石化区东区K1地块，是石化区规划建设的大型公用热电联产项目。一期2×330MW亚临界抽凝式燃煤热电联产机组工程于2010年4月投产发电，同年5月通过石化区公共供热管网正式对外供热，2016年1月实现"全厂超低排放"。一期工程投产以来，两台机组安全、经济、环保指标优良。截至2022年12月，累计发电量为475亿千瓦·时，对外供热5390万吉焦，实现利润总额31.83亿元，上缴利润25.15亿元，利税总额为43.45亿元，为促进区域经济社会发展发挥了积极作用。

"十四五"期间，将建成二期2×400MW级燃气热电联产项目，当前正大力开发电、热、冷、除盐水、压缩空气等综合能源业务，惠州电厂将建设成清洁低碳、智能智慧综合能源供应中心，为地方经济社会发展提供绿色能源。

二、生产经营情况

2022年，面对复杂多变的经营环境和艰巨繁复的工作任务，惠州电厂立足新发展阶段，推动高质量发展，积极应对电煤市场波动、电力现货交易、疫情防控形势等多重挑战，紧紧围绕全年目标任务，明责任、定措施、抓落实，有力有序推进各项工作。在全体干部职工团结拼搏、辛勤努力下，安全生产持续向好，能源保供稳定可靠，经营绩效再创佳绩，低碳转型加快推进，治理改革卓有成效，人才队伍生机勃勃，党建融合不断深化，呈现出持续向好的改革发展新局面。

2022年全年，惠州电厂完成发电量39.97亿千瓦·时（发电利用小时数为6056，位列全省第一，利用小时数在惠州电厂历史上属于第三高）、供热量达709万吉焦，实现利润总额0.95亿元，超额完成年度目标。二期工程"9·28"高标准开工，多个新能源项目前期及建设工作扎实推进，圆满完成了年度各项任务目标，取得了突出的成绩，为促进大亚湾石化区产业和区域经济社会发展发挥了积极作用，为地方经济绿色低碳发展增添了强劲动力。

三、指导思想

以习近平新时代中国特色社会主义思想为指导，深入学习贯彻党的二十大精神，全面落实上级公司党委部署要求，坚定践行能源基石、转型主力、经济标兵、创新先锋、改革中坚、党建示范"六个担当"，全面落实上级公司全年工作举措，聚焦单列考核激励指标，坚持稳健增长和可持续发展，推进落实公司党建年度工作部署，统筹推进安全环保、能源保供、提质增效、工程建设、绿色转型、企业治理、人才队伍、党建纪检、关心关爱等各项工作，为加快建设区域高质量清洁低碳综合能源供应中心而继续奋斗。

四、工作案例

（一）深化企业改革，建设高素质专业技术人才队伍

做好新时代人才工作，是企业诚信发展的核心之一。企业要实现高质量发展，无论是管理创新、技术创新等，都必须拥有一支高素质专业化人才队伍作为支撑和保障。惠州电厂紧紧围绕安全生产、运营管理等工作需要，建立完善现代化企业制度，深入实施人才强企战略，畅通人才培训及引入机制，通过校园招聘、系统内调入、内部培养等方式，做强做大做优人才队伍，以强大的人才队伍合力推动公司高质量发展。

一是完成公司改制，努力建立现代企业制度。召开总经理办公会 45 次，审议议题 132 项，充分发挥经理层"谋经营、抓落实、强管理"功能作用。完成公司"分转子"改制，建立健全法人治理体制机制。修订制度 133 个、新建制度 23 个。落实《2022 年法治合规工作要点》工作任务 23 项、《深入开展"合规管理强化年"工作实施方案》工作任务 26 项。纵深推进"法治惠电"建设，经济合同、规章制度、重大决策法律审核率达 100%。

二是抓好人才队伍建设，持续激发员工活力动力。制定公司《"十四五"人才发展规划》，明确公司到 2025 年人才发展目标，系统推动人才队伍建设。选拔中层正职 1 名、中层副职 5 名，80 后中层干部占比达到 69.23%。开展环化运行专业工程师、炉控班技术员、集控主值后备、电气二次维修专业工程师和化验班班长等 8 个空缺岗位公开竞聘，11 人获得岗位晋升。落实《2022 年度员工岗位归级实施方案》，27 人获得岗级晋升。修订完善《部门职责说明书》13 份、《部门岗位说明书》167 份，厘清各部门、各岗位分工分界。新增广东公司首席师 2 名，取得中级注册安全工程师、中级会计师、法律职业资格等 37 人，人才队伍素质不断提升。

三是深化改革创新，治理效能不断提升。国企改革三年行动高质量收官，三项制度改革靶向发力，经理层任期制契约化管理实现两级全覆盖，完善职位职级、干部管理制度和评价体系，推动领导干部选优配强、人岗相宜、能上能下，引导收入分配向"奋斗者"倾斜，激发全员奋斗激情。

（二）聚焦项目建设，绿色低碳转型发展稳中有进

为深入贯彻落实"四个革命、一个合作"能源安全新战略、"30·60"国家战略，惠州电厂积极与惠州市人民政府签订战略合作框架协议，牢牢抓住粤港澳大湾区发展机遇，发挥自身优势，在"十四五"期间积极推进重大项目稳投资、稳增长。

一是聚焦二期项目发展，工程实现高标准开工。贯彻落实集团公司"两高一低"数字化智能智慧燃气示范电站要求，全面加强二期工程安全、质量、进度、投资管控。建立健全安全管控体系，落实区域网格化安全管理责任，全方位管控作业风险。建立健全质量管理体系，强化施工全流程质量管控。对标对表，挂图作战，二期工程于 2022 年 9 月 28 日高标准开工，里程碑计划节点顺利推进。做细做实工程造价管控，深入开展设计优化，精心策划采购策略，采购项目总费用比初设概算节省约 1 亿元。优化桩基方案，节约投资约 1500 万元。

二是紧盯新能源发展，多个项目扎实推进。锚定新能源任务目标不放松，东源船塘 100MW 农光互补项目开工建设，完成投资 7500 万元，光伏区清表 700 亩，光伏区组件支架桩基浇筑 4337 根，升压站区域工程量完成 95%，完成设备功能调试及电缆清洁。取得屋顶分布式项目备案 3 项共 14.2MW，储备惠东多祝、龙门永汉镇光伏项目 180MW。积极拓展综合能源业务，全年外供除盐水 105 万吨，签订 8.5 亿立方米/年的压缩空气外供项目合同，实现电、热、水、气、电力副产品"五联供"。

（三）加强能源保供，全力以赴打赢打好能源保供攻坚战

能源是国民经济的命脉，稳能源对经济平稳运行至关重要。2022年，国际能源供需形势复杂严峻、价格大幅上涨，多个国家遭遇能源危机。我国是能源消费大国和进口大国，国际冲击叠加极端天气频发，能源保供面临较大风险挑战。惠州电厂深入贯彻落实党中央、国务院及省委、省政府决策部署，想方设法采购燃料资源，努力克服燃料资源紧张和价格上涨压力，切实履行能源电力保供主体责任，多措并举确保广东电力持续稳定供应。2022年，惠州电厂利用小时数达到6056，较广东同类型机组平均利用小时数高1369，位列全省第一，为广东省能源电力保供做出重要贡献，有力支撑了广东经济社会发展用电需要。同时，惠州电厂作为大亚湾石化区主力公共热源之一，为石化区27家热用户提供稳定可靠的供热，年供热量超过700万吉焦。

一是压实全员安全生产责任制，安全生产稳中向好。深入贯彻习近平总书记关于安全生产的重要论述和重要指示批示精神、国务院"十五条硬措施"及上级公司管控要求，落实全员安全生产责任制，层层压实安全责任。全面推进安全生产标准化建设，持续提高安全文明生产管理水平。严格落实承包商管理"无差别一体化"要求，实行同部署、同检查、同考核，提高承包商的本质安全水平。创新安全管理方式，做实做细"一月一专项"活动，安全生产持续稳中向好。

二是落实"控降非停"机制，能源保供稳定可靠。深入贯彻落实党中央、国务院能源保供决策部署及上级公司工作安排，成立公司控降非停工作组，制定并扎实落实两奥、两会、党的二十大、迎峰度夏、秋冬季能源保供等能源专项保供方案。开展锅炉防"四管"泄漏，电气、热工保护和运行防误操作专项治理活动。1号机组A级检修后并网连续运行367天，两台机组全年无非停，各项指标再创佳绩。对照兄弟电厂34项非停事件，自查问题46项，制定措施36项，有力保障了机组稳定运行，高质量完成能源保供任务。

保供是大局，做好能源保供工作，就是为全国大局做贡献。惠州电厂积极践行"社会主义是干出来的"伟大号召，勇担重任、勤于创造，锐意进取、建功立业，全力以赴打赢打好能源保供攻坚战。2023年1月16日，广东省能源局再次向惠州电厂发来感谢信，肯定惠州电厂为区域经济社会发展和节能减排做出的突出贡献。

面对新困难、新挑战，惠州电厂认真落实各项决策部署，团结奋斗增强使命担当，同心协力攻坚项目建设，勇毅前行聚力绿色发展，以奋斗昂扬姿态踏上新征程，践行"六个担当"，加快一流建设，全力完成全年各项目标任务，服务好大亚湾石化区企业发展，做电网和热网坚实的后盾，积极为社会赋能，为加快建设区域高质量清洁低碳综合能源供应中心而继续奋斗。

案例创造人：李 雪、李利民、常维维

诚实经营方久远

国能蚌埠发电有限公司

国能蚌埠发电有限公司成立于 2005 年 12 月 16 日，公司位于安徽省蚌埠市国家级高新技术产业开发区，距离蚌埠市城区 38 千米，毗邻淮河干流，依山而建，傍水而居，不占耕地。

一期工程建设两台 630MW 超临界燃煤发电机组，是国家"皖电东送"战略重点工程，属华东网调管辖机组。二期工程建设两台 660MW 超超临界二次再热燃煤发电机组，是安徽省"十二五"能源发展规划重点电源项目之一，属安徽省调管辖机组。一期工程荣获"国家优质工程银质奖"。二期工程荣获"2020—2021 年度国家优质工程奖"。

重视诚实信用经营，筑牢公司发展根基。诚信是我国传统道德的核心，一个企业失去信用就意味着与之交往将面临不可预测的风险。诚实守法经营是公司发展的根基，是公司长治久远的必要因素。公司始终积极贯彻国家、地方法律法规，积极开展法律培训等相关工作，让公司员工知道法规、了解法规、运用法规、遵守法规。公司根据相关法律规定制定制度，不仅保障生产经营平稳运行，对外更能遵守法律法规，遵循市场规则，认真履行契约责任、依法纳税等义务，从未出现任何偷逃税款等不良行为。

也因此，公司成立以来，先后获得中央企业青年文明号、电力安全生产标准化一级企业、安徽百强企业、安徽省 A 级纳税信用单位、安徽省劳动竞赛先进集体、安徽省文明单位、集团公司五星级企业、集团公司文明单位等多项荣誉。

与此同时，公司积极响应国家号召，每年年初及时进行上年个人所得税的清算。刚实行网上个人所得税清算时，许多员工忘记清算、清算出错的情况比比皆是。公司相关部门积极开展手机教学，并制作 PPT 对其进行详细解释。这天，财务部突然来了位李姓员工，举着手机一脸焦急地问道："您快帮我看看，为什么我每个月都按时交税，清算之后还要再补交这么多？"财务人员接过手机仔细检查后发现，该员工因为清算方式选择错误，有一笔工资被重复记录，因此需要补交四千多元的税。在更换了清算方式后，该员工的收入与税额达到平衡，不仅完美解决了该员工的疑惑，也保障了国家税收工作的正常进行。

信守合同信用，维护用户权益。诚实履约，是保障企业长久经营的基础。公司始终坚持贯彻执行相关法律法规，坚持信用第一、服务为辅的经营的理念。依法签订和履行合同，对相关员工开展针对性培训，不仅能提升员工法律素养，更能保障公司守法经营，避免合同纠纷的出现。

中国能源建设集团安徽电力建设第二工程有限公司曾发来感谢信，信中写道，公司在其承包的检修项目中全力配合，大力支持，使其能够圆满完成 4 台机组的检修任务，且机组投运后主辅机运行工况稳定，参数良好，这些都离不开公司的支持与配合。信虽简单，但却暖心。这不正是公司一直以来追求的目标吗？这不正是公司一直以来所为之奋斗的吗？

细验供货设备，及时履行合约。公司作为发电企业，保障电力供应为首要任务。因此，机组检修期间的供货设备便显得尤为重要。公司在与相关企业签订设备购买合同后，收到货物及时验收，从不找理由拖延或借口货物有瑕疵从而拖延货款或拒不支付。国之企业，担得重任。及时验收并支付合同金额，既是央企的担当，更是央企的职责所在，不仅能营造良好的合作氛围，更是体现出了央企对中小企业的关心与呵护。

严格执行《劳动合同法》，保障职工合法权益。目前，公司在册职工有 293 人，均与其签订劳动合同，合同签订率达 100%。凡签订合同当天，公司即依法为员工办理五险一金、企业年金等各项社会保险及意外伤害保险，并且依法、按时进行足额缴纳。

另外，公司建立工会保障员工相关权益，并开展一系列的文娱活动丰富员工业余生活。在每年的"迎新春"

趣味活动中，这边看张哥套圈大展身手，圈圈套中，乐呵呵地抱着奖品排队参加下一个项目；那边看孙姐投壶次次中标，勇夺"投壶能手"称号；更有"企鹅走路"，两只胳膊各夹一个气球，两条腿之间再夹一个气球，走起路来可不就是一只憨态可掬的小企鹅。除了"迎新春"活动，公司还开展了"跑进春天""卡拉OK大家唱"等活动，极大地丰富了员工的精神世界，让员工以公司为荣，以为公司奉献而感到自豪。

以员工为本，促公司发展。"以人为本，和谐发展。"简简单单的八个字，却要用无数的时间来证明。公司自注册成立以来，坚持以员工为本，崇尚技术知识，尊重人才建设，为员工提供充足的学习与发展空间，建立健全的奖惩制度。

目前公司拥有"颜纲要数字工作室"和"杨光明电气创新工作室"两个技术工作室。工作室的成立离不开成员个人的努力，更离不开公司所给予的支持与鼓励，公司为工作室的人才、资源、经济提供鼎力支持，工作室成功入选安徽公司首批"劳模创新工作室"，二者相辅相成，互相成就。除此之外，公司大力开展各项竞赛并对优胜者进行奖励，"技术比武"评选出最优秀的技术能手；"仿真机大赛"选出临危不乱、心态稳定的机组"操盘手"；"系统图大赛"评选出一、二等奖，选出最了解现场的生产员，只有充分了解管道走向、阀门位置、开关名称，才能在日常工作中做到心中有数、了然于胸。持续开展"合理化建议"项目，鼓励大家踊跃发言，积极谏言，持续对生产现场进行优化。对建议被采纳者给予奖励，且及时兑现，极大地调动了员工的积极性。每个季度进行合理化建议的可行性评价，此举不仅为员工谋福利，更为公司文化建设、保障生产安全提供了基础。

在人才的引进上，提倡放开手脚广泛吸纳人才，并给予其适应、改进和发挥自身能力的时间和空间，对每一位员工都坚持全面客观评价，根据每个人的不同特点，合理使用人才。"尊贤智、赏有功"，对特殊的人才给予特殊的待遇，多劳者多得，少劳者少得，不劳者不得，通过吸收、净化、吐纳的过程，达到去伪存真，发现真正的人才。

扶贫保供应担当作为，积极履行社会责任。在公司扶贫对接的陈安村，俞磊作为扶贫干部备受欢迎。他深耕于田间，走访于村中，刚刚还在为村西头大姐解决邻里问题，转头又到了村东头检查农作物长势。碰到有农户的瓜果蔬菜售卖困难，他想尽办法为其找到销售渠道，同时发动同事积极购买，开展线上销售，既解了农户的燃眉之急，也避免了粮食浪费。扶贫不仅是嘴上说说，更是用行动来表明态度。

在新冠疫情期间，公司领导高度重视，全力保障公司员工人身安全。防护服、消毒液、酒精等必备防疫用品一应俱全。作为发电企业，保障人身安全为第一，那么第二就是保障电力供应。疫情期间，广大员工自愿申请驻厂，保障电力供应。每次驻厂少则十天多则一个月，对于有家庭的生产人员来说，这不能不说是一种考验。要十天半个月见不到心爱的爱人、见不到疼爱的孩子、见不到敬爱的父母，谁又能说无所谓呢。但作为央企员工，不能只享受央企带来的福利，更要敢于迎接挑战，并承担相应的责任。舍小家为大家不仅是一种自我牺牲，更是央企对社会的承诺，发电企业对民用电的承诺。

人以心为本，业以信为根。诚信守法经营是企业立足的根本，也是企业能够长期生存并发展的基础。真正有眼光、有格局的企业家们，绝不会以高昂的失信成本换取眼前的蝇头小利。而作为能源供应压舱石、能源革命排头兵，公司更是会以高标准严格要求自己，为建设一流绿色智慧综合能源企业而奋斗。

诚是为人之道，信乃立业之本。在今后的道路上，公司依然会秉承"诚信守法经营"的理念，把依法管理、恪守信誉作为通往宽广道路的宝剑，靠诚信守法在激烈的竞争中立足，靠诚信守法发展公司，靠诚信守法赢得客户的尊重与信赖。

志不强者智不达，言不信者行不果。在今后的发展过程中，公司将持续建立健全诚信培训体系，强化公司整体管理，建立完善程序，将诚实守信深入灌输到每位员工心中，形成公司独有的强大的人才凝聚力和向心力。对外传播诚信经营理念，以实际行动回馈社会，保障持续、稳定、快速发展。以诚信立足市场，以诚信谋求发展，以诚信赢得未来！

案例创造人：郝红亮、董　骏

匠心立桩诚信筑基
构造城市绿色能源转型发展

国能宿州热电有限公司

一、企业简介

国能宿州热电有限公司（以下简称宿州公司）前身为始建于1958年的电力部部属企业——宿东发电厂（#1机组12MW），2021年3月更名为国能宿州热电有限公司，隶属于国家能源集团，至今已有64年的历史。截至2022年12月，公司共有在职员工442人。为了响应国家节能减排政策，2010年拆除了#1、#2机组，关停#3机组，扩建2台350兆瓦热电联产机组（#5、#6），年发电能力达到38亿千瓦·时，供汽能力达300万吨。2016年、2017年，公司分别对#5、#6机组进行了超低排放改造，二氧化硫、氮氧化物、烟尘排放量低于国家35毫克/立方米、50毫克/立方米、10毫克/立方米的超低排放标准。

宿州公司是安徽省宿州市供热专项规划和热电联产规划中的唯一热源点，目前也是安徽省内最大且唯一实现工业、民用供热的热电联产企业。目前，宿州公司供热管网已覆盖市经开区、循环经济园区、城区等区域内所有热用户。历经13年发展，供热量逐年攀升，已拓展工业用户34家、商业用户13家、民用供暖小区12个（面积达40万平方米），东线三期供热管网规划已纳入宿州市专项规划。

宿州公司2021年被评为安徽质量信用AAA级示范企业，2022年获安徽省质量信用等级AAA级重合同守信用企业称号，被中电联评为信用等级AAA。2022年宿州公司获安徽省先进集体、集团公司"社会主义是干出来的"岗位建功先进集体、中电联安全生产标准化一级企业等荣誉称号。宿州公司连续七年获评安徽省环保诚信企业等多项荣誉称号，多名员工获得地方政府、集团和安徽公司表彰，"城市清洁热电"品牌形象不断提升。

二、强化内控监督，筑牢诚信基础

（一）加强组织领导建设

宿州公司成立内控风险管理体系建设领导小组，由公司党委书记、董事长担任组长，公司其他领导班子成员担任副组长，全面领导公司内部控制体系建设。明确人员组成、职责和工作流程，通过整合内部控制评价、全面风险管理、合规管理、审计监督、法律监督等工作内容，制定风险防控一体化监督工作任务清单，将风险防控全面融入公司日常管理工作，实现一次监督结果各项监督责任主体共享，全面提高公司经营管理水平，增强公司风险防范能力。

公司审计部负责指导、管理公司内控合规工作。配备专职人员1名、兼职人员2名，统筹协调公司党风廉政监督员21人担任部门内控合规管理员，涵盖各专业人员，树立全员内控的意识，使公司逐步构建一个管理规范、有效运作的风险管控体系。

（二）加强内容制度体系建设

制（修）订公司《中层管理人员管理办法》《职位职级管理办法》《员工待岗培训管理办法》《薪酬管理制度》

《劳动纪律与考勤管理办法（试行）》《劳动合同管理办法》《"首席师"建设实施细则（试行）》《职称评审实施细则(试行)》等8项人力资源管理制度,完善体制机制,提升管理效能。全年修订印发《安全生产责任制》《安全生产标准化建设奖惩管理办法》等27项安全管理制度,组织各部门学习并严格执行,做好制度执行督查工作,为公司夯实安全生产基础提供制度保障。

（三）加强内控监督评价

根据《企业内部控制基本规范》,成立独立的内部审计部门,直接对公司董事长负责,以增强内部审计部门的独立性和权威性。制定内部控制监督制度,明确内部审计机构的监督机构职责,以及决策层、执行层、监督层的职责权限,有效执行"三重一大"等民主议事制度,详细规定内部审计机构的监督职能和职责,并基于目前服务职能,强化内部控制、风险监督和评价职能,注重发现风险、控制风险、化解风险,发现问题后及时向公司领导层汇报,以全面监督企业的财务和经营管理活动。同时注重事前、事中的审核控制与事后的检查评价。

三、以诚为本，助力企业发展

2022年,宿州公司以习近平新时代中国特色社会主义思想为指导,全面贯彻落实党的二十大精神,坚持质量第一、诚信经营,全力为社会、用户提供优质电能、热力等产品,电热参数稳定可靠,符合行业标准规范,建立健全工程验收和电热产品售前、售中、售后服务保障体系,狠抓提质增效创一流工作,统筹做好疫情防控、安全环保、能源保供、经营管理和转型发展等各项工作,坚持稳中求进工作总基调,勇于担当、主动作为,圆满完成年度各项目标任务。

（一）能源保供显担当

自能源保供以来,宿州公司克服疫情突袭、驻厂封闭、煤价高企等诸多不利因素,2022年全年发电量为35.66亿千瓦·时,供热量为453.94万吉焦,突破历史新高,机组利用小时数为5094,达区域五大三同领先水平。

2022年,宿州公司高质量完成#5机组A修和通流改造,压降供电煤耗,增强供热能力,稳定宿州区域供热价格,支持地方稳经济惠民生;按照宿州市政府纾困中小企业相关政策,暂缓执行煤热价格联动调整方案,累计让利超过1000万元。

（二）转型发展亮绿色

宿州公司全力推动东线三期以及厂内供热改造项目,为实现供热突破200万吨目标打下基础。抓好高位推动,立足"双碳"目标,推动与宿州市高新技术产业开发区共同打造绿色低碳循环示范产业园。电热、综合能源、新能源三个业务板块一体协同构建的实践不断深入,综合能源示范基地创建过程中,区域协同、组织保障、人才保障、机制保障路径正在形成,加强与一批科研院所、高校合作,推动科技成果在公司提质增效、转型发展中助力、创效;推进新能源开发,在宿州市周边地区多点布局,大力发展光伏及风电项目。宿州站冷暖热三联供项目投运等多个综合能源项目不断推进,为公司电热、新能源和综合能源三个板块实现协同、创建集团综合能源示范基地提供了资源保障。

（三）经营创效稳增长

面对煤价高涨带来的亏损风险,宿州公司坚持问题导向,突出效益引领,根据年度经营滚动测算情况,召开专题会,按照"控风险、强管理、增效益"工作思路,从"开源、节流、增效、固本"四个方面制定防亏损方案及具体措施25条,采取多发效益电、争取热力销售、做好废旧物资处置及闲置物资利用、优化设备检修项目、修旧利废、加强汽损管理、提高"两个细则"管理水平等措施有效化解经营中的不利因素，不断提高经营创效、节支增效水平。

（四）改革转变步伐实

认真贯彻《国企改革三年行动方案（2020—2022年）》，对照改革任务压实责任，层层落实"军令状"，2022年6月月底全面完成国有企业改革三年行动任务。着力推进中国特色现代企业制度建设，坚持"两个一以贯之"，深入落实《关于中央企业在完善公司治理中加强党的领导的意见》等文件要求，完善党委前置研究事项清单、重要事项决策权限清单，全面运用"三重一大"决策运行管理系统。加强法治宿州建设，深入学习贯彻习近平法治思想，编制"八五"普法规划，推动各领域业务工作与法律工作同步部署、同步论证、同步实施，基本实现内控合规风险一体化管理，依法治企水平明显提高。

（五）党建引领葆初心

认真贯彻集团公司党建"四强化、六提升"工作要求，围绕迎接服务党的二十大和学习贯彻党的二十大精神主线，加强"党委领导力、支部战斗力、干部执行力"建设，持续提升党建工作质量。及时跟进学习贯彻习近平总书记视察榆林化工重要讲话精神，制定公司贯彻落实榆林讲话精神任务清单，抓好措施落实。深入开展"建功新时代，喜迎二十大"主题活动，巩固深化党史学习教育，扎实开展"强国复兴有我"群众性主题宣传教育活动、实践活动。

四、诚信当头，彰显企业担当

宿州公司高度重视诚信管理、质量工作，坚持质量立企、科技强企，认真贯彻中央高质量发展要求和新发展理念，强化全面质量管理意识，广泛开展质量提升行动和质量管理活动，建立健全质量管理体系，加强质量策划、质量保证和质量改进，加强质量人才队伍建设，全面提升工程、产品和服务质量。

在工程建设和新能源发展方面，认真贯彻电力、科技环保等行业工程质量技术标准，实施精益管理，全面加强工程质量、安全、工期、造价控制，加强质量技术监督，工程质量得到全面提升。

在产品生产方面，加强运行调整，确保电热品质，严格执行电力、科技环保等产品生产制造工艺，加强设备技改投入和运行维护，提高设备先进性、可靠性，坚持质量第一、诚信经营，全力为社会、用户提供优质电能、热力等产品，持续超低排放，接受社会监督。

在优质服务方面，企业重视市场营销，加强热力销售服务团队建设，建立健全售前、售中、售后服务保障体系，及时受理客户投诉，在市政府开通城市热力服务热线，实时调整供热参数，努力提高客户忠诚度、满意度，得到了广大用户的认可。加强国家环保政策和煤热联动政策解读，取得客户的理解与支持。

在助力乡村振兴方面，宿州公司深化定点帮扶，采取多种形式开展消费扶贫，累计投入40.5万元"以购代扶"助力乡村振兴，并选派1名帮扶干部在乡村振兴中贡献宿电力量。

2023年，宿州公司将更加紧密地团结在以习近平同志为核心的党中央周围，不断增强"四个意识"、坚定"四个自信"、做到"两个维护"，践行"社会主义是干出来的"伟大号召，牢固树立合法、诚信经营理念，夯实安全环保基础，实现超低排放，合理使用水资源，依法纳税，合规经营，与各利益相关方建立合作共赢的社会诚信机制，致力于精准扶贫和乡村振兴，为城市发展助力赋能。

案例创造人：史晓雷、周宝桓、巩　雪

信用管理为企业高质量发展保驾护航

青海大唐国际共和光伏发电有限责任公司

青海大唐国际共和光伏发电有限责任公司（以下简称公司）成立于2013年9月，总资产为5.54亿元，2022年销售额为8976.30万元，是青海省海南州区域内新能源产业的领先企业。公司始终将"诚信为本"作为企业文化建设的重要内容，遵循忠诚守信的经营理念，打造智慧光伏发电为主体的经济新模式，联动运营，整合资源，优化配置，降低运营成本，提升管理效能和经济效益。公司曾获中电联2019年度、2022年度全国太阳能光伏电站生产运行统计指标对标4A级光伏电站，中国电力技术市场协会2021年全年无故障光伏电站，2022年度全国一星级青年文明号等荣誉称号。

一、筑牢安全生产防线，完成年度电量目标

"安全生产责任重于泰山"，公司干部职工深入学习贯彻习近平总书记关于安全生产系列重要讲话和重要指示批示精神，始终坚持人民至上、生命至上，牢固树立底线思维和红线意识，完善和落实安全生产责任制链条、制度成果、管理办法和工作机制，全力以赴抓好安全生产各项工作。

锚定目标、真抓实干，重点从三个方面抓好集团公司、青海公司安全生产1号文精神落实。一是坚持问题导向，推动体制改革、强化体系建设、夯实基础管理，持续强化"五个突出整治"，着力解决生产领域层次问题，增强安全风险管控能力，建立大安全格局。二是坚持效果导向，优化安全生产运营模式，提高设备治理可靠性水平，落实重点反事故措施，切实补短板强弱项控风险，确保安全生产局面稳定。三是结合实际制定针对性方案，加大机组设备检修现场管控力度，强化运行规范管理，逐级压实责任，抓实抓小抓细，动态防范化解危险，保障安全生产平稳推进，紧盯安全管理中的"堵点""痛点"，制订整改计划，落实责任到人、措施方法到点、限期整改到底，确保有效应对各类突发事件。

2022年，对21个光伏子阵、4万余块电池板、42台逆变器、296台汇流箱等关键重点设备开展排查消缺工作，针对历年设备"疑难杂症"梳理分析，改进检修工器具专业化定置管理方法，共处理支路缺陷3500余条，自主完成逆变器故障处理27台次，完成2台主变大修工作，更换光伏箱变6台，2座升压站和5座光伏电站设备清理预试工作，消缺完成率达98%，直接增发电量500万千瓦·时。自主编制了《大唐青海海南区域光伏检修作业指导书》《月度重点隐患排查清单》等规范手册，极大提升了检修工艺和检修质量，构建了新能源发电安全生产长效机制，用滴水石穿的韧劲，在戈壁高原谱写了"自强、担当、实干、超越"的高原红奋斗精神。

二、推进依法治企建设，提高合规经营水平

合规文化是法治精神在企业中的重要体现，公司坚持以习近平法治思想为遵循，把依法合规治企作为建立企业治理体系和增强治理能力的重要途径，是维护公司合法权益的重要手段。公司始终坚持诚信守法、遵章守规，不断推进依法治企建设，促进企业做强做优做大。

强化依法治企意识，公司主要负责人切实发挥"关键少数"作用，对重要工作亲自部署、重大问题亲自过问、重点环节亲自协调、重要人物亲自督办；健全机制，落实责任到位，公司始终着力于建立健全党领导下全面依法治企的制度和工作机制，把法治工作列为公司工作要点，建立党领导法治工作长效机制，持续推动党内法规融入企业规章制度；强化宣传，营造良好氛围，公司开展一系列内容全面、形式新颖的普法宣传活动，提升了公司普法成效，为干部职工讲解依法治企、合规经营、风险防控等法律法规，组织开展

了《民法典》《宪法》知识分享活动、《宪法》知识答题活动，进一步引导广大干部职工了解《宪法》知识，增强法律意识；健全问题督导，将合规风险问题列入公司每月月度例会督查督办工作，纳入"月分析、周调度"工作机制；加强合规审核把关，不断完善决策管理流程，将合法合规审查作为重大经营决策和业务开展的必经前置程序，涉嫌违法违规的必须"一票否决"。

三、提升设备发电能力，推动降本增效落地

持续推进各项降本增效措施工作，加强精益运维，全力抓好增收增效，突出抓好降本节支，完善市场化经营机制，多措并举开展降本增效和隐患排查工作，进一步提高发电设备的安全性、可靠性和经济性。

2022年以来，公司严格落实上级单位相关要求及部署，在设备治理工作上取得一定的成绩，在电网检修期间完成了2台主变的大修、设备预试及设备清灰工作，为高温天气设备的正常运行夯实了基础；每月组织对所有光伏电站开展支路排查处理工作，共处理支路缺陷3500余条，有效提高了设备发电效率；自主完成逆变器故障处理、光伏箱变保险更换工作，为维修高压设备提供经验；完成双面双玻组件更换和加装反光膜提效工作，进一步提高光伏组件利用效率，为推动降本增效落地提供支撑；全力以赴采取措施增加发电量，及时掌握天气情况，合理安排检修计划，确保可利用小时数达到最高，力争增加"两个细则"奖励，突破劳动生产率定式思维，在发展上下功夫；以目标为导向，加强市场营销，细化清单、分级管理，全力开拓市场，建立综合管理机制，严格上市公司关联交易程序，确保经营合规，切实防范市场风险，统筹外部交易，实现整体效益最大化；进一步加强电量管理，落实抢发电量主体责任，推动电量分解落实，进一步强化对标管理，细化对标单元，着力在设备治理上下功夫，全力提升发电能力。

四、积极履行社会责任，树立良好企业形象

按照习近平总书记"扶贫先扶志，扶贫必扶智"的要求，深入贯彻落实党中央对口支援青海省兴海县重大战略部署，依托"三扶三真、五位一体"中国大唐特色帮扶体系，立足兴海县高寒牧区基础设施建设滞后实情，积极融入地区整体发展规划布局，多措并举实施民生帮扶，大力推动基础设施建设和实施扶智工程。

近年来，累计投入600万元援建兴海县寄宿制小学塑胶操场和温泉点温泉中心幼儿园，有效解决了寄宿制小学缺乏运动场地的问题，有效改善了温泉中心幼儿园11名教师和125名学生的教学生活条件；共为兴海县举办各类培训班16期，利用大唐党校传授新农村建设、项目管理、党性修养和党建知识等内容，通过"党性＋技能"培训工程，全县干部理论水平进一步提高，党性修养进一步提升，思维和眼界不断开阔，为全县的经济社会发展提供了智力支持；援助500万元用于建设兴海县档案馆建设项目，现该项目正在办理前期手续，计划于2023年5月开工建设，多年来援建兴海县多项民生工程，有效提高了广大牧民群众的生活质量和生活水平；组建大唐启明星讲师团，通过"大唐启明星进课堂"与"唐青青"志愿者活动深入融合、联合发力的形式走进偏远、贫困地区中小学校讲授用电安全知识，受益人次达1800余人；组织职工募捐1.77万元帮扶贫困学生348人，有效帮助贫困地区的中小学生、村民开阔视野、增长见识、积累知识，全方位履行中央企业社会责任；面对疫情严峻形势，公司积极响应青海省海南州园区管委会号召，挺身而出，承担起当地光伏园区3个地点、累计860余人次的核酸采集工作，以最快的速度投身到抗"疫"一线，扛起防疫"守门员"责任，坚守不退，阻挡住疫情传播，筑牢疫情防控防线。

公司将会继续以习近平新时代中国特色社会主义思想为指导，持续加强党的二十大精神学习，始终秉承敬业、协作、创优、奉献的理念，保持严、细、实的工作作风，树立高、精、尖的职业追求，坚持精益创效、诚信经营理念，围绕主责主业、深化改革、科技创新、安全质量、党的建设等重点领域，加强全局性谋划、战略性布局和整体性推进，踔厉奋发、笃行不怠，奋力谱写公司高质量发展新篇章。

案例创造人：李生卫、刘生玉、陈长宏

重责守信 "筑"就精诚精彩

中建四局建设发展有限公司

中建四局建设发展有限公司（以下简称四局发展）坐落于美丽的鹭岛厦门，在世界500强中排第9，是中国建筑集团的直属主力工程局中国建筑第四工程局有限公司旗下重要骨干公司，是福建省百强企业第68强（2022年），福建省建筑业前三甲，厦门市建筑业第一名。公司拥有建筑工程施工总承包特级、市政公用工程施工总承包一级、工程设计建筑行业甲级及十个工程专业承包一级资质。

四局发展是中国建筑第四工程局有限公司的东南区域总部，业务覆盖我国部分区域（福建、江西、浙江、广东、海南、湖北等），以及柬埔寨、马来西亚、菲律宾、老挝等海外区域，下辖投资公司、供应链公司、工业建筑分公司、总承包公司、江西分公司、福州分公司、广东分公司、浙江分公司、国际公司，以及市政交通、装饰园林等相关事业部，开启全产业链运营。

一、主要做法

对于建筑施工企业而言，保工期、保质量、保安全就是诚信的体现。四局发展始终坚持"诚信、创新、超越、共赢"的企业精神，秉承"品质保障，价值创造"的核心价值观，面对市场形势，再观初心使命，积极承担央企的政治、经济和社会责任，提升干事创业精气神，力争当好高质量发展排头兵。

（一）坚持问题导向，着力解决发展难题

（1）提升项目履约质量。通过提升项目精益管理、绿色建造、智慧创造能力来提升项目履约质量。一是站在业主、客户的立场审视项目管理，用"工匠"的态度和精品意识建优质工程。二是在节能、降耗、减排、节约资源和装配式建筑上下功夫，提升建造品质。三是加大BIM技术和人工智能等信息化技术的推广运用，使建造过程更科学、更智能。四局发展连续三年承办厦门市建筑施工质量安全标准化现场观摩会，连续三年获评"国家级建设工程安全生产标准化工地"，成为厦门市建筑业质量安全标杆企业，被福建省建筑业协会评为"中国建设工程鲁班奖创建单位""外向型重点服务企业""突出贡献单位"。

（2）提升管理效益质量。通过引进钢结构、机电、消防、幕墙等专业化、高素质人才来提升管理效益质量。将项目部打造成为人才培育的第一热土，紧抓项目经理、项目栋号长、部门经理等一线骨干人员的培养，并以在建项目为依托，着力培育工程总承包管理能力，增强公司EPC设计院服务项目能力，以全产业链运营方式提升企业效益。

（3）优化拓展新型业务。身处完全竞争行业，四局发展不断强化应变能力与攻坚能力，克服一切艰难险阻，对客户有效履约，对合作方讲求信用。持续加大基础设施领域资源投入，在场馆、厂房、水务环保、市政道桥、园林绿化等重点细分市场，力争实现重点突破，优化公司业务结构，不断探索新型业务，为企业长远发展做好系统谋划。

（二）推动品牌建设，着力践行企业文化

践行中建四局"精诚善建、精彩四海"的企业文化及四局发展"至精至诚、爱拼会赢"的企业文化，是四局发展的重要工作。"精诚善建、精彩四海"，是对"精锐、精益、精品，忠诚、至诚、真诚"内涵的具象与丰富，是全体四局发展人上下同欲的精神支柱和价值追求。因精诚而至精彩，唯善建而达四海，是企业转

型升级，提升全要素生产力，建立核心优势，强化市场竞争力的必由之路。四局发展将会在"精诚"这一新时代文化品格引领下推动全司上下内外兼修、德才兼备，以至精至诚的追求和行动，打造焕新的四局发展。

（1）锻造精锐之师。推动四局发展走到今天的原动力，是秉承着奋斗精神的一代代四局发展人，是主动拥抱变化、创造变化的四局发展干部群众。在规划既定之后，四局发展努力打造一支有开放心态，有强大战斗力、创造力的精锐之师。在精神风貌上始终保持企业的正气、领导的锐气、员工的士气，争当排头兵；在改革创新上始终坚持新发展理念、探索新技术、拓展新领域，勇做领军人；在市场开拓上始终秉持敢闯敢拼的冲劲、攻坚克难的韧劲、寸土必争的狠劲，敢为亮剑者。

（2）推进精益管理。要想成为"海西区域最具竞争力投资建设集团"，推进集约管理和精益变革是必由之路。四局发展强调集约、精益，号召管理团队用职业经理人的思维方式来构建企业文化，站在业主、客户的立场审视企业活动，不断优化管理体系，推进体系化、标准化、数字化建设；提高管理效率，简化层级，优化流程，减少冗员，强化结果导向；提升管理效益，加强预算管理、注重过程策划、实施精准考核。实现从粗放到精益转变，从"量"的扩张到"质"的提升转变，从规模为王到价值为本转变，从忽略投入产出比到追求投资回报率转变。

（3）铸造精品工程。精品工程是企业立足市场、持续健康发展的基础，是展示企业实力和形象的窗口，为客户建造精品工程必须成为四局发展实现焕新再造的最核心的价值追求，质效双优履约的现场必须成为最有底气的市场营销之道。四局发展怀着建筑人的初心和职业理想，矢志打造出承载梦想、记录时代的建筑精品和不朽丰碑。

（4）坚守"忠诚、至诚、真诚"三重信念。忠诚是四局发展的红色基因，当下与未来，四局发展党员、干部、员工永远心怀对党、国家、人民和民族的无限忠诚，不忘初心，牢记使命，履行央企责任，铸造精品工程，引领行业发展。至诚是四局发展的立业之基，坚持以至诚至精的服务赢得客户信赖，践行诚信履约，以高度负责的契约精神、换位思考的诚挚态度，将信用作为纽带，构建互利共赢的合作关系；竭诚服务客户，以提供优质服务为宗旨，主动对接、落实客户需求，拓展幸福空间，用心服务、创造价值，进一步提高品牌认知度、知名度、美誉度。真诚是四局发展的初心态度，四局发展始终视员工为企业发展的基石与财富，努力为员工搭建事业平台，为信任四局发展的业主拓展幸福空间，为时代奉献初心。四局发展用诚心筑幸福，用真心赢未来！

（5）以积极姿态践行文化发展新理念。践行以责任为力量、以品质为荣耀、以信任为动力、以规范为习惯、以奋斗为底色的文化理论，踏上一条立足海西、放眼天下的高质量、可持续发展的出彩之路。四局发展希望在不久的未来，能够家喻户晓，成为业主第一选择、政府高度信任、社会广泛赞誉的海西实力央企，以价值共赢共享为共同追求的目标，与合作伙伴共同探索建造领域的中国智慧，推动建筑文明进步。

（三）提高政治站位，切实增强发展使命感责任感

（1）认真学习贯彻中央精神。四局发展党委通过专题学习、专题会议研讨等方式，学习习近平总书记关于高质量发展的相关精神，深刻领会内涵，调整固有发展思路，增强贯彻落实工作的紧迫感和自觉性，努力将高质量发展的要求贯彻落实到公司各项工作中。

（2）精心安排部署。四局发展把高质量发展要求嵌入公司中长期战略规划，要求司属各单位持续优化产能布局，在积极助力民生所需与产业升级中实现高质量发展，连续实现将公司营业收入年均增速保持在16%以上，利润增速保持在15%以上的目标。

（3）强化措施落实。四局发展以"五个通过"强化高质量发展战略落实：通过战略规划审批和年度质询，强化顶层设计和理念落地；通过全面预算管理，促进资源合理配置；通过细化年度工作计划，强化工作部署；通过召开季度运营分析会，进行阶段总结；通过审计监督、巡视抽查等方式，强化监督落实。由此构建起全面、系统、合理的高质量发展工作落实与推动体系。

（四）厚植政治优势，以高质量党建引领高质量发展

（1）通过再学习解决思想问题。对标上级要求，不断提升素质能力，围绕新发展阶段、新发展理念、

新发展格局制定公司新一轮五年发展规划，促进公司全体党员干部思想和精神状态展现新面貌。

（2）通过再调研解决认识问题。坚持问题导向，聚焦投资、供应链、基建、水务环保等战略落地重点任务，业务转型发展中的重要问题，针对新情况研究新问题，推动公司全体干部员工用新办法、好办法开展工作。

（3）通过再落实解决作风问题。认真落实习近平总书记在福建工作期间开创的"滴水穿石""四下基层""马上就办""真抓实干"等一系列优良作风，把之前学习调研查摆的问题一个个解决掉，把公司重点工作、"十四五"发展规划各项计划一个个落实好，促使公司干部员工提出干事创业和促进发展的举措。

（五）践行新发展理念，积极推动企业提质转型

（1）优化业务结构。坚定不移主攻高端、兼顾中端、放弃低端，以结构调整推进转型升级，在房建业务领域从住宅房建转变为公投房建，持续提高基建业务占比，在拓展全产业链的同时探索投资带动主业，业务类型涉及市政道路、医疗、教育、水务环保、超高层、大型综合场馆等。

（2）强化创新驱动。坚持依靠自主创新推动企业发展，特别是力争在有优势的绿色建造技术、深基坑安全建造技术等领域不断涌现创新成果。例如四局发展时为厦门第一高楼的财富中心项目采用"逆作法"，以正负零为基准，上下同时进行施工，节省工期200余天，为业主节省成本近亿元。该项目也获得了国家优质工程奖。

（3）紧跟国家战略。一是主动投身"一带一路"建设，坚持海外经营优先。二是积极参与海西区域、粤港澳大湾区等国家重大区域发展战略建设，公司近两年在上述区域累计新签合同额近千亿元。三是整合业务助攻新型城镇化，打造"规划设计、投资开发、基础设施建设、房屋建筑工程"等"四位一体"商业模式，为地方政府推进城镇化建设提供一站式、全过程服务。

二、案例成效

在经济责任上，四局发展作为中建四局开展融投资业务的战略平台，率先成立投资公司，以"融资建造、增值服务"的创新模式，以"满足需要、解决需求"的精准施策，开展多种投资运作模式，业务范围覆盖投资代建、开发运营、城市更新、过程咨询、供应链金融等全产业链综合服务；在社会责任上，积极参与扶贫帮困、乡村振兴、抢险救灾、战略保障等地方重大事项建设、重要决策部署，先后荣获全国工人先锋号、中央企业青年文明号、福建省五一劳动奖状等荣誉。

作为第一批特区建设者，四局发展从1983年进驻厦门以来，与特区共成长，与地方同呼吸，促进了福建建筑业的发展。发展至今，四局发展连续获得中国施工企业管理协会AAA信用等级及诚信典型企业评定，中国企业联合会、中国企业家协会AAA信用等级评定等荣誉。2021年完成ISO体系认证，并取得施工总承包特级资质，成为厦门市第4家拥有特级资质的建筑企业。综合实力连续三年入选福建省百强企业，在2022年福建省百强企业中位列第68、厦门市建筑业第一名，2022年成功问鼎福建省及福州市建筑业"龙头企业"，通过国家高新基数企业认定，是厦门市首家产值过200亿元的建筑企业，行业影响力不断提升。

三、结语

信诚，是四局发展的立业之基。从山到海，这份大山赋予的诚实质朴、勤奋善良是四局发展与合作伙伴真心以对、坦诚相待的不变原色，也是使四局发展成为客户的首选、优选的重要因素。为此，四局发展坚持信诚立企——对内，以抓铁有痕的作为，做到"言而有信"，让干部职工感到被需要、被尊重；对外，做到"诚信相对"，以高度负责的契约精神和合作伙伴以及社会各界强化契约精神，坚决做到"受人之托，忠人之事"、坦诚相见，共赢未来！

案例创造人：曾　平、王金兵

打造诚信品牌　彰显央企担当

中冶天工集团有限公司

一、企业概况

中冶天工集团有限公司坐落在国家实施京津冀协同发展战略和"一带一路"建设前沿阵地天津市滨海新区，是中国五矿、中国中冶的核心子企业，是类型上拥有"三特三甲"、数量上拥有"四特四甲"资质的大型企业集团。

中冶天工集团有限公司（以下简称中冶天工）始建于1948年，是共和国钢铁工业发展的开拓者和主力军，70多年来荣获多项鲁班奖、国家优质工程奖、詹天佑奖、数百项省部级优质工程奖，公司坚持走高技术高质量发展之路，是国家高新技术企业、国家企业技术中心、国家技术创新示范企业、国家知识产权示范企业、首批国家装配式建筑产业基地、国家钢结构中心特种钢结构中试基地和重型大跨度钢结构中试基地，先后建立了两个天津市级企业技术中心、四个中冶集团工程技术中心，拥有有效专利2000余项，主编国家级工法10余项、省部级工法290余项，主参编国家标准、行业标准30余项，荣获多项中国专利优秀奖及百余项省部级科学技术奖。

二、诚信经营理念

中冶天工始终坚持"诚信社会为本，客户满意为荣"的经营理念，其释义为"诚信"就是诚实守信。"诚信社会为本"就是要把诚实守信作为企业和员工安身立命的根本。在经营活动中恪守诚信之本，以企业信誉为重，是企业经营道德的集中体现，也是中冶天工高质量发展的根本保证。"客户满意为荣"是企业对客户、对社会的承诺。一方面，客户通过与中冶天工的合作，对获得优质服务和精品工程感到满意，充分彰显中冶天工"客户至上"的经营理念；另一方面，在客户满意的同时，中冶天工也会赢得社会认可，提高知名度和美誉度，广交天下朋友，获取更多订单，创造更大的经济效益和社会效益。

三、诚信经营实践

弘扬诚信文化，践行社会主义核心价值观。中冶天工通过张贴海报、设置围挡、电子屏播放、新媒体传播，以及将社会主义核心价值观写进公司制度等多种方式积极培育和践行社会主义核心价值观，积极创建文明城市、文明单位，并通过企业官方微信加强对社会主义核心价值观的广泛宣传，其中对"诚信"进行特别宣传。公司全员始终坚持"诚信社会为本，客户满意为荣"的经营理念，加强诚信宣传教育，在公司内张贴诚信教育海报，在微信公众平台的文章内积极宣传企业的经营理念，在企业文创产品中融入诚信理念。

近年来，中冶天工高度重视品牌建设和社会信用体系建设。公司市场系统建立了信用点对点的工作机制，进一步完善干部职工诚信考核评价制度，在公司市场开发部及各营销主体单位都明确了专人负责各省市地区的信用维护提升和信用评级评奖工作，完成了中国施工企业管理协会的一系列信用评级工作。目前中冶天工在天津市施工企业信用评价为A级（最高级），信用得分位居天津市前列。在2022年度工程建设企业信用星级认定中，中冶天工获得信用星级20星，系建筑全行业仅有的15家20星及以上的建筑企业，星级排名在中冶集团各施工子企业中排名第二。

坚持诚信发展，创建优质、精品工程。中冶天工一直秉承优质、高效、安全建设好每一个工程项目，努力提高自身管理水平，力争创建优质工程、精品工程，认真落实"精心策划、规范施工、样板引路、过程控制、一次成优"的项目管理方针，狠抓进度这个展现企业品牌形象的硬指标，严抓质量这个决定企业品牌形象的硬杠杆，强抓安全这个保障企业品牌形象的生命线，充分发挥标准的支撑和引领作用，持续开展标准化工地、样板工程、标准化工艺、星级工地创建，确保在建工程进度、质量、安全始终处于受控状态，进一步打响诚信、质造品牌。

2022年，中冶天工秉承"目标不变、内容不变、强度不变"的技术质量监管标准，采用"现场+互联网+智慧平台"的全方位、多形式的监管手段对在建项目施工技术质量情况进行督导跟踪管理。按照集团公司"一季度至少一次专项检查"的质量检查计划执行，组织三级管理体系系统人员开展了四次专项技术质量大检查，累计检查项目486次，通过高频次、全覆盖的质量检查活动，不断强化管理人员的技术质量意识和风险意识，注重施工过程的精细化管控和质量通病的及时处理，保障工程质量一直处于可控状态。此外，中冶天工扎实开展公司内部"天工杯"评选活动，创建出一批批优质精品工程，通过正向引导、内部竞技，提升了管理人员争优夺奖、追求精品的热情，积极推动了质量管理工作，通过质量"天工杯"的榜样示范作用，带动公司整体项目施工质量水平的提高和管理人员质量意识的提升。

2022年，中冶天工荣获2项鲁班奖、1项国优奖以及36项省部级质量奖、设计奖，其中天津茱莉亚学院项目获得"鲁班奖"，既是公司首个取得"鲁班奖"的公共类建筑，也是公司驻津以来首个取得"鲁班奖"的在津项目，还是首次以公司承建、子公司参建模式取得的"鲁班奖"；2个项目获评"2022年度中冶集团管理优秀工程项目"；获国家级QC成果10项、各类省部级QC成果奖项78项；获省部级新技术应用示范工程成功立项14项；通过中冶集团新技术应用示范工程验收4项，验收评价1项为"国际先进"水平，3项为"国内领先"水平。

着力提升安全监管效能，绷紧安全生产这根弦。中冶天工做实做细领导带班检查，全面落实全员安全生产责任制，持续强化安全人才队伍建设。开展形式多样的安全生产警示教育，引导一线管理人员和作业人员牢固树立"人人都是自己安全生产第一责任人"的理念，确保责任到位，安全到人。全面完善、落实安全风险分级管控和隐患排查治理双重预防机制，开展安全生产监督"包保"责任区检查，针对高处坠落、临时用电开展安全专项整治攻坚，层层排查整改安全生产隐患，防患于未然。聚焦分包安全管理的短板弱项，强化基础资料管理，将安全"述标"和安全人员配置列入分包队伍招标内容，着力改善分包安全管控不力的局面，进一步全面提高安全管理水平。持续加强环保风险分析、风险控制、风险处置及应急管控，抓实抓细生态环保工作，防止发生负面通报、处罚和诚信扣分等负面风险事件。持续践行精益建造和绿色施工理念，严格落实现场安全文明施工，积极推广应用行业新技术与新工艺，以塑造精品、优质履约为己任。2022年，中冶天工承建的39个项目荣获省部级文明工地，深圳市16号线共建管廊（综合井10~综合井17）工程项目获评全国建设工程施工安全生产标准化工地。

践行诚信担当，积极履行社会责任。中冶天工始终坚持"国之大者"，在疫情防控、企地共建、缓解就业等各个方面充分发挥央企"顶梁柱"作用，为助力社会发展、缓解就业压力等多个方面贡献天工力量。

疫情防控，义不容辞。2022年年初，作为驻津央企，中冶天工党委第一时间召开疫情防控专题部署会，要求全体员工提高政治站位，认清当前严峻复杂的疫情防控形势，抓实、抓细疫情防控各项措施。各在津项目部做好人员管理，定时进行现场消杀，此外协助政府部门做好临时点建设，多名员工化身志愿者，投身到抗疫最前沿。2022年1月20日，中冶天工按照天津市建委、市保障房公司、市执法总队关于在西青大寺紧急筹备部分公租房源用于人员隔离安置等防疫工作要求，火速筹备资源挑战4天完成2栋480间公租房水电查验、装修等主要施工内容。在疫情防控中，中冶天工充分发挥央企的责任与担当，在儋州市抗击新冠疫情进入胶着对垒的关键阶段，冲锋在前、勇挑重担，以高度的责任感与使命感投入集中隔离点建设，为海南省疫情防控工作中做出了突出贡献，仅用6天完成海南儋州洋浦方舱医院1280张床位建设。2023年2月17日，中冶天工受到海南省住房和城乡建设厅通报表扬和企业信用加分表彰。

齐心协力，共建共治。中冶天工各分公司、项目部积极与当地社区、政府相关部门开展共建活动，以"1+1>2"的效果推动志愿服务。2022年3月4日，中冶天工天津有限公司机关与无暇花园社区联合组织开展"践行雷锋精神，筑牢防疫屏障"主题活动，进一步助力天津市的疫情防控工作，同时通过组织开展学雷锋活动，进一步拉近了与地方社区的距离。本次活动学习并传承了雷锋精神，营造了尊老爱老的良好风尚，弘扬了中华民族的传统美德。2023年3月3日，中冶天工（天津）装备制造有限公司联合属地政府社区开展"'暖心'助老，'托起'幸福"雷锋纪念日志愿服务共建活动，不断扩大政企合作"朋友圈"，进一步携手共创文明社区，弘扬社会主义核心价值观。

落实政策，践行使命。在中共中央"六稳、六保"的相关指示要求下，面对后疫情给就业环境带来的不稳定因素和不利影响，中冶天工积极践行央企社会责任，将"稳就业"摆在极为重要的位置上，为适应改革创新向纵深发展的各类人才需求，提供更多就业机会，在制订招聘计划时适当扩大招录数量和专业类别，在打好社会招聘和校园招聘"两手牌"的同时，力争做到用当其时、位得其人、人尽其才、才尽其用。期间共实现入职550余人。

四、实践成效

企业核心竞争力及主要经济技术指标持续提升，综合实力雄厚，相继荣获"全国五一劳动奖状""全国优秀施工企业""全国建筑业先进企业""中国建筑业双百强""中国建筑业竞争力百强企业""全国建筑业AAA级信用企业""全国守合同重信用企业"等荣誉。

诚信建设一直在路上。中冶天工将多措并举开展诚信建设，将诚信理念融入公司的各项管理环节，以实际行动擦亮"诚信天工"品牌，为社会繁荣发展贡献更多力量。

案例创造人：高文华、郑达峰、李　杨、肖　倩

立足央企责任　践行使命担当

中交一公局第七工程有限公司

一、企业简介

中交一公局第七工程有限公司（以下简称中交一公局七公司）前身是路桥华祥国际工程有限公司，成立于 1992 年，由"中国交通部第一公路工程局"与"香港祥利建造有限公司"合资成立，是交通部（现为交通运输部）第一家中外合资企业。2003 年 12 月，公司发展为中资独资公司，隶属于中交一公局集团有限公司，是世界 500 强——中国交通建设股份有限公司的三级子公司。2018 年 6 月，公司更名为"中交一公局第七工程有限公司"，注册地点为郑州市中牟县大孟镇（平安大道 79 号），注册资金为 4.088 亿元，拥有公路工程施工总承包特级、市政公用工程施工总承包一级等 10 项资质。

公司自 2018 年迁址郑州以来，始终秉承"固基修道，履方致远"的企业使命和"交融天下，建者无疆"的企业精神，勇毅扛起央企担当，积极履行社会责任，为郑州市当地社会经济发展做出应有贡献。

二、精益求精，擦亮企业诚信品牌

在激烈的市场竞争环境下，公司牢牢树立"品牌就是市场，品牌就是效益"的理念，不断提升工程品质。2016—2020 年，公司参建的建兴高速、永江高速、伊绥高速、库阿高速、九永高速项目先后荣获中国建设工程鲁班奖、李春奖、詹天佑奖，公司连续五年每年获得一项国家级奖项。公司品牌日益擦亮，对外树立起良好的企业形象。

2022 年，公司荣获中国施工企业管理协会"全国工程 AAA 级信用企业"和"诚信典型企业"荣誉称号，荣获河南省建筑业协会"AAA 级信用企业"称号；2020 年，公司获中国建筑业协会"2020 年度全国建筑业 AAA 级信用企业"称号；公司连续四年荣获郑州市城乡建设"郑州市施工总承包先进企业""建筑施工总承包 AAA 级信用企业"称号。

三、战疫情保民生

面对三年以来反复复杂严峻的新冠疫情防控形势，郑州市严阵以待，公司在属地党委政府坚强指导下，坚决执行疫情防控指挥部各项防控措施，从严、从细、从实落实防控措施。上下高度自觉、行动迅速；公司领导科学谋划、靠前指挥；广大员工坚定信心、众志成城。公司在往年推行"一人一码""一人一档"疫情防控经验指导下，积极响应中央及属地号召，不折不扣贯彻落实中央"六稳""六保"任务，积极对接防控指挥部，全力以赴抓复工，实行"一项目一方案"，千方百计保进度，不仅使公司承接的民生建设如期保证了进度，还摸索出一套行之有效的闭关管理模式，为其他建设项目开好局，起好步，打好基础，做好表率。

2022 年年底，再次面对严峻复杂的疫情防控形势，公司第一时间做出应急响应，第一时间进行动员部署，第一时间发出号召，在施工的黄金季节，公司舍小家为大家，坚持"全市一盘棋"投入抗疫大战。在此期间，公司所属各项目严格落实国务院联防联控机制工作部署和属地疫情防控管理机制有关要求，从严从紧落实落细属地各项防疫制度规定，严格职工常态化管理，并结合自身实际抓紧修改、完善有关疫情防控方案及举措，科学合理安排疫情期间的生产计划，合理配置人员数量，防止人员大范围流动和聚集，最大限度降低疫情输入和传播风险。

面对经济下行压力和多轮疫情防控攻坚战，公司深入贯彻落实党中央"疫情要防住、经济要稳住、发展要安全"的重大要求，扎实履行企业主体责任，高效统筹疫情防控和经济社会发展，努力克服新冠疫情反复、建设资金短缺、融资困难等多重影响，上下一心、全力以赴、众志成城，助力属地打赢疫情攻坚战，实现快速平稳复工复产，同时牢牢守住安全发展底线，未发生一起感染事件和安全环保事件。

四、抗洪防汛保安全

2021年"7·20"河南暴雨灾害发生以来，公司心系群众安危，迅速组织专家组、救援队、志愿者300余人次奔赴抗洪防汛各条战线，累计开展抢险救援及志愿服务活动31次，受到国资委和地方媒体平台报道，多个项目受地方政府、红十字会颁发证书，公司百余名青年荣获共青团郑州市委、中牟县委表彰。

（一）党员带头，冲在一线保平安

2021年7月21日上午9时，公司总部收到中牟县政府消息，贾鲁河水位暴涨，贾鲁河上官渡桥发生溃堤，已经淹没贾鲁河河旁的厂区和住宿区，针对如何拦截洪水，急需技术支撑。公司立即成立专家组前去支援，并蹚过齐腰深的水，乘坐项目接应车辆，抵达现场指挥。同一时间，公司专家组火速赶往官渡桥，深入沟通后，制定拦水措施，填筑拦水坝，历经6小时的紧急抢险，成功围堵溃坝缺口，避免了灾情扩大。

次日，公司再次接到县政府求援电话，因贾鲁河洪峰来袭，中店路贾鲁河桥桥头处发生溃坝灾害，且桥面处产生涌水现象，公司专家组立即奔赴现场，经地方水利局工作人员介绍实地灾情与现场考察后，专家组现场拟定防控方案并指导工作人员处置大桥险情，有力地确保了桥梁、河道安全。

与此同时，公司所属项目迅速在各地开展救援行动。中牟县狼城岗镇的黄河滩项目，协助对镇政府、镇派出所院内及周边积水严重的路段进行排水。项目组织青年突击队，调集抽水泵，清扫路面、堆积沙袋、进行抽水，历经3个多小时紧急救援，排除全部积水，有效控制险情；中牟安置房建设项目得知距离项目1.2千米的市政道路上出现局部塌方，立即前往塌陷地，站岗提醒市民远离基坑。

在开封，老旧小区改造项目得知梁苑小区49号楼积水严重，居民安全受到严重威胁，立即组织10余名员工，投入4台抽水机、沙袋500多袋，与社区办事处及应急管理局进行沙袋填堵和抽水。同时积极组织对周围窨井盖、沟槽、用电设施及建筑是否出现沉降进行安全检查，并为受困群众购买香肠、饮用水等生活用品。

在三门峡，得知卢氏县徐家湾乡石墙根水电站出现大量积水，威胁用电安全时，栾卢豫陕3标项目火速集结党员及员工拿起铁锹，扛起抽水泵，抬上防汛沙袋奔赴水电站，连续奋战5小时。几天后，项目又调集推土机、挖掘机、渣土车、洒水车和40余名员工，与村民齐心协力，抢修被落石和淤泥阻断的道路，经过一天的奋战，丰太村通往徐家湾乡的唯一通道被疏通。

鹤壁市卫河和共产主义渠水位暴涨，河堤多处出现漫堤、管涌、渗水，甚至决堤，加上境内4个蓄滞洪区启用，造成大面积受灾。面对特大灾情，中交一公局七公司鹤壁国道107项目成立"党员先锋队""青年突击队"，三次奔赴抢险"战场"，全力守护一方平安。

（二）群团发力，志愿服务助重建

暴雨尚未停歇，中交一公局七公司各项目"蓝马甲"志愿者便立即行动，快速接力，在党员带领下，协助地方开展物资搬运、灾后消杀、道路清淤整治等工作中，组织超过120名志愿者在各物资调配点协助搬运矿泉水、粮油等物资37000余件，累计服务时长达102小时，并采购700箱方便食品捐赠给中牟县紧缺物资的徐庄村、鲁庙村。

2021年7月23日早晨，1万件矿泉水抵达郑州中牟绿博一号，总部基地大楼项目闻讯便迅速组织"蓝马甲"志愿者到物资集散点协助搬运。下午，郑州文通路项目志愿者到大孟镇高速口搬运物资，在搬运过程中了解到有一批物资将送到锦源老年公寓，志愿者们便又赶赴锦源老年公寓继续搬运物资。当晚，公司总部、郑州文通路项目、广惠街项目志愿者到中牟县卫健委搬运矿泉水、大米、食用油等物资，共计搬运5车物资。

24日，公司总部、广惠街项目、郑州文通路项目、中牟安置房建设项目、总部基地大楼项目的志愿者们再次集结于物资调配点，辗转于当地多个村庄搬运各种物资27000余件。从早上9点到晚上7点，手被磨出水泡，志愿者们依然精神十足，坚持到最后一秒。

25日上午，公司总部、郑州文创园8号项目、郑州文通路项目志愿者来到中牟绿博园城铁站，协助清理周边淤泥、垃圾、杂草等，让中牟县在灾后尽快恢复市容市貌。下午，郑州文创园8号项目、郑州文通路项目志愿者来到中牟县卫健委，搬运推车、毯子、矿泉水等物资，物资装满5辆大车和50辆小车。

开封老旧小区改造项目联合当地社区4个街道办事处，组织5台雾炮车，分成4个小组对辖区所有街道开展消毒工作，对相关区域的垃圾污物进行清理，避免灾后细菌滋生，危害居民健康。

洪灾汹涌来袭，中交一公局七公司党员干部身先士卒。快速动员，全力投入，是中交一公局七公司在本次抗洪防汛工作中的总体要求与行动写照。在应对突发灾情的"大战大考"中，中交一公局七公司始终牢记央企责任，赓续"公路一师"红色血脉，发挥铁军风范，用行动与毅力彰显了"中交人"的责任担当！

五、积极参与社会服务

公司持续开展"我为群众办实事""四季送"系列主题活动，聚焦妇女节、劳动节、儿童节、建军节、教师节等重大节日为特定群体送上关怀；开展植树、助力马拉松、服务高考、抗洪抢险、灾后重建、防疫防控、关爱儿童、清凉慰问等志愿服务180余次，服务时长超360小时，公司慰问金额达18.59万元，慰问人次达3927；跟随工会主席走访慰问河南受灾项目。公司"蓝马甲"大队获评中牟县"优秀志愿服务组织"。

公司注重诚信合作共赢，在施工过程中，参与地方帮扶及救援等一系列活动。公司在建项目在项目所在地开展了帮扶、慰问和地方抢险救灾等活动，比如开设学习课堂，邀请体检机构进项目一站式服务，组织接种疫苗，开展出行安全教育，帮助藏族同胞种植花椒树苗、打木桩防野猪，进行森林防火巡逻，协助地方防控疫情等。公司积极践行央企社会责任，将履行社会责任融入企业发展战略和企业管理，谋求企业与社会共同发展。

中交一公局七公司将始终秉承"固基修道，履方致远"的企业使命，发扬"自强奋进、永争第一"的企业精神，积极践行央企担当，以实现高质量发展目标，解放思想，勇于创新，为客户创造超值回报，为国家的交通基础建设做出新的更大的贡献！

案例创造人：崔　达、桑　坤、邢焦焦、夏惠惠

挥动"乡村振兴"画笔
共绘"民族团结"画卷

中国一冶集团有限公司

中国一冶集团有限公司（以下简称中国一冶）是世界500强中国五矿、中冶集团旗下的核心骨干子企业，是以工程总承包、房地产开发、装备制造为主营业务的大型综合企业集团和国家高新技术企业。公司拥有公路工程、建筑工程、市政公用工程、冶炼工程4项施工总承包特级资质，以及公路行业、市政行业、建筑工程、人防工程、冶金行业5项甲级设计资质。中国一冶现有全资和控股子企业20余家，获评全国五一劳动奖状、全国工程建设诚信典型企业、全国AAA信用企业等荣誉。

2019年，中国一冶第一次踏上云南怒江这片土地，彼时的怒江是全国深度贫困的"三区三州"地区，境内住有傈僳族、白族、怒族、独龙族等21个少数民族，是集"边疆、民族、贫困、宗教、山区、直过"于一体的典型代表。

2023年，历经5年建设，中国一冶同怒江人民一道，将怒江州丰富、独特的人文与自然优势逐步转化为经济发展优势。苍翠群林、巍峨重山、碧绿春水已然成为这座边境之城的宝贵财富，中国一冶借助怒江州的生态亮色绘就出了"乡村振兴、民族团结"的壮美画卷。

一、金色产业，筑牢民族团结"经济基础"

在鲁掌镇2000多米的高山、坡角超60度的柑橘种植基地，几名头戴遮阳帽的农户正在低头忙碌，一株株橙树苍翠欲滴，漫山的澳洲茶树郁郁葱葱，曾经的荒山如今早已披上绿装，成了怒江百姓的"金山银山"。

中国一冶承建的"生态修复"项目是怒江州重点民生工程，更是怒江州巩固脱贫攻坚成果的重要一环。中国一冶在实施生态保护修复工程的同时，因地制宜设计生态农业、生态旅游等特色产业发展方案，对泸水市高山陡坡之上的鲁掌镇2600余亩荒地进行重新规划设计，成功在鲁掌镇打造出一片2500余亩晚熟柑橘种植技术合作示范基地，在怒江绿色香料产业园打造出100余亩澳洲茶树种植园。同时通过招商引资，引进云南实建褚橙果业有限公司种植沃柑，加强就业扶持和种植技术的指导，联动建档立卡户，带动鲁掌镇发展，带动群众致富。截至目前，晚熟柑橘种植技术合作示范基地已有效带动2.1万余人次务工就业。

"我们以前在广东打工，根本顾不上家里，现在家乡有工作机会，我们肯定想留在家里。"和民、和鑫是鲁掌镇上的两兄弟，也是云南八大"直过民族"之一怒族中的一员（"直过民族"特指新中国成立后，未经民主改革，直接由原始社会跨越几种社会形态过渡到社会主义社会的民族）。2020年年底，两兄弟从广东赶回家乡过年，正值鲁掌镇生态修复项目大干，种植业正是兄弟二人的"老本行"，当即就决定留在家乡，"在老家收入不比在广东打螺丝少，还能经常陪陪家人，我俩干得起劲呢"。

当前已经建设完成的国家步道项目树包桥试验段、姚家坪段，串联起了多个服务驿站、观景台、农户民宿等，打造出了集民族、人文、自然于一体的生态文旅胜地，每到节假日会迎来不少游客，带动沿线农户增收。"中国一冶让我们有了更多的工作机会，也让我们用自己的双手把怒江建得越来越美。"李兴春表示，"我是土生土长的怒江傈僳族，我们登埂村就有10来人在一冶工地上班。"建设怒江5年时间来，中国一冶招收了上百名少数民族民众到工地务工，解决了部分居民的就业难题，为怒江留住了"老乡"，引来了"游客"。

二、绿色驱动，共建中缅边境"绿美乡村"

行走在怒江古登乡俄夺罗村的村道上，芒果树、石榴树、樱桃树成了公路两旁的靓丽风景，树下是鲜红的叶子花，盛夏时节，从中穿行而过，眼前花繁叶茂、一片苍翠，空气中果香、花香弥漫，令人沉醉。

作为试点建设的古登乡俄夺罗村通村组公路路域生态修复项目与六库至老窝绿化美化工程全面响应云南省建设"绿美云南"的号召，当前已全面完工。项目选用果木、三角梅等作为道路两边的绿化植被，在美化环境的同时，还为当地村民带来额外收入。"原来路两边都是杂草杂树，既不好看也不安全，现在好多了。"曾在中国一冶工地上班的九义花表示，"这几条路的修复我都有参与，现在村里变好了，我也回家做点瓜果生意。"

在怒江六库镇、大兴地镇、洛本卓乡等多个区域，中国一冶建设了多个"怒江花谷"生态建设示范点，采用草、灌、乔模拟自然式群落布置绿化，选植黄花风铃木、红花刺桐、攀枝花等，进行景观搭配、休憩节点打造，"一步一景一陶然"成了怒江乡镇的真实写照。今年4月月初，怒江半山酒店迎来了又一批来自湖北的旅游团，"这次来怒江，这边的风景更美了，酒店边的怒江花谷很漂亮，我们拍了好多抖音短视频。"来自湖北黄石的退休职工李美莲表示。如今，怒江花谷已是外地游客打卡怒江的必游之地，为怒江当地的餐饮、住宿、交通等各行各业带来诸多增益。"自花谷建成，附近这几家酒店入住率高多了，到节假日等旺季更是一房难求。"半山酒店老板高兴地表示。

在怒江州泸水市临江西路长约4.6千米的鲜花大道上，美女樱、迎春花、天竺葵……50多种100多个品类的鲜花竞相开放，40个造型别致的花卉立体造型、花境、花灯，将临江西路装扮得五彩缤纷。据统计，改造后的"鲜花大道"共计更新花境花卉40处、花树花箱花钵48组，大规模栽植时令花卉6万9千余盆，铺种草花8.9万余株。如今的临江西路已被打造成了当地特色鲜明的综合型水岸，成为怒江必到的"网红打卡点"。

"一到晚上，临江大道可热闹了，跳广场舞的、唱歌的、跑步的、直播的，到处都是人。"怒江西岸驴肉店店主邹佳表示，"如今西岸的环境好了，生意也好做了，今年1季度的营业收入比去年大半年的收入还要高，这才是我们的'梦中情城'。"

三、橙色服务，温润各族人民"精神家园"

中国一冶在建设项目过程中，主动承担社会责任。5年来，曾先后招收数百名少数民族民众建立作业队伍，并开设农民工学校，围绕安全、技能、法治等多方面开展教育培训，切实提高民工综合素质，让其拥有一技之长，实现"授人以渔"。

何荣一家曾是泸水市六库镇的困难家庭，何荣父母、妻子均患有疾病，一双儿女正在读小学。何荣自身文化水平不高，只能留在本地一边照顾家人，一边打些杂工，家庭十分困难。2019年以前，何荣一家还在领取政府每月发放的低保。中国一冶承建的美丽县城、生态修复等项目全面大干后，何荣顺利来到一冶工地，"我这辈子都忘不了这份恩情，是政府、是中国一冶在我最困难的时候帮了我一把，给了我一份稳定的工作。"在经过一系列培训后，何荣逐渐掌握了高山种植、砌筑施工等技能，如今已经月入数千元，真正实现了一人就业、全家脱困。

在项目建设中，项目部管理人员踏遍了怒江州泸水市的三乡六镇和福贡县，走访了数百户居民，数十个村庄。看到泸水古登乡加夺玛村党员活动室没有像样的桌椅，中国一冶项目党支部主动与村支部开展共建，为党员活动室定制了20套桌椅，奔波80多千米山路，单程耗时5小时帮当地村委会安装到位。"感谢你们，你们是做实事的好党员、好干部。"两名加夺玛村村委成员看着摆放整齐的桌椅，握着我们的手激动地说道，"你们以后有需要我们村委出力的地方，我们一定全力支持。"

在节假日，中国一冶先后为周边多个村镇的50余名老人送去节日问候。团结社区作为怒江州重点关注的安置社区，居住着大量异地搬迁居民，是怒江州政府高度关心、关爱的重点人群。在今年的学雷锋活动中，中国一冶联合怒江团州委走进团结社区，开展"敬老、爱老、助老"志愿服务活动，40名志愿者对李记文、欧玉龙等10户高龄、空巢、失独、失能、困难老人开展了志愿服务。活动中，志愿者们与老人畅谈生活，为他们打扫房间、清理垃圾，并为他们送去了纸巾、牛奶、毛巾等生活物资。社区广场上还设置了上门义诊、家政服务、健康宣讲、免费读物等多样的志愿服务。

"家里好久没这么热闹了，谢谢你们来看望我们，麻烦你们了。"傈僳族欧玉龙老人用着并不流畅的普通话表示。

如今，怒江的绿水青山已逐步成了怒江人民的"金山银山"，"乡村振兴、民族团结"的壮美画卷正徐徐展开。

案例创造人：陈　阳、焦玉俊、邵　亮、陈　明

安全稳定保障供热　强化企业诚信经营

三河发电有限责任公司

一、企业简介

三河发电有限责任公司（以下简称三河电厂）成立于1994年，地处河北省三河市燕郊经济技术开发区，由神华国华国际电力股份有限公司、北京京能电力股份有限公司、河北建投能源投资股份有限公司分别按55%、30%、15%的比例出资建设。

三河电厂总装机容量为1330MW。其中，一期工程两台350MW日本三菱燃煤亚临界发电机组分别于1999年12月、2000年4月投入商业运营，并于2009年12月完成抽汽供热改造；二期工程两台300MW国产东方燃煤亚临界热电联产机组分别于2007年8月、11月投产发电，2015年分别完成了汽轮机增容改造，2017年12月取得华北能监局铭牌出力315MW批复。三河电厂积极践行清洁能源发展战略，于2014—2015年完成了现役四台机组的节能环保综合升级改造，成为京津冀地区首家实现全厂"近零排放"的燃煤电厂。2014年10月，国家能源局授予了三河电厂"国家煤电节能减排示范电站"荣誉称号。公司连续7年荣获全国"安康杯"竞赛优胜单位。截至2022年年底，四台机组累计发电1353.94亿千瓦·时、供热1.09亿吉焦，目前总供热接入面积为4496万平方米。

三河电厂积极履行政治、经济、社会三大责任，恪守"运营环保电站、输送绿色能源"的企业使命，努力建设美丽电厂、智能电厂、社区友好型电厂。

二、供热历史

三河电厂是京、冀两地最重要的民生采暖热源，同时也是国内同等级供热量最大的燃煤发电企业。其中，一期机组为三河本地供热，二期机组为北京通州区供热。

2007年，三河电厂二期两台国产东方电气集团生产的300MW热电联产机组投产，同步实现为北京市通州副中心供热，热网配备4台热网加热器和4台热网循环泵，总供热能力为700MW。这一年是三河电厂的供热元年，三河电厂成为行业内实现跨省供热的第一家电厂。

2009年，三河电厂一期两台纯凝机组实施打孔抽汽改造，每台机组额定抽汽能力为350t/h，同时在厂内新建一座热网首站，配备4台热网加热器和4台热网循环泵，设计供热能力为490MW。该项目实现当年施工、当年投产。这一年，三河电厂实现了同时为京冀两地供热。

2016年，随着全社会环保意识的提高，燕郊地区采用热电联产供热方式取代分散燃煤采暖炉的社会需求逐年增加。三河电厂组织开展2号机组余热利用改造，在现有一期热网基础上安装6台溴化锂吸收式热泵，在不增加抽汽量的情况下通过回收循环水余热增加供热能力121MW，新增供热面积120万平方米，替代分散燃煤锅炉13台。

2017年为进一步提高供热抽汽使用效率，降低机组供电煤耗，三河电厂开展供热抽汽余压利用改造，在抽汽管道上加装一台16.6MW背压汽轮发电机组。在不影响供热的前提下，每年可节约厂用电4.6亿千瓦·时。

2020—2022年，三河电厂为响应国家新能源发展需要，配合电网开展供热季深调峰改造工作，通过"低压缸零出力"技术实现#1、#2机组供热最大化的同时提高机组供热季深调峰能力。该项改造完成后，每天机组为电网提供20MW的调峰资源，同时一期供热能力增加440MW，新增供热面积800余万平方米。

三、具体措施

三河电厂信守承诺，诚信经营，保障安全供热，杜绝为追求经济效益降低供热质量。

（一）领导带队，落实责任保障有力

供热安全是民生工程，涉及千家万户，公司成立以董事长为组长的供热安全组织机构，下设运行保障组、检修保障组、事故抢修组，各尽其责、组织有力、执行有效，确保供热机组和供热设备安全可靠。

每年供热前，三河电厂均根据最新的系统变化情况和供热规划组织编制并下发本供热季的《供热保障措施》，详细规定运行、维护责任分工和重点工作要求以及应急组织机构等重要信息，全厂生产体系按要求落实。

（二）精益检修，保证供热设备稳定可靠

深入开展供热主机、热网首站设备治理，开展定修、轮修，编制滚动计划，定期排查并治理热网缺陷和隐患。

三河电厂目前已对外供热15年，相关热网设备的管理一直是供热保障的最重要一环。随着热网逐年扩容，供热参数和供热方式也在逐年变化，为保证供热系统的稳定可靠运行，热网系统的检修要适应不断变化的外部环境。热网首站的设备治理除定期工作外主要围绕外网参数和运行方式的变化开展，如为和外网阻力匹配进行热网循环泵扬程调整，为消除热网回水污染影响开展热网循环泵入口滤网改造，为适应热网流量和温度变化开展热网加热器增容改造等。

每年夏季都是热网检修工作集中的时间，三河电厂热网检修的"规定动作"包括转机和主要阀门的定期轮修以及换热器清理保养。采取了这些"冬病夏治"的手段才能保证热网设备的稳定运行。

（三）精心运行，输送清洁热源

热网的日常运行工作，从抓基础、完善制度管理入手。每年运行部均组织《集控供热规程》的修订，根据外网供热形式修编年度供热预案，供热前每年10月份组织一次供热设备技术培训。供热操作严格执行"两票三制"工作要求，对新增设备或改造项目及时进行标准票完善。保证所有操作均可控、在控。在发电机组供热运行过程中，积极协调热网、电网关系，优先保证京冀两地供热参数达标。

牵头组织建立电厂和热网的沟通机制。每年供热系统启动前，邀请热力公司来厂进行技术交流，双方就供热准备情况、设备检修状况、供热计划、运行方式、提前供热策略、应急处理措施等内容进行了深入交流，促进了电厂与地方热力单位的沟通和联络，提高了热网应急响应能力和舆情管控能力，对保障安全供热、平稳度冬起到了积极推动作用。

重视技术监督指标管理。三河电厂重视热网运行过程中对各项参数的监督管理，尤其是水质控制严格保证机组安全。对热网疏水实现各项指标全部在线监测，对热网疏水回收系统进行完善，实现回收至除氧器和凝汽器的双重功能，使得机组水质明显提升，确保设备安全。

（四）风险预控，应急处置有效

辨识供热设备、系统、管理风险，提高应对能力，三河电厂制定《供热异常事件应急预案》，保证全公司人员能够准确、有序、快速响应处理，恢复供热。

公司专业人员分析了七种可能造成供热中断的危险源，进行风险评估，制定相应管控措施。根据全厂

供热降出力、供热停止事故的发生概率和设备损坏状态，将供热事故应急响应分为三级，分级管控。每年均组织运行各值利用仿真机进行热网系统事故演练，演练内容涵盖热网疏水泵跳闸、热网循环泵跳闸、热网循环水压力快速下降、热网加热器泄漏、热网系统跳闸等项目，通过典型事故应急演练，提高了值班员的应急处理能力和技术水平，提高热网降出力事故处理速度和能力。

（五）地方政府、企联动，保证民生工程

按照"集中领导、统一指挥、分级负责"的原则开展保供热工作。多年来通过系统改造和沟通协调，三河电厂与各热网企业建立联调机制，和外网燃气热水炉实现并网运行，改善了独立热源供热、独立补水定压等被动局面，提高了整个热网系统的稳定性，提高了应急处置能力。每年与热力公司共同编制不同温度下热网各区域详细的运行方案，提高各供热区域安全稳定性、经济性。

三河电厂与本地各供热企业以及市政管理单位共同组建供热保障信息群，从供热前的准备到热网整体启动、升温、缺陷检查和处理等都在信息群及时发布。区域内热网发生异常时，由政府主管部门协调各热源单位及时与热网调度沟通，进行备用热源补充调配，并与地方政府密切配合，及时进行供热信息发布，避免出现舆情事件。

四、建设成效

三河电厂将保障民生供暖工作作为供热季的工作重心，牢固树立"保供暖、保民生、保稳定"的大局意识，全面落实集团公司能源保供要求，积极推进供热工作的顺利进行。通过各项措施增加了营业额，提升了企业管理效能，树立了品牌形象和社会影响。

（一）经济效益

经济效益的增加对于一个国家或地区来说非常重要，它能带动其他行业的发展，主要表现在发电能力、供热能力和利润上。

1. 提供能源

电厂是提供电力及热能的重要来源之一。它可以为社会各个领域（如工业、民生等）提供所需的电力和热能。这种能源的供应不仅可以满足需求，而且可以为国家带来可观的利润。

2. 创造工作岗位

电厂需要大量的人力去运行和维护。电厂的建设和发展将会创造大量的工作机会，这将会带动社会经济的发展。

3. 提高产值

电厂的建设和发展可以促进本地区的经济增长，同时还可以增加地区的总产值，这对于提高国内生产总值贡献很大。

（二）社会效益

除了经济效益，电厂还会产生社会效益。它可以帮助社会创造良好的环境和生活条件，同时也能够保障人们的健康和安全。

1. 减少空气污染

电厂在燃烧过程中会排放废气和灰尘。通过多种措施，把废气和灰尘净化后再排放到大气中，减少了空气污染，保护了环境。

2. 提高生活质量

电厂的建设和发展带动了周边地区的发展，提高了人们的生活水平和质量。这种改善不仅表现在民生方面，也表现在公共服务、城市管理和文化建设等多个方面。

3. 促进科技创新

电厂的建设和发展需要大量的科技支持，这将会提高周边地区的科技水平和创新能力。通过这种科技支持，电厂产生了更多的新技术和新服务，这对于社会的整体发展非常有利。

案例创造人：郭云龙、阎洪勇、郝大伟、杨双华

畅通"煤改电"绿色通道
擦亮"省心电"信用品牌

内蒙古电力（集团）有限责任公司乌海供电分公司

一、企业简介

内蒙古电力（集团）有限责任公司乌海供电分公司（以下简称乌海供电分公司）成立于1976年，隶属于内蒙古电力（集团）有限责任公司，为国有特大型供电企业，担负着全市55.8万人口的生活用电和一市三区四个工业园区的工农业生产供电任务，服务32万电力客户。企业先后荣获"全国文明单位"、"全国五一劳动奖状""全国安康杯"优胜单位、全国群众性体育运动先进单位和"全国模范职工之家"荣誉，被国家电网公司评为一流供电企业，多次被中国质量协会用户委员会授予全国用户满意服务荣誉称号，连续四年荣获省部级质量效益型企业称号，被内蒙古自治区总工会评为劳动和谐单位。

2022年成功应对新冠疫情、电力保供、电网建设等多重考验，乌海供电分公司深入学习贯彻党的二十大精神，认真落实乌海市委、市政府和集团公司各项决策部署，坚持稳字当头、稳中求进工作总基调，以"围绕一条主线、立足两个实际、聚焦六大任务"的工作思路为引领，团结一致，奋发进取，圆满完成了各项目标任务，企业发展形稳势好。2022年售电量完成133.68亿千瓦·时，电网长周期连续安全运行3204天。

二、案例背景

随着我国现代化转型和产业转型步伐加快，人民对于追求"绿水青山"的愿望更加强烈，清洁能源大跨步走进大家的视线。近年来，以核能、风能、太阳能、电能等为代表的清洁能源在我国能源消费中的占比不断提高。国家发展改革委公布的数据显示，2021年，我国清洁能源消费占比达到25.5%。在冬季大气污染治理以及"双碳"目标压力下，我国居民的取暖方式正变得"节能、环保、安全、高效"。面对既定的"双碳"目标，推动供暖能源清洁化、低碳化已从一道"选答题"逐渐成为"必答题"，乌海供电分公司正在加速探索如何"解题"。

电能作为一种清洁能源，相较传统燃煤取暖方式存在的燃烧效率低、对大气质量影响大、存在安全隐患、煤炭价格高等短板，电采暖因其供热高效、清洁、安全，逐渐成为乌海市非集中供暖客户冬季采暖的主要方式之一。过去一年，乌海供电分公司所辖区域清洁供暖客户需求"井喷式"增长，地方台区接带负荷频频超出容量限制，已经危及到电网的安全稳定运行。客户"煤改电"需求与台区容量受限矛盾日益明显，亟待解决。

三、实施路径

为缓解供需矛盾，乌海供电分公司从"内、外"两条路径着手进行解决。对内采取积极对接政府、台区线路切改、"业扩包"项目计划、线路延伸、配变增容、增设变台等方式缓解接带压力，对外通过"煤改电"政策宣传、业扩"绿色通道"开辟、走访回访"煤改电"客户等宣传服务方式，结合社会需求、用户需求，探索实践出一条综合能源供应的发展模式，让越来越多的居民告别添煤掏炉灰、满屋煤烟味，迎来实惠、便利、清洁的"电气时代"。

(一) 内部路径

1. 联同政府部门合力推进

乌海供电分公司积极对接政府相关部门，主动配合政府按照"成片、整村推进"原则，统筹制定"煤改电"清洁供暖规划，分批次根据客户家庭对清洁供暖的实际需求进行报装。其中千里山供电公司的城郊、千钢两个供电所与村委会协同开展煤改电用电摸底调查，以社区为单位建立电采暖报装申请台账，针对可接带容量宽裕的台区保证"应接尽接"。针对可接待容量紧张的台区，网格客户经理及时联合社区、小区物业建立特殊客户台账。重点关注网格70周岁以上老年人、孤寡老人、残疾人及其他需要重点关注的客户是否有"煤改电"需求，在保障电网安全运行前提下优先接带该类重点关注客户。

2. 全面加速配电网改造

乌海供电分公司营销服务部、生产技术部、计划发展部等多部门统筹协调，合作联动，不断寻求方法从根本上解决台区容量受限问题。根据摸底调查情况合理安排配电网升级改造相关工作，全力满足客户煤改电用电需求。针对"煤改电"需求偏低台区，分公司对变台进行拆分，将部分客户切改至就近变台，从而实现线路转带，空出的负荷用于接带有电采暖需求的客户。针对"煤改电"需求偏多、线路切改仍无法实现全部接带的台区，分公司在保证电网安全运行的前提下增设变台，做好变压器申请、审批、装设、验收的全流程跟踪，在确保电网供电能力范围内，尽力解决部分清洁供暖客户需求。

3. 落实"业扩包"工程项目

为持续推进"煤改电"工程各环节畅通有序，确保工程保质保量按期完成，乌海供电分公司多次召开"业扩包"项目工程专项推进会，就"业扩包"项目完成情况、施工进展情况、物资发放领取情况进行及时跟进，并对每阶段"业扩包"项目工程建设的开展情况、存在问题和解决措施进行讨论和工作部署，确保"业扩包"工程快速、高效、安全、节约地推进和落地。同时，在保证项目顺利实施的同时加强职工安全教育、加强过程监督管理，常态化开展现场检查，严格落实相关标准和要求，各部门加强协同配合，持续发力，加强工程验收和质量把控，确保客户用上"放心电""省心电"。

(二) 外部路径

1. 客观宣传，杜绝盲目跟风

乌海供电分公司考虑到辖区电网的接带能力，并未在所有分公司全面推进"煤改电"项目，而是严格按照《内蒙古自治区能源局关于有序开展"煤改电"工作有关事宜的紧急通知》的工作要求，引导客户依据"宜气则气、宜煤则煤、宜热则热"的原则选择最佳供暖方式。同时积极行动，开展多方位、多渠道的宣传活动。一方面在人员密集过往的地方设立宣传点，加深广大电力客户对峰谷分时电价的执行范围、原则、标准等认识；另一方面根据煤改电客户多为农户居民的特点，通过印制并公示"煤改电"电价海报、召集村委会开展"煤改电"政策专题讲座、网格化客户经理利用网络的扩散效应在社区微信群内发布相关政策信息、录制并转发"煤改电"政策及电价短视频、参加《政风行风热线》《开放直播间》进行广播科普等方式普及现行"煤改电"政策、电价、申请渠道、材料准备、施工时长等知识，呼吁广大电力客户根据实际需要进行煤改电报装，选用节能电锅炉设备，杜绝盲目跟风，防止电采暖无序发展。此外，各营业厅安排专人对前来咨询办理"煤改电"的客户进行政策详解及说明，让客户用上"便捷电""明白电"。

2. 开辟"绿色通道"，保障居民冬季采暖需求

为保障完成"煤改电"报装的客户尽快装表接电，满足客户冬季采暖需求，公司多次召开协调会，多部门联动，建立跨部门、跨专业的协调、调度机制，落实责任，明确时间节点，科学制定接入方案，精简

申请资料，优化审验时序，实行一证受理、一次性告知、一站式服务，全力助推"煤改电"项目早建设、早投运。

公司指定专人全程跟进本辖区"煤改电"客户报装进度，帮助客户解决在用电申请、方案答复、中间检查、用电接入、竣工验收等环节遇到的困难，为客户提供全程服务，大大提高了工作效率和客户接电及时率。同时营业厅内专门设立"煤改电"业务办理窗口，专人负责接受业务办理材料，专人负责资料审核工作，专人负责流程推进工作，并将"煤改电"相关业务办理所需资料提前公布在营业厅，便于客户办理相关业务。

3. 开展走访回访质效监督，做到服务管理闭环

乌海供电分公司成立监督回访小组，对申请"煤改电"用户建立台账，自客户申请之日起，每间隔三天联系客户答复施工进度。对不在政府当年工程计划内的客户、容量受限区域内客户、需要等待线路切改客户做好答复解释工作。及时记录客户反馈的问题、意见及建议并在工作群内协同至相关责任人，要求责任人24小时内联系处理。监督小组每周对台账名目进行抽查回访，如存在未回访、反映的问题无人联系等情况，对相关责任人进行通报批评及绩效考核处理。确保服务延伸至末端，落实管理闭环，在保障客户接电效率的同时，做到各环节公开透明。

四、履责成效

（一）社会效益

在"煤改电"建设工作中，公司快速出击、用心服务，主动联系客户，快速落实"煤改电"各项工作要求，用实际行动践行"人民电业为人民"的服务理念，树立"办电放心，用电安心，服务贴心"的供电服务新形象，受到乌海市市民的高度认可和赞许，绿色低碳理念深入人心，群众的获得感、幸福感、安全感更加充实、更有保障、更可持续，使客户在冬天暖身更暖心。

（二）经济效益

"以前总怕冬季用电太贵太费钱，现在好了，晚上电价这么低，还不用担心上阶梯，我们可以放心地用电采暖设备了。"乌海供电分公司营业厅内，一位缴纳"煤改电"电费的客户说道。压缩服务手续、创新服务举措使客户在办理业务时享受一站式服务。普及台区客户经理制，使服务更高效、更快捷、更精准。两项特色优质服务的推行极大地提高了工作效率，减少了时间成本，提高了利润率。以千里山供电公司为例，目前已经受理"煤改电"客户514户，容量共计6864.1千瓦，为客户节约用电成本324.2万元；售电量增长263.69万千瓦·时，电费增长59.06万元，有力地推动了乌海地区清洁供暖市场的发展。

（三）推广价值

推动了供电企业工作方式改变和工作价值提升，探索出与各利益相关方的沟通合作机制，使得客户服务体验得到全方位提升，实现了利益相关方共同参与优化营商环境，降低了电网企业的安全风险，促进了企业与政府部门的沟通合作，形成了较好的社会示范效应。同时，"煤改电"工程步伐的不断加快，也有利于大气污染治理，提高了乌海市居民的生活水平，为推动地区能源结构转型贡献了力量。

五、工作展望

通过"内、外"路径的双重发力，乌海市的电力客户正稳步有序地逐步取代使用传统燃煤锅炉取暖，逐户用上干净、安全、环保的清洁电能。未来，乌海供电分公司将继续大范围、多形式、全方面地开展"煤

改电"各项惠民举措，配合乌海市政府持续推进"一头连着民生，一头连着碧水蓝天"的惠民工程。着重在配网改造工程推进、电采暖使用入户调查、电价宣传普及、惠民政策落地生根等方面精准发力，在确保电网安全的前提下，让新旧供暖方式无缝衔接，守住电力客户安全温暖过冬底线。以实际行动践行"经济发展，电力先行"的光荣使命，用真心真情诠释"人民电业为人民"的国企担当，充分彰显"责任蒙电"企业形象，助力集团公司加快建设世界一流现代化能源服务企业。

案例创造人：唐占荣、俞佳丽、闫欣冉